"문학 개념 학습을 위한 내용을 제대로 갖춘 교재, 문학 공부의 좋은 ○○○ ○○○○ ○○○○ ○면 얼마나 좋았을까요?"
– 김수학(중동고등학교 교사)

독서 영역의 난도가 높아지면서 상대적으로 문학을 만만하게(?) 여기는 ○○○ 많아졌습니다. 근거 없는 자신감으로 문학을 만만하게 여기다가는 오히려 문학 때문에 낭패를 당할 수 있다는 것을 명심해야 합니다. 단, 이 교재를 완벽하게 학습한 학생이라면 문학을 만만하게 여겨도 됩니다.^^ 문학 공부를 본격적으로 시작하는 학생들에게는 좋은 길잡이가 되어 줄 만하고, 문학 공부를 하던 학생들에게는 답답함을 시원하게 뚫어줄 수 있는 좋은 도우미가 되어 줄 만합니다.

"경험 많은 안내자들을 따라가다 보면 국어 공부의 지혜를 쌓을 수 있습니다!"
– 강석령(대치동 깊은생각국어학원 원장)

하나의 문학 작품은 개인에 따라 다양하게 이해되고 수용될 수 있습니다. 그러나 우리의 교육 현실은 이러한 문학 감상의 다양성을 포용하기 어렵습니다. 국어 시험은 누구나 인정할 수밖에 없는 객관적인 정답을 요구하기 때문입니다. 특히 수능에서는 객관식 문제만 출제됩니다. 여기에 국어 공부의 어려움이 있습니다.
이럴 때 필요한 것이 경험 많은 안내자입니다. 오랫동안 현장을 지켜 오면서 얻은 경험, 그 경험을 통해 얻은 지혜를 담아 한 권의 책으로 내놓습니다. 이 책에는 선생님의 입장에서 가장 기본적이고 중요한 내용, 학생(선배)의 입장에서 질문이 가장 많이 나오는 내용이 제시되어 있습니다. 처음 가는 길을 걷는 사람에게는 앞선 사람들의 발자국이 중요한 기준입니다. 선배들의 발자국으로 다져진 길을 따라 가다 보면, 자기가 앞으로 가야할 길의 윤곽이 뚜렷해질 것입니다.

"무작정 문제만 푸는 건 비효율... 이 책으로 차근차근 실력을 다져 보세요!"
– 박의용(계성고등학교 교사)

국어 공부를 할 때 무작정 기출 문제를 푸는 학생, 문제를 많이 풀어도 실력이 늘지 않는다고 느끼는 학생, 문제에 사용되는 개념이나 용어를 재미있게 공부하고 싶은 학생, 문제를 오래 풀어 본 사람들이 갖고 있는 노하우를 알고 싶은 학생. 이런 학생들에게 딱 맞는 책이네요. 수능에 나오지만 교과서에서 따로 다루지 않는 개념 용어들을 담고 있어 모의고사 입문용으로도 좋습니다.

"국어 때문에 눈물 흘리지 않도록, 든든한 공부 친구가 되어 줄 것입니다!"
– 김희선(분당 올가교육 강사)

"선생님, 문학 공부는 너무 애매해요. 정답이 왜 답인지 모르겠어요!"
이 책은 교육 현장에서 가장 자주 듣는 문학 공부에 대한 불만에서 시작했습니다. 두 개의 선택지를 놓고 고민하다 오답을 선택하는 학생, 정답이 모호한 것 같아 문학 공부에 애를 먹었던 학생들을 위해 국어 공부의 씨앗을 뿌리는 마음으로 만들었습니다. 학생들이 쉽게 공부할 수 있도록 기존의 어려운 문학 개념 설명은 최대한 쉽게 바꾸고 이해를 돕는 재미있는 삽화도 넣었습니다. 또한 문학 개념을 단순하게 나열한 것이 아니라 완전히 체득할 수 있게끔 학생 스스로 훈련할 수 있도록 구성했고, 개념과 연결된 문제를 통해 제대로 공부하고 있는지 점검할 수 있게 했습니다. 특히 '알아 두면 쓸데 있는 100인의 지혜'는 학생들이 문학 공부에 꼭 필요한 배경지식을 얻고 가도록 오랜 고민 끝에 선별한 내용을 넣었습니다.
〈100인의 지혜〉는 쉬운 문학 개념서가 없어서 늘 도중에 포기했던 학생들에게 든든한 공부 친구가 되어 줄 것입니다. 이 책을 보는 모든 학생들이 꼭 달콤한 성취의 열매를 맛보기를 소망합니다.

○○○○ ○○○○○○○○○ 면 얼마나 좋았을까요?"
○○○○○○○○과, 17학번)

○○○○○○지만 매 시험마다 자신 없는 얼굴로 답안지를 제○○○○○○○○○○○○같은 착각에 빠져 자신만만해하기만 했던 것이지요. 개념의 중요성을 ○○○○○ 개념서 1권을 가지고 기초를 다지기 시작했고, 개념을 내 것으로 만든 다음에는 시간 단축은 물론 목표 점수도 꾸준히 받을 수 있었어요. 국어 공부에서 개념이 얼마나 중요한지를 몸소 체험한 입장에서 저는 〈100인의 지혜〉를 추천하고 싶습니다. 이 책의 매력은 쉽지만 자세하게 개념 설명을 해 놓았다는 점입니다. 또 '개념을 품은 기출 선택지' 코너에서는 내가 배울 개념이 얼마나 중요한 개념인지 알 수 있고, '확인 문제' 코너에서는 교과서나 수능에 나온 작품들에 개념을 직접 적용해 볼 수도 있습니다. '알쓸지혜' 코너에서는 국어 공부의 꿀팁을 알려 주고 있는데, 제가 학생 때 저 꿀팁을 알았더라면 얼마나 좋았을까ㅠㅠ 하는 생각이 들 정도로 현실적이고 유용한 조언들이 많이 있습니다. 좋은 개념서 한 권, 고3 때까지 함께 갈 수 있다는 사실, 모두 아시죠?

"기본기를 다지기에 이보다 더 좋은 책은 없다!"
– 서정욱(연세대학교 신소재공학과, 18학번)

문학은 저에게 가장 어렵고 애매한 과목이었습니다. 특히 긴 작품이 출제되었을 때는 출제된 작품을 짧은 시간 안에 어떻게 읽어야 하는지 몰라 늘 헤매곤 했습니다. 이 책의 장점은 막막한 문학 공부의 초점을 어디에 두어야 하는지 알 수 있다는 점입니다. 책의 구성이 매우 체계적이고 문학 공부에 필요한 개념이 충실하게 담겨 있어 기본기를 다지기에 이보다 좋은 책은 없다고 생각합니다. 영양가 높은 내용이 이해하기 쉽게 잘 정리되었을 뿐만 아니라 문제 풀이에 유용한 꿀팁이 알차게 담겨 있어 무척 실용적입니다. 이 책에서 알려 준 체계적인 학습 방법을 따르면 시험에서 소설이나 가사처럼 긴 작품이 출제되었을 때도 시간이 모자라지 않을 것입니다.

"친절하고 자세한 설명, 쉽고 빠르게 수능과 내신을 동시에!"
– 김선호(이화여자대학교 독어독문학과, 18학번)

이 교재는 필수로 익혀야 할 국어 개념들을 쉽고 빠르게 학습할 수 있도록 구성되어 있습니다. 내신과 수능 시험에는 '기승전결'과 같이 미리 공부하지 않고서는 알기 어려운 개념들이 많이 나오고, 이 개념을 풀어 쓴 내용이 선택지로 구성됩니다. 따라서 이 개념들을 확실하게 알아야 선택지를 이해하고 문제를 풀 수 있습니다. 이 교재는 수능과 내신에 필요한 모든 개념들이 잘 정리되어 있어서 개념을 쉽고 빠르게 정리하기 좋습니다. 또, '확인 문제'로 개념들이 문제에 어떻게 적용되는지 확인하고 응용하는 연습을 한 뒤, '수능 다가가기'를 통해 수능에 익숙해질 수 있어 매우 효과적으로 공부할 수 있을 것 같네요.

"선택지에 잘 나오는 개념을 확실하게 다지고 기출로 연습하기 좋은 책!"
– 김도훈(서울대학교 화학생물공학부, 18학번)

이 책의 장점은 고등학교 국어 내신이나 수능 문학에서 1지문당 1개씩은 꼭 나오는 작품의 표현상 특징을 잘 정리할 수 있다는 점입니다. 앞에서 개념 학습과 확인 문제를 통해 표현상 특징이나 예시를 확인한 다음, 수능 기출로 다시금 개념을 다질 수 있게 구성된 것도 좋습니다. 또, 국어 과목의 특성상 '100% 그렇다'라고 판단하기 어려운, 애매한 선택지들이 있기 때문에 이 정도면 적절하다거나 적절하지 않다는 선을 어느 정도 세워 두는 것이 중요한데, 이 기준을 이 책에 수록되어 있는 수능 기출로 연습하면서 세워 보면 좋을 것 같습니다.

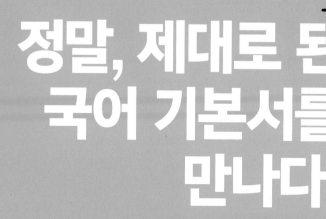

국어 1등급의 비법

정말, 제대로 된 국어 기본서를 만나다!

문학편

100인의 지혜를
함께 연구하고 집필한
100인의 국어 공부 전문가를 소개합니다

강 찬(경기)	김상희(경기)	김희선(경기)	서주희(서울)	옹기현(전북)	이수진(경기)	전병호(서울)	진은영(전북)
강민효(경북)	김소원(충북)	남윤정(경기)	성부경(울산)	유기영(전북)	이수현(충북)	전형근(대전)	채재준(경기)
강석령(경기)	김송이(서울)	문동열(서울)	손영익(경남)	유성주(서울)	이순형(경기)	전희재(경기)	천수섭(경기)
강영애(경기)	김수영(인천)	문종호(대구)	송언효(경남)	유승기(경남)	이승욱(전북)	정민지(서울)	최상근(경기)
강재호(대전)	김수학(서울)	문효상(충북)	송지윤(전북)	윤강욱(부산)	이승주(경남)	정연우(대구)	최수남(강원)
고정석(전남)	김옥선(충남)	민상용(경기)	송현희(경기)	윤귀성(광주)	이원재(경기)	정영수(경남)	최주혁(서울)
권미란(전북)	김정연(경기)	박 현(전북)	신영수(서울)	윤미정(서울)	이유림(울산)	정은화(경기)	최주호(서울)
권석환(경북)	김종일(서울)	박대권(충북)	신인순(서울)	윤성민(전북)	이윤진(전북)	정지성(경북)	최진아(경기)
권용덕(경북)	김준실(경기)	박소미(서울)	신현이(서울)	윤예미(경남)	이재식(경기)	정홍희(경기)	표지현(경남)
권위택(경북)	김지선(경기)	박의용(서울)	신혜진(경남)	이금희(대구)	이종훈(경기)	조경식(경기)	한상철(충북)
기서경(경기)	김지연(경기)	박정민(서울)	안은현(경남)	이명숙(대구)	이진규(충북)	조나연(서울)	허 빈(서울)
김 흙(경기)	김태원(경기)	박진영(충남)	안태성(경남)	이미숙(충북)	이한준(서울)	조선희(서울)	황양규(경남)
김금진(서울)	김형중(서울)	박철선(부산)	염성준(경기)	이빛나(서울)	장금주(경기)	조영란(광주)	
김동훈(충북)	김황곤(경기)	박현종(경기)	오성기(서울)	이성훈(경기)	전구석(경북)	조영민(부산)	

내용 감수
정호웅 | 문학평론가, 한국현대소설학회 부회장, 홍익대학교 국어교육과 교수, 중고등 국어/문학 교과서 집필
윤대석 | 한국문학교육학회 이사, 서울대학교 국어교육과 교수, 중고등 국어/문학 교과서 집필

대학생 검토단
김도훈(서울대), 김선호(이화여대), 김주현(성신여대), 서정욱(연세대)

기획/편집 ..... 김덕유, 박지인, 김현아, 이하은
디자인 .... **표지** 김희정, 김지현 **내지** 박희춘, 이혜진
삽화 .... 홍화정, 강일석, 주영휘
조판 .... 대진문화(구민범, 강성희)

수능&내신 모두 잡는

명강사 100인의 지혜

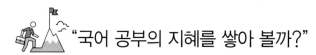

문학

"국어 공부의 지혜를 쌓아 볼까?"

국어 공부의 새로운 해법, 100인의 지혜

> " 국어 1등급을 향해, 〈100인의 지혜〉와 함께 힘차게 출발! "

1단계 개념 학습

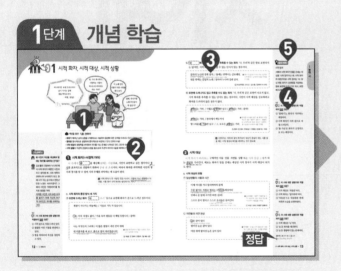

★ 수능과 내신에 모두 통하는 기본 개념을 학습합니다.

❶ **기출 선택지** 오늘 배울 개념어가 실제 문제에서는 어떻게 나오는지 미리 살펴보세요.

❷ **개념 설명** 정확하면서도 친절하고 쉽게 개념을 풀이했어요. 빈칸에 들어갈 말을 생각하며 공부해 보세요. '빈칸 답'은 날개 부분 하단에 있어요.

❸ **예시 제재** 개정 교과서와 기출 제재를 예로 들어 개념을 좀 더 정확하게 이해할 수 있게 설명했어요.
  * 출처의 국은 고등 국어 교과서, 문은 문학 교과서를 의미해요.

❹ **깨알 강의(짚고 가요, 궁금해요)** 개념 학습 과정에서 여러분이 궁금해할 만한 내용, 중요한 내용을 정리했어요.

❺ **개념 콕** 예시 제재를 활용하여 기본 개념을 제대로 이해했는지 빠르게 확인해 보세요. 정답은 날개 부분 하단에 있어요.

2단계 사뿐히 즈려 밟는 확인 문제

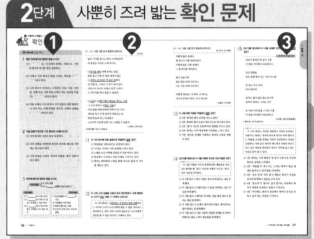

★ 개념을 확인하고 적용해 봅니다.

❶ **바로바로 간단 체크** 개념 이해를 확인하는 간단한 문제예요. '빈칸 채우기 / OX 문제 / 선 잇기' 등 다양한 유형의 쉬운 문제로 빠르게 확인해 보세요.

❷ **교과서 확인 문제** 개정 국어 교과서, 문학 교과서의 제재를 바탕으로 하여 개념을 적용해 보는 문제로 구성되어 있어요. 교과서와 수능에 모두 통하는 개념을 제재에 적용해 보면서 문제를 풀어 보세요.

❸ **기출 변형 문제** 전국 연합 모의고사나 평가원 모의고사, 수능에 나온 중요한 작품들로 낸 문제예요. 첫 걸음을 막 뗀 여러분의 수준에 맞게 약간 변형을 하기도 했어요. 선지를 보면서 "아, 수능에 개념이 이렇게 나오는구나!" 하고 감을 잡아 보세요.

1 국어 공부 전문가들의 지혜를 담은 국어 기본서!

전국의 국어 고수 선생님들이 참여하여 만든 책입니다. 놓쳐서는 안 될 내용, 여러분이 어려워하거나 궁금해하는 내용을 잘 정리해 뒀어요. 그리고 똑똑한 선배들의 공부 경험도 참고하였지요. 여러분이 이 〈100인의 지혜〉를 잘 따라온다면 수능과 내신 국어 1등급의 실력자로 올라설 수 있을 거예요.

2 빈틈없이 완벽하게, '개념 & 기출'의 환상 조합!

기출 문제의 물음과 선택지를 하나하나 분석하여 수능과 내신에 모두 통하는 핵심 개념을 빠짐없이 넣었어요. 그리고 그러한 개념이 문제로 출제되는 원리를 연구하여 '개념'과 '기출'의 환상적인 조합을 이끌어 낸 거예요. 이제 '개념 따로, 기출 따로'인 학습법은 버리고, '개념 & 기출'로 국어 공부의 새로운 해법을 찾자구요.

3 수능과 내신에 모두 통하는 단계별 학습법!

〈100인의 지혜〉는 여러분이 수능과 내신의 기초를 확실하게 다지고 실력을 쌓도록 하는 데 목표를 두고 공부하도록 만들었어요. 개념 학습 → 확인 문제 → 수능 다가가기 단계를 거치면서 차곡차곡 실력을 쌓을 수 있답니다.

특강 〈알아 두면 쓸데 있는 100인의 지혜〉 작품 해석과 문제 풀이의 비법, 현대 시/현대 소설의 키워드 등 국어 공부의 특별한 꿀 팁을 담았어요.

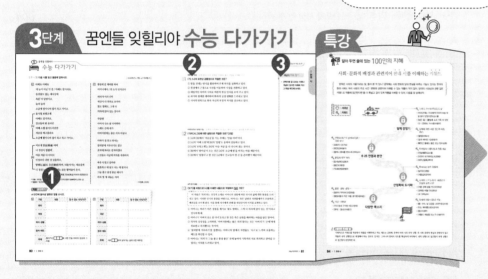

★ 최근에 출제된 수능 기출 문제에 도전해 봅니다.

1, 2단계에서 공부한 개념을 바탕으로 하여 종합적인 문제 해결력과 사고력을 발휘할 단계이죠.

❶ **작품 분석하기** 처음 보는 작품이 지문으로 나왔을 거예요. '알아 두면 쓸데 있는 100인의 지혜'에서 알려 준 갈래별 접근 방법을 떠올리며 작품의 특징과 주제를 파악해 보세요.

❷ **수능 기출 문제** 학평·모평·수능의 기출 문제를 그대로 실었어요. 혼자 힘으로 풀어 본 후, 〈정답과 해설〉의 친절한 설명을 보며 다시 한번 답을 찾는 방법을 생각해 보세요. 꿈엔들 잊히지 않도록요!

❸ **개념의 좌표 찾기** 선택지에서 모르는 개념, 배웠는데 가물가물한 개념이 있다면 적어 보고, 우리 책에서 그 뜻을 찾아 직접 써 보세요.

★ 틀린 문제, 헷갈리는 선택지는 해설을 꼭 확인하세요.

❶ **개념으로 작품 읽기** 해당 단원에서 배운 개념과 관련지어 작품을 설명했어요. 시는 수록 부분 전체를 다시 싣고 중요 부분을 해설했어요. 자신이 이해한 내용과 비교하며 읽어 보세요.

❷ **정답 풀이, 오답 피하기** 답인 이유와 오답인 이유를 간단명료하게 제시했어요. 헷갈리는 문제나 선택지는 "꺼진 불도 다시 보자."는 생각으로 찬찬히 살펴보세요.

Contents

문학의 세부 갈래별로 주요 개념을 구성하고 배열했습니다.

기본 개념은 주로 현대 문학 갈래에서 설명하였고, 고전 시가와 고전 소설은 갈래, 유형, 특징, 주제 등을 중심으로 수록했어요. 또 시험에서는 개념을 하나씩 묻지 않고 특정 작품을 이해하는 과정에서 종합적으로 적용되어 제시되니까, 각 갈래의 마지막 부분에 있는 '수능 다가가기'의 문제를 풀면서 종합적인 작품 감상 능력과 문제 해결력을 기르기 바랍니다.

주요 개념 찾아보기

작품 찾아보기

학습 계획과 점검

● 이 책은 학생 스스로가 하루에 **1강**씩 주 **5일간** 꾸준히 공부한다면, **7주** 동안 **36차**에 걸쳐 끝낼 수 있게 설계했습니다. 하루에 **2강**씩 주 **3일간** 꾸준히 공부한다면, **6주** 동안 **17차**에 걸쳐 끝낼 수도 있습니다. (1강에 1시간 공부 기준)

● 자신의 수준이나 학습 패턴에 맞게 아래의 계획표를 참고하여 공부해 보세요.

I
현대 시

01 시적 화자, 시적 대상, 시적 상황

떠나려거든 보내 드리오리다
님이 가시는 길에
꽃을 뿌리오리다
-빅뱅, 〈꽃길〉

와, 가사 특이하다. 사랑하는 사람이 떠나는데 파티라도 하는 거야?

이 노래 만든 사람이 아픈 사랑을 했나 보지.

글쎄, 작사가랑 노래 주인공이 꼭 같은가?

⚖ 개념을 품은 **기출 선택지**

• **화자**가 태어난 날의 상황을 구체적으로 서술하여 출생에 대한 감격을 드러내고 있다. (2019 수능)
• **청자**를 명시적으로 설정하여 풍자적으로 비판하고 있다. (2018 수능)
• **시적 대상**에 생명력을 부여하여 의지를 지닌 존재로 나타내고 있다. (2018 수능)
• **시적 상황**의 객관적 관찰에 초점을 둠으로써 주관적 의미의 서술을 배제하고 있다. (2019 수능)

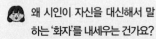

왜 시인이 자신을 대신해서 말하는 '화자'를 내세우는 건가요?

김소월의 〈엄마야 누나야〉에서 시적 화자가 어른인 시인이라고 생각해 봐. 시의 제목이 〈어머니여 누이여〉가 되고, 원래 시가 지닌 순수하고 천진난만한 느낌도 사라지겠지? 그래서 시인은 '어린아이'를 화자로 설정한 거야.
이처럼 시인은 시의 표현 효과를 높이기 위해 자신의 허구적 대리인인 화자를 내세우는 거야.

개념
콕1 이 시의 화자에 대한 설명으로 적절하지 <u>않은</u> 것은?

① 시의 겉으로 직접 드러나 있다.
② 철없던 어린 시절을 회상하고 있다.
③ 별을 바라보며 자신을 성찰하고 있다.

❶ 시적 화자(=서정적 자아)

　시 속에서 [　❶　]을 대신해 말하는 사람으로, 시인이 표현하고 싶은 생각이나 정서를 효과적으로 전달하기 위하여 꾸며 낸 존재이다. 따라서 화자를 파악하면 시인의 생각과 정서를 알 수 있어 시의 주제를 파악하는 데 도움이 된다. ^{감정·느낌}

> ☑ 시적 화자가 꼭 사람인 것은 아니야. 사람이 아닌 생명체나 자연물, 사물 등이 시적 화자로 설정되기도 하지. 🔗 16쪽 〈귀뚜라미〉(나희덕)

🌐 시적 화자의 등장 방식 세 가지

㉠ **표면에 드러난 화자**: '[　❷　], 우리' 등으로 표현돼 화자가 겉으로 드러난 경우이다.

> 계절이 지나가는 하늘에는 / 가을로 가득 차 있습니다.
>
> <u>나</u>는 아무 걱정도 없이 / 가을 속의 별들을 다 헤일 듯합니다. (중략)
> _{'나'라는 말로 시적 화자가 겉으로 드러남.}
>
> 나는 무엇인지 그리워 / 이 많은 별빛이 내린 언덕 위에
> 내 이름자를 <u>써 보고</u>, / <u>흙으로 덮어 버리었습니다</u>.
> _{자아를 성찰하는 행위}　　_{자신의 삶을 반성하는 행위(부끄러움)}
>
> ❸ 별을 바라보며 자기를 반성하는 화자 '나'가 겉으로 드러남.
>
> 해냄 창비 | 윤동주, 〈별 헤는 밤〉

ⓒ [3] 에 드러나지는 않지만 추측할 수 있는 화자: '나, 우리'와 같은 말로 표현되지는 않지만, 시적 화자를 추측할 수 있는 단서가 있는 경우이다.

> 엄마야 누나야 강변 살자, / 뜰에는 반짝이는 금모래빛,
> 시적 청자 → 청자를 부르는 말투에서 화자가 남자아이임이 드러남.
> 뒷문 밖에는 갈잎의 노래 / 엄마야 누나야 강변 살자.
>
> ➡ 화자가 겉으로 드러나지는 않지만 시적 화자가 '남자아이'임을 추측할 수 있음.
>
> 🔖 비상(박영), 신사고 | 김소월, 〈엄마야 누나야〉

ⓒ 표면에 드러나지도 않고 추측할 수도 없는 화자: '나, 우리'와 같은 표현이 나오지 않고, 시적 화자를 추측할 수 있는 단서도 없는 경우이다. 시인이 시적 대상을 강조하려고 화자를 드러내지 않은 경우가 많다.

> 껍데기는 가라. / 사월도 알맹이만 남고 / 껍데기는 가라. (중략)
> △: 화자가 부정적으로 보는 대상   ○: 화자가 긍정적으로 보는 대상
>
> 껍데기는 가라. / 한라에서 백두까지
> 향그러운 흙 가슴만 남고 / 그, 모오든 쇠붙이는 가라.
>
> ➡ 화자를 드러내지 않은 채, 화자가 부정적으로 보는 대상인 '껍데기', '쇠붙이'와 긍정적으로 보는 대상인 '알맹이', '흙 가슴'을 대조하여 시를 전개함.
>
> 🔖 동아 🔖 창비, 천재(김) | 신동엽, 〈껍데기는 가라〉

☑ 〈껍데기는 가라〉와 같이 화자보다 대상이 중심이 되는 시를 읽을 때는 시적 대상의 특징을 파악하는 것이 중요해.

❷ 시적 대상

시적 화자가 바라보는 구체적인 사물·인물·자연물·상황 또는 시의 중심 소재가 되는 관념을 가리킨다. 때로는 화자가 말을 건네는 대상인 시적 청자가 시적 대상이 되기도 한다.
어떤 일에 대한 견해나 생각

● 시적 대상의 유형

㉠ 일상생활의 사물과 사건

> 이제 어디를 가나 알리바바의 참깨
>
> 주문 없이도 저절로 열리는 / 자동문 세상이다
> 자동화된 현대 사회의 모습을 나타냄.   시적 대상(화자가 바라보는 일상생활의 사물)
> 언제나 문 앞에 서기만 하면 (중략)
>
> 스르르 문이 열리고 스스르 우리들은 들어간다
> '우리들'이라는 말로 화자가 겉으로 드러남.
> → 문명에 길든 현대인이라고 추측할 수 있음.
>
> ➡ 일상생활의 사물인 '자동문'을 시적 대상으로 삼아 현대 문명에 익숙해진 사람들을 표현함.
>
> 🔖 비상 | 유하, 〈자동문 앞에서〉

㉡ 자연물과 자연 현상

> 눈은 살아 있다
> 시적 대상(화자가 바라보는 자연물)
> 떨어진 눈은 살아 있다
>
> 마당 위에 떨어진 눈은 살아 있다
>
> ➡ 자연물인 '눈'을 시적 대상으로 삼아 "눈은 살아 있다"라는 시구를 반복하여 '눈'의 생명력을 강조함.
>
> 🔖 창비, 해냄 🔖 미래엔 | 김수영, 〈눈〉

💡 **짚고 가요**

시적 청자

시에서 시적 화자가 말을 건네는 대상을 '시적 청자'라고 해. 시적 화자와 마찬가지로 시적 청자는 '너, 당신'처럼 화자가 상대방을 지칭하는 말로 표면에 드러나기도 하고, 표면에 드러나지 않기도 하지.

개념
콕 **2** 이 시에 대한 설명으로 적절하지 않은 것은?

① '껍데기'는 화자가 거부하는 대상이다.
② 시적 화자가 시의 겉으로 직접 드러난다.
③ '흙 가슴'은 화자가 긍정적으로 보는 대상이다.

개념
콕 **3** 이 시에 대한 설명으로 적절하지 않은 것은?

① 시적 대상은 '자동문'이다.
② 시적 화자는 '알리바바'이다.
③ '자동문'으로 자동화된 현대 사회의 모습을 표현하였다.

개념
콕 **4** 이 시에 대한 설명으로 적절하지 않은 것은?

① 시적 대상은 '눈'이다.
② '눈'은 화자를 대신한다.
③ '눈'은 생명력이 있는 존재이다.

빈칸 답 | ❶ 시인 ❷ 나 ❸ 표면
콕 1 ② 2 ② 3 ② 4 ②

Ⅰ 현대 시

개념
쿽5 이 시에 대한 설명으로 적절한 것은?

① 화자는 '구자명'이다.
② 시의 제목에서 시적 대상이 바로 드러난다.
③ 화자는 자신의 삶을 시적 대상으로 삼아 표현하였다.

개념
쿽6 이 시에 대한 설명으로 적절하지 않은 것은?

① 화자는 '너'의 행동을 부정적으로 인식하고 있다.
② 화자는 '기쁨'을 긍정적인 시각으로 바라보고 있다.
③ 추상적 관념인 '슬픔'과 '기쁨'을 시적 대상으로 삼았다.

개념
쿽7 이 시의 화자에 대한 설명으로 적절하지 않은 것은?

① 겉으로 직접 드러난다.
② 이별의 상황을 거부하고 있다.
③ 임과 이별하는 상황을 가정하고 있다.

개념
쿽8 이 시에 대한 설명으로 적절한 것은?

① 화자는 '모자 장사'이다.
② 화자는 낯선 외국에 있다.
③ 화자는 '아시안 젊은 남녀'를 관찰하고 있다.

ⓒ 특정 인물 또는 대중
현대 사회를 구성하는 대다수의 사람들

맞벌이 부부 우리 동네 **구자명 씨**
시적 대상(화자가 바라보는 특정 인물)
(일곱 달 아기 엄마 구자명 씨는
육아로 바쁜 상황
출근 버스에 오르기가 무섭게 / 아침 햇살 속에서 졸기 시작한다) ( ): 육아와 일에 지친 맞벌이 여성의 고달픈 모습

➔ 특정 인물인 '구자명 씨'를 시적 대상으로 삼아 집안일과 회사 일로 지친 맞벌이 여성의 모습을 표현함.　　　　　미래엔, 해냄 | 고정희, 〈우리 동네 구자명 씨〉

ⓔ 인간의 감정 또는 추상적 **4**
일정한 모양을 갖추고 있지 않아 직접 경험할 수 없는

나는 이제 너에게도 슬픔을 주겠다. / 사랑보다 소중한 슬픔을 주겠다.

겨울밤 거리에서 귤 몇 개 놓고 / 살아온 추위와 떨고 있는 할머니에게

귤값을 깎으면서 기뻐하던 너를 위하여 / 나는 슬픔의 평등한 얼굴을 보여 주겠다.
이기적인 모습(기쁨)　　　　　　　　　　　➔소외된 이웃들에 대한 관심과 애정(슬픔)

➔ 슬픔(=화자='나')과 기쁨(=청자='너')을 시적 대상으로 삼아 우리 사회의 약자들과 더불어 사는 삶이 가치 있음을 노래함.　　미래엔 | 비상, 지학사 | 정호승, 〈슬픔이 기쁨에게〉

❸ 시적 상황

시적 화자나 시적 대상이 처해 있는 형편이나 **5**　, 분위기, 정황 등을 일컬어 시적 상황이라고 한다. 시적 화자나 시적 대상이 어떤 상황에 놓여 있는지를 파악하면 작품의 내용과 성격을 쉽게 파악할 수 있다.

여러 가지 시적 상황

우리 삶에서 일어날 수 있는 모든 사건이나 현상이 시적 상황이 될 수 있다. 과거의 일이나 아직 일어나지 않은 미래의 일도 시인이 상상력을 동원하여 시적 상황으로 설정할 수 있기 때문에 시적 상황은 매우 다양하게 나타난다. 시에서 자주 볼 수 있는 시적 상황은 다음과 같다.

(1) 화자가 사랑하는 시적 대상(연인·친구·가족 등)과 이별하는 상황

나 보기가 역겨워 / 가실 때에는
이별의 상황을 가정함.
말없이 고이 보내 드리우리다.
이별을 묵묵히 받아들이는 모습
　　　　금성, 동아, 비상(박안), 비상(박영), 천재(박), 천재(이), 해냄 | 김소월, 〈진달래꽃〉

➔ "가실 때에는"이라는 시구에서 화자가 사랑하는 대상과 이별하는 상황을 가정하고 있음이 드러남.

(2) 화자가 특정 대상 또는 상황을 관찰하는 상황

국철을 타고 앉아 가다가 / 문득 알아들을 수 없는 말이 들려 살피니
　　　　　　　　　　시적 대상이 외국인임이 드러남.
아시안 젊은 남녀가 건너편에 앉아 있었다 (중략)
시적 대상　　대상에 대한 거리감이 느껴지는 표현
모자 장사가 모자를 팔러 오자 / 천 원 주고 사서 번갈아 머리에 써 보고
　　　우리와 다를 바 없는 모습 → 화자가 시적 대상과 자신이 다르지 않다고 느끼는 계기가 됨.

➔ 화자가 '아시안 젊은 남녀'를 관찰하는 상황을 제시해 그들과 우리가 다르지 않음을 표현함.　　　금성, 비상(박영) | 하종오, 〈동승〉

(3) [⑥]의 아름다움이나 생명력이 느껴지는 상황

(들길은 마을에 들자 붉어지고,
( ): 붉은 황톳길과 푸른 들판을 묘사함.

마을 골목은 들로 내려서자 푸르러졌다.)

바람은 넘실 천 이랑 만 이랑 / 이랑이랑 햇빛이 갈라지고

보리도 허리통이 부끄럽게 드러났다.
불어오는 바람에 보리의 줄기가 드러나는 모습

➡ 봄빛 가득한 풍경과, 봄바람에 흔들리는 보리의 모습을 통해 '생동감 넘치는 오월'이라는 시적 상황이 드러남. — 김영랑, 〈오월〉

개념 쿡 **9** 이 시에 대한 설명으로 적절하지 **않은** 것은?

① 봄날의 아름다운 자연을 표현하였다.
② 화자는 자연을 바라보며 계절을 느끼고 있다.
③ 화자는 자연을 보며 스스로를 부끄러워하고 있다.

(4) 부정적인 사회 현실이 배경이 된 상황

㉠ 일제 강점기

지금은 남의 땅─ 빼앗긴 들에도 봄은 오는가? (중략)
국토, 조국
(푸른 웃음 푸른 설움이 어우러진 사이로
( ): 봄은 아름답지만, 화자가 처한 현실은 부정적 상황임이 드러남.
다리를 절며 하루를 걷는다)아마도 봄 신령이 지폈나 보다

그러나 지금은─ 들을 빼앗겨 봄조차 빼앗기겠네
1행의 질문에 대한 답변-부정적 현실 상황에서 느끼는 화자의 절망감이 드러남.

➡ '빼앗긴 들', '봄조차 빼앗기겠네'와 같은 표현에서 일제에게 조국을 빼앗긴 절망적인 현실 상황이 드러남. 미래엔 | 이상화, 〈빼앗긴 들에도 봄은 오는가〉

개념 쿡 **10** 이 시에 대한 설명으로 적절한 것은?

① 화자는 아름다운 봄을 만끽하고 있다.
② 독립을 확신하는 화자의 마음이 드러난다.
③ '빼앗긴 들'은 일제에게 빼앗긴 조국을 의미한다.

㉡ 독재 정치

신새벽 뒷골목에 / 네 이름을 쓴다 민주주의여
'민주주의'라는 말을 몰래 써야 하는 상황임을 나타내는 시간적·공간적 배경
내 머리는 너를 잊은 지 오래

내 발길은 너를 잊은 지 너무도 너무도 오래

오직 한 가닥 있어 / 타는 가슴속 목마름의 기억이

네 이름을 남몰래 쓴다 민주주의여 ➡ 떳떳하게 '민주주의'라는 말을 쓸 수 없는 억압적인 상황이 나타남.
자유가 억압받는 부정적인 상황에 처해 있음을 알 수 있음.

지학사 | 김지하, 〈타는 목마름으로〉

개념 쿡 **11** 이 시에 대한 설명으로 적절하지 **않은** 것은?

① 시적 대상은 '민주주의'이다.
② 자유가 억압받는 상황임을 추측할 수 있다.
③ 화자는 시적 대상을 당당한 태도로 추구하고 있다.

㉢ 산업화

구경꾼이 돌아가고 난 텅 빈 운동장
화자(농무 공연을 마친 농민들)
우리는 분이 얼룩진 얼굴로
공연을 하기 위해 한 화장이 얼굴에 남은 모습
학교 앞 소줏집에 몰려 술을 마신다

답답하고 고달프게 사는 것이 원통하다 (중략)
농민들의 생각이 직접적으로 드러남.
비룟값도 안 나오는 농사 따위야
농사를 짓고는 살기가 힘들었던 당시 농촌의 부정적인 현실이 드러남.
아예 여편네에게나 맡겨 두고 ➡ 산업화로 소외되고 피폐해진 농촌의 부정적인 상황이 드러남.

비상, 천재(정) | 신경림, 〈농무〉

• 농무: 농촌에서 농부들이 꽹과리, 북, 장구, 징 등 우리 고유의 음악에 맞춰 추는 춤.

개념+ **시적 상황의 유형**

• 내적 상황: 화자나 대상이 처한 구체적인 시간적·공간적 배경이나 심리적 상태와 관련된다.
• 외적 상황: 시에 반영된 시대적·사회적·역사적 상황이다. 그 예로는 나라의 주권을 빼앗긴 일제 강점기 상황, 자유와 민주주의가 억압당한 독재 정치 상황, 인간 사이의 정이 사라지고 자연환경이 오염된 산업화 시대 상황 등이 있다.

빈칸 답 | ❹ 관념 ❺ 처지 ❻ 자연
쿡 5 ② 6 ② 7 ② 8 ③ 9 ③ 10 ③ 11 ③

☑ 바로바로 간단 체크

1 괄호 안에 들어갈 알맞은 말을 쓰시오.

(1) (^{ㅅㅈㅎㅈ})는 시 속에서 말하는 사람으로, 시인의 생각과 정서를 대신 전달한다.

(2) 시에서 시적 화자가 말을 건네는 대상을 (^{ㅅㅈ ㅊㅈ})라고 한다.

(3) 시적 화자가 바라보는 구체적인 사물·인물·자연물·상황 또는 시의 중심 소재가 되는 관념을 아울러 (^{ㅅㅈㄷㅅ})이라고 한다.

(4) 작품 속에서 시적 화자나 시적 대상이 처한 형편이나 처지 또는 시에 반영된 역사적·사회적 상황을 (^{ㅅㅈㅅㅎ})이라고 한다.

2 다음 설명이 맞으면 O표, 틀리면 ✕표를 하시오.

(1) 시적 화자와 시인은 항상 동일하다. ( )

(2) 시적 상황을 파악하면 화자의 정서와 태도를 파악하는 데 도움이 된다. ( )

(3) 시에 반영된 시대적·역사적 상황을 '내적 상황'이라고 한다. ( )

3 빈칸에 들어갈 알맞은 말을 쓰시오.

```
시적 상황 ─① 내적 상황
         └② ㉠_____ 상황(예) 일제 강점기)
```

시적 화자	시적 대상
① ㉡_____에 드러난 화자 ② ㉡_____에 드러나지 않으나 추측할 수 있는 화자 ③ ㉡_____에 드러나지도 않고 추측할 수도 없는 화자	① 일상생활의 ㉢_____과 사건 ② 자연물과 자연 현상 ③ 특정 인물 또는 대중 ④ 인간의 감정 또는 추상적 관념

[01~02] 다음 시를 읽고 물음에 답하시오.
🔖 금성

높은 가지를 흔드는 매미 소리에 묻혀
내 울음 아직은 노래 아니다.

㉠차가운 바닥 위에 토하는 울음,
풀잎 없고 이슬 한 방울 내리지 않는
㉡지하도 콘크리트 벽 좁은 틈에서
숨 막힐 듯, 그러나 나 여기 살아 있다
귀뚜르르 뚜르르 보내는 타전˙ 소리가
누구의 마음 하나 울릴 수 있을까.

㉢지금은 ㉣매미 떼가 하늘을 찌르는 시절
그 소리 걷히고 ㉤맑은 가을이
어린 풀숲 위에 내려와 뒤척이기도 하고
계단을 타고 이 땅 밑까지 내려오는 날
발길에 눌려 우는 내 울음도
누군가의 가슴에 실려 가는 노래일 수 있을까.

– 나희덕, 〈귀뚜라미〉

˙타전(打電): 전보나 무전을 침.

01 이 시의 화자에 대한 설명으로 적절하지 <u>않은</u> 것은?

① 의인화된 '귀뚜라미'로 설정되어 있다.
② '나'라는 시어로 시의 표면에 드러나 있다.
③ 노래로 누군가에게 감동을 주기를 바라고 있다.
④ 현실에서 소외되고 잊힌 존재로 그려지고 있다.
⑤ 화자는 매미와의 소통을 통해 자신의 '울음'의 가치를 깨닫고 있다.

02 이 시의 시적 상황을 다음과 같이 정리하였다. ⓐ에 해당하는 시구가 <u>아닌</u> 것을 ㉠~㉤에서 고르시오.

> 이 시의 화자는 ⓐ열악하고 부정적인 현재 상황에서는 자기의 소리가 누군가에게 닿을 수 없을 것이라고 생각하다가, 때가 되면 자신의 울음으로 누군가에게 감동을 줄 수 있을 것이라고 기대하고 있다.

[03~04] 다음 시를 읽고 물음에 답하시오.
　　　　　　　　　　　　　　　지학사　동아, 미래엔

저렇게 많은 중에서
별 하나가 나를 내려다본다
이렇게 많은 사람 중에서
그 별 하나를 쳐다본다

밤이 깊을수록
별은 밝음 속에 사라지고
나는 어둠 속에 사라진다

이렇게 정다운 / 너 하나 나 하나는
어디서 무엇이 되어 / 다시 만나랴

　　　　　　　　　　　　　　　– 김광섭, 〈저녁에〉

03 이 시에 대한 이해로 적절하지 <u>않은</u> 것은?

① 1연: 화자와 별이 교감을 나누고 있다.
② 2연: 화자와 별의 모습이 대조적으로 제시되어 있다.
③ 2연: '별'이 시간의 흐름에 따라 변화를 보이고 있다.
④ 3연: 화자는 시적 대상에게 거리감을 느끼고 있다.
⑤ 3연: 참다운 관계를 지향하는 화자의 소망을 엿볼
　　　수 있다.

04 〈보기〉를 바탕으로 이 시를 이해한 것으로 가장 적절한 것은?

| 보기 |
　　이 시를 사람들 사이의 관계에 관한 깨달음을 다룬
시로 해석할 때, '밤'은 '만남과 이별의 시간'을, '별'은
'다른 사람'을 의미한다.

① 이 시를 읽으니 결국 사람은 혼자 살게 된다는 점을 알
　　게 됐어.
② 이 시를 읽으니 이별이 반드시 끝을 의미하는 것은 아
　　님을 알게 됐어.
③ 이 시를 읽으니 헤어질 사이에는 정을 붙일 필요가 없
　　다는 점을 알게 됐어.
④ 이 시를 읽으니 눈에서 멀어지면 마음도 멀어진다는
　　말이 맞다는 걸 알게 됐어.
⑤ 이 시를 읽으니 다른 사람과 친밀한 관계를 유지하기
　　위해서는 많은 노력이 필요함을 알게 됐어.

05 〈보기〉를 참고하여 이 시를 이해한 것으로 적절하지 <u>않은</u>
것은?

　　　　　　　　　　　　　　　2014학년도 수능Ⓑ(변형)

외로이 흘러간 한 송이 구름
이 밤을 어디메서 쉬리라던고.

성긴 빗방울
파초 잎에 후두기는* 저녁 어스름

창 열고 푸른 산과
마주 앉아라.

들어도 싫지 않은 물소리기에
날마다 바라도 그리운 산아

온 아침 나의 꿈을 스쳐간 구름
이 밤을 어디메서 쉬리라던고.

　　　　　　　　　　　　　　　– 조지훈, 〈파초우(芭蕉雨)〉

● **후두기는**: 후두둑 떨어지는.

| 보기 |
　　이 시의 화자는 자연을 떠돌면서 자연과 교감하는
사람이다. 화자는 저녁에 파초에 후두둑 하며 떨어지
는 빗방울 소리를 매개로 자연과 교감하면서 자신을
성찰한다. 이와 같은 화자의 태도에서 자연과 하나가
되고 싶은 마음과 현실에서 벗어나 자연에 숨고 싶은
마음을 읽어 낼 수 있다.

① 1연: 화자는 시적 대상인 '한 송이 구름'으로 자신의
　　외로운 심정을 드러낸다.
② 2연: '빗방울'이 '후두기는' 소리는 화자가 현실 세
　　계로 돌아가고 싶어 함을 나타낸다.
③ 3연: '푸른 산'과 '마주 앉'은 행동은 화자가 자연을
　　친숙하게 대하고 있음을 보여 준다.
④ 4연: '물소리'가 '들어도 싫지 않'다는 표현에서 화
　　자가 자연과 교감하고 있음이 드러난다.
⑤ 5연: '어디메'는 화자가 현실에서 벗어나 안식을 취
　　하고 싶어 하는 자연을 가리킨다.

02 화자의 정서, 태도, 어조

△△고등학교 합창대회 시상식

와! 뿌듯하다.

동상은 억울해.

다음엔 금상 받자.

헐, 대박 사건!

이게 뭐라고. 쯧쯧.

동상을 수여합니다

> 같은 상황, 다른 반응

💡 짚고 가요

정서와 시적 상황

화자의 정서는 시어를 통해 직접 드러나기도 하지만, 시적 상황을 통해 간접적으로 드러나는 경우가 많아. 화자의 정서는 시적 상황과 밀접하게 연관되어 있기 때문에 화자가 처한 상황을 제대로 파악해야 화자의 정서를 더 잘 이해할 수 있어.

개념
콕 1 이 시에 대한 설명으로 적절한 것은?

① 화자가 겉으로 직접 드러나지 않는다.
② 화자는 '햇빛'보다 '그늘'을 높이 평가한다.
③ 화자는 '그늘'의 가치를 긍정적으로 평가한다.

개념
콕 2 이 시에 대한 설명으로 적절하지 <u>않은</u> 것은?

① 화자는 가난하고 외로운 처지에 놓여 있다.
② '지치운 불빛'에서 화자의 정서가 느껴진다.
③ '어두운 그림자'는 화자의 주된 정서와 대립된다.

📦 **개념을 품은 기출 선택지**

• 암울하고 비관적인 **정서**를 내포한 시어를 사용하여 비극적인 상황을 고조하고 있다. (2019 수능)
• ㉠과 ㉡은 모두 화자의 고난 **극복 의지**를 드러내고 있다. (2019 수능)
• ㉠은 화자의 **관조적 자세**를, ㉡은 화자의 **반성적 자세**를 보여 준다. (2018. 09. 평가원)
• '내가 시와는 반역된 생활을 하고 있다'에서는 화자의 진솔한 **성찰의 어조**가 느껴지는군. (2017 수능)

1 정서

시적 화자가 시적 상황이나 시적 대상에 대해 느끼는 다양한 감정이나 기분을 말한다.

◎ 정서의 유형

㉠ **긍정적 정서**: 시적 화자가 시적 대상이나 시적 상황을 아름답고 좋은 것으로 여기는 마음이 드러난 정서로, 기쁨, 즐거움, 소망, 동경, 희망, 사랑, 안도감 등이 여기에 속한다.

> _{간절히 그리워하며 생각함}　_{편안해짐}
>
> 나는 한 그루 나무의 그늘이 된 사람을 <u>사랑한다.</u>
> _{화자}　_{시적 대상 - 타인의 아픔을 이해할 줄 아는 사람을 의미함.}
> 햇빛도 그늘이 있어야 맑고 눈이 부시다.
> _{화자가 '그늘이 된 사람'을 사랑하는 이유}
>
> ➡ '사랑한다'라는 시어를 통해 시적 대상을 긍정적으로 바라보는 화자의 정서가 드러남.
>
> 📖 미래엔 | 정호승, 〈내가 사랑하는 사람〉

㉡ **부정적 정서**: 시적 화자가 시적 대상이나 시적 상황을 어둡고 좋지 않은 것으로 여기는
_{슬퍼하고 서러워함}
마음이 드러난 정서로, 애상, 비애, 슬픔, 외로움, 한, 절망, 체념, 갈등, 분노 등이 여기에
_{슬퍼하거나 가슴 아파함}　_{몹시 원망스럽고 억울하고 안타깝고 슬퍼 응어리진 마음}
속한다.

> 이 흰 바람벽에 / 희미한 십오 촉(十五燭) 전등이 지치운 불빛을 내어던지고
> _{집의 둘레나 방에 칸막이를 하기 위해 친 벽}　_{화자의 가난한 처지가 드러나는 부분 ①}
> 때글은 다 낡은 무명샤쓰가 어두운 그림자를 쉬이고 / 그리고 또 달디단 따끈한 감
> _{화자의 가난한 처지가 드러나는 부분 ②}
> 주나 한잔 먹고 싶다고 생각하는 내 가지가지 외로운 생각이 헤매인다
> _{소박한 소망}　_{화자의 외로운 정서가 드러남.}
>
> ➡ 흰 바람벽에 비친, 가난한 삶의 단면과 '외로운'이라는 시어에서 화자의 부정적인 정서가 드러남.
>
> 📖 해냄 | 금성, 지학사, 해냄 | 백석, 〈흰 바람벽이 있어〉

② 태도

시적 화자가 시적 대상이나 시적 상황에 대해 보이는 심리적 자세나 대응 방식을 말한다. 시적 화자의 태도는 화자의 ❶[   ]와 관련이 깊고, 주로 어조를 통해 드러난다.

③ 어조

시적 화자가 사용하는 말투를 뜻한다. 시인은 어조를 통해 시적 화자의 정서와 태도를 드러내고, 시의 분위기를 형성하며, 주제를 효과적으로 형상화한다.

💠 **청자의 설정 유무에 따라**: 어조는 시적 화자가 말을 건네는 대상인 청자를 설정하였는지 그렇지 않았는지에 따라 독백체, 대화체로 나눌 수 있다.

㉠ **독백체**: 시적 화자가 시적 청자 없이 혼잣말을 할 때, '독백체' 또는 '독백적 어조'라고 한다. 시적 화자가 시적 대상을 관찰하거나 자신의 속마음을 고백하는 상황에서 자주 쓰인다.

> 하늘은 날더러 구름이 되라 하고
> 땅은 날더러 바람이 되라 하네
> 청룡 흑룡 흩어져 비 개인 나루
> <small>목계 나루의 전설과 관련된 것</small>
> 잡초나 일깨우는 잔바람이 되라네
> <small>욕심 없이 떠도는 삶</small>
>
> ☐: 떠돎(유랑)의 이미지
>
> ➡ 청자를 설정하지 않고 화자가 혼잣말로 떠돌아다니는(또는 '떠돌아다닐 수밖에 없는') 자신의 삶을 드러내고 있으므로 독백체임.
>
> 천재(박) | 신경림, 〈목계 장터〉

㉡ **대화체**: 시적 화자가 ❷[   ] 또는 독자에게 말을 건넬 때, '대화체' 또는 '말을 건네는 어조(방식)'라고 한다.

> 아베요 아베요 / 내 눈이 티눈*인 걸 / 아베도 알지요.
> <small>청자</small>
> 등잔불도 없는 제사상에 / 축문*이 당한기요.
> 눌러 눌러 / 소금에 밥이나마 많이 묵고 가이소.
>
> ➡ 화자가 시적 청자로 설정된 '아베'에게 말을 건네므로 대화체임.
>
> – 박목월, 〈만술(萬述) 아비의 축문(祝文)〉
>
> ● 티눈: 글을 읽지 못하는 까막눈이라는 의미로 쓰임.
> ● 축문(祝文): 제사를 지낼 때 죽은 이에게 올리는 글.

📖 **궁금해요** ┄┄

👦 화자가 건넨 말에 청자가 대답하지 않더라도 대화체로 볼 수 있나요?

👩 '대화체'의 '체'는 형식이라는 의미야. 그러니 꼭 화자와 청자가 말을 주고받지 않아도 되고, 시적 청자가 대답하지 않아도 화자가 '말을 건네듯이' 표현한다면 대화체라고 볼 수 있어.
기출에서는 종종 '대화의 형식'이라는 표현도 나오는데, 이 경우는 화자와 청자가 말을 주고받는 형식을 말해. (예 〈시집살이 노래〉⌁97쪽, 〈속미인곡〉⌁107쪽)
대화의 형식이면 대화체에 해당하지만 대화체에 해당한다고 해서 무조건 대화의 형식이 되는 것은 아니야. 그러니까 '화자와 청자가 말을 주고받고 있는지'를 기준으로 대화체와 대화의 형식을 구분하면 돼.

I 현대시

💡 **짚고 가요**

정서·태도·어조의 관계

무서움 (정서)

으악! (어조)

도망 (태도)

길을 가다 무서운 개를 만났다고 가정하자. '놀람', '무서움'과 같은 감정, 즉 '정서'를 가장 먼저 느끼게 될 거야. 그 후엔 개와 맞서든, 도망가든 어떤 '태도'를 취하겠지. 만약 도망가는 태도를 취했다면 "으악!"이라는 겁에 질린 말투로 드러날 수 있어. 이처럼 화자가 대상이나 상황에 대해 느끼는 감정이 '정서', 취하는 반응이 '태도', 그리고 이러한 정서와 태도가 말투로 드러난 것이 '어조'야. 그러니 화자의 정서와 태도를 파악하고 싶다면 어조를 주의 깊게 살펴보렴.

개념
콕 3 이 시에 대한 설명으로 적절하지 **않은** 것은?

① 화자는 '내'라는 시어로 드러난다.

② 화자는 독자에게 말을 건네고 있다.

③ 대화체에서 청자에 대한 화자의 친밀감을 느낄 수 있다.

빈칸 답 | ❶ 정서 ❷ 시적 청자
콕 1 ③ 2 ③ 3 ②

개념➕ 애상적 어조

애상적 어조

슬퍼하거나 가슴 아파하는 정서가 드러난 어조. 영탄적 어조와 함께 드러나기도 한다.

> 사랑을 잃고 나는 쓰네 // (중략)
> 장님처럼 나 이제 더듬거리며
> 문을 잠그네 / 가엾은 내 사랑
> 빈집에 갇혔네
>
> – 기형도, 〈빈집〉
> ➡ 사랑을 잃은 공허함과 상실감을 애상적 어조로 노래함.

🟡 **시적 화자의 정서 표현 정도에 따라**: 시적 화자가 느끼는 정서가 어조로 드러나기도 한다. 영탄적 어조, 격정적 어조, 담담한 어조 등이 있다.

㉠ **영탄적 어조**: 놀라움, 감탄, 분노, 슬픔과 같은 정서를 감탄의 형태로 강하게 드러내는 어조이다. '아아'와 같은 감탄사, 느낌표(!), '−도다', '−구나'와 같은 감탄형 종결 어미 등이 나타나는 것이 특징이다.

> 얼음 금 가고 바람 새로 따르거니 / 흰 옷고름 절로 향기로워라.
> $\qquad\qquad\qquad\qquad\qquad\qquad\qquad\qquad\qquad\qquad$ 감탄형 종결 어미
> 옹송그리고˚ 살아난 양이 ( ): ① 겨울 끝에 온 봄의 모습이 마치 꿈만 같아서 서러운 느낌마저 듦.
> $\qquad\qquad\qquad\qquad\qquad\qquad\qquad\qquad$ ② 다시 온 봄이 마치 꿈을 꾸는 듯이 낯설게 느껴짐.
> 아아(꿈 같기에 설어라.) $\qquad$ ➡ 감탄사와 감탄형 종결 어미를 사용하여 봄을 맞이하는 화
> 감탄사 $\quad$ 감탄형 종결 어미 $\qquad\qquad\quad$ 자의 정서(반가움, 꿈 같기에 서러움)를 효과적으로 드러냄.
> $\qquad\qquad\qquad\qquad\qquad\qquad\qquad\qquad\qquad\qquad\qquad$ 📖 금성 | 정지용, 〈춘설〉
>
> ● 옹송그리다: 춥거나 두려워 몸을 궁상맞게 몹시 움츠려 작게 하다.

💡 **짚고 가요**

영탄적 어조를 드러내는 여러 가지 방법

감탄사, 느낌표, 감탄형 종결 어미의 사용 외에 다음의 표현 방법으로도 영탄적 어조를 자아낼 수 있다.

1 시적 대상을 감탄하며 부른다.

> • 산아, 우뚝 솟은 푸른 산아. 철철 흐르듯 짙푸른 산아. $\qquad$ – 박두진, 〈청산도〉
> ➡ 산을 부르면서 산의 늠름하고 역동적인 모습을 감탄하는 영탄적 어조를 드러냄.
> • 님이여, 사랑이여, 아침 볕의 첫 걸음이여. $\qquad\qquad\qquad\qquad$ – 한용운, 〈찬송〉
> ➡ 대상을 정중히 부르는 '이여'라는 조사로 '님'에 대한 사랑과 존경의 마음을 영탄적 어조로 드러냄.

2 설의적 표현으로 화자의 정서를 강조한다.

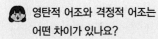

> • 햇살을 바라보면 / 세상은 그 얼마나 아름다운가 $\qquad$ – 정호승, 〈내가 사랑하는 사람〉
> ➡ 의문형 어미인 '−는가'로 세상에 대한 화자의 긍정적 정서를 강조하여 드러냄.
> • 그대의 꽃다운 혼 / 어이 아니 붉으랴 $\qquad\qquad\qquad\qquad$ – 변영로, 〈논개〉
> ➡ 의문형 어미인 '−랴'로 그대의 꽃다운 혼을 감탄하는 화자의 정서를 드러냄.

📕 **궁금해요**

👧 **영탄적 어조와 격정적 어조는 어떤 차이가 있나요?**

👩‍🏫 영탄적 어조는 감정을 표현하는 표현 기법(감탄의 형태로 표현함)에 초점을 둔 개념이라면, 격정적 어조는 정서를 얼마나 강하게 표현하는가(격한 감정을 억누르지 않고 토해냄)에 초점을 둔 개념이야. 격한 감정을 감탄의 형태로 표현했다면? 격정적 어조와 영탄적 어조가 함께 나타나는 것이지. 격정적 어조가 드러나면 영탄적 어조가 함께 드러나는 경우가 많아.

㉡ **격정적 어조**: 화자가 격한 감정을 강하게 표현하는 어조이다.

> 산산이 부서진 이름이여! / 허공중에 헤어진 이름이여!
> $\qquad\qquad\qquad\qquad\qquad\qquad\qquad\qquad\qquad$ 🔲: 사랑하는 이의 부재에서 생긴 격한 슬픔을
> 불러도 주인 없는 이름이여! / 부르다가 내가 죽을 이름이여! $\qquad$ 영탄적 어조로 강하게 드러냄.
>
> ➡ 죽은 이(시적 대상)에 대한 화자의 그리움과 슬픔을 격정적·영탄적 어조로 드러냄. $\qquad$ 📖 미래엔 | 김소월, 〈초혼˚〉
> ● 초혼: 사람이 죽었을 때, 죽은 이의 혼을 소리쳐 부르는 일.

㉢ **담담·차분한 어조(=감정의 절제)**: 화자의 정서를 직접적으로 드러내지 않고 절제하여 표현할 때 사용하는 어조이다. '감정을 절제'하였다고 표현하기도 한다.

> 다시 뜨시잖는 두 눈에 / 피지 못한 꿈의 꽃봉오리가 갈앉고
>
> 얼음장에 누우신 듯 손발은 식어 갈 뿐 / 입술은 심장의 영원한 정지를 가리켰다
> $\quad$ 시적 상황: 돌아가신 아버지의 시신이 싸늘하게 식어 감. $\qquad$ 아버지의 돌아가신 모습을 차분한 어조로 객관적으로 묘사함.
> (때늦은 의원이 아모 말없이 돌아간 뒤
> ( ): 아버지가 돌아가신 현장을 담담하게 객관적으로 전달함.
> 이웃 늙은이 손으로 / 눈빛 미명은 고요히 / 낯을 덮었다.)
>
> ➡ 감정을 절제한 담담한 어조로 아버지의 죽음이라는 비극적인 상황을 $\qquad$ – 이용악, 〈풀벌레 소리 가득 차 있었다〉
> $\quad$ 표현함으로써 화자의 슬픔이 더욱 잘 전달됨.

개념 ✏콕 4

이 시에 대한 설명으로 적절하지 않은 것은?

① 시적 상황을 담담한 어조로 표현하고 있다.

② 시어를 통해 화자의 정서를 직접 드러내고 있다.

③ 비극적인 상황임에도 감정을 절제하여 표현하고 있다.

---

4 시험에서 정서·태도·어조를 나타내는 말들

☑ 정서적 반응이 태도로 이어지고 그것이 어조로 드러난다고 할 때, 정서·태도·어조는 서로 밀접하게 연관되어 있어. 시험에서는 'OO적 태도(어조)', "화자는 OO하고 있다"라는 선택지로 화자의 태도나 어조를 잘 파악했는지 물어봐. 이때 OO에 들어가는 말들을 잘 알아 두어야 해.

괜찮아, 잘될 거야!

어쩔 수 없구나….

아, 희망이 없네. ㅠㅠ

반드시 해낼 거야!

굴복하지 않고 맞설 거야!

긍정/낙관/낙천   체념/단념/절망   (극복) 의지/저항

① **긍정·낙관·낙천**: 시적 상황이나 대상을 밝고 희망적으로 볼 때 쓰는 표현이다.

> 오늘도 하루 잘 살았다 / 굽은 길은 굽게 가고 / 곧은 길은 곧게 가고 //
> _{주어진 삶에 순응하는 모습}
> 막판에는 나를 싣고 / 가기로 되어 있는 차가 / 제시간보다 일찍 떠나는 바람에
> _{화자}   _{예상치 못한 일}
> (걷지 않아도 좋은 길을 두어 시간 / 땀 흘리며 걷기도 했다)//
> _{( ): 예상하지 못한 어려움.}
> 그러나 그것도 나쁘지 아니했다 / 걷지 않아도 좋은 길을 걸었으므로
>
> ➡ '오늘 하루'를 잘 살았다, 예상하지 못한 어려움을 나쁘지 아니했다고 긍정함. → 화자의 낙관적·낙천적인 인생관이 드러남.   📖 천재(김) | 나태주, 〈사는 일〉

② **체념·단념·절망**: ❸□□□을 버리고 단념할 때 쓰는 표현이다.

> 삽자루에 맡긴 한 생애가 / 이렇게 저물고, 저물어서   □: 반복되는 절망적 삶에 대한 화자의
> _{화자가 삽질하며 살아가는 노동자임이 드러남.}   체념적 태도가 드러나는 부분
> 샛강 바닥 썩은 물에 / 달이 뜨는구나
>   _{① 산업화에 따른 환경 오염(부정적인 외적 상황) ② 절망적인 화자의 삶(부정적인 내적 상황)}
> 우리가 저와 같아서 / 흐르는 물에 삽을 씻고
> _{화자}   _{① '썩은 물'과 같아서 ② '썩은 물에 뜬 달'과 같아서 → 스스로에 대한 화자의 부정적 인식이 드러남.}
> 먹을 것 없는 사람들의 마을로 / 다시 어두워 돌아가야 한다
>   _{가난한 삶}
>
> ➡ 반복되는 절망적인 삶에 체념하고 단념하는 화자의 모습이 드러남.   📖 천재(정) | 정희성, 〈저문 강에 삽을 씻고〉

③ **(극복) 의지·저항·단정**: '의지'는 무언가를 이루려고 할 때 쓰는 말이고, '저항'은 어떤 것에 대항하여 맞서고자 할 때 쓰는 말이다. 저항적 태도가 드러날 때에는 대개 의지적 태도·어조가 함께 드러난다. 또한 부정적인 현실을 이겨 내려는 마음을 '현실 ❹□□ 의지'라고 표현한다.

> 지금 눈 내리고 / 매화 향기 홀로 아득하니
> _{시적 상황(부정적인 현실)}
> 내 여기 가난한 노래의 씨를 뿌려라   □: 화자의 현실 극복 의지와 확신이 드러나는 표현
> _{화자}   ┌ 먼 미래
> 다시 천고*의 뒤에 / 백마 타고 오는 초인*이 있어
>   _{성스러운 존재, 민족 이상을 실천하는 존재}
> 이 광야에서 목 놓아 부르게 하리라
>
> ➡ 단정적·확신적인 표현(□)을 사용하여 화자의 현실 극복 의지를 드러냄.   📖 천재(박) | 미래엔, 비상 | 이육사, 〈광야〉

● 천고(千古): 아주 오랜 세월.
● 초인(超人): 보통 사람으로 생각할 수 없을 만큼 뛰어난 능력을 지닌 사람.

개념
🔑5 이 시의 화자에 대한 설명으로 적절하지 <u>않은</u> 것은?
① 편하고 쉬운 삶을 추구한다.
② 주어진 상황을 긍정적으로 받아들인다.
③ 예상 밖의 어려움도 좋게 생각하고 있다.

개념
🔑6 이 시의 화자에 대한 설명으로 적절하지 <u>않은</u> 것은?
① 궁핍한 상황에도 가난을 이겨 내려 노력하고 있다.
② 삽질로 생계를 이어 가는 사람이라고 추측할 수 있다.
③ 자신의 삶이 발전 없이 반복되고 있다고 인식하고 있다.

개념
🔑7 이 시의 화자에 대한 설명으로 적절하지 <u>않은</u> 것은?
① 현실을 긍정적으로 인식하고 있다.
② '가난한 노래의 씨'에는 화자의 현실 극복 의지가 담겨 있다.
③ '하리라'라는 시어로 시련을 이겨 내려는 굳센 태도를 드러낸다.

빈칸 답 | ❸ 희망 ❹ 극복
🔑 4② 5① 6① 7①

| 달관/초월 | 구도 | 비판 | 냉소 |

④ **달관·초월**: 삶의 걱정거리·욕심과 같은 사소한 일에서 벗어나 넓고 큰 지혜와 인생관에
어떠한 한계나 표준을 뛰어넘음
사소한 것에 얽매이지 않는 인생관
도달했을 때 쓰는 표현이다.

개념
콕 8 이 시의 화자에 대한 설명으로 적절하지 **않은** 것은?

① 삶을 긍정적으로 인식한다.
② '하늘'을 자신이 원래 있던 공간으로 인식한다.
③ '소풍'을 마치고 '하늘'로 돌아가는 것을 아쉬워한다.

> 나 하늘로 돌아가리라. / 아름다운 이 세상 소풍 끝내는 날,
> '하늘'을 자신이 본래 있던 곳이라 생각하는 인식이 드러남.   이 세상에서의 삶을, 잠시 '소풍' 나온 것이라 생각함.
> 가서, 아름다웠더라고 말하리라……
> 화자의 긍정적인 인생관이 드러남.
> ➡ 죽음의 세계로 기꺼이 '돌아가리라'라고 반복하고, 삶을 '소풍'과 '아름다운' 것으로 표현한 것
>   에서 화자의 초월적·달관적 태도가 드러남.   – 천상병, 〈귀천˙〉
> ◆ **귀천(歸天)**: 넋이 하늘로 돌아간다는 뜻으로, 사람의 죽음을 이르는 말.

⑤ **구도**: 진리나 종교적인 깨달음을 추구할 때 쓰는 표현이다.
도를 구함

개념
콕 9 이 시에 대한 설명으로 적절하지 **않은** 것은?

① '빛'은 깨달음의 상태로 볼 수 있다.
② 진리를 추구하는 행위를 등산에 빗대었다.
③ 화자는 자신이 '무명'을 벗어나지 못할 것이라고 생각한다.

> 진리, 깨달음
> 암벽을 더듬는다. / 빛을 찾아서 조금씩 움직인다.   ➡ 진리를 추구하는 구도적
> 시적 상황=무명의 상태   인 자세를 '빛'을 찾아 산
> 결코 쉬지 않는 / 무명˙의 벌레처럼 무명을 / 더듬는다.   에 오르는 행동에 빗댐.
>   화자 자신
> □ : 진리를 추구하는 행위   – 오세영, 〈등산〉
> ◆ **무명(無明)**: 잘못된 의견이나 집착 때문에 진리를 깨닫지 못하는 마음의 상태.

⑥ **비판**: 시적 상황이나 대상의 옳고 그름을 판단하여 밝히거나 잘못을 지적할 때 쓰는 표현이다.

개념
콕 10 이 시에 대한 설명으로 적절한 것은?

① 화자는 '서울'의 잘못을 지적하고 있다.
② '서울'은 쌀이 소중한 존재라고 생각한다.
③ 화자는 '쌀'과 '살'의 차이를 부각하고 있다.

> 서울은 나에게 쌀을 발음해 보세요, 하고 까르르 웃는다   □ : '쌀'의 가치도 모르면서 '쌀'을 '살'로
>   발음하는 화자를 비웃는 '서울'의 행
> 또 살을 발음해 보세요, 하고 까르르까르르 웃는다 (중략)   위 → 비판의 대상
> 경상도 지역에서는 '쌀'을 '살'로 발음하는 사람들이 있음.
> 제 몸의 살이 그 쌀로 만들어지는 줄도 모르고
> '서울'이 알지 못하는 '쌀'의 가치 – 우리 몸의 피와 살이 되는 소중한 존재임.
> 그래서 쌀과 살이 동음동의어라는 비밀 까마득히 모른 채 / 서울은 웃는다
> ➡ 쌀의 가치도 모르면서 화자를 비웃는 '서울(서울 사람들)'을 비판함.   천재(이) | 정일근, 〈쌀〉

⑦ **냉소**: 쌀쌀한 태도로 대상을 비판하고 비웃을 때 쓰는 표현이다.
차게 웃음

개념
콕 11 이 시에 대한 설명으로 적절하지 **않은** 것은?

① 작가나 철학가가 상품화된 현실에 주목한다.
② 화자는 시를 배우려는 제자를 비판하고 있다.
③ 정신적 가치에 값을 매기는 현실을 냉소적으로 그렸다.

> (샤를 보들레르 800원 / 칼 샌드버그 800원 / 프란츠 카프카 800원 // 이브 본느프와
> 1,000원 (중략) 위르겐 하버마스 1,200원)//   ( ): 세계적인 작가와 인문학자들을 메뉴판 형식으로 나열함.
> 대접받지 못하는 정신적 가치
> 시를 공부하겠다는 / 미친 제자와 앉아 / 커피를 마신다
>   정신적 가치를 추구하는 제자를 미쳤다고 표현함.
> 제일 값싼 / 프란츠 카프카
> 인간 사회의 부조리를 풍자한 작가가 물질 만능의 현실에서 값싼 존재로 전락한 현실에 대한 풍자
> ➡ 정신적 가치를 상품화하고, 정신적 가치를 추구하는 것을 미친 행위로 생각하   비상 | 오규원, 〈프란츠 카프카〉
>   게끔 하는 세상에 대한 냉소적 태도가 드러남.

| 연민 | 예찬 | 관조 |

불쌍하고 가련하게 여김
⑧ **연민**: 대상을 불쌍하고 가엾게 여길 때 쓰는 표현이다.

> (막차는 좀처럼 오지 않았다 / 대합실 밖에는 밤새 송이눈이 쌓이고
>   ( ): 시적 상황 – 추운 겨울날의 늦은 밤, 사평역 대합실 안
> 흰 보라 수수꽃 눈 시린 유리창마다 / 톱밥 난로가 지펴지고 있었다)
>   추위를 없애 주는 존재
> 그믐처럼 몇은 졸고 / 몇은 감기에 쿨럭이고
>   시적 대상 – 고단한 삶에 지쳐 있는 사람들
> 그리웠던 순간들을 생각하며 나는 / 한 줌의 톱밥을 불빛 속에 던져 주었다
>   화자   가난하고 소외된 사람들에 대한 애정이 담긴 행위
> ➡ 톱밥 난로를 지피는 행위에서 시적 대상을 연민하는 화자의 태도가 드러남.
>   창비 | 곽재구, 〈사평역에서〉

개념
콕 12 이 시에서 대합실 안 사람들에 대한 설명으로 적절한 것은?

① 화자가 그리워하는 대상이다.
② 화자를 가련하게 여기고 있다.
③ 화자가 연민의 시선으로 보는 대상이다.

⑨ **예찬**: 어떤 대상을 훌륭하거나 좋거나 아름답다고 **⑤**　　　　 할 때 쓰는 표현이다.

> 흐르는 강물은 / 길이길이 푸르르니 / 그대의 꽃다운 혼 / 어이 아니 붉으랴
>   논개 – 임진왜란 때 왜장을 껴안고 남강에 뛰어들어 죽은 기생
> 아, 강낭콩 꽃보다도 더 푸른 / 그 물결 위에
> 양귀비꽃보다도 더 붉은 / 그 마음 흘러라.
> ➡ '그대(논개)'의 '꽃다운 혼'을 예찬함.   – 변영로, 〈논개〉

개념
콕 13 이 시에 대한 설명으로 적절하지 **않은** 것은?

① 시적 대상이 제목에서 드러난다.
② 화자는 '그대'의 훌륭한 면모를 찬양하고 있다.
③ 화자는 시적 대상을 객관적인 시각으로 보고 있다.

고요한 마음으로 관찰하거나 비추어 봄
⑩ **관조**: 시적 화자가 시적 대상과 거리를 두고, 담담히 대상을 탐구하거나 바라볼 때 쓰는 표현이다.

> 돌에 / 그늘이 차고
>   먹구름이 끼며 그늘을 드리운 모습
>
> 따로 몰리는 / 소소리바람.✦
>   차고 매서운 바람
>
> 앞서거니 하여 /(꼬리 치날리어 세우고,
>   ( ): 빗방울이 여기저기 떨어져 튀어 오르는 모습을. 꼬리를
>   세우고 종종걸음으로 걷는 산새의 모습에 빗댐.
>
> 종종 다리 까칠한✦/ 산새 걸음걸이.)   ➡ 화자가 주관적 감정을 드러내지 않고, 관조적
>   태도로 비 오는 풍경을 담담하게 묘사함.
>   창비 | 정지용, 〈비〉

✦ **소소리바람**: 이른 봄에 살 속으로 스며드는 듯한 차고 매서운 바람.
✦ **까칠하다**: 야위거나 메말라 살갗이나 털이 윤기가 없고 조금 거칠다.

개념
콕 14 이 시에 대한 설명으로 적절하지 **않은** 것은?

① 화자는 비를 보며 기뻐하고 있다.
② 빗방울이 떨어지는 모습을 산새의 걸음걸이에 빗대었다.
③ 비가 내리기 직전부터 빗방울이 떨어지기까지의 과정이 순서대로 드러난다.

빈칸 답 | ⑤ 찬양
콕 8 ③ 9 ③ 10 ① 11 ② 12 ③ 13 ③ 14 ①

| (자아) 성찰/반성 | 자조 | 회상/회고 |

⑪ **(자아) 성찰·반성:** 시적 화자가 [**⑥**]을 반성하고 살필 때 쓰는 표현이다.
돌이켜 봄
반성하고 살핌

개념콕 15 이 시에 대한 설명으로 적절하지 **않은** 것은?

① 화자는 우물에 비친 자신의 모습을 보고 있다.
② 화자는 스스로를 미워했다가, 곧 다시 가엾어한다.
③ 우물은 화자가 스스로를 비웃게 만드는 매개체이다.

산모퉁이를 돌아 논가 외딴 우물을 홀로 찾아가선 가만히 들여다봅니다. (중략)
성찰의 계기, 성찰의 매개체 *스스로를 살펴보는 행위*
그리고 한 사나이가 있습니다.
우물에 비친 화자의 모습
어쩐지 그 사나이가 미워져 돌아갑니다. //
스스로를 미워함.
돌아가다 생각하니 그 사나이가 가엾어집니다.
스스로에게 연민을 느끼게 됨.
도로 가 들여다보니 사나이는 그대로 있습니다.

➡ '우물'을 '들여다보'는 화자의 행동을 통해 성찰적이고 반성적인 태도가 드러남.

비상(박안), 신사고 | 윤동주, 〈자화상〉

☑ 성찰적·반성적 태도나 어조가 드러난 시는 화자가 자신의 속마음을 독자에게 밝히기 때문에 고백적이고, 자신이 한 행동을 돌아보기 때문에 회고적인 경우가 많아.

⑫ **자조:** 화자가 스스로를 부정적으로 생각하고 자신을 비웃을 때 쓰는 표현이다.
스스로 비웃음

개념콕 16 이 시에 대한 설명으로 적절하지 **않은** 것은?

① '이발쟁이', '야경꾼'은 힘 없는 이들을 의미한다.
② '구청 직원', '동회 직원'은 힘 있는 자를 의미한다.
③ 화자는 '땅 주인'과 같은 권력자에게 저항하고 있다.

그러니까 이렇게 옹졸하게 반항한다
이발쟁이에게 / 땅 주인에게는 못 하고 이발쟁이에게
구청 직원에게는 못 하고 동회 직원에게도 못 하고
야경꾼에게 20원 때문에 10원 때문에 1원 때문에
우습지 않느냐 1원 때문에

◯ : 힘없는 자 → 화자가 화내는 대상
△ : 권력이나 힘을 가진 자
→ 화자가 화내지 못하는 대상

➡ 권력자에게는 반항하지 못하고 힘없는 자에게만 반항하는 자신의 모습을 '옹졸하'고 '우습'다고 비웃음.

금성, 신사고, 지학사, 천재(김) | 김수영, 〈어느 날 고궁을 나오면서〉

⑬ **회상·회고:** [**⑦**]의 일이나 대상을 생각하고 되돌아볼 때 쓰는 표현이다.
돌이켜 생각함

개념콕 17 이 시에 대한 설명으로 적절한 것은?

① 화자는 '너'와의 과거를 돌아보고 있다.
② 화자가 표면에 드러나지 않고 숨어 있다.
③ 화자와 '너'는 현재 연인 관계임을 알 수 있다.

내 볼에 와 닿던 네 입술의 뜨거움
사랑한다고 사랑한다고 속삭이던 네 숨결
돌아서는 내 등 뒤에 터지던 네 울음

➡ 과거를 나타내는 어미 '-던'을 통해 화자가 '너'와 있었던 일을 회상하고 있음이 드러남.

비상(박안) | 신경림, 〈가난한 사랑 노래〉

| 기원/소망 | 확신 | 회의 |

Ⅰ 현대 시

⑭ **기원·소망**: 어떤 일이 이루어지기를 바랄 때 쓰는 표현이다.

> 옷감 등을 짤 때 가로세로로 얽이는 실
> 어느 날 당신과 내가 / 날과 씨로 만나서 / 하나의 꿈을 엮을 수만 있다면
> 미래의 시점   □: 어미 '–다면'을 사용해 '당신'과 만나 꿈을 엮고 싶다는 화자의 소망을 드러냄.
> 우리들의 꿈이 만나 / 한 폭의 비단이 된다면 //
>
> 나는 기다리리, 추운 길목에서
> '당신'을 만날 수 있다면 시련을 이겨 내겠다는 화자의 의지가 드러남.
> ➡ '날과 씨'라는 소재를 사용하여 '당신'과 함께 꿈을 이룰 수 있기를 기   – 정희성, 〈한 그리움이 다른 그리움에게〉
>   원하는 화자의 소망을 표현함.

개념
콕 18 이 시의 화자의 바람과 거리가 **먼** 것은?

① '당신'과 하나의 꿈을 엮기를 바람.
② '당신'과 '날'과 '씨'로 만나기를 바람.
③ '당신'과 함께 추위를 견디어 낼 수 있기를 바람.

굳게 믿음
⑮ **확신**: 어떤 일이나 대상을 굳게 믿을 때 쓰는 표현이다.

> 우리는 만날 때에 떠날 것을 염려하는 것과 같이 떠날 때에 다시 만날 것을 믿습니다.
> '님'과의 이별에 절망하지 않고, 재회를 굳게 믿는 화자의 태도가 드러남.
> 아아 님은 갔지마는 나는 님을 보내지 아니하였습니다.
> ➡ 아직 오지 않은 미래의 상황을 '믿습니다'라고 확신하는 화   콕 미래엔 🔖 미래엔, 지학사 | 한용운, 〈님의 침묵〉
>   자의 태도가 드러남.

개념
콕 19 이 시의 화자에 대한 설명으로 적절한 것은?

① '님'을 예찬하고 있다.
② '님'과의 재회를 확신한다.
③ '님'과의 이별에 절망한다.

의심을 품음
⑯ **회의**: 어떤 일이나 대상을 의심할 때 쓰는 표현이다.

> 대학 노―트를 끼고 / 늙은 교수의 강의 들으러 간다. //
> 현실에 안주하는 화자의 모습
> 생각해 보면 어린 때 동무를 / 하나, 둘, 죄다 잃어버리고 //
> 나는 무얼 바라 / 나는 다만, 홀로 침전°하는 것일까?   ➡ 의문문의 형식으로 자신의 삶에 대한 회의적 태도를 드러냄.
> 화자   현실에 안주하는 자신의 삶에 대한 회의감이 물음을 통해 드러남.
>   콕 금성, 동아, 미래엔, 비상, 지학사, 천재(김), 천재(정) | 윤동주, 〈쉽게 씌어진 시〉
> ● **침전(沈澱)**: 액체 속 물질이나 기분 따위가 밑바닥으로 가라앉음.

개념
콕 20 이 시의 화자에 대한 설명으로 적절한 것은?

① 스스로에 대한 확신이 있다.
② 현재의 삶에 만족하고 있다.
③ 현재 자신의 삶에 대해 물음을 던지고 있다.

💡 **짚고 가요**

정서·태도·어조를 파악하는 방법

1 시적 화자를 찾고, 화자의 처지나 상황을 파악해 봐. 그리고 화자의 정서나 태도와 관련된 말들을 살펴보면 돼.

> 잎새에 이는 바람에도 / 나는 괴로워했다.   부끄러운 이름을 슬퍼하는 까닭입니다.
>   시적 화자
> □: 화자의 정서가 드러나는 말
>   콕 금성, 미래엔, 비상(박영) 🔖 동아 | 윤동주, 〈서시〉   콕 해냄 🔖 창비 | 윤동주, 〈별 헤는 밤〉

2 시어가 주는 느낌이나 어미를 확인해 봐.

> 잎새에 이는 바람에도
> ➡ 시어가 주는 느낌: '잎새에 이는 바람'은 화자가 주변을 자세히 살피지 않으면 느끼지 못할 정도로 세기가 약하겠지? 화자
>   는 이런 사소한 것에서도 괴로움을 느끼고 있네.
>
> 나는 괴로워했다. (← '하였다'의 준말)
> ➡ 어미: '–였다'라는 어미를 통해 화자가 자신의 경험(정서)을 담담하게 밝히고 있음을 알 수 있지.

빈칸 답 | ❻ (자기) 자신 **❼** 과거
콕 15 ③ 16 ③ 17 ① 18 ③ 19 ② 20 ③

✔ 바로바로 간단 체크

1 괄호 안에 들어갈 알맞은 말을 쓰시오.

(1) 시적 화자가 시적 대상이나 시적 상황에 대해 느끼는 속마음이나 기분을 (ㅈㅅ)라고 한다.

(2) 시적 화자가 시적 대상이나 시적 상황에 대해 보이는 심리적 자세나 대응 방식을 (ㅌㄷ)라고 하며, 이는 시적 화자의 어조를 통해 드러난다.

(3) 시적 화자가 사용하는 특징적인 말투를 (ㅇㅈ)라고 한다.

(4) 어조는 (ㅊㅈ)가 있느냐 없느냐에 따라 대화체와 독백체로 나눌 수 있다. 화자가 시적 청자에게 말을 건네면 (ㄷㅎㅊ), 시적 청자를 설정하지 않고 화자 혼자 말하면 (ㄷㅂㅊ)이다.

2 시적 화자의 정서·태도·어조를 나타내는 어휘와 그 뜻을 바르게 이으시오.

(1) 예찬 •　　　　•㉠ 자기 자신을 비웃음.

(2) 연민 •　　　　•㉡ 쌀쌀한 태도로 비웃음.

(3) 구도 •　　　　•㉢ 대상을 불쌍하고 가엾게 여김.

(4) 관조 •　　　　•㉣ 진리나 종교적인 깨달음을 추구함.

(5) 자조 •　　　　•㉤ 대상을 훌륭하거나 좋거나 아름답다고 찬양함.

(6) 달관 •　　　　•㉥ 사소한 일에서 벗어나 넓고 큰 지혜와 인생관을 갖게 됨.

(7) 냉소 •　　　　•㉦ 대상과 거리를 두고 담담히 대상을 관찰함.

[01~02] 다음 시를 읽고 물음에 답하시오.

🔒 미래엔

　열무 삼십 단을 이고
　시장에 간 우리 엄마
　㉠안 오시네, ㉡해는 시든 지 오래
　나는 찬밥처럼 방에 담겨
　아무리 천천히 숙제를 해도
　엄마 안 오시네, 배춧잎 같은 발소리 타박타박
　안 들리네, 어둡고 무서워
　㉢금 간 창틈으로 ㉣고요한 빗소리
　빈방에 혼자 엎드려 훌쩍거리던

　㉤아주 먼 옛날
　지금도 내 눈시울을 뜨겁게 하는
　그 시절, 내 유년의 윗목●

－ 기형도, 〈엄마 걱정〉

● **윗목**: 온돌방에서 아궁이로부터 먼 쪽의 방바닥. 불길이 잘 닿지 않아 아랫목보다 상대적으로 차가운 쪽이다.

---

01 ㉠~㉤을 통해 이 시의 시적 상황을 추측한 것으로 적절하지 **않은** 것은?

① ㉠과 같은 시구가 6행에서 반복되는 걸 보니, 화자는 엄마를 간절하게 기다리고 있었나 봐.

② ㉡을 보니 엄마가 시장에 간 지 오래되었음을 알 수 있어.

③ ㉢으로 보아 어린 시절 화자의 가정 형편이 어려웠던 것 같아.

④ ㉣로 보아 비가 오고 있고, 이 비가 화자의 마음을 고요하고 평화롭게 해 줌을 알 수 있어.

⑤ ㉤에서 성인이 된 화자가 자신의 유년 시절을 돌이켜보고 있음을 알 수 있어.

02 이 시의 화자에 대한 설명으로 가장 적절한 것은?

① 자신의 어린 시절을 반성하고 있다.

② 엄마가 돌아올 것을 확신하고 있다.

③ 과거를 회상하며 자신을 연민하고 있다.

④ 외로운 마음을 격정적 어조로 표현하고 있다.

⑤ 가난했던 자신의 처지를 긍정적으로 여기고 있다.

[03~04] 다음 시를 읽고 물음에 답하시오.

국 미래엔 문 비상, 지학사

나는 이제 너에게도 슬픔을 주겠다.
사랑보다 소중한 슬픔을 주겠다.
겨울밤 거리에서 귤 몇 개 놓고
살아온 추위와 떨고 있는 할머니에게
귤값을 깎으면서 기뻐하던 너를 위하여
나는 슬픔의 평등한 얼굴을 보여 주겠다.
내가 어둠 속에서 너를 부를 때
단 한 번도 평등하게 웃어 주질 않은
가마니에 덮인 동사자가 다시 얼어 죽을 때
가마니 한 장조차 덮어 주지 않은
무관심한 너의 사랑을 위해
흘릴 줄 모르는 너의 눈물을 위해
나는 이제 너에게도 기다림을 주겠다.
이 세상에 내리던 함박눈을 멈추겠다.
보리밭에 내리던 봄눈들을 데리고
추워 떠는 사람들의 슬픔에게 다녀와서
눈 그친 눈길을 너와 함께 걷겠다.
슬픔의 힘에 대한 이야기를 하며
기다림의 슬픔까지 걸어가겠다.

– 정호승, 〈슬픔이 기쁨에게〉

03 이 시의 화자에 대한 설명으로 적절하지 <u>않은</u> 것은?

① 추상적인 대상인 '기쁨'을 의인화하여 말을 건네고 있다.

② 타인의 고통에 무관심한 사람들을 비판적으로 여기고 있다.

③ 시적 대상이 긍정적으로 바뀔 가능성을 회의적으로 보고 있다.

④ '-겠다'가 쓰인 말을 반복하여 의지적인 태도를 드러내고 있다.

⑤ 일반적으로 부정적인 감정으로 여겨지는 '슬픔'을 긍정적으로 표현하고 있다.

04 다음의 시어와 같은 의미를 지닌 3음절의 시어를 찾아 쓰시오.

겨울밤	소외된 이들이 겪는 고통과 시련

[05~06] 다음 시를 읽고 물음에 답하시오.

2015학년도 9월 평가원Ⓑ (변형)

㉠모란이 피기까지는
나는 아직 나의 봄을 기다리고 있을 테요
모란이 뚝뚝 떨어져 버린 날
나는 비로소 봄을 여읜 ㉡설움에 잠길 테요
오월 ㉢어느 날 그 하루 무덥던 날
떨어져 누운 꽃잎마저 시들어 버리고는
천지에 모란은 자취도 없어지고
뻗쳐오르던 내 ㉣보람 서운케 무너졌으니
모란이 지고 말면 그뿐 내 한 해는 다 가고 말아
㉤삼백예순 날 하냥 섭섭해 우옵네다
모란이 피기까지는
나는 아직 기다리고 있을 테요 ⓐ찬란한 슬픔의 봄을

– 김영랑, 〈모란이 피기까지는〉

05 ㉠~㉤에 대한 이해로 적절하지 <u>않은</u> 것은?

① ㉠: 화자가 간절하게 소망하는 시적 대상이다.

② ㉡: 화자가 시적 대상의 부재로 느끼는 정서이다.

③ ㉢: 화자와 시적 대상의 만남이 이루어지는 시간이다.

④ ㉣: 대상의 부재로 '한 해'가 의미 없어졌다는 화자의 상실감이 드러난다.

⑤ ㉤: 화자가 느끼는 상실감과 서러움의 깊이를 강조하는 표현이다.

06 〈보기〉는 ⓐ에 쓰인 시어들의 사전적 의미를 정리한 것이다. 이를 바탕으로 하여 이 시의 마지막 행에서 드러나는 화자의 정서와 태도를 서술하시오.

┤ 보기 ├

• 찬란하다: 빛깔이나 모양 따위가 매우 화려하고 아름답다. 감정 따위가 매우 즐겁고 밝다.

• 슬프다: 원통한 일을 겪거나 불쌍한 일을 보고 마음이 아프고 괴롭다.

03 시의 운율

개념을 품은 기출 선택지

- 특정 시어를 장음으로 읽도록 유도하여 시어의 의미와 **낭송의 호흡**을 조화시키고 있다. (2015. 06. 평가원®)
- (가)의 '어이 못 오던다 무슨 일로 못 오던다'와 (다)의 '성님 성님 사촌 성님'을 보면 **단어와 구절을 반복**하여 **리듬감을 형성**하고 있음을 알 수 있다. (2016. 06. 평가원®)
- **의도적으로 변형한 시어**를 통하여 **리듬감**에 변화를 주고 있다. (2018. 06. 평가원)

❶ 운율(=리듬감)

시를 읽을 때 느껴지는 말의 가락을 뜻한다. 운율에서 '운'은 같거나 비슷한 소리가 특정한 위치에서 반복되는 것, '율'은 소리 덩어리가 일정하게 반복되는 것을 의미한다. 이렇듯 운율은 '규칙적인 ❶ [   ]'으로 만들어진다.

❷ 운율의 종류

(1) 외형률(外形律) ┌ 겉으로 드러나 있는 운율

시의 겉으로 드러나는 운율을 말한다. 음수·음보·고저·장단 따위의 규칙적 반복으로 생긴다. 주로 향가나 시조와 같은 고전 시가(정형시)에서 나타나는데, 현대 시에서도 규칙적인 음수나 음보를 활용하기도 한다.

㉠ **음위율**: 시에서 각 행의 일정한 위치에 같거나 비슷한 소리가 나는 말을 반복해서 배치 └음(소리)의 위치 할 때 생기는 운율이다. 반복해서 사용한 같은 소리를 '운(韻)'이라 하는데, 그 위치에 따라 두운(앞), 요운(가운데), 각운(끝)으로 나눈다.

머리	허리	다리

돌담에	속삭이는	햇발같이
풀 아래 웃음 짓는	샘물같이	

두운   요운   각운
(받침 'ㄹ'을 반복함)

➋ 일정한 위치에 비슷한 소리를 반복하여 운율의 효과를 얻음.

– 김영랑, 〈돌담에 속삭이는 햇발〉

개념
콕 1 이 시의 운율에 대한 설명으로 적절하지 <u>않은</u> 것은?

① 각 행의 처음에 같은 시어를 반복하여 운율을 형성한다.
② 각 시행의 가운데에서 '는'이 반복되어 리듬감을 준다.
③ 각 행의 끝에 같은 소리를 반복하여 운율을 형성하였다.

ⓛ **음수율**: [❷　　　]가 규칙적으로 반복됨으로써 형성되는 운율이다. 시조와 가사는 3음
_{음(소리)의 개수}
절과 4음절의 반복으로 형성되는 3·4조, 4·4조의 음수율을 보이며, 현대 시에서도 고
전 시가의 운율을 계승한 7·5조의 음수율을 보이는 작품들을 찾아볼 수 있다. 이때 음
절의 수는 한두 개 줄어들거나 늘어나기도 한다.

> (가) 이 몸이∨죽어 가서∨무엇이∨될꼬 하니
> 　　　　3　　　4　　　3　　　4
> 　　봉래산∨제일봉에∨낙락장송∨되어 있어
> 　　　3　　　4　　　4　　　4
> 　　백설이∨만건곤할 제∨독야청청∨하리라
> 　　　3　　　5　　　4　　　3
>
> ➡ 3음절과 4음절의 반복으로
> '3·4조, 4·4조'의 음수율을 형성함.
>
> 🔲 미래엔, 지학사 | 성삼문, 〈이 몸이 죽어 가서〉
>
> (나) 들어도 싫지 않은 물소리기에 / 날마다 바라도 그리운 산아 //
> 　　　　　7(3+4)　　　　　　　5
> 　　온 아침 나의 꿈을 스쳐간 구름 / 이 밤을 어디메서 쉬리라던고.
> 　　　　　7(3+4)　　　　　　7(3+4)　　　5
>
> ➡ 7음절과 5음절의 반복으로 '7·5조'의 음수율을 형성함.
>
> – 조지훈, 〈파초우(芭蕉雨)〉

ⓒ **음보율**: 음보는 시에서 운율을 이루는 [❸　　　]의 덩어리로, 호흡을 끊어 읽는 단위
_{음(소리)의 마디}
가 기준이 된다. 한 행이나 한 연을 몇 개의 덩어리로 끊어 읽느냐에 따라 '3음보', '4음
보'라고 구분한다. 음보율은 위에서 예로 든 시조 (가)와 같이 고전 시가에서 많이 나타
나는데, 위의 (나) 시나 다음의 시처럼 현대 시에서도 3음보나 4음보 운율이 나타나는
작품을 찾아볼 수 있다.

> 산은 / 구강산 / 보랏빛 석산 //
>
> 산도화 / 두어 송이 / 송이 버는데
>
> ➡ 한 연을 세 마디씩 끊어 읽어 3음보를 형성하고
> 각 음보를 한 행에 규칙적으로 배열함.
>
> 🔲 지학사 | 박목월, 〈산도화〉

(2) 내재율(內在律) _{안에 들어 있는 운율}

　겉으로 명확히 드러나지는 않지만 작품에 깃들어 있어 천천히 새겨 읽으면 느낄
수 있는 운율을 말한다. 그 내용이나 시어의 배치 등이 내재율을 형성한다. 일정한 형식을
취하지 않는 현대 시는 대부분 내재율을 가지고 있다.

> 흔들리는 나뭇가지에 꽃 한 번 피우려고 / 눈은 얼마나 많은 도전을 멈추지 않았으랴 //
>
> 싸그락 싸그락 두드려 보았겠지 / 난분분 난분분 춤추었겠지 / 미끄러지고 미끄러
>
> 지길 수백 번,　➡ 외형률과 같이 운율이 겉으로 드러나지는 않지만 소리 내어 읽어 보면 운율을 느낄 수 있음.
>
> 🔲 금성, 비상(박안), 신사고 🔲 지학사 | 고재종, 〈첫사랑〉

❸ 운율의 효과

　규칙적인 질서에서 생기는 운율은 독자에게 언어의 아름다움과 쾌감을 느끼게 한다.
또한 시인이 어떤 의도를 담아 형성한 운율은 작품의 의미와도 긴밀하게 연관되어 있어 강
조하고자 하는 내용이나 주제를 부각하는 효과를 얻는다.

_{개념}
콕 2 (나) 시의 운율에 대한 설명으로 적절하지 <u>않은</u> 것은?

① 일정한 글자 수를 반복하여 리듬감을 형성한다.

② 같은 위치에 특정 음운을 반복하여 운율을 자아낸다.

③ 한 행을 대체로 세 개의 소리 덩어리로 끊어 읽을 수 있다.

_{개념➕} **3음보와 4음보**

음보율은 고전 시가에서 많이 나타나는데, 규칙적인 음보는 낭독할 때 편안함을 주고 작품 전체에 구조적 안정감을 준다.

• 시조와 가사에서는 주로 4음보가 나타난다.

　이런들∨어떠하며∨저런들∨어떠하리
　[1음보]　[2음보]　[3음보]　[4음보]

• 고려 가요와 민요에서는 3음보를 많이 볼 수 있다. 3음보는 4음보에 비해 경쾌한 느낌을 주기도 한다.

　아리랑∨아리랑∨아라리요
　[1음보]　[2음보]　[3음보]

_{개념}
콕 3 이 시의 운율에 대한 설명으로 적절하지 <u>않은</u> 것은?

① 같은 시어의 반복이 리듬감을 자아낸다.

② 전 행에 걸쳐 글자 수가 규칙적으로 반복됨을 눈으로 확인할 수 있다.

③ 1, 2행과, 3~5행의 길이 차이에서 리듬의 느리고 빠름이 느껴진다.

빈칸 답 | ❶ 반복 ❷ 글자 수 ❸ 소리
🔲 1 ① 2 ② 3 ②

음운은 그 성질에 따라 다른 느낌을 주기 때문에 특정 음운을 반복하게 되면 시의 음악성을 형성할 뿐만 아니라 시의 분위기를 형성하는 데도 영향을 미친다.

모 음	양성 모음 (ㅏ, ㅑ, ㅗ, ㅛ)	밝고 가벼운 느낌.
	음성 모음 (ㅓ, ㅕ, ㅜ, ㅠ)	어둡고 무거운 느낌.
자 음	울림소리 (ㅁ, ㄴ, ㅇ, ㄹ)	부드럽고 경쾌한 느낌.
	거센소리 (ㅋ, ㅌ, ㅍ, ㅊ)	거칠고 강한 느낌.

개념
콕 4 시 〈강우〉의 운율 형성 방법에 대한 설명으로 적절하지 않은 것은?

① 시어를 반복한다.
② 시구를 반복한다.
③ 글자 수를 반복한다.

개념
콕 5 이 시의 후렴구의 효과로 적절하지 않은 것은?

① 음악적 효과를 더하고 시의 구조에 통일성을 부여한다.
② 독자가 '그곳'의 모습을 더욱 실감나고 생생하게 느끼게 한다.
③ 각 연을 명확하게 구분하여 시의 전체 구조를 선명하게 드러낸다.

❹ 운율 형성 방법

음운과 음절, 시어·시구·시행 또는 문장 구조나 연을 반복하거나,⊕ 음성 상징어를 사용하여 운율을 형성할 수 있다.

발음할 수 있는 최소 단위 예 '아침'의 '아'와 '침'

㉠ 음운과 음절의 반복: 특정 음운이나 동일한 음절을 반복하여 운율을 형성할 수 있다.

자음과 모음

> 갈래갈래 갈린 길/샛길이라도 / 내게 바이 갈 길은 하나 없소.
>
> ❶ 음운 'ㄱ, ㄹ'을 반복하고, 음절 '길'을 반복해 운율을 형성함.   – 김소월, 〈길〉

㉡ 시어, 시구, 시행의 반복: 여기서 '시어'는 시에서 쓰이는 단어, '시구'는 시에서 둘 이상의 어절이 모인 구, '시행'은 시의 한 행을 의미한다. 같거나 비슷한 시어, 시구, 시행을 반복하면 운율을 형성할 수 있다.⊕

> 조금 전까지는 거기 있었는데 / 어디로 갔나, / 밥상은 차려 놓고 어디로 갔나,
>
> 넙치지지미 맵싸한 냄새가 / 코를 맵싸하게 하는데 / 어디로 갔나,
>
> ❶ 시구를 반복(□)하고, 시어를 반복(○)하여 운율을 형성함.   – 김춘수, 〈강우(降雨)〉

개념⊕ A–A–B–A 구조

시어가 반복되는 형태가 다음 시와 같이 'A–A–B–A'의 형식으로 나타나는 구조이다. 시어 A가 ❹ [   ]되다가 어느 한 부분에서 B로 ❺ [   ]되어 나타난다.

'아홉 오라비'를 매끄럽게 발음한 시어

> 접동 / 접동 / 아우래비 접동
>   A   A   B   A
>
> ❶ A–A–B–A 구조로 운율을 형성함.   집 해냄 | 김소월, 〈접동새〉

㉢ 후렴구 사용: 후렴구는 각 연의 마지막 부분에서 반복되는 시행을 가리킨다. 후렴구는 운율을 형성할 뿐 아니라, 시각적으로 연을 구분하여 시의 구조를 명확히 드러내 주고, 작품 전체에 형식상 ❻ [   ]을 부여한다.

> 넓은 벌 동쪽 끝으로 / 옛이야기 지줄대는* 실개천이 회돌아* 나가고,
>
> 얼룩백이 황소가 / 해설피* 금빛 게으른 울음을 우는 곳, //
>
> — 그곳이 차마 꿈엔들 잊힐 리야.
>
> 질화로*에 재가 식어지면 / 비인 밭에 밤바람 소리 말을 달리고,
>
> 엷은 졸음에 겨운 늙으신 아버지가 / 짚베개를 돋아 고이시는 곳, //
>
> — 그곳이 차마 꿈엔들 잊힐 리야.
>
> 국 동아, 비상(박영), 천재(박) 문 천재(김) | 정지용, 〈향수〉

❷ 후렴구 → 운율을 형성하고, 연을 구분하며, 시에 형식상 통일성을 줌.

● 지줄대다: 낮은 목소리로 자꾸 지껄이다.
● 회돌다: '휘돌다(어떤 물체를 중심으로 하여 휘어서 돌다)'의 변형이다.
● 해설피: ① 해가 질 무렵 때 빛이 약해진 모양. ② 소리가 낮고 느리게.
● 질화로: 질흙으로 구워 만든 화로.

② 문장 구조(= **❼____**)의 반복: 같거나 비슷한 문장 구조를 반복하여 운율을 형성할 수 있다. 🔗대구법: 49쪽

> 씨나 뿌리며 살아라 한다
>
> 밭이나 갈며 살아라 한다 　　　❶ "~(이)나 ~며 살아라 한다"라는 문장 구조를 반복해 운율을 형성함.
>
> 📘 비상(박영) | 박목월, 〈산이 날 에워싸고〉

서로 관련이 있다

⑩ **수미상관 구조**: 수미상관은 같거나 비슷한 시구나 연을 시의 첫 부분과 마지막 부분에서 반복하는 표현 방법이다. 수미상관 구조를 사용하면 운율이 형성될 뿐만 아니라 시에 구조적 안정감을 주고, 주제를 강조하는 효과를 낼 수 있다.
머리와 꼬리

> 나는 나룻배 / 당신은 행인 //
>
> 당신은 흙발로 나를 짓밟습니다 / 나는 당신을 안고 물을 건너갑니다 (중략)
>
> 나는 나룻배 / 당신은 행인
>
> ❶ 처음과 끝에 같은 시행(□)을 반복하는 수미상관의 구조를 취함. 　　　– 한용운, 〈나룻배와 행인〉

⑭ **음성 상징어 사용**: 음성 상징어(의성어, 의태어)는 대체로 같은 음절이나 단어가 반복되는 경우가 많기 때문에 음성 상징어를 사용하면 운율을 형성할 수 있다.

> 귀뚜르르 뚜르르 보내는 타전 소리가 / 누구의 마음 하나 울릴 수 있을까.
> 귀뚜라미의 울음소리를 흉내 낸 의성어
>
> ❶ 음성 상징어(의성어)를 사용하여 운율을 형성함. 　　　📘 금성 | 나희덕, 〈귀뚜라미〉

❺ 시적 허용

시에서 운율을 형성하거나 의미를 강조하기 위하여 맞춤법이나 띄어쓰기에 어긋난, 문법적으로 틀린 표현을 허용하는 것을 말한다.

> 제 피에 취한 새가 귀촉도 운다. / 그대 하늘 끝 호올로 가신 님아.
>
> ❶ 표준어는 '홀로'이지만, '호올로'라고 표현함으로써 정서를 강조하고 운율을 형성함. 　　　– 서정주, 〈귀촉도(歸蜀途)〉

❻ 산문적 진술

운율을 형성하는 규칙에 따라 말을 배열하여 글의 겉으로 드러내는 언어적 형식
'산문(散文)'은 운문(韻文)과 반대되는 말로, 율격과 같은 외적 형식에 얽매이지 않고 자유로운 문장으로 쓴 글을 의미한다. 시에서 산문적 진술이란 행과 연을 엄격하게 나누지 않고 자유롭게 산문 형식으로 쓸 때를 말한다.
한 시행 내에서 발음·강단·고저 따위가 비슷한 말 덩어리를 이어 붙이는, 시의 언어적 형식

> 님은 갔습니다. 아아 사랑하는 나의 님은 갔습니다.
> □ : 시구를 반복함.
> 푸른 산빛을 깨치고 단풍나무 숲을 향하여 난 작은 길을 걸어서 차마 떨치고 갔습니다.
> 　　　　　　　　　　　　　　　　　　　　　　○ : 시어를 반복함.
> 황금의 꽃같이 굳고 빛나던 옛 맹세는 차디찬 티끌이 되어서 한숨의 미풍에 날아 갔습니다.
>
> ❶ 산문의 형식임에도 시어와 시구의 반복으로 자연스러운 운율이 느껴짐. 　📘 미래엔 | 📘 미래엔, 지학사 | 한용운, 〈님의 침묵〉

📖 I 현대시

개념
콕 **6** 이 시에 대한 설명으로 적절하지 **않은** 것은?

① 통사 구조를 반복하였다.
② 같은 구조의 문장을 반복하여 운율을 형성하였다.
③ 의미가 대조적인 시행을 나열하여 뜻을 강조하였다.

개념
콕 **7** 이 시에서 수미상관 구조가 자아내는 효과로 적절하지 **않은** 것은?

① 운율을 형성한다.
② 시에 구조적 안정감을 준다.
③ '당신'의 이기심을 부각한다.

📕 **궁금해요**

😊 '산문적 진술'을 사용한 시에서는 운율이 느껴지지 않나요?

👩 그렇지 않아. 산문적 진술로 쓴 시라고 하더라도, 〈님의 침묵〉처럼 시어나 시구를 반복함으로써 운율이 느껴질 수 있어. 그 외에도 시행이나 문장 구조 등을 반복하거나 음성 상징어를 사용해서 운율을 형성할 수도 있지. 얼핏 눈으로만 봐서 헷갈릴 때는 시를 낭송해 보는 것도 좋아.
참고로 시의 행을 나누지 않고 산문 형식으로 쓴 시를 '산문시'라고 하는데, 산문시에는 산문적 진술이 쓰였지만 산문적 진술이 쓰였다고 해서 무조건 산문시는 아니야. 예를 들어 〈님의 침묵〉은 산문적 진술이 쓰인 시이지만 행의 구분이 있기 때문에 산문시라고 할 수 없어.(산문시의 예시가 궁금한 친구들은 황동규의 〈즐거운 편지〉를 참고해.) 🔗52쪽

빈칸 답 ❹ 반복 ❺ 변화 ❻ 통일성 ❼ 통사 구조
콕 **4** ③ **5** ② **6** ③ **7** ③

✓ 바로바로 간단 체크

1 괄호 안에 들어갈 알맞은 말을 쓰시오.

(1) 운율은 시를 읽을 때 느껴지는 말의 가락으로, 규칙적인 (ㅂㅂ)으로 만들어진다.

(2) (ㅇㅎㄹ)은 운율이 일정한 형식을 따라 형성돼 겉으로 드러난 운율이다. 반면 (ㄴㅈㅇ)은 운율이 시어나 시구 속에서 자연스럽게 느껴지는 운율이다.

2 서로 관련되는 것끼리 바르게 연결하시오.

(1) 음수율 •   • ㉠ 끊어 읽는 말의 덩어리가 규칙적으로 반복됨.

(2) 음보율 •   • ㉡ 일정한 위치에서 비슷한 소리가 나는 말이 반복됨.

(3) 음위율 •   • ㉢ 일정한 글자 수가 규칙적으로 반복됨.

3 다음 설명이 맞으면 ○표, 틀리면 ×표를 하시오.

(1) 후렴구는 운율을 형성하고, 시 전체에 형식상 통일성을 줄 수 있다. ( )

(2) 의성어나 의태어를 사용하면 문장 구조가 반복되어 운율이 형성된다. ( )

(3) 시적 효과를 위해 시에서 문법적으로 틀린 표현을 허용하는 것을 시적 허용이라고 한다. ( )

[01~02] 다음 시를 읽고 물음에 답하시오.
교 금성, 동아, 비상(박안), 비상(박영), 천재(박), 천재(이), 해냄

나 보기가 역겨워 / 가실 때에는
말없이 고이 보내 드리우리다.

영변에 약산* / 진달래꽃
아름 따다 가실 길에 뿌리우리다.

가시는 걸음걸음 / 놓인 그 꽃을
사뿐히 즈려밟고* 가시옵소서.

나 보기가 역겨워 / 가실 때에는
죽어도 아니 눈물 흘리우리다.

– 김소월, 〈진달래꽃〉

● 영변(寧邊)에 약산(藥山): 평안북도 영변 서쪽에 있는 산.
● 즈려밟다: 위에서 내리눌러 밟다. '지르밟다'의 방언.

01 이 시의 운율에 대한 설명으로 적절하지 않은 것은?

① 주로 일곱 글자와 다섯 글자가 반복된다.
② 'A–A–B–A 구조'를 활용하여 운율을 형성한다.
③ 각 연의 마지막 행은 3음보로 끊어 읽을 수 있다.
④ '–우리다'가 쓰인 말을 반복하여 리듬감을 형성한다.
⑤ 수미상관의 구조를 취하여 운율을 형성하고 주제를 강조한다.

02 이 시와 〈보기〉의 화자가 공통적으로 처한 시적 상황을 쓰고, 시적 상황에 대응하는 두 화자의 태도를 서술하시오.

┤ 보기 ├
가시겠습니까, 가시겠습니까?
버리고 가시겠습니까? //
나는 어찌 살라 하고 / 버리고 가시겠습니까? //
붙잡아 두고 싶지만,
서운하면 아니 올까 두렵습니다. //
서러운 임을 보내옵나니,
가자마자 곧 돌아오십시오.

* 매 연마다 후렴구 "위 증즐가 대평셩디(大平盛大)"를 생략하여 현대어로 제시하였음.

– 작자 미상, 〈가시리〉

[03~04] 다음 시를 읽고 물음에 답하시오.

㉠고향에 고향에 돌아와도 / 그리던 고향은 아니러뇨.

산꿩이 알을 품고 / ㉡뻐꾸기 제철에 울건만,

마음은 제 고향 지니지 않고
㉢머언 항구(港口)로 떠도는 구름.

오늘도 뫼 끝에 홀로 오르니
흰 점 꽃이 인정스레 웃고,

㉣어린 시절에 불던 풀피리 소리 아니 나고
메마른 입술에 쓰디쓰다.

고향에 고향에 돌아와도 / ㉤그리던 하늘만이 높푸르구나.

– 정지용, 〈고향〉

03 이 시의 표현상 특징과 그 효과로 적절하지 <u>않은</u> 것은?

① 같은 시어를 반복하여 리듬감을 주었다.
② 한 행을 대체로 3음보로 나누어 운율을 형성하였다.
③ 각 연을 두 행으로 배치하여 안정감을 느끼게 하였다.
④ 특정 부분에서 음보율에 변화를 주어 화자의 정서
를 강조하였다.
⑤ 처음과 끝에 유사한 구조를 반복하여 운율을 형성하
고 고향과 화자의 일체감을 선명하게 전달하였다.

04 〈보기〉를 바탕으로 ㉠~㉤을 이해한 내용으로 적절하지 <u>않</u>은 것은?

┤ 보기 ├
　　화자가 찾은 고향은 모습은 그대로이지만, 화자가
기대했던 정신적인 안식을 주지 못하는 공간이다. 이
시는 정신적인 고향과 현실적 고향의 괴리에서 오는
화자의 안타까움을 나타낸 것이다.

① ㉠: 화자가 위안을 받기 위해 찾은 공간
② ㉡: 변함없는 자연의 모습
③ ㉢: 초탈하고 달관한 삶을 살려는 화자의 의지
④ ㉣: 화자의 기대와는 대조적인 시적 상황
⑤ ㉤: 높은 하늘과의 거리감에서 느끼는 화자의 상실감

[05~06] 다음 시를 읽고 물음에 답하시오.

2012학년도 수능 (변형)

〈1〉　　　　산 너머 남촌에는 누가 살길래
　　　　　해마다 봄바람이 남으로 오네

　　　　　꽃 피는 사월이면 진달래 향기
　　　　　밀 익는 오월이면 보리 내음새

　　　　　어느 것 한 가진들 실어 안 오리
　　　　　남촌서 남풍 불 제 나는 좋데나

〈2〉　　　　산 너머 남촌에는 누가 살길래
　　　　　저 하늘 저 빛깔이 저리 고울까

　　　　　금잔디 너른 벌엔 호랑나비 떼
　　　　　버들밭 실개천엔 종달새 노래

　　　　　어느 것 한 가진들 들려 안 오리
　　　　　남촌서 남풍 불 제 나는 좋데나

– 김동환, 〈산 너머 남촌에는〉

05 이 시에 대한 설명으로 적절한 것은?

① '3·4조'의 음수율이 드러난다.
② 각 행을 3음보씩 끊어 읽을 수 있다.
③ 의성어를 활용하여 운율을 형성한다.
④ 산문적 진술 속에서 내재율을 형성한다.
⑤ 문장 구조를 반복해 어조의 변화를 드러낸다.

06 이 시의 〈1〉과 〈2〉를 비교한 것으로 적절하지 <u>않은</u> 것은?

① 〈1〉의 두 번째 연과 달리 〈2〉의 두 번째 연에서는
시적 허용이 등장하지 않는다.
② 〈1〉, 〈2〉의 마지막 연의 마지막 행은 같은 형태로
반복되어 후렴구의 역할을 한다.
③ 〈1〉, 〈2〉의 첫 행마다 '산 너머 남촌에는'이란 시구
를 반복하여 운율을 형성하고 있다.
④ 〈1〉의 두 번째 연과 달리 〈2〉의 두 번째 연은 문장
구조가 같은 두 행이 짝지어져 있다.
⑤ 〈1〉, 〈2〉는 모두 세 연, 각 연은 두 행씩 구성되어
형식적으로 통일된 인상을 주고 있다.

04 시의 이미지(심상)

🏛 개념을 품은 **기출 선택지**

- **청각적 이미지**를 사용하여 대상이 지닌 슬픔을 표현하고 있다. (2017 수능)
- **색채어**를 활용하여 시적 대상의 아름다움을 **감각적으로 형상화**하고 있다. (2018. 06. 평가원)
- '날개', '하늘', '지붕과 굴뚝' 등은 시인이 밝고 화려한 색감을 지닌 그림 속 마을의 모습을 **공감각적 이미지**의 풍경으로 변용한 것이군. (2019 수능)
- **상승과 하강의 이미지**를 대비하여 목전에 닥친 위기감을 강조하고 있다. (2019 수능)

1 이미지(=심상)

이미지란 시를 읽을 때 독자의 마음속이나 머릿속에 떠오르는 영상이나 감각(느낌)을 말한다. 시인은 시적 대상이나 상황을 좀 더 구체적으로 그려 내기 위해 이미지를 활용한다.

2 이미지(심상)의 종류

(1) 감각적 이미지

어떤 시어나 시구가 시각, 청각, 촉각, 후각, 미각 등과 관련된 이미지를 불러일으킬 때, 이를 감각적 이미지라고 한다. 감각적 이미지는 시각적·청각적·촉각적·후각적·미각적 이미지를 모두 아우르는 개념이다.

시각적 이미지	청각적 이미지	촉각적 이미지	후각적 이미지	미각적 이미지
👁	👂	✋	👃	👄
색, 모양, 명암, 움직임 등	소리	온도, 질감	냄새, 향기	맛

개념➕ 형상화

작가의 생각(작품의 내용이나 주제)을 여러 가지 언어적 표현으로 독자의 머릿속에 떠오르도록 그려 내는 것을 말한다. 이를테면 작가가 '행복'이라는 주제를 전달하고자 할 때, 행복에 대한 자신의 생각을 여러 가지 소재나 표현 기법을 써서 시의 언어로 나타내면 그 시는 행복을 형상화한 것이 된다. 이미지를 활용하여 시적 대상이나 상황을 구체적이고 명확한 영상이나 느낌으로 나타내는 것도 형상화라 한다.

한편 시적 대상이 '행복', '독립', '외로움' 등과 같은 추상적 관념일 때, 이를 구체적인 모습으로 표현하는 것을 '추상적 관념의 구체화'라 한다.

> 내 고장 칠월은
>
> 청포도가 익어 가는 시절 //
>
> 이 마을 전설이 주저리주
>
> 저리 열리고 (후략)

➡ 마을의 '전설(옛이야기)'이라는 추상적 관념을 청포도가 풍성하게 열린 시각적 이미지로 나타내어 '풍요로운 삶에 대한 소망'이라는 주제를 형상화함.

📖 금성 📖 금성 | 이육사, 〈청포도〉

㉠ **시각적 이미지**: 색깔, 모양, 명암, 움직임 등 눈으로 느낄 수 있는 이미지이다.

> 아무도 그에게 수심을 일러 준 일이 없기에 / 흰나비는 도무지 바다가 무섭지 않다. //
> _{흰색 이미지, 순수하고 연약한 존재}　　　_{푸른색 이미지, 크고 거친 바깥세상}
> 청무우밭인가 해서 내려갔다가는 / 어린 날개가 물결에 절어서 / 공주처럼 지쳐서 돌
> _{이상적인 세계, 나비가 동경하는 공간, 바다와 색채가 유사함.}　　　_{세상 물정에 어두운 연약한 존재}
> 아온다.
>
> ❶ 흰색(○)과 푸른색(○)의 '색채 대비'로 시각적 이미지를 형상화함.　　　– 김기림, 〈바다와 나비〉

㉡ **청각적 이미지**: 말소리, 개울물 소리 등 귀로 느낄 수 있는 이미지이다. ❶ [　　　　]를 활용하면 청각적 이미지를 실감 나게 표현할 수 있다.

> 엄마 안 오시네, 배춧잎 같은 발소리 타박타박 / 안 들리네, 어둡고 무서워
> 금 간 창틈으로 고요한 빗소리 / 빈방에 혼자 엎드려 훌쩍거리던
>
> ❷ '발소리 타박타박', '빗소리'라는 표현으로 청각적 이미지를 불러일으킴.　　[미래엔] | 기형도, 〈엄마 걱정〉

㉢ **촉각적 이미지**: 따뜻함, 차가움, 까칠함, 부드러움 등 피부로 느낄 수 있는 이미지이다.

> 나는 한 마리 어린 짐승,
> 젊은 아버지의 서느런 옷자락에
> _{대조적} _{차가움}
> 열로 상기한 볼을 말없이 부비는 것이었다.
> _{뜨거움}
> ❷ 촉각의 대비(차가움 ↔ 뜨거움)로 시적 상황을 실감나게 드러냄.　　　– 김종길, 〈성탄제〉

㉣ **후각적 이미지**: 냄새, 향기 등 코로 느낄 수 있는 이미지이다.

> (전략) 방 안에서는 새 옷의 내음새가 나고
> 또 인절미 송구떡 콩가루차떡의 내음새도 나고 끼때의 두부와 콩나물과 뽂은 잔디
> 와 고사리와 도야지비계는 모두 선득선득하니 찬 것들이다
> _{촉각적 이미지}
> ❷ 다양한 냄새를 나열(○)하여 명절의 흥거운 분위기를 형상화함.　　[비상] | 백석, 〈여우난골족〉

㉤ **미각적 이미지**: 단맛, 짠맛, 쓴맛 등 혀로 느낄 수 있는 이미지이다.

> 아주 천천히 물수건으로 눈동자에서 난 땀을 씻어 냈습니다. 그러면서 속으로 중얼
> _{눈물}
> 거렸습니다. // 눈물은 왜 짠가.
>
> ❷ 눈물에 담긴 화자의 감정을 '짠맛'이라는 미각적 이미지로 형상화함.　　[금성, 지학사] | 함민복, 〈눈물은 왜 짠가〉

짚고 가요

시각적 이미지와 관련된 개념
- **색채 대비**: 시에서 둘 이상의 색깔을 뚜렷하게 드러내어 시적 의미를 강조하는 것.
- **명암 대비**: 시에서 밝고 어두움의 이미지를 대립시켜 시적 의미를 강조하는 것.
- **회화성**: 시적 대상을 그림 그리듯이 표현하는 성질.
- **색채어와 색채 이미지**: '색채어'는 색깔을 나타내는 시어(예 '푸른', '흰' 등)를 말하며, '색채 이미지'는 색채를 떠올릴 수 있는 이미지(예 눈(흰색), 피(붉은색) 등)를 말한다.

개념
콕 1 밑줄 친 부분이 불러일으키는 이미지가 시각적이면 '시', 청각적이면 '청', 촉각적이면 '촉', 후각적이면 '후', 미각적이면 '미'를 쓰시오.

(1) 뎁고 비리던 내 피도

(2) 저 바람에 새가 슬피 운다.

(3) 전설 바다에 춤추는 밤물결 같은

(4) 어두운 방 안엔 바알간 숯불이 피고

(5) 귀뚜르르 뚜르르 보내는 타전 소리가

(6) 저 여리고 부드러운 것이!

(7) 집집 끼니마다 봄을 씹고 사는 마을

(8) 어마씨 그리운 솜씨에 향그러운 꽃지짐

(9) 내 볼에 와 닿던 네 입술의 뜨거움

(10) 가지취의 내음새가 났다.

빈칸 답 | ❶ 음성 상징어
콕 1 (1) 미 (2) 청 (3) 시 (4) 시 (5) 청 (6) 촉
(7) 미 (8) 후 (9) 촉 (10) 후

개념
쿡2 감각의 전이 양상이 <u>다른</u> 하나는?

① 새파란 초생달이 시리다.
② 달은 과일보다 향그럽다.
③ 피부의 바깥에 스미는 어둠

개념
쿡3 복합적 이미지가 나타나는 것은?

① 푸른 종소리
② 고요한 푸른 색
③ 푸른 종 맑은 소리

△ 공감각적 이미지

△ 복합적 이미지

개념
쿡4 이 시에 대한 설명으로 적절하지 <u>않은</u> 것은?

① '진눈깨비'는 부정적 이미지로 나타난다.
② '진눈깨비'는 '함박눈'과 대조되는 이미지이다.
③ '바람'과 '함박눈'은 시에서 긍정적 이미지를 형성한다.

개념
쿡5 이 시에 대한 설명으로 적절하지 <u>않은</u> 것은?

① '푸른 하늘'이 하강 이미지를 형성한다.
② '깊이 거꾸러져'가 하강 이미지를 형성한다.
③ '하늘에 닿을 듯이' '우뚝' 서 있다는 데서 상승 이미지가 느껴진다.

(2) 공감각적 이미지와 복합적 이미지

㉠ **공감각적 이미지(=감각의 전이):** 대상을 인식하기 위한 감각을 다른 종류의 감각으로 전이(轉移)하여 표현하는 이미지이다.
<u>어떤 것이 다른 대상으로 옮아감</u>

> 과수원을 지나온 달콤한 바람은 미루나무 손들을 흔들어
>
> 차르르 차르르 내 겨드랑에도 간지러운 새 잎이 돋고
> ➡ 피부로 느낄 수 있는 대상인 '바람'을 '달콤하다'는 미각적 이미지로 표현함.(=촉각의 미각화) — 정일근, 〈흑백 사진—7월〉

㉡ **복합적 이미지:** 두 가지 이상의 감각을 나란히 늘어놓은 이미지이다.

> 집집마다 누룩을 디디는 소리, 누룩이 뜨는 내음새
> ➡ '누룩'이라는 소재를 청각과 후각적 이미지를 나열한 복합적 이미지로 형상화함. — 오장환, 〈고향 앞에서〉

📖 **궁금해요** ------------------------------------

🧑 **공감각적 이미지와 복합적 이미지를 어떻게 구분하나요?**

🧑‍🏫 공감각적 이미지는 감각의 전이가 일어나는 반면, 복합적 이미지는 전이가 일어나지 않는다는 점에서 차이가 있어. 그래서 공감각적 이미지는 두 개의 이미지를 분리하기 어렵지만(⑩ 어둠 속에서 들으니 벌레 소리들 환하다), 복합 감각은 분리할 수 있지(⑩ 어둠 속 벌레 우는 소리). 또 다른 구별 방법은, '실제로 말이 되는가'야. 눈에 보이지 않는 벌레 '소리'가 어떻게 '환'할 수 있겠어? 하지만 '어둠 속 벌레 우는 소리'는 시각적 이미지와 청각적 이미지가 함께 나타날 뿐, 딱히 말이 안 되는 건 아니지. 어때, 어렵지 않지?

(3) 긍정적 이미지와 부정적 이미지

시적 화자가 시적 대상이나 상황을 긍정적으로 표현하느냐 부정적으로 표현하느냐에 따라 그 시어나 시구에서 느껴지는 이미지는 달라진다. **❷ [   ]** 이미지는 시어나 시구에 좋음, 밝음, 희망, 수용 등과 같은 긍정적 의미가 담길 때 형성되고, **❸ [   ]** 이미지는 싫음, 어두움, 절망, 거부 등과 같은 부정적 의미가 담길 때 형성된다.

> 우리가 눈발이라면 / 허공에서 쭈빗쭈빗 흩날리는 / 진눈깨비는 되지 말자.
>   <u>의미 없는 공간</u>
> 세상이 바람 불고 춥고 어둡다고 해도
> <u>고달픈 세상살이를 촉각적, 시각적 이미지로 드러냄.</u>
> 사람이 사는 마을 / 가장 낮은 곳으로 / 따뜻한 함박눈이 되어 내리자.
> ➡ 부정적 이미지(△)와 긍정적 이미지(○)의 대립으로 화자의 삶의 태도를 선명하게 드러냄. — 안도현, 〈우리가 눈발이라면〉

(4) 상승 이미지와 하강 이미지

상승 이미지는 '날아오르다, 솟아나다, 일어나다, 떠오르다'처럼 낮은 곳에서 높은 곳으로 올라가는 듯한 느낌을 주는 이미지이고, 하강 이미지는 '가라앉다, 떨어지다, 내려오다, 주저앉다'처럼 높은 곳에서 낮은 곳으로 내려가는 듯한 느낌을 주는 이미지이다.

> 푸른 하늘에 닿을 듯이 / 세월에 불타고 우뚝 남아 서서
> <u>이상향인 '하늘'에 닿고자 하는 교목의 자세</u>
> 차라리 봄도 꽃 피진 말아라. (중략)
>
> 검은 그림자 쓸쓸하면 / 마침내 호수 속 깊이 거꾸러져
>
> 차마 바람도 흔들진 못해라.
> ➡ 상승 이미지(○)와 하강 이미지(□)로 이상향을 지향하고 죽음을 두려워하지 않는 자세를 드러냄.
> — 이육사, 〈교목〉

(5) 동적 이미지와 정적 이미지

동적 이미지는 움직임이 느껴지는 이미지를 말하는데, 좀 더 힘차고 활발하게 움직이는 느낌을 줄 때는 역동적 이미지라고도 한다. 동적 이미지는 움직임을 통해 ④⬜⬜⬜이나 생명력, 격렬함 등을 드러낼 때 주로 나타난다. 반면에 정적 이미지는 고요하고 움직임이 느껴지지 않는 이미지를 말한다. 정적 이미지는 주로 고즈넉한 풍경을 묘사하는 시나 ⑤⬜⬜⬜ 어조가 드러나는 시에 나타난다.

> 머언 산 [청운사] / 낡은 [기와집] // 산은 [자하산] / 봄눈 녹으면 //
>
> 느릅나무 / 속잎 피어 가는 열두 굽이를 //   ➔ 정적 이미지(☐)로 화자가 바라보는 풍경을, 동적 이미지
> (◯)로 청노루가 바라보는 풍경을 나타냄.
> 청노루 / 맑은 눈에 // [도는] / (구름)
>
> 📖 미래엔 | 박목월, 〈청노루〉

개념 콕 6 이 시에 대한 설명으로 적절하지 **않은** 것은?

① 청운사의 풍경을 정적 이미지로 표현하였다.

② '동적 이미지-정적 이미지' 순으로 나열된다.

③ 정적 이미지와 동적 이미지가 조화를 이루고 있다.

3 이미지(심상)의 기능

㉠ **대상과 의미의 구체적 표현**: 이미지를 활용하면 시적 대상이나 시적 상황, 시의 의미를 생생하고 구체적으로 표현할 수 있다.

> 꽃가루와 같이 부드러운 고양이의 털에 / 고운 봄의 향기가 어리우도다. //
> (촉각적 이미지)   (후각적 이미지)
>
> 금방울과 같이 호동그란 고양이의 눈에 / 미친 봄의 불길이 흐르도다. //
> (시각적 이미지)   (시각적, 역동적 이미지)
>
> 고요히 다물은 고양이의 입술에 / 포근한 봄 졸음이 떠돌아라. //
> (청각적, 시각적 이미지)   (촉각적 이미지)
>
> 날카롭게 쭉 뻗은 고양이의 수염에 / 푸른 봄의 생기가 뛰놀아라.
> (시각적 이미지)   (시각적 이미지(색채 이미지)) (역동적 이미지)
>
> ➔ 다양한 감각적 이미지를 활용해 '고양이'의 모습과 이와 연관된 '봄'의 아름다움을 구체적이고 생생하게 표현함.
> 📖 금성 금성 | 이장희, 〈봄은 고양이로다〉

(동적 이미지 / 정적 이미지 표시)

개념 콕 7 이 시에 대한 설명으로 적절한 것은?

① 공감각적 심상을 사용하였다.

② 촉각적 이미지를 통해 봄의 역동성을 강조하였다.

③ 다양한 감각을 활용해 봄의 이미지를 구체화하였다.

생각을 불러일으킴
㉡ **정서와 분위기 환기**: 이미지는 시적 대상이나 상황을 구체적인 감각이나 느낌으로 그려 내는 것이므로, 대상이나 상황과 관련된 화자의 정서와 분위기를 독자의 머릿속에 잘 떠오르도록 하는, 즉 환기하는 역할을 한다.

> 넓은 벌 동쪽 끝으로 / 옛이야기 지줄대는 실개천이 회돌아 나가고,
>
> 얼룩백이 황소가 / 해설피 금빛 게으른 울음을 우는 곳, //
> (시각적 이미지)   (청각을 시각화한 공감각적 이미지)
>
> ― 그곳이 차마 [꿈엔들 잊힐 리야.]
>
> ➔ 감각적 이미지를 통해 고향의 모습을 구체화하고, 고향을 잊지 못하는 그리움의 정서를 환기함.
> 📖 동아, 비상(박영), 천재(박) 천재(김) | 정지용, 〈향수〉

개념 콕 8 이 시에 대한 설명으로 적절하지 **않은** 것은?

① 미각적 이미지로 고향에 대한 그리움을 환기한다.

② 감각적 이미지를 통해 고향의 모습을 형상화한다.

③ 공감각적 이미지를 통해 평화로운 고향의 풍경을 표현한다.

양이 많아지거나 규모가 커짐
㉢ **시어의 함축성 증대**: 이미지는 시적 상황이나 시적 대상이 지닌 의미를 압축하여 드러내기 때문에 시어의 함축성을 증대한다.

> 흰 보라 수수꽃 눈 시린 유리창마다 / 톱밥 난로가 지펴지고 있었다
> (차가움 ◀────▶ 따뜻함)
>
> 그믐처럼 몇은 졸고 / 몇은 감기에 쿨럭이고
> (추위에 지친 사람들의 모습)
>
> 그리웠던 순간들을 생각하며 나는 / 한 줌의 톱밥을 불빛 속에 던져 주었다
> (추위에 지친 사람들을 위한 화자의 배려가 드러남.)
>
> ➔ 촉각적 이미지의 대립으로 '톱밥(난로)'의 상징적 의미(배려)를 강조함.
> 📖 창비 | 곽재구, 〈사평역에서〉

개념 콕 9 이 시에 대한 설명으로 적절한 것은?

① 공감각적 이미지를 사용한다.

② '톱밥 난로'는 '배려'의 의미를 함축한다.

③ 상승 이미지와 하강 이미지를 대비하고 있다.

빈칸 답 | ② 긍정적 **③** 부정적 **④** 생동감
⑤ 관조적
콕 2 ② 3 ③ 4 ⑤ 5 ① 6 ② 7 ③ 8 ①
9 ②

☑ 바로바로 간단 체크

1 괄호 안에 들어갈 알맞은 말을 쓰시오.

(1) (°ㅁㅈ)는 시를 읽을 때 독자의 마음속이나 머릿속에 떠오르는 영상이나 감각을 말한다.

(2) 작가가 자신의 생각을 여러 가지 언어적 표현을 사용하여 독자의 머릿속에 떠오르도록 그려 내는 것을 (ㅎㅅㅎ)라고 한다.

(3) 이미지는 대상과 의미를 (ㄱㅊㅈ)으로 표현해 주고, 화자의 정서와 분위기가 독자의 머릿속에 잘 떠오르도록 (ㅎㄱ)해 주며, 시어의 (ㅎㅊㅅ)을 증대하는 역할을 한다.

2 다음 설명이 맞으면 ○표, 틀리면 ×표를 하시오.

(1) 색채 대비는 색채 이미지의 비교나 대조를 통해 시적 의미를 좀 더 구체적으로 표현하는 방법으로, 시각적 이미지를 자아낸다. ( )

(2) 하강 이미지는 '가라앉다, 떨어지다, 내려오다'와 같은 '아래' 방향과 관련된 이미지이다. ( )

(3) 공감각적 이미지는 하나의 대상을 표현하기 위해 두 가지 이상의 감각을 늘어놓는 것이고, 복합적 이미지는 한 감각을 다른 감각으로 이동하여 표현하는 것이다. ( )

3 시의 이미지를 다음과 같이 정리할 때 빈칸에 들어갈 알맞은 말을 쓰시오.

감각적 이미지
• ㉠_____ 이미지: 눈
• 청각적 이미지: 귀
• 후각적 이미지: 코
• ㉡_____ 이미지: 맛
• ㉢_____ 이미지: 피부
• 복합적 이미지와 공감각적 이미지

그 밖의 이미지
• 상승 ↔ ㉣_____ 이미지
• 동적 ↔ ㉤_____ 이미지
• ㉥_____ ↔ 부정적 이미지

[01~03] 다음 시를 읽고 물음에 답하시오.

천재(이)

어둠은 새를 낳고, 돌을
낳고, 꽃을 낳는다.
아침이면,
어둠은 온갖 ㉠물상*을 돌려주지만
스스로는 땅 위에 굴복한다.
무거운 어깨를 털고
물상들은 몸을 움직이어
㉡노동의 시간을 즐기고 있다.
㉢즐거운 지상의 잔치에
금으로 타는 ㉣태양의 즐거운 울림.
아침이면,
새벽은 ㉤개벽*을 한다.

– 박남수, 〈아침 이미지 1〉

● 물상(物象): 자연계의 사물과 그 변화 현상.
● 개벽(開闢): 세상이 처음으로 생겨 열림.

01 이 시에 대한 설명으로 적절하지 않은 것은?

① 밝음과 어둠이 대비되어 나타나고 있다.

② 시각적 이미지를 통해 아침 풍경을 그려 내고 있다.

③ 동적 이미지를 통해 아침의 활기참을 강조하고 있다.

④ '어둠'을 부정적 이미지로, '아침'을 긍정적 이미지로 그려 내고 있다.

⑤ 화자가 시적 대상이 가진 특성을 관찰한 뒤 다양한 이미지로 전달하고 있다.

02 ㉠~㉤에 대한 설명으로 적절하지 않은 것은?

① ㉠의 예로 '새', '돌', '꽃'을 들 수 있다.

② ㉡은 생기로운 아침의 이미지가 떠오르게 한다.

③ ㉢은 아침의 모습을 동적인 이미지로 환기한다.

④ ㉣은 절대적인 존재의 위엄을 형상화하여 나타낸다.

⑤ ㉤은 아침의 이미지를 집약하여 나타낸다.

03 이 시에서 다음과 같은 표현이 사용된 시구를 찾아 쓰고, 이와 같은 표현을 일컫는 개념어를 함께 쓰시오.

> 시각을 청각화함으로써 시적 대상의 특성을 감각적으로 표현하였다.

[04~05] 다음 시를 읽고 물음에 답하시오.
종 비상(박영)

여승은 합장*하고 절을 했다 / ㉠가지취*의 내음새가 났다
쓸쓸한 낮이 옛날같이 늙었다 / 나는 불경처럼 서러워졌다

평안도의 어느 산 깊은 금덤판*
나는 ㉡파리한 여인에게서 옥수수를 샀다
여인은 나 어린 딸아이를 따리며 가을밤같이 차게 울었다

섶벌*같이 나아간 지아비 기다려 십 년이 갔다
지아비는 돌아오지 않고
어린 딸은 ㉢도라지꽃이 좋아 돌무덤으로 갔다

산 꿩도 ㉣섧게 울은 슬픈 날이 있었다
산 절의 마당귀*에 ㉤여인의 머리오리*가 눈물방울과 같이
떨어진 날이 있었다

– 백석, 〈여승〉

● 합장: 두 손바닥을 합하여 마음이 한결같음을 나타내는 예법.
● 가지취: 참취나물. 산나물의 일종.
● 금덤판: 금점판. 예전에, 주로 수공업적 방식으로 작업하던 금광의 일터.
● 섶벌: 울타리 옆에 놓아 치는 꿀벌.
● 마당귀: 마당의 한쪽 귀퉁이.   ● 머리오리: '머리카락'의 북한어.

04 ㉠~㉤에 대한 설명으로 적절하지 <u>않은</u> 것은?

① ㉠: 후각적 이미지를 통해 '여승'이 있는 공간을 떠올리게 한다.
② ㉡: 시각적 이미지를 통해 '여인'의 고달픈 삶을 형상화한다.
③ ㉢: 복합적 이미지를 통해 비극적인 분위기를 나타낸다.
④ ㉣: 청각적 이미지를 통해 슬픔과 서러움의 정서를 강조한다.
⑤ ㉤: 하강 이미지를 통해 '여인'의 슬픔이 드러난다.

05 〈보기〉의 빈칸에 들어갈 알맞은 말을 쓰시오.

┌ 보기 ┐
　한 감각을 다른 감각으로 전이하여 표현하는 것을 감각의 ⓐ_____ 라고 한다. 이 시에서는 '가을밤같이 차게 울었다'를 그 예로 들 수 있는데, '울음'이라는 ⓑ_____ 이미지를 '차다'라는 ⓒ_____ 이미지로 표현했기 때문이다.

[06~07] 다음 시를 읽고 물음에 답하시오.
2013학년도 수능 (변형)

┌ 내 마음의 고향은 이제
[A] 참새 떼 왁자히 내려앉는 대숲 마을의
└ 노오란 초가을의 초가지붕에 있지 아니하고

┌ 내 마음의 고향은 이제
│ 토란 잎에 후두둑 빗방울 스치고 가는
│ 여름날의 고요 적막한 뒤란*에 있지 아니하고
[B]
│ 내 마음의 고향은 이제
│ 추수 끝난 빈 들판을 쿵쿵 울리며 가는
└ 서늘한 뜨거운 기적 소리에 있지 아니하고

┌ 내 마음의 고향은 이제
[C] 빈 들길을 걸어 걸어 흰 옷자락 날리며
└ 서울로 가는 순이 누나의 파르라한 옷고름에 있지 아니하고
　　　　　　　　　　　　　　　　(후략)

– 이시영, 〈마음의 고향 6 – 초설〉

● 뒤란: 집 뒤 울타리의 안.

06 이 시에 대한 설명으로 적절하지 <u>않은</u> 것은?

① 문장 구조의 반복을 통해 운율을 형성하고 있다.
② 미각적 이미지를 통해 화자의 정서를 환기하고 있다.
③ 시어를 반복하여 고향에 대한 상실감을 강조하고 있다.
④ 다양한 감각적 이미지를 통해 고향을 구체적으로 표현하고 있다.
⑤ 색채 대비를 통해 시적 대상의 이미지를 선명하게 드러내고 있다.

07 [A]~[C]에 나타난 감각적 이미지를 분석한 내용으로 적절한 것은?

① [A]에서는 의성어를 통해 청각적 이미지를 드러낸다.
② [B]에서는 시적 허용을 통해 시각적 이미지를 강조한다.
③ [B]에서는 촉각을 청각화하여 표현함으로써 대상의 속성을 강조한다.
④ [C]에서는 심상의 대비를 통해 시적 상황을 선명히 드러낸다.
⑤ [C]에서는 색채어를 통해 대상에 대한 화자의 부정적인 정서를 환기한다.

05 시어의 함축성과 비유, 상징

🎒 개념을 품은 **기출 선택지**

• (가)와 (다)는 **비유적 표현**의 반복을 통해 과거의 체험을 드러내고 있다. (2017. 06. 평가원)
• (나)와 달리 (가)에서는 **직유의 방식**을 통해 대상의 이미지가 선명하게 드러나고 있다. (2016 수능)
• (가)는 현재형 시제로 계절의 **상징성**을, (나)는 과거형 시제로 시간에 따른 사물의 변화상을 보여 주고 있다. (2017. 09. 평가원)

개념➕ 함축성

'함'은 머금을 '함(含)', '축'은 모을 '축(蓄)'으로, 함축성은 '말이나 글이 여러 뜻을 담고 있는 성질'을 의미한다. 일상 언어는 대개 한 가지 의미를 충실히 전달하지만 시어는 함축성을 지녀 다양하게 해석될 수 있다.

1️⃣ 시어의 함축성➕

시인은 자신의 정서와 생각을 표현하기 위하여 비유, 상징과 그 밖의 여러 표현 기법을 사용하여 ① [　　　　]에 새로운 의미를 부여한다. 이로써 시어는 사전적 의미에 더해서 다양하고 새로운 뜻을 지니게 되는데, 이러한 시어의 성질을 함축성이라 한다. 시어의 함축적 의미는 독자에게 다양한 정서적 반응을 불러일으킨다.

• 밤 새도록 어둠을 살라 먹고
  부정적 – 박두진, 〈해〉
• 어둠은 새를 낳고, 돌을 낳고
  긍정적 – 박남수, 〈아침 이미지 1〉

'어둠'의 의미가 각기 다른걸? / 시어의 함축성 때문이야.

🔺 [문맥에 따른 다양한 의미] 동일한 시어가 사용되었다 해도 각 시의 문맥에 따라 시어가 내포하는 함축적 의미는 달라질 수 있다.

💡 짚고 가요

시어의 함축적 의미를 파악하는 방법

'밑줄 친 시어의 의미로 알맞은 것은?' 시험에서 자주 본 질문 유형이지? 이때의 '의미'가 바로 함축적 의미를 뜻해. 자, 선생님의 방법을 따라 다음 밑줄 친 시어의 의미를 파악해 보자.

어머니는 / 눈물로 / 진주를 만드신다.   – 정한모, 〈어머니〉

1 시어의 사전적 의미 찾기: 시어의 의미를 파악하려면 먼저 시어의 사전적 의미부터 확인해야 해. 사전적으로 '눈물'은 '눈물샘에서 나오는 분비물', '진주'는 '조개의 살 속에서 생기는 보석'을 말하지.

2 사전적 의미를 중심으로 시어의 특성을 떠올려 보기: 눈물은 언제 흘리지? 슬프거나 아플 때 흘리지. 진주는 어떻게 만들어지더라? 맞아, 조개 속에서 오랜 시간에 걸쳐 만들어지지.

3 시어의 특성을 시의 내용과 연결하여 의미를 파악하기: '어머니'라는 중심 소재와, 2에서 떠올린 시어의 특성을 연결해 보자. 그럼 '눈물'은 '어머니의 슬픔과 아픔'을, '진주'는 그러한 슬픔과 아픔을 이겨 내고 어머니가 얻은 결실, 즉 '자식들의 어엿한 성장'을 의미한다고 이해할 수 있지. 어때, 어렵지 않지?

② 비유

어떤 대상을 직접 설명하지 않고 그와 유사한 다른 대상에 ❷ [   ] 표현하는 방법을 말한다. 이때 표현하고자 하는 대상을 원관념이라고 하며, 빗대기 위해 사용한 대상을 보조 관념이라고 한다.

● 비유의 원리

비유가 성립하려면 원관념과 보조 관념 사이에 **유사성**과 **차이성**이 있어야 한다. 원관념과 보조 관념 사이에 유사성이 클수록 비유적 표현의 의미를 이해하기가 쉬워진다. 원관념과 보조 관념 사이에 차이성이 클수록 독자에게 참신한 느낌을 줄 수 있다.

● 비유의 종류

㉠ **직유법**: '~처럼, ~같이, ~듯이, ~인 양' 등의 표현을 사용하여 원관념을 보조 관념에 직접 빗대어 표현하는 방법이다.

> 열무 삼십 단을 이고 / 시장에 간 우리 엄마 / 안 오시네, 해는 시든 지 오래
> ○: 직유법임을 알 수 있는 표현
> 나는 찬밥(처럼) 방에 담겨 / 아무리 천천히 숙제를 해도
> 원관념: '나' → '나'의 외로운 모습을 찬밥에 빗대어 표현함.(직유법)
> 엄마 안 오시네, 배춧잎 (같은) 발소리 타박타박
> 원관념: 발소리 → 엄마의 발소리를   ↳ 화자('나')의 외로운 모습과 엄마의 지친 모습을 '찬밥'과 '배춧잎'에 직접 빗댐.
> 배춧잎에 빗대어 표현함.(직유법)   📖 미래엔 | 기형도, 〈엄마 걱정〉

㉡ **은유법**: 'A는 B이다'와 같은 형식으로 원관념과 보조 관념이 동일한 것처럼 표현하는 방법이다. 'A의 B', 'A인 B'의 형식으로 나타나기도 한다.

> 고향에 고향에 돌아와도 / 그리던 고향은 아니러뇨. //
> 마음속에 품고 있던 고향의 모습이 아니어서 실망감을 느낌.
> 산꿩이 알을 품고 / 뻐꾸기 제철에 울건만, //
> 고향의 자연은 변치 않았음.   원관념: 마음 → 고향에서 안식을 얻지 못하고 떠
> 마음은 제 고향 지니지 않고 / 머언 항구(港口)로 떠도는 구름.   도는 화자의 마음을 떠도는 구름에 빗댐(은유법)
> ❷ 마음속 고향에 대한 화자의 상실감을 떠도는 구름에 빗대어 표현함.   – 정지용, 〈고향〉

㉢ **의인법**: 동식물, 사물, 추상적인 개념 등과 같이 사람이 아닌 시적 대상을 ❸ [   ]이 행동하는 것처럼 표현하는 방법이다.

> (바람은 내 귀에 속삭이며
> ( ): '바람'이 속삭이며 옷자락을 흔든다고 사람처럼 표현함.(의인법)
> 한 자국도 섰지 마라 옷자락을 흔들고)
>
> 종다리는 울타리 너머에 아씨같이 구름 뒤에서 반갑다 웃네.
> 원관념: 종다리 → 다정하고 순박한 느낌을 강조함.(직유법)   '종다리'가 반갑다고 웃는다며 사람처럼 표현함.(의인법)
> ❷ '바람', '종다리'와 같은 자연물과 동물을 사람처럼 표현하여,   📖 미래엔 | 이상화, 〈빼앗긴 들에도 봄은 오는가〉
>   아름다운 봄 경치에 동화된 화자의 마음을 드러냄.

개념 콕1 이 시의 표현상 특징으로 적절하지 <u>않은</u> 것은?

① '나'의 원관념은 '찬밥'이다.
② '배춧잎'은 엄마의 발소리를 비유한 대상이다.
③ '처럼', '같은'을 사용하여 원관념을 보조 관념에 빗대고 있다.

개념 콕2 이 시의 표현상 특징으로 적절한 것은?

① 자연물을 사람처럼 표현하였다.
② '구름'의 원관념은 화자의 마음이다.
③ 직유법을 사용해 고향의 모습을 아름답게 그려 내었다.

개념 콕3 이 시의 표현상 특징으로 적절한 것은?

① '바람'의 원관념은 화자이다.
② '바람'의 움직임을 사람의 행동처럼 표현하였다.
③ 은유법을 사용하여 '종다리'를 '아씨'에 빗대었다.

빈칸 답 | ❶ 일상 언어 **❷** 빗대어 **❸** 사람
콕 1 ① 2 ② 3 ②

예 • 울음 우는 바다(활유법) | • 슬피 우는 바다(의인법)

개념
콕 4 이 시의 표현상 특징으로 적절한 것은?

① '염소'에게 인격을 부여하였다.
② '여우비'를 살아 있는 생물처럼 표현하였다.
③ '메아리'에 생명을 부여하여 표현하였다.

ⓔ **활유법**: 무생물을 생물, 특히 동물인 것처럼 표현하는 방법이다. '의인법'이 생물과 무생물을 사람처럼 표현하는 것이라면 '활유법'은 무생물에 생명을 부여하는 것이다.

> 어린 염소 / 등 가려운 / 여우비도 지났다.
> 볕이 나 있는 날 잠깐 오다가 그치는 비
> 목이 긴 / 메아리가 / 자맥질*을 / 하는 곳
> 둑방길에 울려 퍼지는 '메아리'를 '자맥질을 한다'며 살아 있는 것처럼 표현함.
> ❖ **자맥질**: 물속에서 팔다리를 놀리며 떴다 잠겼다 하는 일.
>
> ➲ 활유법을 사용하여 메아리가 울리는 둑방길을 생생하게 표현함.
> – 유재영, 〈둑방길〉

ⓜ **대유법**: 대상의 일부나 특징만으로 그 대상 전체를 나타내는 방법으로, 제유법과 환유법으로 나눌 수 있다.

제유법	대상의 한 부분으로 그 대상 전체를 표현하는 방법 예 인간은 **빵**만으로 살 수 없다. ➲ 식량의 한 종류인 '빵'이 '식량' 전체를 나타냄.
환유법	어떤 대상을, 그것의 속성과 밀접하게 연관되는 다른 사물을 빌려서 표현하는 방법 예 **요람**에서 **무덤**까지 ➲ '탄생'과 밀접한 사물인 '요람'과, '죽음'과 밀접한 사물인 '무덤'을 빌려서 '인간의 탄생에서 죽음까지'라는 의미를 표현함.

개념
콕 5 이 시의 '한라에서 백두까지'에 대한 설명으로 적절하지 않은 것은?

① 한반도 전체, 조국을 의미한다.
② 일부분으로 전체를 나타낸 표현이다.
③ '껍데기'와 '흙 가슴'이 공존하는 이상적인 공간이다.

> **껍데기**는 가라. / **한라에서 백두까지**
> 거짓, 불의 등 부정적인 것들   우리나라의 남쪽에 있는 산인 '한라'와 북쪽에 있는 산인 '백두'로 '우리나라' 전체를 나타냄.(대유법)
> 향그러운 **흙 가슴**만 남고 / 그, 모오든 쇠붙이는 가라.
> 순수한 민족정신
> ➲ 상징과 대유법을 사용하여 분단 현실 극복에 대한 소망을 드러냄.
> 🏫 동아 📖 창비, 천재(김) | 신동엽, 〈껍데기는 가라〉

ⓗ **중의법**: 하나의 표현에 두 가지 이상의 원관념을 담는 표현 방법이다. 한 표현의 의미가 여러 가지이기 때문에 시의 해석이 다양해지는 효과가 있다.

> 관이 내렸다. / 깊은 가슴안에 밧줄로 달아 내리듯.
> 죽은 이를 떠나보내는 상황임.
> 주여. / 용납하옵소서. / 머리맡에 성경을 얹어 주고
> 무언가가 쏟아지는 소리를 나타내는 의성어
> 나는 옷자락에 흙을 받아 / **좌르르 하직했다.**
> ① (눈물을 쏟으며) 작별을 고했다. ② (좌르르 소리 내며) 흙을 쏟았다. → 두 가지 의미로 해석됨.(중의법)
> ➲ 장례식에서 관을 내리며 이별을 고하는 상황을 중의법을 활용하여 표현함.
> 🏫 신사고 | 박목월, 〈하관〉

개념
콕 6 이 시의 '좌르르 하직했다'의 의미로 적절하지 않은 것은?

① 성경 책을 땅에 묻었다.
② 관 위에 흙을 떨어뜨렸다.
③ 죽은 이에게 작별 인사를 고했다.

ⓢ **풍유법**: 원관념을 직접 드러내지 않고 ④ [   ], 관용어, 격언 등을 보조 관념으로 사용하여, 본뜻을 숨기고 비유하는 말만으로 숨겨진 뜻을 암시하는 표현 방법이다.

> 야, 이눔아, / 뿌리가 없으믄 썩는겨.
> 귀신 씨나락 까먹는 소리 허지두 말어.
> 이치에 닿지 않는 엉뚱하고 쓸데없는 말을 뜻하는 속담(풍유법)
> ● 속담에 빗대어 뿌리(근원) 없는 삶을 비판함.
> – 김진경, 〈뿌리가 없으믄 썩는거〉

개념
콕 7 풍유법과 거리가 먼 설명은?

① 비유법의 한 종류이다.
② 속담이 대표적인 예이다.
③ 본뜻을 직설적이고 직접적으로 전달하는 방법이다.

❸ 상징

표현하고자 하는 대상을 숨기고 구체적인 다른 사물로 대신하여 표현하는 방법으로, 원관념은 시에 드러나지 않고 보조 관념만 드러난다. 주로 인간의 내적 경험이나 감정, 사상 등의 추상적인 내용을 나타낼 때 사용된다.

◉ 상징의 종류

㉠ **개인적 상징**: 시인(작가)이 시어에 자신만의 ⑤ 의미를 부여한 상징이다.

> 성북동 산에 번지가 새로 생기면서 ── 같은 시어인 '번지'가 '생기다'와 '없어지다'란
> _{산업화, 현대 문명}   _{비둘기의 집인 자연, 소외된 사람들의 보금자리}   서술어와 만나 상반된 의미를 나타내게
> 본래 살던 성북동 **비둘기**만이 번지가 없어졌다.   됨(시어의 함축성)
> _{산업화로 파괴된 자연, 소외되는 인간(개인적 상징)}
> 새벽부터 돌 깨는 산울림에 떨다가 / 가슴에 금이 갔다.
> _{자연을 파괴하는 현대 문명}   _{비둘기의 아픔을 시각적으로 드러냄}
> ❯ 관습적으로 평화를 상징하는 비둘기에 개인적 상징을 부여하여 파괴된 자연   🏛 금성 | 김광섭, 〈성북동 비둘기〉
> 과 소외 현상을 표현함.

㉡ **관습적 상징(=문화적 상징)**: 특정 사회나 집단에서 오랫동안 널리 사용되어 온 상징이다. 시조에서 '매화'나 '국화'가 '절개'와 '지조'를 뜻하는 경우가 많은데, 이는 두 소재가 한국 문학의 관습적 상징으로 널리 수용되고 있음을 의미한다.

> 지금 눈 내리고 / **매화 향기** 홀로 아득하니
> _{고난(원형적 상징)}   _{선비의 '절개'와 '지조'라는 관습적 상징과 연결되어 '강인한 의지'를 의미함.(관습적 상징)}
> 내 여기 가난한 노래의 씨를 뿌려라
> _{조국의 광복을 위한 자기희생의 의지(개인적 상징)}
> ❯ 다양한 상징적 의미를 활용하여 부정적 현실을 극복하고자 하는   🏛 천재(박) 🏛 미래엔, 비상 | 이육사, 〈광야〉
> 화자의 의지를 드러냄.

㉢ **원형적 상징**: 특정 사회나 집단을 뛰어넘어 인류 전체가 사용하는 상징이다. '땅'이 '여성'을, '불'이 '열정' 또는 '파괴'를 뜻하는 것으로 쓰일 때가 이에 해당한다.
_{'땅'에서 곡식이 자라는 것이 '여성'이 아이를 낳는 것과 비슷하다고 생각함.}
_{'불'이 활활 타오르는 모습에서 '열정'을, 다른 물체를 태우는 모습에서 '파괴'를 떠올림.}

> 만 리 밖에서 기다리는 그대여
> 저 불 지난 뒤에 / 흐르는 물로 만나자.   ❯ '불'과 '물'의 대립적인 상징적 의미를 바탕으로
> _{파괴, 죽음(원형적 상징)}   _{재생, 생명(원형적 상징)}   생명력 넘치는 세계에 대한 소망을 표현함.
>   – 강은교, 〈우리가 물이 되어〉

💡 짚고 가요

비유와 상징을 구별하는 방법

👓 시 안에서 원관념과 보조 관념을 모두 찾을 수 있으면 비유, 그렇지 않으면 상징이야. 다음 시를 보자.

> ㉮ 내 마음은 호수요. / 그대 노 저어 오오.   – 김동명, 〈내 마음은〉
> ㉯ 님은 갔습니다. / 아아 사랑하는 나의 님은 갔습니다. (중략)
> 나는 향기로운 님의 말소리에 귀먹고 꽃다운 님의 얼굴에 눈멀었습니다.   – 한용운, 〈님의 침묵〉

㉮에는 비유가 쓰였어. 시 안에서 원관념과 보조 관념을 모두 찾을 수 있어.

유사성: 잔잔하고 평화로움

㉯에는 상징이 나타나. 시 안에서 '님'을 뜻하는 원관념을 찾을 수 없어.

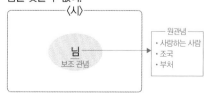

시험에서 비유적 표현과 상징적 표현의 구별을 묻지는 않아. 중요한 건 표현의 의미를 파악할 줄 아는가야!

개념➕ 상징의 특징

원관념이 숨겨져 있기 때문에 상징적 표현이 의미하는 바를 여러 가지로 해석할 수 있다. 또한 원관념과 보조 관념에 유사성이 없기 때문에 그 의미가 깊고 복합적이며 광범위하다. ❯ 따라서 사회적 약속이나 문화적 관습을 활용하지 않으면 상징적 표현의 의미를 이해하기 어렵다.

개념 콕 8 이 시에 대한 설명으로 적절하지 **않은** 것은?

① '돌 깨는 산울림'은 '비둘기'를 깨우치게 하는 존재이다.
② 1행과 2행의 '번지'는 서로 상반된 의미로 해석할 수 있다.
③ '가슴에 금이 갔다'는 비둘기의 아픔을 시각적으로 나타낸 것이다.

개념 콕 9 이 시에 대한 설명으로 적절하지 **않은** 것은?

① 화자는 '지금'의 상태를 오래 누리고자 한다.
② '매화'는 시련에 굴하지 않는 절개와 지조를 상징한다.
③ '가난한 노래의 씨를 뿌려라'는 자기희생의 의지와 관련된다.

개념 콕 10 이 시에 대한 설명으로 적절하지 **않은** 것은?

① '물'과 '불'은 대조적인 이미지를 형성한다.
② 화자는 '물'을 부정하고 '불'을 긍정하고 있다.
③ 화자는 '그대'와의 화합을 소망한다고 해석할 수 있다.

💡 짚고 가요

비유와 상징 비교하기

비유	• 원관념이 드러남. • 원관념 : 보조 관념 = 1:1 • 원관념과 보조 관념 사이에 유사성이 있음.
상징	• 원관념이 드러나지 않음. • 원관념 : 보조 관념 = 多:1 • 원관념과 보조 관념 사이에 유사성이 분명하지 않음.

빈칸 답 | ④ 속담 ⑤ 독특한
콕 4 ③ 5 ③ 6 ① 7 ③ 8 ① 9 ①
10 ②

확인 문제

1 괄호 안에 들어갈 알맞은 말을 쓰시오.

(1) 시어는 일상 언어와 달리 (ㅎㅊㅅ)을 지녀 하나의 시어를 다양한 의미로 해석할 수 있다.

(2) 비유가 성립하기 위해서는 표현하고자 하는 대상인 (ㅇㄱㄴ)과 빗대는 대상인 (ㅂㅈㄱㄴ)이라는 두 가지 요소가 있어야 하며, 이 둘 사이에는 (ㅇㅅㅅ)이 존재해야 한다.

(3) (ㅅㅈ)은 표현하고자 하는 대상을 숨기고 구체적인 다른 대상으로 표현하는 방법으로, 주로 추상적 내용을 구체적인 사물로 나타낸다.

2 다음 설명이 맞으면 ○표, 틀리면 ×표를 하시오.

(1) '유리 같은 호수'는 직유법이, '내 마음은 호수요'는 은유법이 쓰인 표현이다. ( )

(2) '파도가 달린다'는 의인법이, '파도가 슬피 운다'는 활유법이 쓰인 표현이다. ( )

(3) 표현하려는 대상의 일부로 그 대상 전체를 드러내는 것을 풍유법이라고 한다. ( )

(4) 하나의 시어에 두 가지 이상의 뜻을 담아서 나타내는 것을 중의법이라고 한다. ( )

3 상징의 종류와 그에 대한 설명을 바르게 연결하시오.

(1) 개인적 상징 •

(2) 관습적 상징 •

(3) 원형적 상징 •

• ㉠ 특정 사회나 집단에서 오랫동안 널리 사용되어 온 상징

• ㉡ 특정 사회나 집단을 뛰어넘어 인류 전체가 사용하는 상징

• ㉢ 시인(작가)이 독창적인 의미를 부여한 상징

[01~02] 다음 시를 읽고 물음에 답하시오.

🔲 금성, 비상(박안), 신사고 📘 지학사

흔들리는 나뭇가지에 꽃 한번 피우려고
눈은 얼마나 많은 도전을 멈추지 않았으랴

싸그락 싸그락 두드려 보았겠지
난분분* 난분분 춤추었겠지
미끄러지고 미끄러지길 수백 번,

바람 한 자락 불면 휙 날아갈 사랑을 위하여
햇솜* 같은 마음을 다 퍼부어 준 다음에야
마침내 피워 낸 저 ㉠황홀 보아라

봄이면 가지는 그 한 번 덴 자리에
세상에서 가장 아름다운 ㉡상처를 터뜨린다

– 고재종, 〈첫사랑〉

● 난분분(亂粉紛): 난분분하다(눈이나 꽃잎 따위가 흩날리어 어지럽다)의 어근.
● 햇솜: 그해에 새로 난 솜.

01 이 시의 각 연에 대한 감상으로 적절하지 <u>않은</u> 것은?

① 1~2연: '눈'은 '꽃'을 피우기 위해 도전을 멈추지 않는 존재로 의인화됐어.

② 3연: 따뜻하고 순수한 '눈'의 사랑을 '햇솜'에 비유했어.

③ 3연: 화자는 사랑에 최선을 다하는 '눈'의 자세를 예찬하고 있어.

④ 4연: '봄'은 눈이 녹는 계절이니 '가지'와 '눈'의 이별을 함축한다고 볼 수 있어.

⑤ 4연: '상처'는 눈꽃이 피었던 가지가 '덴 자리'로, 첫사랑의 상처가 영원함을 상징하고 있어.

02 ㉠과 ㉡의 원관념을 바르게 짝지은 것은?

	㉠	㉡
①	사랑	눈꽃
②	눈꽃	봄에 피어난 꽃
③	봄에 피는 꽃	눈꽃
④	눈꽃	마음
⑤	사랑	마음

[03~04] 다음 시를 읽고 물음에 답하시오.

동아 창비, 천재(김)

껍데기는 가라.
사월도 알맹이만 남고 / 껍데기는 가라.

껍데기는 가라.
동학년 곰나루*의, 그 아우성만 살고
껍데기는 가라.

그리하여, 다시 / 껍데기는 가라.
이곳에선, 두 가슴과 그곳까지 내논
아사달 아사녀가 / 중립의 초례청* 앞에 서서
부끄럼 빛내며 / 맞절할지니

껍데기는 가라.
한라에서 백두까지
향그러운 흙 가슴만 남고
그, 모오든 쇠붙이는 가라.

– 신동엽, 〈껍데기는 가라〉

● **곰나루**: 충청남도 공주의 옛 이름.
● **초례청**: 혼례식을 치르는 장소.

03 이 시의 표현상 특징으로 적절하지 <u>않은</u> 것은?

① 명령형 어미로 의지적 어조를 드러내고 있다.
② 동일한 시구를 반복하여 운율을 형성하고 있다.
③ 긍정적 이미지와 부정적 이미지를 대립하고 있다.
④ 직유법을 통해 우리 민족이 지닌 순수함을 강조하고 있다.
⑤ 상징적인 시어를 활용하여 주제를 함축적으로 드러내고 있다.

04 〈보기〉의 ㉠, ㉡을 상징하는 시어를 이 시에서 찾아 쓰시오.

┤ 보기 ├

　신동엽 시인은 우리 민족 공동체가 함께 살기를 소망했다. 하지만 당시는 ㉠외세의 개입으로 사회적 모순과 부조리가 가득했고 남과 북은 이념 대립으로 분단된 상태였다. 시인은 이런 문제를 해결하기 위해 ㉡외세에 저항했던 동학 혁명이나 불의에 저항했던 4월 혁명과 같은 정신이 필요하다고 생각했다.

[05~06] 다음 시를 읽고 물음에 답하시오.

2013학년도 수능 (변형)

폭포는 곧은 절벽을 무서운 기색도 없이 떨어진다

규정할 수 없는 물결이
무엇을 향하여 떨어진다는 의미도 없이
계절과 주야를 가리지 않고
㉠고매한 정신처럼 쉴 사이 없이 떨어진다

금잔화도 인가도 보이지 않는 ㉡밤이 되면
폭포는 ㉢곧은 소리를 내며 떨어진다

곧은 소리는 소리이다
곧은 소리는 곧은 / 소리를 부른다

㉣번개와 같이 떨어지는 물방울은
취할 순간조차 마음에 주지 않고
㉤나타(懶惰)와 안정(安定)을 뒤집어 놓은 듯이
높이도 폭도 없이 / 떨어진다

– 김수영, 〈폭포〉

05 이 시의 표현상 특징으로 적절하지 <u>않은</u> 것은?

① 단호한 어조로 주제를 드러내고 있다.
② 색채를 대비해 '폭포'의 속성을 강조하고 있다.
③ 동일한 시어를 반복하여 운율을 형성하고 있다.
④ 하강적 이미지에 긍정적인 가치를 부여하고 있다.
⑤ '폭포'를 정신적 가치를 추구하는 존재로 의인화하고 있다.

06 ㉠~㉤에 대한 설명으로 가장 적절한 것은?

① ㉠: '폭포'의 위대함을 나타내는 원관념이다.
② ㉡: 개인적 상징으로 부정적인 현실을 의미한다.
③ ㉢: 잘못된 현실을 비판하는 양심의 소리를 상징한다.
④ ㉣: '폭포'의 강인함을 상징한다.
⑤ ㉤: '폭포'가 지닌 긍정적인 속성을 의미한다.

06 다양한 표현 기법 ① – 강조하기와 변화 주기

아들, 게임 좀 그만해.

이 판만 깨고요.

우리 아들, 집중력이 대단해. 이 집중력이면 전교 1등 하겠는걸?

우리 마누라 최고!

당장 끄겠습니다.

엄마의 뛰어난 표현력

개념➕ 표현 기법(=표현 방법)

시인이 떠올린 생각이나 감정, 즉 시의 내용을 '언어'로써 적절하게 드러내는 여러 가지 방법을 말한다. 시인은 다양한 표현 기법을 활용하여 자신이 전달하고자 하는 것을 효과적으로 드러낸다.

🏛 개념을 품은 기출 선택지

· 유사한 **시구를 반복**함으로써 화자의 의지를 강조하고 있다. (2018 수능)
· (나)와 달리 (가)에서는 **설의적인 표현**을 통해 안타까움의 정서가 강조되고 있다. (2017 수능)
· **대구 형식**을 활용하여 화자의 출생을 앞둔 집안의 분위기를 드러내고 있다. (2019 수능)
· **반어적** 어조를 활용하여 현실에 대한 비관적 태도를 드러내고 있다. (2018 수능)

---

❶ 강조하기

특정 부분을 강조하여 자신의 생각이나 감정을 더욱 [❶]으로 전달하는 표현 기법➕이다. 강조된 부분은 글의 다른 부분과 구별되어 도드라짐으로써 독자에게 선명한 인상을 준다. 이렇게 강조된 부분은 대개 작품의 주제와 관련이 깊다.

사실보다 지나치게 불려서 나타냄
㉠ **과장법**: 표현하려는 대상을 실제보다 훨씬 크거나 작게, 또는 많거나 적게 표현하는 방법이다.

> 대동강 물이야 언제나 마르려나
> 마를 날이 없을 것이다(설의법)
> 이별 눈물 해마다 푸른 물결 보태나니.
> 대동강 물이 마르지 않는 이유
> → 사람들이 이별하며 흘리는 눈물과, 이별한 '나'의 눈물이 보태어져서
>
> ◗ '이별 눈물' 때문에 '대동강 물'이 마르지 않는다고 과장하여 이별의 슬픔을 강조함.
> 🔒 금성 🔒 동아, 비상, 지학사, 창비 | 정지상, 〈송인〉

㉡ **반복법**: 같거나 비슷한 표현(단어, 구절, 문장)을 되풀이하는 방법이다. 시어나 시구, 시행 등을 반복하면 의미를 강조하면서 운율을 형성할 수 있다.

> 나 두 야 가련다 / 나의 이 젊은 나이를
> 눈물로야 보낼 거냐 / 나 두 야 간다
>
> ◗ ☐ : 비슷한 시구를 반복하여 운율을 형성하고 새로운 세계를 찾아 떠나려는 화자의 의지를 강조함.
> – 박용철, 〈떠나가는 배〉

개념 콕 1 이 시와 같이 과장법이 사용된 것은?

① 접동 / 접동 / 아우래비 접동
② 산산이 부서진 이름이여! / 허공중에 헤어진 이름이여!
③ 모란이 지고 말면 그뿐 내 한 해는 다 가고 말아 / 삼백예순 날 하냥 섭섭해 우옵네다.

개념 콕 2 이 시와 같이 반복법이 사용된 것은?

① 풀은 눕고 / 드디어 울었다.
② 돌담에 속삭이는 햇발같이 / 풀 아래 웃음 짓는 샘물같이
③ 오호, 여기 줄지어 누웠는 넋들은 / 눈도 감지 못하였겠고나.

여러 가지 예나 사실을 낱낱이 죽 늘어놓음

ⓒ **열거법**: 서로 비슷하거나 관련이 있는 어구를 늘어놓아 의미를 강조하는 표현 방법이다. 각각 다른 자격과 가치를 지닌 어구들이 동일한 위상으로 ❷ 됨으로써, 그것들을 포괄하는 전체적인 의미가 강조된다.
어떤 사물이 다른 사물과의 관계 속에서 가지는 위치나 상태

> 별 하나에 추억과 / 별 하나에 사랑과   □: 화자가 그리워하는 대상들
>
> 별 하나에 쓸쓸함과 / 별 하나에 동경과
>
> 별 하나에 시와 / 별 하나에 어머니, 어머니,
>
> ➡ '별 하나에'를 반복하면서 그리움의 대상들을 나열함.   🔖 해냄 📖 창비 | 윤동주, 〈별 헤는 밤〉

개념
콕 **3** 이 시에서와 같이 열거법이 사용된 것은?

① 강이여, 강이여, 내일에의 피 몸짓.
② 창 내고자 창을 내고자 이내 가슴에 창 내고자
③ 누나가 손으로 다지고 나면 바둑이는 앞발로 다지고 괭이가 꼬리로 다진다.

I 현대시

점진적으로 어구를 겹쳐 가면서 내용과 뜻을 넓혀 감.

ⓓ **점층법**: 뜻이 점점 강해지거나, 커지거나, 높아지거나, 넓어지게 표현하는 방법이다. 점층법을 사용하면 독자의 감흥을 고조하거나 절정으로 이끄는 효과를 낼 수 있다. 반대로 강하고 큰 것에서 약하고 작은 것의 순서로 점점 낮추어 표현하는 방법을 점강법⁺이라고 한다.
감정이나 기세가 한참 무르익거나 높아짐
'강할 강(强)'이 아니라 '내릴 강(降)'임.

> 눈은 살아 있다
> ↓
> 떨어진 눈은 살아 있다   ➡ '눈'을 수식하는 시어를 점층적으로 늘려 가면서 독자의 사고를 확장시킴.
> ↓
> 마당 위에 떨어진 눈은 살아 있다
>
> 🔖 창비, 해냄 📖 미래엔 | 김수영, 〈눈〉

점차 내려감
개념⁺ **점강법의 예**

> 야경꾼에게 20원 때문에 10원 때문에 1원 때문에
> ➡ 큰 액수에서 작은 액수 순서로 나열함.
> 🔖 금성, 신사고, 지학사, 천재(김) | 김수영, 〈어느 날 고궁을 나오면서〉

서로 맞대어 비교함

ⓔ **대조법**: 서로 ❸ 되는 대상이나 내용을 맞세워 주제를 강조하거나 선명한 인상을 주는 표현 방법이다. 길고 짧음, 강하고 약함, 넓고 좁음 등을 대립시켜 표현한다.

> 별은 밝음 속에 사라지고
> ↕
> 나는 어둠 속에 사라진다.   ➡ '밝음'과 '어둠'이라는 반대되는 내용을 대조해 '별'과 '나'의 상반되는 처지를 강조함.
>
> 🔖 지학사 📖 동아, 미래엔 | 김광섭, 〈저녁에〉

개념
콕 **4** 이 시에서와 같이 대조법이 사용된 것은?

① 산에는 꽃 피네 / 꽃이 피네.
② 내 마음은 연약하나 껍질은 단단하다.
③ 붓 장사도 땜장이도 큰 개도 강아지도 모두 모닥불을 쪼인다.

연결된 쇠사슬

ⓕ **연쇄법**: 앞 구절의 말을 다음 구절의 첫부분에서 반복하여 내용을 ❹ 해 가는 방법이다. 연쇄법을 사용하면 내용을 강조하고 운율을 형성할 수 있다.

> 사회자가 외쳤다
> 권력에 아부하는 자
> 여기 일생 동안 이웃을 위해 산 분이 계시다
> 그럴듯한 명분으로 대중의 자발적인 복종을 이끌어 내어 자신의 권력을 행사하는 권력자
> 이웃의 슬픔은 이분의 슬픔이었고
> □: 3행의 '이분의 슬픔'을 4행의 머리에서 반복함(연쇄법).
> 이분의 슬픔은 이글거리는 빛이었다
>
> ➡ '이분의 슬픔'을 두 행에 걸쳐 반복하여 '이웃의 슬픔' – '이분의 슬픔' – '이글거리는 빛'으로 내용을 연결함.   – 기형도, 〈홀린 사람〉

> 맛있으면 바나나, 바나나는 길어, 길면 기차!
>
> ⬆ 연쇄법의 또 다른 예

빈칸 답 | ❶ 인상적 ❷ 나열 ❸ 반대 ❹ 연결
콕 1 ③ 2 ② 3 ③ 4 ②

개념
5 이 시에서와 같은 영탄법이
사용되지 <u>않은</u> 것은?

① 오 이 불길한 고요 ―
② 아, 이 반가운 것은 무엇인가.
③ 빛 가운데 배는 울렁이며 / 온
종일을 떠 있다

깊은 정서를 읊음
Ⓐ **영탄법**: 놀라움, 깊은 슬픔, 감탄, 탄식 등 화자의 극적으로 고조된 정서를 감탄의 형
태로 표현하여 강조하는 방법이다.

> 밤에 홀로 유리를 닦는 것은 / 외로운 황홀한 심사이어니,
>
> 역설법
>
> 고운 폐혈관이 찢어진 채로 / [아아], 늬는 산(山)새처럼 날아갔[구나!]
>
> ❖ '아아'라는 감탄사, '-구나'라는 감탄형 종결 어미, 느낌표를 활용한   천재(이) 비상 | 정지용, 〈유리창 1〉
>   영탄법으로 화자의 슬픔을 강조함.

개념➕ 감탄의 형태

다음을 활용한 형태를 말한다.

• 느낌표(!) 예 산산이 부서진 이름이여!   – 김소월, 〈초혼〉

• '아아', '오호'와 같은 감탄사 예 <u>아아</u> 묶인 이 가슴   – 김지하, 〈새〉

• '이여', '이시여'와 같이 감탄이나 호소의 뜻이 있는 조사 예 님<u>이여</u>, 사랑<u>이여</u>, 아침
  볕의 첫걸음<u>이여</u>   – 한용운, 〈찬송〉

• '–도다', '–구나'와 같은 감탄형 어미 예 고운 봄의 향기가 어리우<u>도다</u>
                                                            – 이장희, 〈봄은 고양이로다〉

② 변화 주기

시를 더욱 생동감 있게 만들기 위해 문장에 변화를 주어 표현하는 방법이다. 변화 주
기의 방법을 사용하면 표현의 ⑤   을 피하여 독자에게 신선한 느낌을 줄 수 있으며,
의미를 강조할 수 있다.

의문을 내세움
㉠ **설의법**(=의문형 진술): 말하려는 내용을 의문문의 형식으로 표현하여 의미를 강조하
는 표현 방법이다. 누구나 알고 있거나 쉽게 예측되는 결과를 물음으로써 독자가 스스로
생각해 보거나 판단하게 하여 의미를 강조하려는 의도가 담겨 있다.➕

> 천지 만물을 한 줄에 꿰어 놓고
> 입체적인 대상이나 풍경을 동일한 평면에 놓인 것처럼 그린 박수근의 화법을 표현한 시구
> 가이없이 한없이 펄렁 펄렁.
> 세상에 휘둘리고 있는 듯한 박수근의 그림 속 대상
> 하나님, 보시니 마땅합[니까?]   ❖ '-니까'라는 의문형 종결 어미를 활용해 '마땅하지 않다'는 화자의 비판적
>   인식을 설의법으로 표현함.
>
>   비상, 창비 | 김혜순, 〈납작납작–박수근 화법을 위하여〉

개념
6 이 시에서와 같은 설의법이
사용되지 <u>않은</u> 것은?

① 겨울은 강철로 된 무지갠가
보다
② 타고난 마음씨까지야 다 가릴
수 있으랴
③ 가야 할 때가 언제인가를 분
명히 알고 가는 이의 뒷모습
은 얼마나 아름다운가

개념➕ 영탄법과 설의법의 구분

설의법은 의문문의 형식으로 의미를
강조하는 방법이고, 영탄법은 정서
를 강하게 드러내어 강조하는 방법이
다. 따라서 의문문의 형태로 정서를
강하게 드러낸 표현이 있다면 여
기에는 설의법, 영탄법 모두 사용
됐다고 볼 수 있다.
예 임 향한 일편단심이야 가실 줄이
있으랴   – 정몽주, 〈단심가〉
❖ 답이 예측되는 의문문의 형식으
로 '임을 향한 일편단심은 변하지 않
을 것이다'라는 화자의 정서를 강하
게 드러냄. → 설의법, 영탄법 모
두 쓰임.

💡 **짚고 가요**

설의법이 쓰인 문장과 일반적인 의문문 구별하기

🧑‍🏫 설의법이 쓰인 문장은 그 형식이 의문문이기 때문에, 겉보기에는 일반적인 의문문과 다르지 않아. 그러
니 이 둘을 구별할 줄 알아야 해. 다음 ㉠, ㉡ 중에서 어떤 것이 설의법이 쓰인 표현일까?

> ㉠ 내 홀로 긴 밤을 무엇을 간구하며 울어 왔는가   – 조지훈, 〈산상의 노래〉
>
> ㉡ 가난하다고 해서 사랑을 모르겠는가   – 신경림, 〈가난한 사랑 노래〉

답은 ㉡이야. ㉠은 일반적인 의문문으로, 화자는 자신이 운 이유가 궁금해서 스스로에게 묻고 있어. 반면 설의
적 표현인 ㉡은 형식만 의문문일뿐, 답을 궁금해하지 않아. 화자는 '가난할지라도 사랑을 안다'는 답을 이미 알
고 있거든. "답정너('답은 정해져 있고 너는 대답만 하면 돼.'의 줄임말)" 아니냐고? 하하, 맞아. 답을 아는데도
묻는 이유는 의미를 강조하기 위해서지.

기억해! 화자가 답을 궁금해할 뿐 강조하는 의미가 없다면 '일반적인 의문문'이야. 그러나 화자가 답을 이미 알
고 있고, 강조하는 의미가 있다면 '설의법'이지!

ⓛ **도치법**: <u>말의 차례를 바꾸어 쓰는 표현 방법이다.</u> 의미를 강조하고자 하는 부분은 주

차례나 위치 따위를 서로 뒤바꿈

로 뒷부분에 놓인다.

어순

> 아직 서해엔 가 보지 않았습니다.
>
> 어쩌면 당신이 거기 계실지 모르겠기에
>
> ↱ 일반적으로는 '어쩌면 당신이 거기 계실지 모르겠기에 / 아직 서해엔 가 보지 않았습니다.'로 표현하지만 서술부를 먼저 제시한 도치법으로 독자의 호기심을 유발함.
>
> – 이성복, 〈서해〉

> ☑ 우리말은 '나는 너를 좋아한다.'처럼 '주어＋목적어＋서술어'의 순서로 나열되는데, 도치법은 이러한 순서를 바꾸어 '좋아한다, 나는 너를.'처럼 표현하는 방법이야.

ⓒ **대구법**: 같거나 비슷한 문장 구조를 짝을 맞추어 나란히 배열하는 표현 방법이다.

구절을 대응함

대구법은 ❻〔　　　〕을 형성하고 의미를 강조하는 기능을 한다.

> 떠나고 싶은 자 / 떠나게 하고
>
> 잠들고 싶은 자 / 잠들게 하고
>
> ↱ "~고 싶은 자 ~게 하고"라는 문장 구조가 연달아 반복되고 '떠나다, 잠들다'라는 행동을 나타내는 시어를 짝 지은 대구법이 사용됨.
>
> – 강은교, 〈사랑법〉

개념⁺ 통사 구조의 반복

'통사 구조(＝문장 구조)의 반복'은 비슷한 구조의 문장이 반복되는 것을 말한다. 대구법처럼 문장이 짝을 맞추어 '나란히' 배열되지 않아도 비슷한 형태의 문장이 반복되면 "통사 구조가 반복되었다."라고 표현할 수 있다.

> 고향이 고향인 줄도 모르면서 / 긴 장대 휘둘러 까치밥 따는
>
> 서울 조카아이들이여 / 그 까치밥 따지 말라 (중략)
>
> 공중을 오가는 날짐승에게 길을 내어 주는 / 그것은 따뜻한 등불이었으니
>
> 철없는 조카아이들이여 / 그 까치밥 따지 말라 ▢ : 통사 구조의 반복
>
> ↱ "~조카아이들이여 / 그 까치밥 따지 말라"라는 통사 구조가 반복됨.
>
> – 송수권, 〈까치밥〉

> ☑ '통사 구조의 반복'은 선택지에 자주 등장하는 표현이므로 대구법과 함께 알아 두자.

ⓔ **인용법**: 다른 사람의 말이나 글을 끌어 쓰는 방법으로 독자에게 믿음직한 인상을 준다.

끌어서 사용함

> 눈에 들어오는 / 병풍의 '낙지론(樂志論)'을 / 읽어도 보고…… //
>
> 그렇다! / 아무리 쪼들리고 / 웅숭그릴지언정 // 화자의 처지-가난함 → 화자의 처지와 '제왕의 문'이란 삶이 대조됨(대조법)
>
> ┌ 풍족한 삶(대유법)
>
> – '어찌 제왕의 문에 듦을 부러워하랴' →〈낙지론〉의 구절 인용
>
> ↱ 중국의 선비가 쓴 〈낙지론〉의 내용을 인용하여 가난한 처지지만 남을 부러워하지 않겠다는 화자의 다짐을 드러냄.
>
> – 신석정, 〈대바람 소리〉

개념

콕7 이 시에서와 같은 도치법이 사용된 것은?

① 나는 찬란한 슬픔의 봄을 아직 기다리고 있을 테요

② 나는 아직 기다리고 있을 테요, 찬란한 슬픔의 봄을

③ 찬란한 슬픔의 봄을 아직 기다리고 있는 이는 누구던가?

개념

콕8 이 시에서와 같은 대구법을 사용했을 때의 효과로 적절하지 <u>않</u>은 것은?

① 문장의 의미를 강조한다.

② 문장의 반복되는 부분이 리듬감을 형성한다.

③ 대상의 특성이나 상황을 과장하여 전달한다.

개념

콕9 이 시 〈대바람 소리〉의 표현 방법에 대한 설명으로 적절하지 <u>않</u>은 것은?

① 느낌표를 활용하여 화자의 깨달음을 강조하였다.

② 책의 구절을 끌어와 삶에 대한 화자의 태도를 강조해 표현하였다.

③ 비슷한 문장 구조를 짝 지어 배열하여 〈낙지론〉의 의미를 강조하였다.

빈칸 답: ❺ 단조로움 ❻ 운율

콕 5 ③ 6 ① 7 ② 8 ③ 9 ①

10 이 시의 표현 방법으로 적절하지 <u>않은</u> 것은?

① 명사로 시를 끝맺어 여운을 준다.
② 아버지가 느끼는 정서를 비유적으로 드러내었다.
③ 말줄임표로 시상을 마무리하여 화자의 감정을 강조한다.

11 이 시에 대한 설명으로 적절하지 <u>않은</u> 것은?

① 기러기를 청자로 설정하였다.
② 설의법을 통해 독자의 판단을 유도하였다.
③ 스스로 질문하고 답하면서 자신의 처지를 강조하였다.

12 이 시 〈먼 후일〉에 대한 설명으로 적절하지 <u>않은</u> 것은?

① 화자는 누군가를 잊지 못하고 있다.
② 화자의 속마음과 반대로 표현하고 있다.
③ 이치에 맞지 않는 표현으로 삶의 진실을 드러내고 있다.

ⓜ **생략법**: 불필요한 부분을 줄여 말줄임표로 나타내는 방법이다. 줄인 부분은 독자의 상상이나 판단에 맡겨 여운을 주는 효과가 있다.

> 예닐곱살 적 그 겨울밤의 아버지가 / 이승의 물로 화신(化身)해 있음을 보았습니다.
> <small>단단하게 얼어붙어 강물이 잘 흐를 수 있게 해 주는 강물 표면의 얼음을 보고 어린 시절의 아버지를 떠올림.</small>
> (중략) 꽝 꽝 얼어붙은 잔등으로 혹한을 막으며 / 하얗게 얼음으로 엎드려 있던 아버지, / 아버지, 아버지……
> ◐ 말줄임표를 사용한 생략법으로 '아버지'에 대한 화자의 감정(그리움)을 강조하고 여운을 형성함.
> — 이수익, 〈결빙의 아버지〉

ⓗ **문답법**: 묻고 답하는 형식으로 표현하는 방법이다. 이 가운데 스스로 묻고 답하는 것을 '**❼** [ ]'이라고도 한다.

> 여보소 공중에 / 저 기러기 / 공중엔 길 있어서 잘 가는가? → 물음
> 여보소 공중에 / 저 기러기 / 열십자 복판에 내가 섰소. → 대답
> ◐ '기러기'에게 묻고 스스로 답하는 문답법을 사용하여 갈 곳 없는 화자의 처지를 하소연함.
> — 김소월, 〈길〉

ⓢ **반어법**: <small>반대로 말함</small> 속마음과 반대로 표현하는 방법이다. 반어법을 사용하면 의미를 강조하고, 독자에게 강한 인상을 줄 수 있다.

> 오늘도 어제도 아니 잊고 / 먼 훗날 그때에 "잊었노라."
> ◐ 사랑하는 대상을 잊지 못한 화자의 속마음을 '잊었노라'라고 표현하는 반어법이 쓰임.
> 📖 지학사 | 김소월, 〈먼 후일〉

ⓞ **역설법**: 이치에 맞지 않고 모순되는 표현처럼 보이지만 그 속에 진실을 담고 있는 표현 방법이다. 서로 모순되는 사물이나 관념을 연결하여 독자에게 **❽** [ ]과 놀라움을 준다.

> 묵은 사랑이 / 뉘우치는 마음의 한복판에 / 젖어 있을 때
> 붉은 파밭의 푸른 새싹을 보아라 / 얻는다는 것은 곧 잃는 것이다
> ◐ 대조적 의미를 지닌 '얻다'와 '잃다'를 같은 것으로 본 역설법이 쓰임.
> — 김수영, 〈파밭가에서〉

💡 짚고 가요

역설이 사용된 시구들

• 아아 님은 갔지마는 나는 님을 보내지 아니하였습니다.
　　　　　— 한용운, 〈님의 침묵〉
• 외로운 황홀한 심사
　　　　　— 정지용, 〈유리창〉
• 괴로웠던 사나이 / 행복한 예수그리스도
　　　　　— 윤동주, 〈십자가〉
• 강철로 된 무지개 — 이육사, 〈절정〉
• 찬란한 슬픔의 봄
　　　　　— 김영랑, 〈모란이 피기까지는〉

🔖 궁금해요

😀 반어법과 역설법이 너무 헷갈려요. 어떻게 구별할 수 있나요?

	반어	역설
표현	"잊었노라."	"얻는다는 것은 곧 잃는 것이다"
속뜻	잊지 못했다.	묵은 것을 잃어야 새로운 것을 얻을 수 있다.
	▼	▼
차이점	• 표현 자체는 이치에 맞고 문제가 없음. • 표현과, 화자가 의도한 의미는 반대됨.	• 표현 자체가 이치에 맞지 않고 모순됨. • 표현은 말이 안 되지만 깊은 진실, 새로운 진리를 담고 있음.

구분하는 법은 간단해. 표현은 말이 되지만 표현과 뜻이 반대라면 '반어', 표현이 말은 안 되지만 그 속에 깊은 의미를 지니고 있으면 '역설'. 어때, 구분할 수 있겠지?

빈칸 답 | ❼ 자문자답 **❽** 신선함
10 ② **11** ② **12** ③

☑ 바로바로 간단 체크

1 괄호 안에 들어갈 알맞은 말을 쓰시오.

(1) (ㅇㄱㅂ)은 서로 비슷하거나 관련이 있는 어구를 늘어놓아 의미를 강조하는 표현 방법이다.

(2) (ㅇㅌㅂ)은 화자의 극적으로 고조된 정서를 감탄의 형태로 표현하여 강조하는 방법이다.

(3) (ㅅㅇㅂ)은 말하려는 내용을 의문문의 형식으로 표현하여 독자가 스스로 생각해 보거나 판단하게 함으로써 의미를 강조하는 표현 방법이다.

2 다음 설명이 맞으면 ○표, 틀리면 ×표를 하시오.

(1) 점층법은 뜻이 점점 강해지거나, 커지거나, 높아지거나, 넓어지게 하는 표현 방법이고, 점강법은 반대로 강하고 큰 것에서 약하고 작은 것의 순서로 점점 낮추어 표현하는 방법이다. ( )

(2) 대구법은 서로 반대되는 내용을 맞세워 강조하거나 선명한 인상을 주는 방법이고, 대조법은 같거나 비슷한 문장 구조를 나란히 배열하여 독자의 흥미를 일으키는 방법이다. ( )

(3) 반어법은 표현하고자 하는 상황과 반대되게 말하여 의미를 강조하는 방법이고, 역설법은 이치에 맞지 않는 말로 깊은 진실을 드러내는 방법이다. ( )

3 표현 방법과 그 예시를 바르게 이으시오.

(1) 연쇄법 •

(2) 도치법 •

(3) 문답법 •

• ㉠ 빨가면 사과, 사과는 맛있어, 맛있으면 바나나.

• ㉡ 파란 나라를 보았니? 보았지.

• ㉢ 먹고 싶어요, 빨간 사과를.

[01~02] 다음 시를 읽고 물음에 답하시오.

🔲 비상(박안)

가난하다고 해서 외로움을 모르겠는가
너와 헤어져 돌아오는
눈 쌓인 골목길에 새파랗게 달빛이 쏟아지는데.
가난하다고 해서 두려움이 없겠는가
두 점을 치는 소리
방범대원의 호각 소리 메밀묵 사려 소리에
눈을 뜨면 멀리 육중한 기계 굴러가는 소리.
가난하다고 해서 그리움을 버렸겠는가
어머님 보고 싶소 수없이 뇌어 보지만
집 뒤 감나무에 까치밥으로 하나 남았을
새빨간 감 바람 소리도 그려 보지만.
가난하다고 해서 사랑을 모르겠는가
내 볼에 와 닿던 네 입술의 뜨거움
사랑한다고 사랑한다고 속삭이던 네 숨결
돌아서는 내 등 뒤에 터지던 네 울음.
가난하다고 해서 왜 모르겠는가
가난하기 때문에 이것들을
이 모든 것들을 버려야 한다는 것을.

– 신경림, 〈가난한 사랑 노래 – 이웃의 한 젊은이를 위하여〉

---

01 이 시의 표현상 특징으로 적절하지 **않은** 것은?

① 연쇄적 표현을 사용해 화자의 정서를 고조하고 있다.

② 유사한 통사 구조를 반복하여 운율을 형성하고 있다.

③ 문장 성분을 도치함으로써 시적 의미를 강조하고 있다.

④ 청각적 심상을 활용하여 화자의 정서를 환기하고 있다.

⑤ 화자가 포기해야만 하는 감정들을 열거하여 자신의 처지를 안타까워하는 마음을 드러내고 있다.

02 이 시를 이해한 내용으로 적절하지 **않은** 것은?

① 화자는 가난한 삶을 살아가는 젊은이이다.

② 화자는 고향을 떠나와 어머니를 그리워하고 있다.

③ 가난해도 진실로 사랑하면 행복해질 수 있음을 강조하였다.

④ 여러 가지 소리로 도시의 풍경과 노동자의 삶을 드러내었다.

⑤ 가난 때문에 인간적인 감정을 포기해야 하는 상황을 비판적으로 제시하였다.

[03~04] 다음 시를 읽고 물음에 답하시오.
지학사

먼 훗날 당신이 찾으시면
그때에 내 말이 "잊었노라."

당신이 속으로 나무라면
"무척 그리다가 잊었노라."

그래도 당신이 나무라면
"믿기지 않아서 잊었노라."

오늘도 어제도 아니 잊고
먼 훗날 그때에 "잊었노라."

– 김소월, 〈먼 후일〉

03 이 시에 대한 설명으로 적절하지 <u>않은</u> 것은?

① 각 연의 마지막 행을 같은 시어로 종결하여 운율을 형성하고 있다.
② 점층적 표현을 통해 화자의 그리움이 점점 깊어짐을 드러내고 있다.
③ 시적 대상과 화자의 정서를 나타내는 시어를 반복해 의미를 강조하고 있다.
④ 일어나지 않은 상황을 가정하여 떠난 임에 대한 화자의 미련을 드러내고 있다.
⑤ 역설적 표현을 통해 임을 잊지 못하는 화자의 마음을 효과적으로 드러내고 있다.

04 이 시와 〈보기〉의 시에서 공통적으로 나타나는 표현 기법을 쓰시오.

┤ 보기 ├
내 그대를 생각함은 항상 그대가 앉아 있는 배경에서 해가 지고 바람이 부는 일처럼 사소한 일일 것이나 언젠가 그대가 한없이 괴로움 속을 헤매일 때에 오랫동안 전해 오던 그 사소함으로 그대를 불러 보리라.
지학사 | 황동규, 〈즐거운 편지〉

[05~06] 다음 시를 읽고 물음에 답하시오.

2014학년도 수능Ⓐ (변형)

가야 할 때가 언제인가를 / 분명히 알고 가는 이의
뒷모습은 얼마나 아름다운가.

봄 한철 / 격정을 인내한 / 나의 사랑은 지고 있다.

분분한 낙화……
결별이 이룩하는 축복에 싸여 / 지금은 가야 할 때,

무성한 녹음과 그리고
머지않아 열매 맺는 / 가을을 향하여

나의 청춘은 꽃답게 죽는다.

헤어지자 / 섬세한 손길을 흔들며
하롱하롱 꽃잎이 지는 어느 날

나의 사랑, 나의 결별,
샘터에 물 고이듯 성숙하는 / 내 영혼의 슬픈 눈.

– 이형기, 〈낙화〉

05 이 시의 표현상 특징으로 적절하지 <u>않은</u> 것은?

① 영탄과 독백의 어조로 화자의 심정을 드러낸다.
② 역설법을 사용하여 화자의 깨달음을 전달한다.
③ 의인법을 활용하여 시적 대상을 긍정적으로 평가한다.
④ 유사한 문장 구조를 반복하여 계절의 순환을 강조한다.
⑤ 생략법을 활용하여 화자가 느끼는 감동과 여운을 표현한다.

06 다음 설명에 해당되는 시구가 등장하는 연은?

〈낙화〉는 인간사의 이별을 꽃의 떨어짐에 비유한 시이다. 이 시의 화자는 이별의 경험이 내적 충만으로 이어지리라는 기대감을 계절이 지닌 상징적 의미로 나타낸다.

① 1연　　　　② 2연　　　　③ 4연
④ 6연　　　　⑤ 7연

07 다양한 표현 기법 ② – 객관적 상관물, 변주, 행간 걸침

🔒 개념을 품은 **기출 선택지**

• (가)의 '저 물도 내 안 같아서'는 **인간과 자연물의 동일시**를 통해 화자의 슬픔을 표현하고 있다. (2014 수능Ⓐ)
• (가)의 화자는 '젊은이의 병'을 모르는 '늙은 의사'에 대한 원망을 '여자'와 공유함으로써, (나)의 화자는 '멀리 서 있는' '나무'들의 위치를 확인함으로써 **대상과 자신의 거리를 좁히려** 하고 있다. (2017. 09. 평가원)
• (나)는 (가)와 달리, 추측을 나타내는 표현을 **변주**하여 사물이 연상시키는 의미를 심화하고 있다. (2017. 09. 평가원)

❶ 객관적 상관물

화자의 정서를 간접적으로 드러내는 데에 사용된 구체적인 사물을 말한다. 객관적 상관물은 다음과 같이 다양한 유형으로 나타난다.

> ☑시험에서 객관적 상관물의 유형을 묻는 문제는 거의 나오지 않아. 하지만 유형을 알아 두면 객관적 상관물을 파악하는 데 도움이 될 거야.

㉠ **화자의 대리물(= 분신):** 화자를 대신하는 사물이다. 화자가 지향하는 삶의 태도를 드러낸다든가, 화자가 다른 사물을 통해 '이걸 나라고 생각했으면 한다'는 식으로 표현하기도 한다.

> 어니* 먼 산 뒷옆에 바우 섶*에 따로 외로이 서서,
> <small>외로이 서 있는 갈매나무 → 가족과 헤어지고 홀로 고단한 생활을 하는 화자와 유사한 처지임.</small>
> (어두워 오는데 하이야니 눈을 맞을, 그 마른 잎새에는,
>
> 쌀랑쌀랑 소리도 나며 눈을 맞을,) <small>( ): 외로움과 추위를 견디는 갈매나무의 모습 → 절망 끝에 자기를 성찰한 화자가 지향하게 된 삶의 자세와 일치함.</small>
>
> 그 드물다는 굳고 정한* 갈매나무라는 나무를 생각하는 것이었다.
> <small>화자가 지향하는 의지적 삶을 의미함. (화자의 대리물, 화자의 분신)</small>
>
> ➡ 화자가 자신과 '갈매나무'를 동일시함으로써   교과서 미래엔 완자 신사고, 천재(김) | 백석, 〈남신의주 유동 박시봉방〉
>   화자가 지향하는 삶의 자세가 표현됨.
>
> • 어니: 어느.   • 바우 섶: 바위 옆.   • 정하다: 맑고 깨끗하다.

개념

콕1 이 시의 '갈매나무'에 대한 설명으로 적절한 것은?

① 화자와 대조적인 상황에 놓여 있다.
② 연약하고 의존적인 속성을 지니고 있다.
③ 화자가 지향하는 삶의 자세를 드러내고 있다.

콕1 ③

개념 콕 2 이 시의 '단풍'에 대한 설명으로 적절한 것은?

① 화자와 마찬가지로 이별을 겪은 존재이다.

② 화자의 슬픔을 심화하는 객관적 상관물이다.

③ '당신'에 대한 화자의 사랑을 대신 드러내는 자연물이다.

개념 콕 3 이 시에 대한 설명으로 적절하지 않은 것은?

① '비'는 애상적 분위기를 조성하는 대상이다.

② '강나루'는 화자의 처지와 대조되는 대상이다.

③ '서러운 풀빛'은 화자의 정서가 투영된 대상이다.

개념 콕 4 이 시에 대한 설명으로 적절하지 않은 것은?

① 화자의 대리물을 내세워 비판적 시각을 제시한다.

② 유사한 시구를 변주하여 시간이 흘렀음을 강조한다.

③ 여러 벗의 모습을 나열하여 비극적인 상황을 드러낸다.

개념 콕 5 이 시에 쓰인 표현 기법에 대한 설명으로 적절한 것은?

① 행간 걸침을 통해 '어둠'과 '꽃'을 강조한다.

② '낳고'라는 시어는 앞 행과 뒤 행 모두에 연결된다.

③ 행간 걸침을 활용하여 시에 형식적 안정감을 준다.

ⓒ **정서 자극물(=촉매):** 화자의 정서를 불러일으키거나 심화하는 사물이다. 화자와 비슷한 처지에 있는 사물뿐만 아니라 화자와 대조되는 처지에 있는 사물도 정서 자극물로 쓰인다. ·점점 깊어짐

> 산마다 단풍만 저리 고우면 뭐헌다요 (중략)
> 곱고 아름다운 자연물 → '당신'과 이별한 화자의 상황과 대조됨.
> 당신이 안 오는데 뭔 헛짓이다요
> 단풍이 고운 것이 화자에게 '헛짓'으로 느껴지는 이유
> 저런 것들이 다 뭔 소용이다요
> 단풍
>
> ➡ '단풍'을 보고 당신과 이별한 처지를 새삼 인식하면서 슬픔이 심화됨.
>
> – 김용택, 〈들국〉

ⓒ **감정 이입물:** 화자의 감정이 투영된 사물을 말한다.
감정 등을 다른 사물에 반영하여 나타내는 것

> 이 비 그치면
> 애상적 분위기 조성, 화자의 서러움을 유발(정서 자극물)
> 내 마음 강나루 긴 언덕에
> 전통적인 이별의 공간
> 서러운 풀빛이 짙어 오것다.
> '풀빛'이 화자와 같이 애상적 정서를 느낀다고 동일시하여 표현함.(감정 이입물)
>
> ➡ 감정 이입을 통해 화자의 서러움을 드러냄.
>
> – 이수복, 〈봄비〉

2 변주

변주는 원래 음악 분야에서, 어떤 주제(악곡의 기본적인 틀)를 바탕으로 하되 선율, 리듬, 화성 따위에 변화를 주어 연주하는 것을 일컫는 말이다. 시에서도 특정한 표현 효과를 얻기 위해 일정하게 반복되던 시어나 시구 또는 문장 구조에 ❶〔   〕를 주기도 한다. 이때 시어나 시구, 문장 구조 등에 변화를 주는 것을 변주라고 한다.

> 그러는 동안에 영영 잃어버린 벗도 있다.
> 죽은 사람
> 그러는 동안에 멀리 떠나 버린 벗도 있다.
> 조국을 떠나 타국을 떠도는 사람
> 그러는 동안에 몸을 팔아 버린 벗도 있다.
> 지조를 지키지 않고 변절한 사람
> 그러는 동안에 맘을 팔아 버린 벗도 있다.
> 자신의 신념을 저버린 사람
>
> 그러는 동안에 드디어 서른여섯 해가 지나갔다.
> ➡ "그러는 동안에 ~ 버린 벗도 있다."를 반복하다가 다음 연에서 변화를 줌.
>   → 시간이 흘렀음을 강조함.
>
> 해냄 | 신석정, 〈꽃덤불〉

3 행간 걸침

시어가 앞 행과도 연결되고, 뒤 행과도 연결되게 함으로써 독자의 호흡을 빼앗아 시적 긴장감을 불러일으키는 표현 기법이다. 이 기법을 통해 일반적인 시행 배열의 식상함을 극복하고 주제를 강조하는 효과를 얻을 수 있다.

> 어둠은 새를 낳고, 돌을
> ➡ ☐ : '돌을 낳고'를 같은 행에 배치하지 않고,
>   1행과 2행에 연결되게 배치하는 행간 걸침을 사용함.
> 낳고, 꽃을 낳는다.
>
> 천재(이) | 박남수, 〈아침 이미지 1〉

❹ 표현 효과와 관련된 개념들

> ☑ 다양한 표현 방법을 사용함으로써 얻을 수 있는 효과를 구체적으로 설명한 말들이야. "~표현을 통해 ○○○를 줄 수 있다."라는 선택지에서 '○○○'의 자리에 들어가는 말들이지.

• **대상과의 친밀감(=일체감)/거리감**: 화자가 시적 대상을 심리적으로 가깝다고 느끼거나 대상과 자신을 같다고 여기면 **❷**〔　　　　〕이나 일체감이 생기고, 반대로 화자가 시적 대상과 심리적으로 멀다고 느끼거나 대상과 자신을 다르다고 여기면 거리감이 생긴다.

여승은 합장하고 절을 했다 / 가지취의 내음새가 났다
시적 대상(특정 인물)　　　　　직유법
쓸쓸한 낯이 옛날같이 늙었다 / 나는 불경처럼 서러워졌다
화자　　　　　　화자의 정서

➡ 화자가 직유법을 통해 삶의 풍파를 겪고 여승이 된 여인의 처지를 안타까워하는 마음을 드러냄으로써 화자와 대상 사이의 거리가 가깝게 느껴짐.

🔠 비상(박영) | 백석, 〈여승〉

• **생동감(=생명감)**: 시적 대상에 생기가 있고 그것이 살아서 움직이는 듯한 느낌을 받는 것이다. 음성 상징어, **❸**〔　　　　〕이미지 등이 사용된 시에서 생동감을 느낄 수 있다.

◯: 음성 상징어　　□: 역동적 이미지의 시어
산아. ⓤ우뚝솟은 푸른 산아. 철철철흐르듯 짙푸른 산아. 숱한 나무들, 무성히 무성
　　　　시적 대상(자연물)
히 우거진 산마루에, 금빛 기름진 햇살은 내려오고, 둥둥산을 넘어,

➡ 음성 상징어와 역동적 이미지의 시어를 사용하여 시에 생동감을 줌.

– 박두진, 〈청산도〉

• **시적 긴장감**: 참신한 표현을 사용하여 독자가 시에 관심과 흥미를 갖게 하는 것이다. 시적 긴장감은 함축적 시어 사용, 반어법과 역설법, 대화 삽입, 의도적 생략, 행간 걸침 등 다양한 방법을 통해 만들어진다.

□: 시적 상황(집을 부숨)을 대화로 제시 → 독자의 호기심을 이끌어 냄.
"지금 부셔 버릴까." / "안 돼, 오늘 밤은 자게 하고 내일 아침에……"
　　　　　　　　　　철거민에 대한 연민
"안 돼, 오늘 밤은 오늘 밤은이 벌써 며칠째야? 소장이 알면……" / "그래도 안 돼……"
철거를 미뤄 온 시적 상황이 드러남.　　　　철거민의 고통을 외면하는 존재
두런두런 인부들 목소리 꿈결처럼 섞이어 들려오는

루핑 집 안 단칸 벽에 기대어 그 여자 / 작은 발이 삐져나온 어린것들을
① '인부들'이 부수어야 할 집 ② '그 여자'의 삶의 터전　　　'그 여자'의 자식들
불빛인 듯 덮어 주고는 / 가만히 일어나 앉아 / 칠흑처럼 깜깜한 밤을 내다본다
아이에 대한 애정　　　　　　　　부정적인 현실

➡ 인부들의 대화(□)를 삽입하여 시적 긴장감을 조성함.

🔠 지학사 | 이시영, 〈공사장 끝에〉

• **시적 여운**: 시를 다 읽고 난 후에 마음에 오래 머무는 느낌을 말한다. 시적 여운은 수미상관의 구조를 사용하거나 명사로 시를 종결할 때, **❹**〔　　　　〕을 사용하여 독자에게 생각할 거리를 남길 때 주로 만들어진다.

꽃은 꽃대로 놓아두고 저는 땅 밑으로만 궁그는,
　　　　　　　　　　시적 대상(감자)　어둡고 수고로운 자리
꽃 진 자리엔 얼씬도 하지 않는,
사람들의 주목을 받는 자리　　　　┌ 감자의 희생적인 모습을 어머니의 모습에 빗댐.
열한 개의 구덩이를 가진 늙은 애기집
열한 식구의 먹을 것을 챙기는

➡ 명사로 시를 종결함으로써 시적 여운을 형성함.

– 김선우, 〈감자 먹는 사람들〉

개념
🔠6 이 시에 대한 설명으로 적절한 것은?

① 화자는 '여승'에게 거리감을 느끼고 있다.
② '여승'은 화자에게서 서러움을 느끼고 있다.
③ 화자와 '여승'의 심리적 거리는 가까운 편이다.

개념
🔠7 이 시에 대한 설명으로 적절하지 않은 것은?

① 동적 이미지를 통해 생동감을 준다.
② 음성 상징어를 사용하여 생생한 느낌을 준다.
③ 시적 대상을 부름으로써 화자와 대상 사이의 거리감을 드러낸다.

개념
🔠8 이 시에 대한 설명으로 적절하지 않은 것은?

① 대화를 삽입해 시적 긴장감을 높인다.
② 화자의 목소리로 '그 여자'의 행동을 제시한다.
③ 대화를 통해 '소장'과 '인부들'의 친밀감을 강조한다.

개념
🔠9 이 시에 대한 설명으로 적절한 것은?

① 선명한 시각적 대비로 생동감을 준다.
② 생략법을 사용해 시적 여운을 형성한다.
③ 명사로 시를 종결하여 독자에게 여운을 남긴다.

빈칸 답 | ❶ 변화 ❷ 친밀감 ❸ 동적 ❹ 생략법
🔠 6 ③ 7 ③ 8 ③ 9 ③

☑ 바로바로 간단 체크

1 괄호 안에 들어갈 알맞은 말을 쓰시오.

(1) (ㄱㄱㅈ ㅅㄱㅁ)은 시에서 화자의 정서를 간접적으로 드러내는 데에 사용된 구체적인 사물이다.

(2) 시에서 일정하게 반복되던 시어나 시구 또는 문장 구조에 변화를 주어 특정한 표현 효과를 얻는 방법을 (ㅂㅈ)라고 한다.

(3) (ㅎㄱ ㄱㅊ)은 시어를 앞 행과도 연결되고 뒤 행과도 연결되게 배치함으로써 독자의 호흡을 빼앗아 시적 (ㄱㅈㄱ)을 불러일으키는 표현 기법이다.

2 빈칸에 들어갈 알맞은 말을 쓰시오.

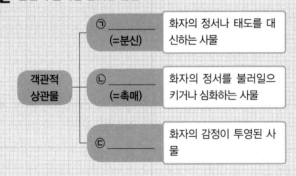

객관적 상관물	㉠ _____ (=분신)	화자의 정서나 태도를 대신하는 사물
	㉡ _____ (=촉매)	화자의 정서를 불러일으키거나 심화하는 사물
	㉢ _____	화자의 감정이 투영된 사물

3 다음 설명이 맞으면 ○표, 틀리면 ✕표를 하시오.

(1) 화자의 마음을 대신하여 나타내는 분신과 같은 존재를 '감정 이입물'이라고 한다. (　　)

(2) 의성어나 의태어, 동적 이미지 등을 활용하면 시에 고요하고 정적인 분위기를 형성할 수 있다. (　　)

(3) 시에 여운을 주기 위해서는 시를 명사로 종결하거나 생략법을 사용하는 것이 효과적이다. (　　)

[01~04] 다음 시를 읽고 물음에 답하시오.

🔲 해냄 🔲 창비

계절이 지나가는 하늘에는 / 가을로 가득 차 있습니다.

㉠나는 아무 걱정도 없이
가을 속의 별들을 다 헤일 듯합니다.

가슴속에 하나둘 새겨지는 별을
이제 다 못 헤는 것은
쉬이 아침이 오는 까닭이요,
내일 밤이 남은 까닭이요,
아직 나의 청춘이 다하지 않은 까닭입니다.

별 하나에 추억과 / 별 하나에 사랑과
별 하나에 쓸쓸함과 / 별 하나에 동경과
별 하나에 시와 / 별 하나에 어머니, 어머니,

어머님, 나는 별 하나에 아름다운 말 한마디씩 불러 봅니다. ㉡소학교 때 책상을 같이했던 아이들의 이름과, 패, 경, 옥 이런 이국 소녀들의 이름과, 벌써 애기 어머니 된 계집애들의 이름과, 가난한 이웃 사람들의 이름과, 비둘기, 강아지, 토끼, 노새, 노루, 프랑시스 잠, 라이너 마리아 릴케, 이런 시인의 이름을 불러 봅니다.

㉢이네들은 너무나 멀리 있습니다. / 별이 아슬히 멀듯이,

어머님, / 그리고 당신은 멀리 북간도에 계십니다.

나는 무엇인지 그리워
이 많은 별빛이 내린 언덕 위에
내 이름자를 써 보고, / ㉣흙으로 덮어 버리었습니다.

딴은 밤을 새워 우는 [벌레]는
부끄러운 이름을 슬퍼하는 까닭입니다.

그러나 겨울이 지나고 나의 별에도 봄이 오면
무덤 위에 파란 잔디가 피어나듯이
㉤내 이름자 묻힌 언덕 위에도
자랑처럼 풀이 무성할 게외다.

– 윤동주, 〈별 헤는 밤〉

01 이 시의 표현상 특징으로 적절한 것은?

① 산문처럼 서술된 연을 삽입하여 운율에 변화를 주고 있다.

② 행간 걸침을 통해 시적 긴장감을 주고 의미를 강조하고 있다.

③ 명사로 시를 끝맺음으로써 독자에게 시적 여운을 남기고 있다.

④ 역동적 이미지의 시어를 사용해 생동감 있는 분위기를 조성하고 있다.

⑤ 화자와 시적 대상의 대화를 삽입하여 대상에 대한 친밀감을 드러내고 있다.

02 이 시에서 '별'의 상징적 의미로 보기 어려운 것은?

① 조국의 광복   ② 순수한 세계

③ 그리움의 대상   ④ 아름다운 이상

⑤ 화자가 지향하는 내적 세계

03 이 시의 '벌레'와 같은 기능을 하는 시어를 〈보기〉의 시에서 찾아 쓰시오.

┌ 보기 ┐

조국을 언제 떠났노, / 파초의 꿈은 가련하다.

남국을 향한 불타는 향수,
너의 넋은 수녀보다도 더욱 외롭구나.

– 김동명, 〈파초〉

04 ㉠~㉤에 대한 설명으로 적절하지 <u>않은</u> 것은?

① ㉠: 가을밤을 배경으로 별을 바라보고 있는 화자의 모습이 나타나 있다.

② ㉡: 화자가 4연에서 열거한 그리움의 대상들을 구체화하여 제시하고 있다.

③ ㉢: 화자가 그리워하는 대상들과 화자의 거리감이 직접적으로 드러나 있다.

④ ㉣: 자신의 삶의 태도를 성찰하며 느끼는 부끄러움이 행동으로 제시되어 있다.

⑤ ㉤: 유한적 삶을 사는 인간의 한계를 언급하며 이상을 실현하지 못하는 안타까움을 드러내고 있다.

[05~06] 다음 시를 읽고 물음에 답하시오.

2015학년도 11월 고2 학력평가 (변형)

우리 집도 아니고 / 일가 집도 아닌 집
고향은 더욱 아닌 곳에서
아버지의 침상(寢床) 없는 최후 최후의 밤은
풀벌레 소리 가득 차 있었다

노령*을 다니면서까지 / 애써 자래운* 아들과 딸에게
한마디 남겨 두는 말도 없었고 / 아무을 만(灣)*의 파선도
설룽한* 니코리스크*의 밤도 완전히 잊으셨다
목침을 반듯이 벤 채

다시 뜨시잖는 두 눈에 / 피지 못한 꿈의 꽃봉오리가 갈앉고
얼음장에 누우신 듯 손발은 식어 갈 뿐
입술은 심장의 영원한 정지를 가리켰다
때늦은 의원이 아모 말없이 돌아간 뒤
이웃 늙은이 손으로
눈빛 미명은 고요히 / 낯을 덮었다

우리는 머리맡에 엎디어 / 있는 대로의 울음을 다아 울었고
아버지의 침상 없는 최후 최후의 밤은
㉠풀벌레 소리 가득 차 있었다

– 이용악, 〈풀벌레 소리 가득 차 있었다〉

● **노령(露領):** 러시아의 영토.   ● **자래운:** 키운.
● **아무을 만, 니코리스크:** 오호츠크 해 근처의 러시아 지명.
● **설룽한:** 춥고 차가운.

05 이 시의 표현상 특징으로 적절하지 <u>않은</u> 것은?

① 화자의 체험을 우의적으로 형상화하고 있다.

② 아버지의 죽음을 객관적으로 회고하고 있다.

③ 점층법을 통해 상황의 비극성을 강조하고 있다.

④ 도치법을 사용하여 시적 긴장을 유발하고 있다.

⑤ 수미상관식 구성을 통해 시적 여운을 남기고 있다.

06 ㉠에 대한 설명으로 적절하지 <u>않은</u> 것은?

① 가족들의 슬픔을 간접적으로 드러낸다.

② 청각적 이미지로 상황의 비극성을 고조한다.

③ 시의 처음과 끝에 반복됨으로써 주제를 강조한다.

④ 화자의 정서가 투영된 객관적 상관물과 관련된다.

⑤ 죽음으로써 자연으로 돌아간 아버지의 삶을 환기한다.

08 시상 전개 방식 ①−시·공간 관련

시선의 이동이 나타난 지적

시간의 흐름이 나타난 변명

❶ 시상 전개 방식

시상(詩想)은 시인이 시를 통해 표현하고자 하는 생각이나 정서를 말한다. 시인은 시상을 효과적으로 표현하기 위해 소재나 시구 등을 일정한 규칙에 따라 ❶〔　　　〕하여 시의 구조를 만들어 내는데, 이렇게 시상을 전개해 나가는 것을 시상 전개 방식이라고 한다.

시상 전개 방식을 파악하면 시 전체의 특징, 더 나아가 시인이 그 시를 통해 표현하고자 하는 사상이나 정서, 주제를 이해하는 데 도움이 된다.

☑ 시상 전개 방식을 파악하기 위해서는 '변화'하는 부분에 주목해야 해. 시에서 시간, 공간, 상황, 화자의 반응이나 태도 등이 변화하는 부분에 초점을 맞추면 시상 전개 방식을 효과적으로 파악할 수 있지.

❷ 시상 전개 방식의 종류

시상을 전개하는 방식은 다양하다. 크게 시간·공간과 관련된 시상 전개 방식, 수미상관·선경후정·기승전결의 구조로 된 방식, 대조적·점층적으로 시상을 전개하는 방식, 어조나 시상의 범위를 변화시켜 시상을 전개하는 방식 등이 있다.
_{경치 먼저 뒤에 감정}
_{머리 꼬리}
_{서로 관련이 있음}

☑ 여기에서는 시·공간과 관련된 시상 전개 방식을, 다음 단원에서는 그 밖의 시상 전개 방식에 대해 살펴보자.

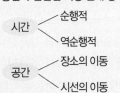

짚고 가요

시·공간과 관련된 시상 전개 방식

시간 ── 순행적
　　　── 역순행적

공간 ── 장소의 이동
　　　── 시선의 이동

(1) 시간과 관련된 시상 전개 방식

　　[❷]의 변화에 따라 시상을 전개하는 방식이다. 시간의 흐름이 순차적인지 아닌지에 따라 크게 '순행적 시상 전개 방식'과 '역순행적 시상 전개 방식'으로 나뉜다.

㉠ **시간의 흐름에 따른 시상 전개 방식**: '아침→점심→저녁'과 같은 시간의 변화, '봄→여름→가을→겨울'과 같은 계절의 변화, '과거→현재→미래'와 같은 시대의 변화처럼 순차적인 시간의 흐름에 따라 시상을 전개하는 방식으로 순행적 시상 전개 방식이라고도 한다.

까마득한 날에 / 하늘이 처음 열리고
　　과거　　　　　　　　개벽의 상황
어디 닭 우는 소리 들렸으랴 (중략)
　　대유법 – 인간의 삶

지금 눈 내리고 / 매화 향기 홀로 아득하니
현재　　　　　고고한 기상, 조국 광복의 기운
내 여기 가난한 노래의 씨를 뿌려라
　　조국 광복을 위한 자기 희생적인 자세

다시 천고°의 뒤에 / 백마 타고 오는 초인°이 있어
　　　미래　　　　　성스러운 존재, 민족 이상을 실현하는 존재
이 광야에서 목 놓아 부르게 하리라

천재(박) / 미래엔, 비상 | 이육사, 〈광야〉

➡ '까마득한 날,' '지금,' '천고의 뒤'를 통해 시간의 흐름 (과거→현재→미래)에 따라 시상이 전개됨을 알 수 있음.

● **천고(千古)**: 아주 오랜 세월.　　● **초인(超人)**: 보통 사람으로는 생각할 수 없을 만큼 뛰어난 능력을 가진 사람.

개념 **콕 1** 이 시에 대한 설명으로 적절하지 **않은** 것은?

① 시간의 변화가 나타난다.
② '초인'은 미래의 시점에서 나타나는 대상이다.
③ '현재 → 과거 → 미래'의 순서로 시상이 전개된다.

㉡ **시간의 흐름을 역행하는 시상 전개 방식**: 시간의 순서를 뒤바꾸어 시상을 전개하는 방식이다. 주로 화자가 과거를 [❸]하는 방식을 취하는 경우가 많다. 역순행적 시상 전개 방식이라고도 한다.

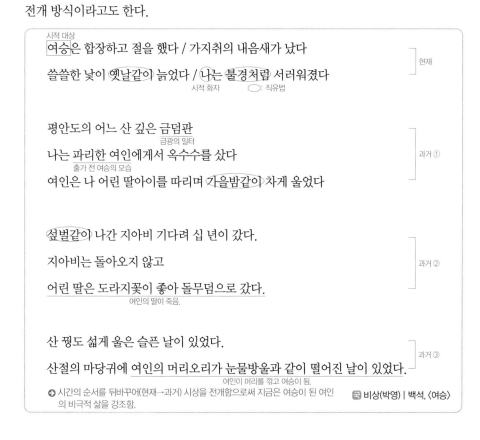

시적 대상
여승은 합장하고 절을 했다 / 가지취의 내음새가 났다
쓸쓸한 낯이 옛날같이 늙었다 / 나는 불경처럼 서러워졌다
　　　　　　　시적 화자　　　　○ : 직유법
　　　　　　　　　　　　　　　　　　　　　　　　　　　현재

평안도의 어느 산 깊은 금덤판
　　　　　　　　　금광의 일터
나는 파리한 여인에게서 옥수수를 샀다
　　출가 전 여승의 모습
여인은 나 어린 딸아이를 따리며 가을밤같이 차게 울었다
　　　　　　　　　　　　　　　　　　　　　　　　과거 ①

섶벌같이 나간 지아비 기다려 십 년이 갔다.
지아비는 돌아오지 않고
어린 딸은 도라지꽃이 좋아 돌무덤으로 갔다.
　　　　　　　여인의 딸이 죽음.
　　　　　　　　　　　　　　　　　　　　　　　　과거 ②

산 꿩도 섧게 울은 슬픈 날이 있었다.
산절의 마당귀에 여인의 머리오리가 눈물방울과 같이 떨어진 날이 있었다.
　　　　　　여인이 머리를 깎고 여승이 됨.
　　　　　　　　　　　　　　　　　　　　　　　　과거 ③

비상(박영) / 백석, 〈여승〉

➡ 시간의 순서를 뒤바꾸어(현재→과거) 시상을 전개함으로써 지금은 여승이 된 여인의 비극적 삶을 강조함.

개념 **콕 2** 이 시의 각 연을 시간의 흐름에 따라 배열한 것으로 알맞은 것은?

① 1연 → 2연 → 3연 → 4연
② 2연 → 3연 → 4연 → 1연
③ 4연 → 1연 → 2연 → 3연

빈칸 답 | ❶ 배열 ❷ 시간 ❸ 회상
콕 1 ③ 2 ②

⑵ 공간과 관련된 시상 전개 방식

공간과 관련된 시상 전개 방식은 화자가 직접 여러 장소를 옮겨 다니는 '공간의 이동'과 화자가 있는 공간은 고정된 채 화자의 시선만 움직이는 '시선의 이동'으로 나눌 수 있다.

㉠ **공간의 이동에 따른 시상 전개 방식**: 화자가 공간을 옮겨 다니면서 시상을 전개하는 방식이다. 화자의 생각이나 정서가 **❹**〔　　　　〕이 달라질 때 어떻게 변화하는지 파악하는 것이 중요하다.

> <u>유성에서 조치원으로 가는</u> 어느 들판에 우두커니 서 있는 한 그루 늙은 나무를 만났다. 수도승일까. 묵중하게 서 있었다. ①　　시적 대상
> ①~④: 여정에 따라, '나무'에 대한 화자의 정서와 생각이 바뀌어 감.
>
> 다음날은 <u>조치원에서 공주로 가는</u> 어느 가난한 마을 어귀에 그들은 떼를 져 몰려 있었다. 멍청하게 몰려 있는 그들은 어설픈 과객일까. 몹시 추워 보였다. ②　　나무들
>
> <u>공주에서 온양으로 우회하는</u> 뒷길 어느 산마루에 그들은 멀리 서 있었다. 하늘 문을 지키는 파수병일까, 외로워 보였다. ③
>
> <u>온양에서 서울로 돌아오자</u>, 놀랍게도 그들은 이미 내 안에 뿌리를 펴고 있었다.(묵중한 그들의. 침울한 그들의. 아아 고독한 모습.)그 후로 나는 뽑아낼 수 없는 몇 그루 ④
> ( ): 여행에서 본 '나무'의 모습을 집약하여 나타냄.
> 의 나무를 기르게 되었다.
>
> ❍ 화자가 '유성-조치원-공주-온양-서울'의 여정을 거치면서 본 '나무'들에 대한 생각의 변화와 변화 끝에 얻은 '깨달음', 즉 이 시의 주제가 드러남.
> – 박목월, 〈나무〉

㉡ **시선의 이동에 따른 시상 전개 방식**: 화자는 한 장소에 있으면서, 시적 대상을 바라보는 화자의 **❺**〔　　　　〕만 이동하는 시상 전개 방식이다. 화자가 하나의 시적 대상을 부분으로 나누어서 살피거나, 둘 이상의 시적 대상을 차례대로 이어 살피는 경우가 이에 해당한다. 시선의 이동은 '원경(먼 곳) ⇄ 근경(가까운 곳)', '위 ⇄ 아래', '왼쪽 ⇄ 오른쪽' 등으로 나타난다. 시선의 이동에 따라 시상을 전개하면 **❻**〔　　　　〕이미지가 잘 드러난다.

> <u>들길</u>은 마을에 들자 붉어지고, / <u>마을</u> 골목은 들로 내려서자 푸르러졌다.
>
> 바람은 넘실 천 이랑 만 이랑 / 이랑 이랑 햇빛이 갈라지고
>
> <u>보리</u>도 허리통이 부끄럽게 드러났다.
>
> <u>꾀꼬리</u>는 여태 혼자 날아 볼 줄 모르나니
>
> 암컷이라 쫓길 뿐, / 수놈이라 쫓을 뿐,
>
> 황금 빛난 길이 어지러울 뿐.
>
> 얇은 단장하고 아양 가득 차 있는
>
> <u>산봉우리</u>야, 오늘 밤 너 어디로 가 버리련?
>
> ❍ 화자가 주변 대상들을 따라 시선을 이동함으로써, 오월의 아름다움과 생동감을 형상화함.
> – 김영랑, 〈오월〉

개념
콕 3 이 시에 대한 설명으로 적절하지 않은 것은?

① 화자의 출발지는 '유성'이고 도착지는 '서울'이다.
② 공간이 달라질 때 시적 대상에 대한 화자의 인식이 변한다.
③ 화자는 공간의 이동에 따라 나무로부터 더 큰 거리감을 느끼고 있다.

개념
콕 4 이 시에 대한 설명으로 적절한 것은?

① 화자가 공간을 이동하며 관찰한 내용을 묘사한다.
② 화자가 바라보는 대상이 달라지며 시상이 전개된다.
③ 먼 곳에서 가까운 곳으로 화자의 시선이 이동하고 있다.

빈칸 답 | ❹ 공간 ❺ 시선 ❻ 시각적
콕 3 ③ 4 ②

확인 문제

사뿐히 즈려밟는

☑ 바로바로 간단 체크

1 괄호 안에 들어갈 알맞은 말을 쓰시오.

(1) 시인이 자신의 생각이나 정서를 독자에게 효과적으로 전달하기 위해 소재나 시구 등을 일정한 질서나 규칙에 따라 배열해 나가는 것을(^ ^ ^ ^ ^ ^ ^)이라고 한다.

(2) 시간과 관련된 시상 전개 방식은 크게 (^ ^ ^ ^) 시상 전개 방식과 (^ ^ ^ ^) 시상 전개 방식으로 나눌 수 있다.

(3) 공간과 관련된 시상 전개 방식은 화자가 (^ ^)을 옮겨 다니면서 시상을 전개하는 방식과, 화자는 움직이지 않으면서 화자의 (^ ^)만 이동하며 시상을 전개하는 방식으로 나눌 수 있다.

2 다음 설명이 맞으면 O표, 틀리면 ×표를 하시오.

(1) 시간의 순차적인 흐름에 따른 시상 전개 방식은 순행적 구성, 시간의 흐름에 따른 구성이라는 말로 바꾸어 쓸 수 있다. ( )

(2) 역순행적 시상 전개 방식은 주로 과거를 회상하는 방식으로 이루어지는 경우가 많다. ( )

3 빈칸에 들어갈 알맞은 말을 쓰시오.

	종류	예시
공간과 관련된 시상 전개	㉠_____에 따른 시상 전개 방식	명희는 중국과 러시아를 거쳐서 유럽을 여하고 돌아왔대.
	㉡_____에 따른 시상 전개 방식	명희는 눈도 예쁘고, 코도 오똑하고, 입술도 도톰하지.

죽는 날까지 하늘을 우러러
한 점 부끄럼이 없기를,
잎새에 이는 바람에도
나는 괴로워했다.
별을 노래하는 마음으로
모든 죽어 가는 것을 사랑해야지
그리고 나한테 주어진 길을
걸어가야겠다.

오늘 밤에도 별이 바람에 스치운다.

– 윤동주, 〈서시〉

01 이 시의 시상 전개 방식으로 적절한 것은?

① 사계절의 변화 추이에 따라 시상을 전개하고 있다.
② 과거와 현재의 대조를 통해 시상을 전개하고 있다.
③ 시간의 흐름에 따라 순차적으로 장면을 제시하여 시상을 전개하고 있다.
④ '과거의 모습 → 미래의 삶 다짐 → 현재의 모습'으로 시상을 전개하고 있다.
⑤ '저녁–밤–새벽'으로 이어지는 시간의 순차적 흐름에 따라 시상을 전개하고 있다.

02 이 시에 대한 감상으로 적절하지 않은 것은?

① '하늘'은 화자가 자신의 삶을 성찰하는 기준이 되는군.
② '바람'은 '잎새'와 같은 약자와 함께하는 존재로 화자가 지향하는 삶의 태도를 드러내는군.
③ '사랑'은 고통을 겪고 있는 존재에 대한 화자의 연민을 포함하는 시어이군.
④ '주어진 길'은 화자가 '사랑'을 자신의 운명으로 받아들였음을 보여 주는 시구이군.
⑤ '별을 노래'한다는 것으로 보아, '별'은 화자가 순수한 마음으로 지향하는 이상적 삶을 상징하는 것으로 이해할 수 있군.

[03~05] 다음 시를 읽고 물음에 답하시오.

🔖 비상, 천재(정)

징이 울린다 막이 내렸다
오동나무에 전등이 매어 달린 가설무대
구경꾼이 돌아가고 난 ㉠텅 빈 운동장
우리는 분이 얼룩진 얼굴로
학교 앞 소줏집에 몰려 ㉡술을 마신다
답답하고 고달프게 사는 것이 원통하다
㉢꽹과리를 앞장세워 장거리로 나서면
따라붙어 악을 쓰는 건 쪼무래기들뿐
처녀 애들은 기름집 담벽에 붙어 서서
철없이 킬킬대는구나
보름달은 밝아 어떤 녀석은
꺽정이*처럼 울부짖고 또 어떤 녀석은
서림이*처럼 해해대지만 이까짓
산 구석에 처박혀 발버둥 친들 무엇하랴
㉣비룟값도 안 나오는 농사 따위야
아예 여편네에게나 맡겨 두고
㉤쇠전을 거쳐 도수장* 앞에 와 돌 때
우리는 점점 신명이 난다
한 다리를 들고 날나리를 불거나
고갯짓을 하고 어깨를 흔들거나

– 신경림, 〈농무〉

● 꺽정이: 조선 명종 때의 의적(?~1562). 홍명희 소설 〈임꺽정〉의 주인공.
● 서림이: 소설 〈임꺽정〉에 나오는 임꺽정의 참모. 후에 관군에 붙잡혀 임꺽정을 배신하는 인물.
● 도수장: 도살장. 고기를 얻기 위해 소나 돼지 따위의 가축을 잡아 죽이는 곳.

03 이 시의 표현 방식으로 적절하지 <u>않은</u> 것은?

① 현재형 진술을 사용해 상황을 생동감 있게 제시하고 있다.
② 설의적인 표현으로 화자의 부정적인 현실 인식을 강조하고 있다.
③ 직설적 표현을 통해 현실에 대한 화자의 태도를 강하게 드러내고 있다.
④ '꺽정이'라는 소설 속 인물을 인용하여 현실에 대한 농민들의 불만을 드러내고 있다.
⑤ '하강-상승-하강'의 이미지를 순차적으로 드러내어 역동적이고 진취적인 농민들의 기상을 효과적으로 전달하고 있다.

04 다음은 공간의 이동에 따른 이 시의 시상 전개 과정을 정리한 것이다. 다음 ⓐ~ⓓ에 들어갈 알맞은 말을 쓰시오.

장소	화자의 정서
텅 빈 운동장	쓸쓸하고 허무함, 소외감
↓	↓
소줏집	ⓐ_____
↓	↓
ⓑ_____	울분
↓	↓
쇠전	체념
↓	↓
도수장	ⓒ_____

⇩

> 농민들이 자신들의 울분과 체념, 불만 등의 정서를 신명난 (ⓓ)을/를 통해 역설적으로 표출함.

05 〈보기〉를 바탕으로 ㉠~㉤을 이해한 내용으로 적절하지 <u>않</u>은 것은?

┤ 보기 ├

1960년대부터 도시가 발달하고 공업 중심으로 경제가 성장하는 근대화와 산업화가 시작되었다. 성공적인 근대화와 산업화를 위해 정부는 쌀값을 의도적으로 낮추었다. 신경림의 〈농무〉는 이러한 시대적 배경 속에서 빠르게 무너져 가던 1970년대 초반의 농촌을 배경으로 하고 있다. 이 시는 소외된 농민들의 깊은 좌절감과 분노, 한을 잘 담아내고 있다.

① ㉠: 산업화 시대에서 소외된 농촌의 현실을 상징적으로 드러내는 공간이다.
② ㉡: 현실에서 느끼는 고달픔과 좌절감을 해소하기 위한 행동이다.
③ ㉢: 근대화 과정에서 소멸된 농촌의 전통적인 풍속을 되살리려는 의지가 나타난다.
④ ㉣: 산업화 과정에서 경제적으로 몰락해 가던 농촌의 현실을 보여 준다.
⑤ ㉤: 농민들의 울분과 고통이 역설적으로 분출되는 장면이다.

[06~09] 다음 시를 읽고 물음에 답하시오.

2014학년도 6월 평가원⑧(변형)

㉠국철 타고 앉아 가다가
문득 알아들을 수 없는 말이 들려 살피니
아시안 젊은 남녀가 건너편에 앉아 있었다
늦은 봄날 더운 공휴일 오후
나는 잔무 하러 사무실에 나가는 길이었다
저이들이 무엇 하려고
국철을 탔는지 ㉡궁금해서 쳐다보면
서로 마주 보며 떠들다가 웃다가 귓속말할 뿐
나를 쳐다보지 않았다
모자 장사가 모자를 팔러 오자
천 원 주고 사서 번갈아 머리에 써 보고
만년필 장사가 만년필을 팔러 오자
천 원 주고 사서 번갈아 손바닥에 써 보는 저이들
㉢문득 나는 천박한 호기심이 발동했다는 생각이 들어서
황급하게 차창 밖으로 고개 돌렸다
국철은 강가를 달리고 너울거리는 수면 위에는
깃털 색깔이 다른 새 여러 마리가 물결을 타고 있었다
나는 아시안 젊은 남녀와 천연하게*
㉣동승*하지 못하고 있어 낯짝 부끄러웠다
국철은 회사와 공장이 많은 노선을 남겨 두고 있었다
㉤저이들도 일자리로 돌아가는 중이지 않을까

– 하종오, 〈동승〉

● 천연하다: 시치미를 뚝 떼어 겉으로는 아무렇지 아니한 듯하다.
● 동승: 차, 배, 비행기 따위를 같이 탐.

06 이 시의 시상 전개 방식으로 적절한 것은?

① 역순행적 방식으로 시상을 전개하고 있다.
② 계절의 변화를 암시하면서 시상을 전개하고 있다.
③ 시적 대상의 행동을 과장하면서 시상을 전개하고 있다.
④ 화자의 시선이 포착하는 대상을 따라 시상을 전개하고 있다.
⑤ 대조적인 의미를 지닌 공간으로 이동하면서 시상을 전개하고 있다.

07 이 시의 표현상 특징으로 적절한 것은?

① 성찰적 어조로 주제를 드러내고 있다.
② 설의적 표현으로 시적 긴장감을 주고 있다.
③ 감정 이입으로 화자의 정서를 심화하고 있다.
④ 시각적 이미지로 현실 극복 의지를 강조하고 있다.
⑤ 시어의 변주로 화자의 비판 의식을 드러내고 있다.

08 〈보기〉를 참고할 때, ㉠~㉤에 대한 설명으로 적절하지 않은 것은?

┃ 보기 ┃
　현대 사회의 인간관계에서 시선은 다양한 의미를 지닌다. 시선은 관심을 표시하는 것이기도 하지만, 가치 평가의 의미를 담고 있을 경우 타인에게 부담감을 줄 수도 있다. 더불어 살아가는 공동체를 만들기 위해서는 가치 평가적 시선을 거두는 지혜가 필요하다.

① ㉠은 서로 다른 성격의 시선들이 드러나는 공간이다.
② ㉡은 관찰 대상에게 부담감을 줄 수도 있는 행위이다.
③ ㉢은 타인에게 호기심 어린 시선을 받은 화자의 반응이다.
④ ㉣은 〈보기〉의 '더불어 살아가는 공동체'와 의미가 연결된다.
⑤ ㉤은 '아시안 젊은 남녀'에 대한 화자의 동질감을 드러낸다.

09 〈보기〉를 참고하여 ⓐ의 이유를 쓰시오.

┃ 보기 ┃
　이 시에서 화자는 아시안 젊은 남녀에게 '천박한 호기심'을 느꼈던 자기 자신을 발견한다. 이를 깨닫는 순간 화자는 차창 밖으로 시선을 돌리는데 창밖의 '깃털 색깔이 다른 새 여러 마리'가 물결을 타고 있는 모습은 ⓐ화자에게 부끄러움을 느끼게 한다.

시상 전개 방식 ② – 그 밖의 시상 전개 방식

수미상관

대비

점층

🏛 개념을 품은 **기출 선택지**

· **수미상관의 구조**를 통해 주제를 강조하고 있다. (2015. 09. 평가원)
· (다)에서는 **선경후정의 전개 방식**을 통해 화자의 내면을 드러내고 있다. (2017. 09. 평가원)
· (가), (나)에서는 모두 **과거와 현재의 대비**를 통해 **시상의 전환**이 이루어지고 있다. (2016 수능⑧)

머리 꼬리 서로 관련이 있음.
🔵 **수미상관에 따른 시상 전개 방식**

시의 처음과 끝에 형태나 의미가 동일하거나 유사한 시구를 배열하는 시상 전개 방식이다. 처음과 끝이 완전히 같지 않더라도 시구의 형태나 그 의미가 서로 유사하거나 대응된다면 수미상관이라고 볼 수 있다.

개념
콕1 이 시에 대한 설명으로 적절한 것은?

① 시의 처음과 마지막을 대조하여 주제를 강조하였다.
② 시의 처음과 마지막 부분에 유사한 시구를 배열하였다.
③ 동일한 시구를 반복하여 불안하고 절망적인 분위기를 강조하였다.

> 모란이 피기까지는 / 나는 아직 나의 봄을 기다리고 있을 테요
>
> 모란이 뚝뚝 떨어져 버린 날 / 나는 비로소 봄을 여읜 설움에 잠길 테요
>
> (중략)
>
> 모란이 지고 말면 그뿐, 내 한 해는 다 가고 말아
>
> 삼백예순 날 하냥 섭섭해 우옵내다
>
> 모란이 피기까지는 / 나는 아직 기다리고 있을 테요 찬란한 슬픔의 봄을

처음과 끝이 유사함

▶ 수미상관 구조로 형태적 안정감을 주고, 운율을 형성함.　　📖 미래엔, 비상 | 김영랑, 〈모란이 피기까지는〉

📓 궁금해요

 수미상관에 따라 시상을 전개하면 어떤 효과가 있나요?

 시에서 운율을 만드는 기본 요소가 '반복'인 거 기억나지? 같은 내용을 반복하니까 운율이 생기고 화자가 전달하려는 의미가 강조되지. 그리고 처음과 끝이 비슷하니까 형태적인 안정감을 주고, 시작했던 내용으로 마무리를 함으로써 여운을 남긴단다.

기승전결에 따른 시상 전개 방식

'시상의 제시[기]→시상의 발전·심화[승]→시상의 고조·전환[전]→시상의 마무리[결]'의 순서로 시상이 전개되는 방식이다. **①**`        `에서 많이 사용되는 시상 전개 방식으로 구성의 완결성과 안정감을 느낄 수 있다.

통일
봄은 / 남해에서도 북녘에서도 / 오지 않는다.　　　　　　　▶1연[기]: 통일의 주체 제시
시상의 제시

시상의 심화

너그럽고 / 빛나는 / 봄의 그 눈짓은,

제주에서 두만까지 / 우리가 디딘 / 아름다운 논밭에서 움튼다.　▶2연[승]: 자주적 통일의 기원

시상의 전환(대비적 시상 제시)

겨울은, / 바다와 대륙 밖에서 / 그 매운 눈보라 몰고 왔지만

이제 올 / 너그러운 봄은, 삼천리 마을마다

우리들 가슴속에서 / 움트리라.　　　　　　　　　　▶3연[전]: 분단의 원인과 해결책
　　　　　　　　　　　　　 ~~~: 봄이 올 것이라는 예언적 제시

시상의 마무리

움터서, / 강산을 덮은 그 미움의 쇠붙이들

눈 녹이듯 흐물흐물 / 녹여 버리겠지.　　　　　　　　▶4연[결]: 통일된 조국의 미래

◈ '기승전결'에 따라 시상을 전개하여 통일되기를 소망하는 마음을 효과적으로 전달함.　– 신동엽, 〈봄은〉

경치 먼저 뒤에 감정
선경후정의 시상 전개 방식

　　　　　　　　　　　　　　　그림 그리듯이 표현함
시의 앞부분에서는 시적 대상의 모습이나 경치를 묘사한 뒤(=**②**`      `), 뒷부분에서는 그 대상이나 경치에서 느낀 화자의 정서와 태도를 드러내는 (=**③**`      `) 시상 전개 방식이다. 외부에 있는 시적 대상의 모습을 살핀 뒤에 그에 대한 감상을 드러내기 때문에 "화자의 시선이 외부에서 내면으로 이동한다."라고 표현하기도 한다.

낙동강 빈 나루에 달빛이 푸릅니다
　　　　달빛이 환한 강 풍경 묘사
무엔지 그리운 밤 지향 없이 가고파서 / 흐르는 금빛 노을에 배를 맡겨 봅니다
　　　　　화자의 정서　　　　　　　　　　달빛에 반짝이는 물결을 비유함.
　　　　　　　　　　　　　　　　　　▶1수[기]: 달밤에 배를 타고 나감.(풍경 제시)

낮익은 풍경이되 달 아래 고쳐 보니

돌아올 기약 없는 먼 길이나 떠나온 듯, / 뒤지는 들과 산들이 돌아 돌아 뵙니다
　　　　　　　　　　　　　　　　　배가 나아가며 뒤로 물러가는 고향의 뭉성
　　　　　　　　　　　　　　　　▶2수[승]: 강변의 풍경에 대한 애착(풍경 제시)

아득히 그림 속에 정화된 초가집들,
　　　　　풍경이 그림처럼 느껴짐.
할머니 〈조웅전(趙雄傳)〉에 잠들던 그날 밤도
　　　　　고전 소설로, 한시가 많이 포함된 작품임.
할버진 율(律)을 지으시고 달이 밝았더이다.
　　행이 여덟인 개인 한시　　과거 회상의 매개체　　과거형 종결 어미　▶3수[전]: 평화롭던 어린 시절(풍경과 조부모의 모습 제시)

미움도 더러움도 아름다운 사랑으로 / 온 세상 쉬는 숨결 한 갈래로 맑습니다.
　　　　　화자가 추구하는 가치　　　　온 세상 사람이 한마음이 됨.
차라리 외로울망정 이 밤 더디 새소서　　　　▶4수[결]: 평화롭고 맑은 세계가 지속되기를
　　　　　　　　　　　　　　　　　　　　바람.(시상의 마무리)

◈ 전반부에는 화자가 배를 타고 나가며 보는 풍경이 제시되고(□), 후반부에는 평화롭고 맑은 세상이 지속되기를 소망하는 화자의 정서(○)가 드러나므로, '선경후정' 구조임.　– 이호우, 〈달밤〉

개념
콕2 이 시에 대한 설명으로 적절하지 **않은** 것은?
① '봄'이라는 시어로 시상을 전환하고 있다.
② 미래에 대한 확신으로 시상을 마무리하고 있다.
③ '기-승-전-결'의 순서로 시상이 전개되고 있다.

개념
콕3 이 시에 대한 설명으로 적절하지 **않은** 것은?
① 선경후정의 전개 방식을 사용하고 있다.
② 시의 앞부분에서 풍경을 묘사하고 있다.
③ 화자의 시선이 내면에서 외부로 이동하고 있다.

빈칸 답 | ❶ 한시 ❷ 선경 ❸ 후정
콕 1 ② 2 ① 3 ③

대비에 따른 시상 전개 방식

④ 란 둘 이상의 대상이 지닌 차이점을 맞대어 비교하는 방식으로, 이에 따라 시상이 전개되는 것을 '대비에 따른 시상 전개 방식'이라고 한다. 대비에 따른 시상 전개 방식을 사용하면 대상의 상태나 이미지, 주제를 선명하게 드러낼 수 있다.

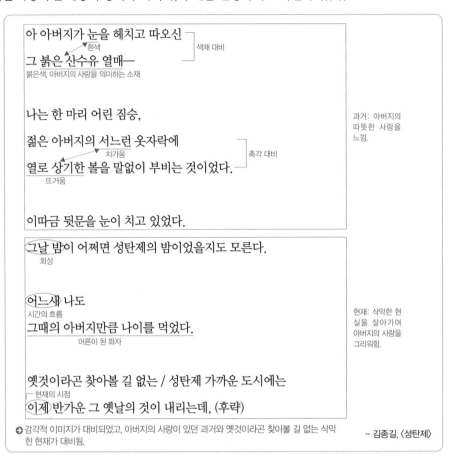

아 아버지가 눈을 헤치고 따오신
→ 흰색 ┐ 색채 대비
그 붉은 산수유 열매—
붉은색, 아버지의 사랑을 의미하는 소재

나는 한 마리 어린 짐승,
젊은 아버지의 서느런 옷자락에
→ 차가움 ┐ 촉각 대비
열로 상기한 볼을 말없이 부비는 것이었다.
뜨거움

이따금 뒷문을 눈이 치고 있었다.

과거: 아버지의 따뜻한 사랑을 느낌.

그날 밤이 어쩌면 성탄제의 밤이었을지도 모른다.
회상

어느새 나도
시간의 흐름
그때의 아버지만큼 나이를 먹었다.
어른이 된 화자

옛것이라곤 찾아볼 길 없는 / 성탄제 가까운 도시에는
┌ 현재의 시점
이제 반가운 그 옛날의 것이 내리는데, (후략)

현재: 삭막한 현실을 살아가며 아버지의 사랑을 그리워함.

➡ 감각적 이미지가 대비되었고, 아버지의 사랑이 있던 과거와 옛것이라곤 찾아볼 길 없는 삭막한 현재가 대비됨.

– 김종길, 〈성탄제〉

점층적 시상 전개 방식

시어나 시구의 의미, 또는 화자의 정서가 점점 강화되고 깊어지는 시상 전개 방식이다. 시의 전체나 일부분에서 점층법이 사용되어 행이나 연이 확장되면서 시의 의미가 구체적으로 드러난다. 점층적으로 시상을 전개하면 시상이 점차 커지기 때문에 '시상의 확산'이라 표현하기도 한다.

떨리는 손 떨리는 가슴
떨리는 치떨리는 노여움으로 나무판자에
백묵으로 서툰 솜씨로 / 쓴다.

숨죽여 흐느끼며 / 네 이름을 남몰래 쓴다
타는 목마름으로 / 타는 목마름으로
반복
민주주의여 만세.

➡ 점층과 반복을 통해 민주주의에 대한 강한 열망을 드러냄.

📖 신사고 | 김지하, 〈타는 목마름으로〉

개념
콕4 이 시에 대한 설명으로 적절하지 <u>않은</u> 것은?

① 과거와 현재가 대비된다.
② 청각적 이미지의 대비가 나타난다.
③ 시간의 흐름에 따라 시상이 전개된다.

개념
콕5 이 시에 대한 설명으로 적절하지 <u>않은</u> 것은?

① 화자의 정서가 점점 강화되고 있다.
② 화자는 동일한 시구를 반복하여 소망을 강조하고 있다.
③ 화자는 만세를 외치며 민주주의의 도래를 기뻐하고 있다.

🔵 어조의 변화에 따른 시상 전개 방식

어조에 변화를 줌으로써 주제를 효과적으로 드러내는 시상 전개 방식이다. 어조는 시적 상황이나 시적 대상을 대하는 화자의 ❺[　　] · ❻[　　]와 관련이 있기 때문에 화자의 정서나 태도가 변화함에 따라 어조의 변화가 나타난다.

> 님은 갔습니다. 아아 사랑하는 나의 님은 갔습니다.
> <small>화자가 처한 시적 상황 – '님'과의 이별</small>
> 푸른 산 빛을 깨치고 단풍나무 숲을 향하여 난 작은 길을 걸어서 차마 떨치고 갔습니다.
> <small>○: 긍정적 이미지, 희망</small>
>
> (중략)
>
> 사랑도 사람의 일이라 만날 때에 미리 떠날 것을 염려하고 경계하지 아니한 것은 아니지만, 이별은 뜻밖의 일이 되고 놀란 가슴은 새로운 슬픔에 터집니다.
> <small>이별 후에 느끼는 큰 슬픔을 시각적으로 형상화함.</small>
> 그러나 이별을 쓸데없는 눈물의 원천을 만들고 마는 것은 스스로 사랑을 깨치는 것
> <small>시상의 전환</small>
> 인 줄 아는 까닭에 걷잡을 수 없는 슬픔의 힘을 옮겨서 새 희망의 정수박이에 들어부
> <small>슬픔을 새로운 희망으로 전환시킴.</small>
> 었습니다.
>
> 우리는 만날 때에 떠날 것을 염려하는 것과 같이 떠날 때에 다시 만날 것을 믿습니다.
> <small>임과의 재회를 확신함.</small>
> 아아 님은 갔지마는 나는 님을 보내지 아니하였습니다.
> <small>임은 떠났지만, 임과의 재회를 믿는 화자는 임을 보내지 않음. → 역설적 표현</small>
> 제 곡조를 못 이기는 사랑의 노래는 님의 침묵을 휩싸고 돕니다.
>
> ➡ '그러나'를 경계로 전반부에서는 '님'과의 이별에서 비롯된 좌절·슬픔의 어조가 나타나지만, 후반부에서는 슬픔을 희망으로 바꾸는 의지적·희망적인 어조가 나타남.　　⏎미래엔 ⏎미래엔, 지학사 | 한용운, 〈님의 침묵〉

🔵 시상 전개 과정에서 나타나는 몇 가지 특징

㉠ 시상의 전환

시가 진행될수록 화자의 정서나 태도가 급격하게 바뀌거나 시적 상황이 변하며 시의 분위기가 완전히 달라지는 시상 전개 방식이다. '그러나, 그런데, 한편'처럼 앞과 뒤의 내용이 달라짐을 나타내는 접속사나, '느닷없이, 갑자기'처럼 이어지는 내용이 예상 밖의 일임을 의미하는 부사가 자주 사용된다.

> (말라붙고 짜부라진 눈,
>
> 북어들의 빳빳한 지느러미. / 막대기 같은 생각
>
> 빛나지 않는 막대기 같은 사람들이
> <small>(): 화자는 북어를 보며 무기력하고 경직된 현대인의 모습을 떠올림.</small>
> (가슴에 싱싱한 지느러미를 달고
> <small>(): 삶에 대한 의지는 있지만 방향과 목표를 찾지 못한 모습</small>
> 헤엄쳐 갈 데 없는 사람들이
>
> 불쌍하다고 생각하는 순간,
>
> 느닷없이
> <small>시상의 전환 → 초점이 북어에서 화자로 바뀜.</small>
> 북어들이 커다랗게 입을 벌리고
>
> (거봐, 너도 북어지 너도 북어지 너도 북어지
> <small>(): 화자를 향한 북어의 외침 → 화자 자신도 다른 현대인들과 다를 바 없음을 인식함.</small>
> 귀가 먹먹하도록 부르짖고 있었다.

<small>화자는 '북어'를 보며 무기력한 현대인들을 떠올리고, 그들을 비판적으로 보며 연민함.</small>

<small>화자 자신이 비판의 대상이 됨.</small>

> ➡ 현대인들을 비판하는 주체였던 화자가, 시상이 전환되면서 비판을 당하는 대상이 됨.
> – 최승호, 〈북어〉

넓히고 흩음

ⓛ **시상의 확산**

시가 진행될수록 시의 의미나 내용이 점차 확장되는 시상 전개 방식이다. 시적 대상이나, 시적 화자의 인식 범위가 확장될 때 '시상이 확산된다'고 표현한다.

> 내가 그의 이름을 불러 주기 전에는
>
> 그는 다만 / 하나의 몸짓에 지나지 않았다.
> <small>이름을 부르기 전의 '그'→의미 없는 존재였음.</small>
>
> <small>인식의 대상</small>
> 내가 그의 이름을 불러 주었을 때
> <small>인식의 주체　대상을 인식하는 행위</small>
> 그는 나에게로 와서 / 꽃이 되었다.
> <small>이름을 부른 후의 '그'→의미 있는 존재가 됨.</small>
>
> 내가 그의 이름을 불러준 것처럼
>
> 나의 이 빛깔과 향기에 알맞은
> <small>'나'만이 지닌 개성과 가치</small>
> 누가 나의 이름을 불러 다오.
>
> 그에게로 가서 나도 / 그의 꽃이 되고 싶다.
> <small>누군가의 의미 있는 존재가 되고 싶은 소망</small>
>
> 우리들은 모두 / 무엇이 되고 싶다.
>
> 너는 나에게 나는 너에게 / 잊혀지지 않는 하나의 눈짓이 되고 싶다.
> <small>서로 간에 의미 있는 존재</small>

◐ 시적 화자의 인식이 '그→나→우리', '몸짓→꽃→눈짓'으로 점차 확대됨.

서로에게 의미 있는 존재가 되고 싶은 소망

📖 금성, 미래엔, 비상, 천재(김) | 김춘수, 〈꽃〉

개념
콕 8 이 시에 대한 설명으로 적절하지 **않은** 것은?

① '그'는 처음에는 '나'에게 무의미한 존재였다.
② 화자가 '그'의 이름을 부름으로써 '그'는 화자에게 의미 있는 존재가 되었다.
③ '눈짓'은 '나'와 '그'가 서로의 개성과 가치를 알아봐 주기 전의 상태를 의미한다.

모아서 요약함

ⓒ **시상의 집약**

'시상의 집약'은 시상의 확산과 달리 시가 진행될수록 내용이 한 시어나 시구에 집중되는 시상 전개 방식이다. 시상을 요약하여 압축적으로 드러내는 효과가 있다.

> <small>만물을 대표하는 사물들(대유적 표현)</small>
> 어둠은 새를 낳고, 돌을
> <small>생명을 잉태하고 있는 시간→건강하고 긍정적인 이미지</small>
> 낳고, 꽃을 낳는다.
>
> 아침이면, / 어둠은 온갖 물상을 돌려주지만
> <small>새, 돌, 꽃</small>
> 스스로는 땅 위에 굴복한다.
> <small>어둠이 물러감.→아침의 도래, 생성을 위한 소멸</small>
> 무거운 어깨를 털고 / 물상들은 몸을 움직이어
>
> 노동의 시간을 즐기고 있다. (중략)
> <small>아침이 되어 사물들이 활기차게 움직이는 모습→건강한 이미지</small>
> 아침이면,
>
> 새벽은 개벽을 한다.
> <small>뜻: 하늘과 땅이 처음으로 열림→위에 제시된 '아침'의 모든 상황을 집약한 말, 제목이기도한 '아침 이미지'를 단적으로 표현한 말</small>

◐ 밝고 생동감 넘치는 아침의 모습(시상)을 '개벽'이라는 시어로 집약하여 드러냄.

📖 천재(이) | 박남수, 〈아침 이미지 1〉

개념
콕 9 이 시에 대한 설명으로 적절하지 **않은** 것은?

① '어둠'을 살아 있는 생물에 비유하였다.
② '개벽'은 부정적인 '어둠'이 물러가는 상황을 의미한다.
③ '개벽'은 이 시에서 표현한, 아침이 오기 직전의 여러 상황을 모두 포함하는 말이다.

☑ '시상의 전환·확산·집약'은 대체로 시상 전개에 변화가 나타나면서 주제 의식이 강화된다는 공통점이 있어. '시상의 전환'은 시상이 전환되는 데에서부터 화자의 정서나 태도가 바뀌면서 주제가 선명해지고, '시상의 확산'은 시상이 확장되면서 주제가 강화되지. '시상의 집약'은 그 집약된 시어나 시구에 주제가 압축되어 있지. 그러니까 시상의 변화를 잘 관찰하면서 주제를 파악해야 한다는 거, 잊지 말자.

콕 8 ③ **9** ②

확인 문제

☑ 바로바로 간단 체크

1 괄호 안에 들어갈 알맞은 말을 쓰시오.

(1) (^{ㅅㅁㅅㄱ})이란 시의 처음과 끝에 형태나 의미가 동일하거나 유사한 시구를 배열하는 시상 전개 방식이다.

(2) (^{ㅅㄱㅎㅈ})은 시적 대상의 모습이나 경치를 묘사한 뒤에 그 대상이나 경치에서 느낀 화자의 정서나 태도를 이어서 드러내는 시상 전개 방식이다.

(3) (^{ㅈㅊㅈ}) 시상 전개는 시어나 시구의 의미, 또는 화자의 정서가 점차적으로 강화되고 심화되도록 시상을 전개하는 방식이다.

2 〈보기〉의 ㄱ~ㄹ을 기승전결의 순서에 따라 나열하시오.

┌ 보기 ────────────────
ㄱ. 시상의 제시   ㄴ. 시상의 마무리
ㄷ. 시상의 발전·심화   ㄹ. 시상의 고조·전환
└──────────────────────

3 다음 설명이 맞으면 ○표, 틀리면 ×표를 하시오.

(1) '대비에 따른 시상 전개 방식'을 사용하면 둘 이상의 대상이 지닌 차이점을 맞대어 비교함으로써 대상의 상태나 이미지, 주제를 선명하게 드러낼 수 있다.　　　　　　　　　　　　　(　　)

(2) 어조의 변화에 따라 시상을 전개한 시에서는, 화자의 어조가 변하는 부분에서 정서와 태도의 변화가 함께 나타난다.　　　　　　　　　　(　　)

(3) '시상의 확산'은 시의 내용이 한 시어나 시구에 집중되는 시상 전개 방식이다.　　　　　(　　)

[01~02] 다음 시를 읽고 물음에 답하시오.

🅒 창비, 해냄 🅜 미래엔

눈은 살아 있다 / 떨어진 눈은 살아 있다
마당 위에 떨어진 눈은 살아 있다

기침을 하자 / 젊은 시인이여 기침을 하자
눈 위에 대고 기침을 하자
눈더러 보라고 마음 놓고 마음 놓고 / 기침을 하자

눈은 살아 있다
죽음을 잊어버린 영혼과 육체를 위하여
눈은 새벽이 지나도록 살아 있다

기침을 하자 / 젊은 시인이여 기침을 하자
눈을 바라보며
밤새도록 고인 가슴의 가래라도 / 마음껏 뱉자

— 김수영, 〈눈〉

01 이 시에 사용된 시상 전개 방식으로 적절한 것은?

① 화자의 어조 변화에 따라 시상이 극적으로 전환되고 있다.

② 유사한 문장을 반복·확장하면서 점층적으로 시상을 전개하고 있다.

③ 처음과 끝을 동일하게 구성한 수미상관에 따라 시상을 전개하고 있다.

④ 특정한 시어가 주는 이미지를, 이와 관련이 있는 다른 관념으로 연결시키면서 시상을 집약하고 있다.

⑤ 앞부분에는 배경을 묘사하여 제시하고 뒷부분에서는 화자의 정서와 태도를 드러내는 방식으로 시상을 전개하고 있다.

02 이 시의 내용을 다음과 같이 도표로 정리하였다. 빈칸에 들어갈 알맞은 말을 쓰시오.

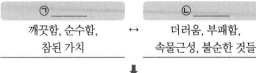

㉠ _____		㉡ _____
깨끗함, 순수함, 참된 가치	↔	더러움, 부패함, 속물근성, 불순한 것들

↓

기침을 하자.
[　㉢　]을/를 소망함.

[03~05] 다음 시를 읽고 물음에 답하시오.

📖 미래엔 📖 신사고, 천재(김)

어느 사이에 나는 아내도 없고, 또,

아내와 같이 살던 집도 없어지고,

그리고 살뜰한 부모며 동생들과도 멀리 떨어져서,

그 어느 바람 세인 쓸쓸한 거리 끝에 헤매이었다.

바로 날도 저물어서,

바람은 더욱 세게 불고, 추위는 점점 더해 오는데,

나는 어느 목수네 집 헌 삿*을 깐,

한 방에 들어서 쥔을 붙이었다.*

이리하여 나는 이 습내 나는 춥고, 누긋한 방에서,

낮이나 밤이나 나는 나 혼자도 너무 많은 것같이 생각하며,

딜옹배기*에 북덕불*이라도 담겨 오면,

이것을 안고 손을 쬐며 재 우에 뜻 없이 글자를 쓰기도 하며, / 또 문 밖에 나가디두 않구 자리에 누워서,

머리에 손깍지 벼개를 하고 굴기도 하면서,

나는 내 슬픔이며 어리석음이며를 소처럼 연하여 쌔김질하는 것이었다.

내 가슴이 꽉 메어 올 적이며,

내 눈에 뜨거운 것이 핑 괴일 적이며,

또 내 스스로 화끈 낯이 붉도록 부끄러울 적이며,

나는 내 슬픔과 어리석음에 눌리어 죽을 수밖에 없는 것을 느끼는 것이었다.

그러나 잠시 뒤에 나는 고개를 들어,

허연 문창을 바라보든가 또 눈을 떠서 높은 천정을 쳐다보는 것인데,

이때 나는 내 뜻이며 힘으로, 나를 이끌어 가는 것이 힘든 일인 것을 생각하고,

이것들보다 더 크고, 높은 것이 있어서, 나를 마음대로 굴려 가는 것을 생각하는 것인데,

이렇게 하여 여러 날이 지나는 동안에,

내 어지러운 마음에는 슬픔이며, 한탄이며, 가라앉을 것은 차츰 앙금이 되어 가라앉고,

외로운 생각이 드는 때쯤 해서는,

더러 나줏손*에 쌀랑쌀랑 싸락눈이 와서 문창을 치기도 하는 때도 있는데,

나는 이런 저녁에는 화로를 더욱 다가 끼며, 무릎을 꿇어 보며,

어니 먼 산 뒷옆에 바우 섶에 따로 외로이 서서,

어두워 오는데 하이야니 눈을 맞을, 그 마른 잎새에는,

쌀랑쌀랑 소리도 나며 눈을 맞을,

그 드물다는 굳고 정한* 갈매나무라는 나무를 생각하는 것이었다.

– 백석, 〈남신의주 유동 박시봉방*〉

● **삿**: 삿자리. 갈대를 엮어서 만든 자리.
● **쥔을 붙이었다**: 셋방을 얻어 살았다.
● **딜옹배기**: 둥글넓적하고 아가리가 벌어진 작은 질그릇.
● **북덕불**: 짚이나 풀, 겨 따위가 뒤섞여 엉클어진 뭉텅이에 피운 불.
● **나줏손**: 저녁 무렵. 저물 무렵. ● **정한**: 맑고 깨끗한.
● **남신의주 유동 박시봉방**: '남신의주의 유동에 사는 박시봉이라는 사람의 집에서'라는 뜻으로, '방'은 자신이 세를 들어 살고 있는 집을 뜻한다.

03 이 시의 표현상 특징으로 적절하지 <u>않은</u> 것은?

① 시간의 흐름에 따라 화자의 내면을 제시하고 있다.

② 편지 형식을 빌려 화자가 자신의 근황을 알리고 있다.

③ 계절을 대비시켜 화자의 성숙한 내면을 드러내고 있다.

④ 화자의 시선이 이동함에 따라 화자의 태도가 전환되고 있다.

⑤ 마지막 부분에서 시상을 집약하여 화자의 의지를 드러내고 있다.

04 이 시의 시상 전개에 따른 화자의 정서 변화로 가장 적절한 것은?

① 슬픔 → 놀라움 → 감사와 기쁨

② 분노 → 냉정해짐 → 삶에 대한 경외

③ 쓸쓸함 → 지난 시간에 대한 반성 → 체념

④ 무기력함 → 차분해짐 → 새로운 삶에 대한 의지

⑤ 절망감 → 억울함 → 사회적 성공을 이루려는 결의

05 이 시의 '나'에 대한 설명으로 적절하지 <u>않은</u> 것은?

① '나'는 가족과 헤어져 혼자 타지에서 생활하고 있다.

② '나'는 남신의주의 '박시봉'이라는 목수의 집에 세 들어 살고 있다.

③ '나'는 자신의 삶을 초월적인 존재가 마음대로 이끌어 간다고 생각한다.

④ '나'는 되새김질하는 소에 자신의 감정을 이입하여 슬픔과 어리석음을 드러내었다.

⑤ '나'는 갈매나무를 떠올리며 그 나무처럼 어려움을 견디며 사는 자세를 지향하고 있다.

[06~07] 다음 시를 읽고 물음에 답하시오. 　🔁 금성, 신사고, 지학사

매운 계절의 채찍에 갈겨
마침내 북방으로 휩쓸려 오다.

하늘도 그만 지쳐 끝난 고원[•]
서릿발 칼날 진 그 위에 서다.

어디다 무릎을 꿇어야 하나.
한 발 재겨 디딜[•] 곳조차 없다.

이러매 눈 감아 생각해 볼밖에
겨울은 강철로 된 무지갠가 보다.

　　　　　　　　　　　　– 이육사, 〈절정〉

• 고원: 높은 산지에 펼쳐진 넓은 들판.
• 재겨 디딜: 발끝이나 발뒤꿈치만으로 땅을 디딜.

06 이 시에 대한 설명으로 적절한 것은?
① 영탄적 어조로 화자가 느끼는 불안함을 표현하였다.
② 현재형 시제를 사용하여 시적 긴장감을 조성하였다.
③ 화자는 자신이 처한 상황에 대해 방관적 태도를 보이고 있다.
④ 절대적인 존재에 의존함으로써 부정적인 상황을 극복하고자 하였다.
⑤ 반어법을 사용해 일제 강점기의 현실을 극복하려는 화자의 의지를 강조하였다.

07 이 시의 시인이 작품을 쓰기 전에 했을 생각으로 적절하지 않은 것은?
① 공간의 이동을 통해 극한 상황을 점층적으로 드러내야겠어.
② 역사적 사실을 인용하여 시간의 흐름에 따라 내용을 배치해야겠어.
③ 한시에서 사용되던 기승전결의 4단 구조를 차용해서 시상을 전개해야겠어.
④ 극한 상황을 극복하려는 화자의 강한 의지를 드러내면서 시상을 마무리해야겠어.
⑤ 외적 현실을 먼저 제시한 다음 화자의 내적 인식을 드러내는 선경후정의 구성 방식을 사용해야겠어.

[08~09] 다음 시를 읽고 물음에 답하시오.

2013학년도 6월 평가원(변형)

바람도 없는 공중에 수직의 파문[•]을 내이며 고요히 떨어지는 오동잎은 ㉠누구의 발자취입니까
지리한 장마 끝에 서풍에 몰려가는 무서운 검은 구름의 터진 틈으로 언뜻언뜻 보이는 푸른 하늘은 ㉡누구의 얼굴입니까
꽃도 없는 깊은 나무에 푸른 이끼를 거쳐서 옛 탑 위의 고요한 하늘을 스치는 알 수 없는 향기는 ㉢누구의 입김입니까
근원은 알지도 못할 곳에서 나서 돌뿌리를 울리고 가늘게 흐르는 작은 시내는 굽이굽이 ㉣누구의 노래입니까
연꽃 같은 발꿈치로 가이없는 바다를 밟고 옥 같은 손으로 끝없는 하늘을 만지면서 떨어지는 날[•]을 곱게 단장하는 저녁놀은 ㉤누구의 시입니까
타고 남은 재가 다시 기름이 됩니다 그칠 줄을 모르고 타는 나의 가슴은 누구의 밤을 지키는 약한 등불입니까

　　　　　　　　　　　　– 한용운, 〈알 수 없어요〉

• 파문: 수면에 일어나는 물결 무늬.
• 날: '하루' 또는 '해'.

08 이 시의 시상 전개에 대한 설명으로 적절한 것은?
① 역순행적 구성으로 임의 신비한 분위기를 고조하고 있다.
② 전체적으로 기승전결의 구성을 취하면서 5행에서 시상을 전환하고 있다.
③ 수미상관의 방식으로 시상을 마무리하여 형태적 안정감을 부여하고 있다.
④ 구조가 유사한 문장을 반복적으로 나열하여 시상에 통일성을 부여하고 있다.
⑤ 화자의 시선이 '발자취 → 얼굴 → 시내 → 저녁놀'로 이동하면서 시상이 전개되고 있다.

09 이 시에서 절대자의 속성을 드러내는 시어가 아닌 것은?
① 고요히 떨어지는 오동잎
② 언뜻언뜻 보이는 푸른 하늘
③ 알 수 없는 향기
④ 가늘게 흐르는 작은 시내
⑤ 밤을 지키는 약한 등불

문학 작품 감상의 관점

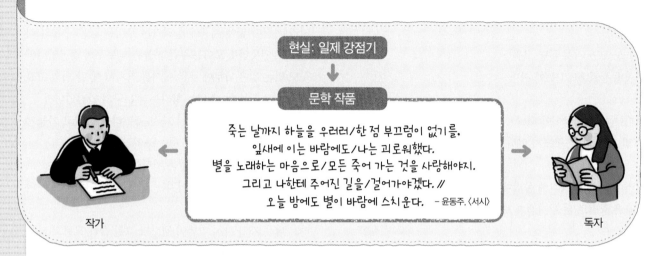

현실: 일제 강점기
↓
문학 작품

죽는 날까지 하늘을 우러러/한 점 부끄럼이 없기를,
잎새에 이는 바람에도/나는 괴로워했다.
별을 노래하는 마음으로/모든 죽어 가는 것을 사랑해야지.
그리고 나한테 주어진 길을/걸어가야겠다. //
오늘 밤에도 별이 바람에 스치운다. – 윤동주, 〈서시〉

작가 / 독자

내재적 감상(안 內, 있을 在)

◉ 절대론적 관점

핵심어는 '작품'. 작가, 현실, 독자라는 외적 요소를 다 지워 버리고, 오직 작품 안에서만 근거를 찾아 작품을 이해하는 관점이야. 작품을 구성하는 내용이나 형식, 표현만으로 작품을 감상하는 거지. 예를 들어 볼까?

> • 시를 읽을 때: 시의 화자, 시적 대상, 시적 상황, 운율, 이미지, 어조 등을 중심으로 읽는 거지.
> • 소설을 읽을 때: 인물, 사건, 배경, 구성, 시점, 문체 등에 주목해서 읽는 거야.

시험에서 처음 보는 시를 만났다면 외적인 요소에 대한 지식이 없으니, 어쩔 수 없이 절대론적 관점으로 시를 분석해 내야겠지. 수능 시험에서는 이렇게 내재적 관점에서 작품을 분석하는 힘을 길러 내는 것이 중요해.

외재적 감상(바깥 外, 있을 在)

◉ 표현론적 관점

핵심어는 '작가'. 작가가 문학 작품에서 표현하려고 한 사상과 감정 및 표현 의도를 중시하는 관점이야. 예를 들어, 시를 읽고, 작가의 생애에 관한 자료를 바탕으로 하여 그 시에 담긴 작가의 의도를 해석하는 거지.

> • 작가에 관한 자료의 예: 작가의 생각, 가치관, 성장 과정, 가족 관계, 친구 관계, 생활상, 신체적 조건, 애정 문제, 창작 동기, 작가의 다른 작품, …

'나는 괴로워했다'? 윤동주 시인이 괴로워한 까닭은 무엇일까?

윤동주 시인은 평생 지식인으로서의 양심을 지키고 살고 싶어 했어. 시인은 지식인으로서, 일제 강점기란 부당한 현실에 저항하지 못하는 데서 오는 양심의 가책을 느끼고 괴로워했을 거야.

⬤ 반영론적 관점

핵심어는 '현실'. 작품이 현실 세계를 반영한다고 보는 관점이야. 시의 주제를 파악한다고 해 보자. 그럼 그 시가 창작된 시대적 상황을 조사하는 거야. 그리고 작품 속 상황에 그러한 당대 현실이 어떻게 반영되었는지, 둘 사이에 비슷하고 다른 점은 뭔지 비교하고 검토해 보는 거지. 이를 바탕으로 시의 주제를 파악하는 거야.

• 작품 속 시대의 사회·문화·역사적 상황, 제도적 측면, 생활상, 정치, 경제 …

'나는 괴로워했다'? 당시에 시대 상황이 어떠했기에 괴로워한 것일까?

당시는 일제의 억압이 최고로 심해졌을 때야. 따라서 괴로워한 까닭은 일제의 억압에 따른 고통일 수도 있어. 그럼에도 불구하고 '주어진 길을 걸어가야겠다'고 하니, 이 시는 일제 강점기의 억압된 상황 속에서도 현실을 극복하고자 하는 지식인의 의지를 담은 작품이라고 할 수 있어.

⬤ 효용론적 관점

핵심어는 '독자'. 작품을 파악할 때 문학 작품에 담긴 의미보다는 그 작품이 독자에게 어떤 의미, 감동, 가치, 교훈, 보람을 주느냐에 주목하는 관점이야.

• 독자가 얻은 깨달음, 교훈, 흥미, 미적 쾌감, 반성, 독자의 인생관이나 세계관·인식·태도의 변화

어려운 상황 속에서도 '주어진 길을 걸어가야겠다'는 의지적이고 희망적인 정신이 당시 독자들에게도 영향을 미치진 않았을까 생각해 봤어.

나는 저렇게 스스로를 부끄러워하고 반성하며 살아본 적이 있던가, 돌아보게 되었어.

나에겐 나를 스치우는 '바람'은 어떤 존재인지, 그리고 내게 주어진 '길'은 무엇일지 생각해 봤어.

종합적 감상

이제까지 배운 모든 관점을 종합하여 작품을 읽는 방법이지. 그래야 작품의 의미를 좀 더 풍부하게 읽어 낼 수 있으니까. 하지만 어떤 경우에는 특정 관점을 취하는 게 작품을 이해하는 지름길이 되기도 해. 예를 들어 김영랑의 시처럼 언어를 잘 다듬어 미적 효과를 얻은 시는 내재적 관점으로 볼 때 그 가치가 더욱 잘 드러나지. 한편 신동엽의 〈껍데기는 가라〉와 같은 시는 내재적 관점만으로는 작품을 온전히 이해하기 힘들지만, 반영론적 관점으로 보면 그 의미를 더 깊고 폭넓게 파악할 수 있어.

앞서 말했듯이, 수능 문제를 풀려면 내재적으로 감상하는 힘을 길러야 해. 하지만 작가의 생애나 시대적 상황이 감상에 큰 영향을 미치는 작품의 경우, 문제 출제자는 〈보기〉로 외재적 정보를 제공해 주는 경우가 많아!

현대 시 해석의 지혜

매년 어떤 작품이 나올지 알 수 없는 현대 시. 시험에 어떤 작품이 나와도 걱정 없도록, '지혜'가 알려 준 시 해석 방법을 직접 연습해 볼까? 2014학년도 6월 모의평가에 출제되었던 김소월의 **〈접동새〉**를 같이 보자.

접동 / 접동 / 아우래비 접동

진두강 가람 가에 살던 누나는
진두강 앞마을에
와서 웁니다.

[A]

옛날, 우리나라 / 먼 뒤쪽의
진두강 가람 가에 살던 누나는
의붓어미 시샘에 죽었습니다

> 화자나 대상이 처한 상황과 배경은 밑줄,
> 화자나 대상의 반응은 물결 밑줄을 긋자.

누나라고 불러 보랴
오오 불설워*
시새움에 몸이 죽은 우리 누나는
죽어서 접동새가 되었습니다

[A]

아홉이나 남아 되던 오랩동생을
죽어서도 못 잊어 차마 못 잊어
야삼경(夜三更) 남 다 자는 밤이 깊으면
이 산 저 산 옮아가며 슬피 웁니다.

– 김소월, 〈접동새〉

● 불서럽다: 몹시 서럽다.

1 시의 제목에 주목하라!

시의 제목은 매우 중요해. 시의 제목은 주로 시적 대상이거나 중심 제재인 경우가 많아. 또 화자의 처지나 시적 상황과 관련되기도 해.

> 이 시의 제목 〈접동새〉! 어떤 생각이 드니? 시적 대상이 접동새이거나, 화자가 접동새를 보고 무엇인가를 떠올리거나 둘 중 하나인 것 같지? 그래, 시 해석의 첫 단추를 잘 꿰고 있어.

2 화자나 대상이 처한 시적 상황에 주목하라!

시인은 시의 화자나 대상을 특정한 시적 상황 속에 두게 되는데, 그 상황에서 나타나는 화자나 대상의 정서와 태도를 통해 주제를 드러내지. 그러니 화자나 대상이 처한 시적 상황을 잘 파악해야 하는데, 이 시의 대상은 '접동새'니까 접동새가 처한 상황을 먼저 살펴봐야겠군. 자, 그럼 잘 찾아보렴.

> 찾았니? 바로 "진두강 가람 가에 살던 누나는 / 의붓어미 시샘에 죽었습니다", "시새움에 몸이 죽은 우리 누나는 / 죽어서 접동새가 되었습니다"야. 잘했어. 이 상황을 정리하면, 접동새는 의붓어머니의 시샘으로 죽은 누나의 환생이겠네.

3 화자나 대상의 반응에 주목하라!

화자나 대상이 처한 상황에서 보이는 반응이 주제로 연결되니, 반응(정서 · 태도 · 행동)을 찾아야 해. 이 시의 대상인 접동새(죽은 누나)가 의붓어미의 시샘으로 죽은 상황에서 어떤 반응을 보이는지 찾아봐.

> 찾았지? 바로 "아홉이나 남아 되던 오랩동생을 / 죽어서도 못 잊어 차마 못 잊어", "이 산 저 산 옮아가며 슬피 웁니다."야. 이로 볼 때, '아홉이나 되는 남동생을 남기고 죽은 누나의 슬픔(한)과 그리움'이 작품의 주제라고 할 수 있지.

현대 시 풀이의 지혜

{ 시 해석을 했으면 문제 풀이도 해야지. 현대 시 문제를 풀기 전에 알고 있어야 할 사항부터 살펴보자. }

1 문제 유형을 파악하라!

수능에 나오는 문제는 유형이 정해져 있어서, 공부하면서 유형을 파악하는 연습을 해 두는 게 좋아. 유형을 알면 이에 맞는 풀이 방법도 연습해 둘 수 있으니까 말이야. 게임 공략법처럼 시험 공략법도 있단 말씀!

2 유형을 이해하고 풀이 방법을 숙지해라.

유형을 확인했으면, 출제자가 이 유형에서 무엇을 묻는지, 확인하고 싶은 능력이 무엇인지를 정확히 파악해야 해. 그리고 어떤 과정을 거쳐서 선택지의 적절성을 판단하는지를 명확하게 알고 있으면 돼. 묻지도 않은 부분을 붙들고 끙끙 앓을 필요가 없다는 얘기야.

● 그럼 실제 문제를 통해 적용해 보자.

> |유형 파악| 표현법과 그 효과가 적절한지 물어보는 '표현과 효과' 유형이야. 시험에 나오는 표현법을 얼마나 잘 숙지하고 있는지, 그리고 그 표현법이 쓰인 부분을 찾아낼 수 있는지를 묻고 있어.
>
> > **1** 윗글에 나타난 표현상의 특징으로 적절하지 <u>않은</u> 것은?
> > ① 애상적 어조를 통해 비극적 분위기를 드러내고 있다.
> > ② 명령형의 문장을 사용하여 주제 의식을 부각하고 있다.
> > ③ 구체적 지명을 활용하여 향토적 정서를 환기하고 있다.
> > ④ 행의 길이에 변화를 주어 리듬의 완급을 조절하고 있다.
> > ⑤ 동일한 시구를 반복하여 두 연을 유기적으로 결합하고 있다.
>
> □□를 △△해
> |풀이 방법| 이 유형의 선택지는 표현 부분과 효과 부분으로 나뉘어 있는데, 두 부분 모두 확인해야 해. 한 부분이라도 틀리면 '적절한' 선택지가 될 수 없으니 주의할 것! ○○를 ☆☆한다.

① 애상적 어조를 통해 (○) / 비극적 분위기를 드러내고 있다. (○)

 20쪽에서 '애상적'은 화자가 슬퍼하거나 가슴 아파할 때 쓰는 표현이라고 했지? 즉 슬퍼하는 말투라면 애상적 어조라고 할 수 있고, 이 시에는 애상적 어조가 나타나. 또 죽은 누나가 남겨진 동생들을 못 잊어 슬퍼하고 있으니까 비극적인 분위기라고 판단할 수 있겠네. 적절한 선택지야.

② 명령형의 문장을 사용하여 (×) / 주제 의식을 부각하고 있다.

 '-라'와 같은 명령형 어미를 쓰는 명령형 문장이 나왔는지 볼까? 이런, 찾아볼 수 없네. 표현 부분이 틀렸으니 정답!

③ 구체적 지명을 활용하여 (○) / 향토적 정서를 환기하고 있다. (○)

 '환기'는 주의나 여론, 생각 따위를 불러일으킨다는 말이야. 정확히 어디 있는 강인지는 모르겠더라도, 어쩐지 무슨 강 이름을 본 것 같지 않니? 그래, '진두강'이야. 구체적 지명이 나오면 향토적 정서를 드러낼 수 있으니 기억해 둬. 적절한 선택지야.

④ 행의 길이에 변화를 주어 (○) / 리듬의 완급을 조절하고 있다. (○)

느리고 빠름

> 🤓 '리듬의 완급'은 호흡, 그리고 행의 길이와 관련이 있어. 행의 길이가 길어지면 비교적 빨리 읽게 되어 호흡과 리듬이 빨라지고, 행의 길이가 짧아지면 비교적 천천히 읽게 되어 호흡과 리듬이 느려지겠지? (랩을 한다고 생각해 봐. 남들이랑 똑같은 시간에 긴 가사를 말하려면 빨리 말해야 하지.) 이 시는 1연의 1, 2행은 1음보씩 짧은 내용을 배열하여 호흡과 리듬이 느려지고, 2연의 1행과 3연의 3행은 3음보씩 긴 내용을 배열하여 호흡과 리듬이 빨라지므로 리듬의 완급을 조절하고 있어. 적절한 선택지!
>
> 진두강 가람가에 살던 누나는 (또는 7·5조로 볼 수 있음)

⑤ 동일한 시구를 반복하여 (○) / 두 연을 유기적으로 결합하고 있다. (○)

> 🤓 앗, 어려운 단어 나왔다. '유기적'은 부분들이 밀접한 관계에 있을 때 쓰는 말이야. 그리고 '동일한 시구'는 '똑같은 시구'를 의미하지. 이 시에서 똑같이 반복되는 시구가 뭐더라? '진두강 가람 가에 살던 누나는'이야. 이 시구가 2연과 3연에 똑같이 나오면서, 두 연을 연결해 주고 있어. (너와 나의 연결 고리! 친구 사이에도 공통점이 있으면 가까워지는 기분이 들잖아. 2연과 3연의 공통점은 동일한 시구야.) 적절한 선택지네.

　선택지에 나오는 표현들이 낯설다면, 그때그때 익혀 두는 것이 좋아. 똑같은 문항은 안 나와도 똑같은 개념은 계속해서 나오거든. 낯선 개념을 만나면 꼭 정리해 두자!

● 다음 문제를 볼까? 친절하게 [A]에 대해서라고 알려 주고 있네. [A] 부분에 집중하면서 선택지를 보면 돼.

> | 유형 파악 | '대상에 대한 화자의 정서와 태도' 및 '시어의 의미' 유형이야. 화자가 자신이 처한 상황 속에서 느끼는 정서나, 대상·상황에 대한 시적 화자의 태도를 확인하라고 요구해.

> **2** [A]에 대한 이해로 적절하지 <u>않은</u> 것은?
> 　① 2연에서 '누나'의 울음은 '누나'의 이야기를 떠오르게 한다.
> 　② 2연에서 3연으로 전개되면서 '누나'에 대한 화자의 태도가 부정적으로 변화하고 있다.
> 　③ 3연에서는 2연의 '누나'와 관련된 사연이 제시되고 있다.
> 　④ 4연에서는 '누나'에 대한 화자의 정서가 직설적으로 제시되고 있다.
> 　⑤ 4연에서는 '우리'라는 시어를 통해 화자와 '누나'의 관계가 강조되고 있다.

> | 풀이 방법 | 시적 화자의 정서와 태도를 바탕으로 하여, 문맥 속에서 나타나는 시어의 의미를 판단할 수 있어야 해. 작품을 읽으면서 어디에 집중해야 할지 몰랐다면, 선택지를 보면서 거꾸로 되짚어가면 돼. 선택지가 말하는 내용이 진짜인지 아닌지, 해당 부분을 찾아가서 확인하면 되거든. 시는 짧으니까 금방 확인할 수 있어.

① 2연에서 '누나'의 울음은 '누나'의 이야기를 떠오르게 한다. (○)

> 🤓 화자는 2연에서, 접동새로 환생한 누나의 울음을 들은 뒤, 3연에서 바로 '누나'의 죽음을 떠올리고 있지? 적절한 선택지네.

② 2연에서 3연으로 전개되면서 '누나'에 대한 화자의 태도가 부정적으로 변화하고 있다. (×)

> 🤓 정말 그런가? 화자는 계속 누나를 안타까워하고 있을 뿐, 누나를 미워한다든지, 싫어한다든지 하는 '누나에 대한 부정적인 태도'는 전혀 보이지 않고 있어. 부정적인 태도도 없고 태도의 변화도 없으니 적절하지 않아. 그러므로 정답!

③ 3연에서는 2연의 '누나'와 관련된 사연이 제시되고 있다. (○)

> 🤓 접동새가 되어 울고 있는 우리 누나는 어떤 사연이 있었더라? 아, 3연에서 "의붓어미 시샘에 죽었습니다."라고 알려 주고 있구나. 적절한 선택지야.

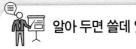

④ 4연에서는 '누나'에 대한 화자의 정서가 직설적으로 제시되고 있다. (○)

> '직설적'이라는 건 빙빙 돌려 말하는 게 아니라, 속 시원하게 바로 말한다는 거야. 4연에 "오오 불설워"라는 부분이 있지? '불설워'는 '매우 서럽다'는 뜻이므로 적절한 선택지!

⑤ 4연에서는 '우리'라는 시어를 통해 화자와 '누나'의 관계가 강조되고 있다. (○)

> '누나'와 '우리 누나' 중 어떤 표현이 더 친밀해 보이니? 그냥 누나보단 '우리' 누나가 더 친근감이 느껴지지. 남매 관계를 강조해 주는 표현이네. 적절한 선택지!

● 마지막 문제를 보자.

| 유형 파악 | 〈보기〉를 토대로 시의 주제나 시어의 의미를 해석하는 '외적 준거 활용' 유형이야. 제시된 외재적 요소들을 작품에 적용해서 이해할 수 있는지를 확인하는 문항이지. 〈보기〉는 작품의 사회·문화적 배경, 작가의 가치관이나 문학 세계, 문학적 개념 등을 제시해 줘.

3 〈보기〉를 참고하여 윗글을 감상한 내용으로 가장 적절한 것은? [3점]

┤ 보기 ├

　　김소월의 시에서 한(恨)은 서로 모순을 이루는 두 감정이 갈등을 일으키고, 그 갈등이 끝내 풀리지 않을 때 생긴다. 예컨대 한은 체념해야 할 상황에서도 미련을 버리지 못하거나, 자책과 상대에 대한 원망(怨望)이 충돌하여 이렇게도 저렇게도 할 수 없을 때 맺힌다.

① '차마' 못 잊는다는 것으로 보아, '누나'의 한은 죽어서도 동생들에 대한 미련을 끊어내지 못하여 생긴 것 같아.
② '시샘'이 '시새움'으로 변주되고 있는 것으로 보아, '누나'의 한은 의붓어미와의 갈등이 깊어지고 있을 때 맺힌 것 같아.
③ '이 산 저 산' 떠도는 새의 모습으로 보아, '누나'의 한은 모든 희망을 버리고 방황하며 체념하고 있을 때 맺힌 것 같아.
④ '야삼경'에도 잠들지 못하는 것으로 보아, '누나'의 한은 자신의 심정이 어떤 상태인지 파악하지 못하여 생긴 것 같아.
⑤ '오랩동생'과 이별하는 심경이 표현된 것으로 보아, '누나'의 한은 홀로 가족을 떠나는 행위를 자책하고 있을 때 맺힌 것 같아.

| 풀이 방법 | 일단 〈보기〉부터 이해할 것. 그 다음 작품의 내용과 연결 지어서 생각해야 돼. 거꾸로, 처음 작품을 해석하기 전에 〈보기〉부터 읽고 들어가는 방법도 있어. 〈보기〉에서 작품 이해를 돕는 정보가 나오고 있거든.

　　〈보기〉 내용이 낯설다고 겁먹지 마. 모르는 내용이니까 〈보기〉가 알려 주는 거잖아. 다른 친구들도 모르고 있는 정보였을걸? "나만 모르나? 미리 공부했어야 하는 건가?" 하면서 당황할 필요 없어. 침착하게 새로운 정보를 받아들이기만 하면 돼.

　　'외적 준거 활용' 유형은 제일 어려운 유형처럼 보이지만, 잘 생각해 보면 시를 이해할 수 있는 힌트를 〈보기〉로 제시해 주고 있는 거야. 〈보기〉부터 다시 읽어 보자.

┤ 보기 ├

　　김소월의 시에서 한(恨)은 서로 모순을 이루는 두 감정이 갈등을 일으키고, 그 갈등이 끝내 풀리지 않을 때 생긴다.
　　_{김소월의 시에는 '한'이라는 정서가 나타나나 보군.}　　　　　　　　　　　_{이게 무슨 말이지? 〈보기〉를 더 읽어 보자.}
예컨대 한은 체념해야 할 상황에서도 미련을 버리지 못하거나, 자책과 상대에 대한 원망(怨望)이 충돌하여 이렇게도
　　　　　　　　　　　　　　　　　　　　　　　　　　　　　아하, 한이 맺히는 상황은 두 가지구나.
저렇게도 할 수 없을 때 맺힌다.　　　　　　　　　　　　　(1) 체념해야 할 상황에도 미련을 버리지 못할 때
　　　　　　　　　　　　　　　　　　　　　　　　　　　　(2) 자책 VS 상대에 대한 원망 → 이러지도 저러지도 못할 때

① '차마' 못 잊는다는 것으로 보아, '누나'의 한은 죽어서도 동생들에 대한 미련을 끊어내지 못하여 생긴 것 같아. (○)

> 마지막 연에 "아홉이나 남아 되던 오랩동생을 / 죽어서도 못 잊어 차마 못 잊어"라는 구절이 나와 있네. 그래서 '우리 누나'는 밤마다 슬피 울고 있다고 했잖아. 죽었기 때문에 남동생들을 더 이상 만날 수 없으니 미련을 버려야 하는데, '우리 누나'는 그러지 못하고 있지. '체념해야 할 상황에서 미련을 버리지 못함'는, '한이 맺히는 상황' (1)에 해당하네. 적절한 선택지야. 정답!

② '시샘'이 '시새움'으로 변주되고 있는 것으로 보아, '누나'의 한은 의붓어미와의 갈등이 깊어지고 있을 때 맺힌 것 같아. (×)

> 54쪽에서 변주는 시어나 시구에 변화를 주는 거라고 했지? '시샘'이라는 시어가 '시새움'으로 변화했으니 변주가 나타나 있네. 그런데 이 변주를, '누나의 한은 의붓어미와의 갈등이 깊어지고 있을 때 맺힌 것'이라는 내용과 연결 지을 수 있나? 관련 짓기 어려울 뿐더러 '한이 맺히는 상황' (1)·(2)에도 해당하지 않네. 오답!

③ '이 산 저 산' 떠도는 새의 모습으로 보아, '누나'의 한은 모든 희망을 버리고 방황하며 체념하고 있을 때 맺힌 것 같아. (×)

> 마지막 연에서 '이 산 저 산 옮아가며 슬피' 우는 새의 모습을 찾아볼 수 있지만, 이 모습에서 누나가 '희망을 버리고 방황하며 체념'했다고 볼 근거가 있을까? 그런 내용은 나오지 않았고, '한이 맺히는 상황' (1)·(2)에도 해당하지 않아. 역시 오답!

④ '야삼경'에도 잠들지 못하는 것으로 보아, '누나'의 한은 자신의 심정이 어떤 상태인지 파악하지 못하여 생긴 것 같아. (×)

> "야삼경(夜三更) 남 다 자는 밤이 깊으면 / 이 산 저 산 옮아가며 슬피 웁니다."라고 했지만, 누나가 자신의 심정이 어떤 상태인지 파악하지 못했다고 볼 근거는 전혀 없어. 〈보기〉에서 나온 '한이 맺히는 상황' (1)·(2)에도 역시 해당하지 않고 말이야. 오답!

⑤ '오랩동생'과 이별하는 심경이 표현된 것으로 보아, '누나'의 한은 홀로 가족을 떠나는 행위를 자책하고 있을 때 맺힌 것 같아. (×)

> "슬피 웁니다"라는 부분을 통해 '오랩동생'과의 이별에 대한 '누나'의 심경을 찾아볼 수 있지만, '누나'가 홀로 가족을 떠나는 행위를 자책했다는 내용은 나오지 않아. 〈보기〉에서 나온 '한이 맺히는 상황' (1)·(2)에도 해당하지 않으니 오답!

팁을 좀 줄까? 문제 푸는 시간을 줄이려면 작품의 내용에 어긋나거나, 드러나지 않는 내용이라 추론이 불가능한 내용을 담은 선택지는 적절하지 않다고 판단하면 돼. 예를 들어 ③~⑤번 선택지는 시에서 근거를 찾을 수 없는 내용이니까 바로 적절하지 않다고 보면 되는 거지. 실제 시험에서는 시간 조절이 엄청나게 중요하니까, 작품과 관련 없는 내용의 근거를 시에서 찾느라고 고민하지 말 것! 소설과 같은 다른 갈래를 풀 때도 똑같아. 작품에 나오지 않거나 추론 불가능한 내용은 적절하지 않은 거야.

[01~03] 다음 시를 읽고 물음에 답하시오.

[2016학년도 6월 고2 학력평가]

가 아베요 아베요

　내 눈이 티눈°인 걸 / 아베도 알지러요.

　등잔불도 없는 제사상에

　축문°이 당한기요.

　눌러 눌러

　소금에 밥이나마 많이 묵고 가이소.

[A]
　윤사월 보릿고개

　아베도 알지러요.

　간고등어 한 손이믄

　아베 소원 풀어드리련만

　저승길 배고플라요

　소금에 밥이나마 많이 묵고 묵고 가이소.

[B]
　여보게 만술(萬述) 아비

　니 정성이 엄첩다°.

　이승 저승 다 다녀도

　인정보다 귀한 것 있을락꼬,

　망령(亡靈)도 응감(應感)하여, 되돌아가는 저승길에

　니 정성 느껴느껴 세상에는 굵은 밤이슬이 온다.

－ 박목월, 〈만술(萬述) 아비의 축문(祝文)〉

●티눈: 까막눈.　　**●축문:** 제사 때에 읽어 천지신명(天地神明)께 고하는 글.
●엄첩다: '대견하다'의 경상도 방언.

나 병원에 갈 채비를 하며

　어머니께서 / 한 소식 던지신다

　허리가 아프니까

　세상이 다 의자로 보여야

　꽃도 열매도, 그게 다

　의자에 앉아 있는 것이여

　주말엔

　아버지 산소 좀 다녀와라

　그래도 큰애 네가

　아버지한테는 좋은 의자 아녔냐

　이따가 침 맞고 와서는

　참외밭에 지푸라기도 깔고

　호박에 똬리도 받쳐야겠다

　그것들도 식군데 의자를 내줘야지

　싸우지 말고 살아라

　결혼하고 애 낳고 사는 게 별거냐

　그늘 좋고 풍경 좋은 데다가

　의자 몇 개 내놓는 거여

－ 이정록, 〈의자〉

작품 분석하기

● 빈칸에 들어갈 알맞은 말을 쓰시오.

가

구분	내용	알 수 있는 시어/시구
화자		
대상		
처지·상황		
정서·태도		
주제	돌아가신 ☐☐에 대한 만술 아비의 정성과 그리움	

나

구분	내용	알 수 있는 시어/시구
화자		
대상		
처지·상황		
정서·태도		
주제	서로 ☐☐하며 살아가는 삶에 대한 깨우침	

종합적인 감상 [표현 부분과 효과 부분을 구분해서 풀고, 개념을 정리해 보자.]

01 (가), (나)의 표현상 공통점으로 적절한 것은?

① 말을 건네는 방식을 활용하여 주제 의식을 심화하고 있다.

② 원경에서 근경으로 시선을 이동하여 시상을 전환하고 있다.

③ 대립적인 의미의 시어로 비판적 현실 인식을 보여 주고 있다.

④ 과거와 현재를 대비하여 화자의 심경 변화를 드러내고 있다.

⑤ 시어의 반복으로 화자 자신의 부정적 처지를 강조하고 있다.

개념의 좌표 찾기

● 선택지에 잘 모르는 어휘나 개념이 있다면 아래에 적고 그 뜻을 확인해 보세요.

시어(시구)의 의미와 기능 [문맥적 의미(꾸며 주는 말과, 해당 시어의 서술부)를 꼭 확인하자.]

02 (가)의 [A], [B]에 대한 설명으로 적절한 것은? [3점]

① [A]와 [B]에서 '저승길'을 가는 주체는 '만술 아비'이다.

② [A]의 '아베 소원'에 [B]의 '망령'도 응하여 감동하고 있다.

③ [A]의 '보릿고개'는 [B]의 '이승 저승'을 다 다니며 겪는 것이다.

④ [B]에서 '밤이슬'이 오는 것은 [A]의 '소금에 밥'을 바치는 마음 때문이다.

⑤ [B]에서 '엄첩다'고 한 것은 [A]에서 '간고등어 한 손'을 준비했기 때문이다.

외적 준거 활용 [〈보기〉를 통해 작품의 주제 의식과 주제 표출 방식을 확인하고, 시어(시구)의 의미를 해석해 보자.]

03 〈보기〉를 바탕으로 (나)를 이해한 내용으로 적절하지 <u>않은</u> 것은?

┤ 보기 ├

　　이 작품은 '의자'라는 상징적 소재로 어머니의 경험에 따른 인식과 삶에 대한 통찰을 드러내고 있다. 이러한 인식과 통찰을 바탕으로, 어머니는 죽은 남편과 자연물에까지 포용력과 배려심을 보이게 된다. 이를 통해 자식에게 전해 줄 세상살이의 이치를 표현하고 있다.

① 어머니는 허리가 아픈 경험을 계기로 '꽃도 열매도, 그게 다 의자에 앉아 있는 것'이라고 인식하게 돼.

② 어머니가 '아버지 산소 좀 다녀'오라고 한 것은 죽은 남편을 배려하는 마음을 담은 말이야.

③ 의자의 상징성을 고려하면, '아버지한테는 좋은 의자'였다는 것은 '아버지'가 '큰애'에게 위로받고 의지했다는 뜻이야.

④ '참외밭에 지푸라기'를 깔겠다는 어머니의 말에서 자연물도 '식구'로 느끼며 포용하는 태도를 확인할 수 있어.

⑤ 어머니는 '의자'가 '그늘 좋고 풍경 좋은' 곳에 놓여야 가족끼리 서로 의지하고 살아갈 수 있다는 이치를 드러내고 있어.

[04~06] 다음 시를 읽고 물음에 답하시오.

[2015학년도 6월 평가원 B]

가 ㉠차단—한 등불이 하나 비인 하늘에 걸려 있다.
　내 호올로 어딜 가라는 슬픈 신호냐.

　긴—여름해 황망히 나래를 접고
　늘어선 고층(高層) 창백한 묘석(墓石)같이 황혼에 젖어
　찬란한 야경 무성한 잡초인 양 헝클어진 채
　사념(思念) 벙어리 되어 입을 다물다.

　㉡피부의 바깥에 스미는 어둠
　낯설은 거리의 아우성 소리
　까닭도 없이 눈물겹고나

　공허한 군중의 행렬에 섞이어
　내 어디서 그리 무거운 비애를 지니고 왔기에
　㉢길—게 늘인 그림자 이다지 어두워

　내 어디로 어떻게 가라는 슬픈 신호기
　차단—한 등불이 하나 비인 하늘에 걸리어 있다.

　　　　　　　　　　　　– 김광균, 〈와사등〉

나 머리가 마늘쪽같이 생긴 고향의 소녀와
　한여름을 알몸으로 사는 고향의 소년과
　같이 낯이 설어도 사랑스러운 들길이 있다

　그 길에 ㉣아지랑이가 피듯 태양이 타듯
　제비가 날듯 길을 따라 물이 흐르듯 그렇게
　그렇게

　㉤천연(天然)히

　울타리 밖에도 화초를 심는 마을이 있다
　오래오래 잔광(殘光)이 부신 마을이 있다
　밤이면 더 많이 별이 뜨는 마을이 있다.

　　　　　　　　　　　　– 박용래, 〈울타리 밖〉

작품 분석하기

○ 빈칸에 들어갈 알맞은 말을 쓰시오.

가

구분	내용	알 수 있는 시어/시구
화자		
대상		
처지·상황		
정서·태도		
주제	여름밤 도시의 야경을 보며 느끼는 ☐☐☐과 비애	

나

구분	내용	알 수 있는 시어/시구
화자		
대상		
처지·상황		
정서·태도		
주제	인간과 ☐☐이 조화된 꾸밈없는 공간에 대한 소망	

종합적인 감상 [표현 부분과 효과 부분을 구분해서 풀고, 개념을 정리해 보자.]

04 (가), (나)의 공통점으로 가장 적절한 것은?

① 수미상관의 방법을 통해 정서의 변화를 강조하고 있다.

② 영탄적 표현을 통해 대상에 대한 경외감을 표출하고 있다.

③ 비유적 표현을 활용하여 공간에 대한 인식을 드러내고 있다.

④ 어둠과 밝음의 대조를 통해 긍정적 미래의 도래를 암시하고 있다.

⑤ 화자를 작품의 표면에 나타내어 주제에 대한 공감을 이끌어 내고 있다.

개념의 좌표 찾기

● 선택지에 잘 모르는 어휘나 개념이 있다면 아래에 적고 그 뜻을 확인해 보세요.

시어(시구)의 의미와 기능 [문맥적 의미(꾸며 주는 말과, 해당 시어의 서술부)를 꼭 확인하자.]

05 ㉠~㉤에 대한 설명으로 적절하지 **않은** 것은?

① ㉠: 적막한 배경에 놓인 하나의 사물에 주목하여 화자의 쓸쓸한 처지를 환기하고 있다.

② ㉡: 공감각적 표현을 활용하여 현실과 이상의 거리감을 좁히고 있다.

③ ㉢: 특정 시어를 장음으로 읽도록 유도하여 시어의 의미와 낭송의 호흡을 조화시키고 있다.

④ ㉣: 동일한 연결 어미를 반복하여 다양한 소재의 동질적 속성을 부각하고 있다.

⑤ ㉤: 하나의 시어로 독립된 연을 구성하여 대상의 상태를 강조하고 있다.

외적 준거 활용 [〈보기〉를 통해 작가의 작품 세계를 먼저 확인하고, 위 시의 내용과 연결 지어 보자.]

06 〈보기〉를 참고하여 (가), (나)를 감상한 내용으로 적절하지 **않은** 것은? [3점]

┤ 보기 ├

　　1930년대 모더니즘을 주도했던 김광균은 감성보다 지성을 중시하는 이미지즘을 자신만의 방식으로 소화했다. 그는 상실감과 소외감 등의 정서에 회화적 이미지를 결합하여 현대 문명에 대한 태도를 보여 주었다. 1950년대 후반의 시적 경향을 보여 주는 박용래는 모더니즘의 기법에 전통과 자연에 대한 관심을 결합했다. 그는 사라져 가는 재래의 것들을 회화적 이미지로 복원하여 토속적 정취를 환기하고, 소박한 자연의 이미지를 병치하여 자연의 지속성과 인간과 자연의 조화에 대한 바람을 드러냈다.

① (가), (나) 모두 주로 시각적 이미지를 활용하여 풍경을 묘사함으로써 회화성을 잘 살리고 있군.

② (가)는 시간의 순환적 흐름을 통해 도시의 황폐함을, (나)는 시간의 순차적 흐름을 통해 자연의 지속성을 강조하고 있군.

③ (가)의 '무성한 잡초'는 인간과 문명의 불화에 따른 상심을, (나)의 '화초'는 인간과 자연의 조화에 대한 바람을 함축하고 있군.

④ (가)는 (나)와 달리 감정을 노출하는 시어를 빈번하게 사용하여 현대 문명으로 인한 소외감을 제시하고 있군.

⑤ (나)는 (가)와 달리 토속적 정취를 자아내는 시어를 활용하여 전통적 세계에 대한 지향을 드러내고 있군.

알아 두면 쓸데 있는 100인의 지혜

사회·문화적 배경과 관련지어 현대 시를 이해하는 키워드

'문학은 시대의 거울'이라는 말, 들어 본 적 있니? 문학에는 사회 변화와 당대 현실을 비추는 기능도 있다는 뜻이야. 현대 시에도 우리 사회의 주요 사건·변화와 관련지어 이해할 수 있는 작품이 적지 않아. 당대의 시대상과 관련 깊은 키워드로 작품에 접근한다면 좀 더 폭넓고 깊이 있게 작품을 이해할 수 있어. 다음을 잘 살펴보자.

🔒 : 시대상
🔑 : 키워드

일제 강점기

🔑 민족의 수난과 유랑민의 삶
- 〈바라건대는 우리에게 우리의 보습 대일 땅이 있었더면〉(김소월)
- 〈낡은 집〉·〈풀벌레 소리 가득 차 있었다〉·〈전라도 가시내〉(이용악)

🔑 일제에 대한 저항 정신과 독립 의지
- 〈절정〉(이육사)
- 〈쉽게 씌어진 시〉(윤동주)
- 〈빼앗긴 들에도 봄은 오는가〉(이상화)

🔑 우리말의 아름다움과 전통 계승
- 〈진달래꽃〉(김소월)
- 〈모란이 피기까지는〉(김영랑)
- 〈여우난골족〉(백석)

🔑 전쟁과 분단의 상처(비극)와 극복 의지
- 〈초토의 시〉(구상)
- 〈휴전선〉(박봉우)
- 〈할머니 꽃씨를 받으시다〉(박남수)

🔑 통일에 대한 의지
- 〈동서남북〉(김광규)
- 〈봄은〉(신동엽)
- 〈직녀에게〉(문병란)

6·25 전쟁과 분단

산업화와 도시화

🔑 무너지는 농촌 공동체
- 〈농무〉(신경림)
- 〈서울길〉(김지하)

🔑 소외된 도시 노동자·하층민의 현실과 문명 비판
- 〈저문 강에 삽을 씻고〉(정희성)
- 〈성북동 비둘기〉(김광섭)
- 〈새 1〉(박남수)

🔑 환경·생태·공존
- 〈들판이 적막하다〉(정현종)
- 〈풀벌레들의 작은 귀를 생각함〉(김기택)

🔑 여성·다문화
- 〈우리 동네 구자명 씨〉(고정희)
- 〈원어〉·〈동승〉(하종오)

다양한 목소리

🔑 독재에 대한 비판과 저항
- 〈풀〉·〈어느 날 고궁을 나오면서〉(김수영)
- 〈타는 목마름으로〉(김지하)
- 〈봄〉(이성부)
- 〈새들도 세상을 뜨는구나〉(황지우)

앞으로도 쭉~~♥

✏️ **그렇지만 주의할 점!**

기계적으로 키워드를 적용해서 작품을 이해하려고 하는 태도는 곤란해. 문제에 따라 시의 외적 상황, 즉 사회·문화적 현실과 관련짓지 않고 작품의 내적 상황만으로 해결해야 하는 경우도 있거든. 그러니까 문제의 의도를 확실하게 파악해서, 내적 상황으로 접근할지 외적 상황으로 접근할지 판단하면 돼.

II

고전 시가

01 고전 시가의 갈래 ① - 고대 가요, 향가, 고려 가요, 한시

우리나라가 서양 문물의 영향을 받아 종래의 봉건적인 사회 질서 대신 근대적 사회 질서를 받아들이던 시기. 갑오개혁(1894)부터 국권 피탈(1910)까지를 개화기로 설정하여 고전 문학과 현대 문학의 중간 단계로 봄.

 궁금해요

고전 시가와 현대 시는 어떻게 구분하나요?

'개화기'를 기준으로 이전에 창작된 시를 '고전 시가', 이후에 창작된 시를 '현대 시'라고 해. 참고로 고전 시가의 '시가'는 '시'와 '노래'란 의미야. 고고전 시가는 거의 대부분 문학과 음악이 함께한 시(詩)와 가(歌: 노래)의 결합 형태를 유지해 왔지. 즉 '노래'가 '시'이고, '시'가 노래였던 까닭에 '고전 시가'라고 부르는 거야.

개념을 품은 기출 선택지

· 향가의 4구체는 발전 과정에서 볼 때 초기 형태에 해당한다. (2017. 09. 고1 학력평가)
· (가) [10구체 향가]는 감탄사를 통해 고조된 감정을 드러낸다. (2015. 09. 고1 학력평가)
· [A] (고려 가요)와 [B] (한시)를 보니 여음구의 사용 여부에 차이가 있군. (2019. 06. 평가원)

1 고대 가요

원시시대에 종교적인 목적으로 행해진, 시·노래·무용이 합하여진 형태의 예술. 여기로부터 문학, 음악, 무용 등이 갈라져 나와 오늘날의 각각의 예술 분야가 되었음.

고대 부족 국가 시대에서 삼국 시대 초기까지 향가 성립 이전에 불린 노래이다. 원시 종합 예술에서 분화된 개인적이고 서정적인 내용의 시가(詩歌)를 의미한다.

내용상 특징

고대 국가에서 풍년을 기원하며 매년 하늘에 제사를 지내던 종교 행사

축제나 제사 같은 의식을 치를 때 부른 노래

· 고대 가요는 제천 의식에서 불린 노래가 기원이 되므로 초기에는 주로 의식요, 노동요의 성격을 지닌 집단 가요의 성격을 띠었고 점차 ① ____ 의 정서를 노래하는 '개인 서정 가요'도 창작되었다.

일할 때 부른 노래

어린이 부른 노래

형식상 특징

· 고대 가요의 작품을 이해하는 데 도움을 줌.
· 과거에는 시와 이야기가 엄격하게 구분되지 않았음을 알려 줌.

㉠ 고대 가요가 발생한 당시에는 기록 수단이 없었기 때문에 어떤 인물이 이런 상황에서 노래를 지었다는 배경 설화와 함께 구전되다가 이후에 한자로 번역되어 글로 전해졌다.

입에서 입으로 전해짐

시가 네 구(행)로 되어 있음.

㉡ 오늘날까지 전해지는 고대 가요는 대부분 4구체 한역시이다. 4구체는 두 개의 구(행)씩 묶어 '전반부'와 '후반부'로 나눌 수 있다.

한자로 번역된 시

개념+ 〈황조가〉의 배경 설화

유리왕의 두 후실인 '화희'와 '치희'의 다툼으로 치희가 중국으로 달아나 버리자 왕이 치희를 찾으러 다녔으나 찾지 못하던 중에, 꾀꼬리 한 쌍이 정답게 노니는 모습을 보고 지었다 한다.

翩翩黃鳥 / 雌雄相依 편 편 황 조　자 웅 상 의	펄펄 나는 저 꾀꼬리 / 암수 서로 정답구나.
	화자의 외로움을 심화하는 '정서 자극물'｜처지가 대조됨.
念我之獨 / 誰其與歸 염 아 지 독　수 기 여 귀	외로워라 이내 몸은 / 뉘와 함께 돌아갈꼬.
	화자의 정서

전반부(1, 2구): 꾀꼬리의 다정한 모습(선경)

후반부(3, 4구): 짝을 잃은 외로움(후정)

❷ 현재 전하는 것 가운데 가장 오래된 서정시로, 배경 설화와 함께 구전되다가 4구씩 한자로 번역됨.

📖 미래엔, 해냄 | 유리왕, 〈황조가〉

❷ 향가

신라 시대에 유행한 우리말 노래이다. 당시에는 한글이 없었으므로 ❷〔　　　　〕의 음과 뜻을 빌려 우리말을 쓰는 방법인 향찰로 기록되었다. 배경 설화와 함께 전해 내려오는 경우가 많다.

개념➕ **향찰**
한자의 음과 뜻을 빌려 우리말 순서에 맞게 적는 표기법. (뜻을 빌린 것을 '훈차', 음을 빌린 것을 '음차'라고 함)

한자	生	死	路	隱
뜻	삶	죽음	길	숨김
음	생	사	로	은

⇩

우리말	삶과 죽음의 길은

📄 작가층

국가에서 특별 교육하던 청소년기 귀족층의 자녀
한자를 활용한 표기를 사용하므로 승려나 화랑 사이에서 주로 향유되었다.
어떠한 것을 함께 누리거나 즐김. 창작과 소비를 아우르는 개념

📄 내용상 특징

시간이 지남에 따라 향가의 향유층이 점차 확대되기는 하였으나, 기본적으로는 승려나 귀족이 많이 지었기 때문에 부처님을 찬양하며 신앙심을 표현한 ❸〔　　　　〕노래가 가장 많다. 그 외에도 민요, 동요, 토속 신앙에 관련된 노래, 임금을 그리워하는 유교적인 내용을 담은 노래도 있다.

📄 형식상 특징

종류	특징
4구체	향가의 초기 형태로 민요나 동요가 구전되어 정착된 형식이다.
8구체	4구체 향가와 10구체 향가의 과도기적 형태로, 4구체 향가가 두 배가 된 형식이다. 한 상태에서 다른 새로운 상태로 바뀌어 가는 도중의 시기
10구체	• 8구체 향가에서 낙구(마지막 2행)가 추가된 가장 완성된 향가의 형식이다. • '기(4구)-서(4구)-결(2구)'의 세 부분으로 구성된다. 낙구는 감탄사로 시작한다.

生死路隱
생 사 로 은
此矣有阿米次肹伊遣
차 의 유 아 미 차 힐 이 견
吾隱去內如辭叱都
오 은 거 내 여 사 질 도
毛如云遣去內尼叱古
모 여 운 견 거 내 니 질 고
於內秋察早隱風未
어 내 추 찰 조 은 풍 미
此矣彼矣浮良落尸葉如
차 의 피 의 부 량 락 시 엽 여
一等隱枝良出古
일 등 은 지 량 출 고
去奴隱處毛冬乎丁
거 노 은 처 모 동 호 정
阿也彌陀利良逢乎吾
아 야 미 타 찰 량 봉 호 오
道修良待是古如
도 수 량 대 시 고 여

생사(生死) 길은

예 있으매 머뭇거리고,
이승　　　　　　죽음에 대한 두려움
나는 간다는 말도
누이 동생
몯다 이르고 어찌 갑니까.
누이의 갑작스러운 죽음에 대한 안타까움
어느 가을 이른 바람에
일찍 찾아온 죽음
이에 저에 떨어질 잎처럼,
누이를 비유한 대상
한 가지에 나고
같은 부모에게 나온 남매 사이
가는 곳 모르온저.
화자의 안타까움, 허무함이 드러남.
아아, 미타찰(彌陀利)⁎에서 만날 나
감탄사
도(道) 닦아 기다리겠노라.

1~4구는 '기' 부분으로 누이의 죽음에 대한 안타까움이 드러남.

5~8구는 '서' 부분으로 누이의 죽음에서 느끼는 허무함이 드러남.

9~10구는 '결' 부분이자 '낙구'로 불교를 믿음으로써 누이와 만나고 싶은 소망이 드러남.

➡ 한자의 음과 뜻을 빌린 향찰 표기 및 '4구-4구-2구'씩 세 부분으로 이루어진 형식, 마지막 2구가 '아아'라는 감탄사로 시작하는 '10구체 향가'의 특징이 나타남.

🔖 동아, 미래엔, 비상(박안), 비상(박영), 신사고 🔖 동아, 비상, 지학사, 창비, 천재(김), 해냄 | 월명사, 〈제망매가〉

⁎ 미타찰: 부처가 있는 저승 세계로 삶의 괴로움이 없는 아주 깨끗한 곳.

개념
콕1 **이 글에 대한 설명으로 적절하지 않은 것은?**

① 구전되다가 향찰로 기록되었다.
② 향가 중에서 가장 완성된 형태이다.
③ 낙구의 감탄사는 10구체 향가의 형식적 특징이다.

빈칸 답 | ❶ 개인 **❷** 한자 **❸** 불교적
콕1 ①

Ⅱ 고전 시가

개념➕ **남녀상열지사(男女相悅之詞)** 남녀가 서로 사랑하는 노랫말

조선 시대의 지배층인 사대부가 고려 가요의 노랫말을 비판하며 한 말. 이들은 남녀 간의 사랑을 다룬 노래는 저급하여 기록할 수 없다고 주장하였다.

개념
쏙2 **이 글에 대한 설명으로 적절하지 않은 것은?**

① '3·3·2조'의 음수율과 3음보가 나타난다.
② '가시리 가시리잇고 나ᄂᆫ'의 '나ᄂᆫ'은 화자를 의미한다.
③ 후렴구를 사용하여 운율을 형성하고 연과 연을 구분한다.

3 고려 가요

고려 시대 때 평민들이 부른 노래를 뜻한다. '고려 속요', '여요', '장가'라고도 한다. 넓은 의미로는 고려 시대 때 불린 노래 전체를 가리켜 '경기체가'를 '고려 가요'에 포함하지만, 보통은 평민들이 부른 '민요'와 '향가계 여요'까지만 '고려 가요'로 본다.➕

◉ 전승 방식

㉠ 고려 가요는 고대로부터 내려온 민요에 바탕을 두고 형성된 것이어서 작자를 알 수 없는 작품이 많다. <small>고려 시대 궁중에서는 고대로부터 내려온 민요 중 풍속을 교화할 만한 노래를 각색하여 공연하였는데, 이 전통이 조선 시대까지 이어짐.</small>

㉡ 구전되던 고려 가요는 **④** 창제 이후 문자로 기록되었다. 조선 시대의 지배층은 고려 가요가 저급하다고 보고, 노랫말을 고치거나 일부 작품을 삭제하기도 하였다.➕

◉ 내용상 특징

주로 남녀 간의 사랑, 자연에 대한 예찬, 이별의 안타까움 등 평민들의 소박하고 진솔한 감정들이 잘 드러나는 작품이 많다.

◉ 형식상 특징

- 3음보를 기본으로 하며 '3·3·2조'의 음수율이 많이 나타난다.
- 운율을 형성하는 여음(구), 조흥구가 나타난다.
- 대부분 몇 개의 연으로 구분되는 **⑤** (=분절체)이며, 각 연마다 후렴구가 붙는다.➕

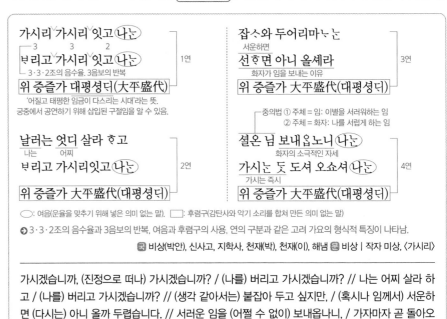

가시리 가시리 잇고 (나ᄂᆫ)
  3   3   2
ᄇ리고 가시리 잇고 (나ᄂᆫ)
  3·3·2조의 음수율. 3음보의 반복   1연
위 증즐가 대평셩디(大平盛代)
'어질고 태평한 임금이 다스리는 시대'라는 뜻.
궁중에서 공연하기 위해 삽입된 구절임을 알 수 있음.

날러는 엇디 살라 ᄒ고
    나는   어찌
ᄇ리고 가시리잇고 (나ᄂᆫ)   2연
위 증즐가 大平盛代(대평셩디)

잡ᄉ와 두어리마ᄂᆞᄂᆫ
           서운하면
선ᄒ면 아니 올셰라
화자가 임을 보내는 이유   3연
위 증즐가 大平盛代(대평셩디)
─ 중의법 ① 주체 = 임: 이별을 서러워하는 임
        ② 주체 = 화자: 나를 서럽게 하는 임

셜온 님 보내ᄋᆸ노니 (나ᄂᆫ)
화자의 소극적인 자세
가시ᄂᆫ 듯 도셔 오쇼셔 (나ᄂᆫ)   4연
    가시는 즉시
위 증즐가 大平盛代(대평셩디)

◯ : 여음(운율을 맞추기 위해 넣은 의미 없는 말).   ▭ : 후렴구(감탄사와 악기 소리를 합쳐 만든 의미 없는 말)
➜ 3·3·2조의 음수율과 3음보의 반복, 여음과 후렴구의 사용, 연의 구분과 같은 고려 가요의 형식적 특징이 나타남.

🕮 비상(박안), 신사고, 지학사, 천재(박), 천재(이), 해냄 🕮 비상 | 작자 미상, 〈가시리〉

가시겠습니까, (진정으로 떠나) 가시겠습니까? / (나를) 버리고 가시겠습니까? // 나는 어찌 살라 하고 / (나를) 버리고 가시겠습니까? // (생각 같아서는) 붙잡아 두고 싶지만, / (혹시나 임께서) 서운하면 (다시는) 아니 올까 두렵습니다. // 서러운 임을 (어쩔 수 없이) 보내옵나니, / 가자마자 곧 돌아오십시오.

🔖 **궁금해요** ......

👧 여음과 여음구, 조흥구, 후렴구의 차이가 뭐예요?

🧑 여음은 '남는 소리'란 뜻이야. 힙합의 'Yeah! Yo!'같은 추임새를 여음이라고 해. 여음은 한 단어로 된, 여음구는 두 단어 이상으로 된 소리이지. 이런 소리는 흥을 돋우고 운율을 형성하는 효과가 있는데, 이러한 효과를 강조하여 나타낸 말이 '조흥구'야. 조흥구의 '조흥'은 '흥을 돋우다'라는 뜻이거든. 이러한 여음구, 조흥구 중에서 연의 마지막에서 반복되는 것을 '후렴구'라고 부른단다. 〈가시리〉에서 '나ᄂᆫ' 여음, '위 증즐가 대평셩디'는 여음구이자 조흥구이자 후렴구가 되겠지?

④ 한시

한문으로 된 정형시이다. 한문을 배운 지배층을 중심으로 하여 창작되었으며, 통일 신라
이후 활발히 창작되었다. 한글 창제 이후에는 중국의 한시를 우리말로 풀어 쓴 '언해'가 등
장하였다. _{일정한 형식과 규칙에 맞추어 지은 시} *95쪽*

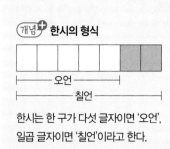
개념＋ 한시의 형식

├─────── 오언 ───────┤
├──────────── 칠언 ────────────┤

한시는 한 구가 다섯 글자이면 '오언',
일곱 글자이면 '칠언'이라고 한다.

◉ 형식상 특징＋

• **절구**: 4개의 구로 된 한시이다. 기승전결에 따라 시상이 전개되며, 선경후정의 방식으로
시상이 전개되는 경우가 많다. *65쪽* *65쪽*

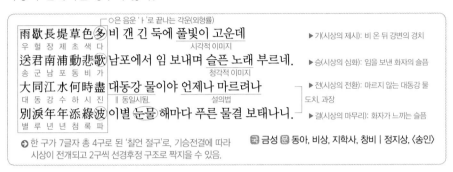

┌─○은 음운 'ㅏ'로 끝나는 각운(외형률)

雨歇長堤草色**多** 비 갠 긴 둑에 풀빛이 고운데 ▶ 기(시상의 제시): 비 온 뒤 강변의 경치
우 헐 장 제 초 색 다 <u>시각적 이미지</u>

送君南浦動悲**歌** 남포에서 임 보내며 슬픈 노래 부르네. ▶ 승(시상의 심화): 임을 보낸 화자의 슬픔
송 군 남 포 동 비 가 <u>청각적 이미지</u>

大同江水何時**盡** 대동강 물이야 언제나 마르려나 ▶ 전(시상의 전환): 마르지 않는 대동강 물
대 동 강 수 하 시 진 ‖ 동일시됨. <u>설의법</u> 도치, 과장

別淚年年添綠**波** 이별 <u>눈물</u> 해마다 푸른 물결 보태나니. ▶ 결(시상의 마무리): 화자가 느끼는 슬픔
별 루 년 년 첨 록 파

➡ 한 구가 7글자 총 4구로 된 '칠언 절구'로, 기승전결에 따라
시상이 전개되고 2구씩 선경후정 구조로 짝지을 수 있음.

🏫 금성 🏫 동아, 비상, 지학사, 창비 | 정지상, 〈송인〉

개념
콕 **3** 이 글에 대한 설명으로 적절
하지 <u>않은</u> 것은?

① 오언 절구에 해당한다.
② 경치를 제시한 후 정서를 제
시하고 있다.
③ '기–승–전–결'의 4단 구성을
이루고 있다.

• **율시**: 8개의 구, 총 4연으로 이루어진 한시로, 1·2구를 '수련', 3·4구를 '함련', 5·6구를
'경련', 7·8구를 '미련'이라 한다.

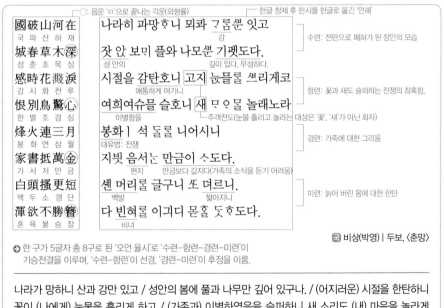

┌─○: 음운 'ㅁ'으로 끝나는 각운(외형률) ┌─한글 창제 후 한시를 한글로 옮긴 '언해'

國破山河在 나라히 파망ᄒᆞ니 뫼콰 ᄀᆞᆫ롬쑨 잇고 ┐ 수련: 전란으로 폐허가 된 장안의 모습
국 파 산 하 재 <u>강</u>

城春草木**深** 잣 안 보미 플와 나모쑨 기픳도다. ┘
성 춘 초 목 심 <u>성안의</u> 깊이 있다, 무성하다.

感時花濺淚 시절을 감탄ᄒᆞ니 고지 눈믈롤 쓰리게코 ┐ 함련: 꽃과 새도 슬퍼하는 전쟁의 참혹함.
감 시 화 천 루 애통하게 여기니

恨別鳥驚**心** 여희여슈믈 슬호니 새 ᄆᆞᄋᆞ물 놀래노라 ┘
한 별 조 경 심 <u>이별함을</u> └주객전도(눈물 흘리고 놀라는 대상은 '꽃', '새'가 아닌 화자)

烽火連三月 봉화ㅣ 석 돌롤 니어시니 ┐ 경련: 가족에 대한 그리움
봉 화 연 삼 월 대유법: 전쟁

家書抵萬**金** 지빗 음서ᄂᆞᆫ 만금이 ᄉᆞ도다. ┘
가 서 저 만 금 <u>편지</u> 만금보다 값지다(가족의 소식을 듣기 어려움)

白頭搔更短 셴 머리롤 글구니 쏘 뎌러니. ┐ 미련: 늙어 버린 몸에 대한 한탄
백 두 소 갱 단 <u>백발</u> 짧아지니

渾欲不勝**簪** 다 빈혀롤 이긔디 몯홀 ᄃᆞᆺᄒᆞ도다. ┘
혼 욕 불 승 잠 <u>비녀</u>

🏫 비상(박영) | 두보, 〈춘망〉

➡ 한 구가 5글자 총 8구로 된 '오언 율시'로 '수련–함련–경련–미련'이
기승전결을 이루며, '수련–함련'이 선경, '경련–미련'이 후정을 이룸.

나라가 망하니 산과 강만 있고 / 성안의 봄에 풀과 나무만 깊어 있구나. / (어지러운) 시절을 한탄하니
꽃이 (나에게) 눈물을 흘리게 하고 / (가족과) 이별하였음을 슬퍼하니 새 소리도 (내) 마음을 놀라게
한다. / 봉화가(전쟁이) 석 달을 이었으니 / 집에서 보낸 편지는 만금보다 값지도다. / 하얗게 센 머리
를 긁으니 또 짧아져 / (남은 머리카락을) 다 모아도 비녀를 이기지 못할 듯하다.

개념
콕 **4** 이 글에 대한 설명으로 적절
하지 <u>않은</u> 것은?

① 오언 절구에 해당한다.
② 선경후정의 구성을 보인다.
③ 자연과 인간사를 대비하고 있다.

📖 궁금해요

🧑 한시는 우리말로 쓰이지 않는데 우리 문학이라고 할 수 있나요?

🧑 한시는 한문으로 쓰였지만, 우리 조상들이 지닌 고유한 생각이나 감정을 표현했기 때문에 한시도 우
리 문학이라고 봐. 근대 이전의 문인들은 주로 한자와 한문으로써 문학 활동을 했기 때문에 선인들이
창작한 한문 문학도 우리 문학에 포함되는 거지.

빈칸 답 | ❹ 한글 ❺ 분연체
콕 2 ② 3 ① 4 ①

Ⅱ
고
전
시
가

☑ **바로바로 간단 체크**

1 괄호 안에 들어갈 알맞은 말을 쓰시오.

(1) (ㄱ ㄷ ㄱ ㅇ)는 향가가 나오기 전에 불린 노래로 배경 설화와 함께 구전되다가 후대에 기록되었다.

(2) 향가는 신라 시대 때 (ㅎ ㅊ)로 표기된 우리 고유의 시가로 4구체, 8구체, 10구체 형식이 있다.

(3) (ㄱ ㄹ ㄱ ㅇ)는 고려 시대 평민들이 부르던 민요가 궁중에서 공연된 뒤 한글 창제 이후 문자로 기록되어 오늘날까지 전해진 것이다.

2 다음 설명이 맞으면 ○표, 틀리면 ×표를 하시오.

(1) 고대 가요는 개인의 정서를 노래한 서정시가 창작된 뒤, 집단이 부르는 의식요와 노동요가 창작되었다. ( )

(2) 고려 가요는 몇 개의 연으로 나뉘는 분연체이며, 각 연의 마지막에는 후렴구가 반복돼 운율을 형성한다. ( )

(3) 한시는 한문으로 쓰였기 때문에 우리 문학이라고 하지 않는다. ( )

3 다음 (1)~(4)에 알맞은 설명을 바르게 이으시오.

(1) 경기체가 •　　• ㉠ 신라의 향가가 고려 가요로 넘어 가는 과정에서 발생한 시가.

(2) 향가계 여요 •　　• ㉡ 매 연의 끝에 반복되는 구절.

(3) 후렴구 •　　• ㉢ 조선 시대의 지배층이 고려 가요의 노랫말을 비판하여 이른 말.

(4) 남녀상열지사 •　　• ㉣ "~경(景)긔 엇더ᄒ니잇고"라는 구절이 반복되는 시가.

[01~02] 다음 글을 읽고 물음에 답하시오.
🔖 창비 🔖 비상, 신사고

돌하 노피곰° 도ᄃ샤
어긔야 머리곰° 비취오시라
어긔야 어강됴리
아으 다롱디리
져재° 녀러신고요°
어긔야 즌 ᄃᆡ°를 드ᄃᆡ욜셰라
어긔야 어강됴리
어느이다 노코시라
어긔야 내 가논 ᄃᆡ 졈그룰셰라°
어긔야 어강됴리
아으 다롱디리

– 작자 미상(어느 행상인의 아내), 〈정읍사〉

● **노피곰**: 높이높이. '곰'은 강조의 접미사.
● **머리곰**: 멀리멀리.　　　● **져재**: 시장에.
● **녀러신고요**: 가 계신가요? 다니고 있으신가요?
● **즌 ᄃᆡ**: 진 곳, 위험한 곳.
● **졈그룰셰라**: 저물까 두렵습니다.

달님이시여! 높이높이 돋으시어 / 멀리멀리 비춰 주소서. / 시장에 가 계신가요? / 위험한 곳을 디딜까 두렵습니다. / 어느 곳에나 (짐을) 놓으십시오. / 당신(임) 가시는 곳에 (날이) 저물까 두렵습니다.

01 이 글에 대한 설명으로 적절한 것은?

① 공간의 이동에 따라 시상을 전개하고 있다.
② 후렴구를 기준으로 내용이 세 부분으로 나뉜다.
③ 스님이나 화랑 같은 귀족층이 주로 향유하였다.
④ 많은 사람이 함께 부른 노동요적 성격을 지닌 노래이다.
⑤ 자신을 버린 남편에 대한 아내의 원망이 중심 내용을 이룬다.

02 이 글의 표현상 특징으로 적절하지 않은 것은?

① 시적 대상인 '달'에게 화자의 소망을 빌고 있다.
② 시각적 이미지를 대립해 시상을 전개하고 있다.
③ '져재'란 시어를 통해 임의 직업을 짐작할 수 있다.
④ '아으'란 감탄사로 화자의 불안함을 강조하고 있다.
⑤ '-ㄹ셰라'라는 어미를 반복해 운율을 형성하고 있다.

[03~04] 다음 글을 읽고 물음에 답하시오.

금성, 비상(박영) 미래엔, 지학사, 창비

살어리 살어리랏다[*] 쳥산(靑山)애 살어리랏다
멀위랑 ᄃ래랑 먹고 쳥산(靑山)애 살어리랏다
얄리얄리 얄랑셩 얄라리 얄라

우러라[*] 우러라 새여 자고 니러 우러라 새여
널라와[*] 시름 한 나도 자고 니러 우니로라
얄리얄리 알라셩 얄라리 얄라

가던 새[*] 가던 새 본다 믈 아래 가던 새 본다
잉 무든 장글란[*] 가지고 믈 아래 가던 새 본다
얄리얄리 알라셩 얄라리 얄라

이링공 뎌링공 ᄒᆞ야 나즈란 디내와손뎌
오리도 가리도 업슨 바므란 ᄯᅩ 엇디 호리라
얄리얄리 얄라셩 얄라리 얄라 (후략)

– 작자 미상, 〈청산별곡〉

* **살어리랏다**: ① 살겠노라. 살고 싶구나. ② 살아야만 하는구나.
* **우러라**: ① 우는구나(감탄). ② 울어라(명령). ③ 노래하라(명령).
* **널라와**: 너보다.
* **가던 새**: ① 날아가던 새. ② 갈던 밭이랑(흙을 높이 쌓아 농작물을 심는 곳).
* **잉 무든 장글란**: ① 이끼 묻은 쟁기일랑. ② 날이 무딘 병기일랑. ③ 이끼 묻은 은장도일랑.

---

03 이 글에 대한 설명으로 적절하지 <u>않은</u> 것은?

① 'A-A-B-A 구조'로 운율을 형성하고 있다.
② 자연물에 화자의 감정을 이입하여 드러내고 있다.
③ 장소와 시간을 대조해 시적 상황을 강조하고 있다.
④ 3·3·2조의 음수율과 3음보의 음보율이 나타나고 있다.
⑤ 부정적인 삶을 이겨 내려는 평민들의 의지를 반영하고 있다.

04 이 글의 후렴구에 대한 설명으로 적절한 것을 〈보기〉에서 모두 골라 그 기호를 쓰시오.

┤ 보기 ├
ㄱ. 연을 구분하는 역할을 맡고 있다.
ㄴ. 내용상의 통일성을 부여하고 있다.
ㄷ. 특정 음운을 반복하여 운율을 형성하고 있다.
ㄹ. 악기 소리를 본따 화자의 흥겨움을 강조하고 있다.

[05~06] 다음 글을 읽고 물음에 답하시오.

2017학년도 6월 평가원(변형)

덕(德)으란 곰ᄇ빈예[*] 받ᄌ곱고 복(福)으란 림ᄇ빈예[*] 받ᄌ곱고
덕(德)이여 복(福)이라 호ᄂᆞᆯ 나ᅀᆞ라[*] 오소이다
아으 동동(動動)다리   〈서사〉

정월(正月)ㅅ 나릿므른 아으 어져 녹져 ᄒᆞ논ᄃᆡ
누릿 가온ᄃᆡ 나곤 몸하 ᄒᆞ올로 녈셔
아으 동동(動動)다리   〈정월령〉

이월(二月)ㅅ 보로매 아으 노피 현 등(燈)ㅅ블 다호라
만인(萬人) 비취실 즈ᅀᅵ샷다[*]
아으 동동(動動)다리   〈이월령〉

삼월(三月) 나며 개(開)ᄒᆞᆫ 아으 만춘(滿春) 둘욋고지여
ᄂᆞ믹 브롤 즈ᅀᅳᆯ 디녀 나샷다
아으 동동(動動)다리   〈삼월령〉

– 작자 미상, 〈동동〉

* **곰ᄇ빈예**: 뒷 잔에, 다음 잔에, 신령님께.
* **림ᄇ빈예**: 앞 잔에, 임(임금)께.
* **나ᅀᆞ라**: 드리러, 진상(進上)하러.
* **즈ᅀᅵ샷다**: 모습이시도다, 같구나.

덕이랑 신령님께 바치옵고 복이랑 임에게 바칩니다 / 덕이며 복이며 하는 것을 바치러 오십시오 / 아으 동동다리 // 정월의 냇물은 아아 얼고 녹고 하는데 / 세상 가운데 이 몸은 홀로 살아가네 / 아으 동동다리 // 이월 보름에 아아 높이 켠 등불 같구나 / 만 사람 비추실 모습이시네 / 아으 동동다리 // 삼월 지나며 핀 아아 봄날의 진달래꽃이여 / 남들이 부러워할 모습을 지녀 나셨네 / 아으 동동다리

---

05 이 글에 대한 이해로 적절한 것은?

① 낙구의 감탄사로 화자의 정서를 집약한다.
② 일 년 열두 달의 순서에 따라 시상을 전개한다.
③ 향가와 고려 가요 사이의 과도기적 형식의 시가이다.
④ 배경 설화와 함께 구전되며 개인의 서정을 노래한다.
⑤ 고려 시대 때 창작된 한시로, 한글 창제 이후 번역된 언해이다.

06 이 글의 〈서사〉~〈삼월령〉 중 〈보기〉와 가장 거리가 <u>먼</u> 연을 쓰시오.

┤ 보기 ├
고려 가요는 궁중 잔치를 위해 새로운 부분이 덧붙여지기도 했다. 전체적으로 애틋한 그리움의 정서가 두드러진 작품에서 시적 대상의 기쁜 일을 바라고 축하하는 내용을 담은 부분이 등장한 것을 그 예로 들 수 있다.

02 고전 시가의 갈래 ② -시조, 가사, 민요

- 임병양란 이후의 사대부들 사이에서는 긴 사연을 담을 수 있는 연시조 양식을 활용해 전란 후 현실의 문제를 다루려는 경향이 나타났다. (2018 수능)
- 유배 가사는 임금과의 어긋난 관계로 인한 슬픔과 억울함을 담아낸다는 점에서 한의 문학이라고 할 수 있다. (2017. 09. 고2 학력평가)
- 4음보를 바탕으로 산간에서 나무꾼들이 나무를 하면서 부르던 민요이다. (2018. 03. 고1 학력평가)

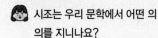 궁금해요

👩 시조는 우리 문학에서 어떤 의의를 지니나요?

🧑‍🏫 시조는 우리 고유의 정형시라는 점에서 의의가 있어. 그리고 국민 문학의 성격을 지닌다는 점에서도 의의가 있지. 처음에는 단아하고 간결한 형식이 사대부 계층의 취향에 맞아서 발달했지만 점차 중인이나 평민 계층도 창작에 참여하는 등 향유층이 확대되었거든.

 개념
콕 1 이와 같은 글의 특징으로 적절하지 **않은** 것은?

① 각 장을 3음보로 끊어 읽는다.
② 종장의 첫 구는 3음절로 고정된다.
③ 3장 6구 45자 내외의 형식을 지닌다.

① 시조

고려 중기에 생겨나 고려 말에 완성된 우리 고유의 정형시로, 조선 시대를 걸쳐 오늘날까지 창작되고 있는 우리 시가 문학의 대표적 갈래이다. 신흥 사대부들이 경기체가만으로는 표현할 수 없는, 자신들의 유교적 이념을 표출하기 위해 새로운 표현 양식을 개척하는 과정에서 생겨났다.

(1) 형식상 특징

'초장-중장-종장'의 3장(행)으로 구성되며 각 장이 2구씩 구성돼 총 6구로 이루어져 있다. 총 글자 수는 45자 내외이며, '3·4조, 4·4조'의 음수율과 4음보의 운율이 나타난다. 종장의 첫 음보는 [**①**   ]이어야 한다.

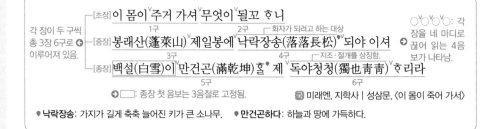

- **낙락장송:** 가지가 길게 축축 늘어진 키가 큰 소나무.   - **만건곤하다:** 하늘과 땅에 가득하다.

(2) 시조의 종류

㉠ **평시조**: 3장 6구 45자 내외라는 형식을 지킨 시조이다. 평시조가 두 개 이상 모여 한 작품을 이루면 [❷]라고 한다.

㉡ **엇시조**: 평시조의 형식에서 종장의 첫 구절을 제외한 부분이 평시조보다 한 구 길어진 형태로, 평시조와 사설시조의 과도기적 형식이다.

㉢ **사설시조**: 평시조에서 초장이나 중장이 두 구 이상 길어진 시조로, 조선 후기에 등장하였다.

> [초장] 개를 여라믄이나 기르되 요 개ㄱ치 얄믜오랴.
> 열 마리가 넘게
>
> 3장 [중장] 뮈온 님 오며는 쪼리를 홰홰 치며 쮜락 ㄴ리쮜락 반겨서 내둣고 고온 님 오며
> 미워하는   뛰어올랐다 내리뛰었다
> 는 뒷발을 버동버동 므르락 나으락 캉캉 즈져서 도라가게 흔다.
>   물러섰다가 나아갔다가   ➡ 평시조에 비해 중장이 2구 이상 길어진 사설시조
>
> [종장] 쉰밥이 그릇그릇 난들 너 머길 줄이 이시랴.
> ➡ ☐ : 평시조와 마찬가지로 사설시조도 종장 첫 음보는 3음절임.
> 📗 미래엔, 신사고 | 작자 미상, 〈개를 여라믄이나〉

(3) 시조의 변화

㉠ **고려 시대**: 고려에서 조선으로 왕조가 교체되는 시점에서 '충(忠)과 의(義)'라는 유교적 이념을 다룬 시조(절의가)와 늙음을 한탄하는 시조(탄로가)가 나타났다.

㉡ **조선 초기**: 신흥 사대부가 유교적 이념과 검소한 생활 태도를 강조하고 자연을 예찬하는 내용의 시조를 창작하였으며, 기생이 시조를 향유하게 되면서 남녀 간의 사랑을 다룬 시조도 등장하였다.

㉢ **조선 후기**: _{임진왜란, 병자호란} 임병양란 이후 사대부들은 나라를 걱정하는 내용의 시조를 많이 창작하였다. 또한 [❸]들이 시조를 향유하게 되면서 사설시조가 창작되어 현실의 불합리함을 날카롭게 풍자하고 삶의 고달픔을 해학적으로 그려 내었다.

이렇듯 발생 초기에 주로 사대부의 이념을 담던 시조는 발전 과정에서 작가층이 점차 확대되어 기녀들이나 평민들이 시조를 향유하게 되었고, 이에 따라 시조의 내용도 유교적 가치뿐만 아니라 '사랑과 이별', '현실 비판', '삶의 고뇌와 시름' 등으로 다양해지게 되었다.

> ☑ 시조와 가사는 고전 시가 중에서도 시험에 가장 자주 출제되는 갈래니, 그 특징을 잘 알아 두어야 해. 99쪽에 시조와 가사에서 주로 다루는 내용이 정리되어 있으니까 거기서 좀 더 자세히 공부해 보자.

❷ 가사

고려 말에 발생하여 조선 초기에 하나의 문학 양식으로 자리잡은 국문 시가로, 시조와 달리 4음보의 운율만 지킨다면 행수(行數)에 제한 없이 길게 늘어날 수 있다. 시가와 산문의 중간 형태의 갈래로 보기도 한다.

개념 콕 2 이와 같은 글의 특징으로 적절하지 **않은** 것은?

① 평시조보다 글자 수가 늘어났다.

② 조선 전기에 등장하여 큰 인기를 얻었다.

③ 평시조와 마찬가지로 종장의 첫 음보는 3음절로 고정되어 있다.

💡 **짚고 가요**

시조 읽기

초·중장을 읽을 때는 각 장이 2구로 구성된 평시조인지 또는 더 길어진 사설시조인지를 확인하는 게 좋아. 화자의 생각이나 정서를 드러내는 특징적인 표현 기법이 쓰였는지도 살펴야 하지. 또 종장을 읽을 때는 시상이 집약된 부분인 만큼 작가가 말하고자 하는 바, 즉 주제를 파악해야 해.

빈칸 답 | ❶ 3음절 **❷** 연시조 **❸** 평민
콕 1 ① 2 ②

(1) 형식상 특징

- '3·4조, 4·4조'의 음수율, 4음보의 연속체이다. _{계속해서 이어지는 문체}
- '서사−본사−결사'의 짜임을 갖추고, <u>낙구</u>라 불리는 마지막 구는 시조의 ④ ⬜ 과 형태가 같다.
- 마지막 행이 시조의 종장과 형식이 같은 것(음수율이 3·5·4·3 또는 3·5·4·4인 경우) 을 <u>정격 가사</u>라 하고, 시조 종장의 형식에서 벗어난 것을 <u>변격 가사</u>(=변형 가사)라고 한다. 변격 가사는 조선 후기에 많이 나타난다.

개념 콕 3 이와 같은 글의 특징으로 적절한 것은?

① 3음보가 연속된다.
② 고려 시대에 유행하였다.
③ '3·4조, 4·4조'의 음수율이 나타난다.

개념 콕 4 이 글에 대한 설명으로 적절하지 <u>않은</u> 것은?

① '서사−본사−결사'의 짜임을 갖추고 있다.
② 두 여인의 대화 형식으로 내용을 전개하고 있다.
③ 임을 향한 그리움과 원망의 모순된 감정을 드러내고 있다.

뎨 가논 뎌 각시 본 듯도 ᄒᆞ더이고
_{저기} _{저 각시(젊은 여자)}
텬샹(天上) 빅옥경(白玉京)을 엇디ᄒᆞ야 니별(離別)ᄒᆞ고
히 다 뎌 져믄 날의 눌을 보라 가시ᄂᆞᆫ고 (중략)
_{( ): 화자 1의 질문}

[ᄆᆞ음의 머근 말ᄉᆞᆷ 슬ᄏᆞ장 숣쟈 ᄒᆞ니
_{그리움의 사연}
눈믈이 바라 나니 말ᄉᆞᆷ인들 어이ᄒᆞ며
_{연달아}
졍(情)을 못다ᄒᆞ야 목이조차 메여 ᄒᆞ니
오뎐된 계셩(鷄聲)의 ᄌᆞᆷ은 엇디 ᄭᆡ돗던고
_{화자의 소망을 방해하는 존재}
어와 허ᄉᆞ(虛事)로다 이 님이 어뎌 간고
졀의 니러 안자 창(窓)을 열고 ᄇᆞ라보니
_{꿈결}
어엿븐 그림재 날 조촐 ᄯᆞᆫ이로다
출하리 싀여디여 낙월(落月)이나 되야이셔
_{차라리} _{죽어 없어서} _{( ): 화자의 대리물(분신)}
님 겨신 창(窓) 안ᄒᆡ 번드시 비최리라] _{[ ]: 화자 2(저 각시)의 답변}
(각시님 ᄃᆞᆯ이야ᄏᆞ니와 구ᄌᆞᆫ비나 되쇼셔)
_{3 5(6) 4 4} _{( ): 화자 1의 위로}

➡ 3·4조, 4·4조의 음수율과 4음보의 연속체로 '서사−본사−결사'의 짜임을 갖춤.
낙구(마지막 구)의 형태가 '3-5(6)-4-3'으로 시조의 종장과 같은 '정격 가사'

_{서사는 시적 상황이 드러나는 부분으로 화자 1이 '뎌 각시'에게 질문하고 있음. '뎌 각시'는 '님'과 이별을 맞음.}

_{본사는 '뎌 각시(화자 2)'의 체험과 정서가 드러나는 부분으로 '뎌 각시'의 이별 체험과 슬픔이 꿈을 통해 드러남.}

_{결사는 앞의 내용을 마무리하고 주제를 제시하는 부분으로 '님'에 대한 '저 각시'의 마음이 변함없다는 주제가 제시됨.}

_{📖 동아, 비상(박안), 지학사 📖 동아, 비상, 신사고, 창비, 천재(정) | 정철, 〈속미인곡〉}

저기 가는 저 각시 본 듯도 하구나 / 천상 백옥경(옥황상제가 사는 곳)을 어찌하여 이별하고 / 해 다 져 저문 날에 누굴 보러 가시는고 (중략) / 마음에 먹은 말씀 실컷 사뢰려니 / 눈물이 쏟아지니 말씀인들 어찌 하며 / 정회를 못다 풀어 목조차 메여 오니 / 새벽닭 소리에 잠은 어찌 깨었던가 / 어와 허사로다 이 임이 어디 갔나 / 잠결에 일어나 앉아 창을 열고 바라보니 / 가없은 그림자가 날 쫓을 뿐이로다 / 차라리 죽어서 지는 달이나 되어서 / 임 계신 창안에 환하게 비추리라 / 각시님 달은 물론이고 궂은비나 되소서

(2) 내용에 따른 가사의 분류 ➕

개념➕ 조선 전기 가사의 유형별 대표 작품
- 은일 가사: 정극인의 〈상춘곡〉, 송순의 〈면앙정가〉
- 유배 가사: 조위의 〈만분가〉
- 기행 가사: 정철의 〈관동별곡〉
- 내방 가사: 허난설헌의 〈규원가〉

_{벼슬하지 않고 세상을 피해 숨음}
㉠ **은일 가사:** 벼슬을 떠나 ⑤ ⬜ 속에서 사는 선비들의 모습이 나타나는 가사로, 자연을 예찬하거나 조용하고 편안한 자연 속의 삶에 만족하는 내용이 많다.

㉡ **유배 가사:** 유배의 경험을 다룬 가사로, ⑥ ⬜ 에 대한 변함없는 충성을 호소하고 자신의 무죄를 주장하며, 정치적인 적에 대한 복수심을 드러내는 내용이 많다.

㉢ **기행 가사:** 여행 경험을 다룬 가사이다.

㉣ **내방(규방) 가사:** 주로 양반 집안의 부녀자들 사이에 유행한 가사이다. '내방(규방)'이란 결혼한 여성들이 생활하는 공간을 의미한다.

_{└ 죄인을 먼 시골이나 섬으로 보내 정해진 기간 동안 제한된 곳에서 살게 한 벌. '귀양'이라고도 함.}

(3) 가사의 변화

㉠ **조선 전기**: 조선 전기에는 주로 사대부들이 가사를 향유하였는데, 이 시기에는 유교적 가치를 다룬 것이 많다. 유배 가사나 기행 가사에서도 임금에 대한 감사와 변함없는 충성을 노래한 경우가 많다. 형식을 지킨 정격 가사가 많이 창작되었다.

㉡ **조선 후기**: 임진왜란 이후 쓰인 가사로 향유층이 서민, 여성으로까지 확대되었다. 또 조선 전기 가사에 비해 내용이 길어지고 형식이 자유로워지면서 변격 가사가 많이 나타났다. 내용 면에서는 일상적이고 현실적인 내용을 사실적으로 표현한 작품이 늘어났다.➕

> ☑ 가사는 시조와 더불어 조선 시대의 시가 문학을 대표하는 갈래라는 점, 그리고 운문 문학과 산문 문학의 중간 형태라는 점을 기억하자.

개념➕ 조선 후기 가사의 유형별 대표 작품

- 전쟁 가사: 박인로의 〈선상탄〉
- 은일 가사: 박인로의 〈누항사〉
- 기행 가사: 홍순학의 〈연행가〉, 김인겸의 〈일동장유가〉
- 유배 가사: 안조환의 〈만언사〉, 김진형의 〈북천가〉
- 평민 가사: 작자 미상의 〈용부가〉, 작자 미상의 〈우부가〉

개념➕ 조선 시대의 시가 문학

- 악장: 조선 초기의 시가 양식으로, 새로운 왕조(조선)를 찬양하고 건국의 정당성을 알리기 위해 궁중 음악에 맞춰 부른 송축가.
- 언해: 한문 문헌을 국가가 주도하여 한글로 번역한 것.

③ 민요

일반 백성들 사이에서 자연스럽게 형성되어 구전된 노래로 작자 미상의 작품이 많다. 백성들이 일하면서 느끼는 보람과 즐거움, 삶의 고통 등을 꾸밈없이 솔직하게 드러내고 있다.

(1) 형식상 특징

- 3음보 또는 4음보의 율격을 가지며, 특히 '3·4조, 4·4조', [❼]의 운율을 보이는 노래가 많다.
- 후렴구로 연을 구분하고 형식상 통일성을 얻는다. 민요는 일하면서 부른 노래이기에 후렴구를 부르면서 일의 박자를 맞추고 흥을 돋우었으며, 점차 특별한 목적 없이 즐거움을 얻기 위해 부르는 경우로 발전되어 다양한 율격이 나타났다.

> 아리랑ˇ아리랑ˇ아라리요
> ___3___ __3__ ___4___
> 아리랑ˇ고개로ˇ넘어간다
> ___3___ ___3___ __4__
>
> 매 연마다 반복되는 후렴구
> (음운 'ㅇ, ㄹ'을 반복하여 운율 형성)
>
> 나를ˇ버리고ˇ가시는 님은
>
> 십 리도ˇ못 가서ˇ발병 난다
> __3__ ___3___ __4__
>
> ◐ ▢: 3·3·4조, 3음보, 후렴구의 사용으로 운율을 형성하면서, 떠나는 임에 대한 원망을 담은 서정성이 강한 '민요'.
>
> 🔖 천재(박), 해냄 | 작자 미상, 《(신)아리랑》

개념 **콕 5 이 글에 대한 설명으로 적절하지 않은 것은?**

① 3음보의 음보율이 나타난다.
② '4·4조'의 음수율이 나타난다.
③ 특정한 창작자 없이 입에서 입으로 전해졌다.

개념➕ 기능에 따른 민요의 분류

- 노동요: 일하면서 부르는 노래.
- 의식요: 의식을 치르면서 부르는 노래.
- 유희요: 놀이를 하면서 부르는 노래.
- 비기능요: 특별한 목적 없이 즐거움을 위해 부르는 노래.

(2) 가창 방식에 따른 민요의 분류➕

㉠ **선후창**: 한 사람이 먼저 노래를 부르면, 나머지 사람들은 반복되는 후렴구를 따라 부르는 노래이다.

㉡ **교환창**: 두 사람 이상이 변화하는 노랫말을 주고받으며 부르는 노래이다.

㉢ **제창**: 두 사람 이상이 같은 노랫말을 함께 부르는 노래이다.

빈칸 답 | ❹ 종장 ❺ 자연 ❻ 임금 ❼ 4음보
콕 3 ③ 4 ③ 5 ②

☑ **바로바로 간단 체크**

1 괄호 안에 들어갈 알맞은 말을 쓰시오.

(1) (ᄉᄌ)는 고려 말에 완성되어 조선 시대 때 더욱 유행한 노래로, 주로 '3장 6구 45자 내외'란 형식을 지켜야 했다.

(2) (ᄀᄉ)는 고려 말에 발생하여 조선 초기에 하나의 양식으로 자리잡은 국문 시가로, 4음보 연속체의 형식을 띠며 '3·4조, 4·4조'의 음수율을 보인다.

(3) (ᄆᄋ)는 일반 백성들 사이에서 자연스럽게 형성되어 구전된 노래로, 백성들의 삶을 꾸밈없이 솔직하게 드러내고 있다.

2 시조의 종류를 다음과 같이 정리할 때, 빈칸에 들어갈 알맞은 말을 쓰시오.

평시조	ㄱ _____	사설시조
· 고려 말에 이미 형태를 갖추었으며, '3장 6구 45자 내외'라는 기본적인 형식을 갖는다.	· 주로 사대부 계층이 창작하였다. · 두 편 이상의 평시조가 모인 것으로, 제목이 있는 것이 특징이다.	· 주로 ㄴ _____ 계층이 창작하여 '작자 미상'인 경우가 많다. · 초장과 중장이 2구 이상으로 늘어난다.

3 다음 설명이 맞으면 ○표, 틀리면 ×표를 하시오.

(1) 가사는 시조와 달리 4음보의 운율만 지킨다면 행의 수에 제한 없이 길게 늘어날 수 있다. (   )

(2) 마지막 행이 시조 종장의 음수율(3·5·4·3)과 유사하게 끝나는 가사를 '정격 가사'라 부른다.
(   )

(3) 가사는 조선 전기에서 후기로 갈수록 길이가 짧아지고 형태가 단순해지는 특징을 보인다. (   )

[01~02] 다음 글을 읽고 물음에 답하시오.

가 오백 년(五百年) 도읍지(都邑地)를 필마(匹馬)*로 도라드니
산천(山川)은 의구(依舊)ᄒ되* 인걸(人傑)은 간 듸 업다.
어즈버 태평연월(太平烟月)*이 쑴이런가 ᄒ노라.

📖 미래엔, 지학사 | 길재, 〈오백 년 도읍지를〉

● **필마(匹馬):** 한 필의 말. ● **의구(依舊)ᄒ되:** 옛날 그대로 변함이 없되.
● **태평연월(太平烟月):** 근심이나 걱정이 없는 편안한 세월.

나 창(窓) 내고쟈 창(窓)을 내고쟈 이내 가슴에 창(窓) 내고쟈
고모장지* 셰살장지 들장지 열장지 암돌져귀* 수돌져귀 비목걸새 크나큰 쟝도리로 둑닥 바가 이내 가슴에 창(窓) 내고쟈
잇다감 하 답답홀 제면 여다져 볼가 ᄒ노라

📖 창비, 천재(이) 📖 비상, 지학사, 해냄 | 작자 미상, 〈창 내고쟈 창을 내고쟈〉

● **장지:** 방과 방 사이, 또는 방과 마루 사이에 칸을 막아 끼우는 문.
● **돌져귀:** 돌쩌귀. 문짝을 기둥에 달아 여닫는데 쓰는 두 개의 쇠붙이.

---

01 **(가)와 (나)를 비교한 내용으로 적절한 것은?**

① (가)는 (나)보다 더 늦게 창작되었다.
② (가)와 (나)는 모두 여섯 개의 구로 구성된다.
③ (가)와 (나)는 모두 종장을 3음절로 시작한다.
④ (가)와 달리 (나)는 초·중장에 주제를 드러낸다.
⑤ (나)와 달리 (가)는 평민층이 주로 창작하였다.

02 **(가)와 (나)의 표현상 특징으로 적절하지 않은 것은?**

① (가)는 감탄사를 사용해 화자의 정서를 강조한다.
② (가)는 자연과 인간사를 대조해 시적 상황을 강조한다.
③ (가)는 비유적 표현을 통해 나라를 잃은 슬픔을 드러낸다.
④ (나)는 서로 대조되는 시어를 나열해 형식에 변화를 준다.
⑤ (나)는 일상의 소재를 활용해 부정적 현실을 웃음으로 극복하고자 한다.

[03~04] 다음 글을 읽고 물음에 답하시오.
천재(박), 해냄 천재(김)

(전략)

청류(淸流)를 굽어보니 써오느니 도화(桃花)ㅣ로다
무릉(武陵)이 갓갑도다 뎌 미이 건 거인고
송간세로(松間細路)에 두견화(杜鵑花)를 부치 들고
봉두(峰頭)에 급피 올나 구름 소긔 안자 보니
천촌만락(千村萬落)이 곳곳이 버러 잇니
연하일휘(煙霞日輝)는 금수(錦繡)를 재폇는 듯
엇그제 검은 들이 봄빗도 유여(有餘)홀샤
공명(功名)도 날 씌우고 부귀(富貴)도 날 씌우니
청풍명월(淸風明月) 외(外)예 엇던 벗이 잇스올고
단표누항(簞瓢陋巷)에 훗튼 혜음 아니 ᄒ니
아모타 백년행락(百年行樂)이 이만흔들 엇지ᄒ리

– 정극인, 〈상춘곡〉

● 연하일휘: 안개와 노을과 빛나는 햇살.
● 단표누항: 도시락과 표주박과 누추한 거리.

맑은 물 굽어보니 떠오르는 것이 복숭아꽃이로다. / 무릉도원 가깝도다, 저 들이 그곳인가. / 솔숲 오솔길에 진달래 부여잡고 / 봉우리에 급히 올라 구름 속에 앉아 보니 / 수많은 집들이 곳곳에 벌어 있네. / 안개에 비친 해는 비단을 펼친 듯 / 엊그제 검던 들이 봄빛이 넘치는도다. / 공명도 날 꺼리고 부귀도 날 꺼리니 / 맑은 바람과 밝은 달 외에 어떤 벗이 있으리오. / 단표누항에 헛된 생각 아니 하네. / 아무튼, 한평생 삶이 이만한들 어떠하리.

03 이 글에 대한 설명으로 적절하지 않은 것은?

① 4음보를 연속하여 봄날 화자의 흥취를 표현한다.
② '정격 가사'로 낙구가 시조의 종장과 형태가 유사하다.
③ 화자는 높은 곳에 올라 바른 정치를 펼 것을 다짐한다.
④ 주체와 객체를 바꾼 표현을 통해 화자의 인생관을 제시한다.
⑤ 마지막 행에서 설의법을 사용해 삶에 대한 만족감을 드러낸다.

04 다음은 한 학생이 이 글에 나타난 화자의 태도를 파악하여 정리한 내용이다. 빈칸에 들어갈 시어를 찾아 쓰시오.

화자는 자신이 본 봄날의 들판을 고사와 관련지어 이상향을 의미하는 ㉠_____(으)로 표현해. 자연은 긍정적인 공간 그 자체이기에 화자는 그 속에서 살아가는 자신의 삶을 ㉡_____(으)로 나타내며 자연 속에서 검소하게 살 것을 다짐하지.

[05~06] 다음 글을 읽고 물음에 답하시오.

[A]형님 온다 형님 온다 분고개로 형님 온다.
형님 마중 누가 갈까 형님 동생 내가 가지.
㉠형님 형님 사촌 형님 시집살이 어떱뎁까.
이애 이애 그 말 마라 시집살이 개집살이.
앞밭에는 당추 심고 뒷밭에는 고추 심어,
고추 당추 맵다 해도 시집살이 더 맵더라.
둥글둥글 수박 식기(食器) 밥 담기도 어렵더라.
도리도리 도리소반(小盤) 수저 놓기 더 어렵더라.
㉡오 리(五里) 물을 길어다가 십 리(十里) 방아 찧어다가,
아홉 솥에 불을 때고 열두 방에 자리 걷고,
외나무다리 어렵대야 시아버니같이 어려우랴.
나뭇잎이 푸르대야 시어머니보다 더 푸르랴.
㉢시아버니 호랑새요 시어머니 꾸중새요
동세 하나 할림새요 시누 하나 뾰족새요
시아지비 뾰중새요 남편 하나 미련새요
자식 하난 우는 새요 나 하나만 썩는 샐세.
㉣귀먹어서 삼 년이요 눈 어두워 삼 년이요
말 못해서 삼 년이요 석 삼 년을 살고 나니,
㉤배꽃 같던 요내 얼굴 호박꽃이 다 되었네.
삼단 같던 요내 머리 비사리춤이 다 되었네. (후략)

– 작자 미상, 〈시집살이 노래〉

● 도리소반: 둥글게 생긴 조그마한 상.
● 비사리춤: '비사리'는 싸리나무의 껍질로 노끈을 꼬거나 미투리 바닥을 삼을 때 쓰는 것으로 아주 거친 것을 뜻함.

05 [A] 부분에 나타난 운율 형성 방법을 두 개 이상 쓰시오.

06 ㉠~㉤에 대한 이해로 적절한 것은?

① ㉠: 물음에 대한 답변을 미루며 시집살이의 고통을 간접적으로 드러낸다.
② ㉡: 숫자를 통해 며느리가 하는 일이 고됨을 강조한다.
③ ㉢: 시집 식구들을 새에 비유하며 가족에 대한 애정과 원망을 동시에 드러낸다.
④ ㉣: 시댁 일을 무시하고 적극적으로 저항하는 화자의 태도가 드러난다.
⑤ ㉤: 자신의 얼굴을 꽃에 빗대어 현재에 대한 만족감을 드러낸다.

[07~09] 다음 글을 읽고 물음에 답하시오.

2016학년도 7월 고3 학력평가 (변형)

어리석고 어수룩하기로 나보다 더한 이 없다
길흉화복(吉凶禍福)을 하늘에 맡겨 두고
누항(陋巷)˙ 깊은 곳에 초막(草幕)을 지어 두고
풍조우석(風朝雨夕)˙에 썩은 짚을 섶으로 삼아
㉠서 홉 밥 닷 홉 죽(粥)에 연기(煙氣)도 자욱하다
설 데운 숭늉으로 빈 배 속일 뿐이로다
내 삶이 이러한들 장부(丈夫) 뜻을 바꿀런가
㉡안빈(安貧) 일념(一念)˙을 적을망정 품고 있어
뜻한 바대로 살려 하니 갈수록 어긋난다
가을이 부족(不足)한데 봄이라 넉넉하며
주머니가 비었는데 병(瓶)이라고 담겼으랴
빈곤(貧困)한 인생(人生)이 천지 간(天地間)에 나뿐이라
배고픔과 추위로 괴로워도 일단심(一丹心)을 잊을런가
의(義)를 위해 목숨 걸고 죽기를 각오하고
자루와 주머니에 줌줌이 모아 넣고
전쟁 오 년에 감사심(敢死心)˙을 가져 있어
주검 밟고 피를 건너 ㉢몇 백 전(戰)을 지냈던고
내 몸이 여유 있어 일가(一家)를 돌아보랴
수염이 긴 노비는 노주분(奴主分)˙을 잊었거든
봄이 왔다 알리는 걸 어느 사이 생각하리
경당문노(耕當問奴)˙인들 누구에게 물을런가
㉣손수 농사짓기가 내 분(分)인 줄 알리로다 (중략)

구디 다튼 문 밧긔 어득히 혼자 셔셔
큰 기춤 아함이˙를 양구(良久)토록˙ 후온 후에
어화 긔 뉘신고 ㉤염치업산 닉옵노라
초경˙도 거읜디 긔 엇지 와 겨신고
연년에 이러후기 구차훈 줄 알건마는
소 업슨 궁가(窮家)애 혜염˙ 만하 왓삽노라
공후나나 갑시나˙ 주엄 즉도 후다마는,
다만 어제밤의 거넨 집 져 사룸이
목 불근 수기치(雉)˙을 옥지읍(玉脂泣)게˙ 쑤어 니고
간 이근 삼해주(三亥酒)을 취(醉)토록 권(勸)후거든
이러한 은혜(恩惠)을 어이 아니 갑흘넌고.
내일(來日)로 주마 후고 큰 언약(言約) 후야거든,
실약(失約)이 미편(未便)후니˙ 사셜˙이 어려왜라.
실위(實爲) 그러후면 혈마 어이홀고.
헌 먼덕˙ 수기 스고 측 업슨 집신에 설피설피˙ 물너 오니

[A]

풍채(風彩) 저근 형용(形容)애 긔 즈칠 쑨이로다. (후략)

– 박인로, 〈누항사〉

˙ 누항: 좁고 지저분하며 더러운 거리. 자기가 사는 거리나 동네를 겸손하게 이르는 말.
˙ 풍조우석: 바람 부는 아침과 비 오는 저녁.
˙ 안빈일념: 가난해도 편안히 여기고 근심하지 않는 마음.
˙ 감사심: 죽음을 두려워하지 않는 마음.   ˙ 노주분: 노비와 주인의 구분.
˙ 경당문노: 밭 갈기는 마땅히 노비에게 물어야 함.
˙ 아함이: 인기척. '에헴'하는 소리.   ˙ 양구토록: 꽤 오래도록.
˙ 초경: 저녁 7시~9시.   ˙ 혜염: 생각.
˙ 공후나나 갑시나: 공짜로나 값을 치거나.   ˙ 수기치: 수꿩.
˙ 옥지읍게: 구슬같이 기름이 끓어오르게.
˙ 실약이 미편후니: 약속을 어기는 것이 편하지 않으니.
˙ 사셜: 말, 이야기.   ˙ 먼덕: 짚으로 만든 모자.
˙ 설피설피: 어슬렁어슬렁.

---

07 이 글의 갈래상 특징으로 적절하지 않은 것은?

① 소리 내어 읽었을 때 음보율이 느껴진다.
② '서사–본사–결사'의 짜임을 갖추고 있다.
③ 길이의 제약 없이 행이 늘어날 수 있는 갈래이다.
④ 백성들 사이에 자연스럽게 형성되어 구전되었다.
⑤ 전기 작품보다 현실적인 내용을 많이 다루고 있다.

08 〈보기〉를 참고하여 ㉠~㉤을 감상한 내용으로 적절하지 않은 것은?

> ┤ 보기 ├
>
> 임진왜란을 겪으면서 나라의 사정은 어려워지고 권력과 부귀를 지니지 못한 사대부도 삶의 어려움을 겪을 수밖에 없었다. 이들의 삶은 사대부로서의 권위가 아니라 경제적 상황에 따라 좌우되었다. 임진왜란에 참전했던 사대부 박인로의 〈누항사〉에는, 현실적 고민 속에서도 사대부로서의 삶의 자세를 잃지 않으려는 모습이 드러나 있다.

① ㉠은 삶의 어려움을 구체적으로 드러내는 소재이다.
② ㉡은 삶의 어려움 속에서도 화자가 지키려는 뜻이다.
③ ㉢은 화자의 삶이 어려워진 계기에 해당한다.
④ ㉣은 경제적 어려움 때문에 농민으로 신분이 바뀌게 된 화자의 처지를 드러낸다.
⑤ ㉤은 사대부로서의 권위가 붕괴된 당대의 상황을 보여 준다.

09 [A]의 표현상 특징으로 적절한 것은?

① 감정 이입으로 화자의 슬픔을 드러내고 있다.
② 대화체를 사용하여 독자에게 말을 건네고 있다.
③ 의태어를 사용하여 화자의 처지를 원망하고 있다.
④ 영탄적 어조로 화자 자신의 처지를 한탄하고 있다.
⑤ 청각적 소재로 화자와 다른 사람의 정서를 대조하고 있다.

03 고전 시가의 주제

신분 사회의 다양한 생각들

궁금해요

왜 고전 시가를 공부할 때 그 당시의 배경을 같이 공부해야 하나요?

문학은 당시 삶의 모습을 반영한단다. 그래서 문학 작품이 쓰인 당시 삶의 모습을 알면 문학 작품을 이해하는 데 도움이 돼. 특히 고전 시가가 창작된 시기는 현대 사회와 정치·경제·문화 등에서 차이를 보이기 때문에, 미리 배경지식을 쌓아 두면 좋아. 또한 최근 수능에서는 문학 작품이 창작된 당시의 시대적 상황이나 문학의 경향을 설명하는 글을 문학 작품과 함께 엮어서 출제하고 있어. 배경지식이 있다면 이해가 더 쉽겠지?

🏛 개념을 품은 **기출 선택지**

• (나)에서 '강파', '바람' 등의 자연물과 '소정', '그물' 등의 인공물의 대립은 '**사**'와 '**대부**'라는 정체성 사이에서 **고뇌**하는 모습을 드러내는군. (2016 수능Ⓐ)
• 각 수 중장에서는 **주변의 자연 풍광을 묘사**하여 내가 즐기고 있는 삶의 모습을 제시해야겠군. (2016 수능Ⓐ)
• 부역과 세금을 감당할 마땅한 방법이 없다는 것으로, **백성으로서의 의무**를 모면하고자 하는 의도가 반영되어 있다. (2016. 09. 평가원Ⓐ)
• 예기치 않은 **이별로 인한 서러운 심정**이 나타나 있다. (2014 수능Ⓐ)

❶ 유교적 가치

유교적 가치는 조선 시대의 통치 이념인 유교에서 중요시하는 가치이다. 〔 ❶ 〕에서는 자기 자신을 수양하여 사람이 타고난 착한 본성을 지킬 것을 강조하였다. 또한, 다른 사람을 사랑으로 정성껏 대하라고 강조하였다. 특히 신하가 임금을 사랑하고 정성껏 모시는 **충의**와, 자식이 부모를 사랑하고 정성껏 모시는 **효도**를 강조하였다. 지배층은 백성을 사랑하고 백성의 고통을 덜어 주는 정치를 해야 했는데 이를 **애민(愛民)**이라고 한다.

🌀 자기 수양

유교에서는 지배층인 사대부가 성인들의 가르침을 공부하고 생활에서 실천해 자신의 지
〔지혜와 덕이 매우 뛰어나 길이 우러러 본받을 만한 사람〕
식과 도덕성을 높은 수준까지 끌어 올려야 한다고 강조하였다. 자신의 수준을 높여야 과거에 급제해 임금에게 충성하고, 유교적 가치에 따라 나라를 다스릴 수 있다고 생각했기 때문이다. 이를 **수기치인**이라고 한다.
〔자신의 몸과 마음을 닦은 후 남을 다스림〕

개념
콕 1 이 글에 대한 설명으로 적절하지 **않은** 것은?

① '고인'은 화자가 지향하는 대상이다.

② 화자는 학문 수양의 아득함과 어려움을 토로하고 있다.

③ '녀던 길'은 성현들이 걸었던 학문 수양의 길을 의미한다.

고인(古人)도 날 못 보고 나도 고인 못 뵈 ┐
  화자가 본받아야 할 성인(聖人)
고인을 못 봐도 녀든 길* 알픠* 잇니
  고인이 가던 길(=옛 성현의 가르침, 학문의 길)
녀든 길 알픠 잇거든 아니 녀고 엇졀고
  길을 따라가겠다는 의지를 강조(설의법)

◇ 초장과 중장을 연쇄법으로 이음으로써 유한한 존재인 인간이 '고인(=성인)'을 볼 수 없지만 '녀든 길(=학문의 길)'이 앞에 있으니 이를 따라가겠다는 의지를 밝히고 있음.

📘 천재(정) | 이황, 〈고인도 날 못 보고〉
이황의 연시조 《도산십이곡》 중 '언학' 부분에 속하는 시조. 언학은 학문 수양에 임하는 자세를 노래함.

● **고인**: 옛사람. 여기서는 공자, 맹자, 주자와 같은 성현을 이름.   ● **녀든 길**: 가던 길. 학문을 실천하던 길.   ● **알픠**: 앞에.

◉ 충효(忠孝)

충효에서 **❷**〔   〕은 신하가 임금에게 충성을 다하는 것이고, **❸**〔   〕는 자식이 부모에게 정성껏 공경하는 것을 의미한다. 유교에서는 임금을 나라의 부모로 생각했기 때문에, '충'과 '효'를 같은 것으로 보았다.

개념
콕 2 이 글에 대한 설명으로 적절한 것은?

① '충효'는 '금수'도 지향하는 가치이다.

② 화자는 입신양명을 최고의 가치로 여긴다.

③ 화자는 '충'과 '효' 둘 다 중요하게 여기고 있다.

생평(生平)에 원ᄒᆞᄂᆞ니 다만 충효(忠孝)뿐이로다 ┐
  '충효'라는 유교적 가치를 지향하는 화자의 모습이 드러남.
이 두 일 말면 금수(禽獸)나 다르리야
  '충'과 '효'   충효하지 않는 것은 '금수'와 같음을 강조(설의법)
마음에 ᄒᆞ고져 ᄒᆞ야 십재황황(十載遑遑)*ᄒᆞ노라

◇ '충효'를 인간과 금수를 구분하는 기준으로 보며 '충효'를 위해 노력하는 화자의 모습이 드러남.
— 권호문, 〈한거십팔곡〉
속세에서 떠나 자연을 벗 삼고 한가롭게 지내는 생활을 읊은 총 18수로 된 연시조이다.

● **십재황황**: 급한 마음에 십 년을 허둥지둥함.

💡 짚고 가요

'충(忠)'이라는 주제와 관련된 개념

• 연군지정(戀君之情): 임금을 향한 변함없는 사랑.

• 충신연주지사(忠臣戀主之詞)/충신연군지사(忠臣戀君之詞): 임금과 신하의 관계를 남녀의 연인 관계로 표현한 작품.

• 회고가(懷古歌): 고려가 망한 뒤, 고려에 충성했던 신하들이 과거를 생각하며 지은 작품.

• 절의가(節義歌): 임금이나 나라에 대한 충성과 의리를 노래한 작품.

• 사군자(四君子): '매화, 난초, 국화, 대나무'로, 우리 문학에서 '충'의 관습적 상징으로 사용됨.

◉ 애민(愛民) 정신

임금과 신하가 백성을 자식처럼 돌보고 사랑해야 한다는 뜻이다. 유교에서는 힘이 아닌 덕으로써 나라를 다스려야 하고, 지배층이 백성에게 모범을 보여야 한다고 강조하였다.

개념
콕 3 이 글에 대한 설명으로 적절하지 **않은** 것은?

① '천년 노룡'은 애민 정신을 지닌 존재이다.

② '풀'은 화자가 부정적으로 여기는 대상이다.

③ '삼일우'에는 유교적 관념이 반영되어 있다.

천년(千年) 노룡(老龍)이 구비구비 서려 이셔
  중의법 ① 화룡소의 물 ② 화자 자신
듀야(晝夜)의 흘녀내여 창히(滄海)예 니어시니
    넓고 큰 바다
풍운(風雲)을 언제 어더 삼일우(三日雨)를 디련ᄂᆞᆫ다
  선정(바른 정치)을 베풀 수 있는 기회   선정. 임금의 은총 비유
음애(陰崖)예 이온 플을 다 살와 내여ᄉᆞ라
  굶주린 백성들

◇ '풀'은 백성을 뜻하며, '삼일우'를 내리게 해 풀을 살려 내고 싶다고 표현해 화자의 애민 정신을 드러내고 바른 정치를 펴겠다는 의지를 밝힘.

📘 금성, 신사고, 천재(이) | 정철, 〈관동별곡〉

마치 천 년 묵은 늙은 용이 굽이굽이 서려 있는 것 같은 화룡소의 물이 / 밤낮으로 흘러 내어 넓은 바다에 이었으니, / (바람과 구름을 타고 승천하여 비를 뿌리는 전설 속의 용처럼) 바람과 구름을 언제 얻어 흡족한 비를 내리려느냐? / 그늘진 낭떠러지에 시든 풀을 다 살려 내려무나.

② 자연과 함께하는 삶

고전 시가에는 자연을 배경으로 한 작품이 많다. 사대부는 도학의 영향으로 자연을 자기 수양의 본보기로 삼아 자연이 지닌 아름다움을 예찬하고 즐겼다. 몇몇 사대부는 당시 정치 상황과 자신이 맞지 않는다고 느끼면 ④ [　　　]으로 돌아가 욕심 없는 삶을 살아갔다. 이때의 자연은 혼란한 세상과 대조되는 공간으로 그려진다.

개념⁺ 도학
조선 시대 사대부들이 공부한 유교 사상인 성리학이다. 기존의 유교에 노자와 장자의 사상을 더해 우주와 인간의 이치를 탐구하는 학문을 말한다.

강과 호수를 아울러 이르는 말. 여기에서는 벼슬을 하지 않고 숨어 지내는 선비나 시인들이 현실을 도피하여 생활하던 '자연'을 의미함
💿 **강호가도/강호한정**

> ☑ '강호가도'는 '자연에서 도를 노래하다.'라는 뜻이고 '강호한정'은 '자연에서 즐기는 한가로운 정서'라는 뜻이야. 강호가도의 경향을 띠는 작품들에는 강호한정의 정서가 중심을 이룬다고 볼 수 있기 때문에 이 둘은 같은 맥락의 뜻으로 이해하면 돼.

조선 시대에, 벼슬을 하지 않고 숨어 지내는 선비들이나 시인(詩人)들이 현실을 도피하여 자연을 벗 삼아 지내면서 일으킨 시가의 한 경향으로, 주로 자연을 예찬하는 내용을 다루고 있다. 이러한 작품들에는 자연 속에서의 소박한 삶을 긍정하거나 자연을 매개로 자기 수양을 다짐하는 내용이 담겨 있다.

십 년(十年)을 경영(經營)ᄒ여 초려*삼간(草廬三間) 지여 내니
　　　　청렴하고 소박한 모습-안분지족, 안빈낙도
나 ᄒ 간 ᄃᆞᆯ ᄒ 간에 청풍(淸風) ᄒᆞᆫ 간 맛겨 두고
　　　　자연과 함께하려는 화자의 태도-물아일체의 경지
강산(江山)은 들일 ᄃᆡ 업스니 둘러 두고 보리라
　　　　자연을 보고 즐기는 사대부의 삶의 방식이 드러남

→ '초려 삼간'이란 소박한 공간을 '달, 청풍'과 같은 자연과 나누는 화자의 모습에서 '강호한정'을 느낄 수 있음.

📖 비상(박안), 신사고, 창비 📖 금성 | 송순, 〈십 년을 경영하여〉

● **초려**: 초가. 짚이나 갈대 따위로 지붕을 인 집.

개념
콕 **4** 이 글에 대한 설명으로 적절하지 **않은** 것은?
① 화자는 현재의 상황에 불만족스러워하고 있다.
② '초려삼간'은 화자의 소박한 삶의 모습을 보여 준다.
③ '달, 청풍'은 모두 화자가 일체감을 느끼는 대상이다.

💡 **짚고 가요**

'강호가도(江湖歌道)/강호한정(江湖閑情)'이라는 주제와 관련된 개념

- **안빈낙도(安貧樂道)**: 가난한 생활을 하면서도 편안한 마음으로 도를 즐겨 지킴.
- **안분지족(安分知足)**: 자기 분수에 만족하며 부나 명예를 좇지 않음.
- **유유자적(悠悠自適)**: 속세를 떠나 아무런 속박 없이 조용하고 편안하게 삶.
- **물아일체(物我一體)**: 자연과 어울려 하나가 됨.

한편 조선 시대 사대부들은 자연을 즐기면서도 현실 정치와 자연 사이에서 갈등하였다. 이를 '사'와 '대부'라는 정체성 사이의 갈등이라고 표현하는데, '사'는 자연에서 자기 수양을 하는 선비를, '대부'는 현실 정치에 참여해 백성을 다스리는 관리를 의미한다.

강호(江湖)에 봄이 드니 미친 흥(興)이 절로 난다
　대유법-자연을 의미함.　　솟구치는 흥 → 강호한정
탁료계변(濁醪溪邊)*에 금린어(錦鱗魚)* 안주로다
　　　　안분지족, 안빈낙도를 드러내는 소재
이 몸이 한가(閑暇)하옴도 역군은(亦君恩)이샷다*
　　　　　　　　'충'의 태도(=현실 정치에 대한 관심)

→ 자연을 즐기면서도 임금을 생각하는 모습에서 선비로서의 삶을 누리면서도 현실 정치에서 벗어나지 못하는 당시 사대부의 갈등을 엿볼 수 있음.

📖 금성 | 맹사성, 〈강호사시가〉
만년에 벼슬을 버리고 강호에 묻혀 사는 생활을 네 계절의 변화와 관련지어 노래한 것으로, 모두 4수로 된 연시조이다.

● **탁료계변**: 막걸리를 마시며 노는 시냇가.　　● **금린어**: 싱싱한 물고기.
● **역군은이샷다**: 역시 임금님의 은혜이시다.

개념
콕 **5** 이 글의 화자에 대한 설명으로 적절한 것은?
① '금린어'를 자신의 본보기로 삼고 있다.
② 자연을 즐기면서도 충의 가치를 떠올리고 있다.
③ 현실 정치와 같은 속세의 일에는 전혀 관심이 없다.

빈칸 답 | ❷ 충 ❸ 효 ❹ 자연
콕 1 ② 2 ③ 3 ② 4 ① 5 ②

'탐관오리에 대한 비판'이라는 주제와 관련된 개념

- 가렴주구(苛斂誅求): 가혹하게 세금을 거두거나 백성들의 재물을 억지로 빼앗음.
- 가정맹어호(苛政猛於虎): 가혹한 정치는 호랑이보다 무서움.

개념
콕6 이 글에 대한 설명으로 적절하지 않은 것은?

① 화자는 '제비'를 연민하고 있다.
② 탐관오리를 우회적으로 비판한다.
③ '뱀'과 '황새'는 서로 대조되는 대상이다.

개념
콕7 이 글에 대한 설명으로 적절하지 않은 것은?

① 화자의 남편은 방탕한 생활을 즐기고 있다.
② 화자는 자신이 처한 상황을 한탄하고 있다.
③ 며느리와 시어머니 사이의 갈등을 다루고 있다.

❸ 부정적인 현실과 백성들의 삶

조선은 신분제 사회였다. 그래서 양반 사대부와 일반 백성의 역할과 의무가 달랐는데, 사대부는 학문 수양을 바탕으로 하여 나라를 다스려야 했고, 백성들은 열심히 농사를 짓거나 물건을 만들어 세금을 내고 나라에서 시키는 일을 감당해야 했다. 나라가 잘 다스려질 때에는 관리들이나 백성들이 각자의 역할에 충실함으로써 편안한 삶을 영위할 수 있지만, 권력자들이 제힘을 내세워 백성들을 수탈하거나 부정부패를 일삼을 때에는 곳곳에서 불만의 목소리가 터져 나올 수밖에 없었다. 그러한 불만의 목소리를 담은 작품들이 적지 않다.

🔹 탐관오리에 대한 비판

⑥ ⬜⬜⬜ 는 백성의 재물을 탐내어 빼앗는, 행실이 깨끗하지 못한 관리를 뜻한다. 사회가 혼란했던 고려 말이나 조선 후기에 쓰인 시가에는 탐관오리에 대한 비판을 담은 시가가 많이 등장한다.

제비한 마리 처음 날아와 / 지지배배 그 소리 그치지 않네.
　○: 수탈 당하는 백성
말하는 뜻 분명히 알 수 없지만 / 집 없는 서러움을 호소하는 듯

"느릅나무 홰나무 묵어 구멍 많은데 / 어찌하여 그 곳에 깃들지 않니?" →화자의 질문
　백성들의 삶의 터전을 상징
제비 다시 지저귀며 / 사람에게 말하는 듯

"느릅나무 구멍은 황새가 쪼고 / 홰나무 구멍은 뱀이 와서 뒤진다오." →제비의 답변
　□: 수탈의 주체(탐관오리)
　　－ 정약용, 〈고시 8〉

황새 ←수탈─ 제비 ←수탈─ 뱀
　　　　　백성
　　　　탐관오리

➔ '지지배배－백성들의 한탄과 절규', '나무구멍－집', '제비－백성', '황새·뱀－탐관오리'로 연결되는 우의적 기법으로 잘못된 정치 현실을 풍자함.

🔹 여성들의 고통

조선 시대, 특히 임병양란 이후에는 남성 중심의 가부장제가 강화되면서 억압받고 고통스러운 삶을 살아간 여성들이 많았다. 이 시기의 여성들은 남편을 떠받들며 집안일을 도맡아 해야 했고 시집살이의 어려움도 감내해야 했다. 또 정절을 지켜야 한다는 명분 때문에 남편이 먼저 죽더라도 다시 결혼하기 어려웠다. 이러한 사회 속에서 여성들이 겪는 시름과 고달픔이 규방 가사와 민요 등에서 잘 나타난다.

늘거야 서른 말솜 ᄒᆞ자니 목이 멘다. 부생모육(父生母育) 신고(辛苦)ᄒᆞ야 이내 몸 길
　　　　서러운(화자의 고통스러운 처지가 드러남)
러 낼 제 공후 배필(公侯配匹)은 못 바라도 군자호구(君子好逑) 원(願)ᄒᆞ더니, 삼생(三
　　　　　　　　　　　　　　높은 벼슬아치의 아내(이상적 소망)　　어진 남편(현실적 소망)
生)의 원업(怨業)이오 월하(月下)의 연분(緣分)으로, 장안 유협(長安遊俠) 경박자ᄅᆞᆯ 쑴
　　　　　　　　　　　　　　　　　　　　　　　화자의 바람과 달리 놀기 좋아하고 경박한 사람과 결혼하게 됨
ᄀᆞ치 만나 잇서, 당시(當時)의 용심(用心) ᄒᆞ기 살어름 디듸는 듯 (중략) 삼삼오오
　　　　시집갈 당시　　　남편과 시댁 식구들에게 정성스러운 마음을 씀
(三三五五) 야유원(冶遊園)의 새 사람이 나단 말가. 곳 피고 날 저물 제 정처(定處) 업시
　　　기생집(규방에 머물러야 하는 여성과는 달리 자유로운 남성의 모습이 드러남)
나가 잇어, 백마 금편(白馬金鞭)으로 어드어듸 머무는고.
　　　　호사스러운 행장(대유법)　　　화자의 남편이 집에 들어오지 않음.

➔ 방탕한 남편과 살아가는 여성의 한탄과 원망이 드러남. 　金성, 해냄 | 허난설헌, 〈규원가〉

이렇게 늙은 뒤에 서러운 사연을 말하자니 목이 메이는구나. 부모님이 낳으시고 기르시며 몹시 고생하여 이 내 몸 길러 낼 때, 높은 벼슬아치의 배필은 바라지 못할지라도, 군자의 좋은 짝이 되기를 바라셨는데 전생에 지은 원망스러운 업보요, 부부의 인연으로 장안의 호탕하면서도 경박한 사람을 꿈같이 만나서, 시집 간 뒤에 남편의 시중을 들면서 조심하기를 마치 살얼음 디디는 듯하였다. (중략) 여러 사람이 떼를 지어 다니는 술집에 새 기생이 나타났다는 말인가? 꽃 피고 날 저물 때 정처 없이 나가서 호사스러운 차림새로 어디에서 머물러 노는가?

4 사랑과 이별

 사랑과 이별은 고전 시가에서 꾸준히 다루어진 주제이다. 사랑과 이별은 고대 가요의 〈황조가〉, 고려 가요의 〈가시리〉, 〈서경별곡〉을 비롯해서 기녀들의 시조와 평민들의 사설 시조 등에서 잘 나타난다.

> ☑ 물론 '사랑과 이별'이라는 주제가 꼭 시조 작품에서만 나타난 것은 아니야. 여기에서는 이해를 돕기 위해 기녀들의 시조와 평민들의 사설시조에서 대표적인 것을 예로 든 것뿐이니 오해가 없도록!

◉ 기녀들의 시조에 나타난 이별의 슬픔과 그리움

 조선 시대 사대부들은 유교적 관념 때문에 남녀 간의 사랑 이야기를 다루는 것을 꺼렸다. 이런 까닭으로 이 시기에 나타난 사랑과 이별을 다룬 시조는 주로 기녀들의 작품이다. 기녀들이 창작한 시조는 한문을 주로 사용한 사대부의 시조와 달리 ⑥〔 〕의 아름다움을 잘 살려 이별의 슬픔을 섬세하게 표현하였다.

> 이화우(梨花雨) 훗쑬릴 제 울며 잡고 이별(離別)한 님
>   시간적 배경: 봄   사랑하는 이와 헤어진 시적 화자의 처지가 드러남.
> 추풍낙엽(秋風落葉)에 저도 날 싱각눈가
>   시간적 배경: 가을
> 천 리(千里)에 외로온 쑴만 오락가락 ㅎ노매
> 화자가 느끼는 거리감
> ➊ '님'과 헤어진 이후 화자가 느끼는 '님'과의 정서적 거리를 시간적·공간적 거리로 표현해 이별의 슬픔을 섬세히 드러냄.   ▣ 비상 | 계랑, 〈이화우 훗뿌릴 제〉

개념
콕 8 이 글에 대한 설명으로 적절한 것은?

① 화자는 '님'과 가을에 이별하였다.
② 단호한 어조로 이별의 슬픔을 표현하였다.
③ '천 리'는 화자와 '님' 사이의 심리적 거리를 나타낸다.

◉ 평민들의 사설시조에 나타난 기다리는 마음

 평민들이 창작한 사설시조 중에는 남녀 간의 사랑을 노래한 작품이 많다. 이러한 사설시조에는 행동이나 상황을 과장하여 ⑦〔 〕을 유발하는 해학적 분위기가 두드러진다.
  🔗46쪽   🔗133쪽

> 님이 오마 ㅎ거늘 져녁 밥을 일찍 지어 먹고
>   '님' 때문에 들뜬 화자의 심리가 드러남.
> 중문(中門) 나서 대문(大門) 나가 지방(地方) 우희 치두라 안자 이수(以手)로 가액(加額)ㅎ고 오눈가 가눈가 건넌 산(山) ᄇᆞ라보니 거미횟들 셔 잇거늘 져야 님이로다 보션 버서 품에 품고 신 버서 손에 쥐고(곰븨 님븨 님븨 곰븨 쳔방 지방 지방 쳔방 즌 듸 ᄆᆞ른 듸
>   ( ): '님'에게 달려가는 화자의 모습을 음성 상징어와 과장을 사용하여 해학적으로 드러냄.
> 굴희지 말고 워렁충창 건너가셔)졍(情)엣말 ᄒᆞ려 ᄒᆞ고 겻눈을 흘긋 보니 상년(上年) 칠월(七月) 사흔날 굴가 벅긴 주추리 삼대 슬드리도 날 소겨다
>   화자의 착각을 불러일으킨 소재   살뜰히(지상하게)-반어적 표현   ➊ '님'이 오지 않은 실망감을 착각에 대한 멋쩍음으로 표현함.
> 모쳐라 밤일식망졍 힝혀 낫이런들 눔 우일 번 ᄒᆞ괘라.
>
>   🟥 동아, 비상(박안) ▣ 동아, 창비 | 작자 미상, 〈님이 오마 하거늘〉
> ────────────────────────────
> 임이 오겠다고 하기에 저녁밥을 일찍 지어 먹고 / 중문을 나와서 대문으로 나가 문지방 위에 달려가 앉아서 손을 이마에 대고 임이 오는가 하여 건너편 산을 바라보니, 거무희뜩한 것이 서 있기에 저것이 틀림없는 임이로구나. 버선을 벗어 품에 품고 신을 벗어 손에 쥐고 엎치락뒤치락 허둥거리며 진 곳 마른 곳 가리지 않고 우당탕퉁탕 건너가서 정겨운 말을 하려고 곁눈으로 흘깃 보니, 작년 7월 3일날 껍질 벗긴 후 씨를 받느라고 밭머리에 세워 둔 삼의 줄기가 알밉게도 나를 속였구나. / 마침 밤이기에 망정이지 낮이었다면 남을 웃길 뻔했구나.

개념
콕 9 이 글에 대한 설명으로 적절하지 않은 것은?

① 화자는 자신의 행동을 과장하여 표현하였다.
② 부정적인 시적 상황을 해학적으로 그려 내었다.
③ '주추리 삼대'는 화자의 질투를 유발하는 대상이다.

빈칸 답 | ⑤ 탐관오리 ⑥ 우리말 ⑦ 웃음
콕 6③ 7③ 8③ 9③

확인 문제

✔ 바로바로 간단 체크

1 괄호 안에 들어갈 알맞은 말을 쓰시오.

(1) 신하가 임금과 나라를 상대로 지켜야 했던 유교적 가치를 (ㅊ ㅇ)라 하며, 자식이 부모를 상대로 지켜야 했던 유교적 가치를 (ㅎ ㄷ)라고 한다.

(2) 조선 시대에 벼슬을 하지 않고 숨어 지내는 선비들이나 시인(詩人)들이 현실을 도피하여 자연을 벗 삼아 지내면서 일으킨 시가의 한 경향을 (ㄱㅎ ㄱㄷ)라고 한다.

(3) 고려 말·조선 후기에 쓰인 고전 시가에서는 백성의 재물을 탐내어 빼앗는, 행실이 깨끗하지 못한 관리인 (ㅌ ㄱ ㅇ ㄹ)에 대한 비판이 많이 등장한다.

2 다음 설명이 맞으면 O표, 틀리면 ×표를 하시오.

(1) 유교에서는 지배층인 사대부가 성인들의 가르침을 공부하고 생활에서 이를 실천해야 함을 강조하였다. ( )

(2) 조선 시대의 사대부들은 사랑과 이별에 관한 시조와 가사를 많이 남겼다. ( )

(3) 조선 시대의 평민층은 농사를 짓고 세금을 내야 했기에 문학 작품을 창작하지 않았다. ( )

3 다음 작품들에서 공통적으로 드러나는 화자의 상황을 2음절의 한 단어로 쓰시오.

고려 가요	가시리 가시리잇고 나는 버리고 가시리잇고 나는 (후략) 　　　　　　　　　　 – 작자 미상, 〈가시리〉
한시	비 갠 긴 둑에 풀빛 고운데 남포에서 임 보내며 슬픈 노래 부르네. (후략) 　　　　　　　　　　 – 정지상, 〈송인〉
시조	(전략) 보내고 그리는 정(情)은 나도 몰라 ᄒᆞ노라 　　　　　　　　　　 – 황진이, 〈어져 내 일이야〉

[01~02] 다음 글을 읽고 물음에 답하시오.

　　　　　　　　　　　　　　　　　🔲 천재(정)

이런ᄃᆞᆯ 엇더ᄒᆞ며 뎌런ᄃᆞᆯ 엇더ᄒᆞ료
초야우생(草野愚生)*이 이러타 엇더ᄒᆞ료
ᄒᆞ물며 천석고황(泉石膏肓)*을 고텨 므슴ᄒᆞ료

〈제1곡〉

유란(幽蘭)*이 재곡(在谷)ᄒᆞ니 자연이 듯기 죠해
백운(白雲)이 재산(在山)ᄒᆞ니 자연이 보디 죠해
이 중에 피미일인(彼美一人)*을 더욱 닛디 몯ᄒᆞ얘.

〈제4곡〉

청산(靑山)은 엇제ᄒᆞ여 만고(萬古)에 프르르며,
유수(流水)ᄂᆞᆫ 엇제ᄒᆞ여 주야(晝夜)애 긋디 아니ᄂᆞᆫ고
우리도 그치지 마라 만고상청(萬古常靑) ᄒᆞ리라

〈제11곡〉

– 이황, 〈도산십이곡〉

● 초야우생: 시골에 묻혀 사는 어리석은 사람.
● 천석고황: 자연의 아름다운 경치를 몹시 사랑하고 즐기는 성질이나 버릇.
● 유란: 그윽한 향기를 내는 난초. 난초의 별칭.
● 피미일인: '저 아름다운 한 사람', 즉 임금을 가리키는 말임.

---

01 이 글의 화자에 대한 설명으로 적절하지 않은 것은?

① '초야우생'이라는 시어로 자신을 겸손하게 표현한다.
② '천석고황'이라는 병에 걸린 자신을 애석하게 여긴다.
③ '유란'과 '백운'을 감상하며 강호한정을 느낀다.
④ '피미일인'을 잊지 못하는 연군지정을 보인다.
⑤ 자연을 사대부의 관념에 따라 인식한다.

02 다음은 〈제11곡〉의 주제를 정리한 것이다. 빈칸에 들어갈 적절한 시어를 쓰시오.

화자는 청산을 '㉠＿＿'에 푸른 대상으로, '㉡＿＿'를 주야에 그치지 않는 대상으로 본다. 화자에게 자연은 꾸준하고 변함없는 존재로서 본받아야 할 대상이다. 화자는 자연을 본받겠다는 자신의 의지를 '㉢＿＿'이라는 말로 표현하고 있다.

[03~05] 다음 글을 읽고 물음에 답하시오.
國 미래엔, 비상(박안), 비상(박영), 신사고, 지학사, 천재(이) **昷** 천재(김)

동지(冬至)ㅅ둘 기나긴 밤을 한 허리를 버혀 내여*
춘풍(春風) 니불 아력 서리서리 너헛다가
어론 님* 오신 날 밤이여든 구뷔구뷔 펴리라

– 황진이, 〈동지ㅅ둘 기나긴 밤을〉

● **버혀 내여**: 베어 내어.
● **어론 님**: 사랑하는 임.

03 이 글에 대한 설명으로 적절하지 <u>않은</u> 것은?

① 대조적인 시간을 제시하여 시상을 전개하고 있다.
② 비유적 표현을 사용하여 대상의 특성을 부각하고 있다.
③ 음성 상징어를 사용하여 우리말의 묘미를 잘 살리고 있다.
④ 늙어감을 한탄하며 시간이 느리게 흐르기를 소망하고 있다.
⑤ 유교적 가치에 얽매이지 않고 보편적인 정서를 시의 주제로 삼고 있다.

04 이 글과 그 주제가 가장 유사한 것은?

① 청산도 절로절로 녹수도 절로절로 / 산 절로 수 절로 산수 간에 나도 절로 / 이중에 절로 자란 몸이 늙기도 절로절로 — 김인후
② 눈 맞아 휘어진 대를 누가 굽었다고 하던고 / 굽힐 절개라면 눈 속에도 푸를소냐 / 아마도 세한고절은 너뿐인가 하노라 — 원천석
③ 보리밥 풋나물을 알맞게 먹은 후에 / 바위 끝 물가에서 실컷 노니노라 / 그 밖의 남은 일이야 부러워 할 줄이 있겠느냐 — 윤선도
④ 이 몸이 죽어 죽어 일백 번 고쳐 죽어 / 백골이 티끌과 흙이 되어 넋이 있든 없든 / 님 향한 일편단심이야 가실 줄이 이시랴 — 정몽주
⑤ 산 버들 중 좋은 것 가려 꺾어 보내노라 임에게 / 주무시는 창가에 심어 두고 보소서 / 밤비에 새 잎이라도 나면 나를 본 것처럼 여겨 주소서 — 홍랑

05 다음은 이 글의 표현 기법을 설명한 것이다. 빈칸에 들어갈 알맞은 말을 쓰시오.

> 문학 작품에서는 눈에 보이지 않거나 감각적으로 파악하기 어려운 대상을 마치 눈에 보이는 것처럼 표현하기도 하는데 이를 '추상적 관념의 ㉠_____'라고 한다. 이 시도 '㉡_____'이라는 추상적인 시간을 허리를 베어 내고, 이불 안에 넣을 수 있고, 펼 수 있는 대상으로 표현한다.

[06~07] 다음 글을 읽고 물음에 답하시오.

2016학년도 6월 평가원Ⓐ (변형)

사월이라 초여름 되니 입하 소만 절기로다
비 온 끝에 볕이 나니 날씨도 화창하다
떡갈잎 퍼질 때에 뻐꾹새 자주 울고
보리 이삭 패어 나니 꾀꼬리 노래한다
농사도 한창이요 누에치기 한창이라
남녀노소 몰두하니 집에 있을 틈이 없어
㉠적막한 사립문을 녹음(綠陰) 속에 닫았도다
목화를 많이 가꾸소 길쌈*의 근본이라
수수 동부 녹두 참깨 부룩*을 적게 하소
갈 꺾어 거름할 제 풀 베어 섞어 하소
물 댄 논을 써레질하고 이른모를 내어 보세

– 정학유, 〈농가월령가(農家月令歌)〉

● **길쌈**: 실을 내어 옷감을 짜는 모든 일을 통틀어 이르는 말.
● **부룩**: 곡식이나 채소를 심은 사이사이에 다른 농작물을 심는 일.

06 이 글에 대한 이해로 적절하지 <u>않은</u> 것은?

① 먹고 입는 것과 관련한 농촌의 일이 다양하게 나타나 있다.
② 화자는 노동의 현장을 주목하며 긍정적 가치를 부여하고 있다.
③ 특정 시기에 심어야 하는 작물을 제시하면서 농사의 방법을 드러내고 있다.
④ 농부의 일상적인 삶을 보여 주는 구체적 삶의 공간을 작품의 배경으로 삼고 있다.
⑤ '화창'한 날씨라는 시적 상황에도 일을 해야 하는 농민의 괴로움을 드러내고 있다.

07 ㉠의 이유를 이 글의 계절적 배경과 관련지어 쓰시오.

알아 두면 쓸데 있는 100인의 지혜

고전 시가 해석의 지혜

고전 시가. 분명 우리 문학이라고 하는데, 막상 접하고 나면 꼭 외계어처럼 느껴지지 않니? 그러니까 이번에는 옛 글자를 쉽게 읽고 해석하는 방법을 알려 줄게. 본격적으로 들어가기 전에, 고전 시가를 읽을 때는 표기보다 발음에 집중하면서 읽어야 한다는 걸 기억해 둬. 예전에는 소리 나는 대로 '이어적기'를 했거든. 예를 들면 '볶음'을 '보끔'으로 적는다고나 할까? 그래서 눈으로 보기만 하는 것보다는 직접 발음을 해 보면서 접근하는 게 더 쉬워. 또, 고전 시가에서는 하나의 단어인데 표기가 다르게 되어 있는 경우도 있어. 이때는 발음이 같으면 같은 단어라고 보면 돼. 아래의 예를 보자.

실음, 시름, 시ᄅᆞᆷ

어때? 세 단어의 표기는 다르지만, 발음은 모두 [시름]으로 같기 때문에 같은 단어야. '시름(근심)'이라는 뜻이지. 그러니까 꼭! 발음을 해 보고, 발음이 같은지를 확인해야 해. 근데, 도대체 어떻게 읽어야 하냐구? 고전 시가 앞에서 시름시름 앓는 너희들을 위해서! 본격적으로 고전 시가를 읽고 해석하는 방법을 알아볼게. 먼저 고전 시가에 쓰인 음운을 어떤 방법으로 읽어야 하는지부터 살펴보자.

예전 음운	읽는 방법	예시
ㆍ(아래아)	(단어의 첫 음절) 'ㅏ'	ᄒᆞ나 → 하나, ᄉᆡ → 새
	(두 번째 음절 이하) 'ㅡ/ㅜ'	시ᄅᆞᆷ → 시름, 가ᄂᆞᆫ ᄃᆞᆺ → 가는 듯
ㅿ(반치음)	(초성) 음가 없는 'ㅇ'	그ᅀᅥ → 그어, ᄆᆞᅀᆞᆷ → 마음
	(종성) 대체로 'ㅅ'	ᄀᆞᇫ다 → 긋다
ㅸ(순경음 비읍)	('ㅏ/ㅓ'와 결합) '반모음 ㅗ/ㅜ'	더ᄫᅥ → 더워
	('ㆍ/ㅗ/ㅜ'와 결합) 'ㅗ/ㅜ'	ᄉᆡᄫᅳᆯ → 새울(서울)
ㆆ(여린히읗)	음가 없는 'ㅇ'	훈민정ᅙᅳᆷ → 훈민정음
ㆁ(옛이응)	(초성) 음가 없는 'ㅇ'	가시리ᅌᅵᆺ고 → 가시리잇고
	(종성) 음가 있는 'ㅇ'	셰조ᇰ(世宗) → 세종
어두 자음군 (ㅄ, ㅴ 등)	마지막 음운을 된소리로 발음	ᄡᅥ → 써(사용하여)

고전 시가를 읽을 때 위에 정리해 둔 방법으로 바꾸어 발음해 보면 쉬워. 예를 들어 '말ᄊᆞ미'는, 'ㆍ(아래아)'가 두 번째 음절 이하에서 'ㅡ'나 'ㅜ'가 된다고 했으니 [말쓰미](말씀이)로 읽을 수 있는 거지.

두 번째로, 고전 시가를 읽을 때는 오늘날의 음운 변동을 적용해서 읽어야 해. 그때는 현대에서 일어나는 음운 변동이 일어나지 않았거든. 현대의 음운 변동을 적용한 발음을 알려 줄게.

음운 변동	읽는 방법	예시
구개음화	'ㄷ/ㅌ'+'ㅣ/반모음 ㅣ' → 'ㅈ/ㅊ'+'ㅣ/반모음 ㅣ'	티ᄯᅳ니 → 치뜨니, 텬듕(天中) → 천중,
원순모음화	'ㅁ, ㅂ, ㅍ, ㅃ'+'ㅡ' → 'ㅁ, ㅂ, ㅍ, ㅃ'+'ㅜ'	븕은 → 붉은, 믈결 → 물결
두음법칙	(단어의 첫음절에서) 'ㄴ'+'ㅣ/반모음 ㅣ' → 'ㅇ'+'ㅣ/반모음 ㅣ'	녀인(女人) → 여인, 니르고져 → 이르고저(말하고자)

※ 이때 초성의 'ㅇ'은 음가가 없음.(초성의 'ㄴ'이 탈락된 것임.)

※ 현대 국어에서 'ㅈ,ㅊ'뒤의 'ㅑ,ㅕ,ㅛ,ㅠ'는 'ㅏ,ㅓ,ㅗ,ㅜ'로 소리가 남. (표기도 'ㅏ,ㅓ,ㅗ,ㅜ'로 함. ex: '쥬스' ×, '주스' ○)

● **음운**: 말의 뜻을 구별하여 주는 소리의 가장 작은 단위. 여기서는 자음과 모음이라고 생각하면 됨.

세 번째, 고전 시가에서 쓰는 종결 어미도 현대와 달라. 특히 감탄형 어미나 의문형 어미가 많이 쓰이는데, 고전 시가에서 자주 쓰이는 종결 어미를 정리해 두자.

종결 어미		예시
의문형	-냐, -뇨, -ㄴ가, ㄴ고, -는다, -ㄴ다	글이눈고 → 그리는가?(그리워하는가?), 노흔다 → 놓았느냐?
감탄형	-셰라, -돗다, -ㄹ셔/ㄹ샤, -ㄴ뎌이고	하도할샤. → 많기도 많구나!, 된뎌이고 → 되었구나!
기타	-고져/고자 [-고 싶다.]	님 겨신 듸 쏘이고져. → 임 계신 데 쐬게 하고 싶다.
	-ㄹ셰라 [-할까 두렵다.]	아니올셰라 → 아니 올까 두렵다.
	-ㄹ시/-ㄹ씨 [-므로]	아니 그츨씨 → 아니 그치므로(그치지 않으므로)

문학 공부인지 문법 공부인지 헷갈리지?ㅠㅠ 괴로운 시간이 될지라도 꼭 알아 둘 것! 출제되는 작품은 계속 바뀌어도, 그 작품을 표기한 글자 읽는 법은 달라지지 않아.

그럼 실제로 적용해 볼까? 시험에 자주 출제되는 가사 작품 〈속미인곡〉(정철)의 일부분으로 같이 해 보자. 위에서 알려 준 내용들을 달달 외워서 눈으로 대입하려고만 하지 말고, 직접 입으로 소리 내어 읽으면서 해 봐.

구개음화: 뎨→제, 뎌→저

뎨 가는 뎌 각시• 본 듯도 혼뎌이고.

아래 아(·)-두 번째 음절 이하에서 'ㅡ', 'ㅜ': 눈→는　감탄형 종결 어미 '-ㄴ뎌이고': 혼뎌이고→하구나!

[읽기] 제 가는 저 각시 본 듯도 하구나

(저기 가는 저 새색시 본 듯도 하구나!)

구개음화: 디→지

천상 백옥경•을 엇디호야 이별호고

아래 아(·)-첫 번째 음절에서 'ㅏ': 호→하

[읽기] 천상 백옥경을 엇지하야 이별하고

(옥황상제가 사는 서울을 어찌하여 이별하고)

아래 아(·)-첫 번째 음절에서 'ㅏ': 히→해　-의문형 종결 어미 '-ㄴ고': 가시눈고→가시는고?

히 다 뎌 져믄 날의 눌•을 보라 가시눈고

구개음화: 뎌→저　원순모음화: 믄→문　아래 아(·)-두 번째 음절 이하에서 'ㅡ', 'ㅜ': 눈→는

[읽기] 해 다 저 저문 날의 누를 보라 가시는고?

(해 다 져서 저문 날에 누구를 보러 가시는가?)

(중략)

어두 자음군: 꿈→꿈

정성이 지극호야 꿈의 님을 보니

아래 아(·)-첫 번째 음절에서 'ㅏ': 호→하

[읽기] 정성이 지극하야 꿈의 님을 보니

(정성이 지극하여 꿈에서 님을 보니)

아래 아(·)-첫 번째 음절에서 'ㅏ': フ→가
-두 번째 음절 이하에서 'ㅡ', 'ㅜ': 툰→튼

옥 ᄀᆞ툰 얼구리 반이나마 늘거셰라

감탄형 종결 어미 '-셰라': 늘거셰라→늙었구나!

[읽기] 옥 가튼 얼구리 반이나마 늘거셰라.

(옥 같은 모습이 반이나 늙었구나!)

(후략)

- 정철, 〈속미인곡〉

• 각시: 새색시.　• 백옥경: 옥황상제가 사는 서울.
• 눌: 누구.

어때? 훨씬 쉽게 읽을 수 있지? 하나 더! 고전 시가에 자주 나오는 어휘는 따로 정리해 두는 것이 좋아. 고전 시가에 자주 나오는 어휘가 궁금한 친구들은 112쪽을 참고해.

마지막으로, 현대 시에 비해 시험에 출제될 수 있는 고전 시가 작품은 그 수가 한정되어 있어. 그러니까 자주 출제되는 대표 작품들을 미리 공부해 두면 좋겠지? 어떤 작품인지 알고 문제를 푸는 것과 모르고 푸는 것은 분명히 다르니까 말이야. 꼭 대비해 두자.

중요 고전 시가 작품

시조: 〈강호사시사〉(맹사성), 〈고산구곡가〉(이이), 〈도산십이곡〉(이황), 〈매화사〉(안민영), 〈어부사시사〉, 〈오우가〉, 〈만흥〉(윤선도), 〈오륜가〉(주세붕) 등

가사: 〈고공답주인가〉(이원익), 〈관동별곡〉, 〈사미인곡〉, 〈속미인곡〉(정철), 〈규원가〉(허난설헌), 〈면앙정가〉(송순), 〈상춘곡〉(정극인), 〈누항사〉, 〈선상탄〉(박인로) 등

[01~03] 다음 글을 읽고 물음에 답하시오.

[2016학년도 3월 고1 학력평가]

가

㉠공명도 잊었노라 부귀도 잊었노라
세상 번우한* 일 다 주어 잊었노라
내 몸을 내마저 잊으니 남이 아니 잊으랴.

삼공*이 귀하다 한들 강산과 바꿀쏘냐
조각배에 달을 싣고 낚싯대를 흩던질 제
이 몸이 이 청흥* 가지고 만호후*인들 부러우랴.

헛글고 싯근* 문서 다 주어 내던지고
필마 추풍에 채찍을 쳐 돌아오니
㉡아무리 매인 새 놓인다 한들 이토록 시원하랴.

– 김광욱, 〈율리유곡〉

* 번우한: 괴롭고 근심스러운.
* 삼공: 삼정승인 영의정, 좌의정, 우의정을 일컫는 말.
* 청흥: 맑은 흥과 운치.
* 만호후: 재력과 권력을 겸비한 제후 또는 세도가.
* 헛글고 싯근: 흐트러지고 시끄러운.

나

새로 거른 막걸리 젖빛처럼 뿌옇고
큰 사발에 보리밥, 높기가 한 자로세.
밥 먹자 도리깨 잡고 **마당**에 나서니
㉢검게 탄 두 어깨 햇볕 받아 번쩍이네.
옹혜야 소리 내며 발맞추어 두드리니
삽시간에 보리 낟알 온 마당에 가득하네.
주고받는 노랫가락 점점 높아지는데
보이느니 지붕 위에 보리 티끌뿐이로다.
그 기색 살펴보니 즐겁기 짝이 없어
㉣마음이 몸의 노예 되지 않았네.
낙원이 먼 곳에 있는 게 아닌데
㉤무엇하러 벼슬길에 헤매고 있겠는가.

– 정약용, 〈보리타작〉

작품 **분석하기**

○ 빈칸에 들어갈 알맞은 말을 쓰시오.

가

구분	내용	알 수 있는 시어/시구
갈래		
화자		
대상		
처지·상황		
정서·태도		
주제	☐☐ 속에서 즐기는 여유와 풍류	

나

구분	내용	알 수 있는 시어/시구
갈래		
화자		
대상		
처지·상황		
정서·태도		
주제	노동에서 얻는 삶의 즐거움과 자신의 삶에 대한 ☐☐	

작품의 공통점 파악 [표현 부분과 효과 부분을 구분해서 풀고, 개념을 정리해 보자.]

01 (가)와 (나)의 공통점으로 적절한 것은?

① 대화의 형식을 통해 대상을 예찬하고 있다.

② 연쇄법을 활용하여 화자의 심정을 드러내고 있다.

③ 직유법을 사용하여 대상의 속성을 표현하고 있다.

④ 의인화를 통해 대상에 대한 친밀감을 나타내고 있다.

⑤ 물음의 형식을 활용하여 화자의 심리를 표출하고 있다.

개념의 좌표 찾기

● 선택지에 잘 모르는 어휘나 개념이 있다면 아래에 적고 그 뜻을 확인해 보세요.

Ⅱ
고
전
시
가

시어(시구)의 의미와 기능 [문맥적 의미(꾸며주는 말과, 해당 시어의 서술부)를 꼭 확인하자.]

02 ㉠~㉤에 대한 이해로 적절하지 않은 것은?

① ㉠: 세속적 가치에 대한 욕심을 버린 화자의 태도가 드러나 있다.

② ㉡: 관직 생활에서 벗어난 화자의 해방감이 표출되어 있다.

③ ㉢: 고된 삶을 살아왔던 화자의 모습을 묘사하고 있다.

④ ㉣: 보리타작하는 농민들의 모습에 대한 화자의 평가가 담겨 있다.

⑤ ㉤: 화자가 자신의 삶에 대해 성찰하는 모습이 나타나 있다.

외적 준거 활용 [〈보기〉를 통해 화자가 지향하는 삶의 가치를 파악하고 이를 바탕으로 시어의 의미를 해석해 보자.]

03 〈보기〉를 참고하여 (가)의 '강산(ⓐ)'과 (나)의 '마당(ⓑ)'을 비교한 내용으로 적절한 것은?

┤ 보기 ├

　작품에서 공간은 화자가 위치한 구체적인 장소의 의미를 넘어서 화자가 바람직하게 생각하는 삶의 모습이 담겨 있기도 하다. (가)와 (나)에 설정된 시적 공간에는 화자가 지향하는 삶의 가치가 내재되어 있다.

① ⓐ는 자연과 벗하며 살아가는 공간이고, ⓑ는 건강한 노동의 즐거움을 깨닫는 공간이다.

② ⓐ는 소박한 삶에 대한 지향이 담긴 공간이고, ⓑ는 빈곤한 삶을 극복하려는 의지가 담긴 공간이다.

③ ⓐ는 궁핍한 처지로 인한 좌절감이 나타난 공간이고, ⓑ는 삶의 애환을 다른 사람과 공유하는 공간이다.

④ ⓐ는 힘겨운 상황에 대한 저항 의지가 담긴 공간이고, ⓑ는 현실과의 타협을 통해 내적 갈등에서 벗어나려는 공간이다.

⑤ ⓐ는 내적 욕구에 대한 자기 절제가 반영된 공간이고, ⓑ는 과거와 달라진 현재의 상황에 대한 안타까움이 표출된 공간이다.

[04~06] 다음 글을 읽고 물음에 답하시오.   [2013학년도 11월 고1 학력평가]

이 몸 생겨날 때 임을 따라 생겼으니
한평생 연분(緣分)이며 하늘 모를 일이던가
㉠나 하나 젊어 있고 임 하나 날 사랑하시니
이 마음 이 사랑 견줄 데 전혀 없다
평생(平生)에 원하기를 함께 살자 하였더니
㉡늙어서야 무슨 일로 외로이 그리는가
㉢엊그제 임을 모셔 광한전(廣寒殿)에 올랐는데
그 사이 어찌하여 하계(下界)에 내려오니
올 적에 빗은 머리 흐트러진 지 삼 년(三年)일세
㉣연지분(臙脂粉) 있다마는 누굴 위해 곱게 할까
마음에 맺힌 시름 첩첩이 쌓여 있어
㉤짓는 것이 한숨이오 지는 것이 눈물이라

인생은 유한(有限)한데 시름도 끝이 없네
무심(無心)한 세월(歲月)은 물 흐르듯 하는구나
계절이 때를 알아 가는 듯 다시 오니
듣거니 보거니 느낄 일도 많고 많다
동풍(東風)이 살짝 불어 쌓인 눈을 헤쳐 내니
창 밖에 심은 매화(梅花) 두세 가지 피었구나
가뜩이나 냉담한데 암향(暗香)은 무슨 일인가
황혼(黃昏)녘에 ⓐ달이 돋아 베갯맡에 비치니
느끼는 듯 반기는 듯 임이신가 아니신가
저 ⓑ매화(梅花) 꺾어 내어 임 계신 데 보내고저
임이 너를 보고 어떻게 여기실까

– 정철, 〈사미인곡〉

● 광한전: 달 속에 있다는 궁전.
● 연지분: 볼에 바르는 연지와 분.
● 암향: 그윽한 향기.

작품 분석하기

○ 빈칸에 들어갈 알맞은 말을 쓰시오.

구분	내용	알 수 있는 시어/시구
갈래		
화자		
대상		
처지·상황		
정서·태도		
주제	☐☐을 향한 일편단심, 연군지정	

표현상 특징과 효과 [표현 부분과 효과 부분을 구분해서 풀고, 개념을 정리해 보자.]

04 윗글의 표현상 특징으로 가장 적절한 것은?

① 고사를 활용하여 풍자의 효과를 높이고 있다.

② 색채의 대비를 활용하여 시적 긴장감을 고조시키고 있다.

③ 사물을 다양한 관점에서 묘사하여 생동감을 자아내고 있다.

④ 설의적 표현을 사용하여 정서를 효과적으로 드러내고 있다.

⑤ 상승과 하강의 심상을 반복하여 대상을 구체적으로 표현하고 있다.

개념의 좌표 찾기

● 선택지에 잘 모르는 어휘나 개념이 있다면 아래에 적고 그 뜻을 확인해 보세요.

외적 준거 활용 [〈보기〉를 통해 화자가 처한 상황을 파악하고, 이를 바탕으로 시구의 의미를 해석해 보자.]

05 〈보기〉를 바탕으로 윗글을 감상했을 때, 적절하지 <u>않은</u> 것은?

┤ 보기 ├

　이 작품은 '적강 모티프'를 취하고 있다. '적강'이란 천상적 존재가 천상에서 지은 죄과로 말미암아 지상으로 유배 오는 것을 말하는데, 이 작품에서 시적 화자는 천상계에서 임의 사랑을 받다가 지상계로 쫓겨 와 임을 그리워하는 존재로 설정되어 있다. 천상계는 화자가 과거에 존재했던 공간이자 충족의 공간으로, 지상계는 화자가 현재 존재하고 있는 공간이자 결핍의 공간으로 나타난다.

① ㉠은 화자가 천상계에서 임의 사랑을 받으며 지내던 모습을 표현한 것이겠군.

② ㉡은 화자가 적강하여 임을 그리워하며 살아가는 모습을 표현한 것이겠군.

③ ㉢은 화자가 과거에는 천상계에 존재하다가 현재는 지상계로 쫓겨 왔음을 드러낸 것이겠군.

④ ㉣은 임이 없는 결핍의 공간에서 화자가 느끼는 상실감을 표현한 것이겠군.

⑤ ㉤은 지상계로 화자를 쫓아낸 대상에 대한 원망을 드러낸 것이겠군.

시어의 의미와 기능 [시어가 화자에게 어떤 의미일지 문맥 속에서 파악해 보자.]

06 ⓐ와 ⓑ에 대한 설명으로 가장 적절한 것은?

① ⓐ는 대상과의 단절에 대한 두려움을, ⓑ는 대상과의 관계 형성에 대한 화자의 소망을 반영한다.

② ⓐ는 화자가 도달하고자 하는 목표를 상징하는 소재, ⓑ는 화자의 심리적 방황을 유발하는 소재이다.

③ ⓐ는 화자에게 부재하는 대상을 떠오르게 하는 자연물, ⓑ는 대상에 대한 화자의 마음을 전달하는 자연물이다.

④ ⓐ와 ⓑ는 모두 현실에서 겪어야 할 외부적 시련을 상징한다.

⑤ ⓐ와 ⓑ는 모두 부정적 상황에 대해 체념하는 화자의 현재 모습을 나타낸다.

알아 두면 쓸데 있는 100인의 지혜

시험에 자주 나오는 옛말을 알아 두면 고전 시가를 읽는 데 도움이 되겠지? 중요한 고어들을 정리해 줄게.

어휘	예시	어휘	예시	어휘	예시
건듯 (갑자기, 문득)	동풍이 건듯 부러 적셜을 헤텨 내니 - 정철, 〈사미인곡〉	무심 (욕심이 없는 마음)	강호애 월백ᄒᆞ거든 더욱 무심하얘라. - 이현보, 〈어부사〉	외다 (그르다, 틀리다)	슬프나 즐거오나 옳다 하나 외다 하나 - 윤선도, 〈견회요〉
고텨 (다시, 거듭)	이 몸이 주거 주거 일백 번 고텨 주거 - 정몽주, 〈이 몸이 주거 주거〉	버히다 (베다)	내 ᄆᆞᆷ 버혀 내여 별 돌을 밍글고져 - 정철, 〈내 ᄆᆞᆷ 버혀 내여〉	저허ᄒᆞ다 (두려워하다)	취ᄒᆞᆫ 나븨 미친 벌이 ᄯᆞ르올가 저허ᄒᆞ네. - 작자 미상, 〈봉선화가〉
구ᄐᆞ여 (굳이, 구태여)	이시라 ᄒᆞ더면 가랴마ᄂᆞᆫ 제 구ᄐᆞ여 - 황진이, 〈어져 내 일이야〉	빗기 (비스듬히)	삿갓 빗기 쓰고 누역으로 옷을 삼아 - 맹사성, 〈강호사시가〉	져근덧 (잠시, 잠깐)	져근덧 싱각 마라. 이 시름 닛쟈 ᄒᆞ니 - 정철, 〈사미인곡〉
금수 (수놓은 비단)	푸른 서리가 엷게 치니 절벽이 금수ㅣ로다 - 이이, 〈고산구곡가〉	삼기다 (생기다)	장부로 삼겨 나셔 입신양명 못할지면 - 김유기, 〈장부로 삼겨 나셔〉	조차 (좇아, 따라)	이 몸 삼기실 제 님을 조차 삼기시니 - 정철, 〈사미인곡〉
괴다 (사랑하다)	내 얼굴 이 거동이 님 괴얌 즉ᄒᆞᆫ가마ᄂᆞᆫ - 정철, 〈속미인곡〉	새오다 (질투하다)	셩낸 가마귀 흰빗츨 새오나니 - 정몽주 모친, 〈가마귀 ᄡᆞ호ᄂᆞᆫ 골에〉	천석고황 (=연하고질: 자연을 즐김)	ᄒᆞ믈며 천석고황을 고텨 므슴ᄒᆞ료. - 이황, 〈도산십이곡〉
녀다1(=녜다) (가다)	고인을 못 봐도 녀든 길 알픠 잇니 - 이황, 〈도산십이곡〉	슬ᄏᆞ장 (실컷)	잡거니 밀거니 슬ᄏᆞ장 거후로니 - 정철, 〈성산별곡〉	하 (매우)	시절이 하 수상하니 올동 말동 ᄒᆞ여라. - 김상헌, 〈가노라 삼각산아〉
녀다2 (살아가다)	누릿 가온디 나곤 몸하 ᄒᆞ올로 녈셔 - 작자 미상, 〈동동〉	슬허ᄒᆞ다 (슬퍼하다)	잔 자바 권ᄒᆞ리 업스니 그를 슬허ᄒᆞ노라. - 임제, 〈청초 우거진 골에〉	헌ᄉᆞᄒᆞ다 (야단스럽다: 경치를 표현할 때 사용)	조화신공이 물물마다 헌ᄉᆞ롭다. - 정극인, 〈상춘곡〉
다정 (생각이 많다)	다정도 병인 냥ᄒᆞ여 줌 못 드러 ᄒᆞ노라 - 이조년, 〈이화에 월백ᄒᆞ고〉	싀여디다 (=시여지다: 물 새듯이 없어지다)	출하리 싀여디여 낙월이나 되야이셔 - 정철, 〈속미인곡〉	혬 (근심, 걱정)	긴 한숨 디ᄂᆞᆫ 눈물 속절업시 혬만 만타. - 허난설헌, 〈규원가〉
다히 (~쪽: 방향을 나타내는 의존 명사)	무등산 ᄒᆞᆫ 활기 뫼히 동다히로 버더 이셔 - 송순, 〈면앙정가〉	숣다 (아뢰다)	닛곰다가 숣고샤셔 - 광덕, 〈원왕생가〉	혀다1 (당기다)	혀고시라 밀오시라 명쇼년하. - 한림제유, 〈한림별곡〉
마초아 (마침)	회양 녜 일홈이 마초아 ᄀᆞ툴시고. - 정철, 〈관동별곡〉	어즈버 (아아: 감탄사)	어즈버 태평연월이 ᄭᅮᆷ이런가 ᄒᆞ노라. - 길재, 〈오백년 도읍지를〉	혀다2 (=켜다: 등잔이나 양초 따위에 불을 붙이다)	솔불 혀지 마라 어졔 진 달 도다 온다. - 한호, 〈짚 방석 내지 마라〉
머흐다 (험하고 사납다)	백설이 ᄌᆞ자진 골에 구루미 머흐레라. - 이색, 〈백설이 ᄌᆞ자진 골에〉	에헐 (=어혈: 타박상 등으로 살 속에 피가 맺힘)	모쳐라 놀낸 낼식만졍 에헐질 번ᄒᆞ괘라. - 작자 미상, 〈두터비 ᄑᆞ리를 물고〉	홍안 (젊은 시절의 생기 있고 아름다운 얼굴)	홍안을 어듸 두고 백골만 무쳣ᄂᆞ이. - 임제, 〈청초 우거진 골에〉

● 연결해서 외우면 좋은 고어들

자연 관련		속세 관련

- 강호: 강과 호수(=자연)
- 닉: 안개
- 백구: 갈매기
- 암향: 매화의 향기
- ᄀᆞ람: 강
- 뫼: 산
- 실솔: 귀뚜라미
- 자규: 두견새
- 곳: 꽃
- 부용: 연꽃
- 임천: 자연=강호
- 진나비: 원숭이

⬅ 대조 ➡

- 공명: 공을 세워서 이름을 멀리 드러냄.
- 부귀: 높은 지위와 많은 재산
- 옥당: 화려한 전당, 궁전
- 만승: 천자=임금
- 삼공: 삼정승(영의정, 좌의정, 우의정)
- 홍진(=인간, 풍진): 속세

● 헷갈리기 쉬운 고어들

- ᄒᆞ다(do) VS 하다(크다, 많다)
- 어리다(어리석다) VS 졈다(어리다=young)
- 좋다(깨끗하다) VS 둏다(좋다=good)
- 어엿브다(불쌍하다)

고전 시가에서 자연과 속세는 서로 대조되는 의미를 지니니까 같이 외우면 좋아. 또 위에 정리해 둔 헷갈리기 쉬운 단어들은 꼭! 주의하도록 해. 현대어와 뜻이 달라서 착각하게 되거든.

III
현대 소설

01 서술자와 시점

🏮 개념을 품은 **기출 선택지**

· 공간의 이동에 따라 **서술자**를 달리하여 사건에 대한 다양한 관점을 제시하고 있다. (2018 수능)
· **작중 인물이 아닌 서술자**가 등장하여 인물 간의 갈등을 새 국면으로 이끌고 있다. (2018. 06. 평가원)
· **이야기 내부 서술자**의 자기 고백적 진술을 통해 내면을 제시하고 있다. (2016. 09. 평가원®)
· 인물의 행동을 객관적 **시점**에서 묘사하여 인물의 성격을 짐작하게 한다. (2014 수능®)

---

❶ 서술자

소설에서 작가를 대신해 독자에게 이야기를 들려주는 사람이다. 서술자는 작가가 의도를 가지고 꾸며 낸 인물로 작가의 ❶ [   ]이라고 한다. 따라서 작가와 서술자는 같은 인물이 아니다.

> ☑ 서술자는 소설 속에 '나'로 등장해서 자신의 이야기를 하기도 하고, 자신을 드러내지 않고 '그'와 '그녀'에 대한 이야기를 전하기도 해. 서술자가 이야기를 전하는 방식은 시점과 깊은 관련이 있어.

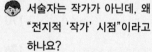

궁금해요

😀 서술자는 작가가 아닌데, 왜 "전지적 '작가' 시점"이라고 하나요?

🧑‍🏫 원칙적으로 소설에서 말하는 이는 작가가 아니라 서술자이기 때문에 '전지적 작가 시점'이란 용어는 이치에 어긋나지. 따라서 '전지적 서술자 시점'이 더 정확한 표현이지만, 아직은 많은 책에서 '전지적 작가 시점'이란 용어를 쓰고 있으니 이 책에서는 우리도 이 용어를 쓰자.

❷ 시점

시점은 소설 속 인물이나 사건을 바라보는 관점이다. 시점은 서술자의 위치와, 서술자가 누구에 대해, 어디까지 서술하느냐에 따라 다음 4가지로 나뉜다.

구분		서술자가 주인공의 속마음을 알고 있는가?	
		안다	모른다
서술자는 어디에 있는가?	작품 ❷ [ ]	서술자 '나'가 줄곧 자신의 이야기만 한다. ➔ 1인칭 주인공 시점	서술자 '나'가 남의 이야기만 한다. ➔ 1인칭 ❸ [ ] 시점
	작품 밖	서술자가 인물들의 속마음과 현재 상황에서 알 수 없는 정보를 모두 알고 있다. ➔ 전지적 작가 시점	서술자가 겉으로 보이는 내용만 전달한다. ➔ ❹ [ ] 관찰자 시점

(1) 1인칭 주인공 시점

- **뜻**: 작품 속 주인공인 '나'가 자신의 이야기를 직접 전달하는 시점
- 주인공이 자신의 내면세계를 직접 드러낸다. ◐ 독자는 주인공에게 직접 이야기를 듣는
느낌을 받기 때문에 주인공에게 친근감과 신뢰감을 느낄 수 있다.
_{겉으로 드러나지 않는 마음속의 감정이나 심리}
- 사건이 주인공 '나'의 입장에서만 서술된다. ◐ 독자는 주인공이 보고 느낀 것만을 알 수
있으며, 서술 내용이 **❺** 이기 쉽다.

> 스물두셋쯤 된 책상 도련님인 그때의 ⓝ로서는, 이러한 이야기를 듣고 놀라지 않을
> 수 없었다. (중략) '일 년 열두 달 죽도록 애를 쓰고도, 반년짝이 시래기로 목숨을 이어
> _{서술자 = 주인공}
> 나가지 않으면 안 되겠으니까…… ' 하는 말을 들을 제, 그것이 과연 사실일까 하는 의
> 심이 날 만치, 나는 귀가 번쩍하였다. 나도 팔구 세까지는 부모의 고향인 충청도 촌 속
> _{식민지 조선의 현실을 알게 되어 놀란 '나'}
> 에서 자라났고, 그 후에 1년에 한 두어 번씩은, 촌락에 발을 들여놓아 보았지만, 설마
> 그렇게까지, 소작인˚의 생활이 참혹하리라고는, 꿈에도 들어 본 일이 없었다.
> _{식민지 조선 농민의 생활에 대한 서술자 '나'의 평가}
> ◐ 주인공 '나'가 조선의 현실에 대한 자신의 생각,   📕 동아, 금성, 미래엔, 천재(정) | 염상섭, 〈만세전(萬歲前)〉
>   자신의 이야기를 전달함.
>
> ● **소작인**: 다른 사람의 농지를 빌려 농사를 짓고 그 대가로 사용료를 지급하는 사람.

(2) 1인칭 관찰자 시점

- **뜻**: 작품 속 부수적 인물인 '나'가 주인공을 관찰하여 주인공에 대한 이야기를 전달하
는 시점
- 관찰자인 '나'는 주인공을 비롯한 등장인물의 내면세계를 속속들이 알지는 못한다.
◐ 등장인물의 내면이 직접 드러나지 않기 때문에 독자는 긴장감과 신비감을 느끼며,
인물들의 심리와 성격을 **❻** 하며 작품을 읽게 된다.

> "옥희. 이거 엄마 갖다 드리고, 지나간 달 밥값이라구, 응."
> ⓝ는 그 봉투를 갖다가 어머니에게 드렸습니다. 어머니는 그 봉투를 받아들자 갑자
> _{서술자=관찰자}   _{주인공}
> 기 얼굴이 파랗게 질렸습니다. 그 전날 달밤에 마루에 앉았을 때보다도 더 새하얗다고
>   ①
> 생각되었습니다. 어머니는 그 봉투를 들고 어쩔 줄을 모르는 듯이 초조한 빛이 나타났
>   ②
> 습니다. ◐ ①~③: '나'는 주인공인 '어머니'의 심리를 알지 못함. 독자도 '어머니'의   – 주요섭, 〈사랑손님과 어머니〉
>   ③   심리를 알지 못하기 때문에 긴장감과 신비감을 느낌.

💡 **짚고 가요**

못 미더운 서술자

🧑‍🏫 1인칭 시점의 소설을 읽는 독자는 '나'의 판단과 설명에 의존해서 이야기를 파악할 수밖에 없어. 그런데 서
술자가 어리거나 아는 것이 없거나 또는 비도덕적이어서 상황이나 대상을 잘못 인식하고 미숙하게 판단
하는 사람인 경우가 있어. 〈사랑손님과 어머니〉의 다른 부분을 보자.

> ("옥희 눈이 아버지를 닮았다. 고 고운 코는 아마 어머니를 닮았지, 고 입하고! 응, 그러
> 냐, 안 그러냐? 어머니도 옥희처럼 곱지, 응?") ( ): 어머니에 대한 아저씨의 관심이 드러남.
> 이렇게 여러 가지로 물을 적도 있습니다. 그래서 ⓝ는,
>   _{여태}   _{어린 서술자 → 어른들의 심리를 모름.}
> "아저씨, 입때 우리 엄마 못 봤수?" / 하고 물었더니, 아저씨는 잠잠합니다.
> _{어린아이인 '나'는 어머니에게 관심을 갖는 아저씨의 감정을 이해하지 못함. → 웃음 유발}

어린 옥희의 순수한 시선, 귀엽지 않니? ^^ 죽은 남편의 친구인 '아저씨'와 과부인 '어머니'의 사랑은 자칫하
면 독자에게 통속적으로 느껴질 수 있는 소재야. 하지만 어린 서술자를 내세워 이를 순수하게 그려 낸 거지.

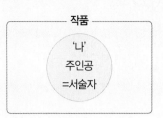

개념
쪽1 이 글의 서술자에 대한 설명으
로 적절한 것은?

① 서술자가 작품 밖에 있다.
② 서술자는 작품 속 인물이다.
③ '나'는 다른 인물의 내면을 독
자에게 전달하고 있다.

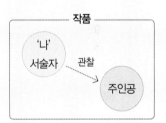

개념
쪽2 이 글의 서술자에 대한 설명
으로 적절하지 **않은** 것은?

① '나'는 주인공이다.
② 서술자가 작품 안에 있다.
③ '나'는 '어머니'에 관한 이야기
를 전달하고 있다.

개념➕ **못 미더운 서술자의 특징**

- 사건을 주관적으로 서술하기 때문
에 독자가 내용을 신뢰하기 어려움.
- 서술자의 특성에 따라 다양한 효
과를 줌.
- 예 • 어린 서술자: 순수한 시선을 부
각하거나 사건의 이면을 드러
내기도 함.
  • 부정적인 서술자: 서술자의 부
정적 면모를 강조할 수 있음.

빈칸 답 | ❶ 허구적 대리인 ❷ 안 ❸ 관찰자
❹ 3인칭 ❺ 주관적 ❻ 추측
쪽1 ② 2 ①

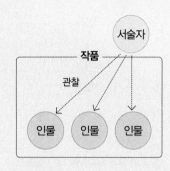

(3) 3인칭 관찰자 시점

- **뜻**: 작품 밖의 서술자가 인물의 속마음을 모른 채 상황을 관찰하여 이야기를 서술하는 시점
- 서술자가 일체의 해설이나 평가를 내리지 않고, ❼ □□□인 태도로 등장인물의 대화와 행동을 관찰하여 전달한다. ❏ 독자는 서술자의 객관적 설명을 바탕으로 하여 사건의 의미와 작가의 의도를 적극적으로 상상해야 한다.
- 독자가 사건과 인물의 행위를 마치 영화의 한 장면을 떠올리듯 적극적으로 상상해야 하므로 ❏ 극적인 효과를 기대할 수 있다.

> 왕 서방의 애인 노릇을 하던 복녀가 왕 서방의 결혼식 날 밤 질투심에 덤벼들다가 왕 서방에게 죽음.
>
> 밤중 복녀의 시체는 왕 서방의 집에서 남편의 집으로 옮겨졌다. 그리고 시체에는 세 사람이 둘러앉았다. 한 사람은 복녀의 남편, 한 사람은 왕 서방, 또 한 사람은 어떤 한방 의사. 왕 서방은 말없이 돈주머니를 꺼내어 십 원짜리 지폐 석 장을 복녀의 남편에게
> _{남편이 아내가 살해당한 상황을 무마하는 데 참여함.}
> 주었다. 한방 의사의 손에도 십 원짜리 두 장이 갔다.
> 이튿날 복녀는 뇌일혈로 죽었다는 한방의의 진단으로 공동묘지로 실려 갔다.
> _{피살된 복녀가 병으로 죽은 것으로 조작됨.}
> ❏ 복녀의 죽음을 동정하는 진술 없이 객관적 사실만 전달함. → 추악한 현실 상황 강조 　　　　　－ 김동인, 〈감자〉

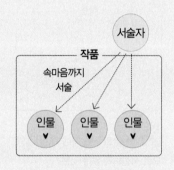

_{사물과 현상의 모든 것을 아는, 또는 그런 것}
(4) 전지적 작가 시점

- **뜻**: 작품 밖의 서술자가 인물의 속마음, 과거 행적, 사건의 처음과 끝을 모두 말해 주는 시점
- 서술자가 때로는 작가의 인생관이나 주제를 직접 드러낸다.
- 독자는 서술자의 분석을 받아들이기만 하면 된다. ❏ 독자의 ❽ □□□이 제한된다.

> **[앞부분 줄거리]** 교도소에서 출감한 사내는 새 장수가 '방생*'을 외치며 새를 파는 것을 본다. 사내는 없는 돈에 새를 사서 날려 준다. 어느 날 사내는 새 장수의 비밀을 알게 된다. 새 장수는 새의 날개에 가위질을 하여 멀리 못 날아가게 하고 판 다음, 깜깜한 밤마다 나뭇가지에 전깃불을 비추어 빛에 놀란 새들을 다시 잡아들여 되팔았던 것이다.
>
> 사내는 이내 물체의 정체를 알 수 있었다. 다름 아니라 그것은 방금 숲속의 불빛에
> _{새 장수가 비추는 전깃불을 피해 온 새　　　　　서술자가 물체의 정체를 말해 줌.}
> 쫓겨 온 한 마리의 새였다. 부드럽고 따스한 감촉이 손에 닿을 때부터 사내는 벌써 그
> _{서술자가 사내의 내면을 말해 줌.}
> 것을 알 수 있었다. 옷깃 밖으로 끌려 나온 새는 두려움 때문인지 가슴이 몹시 팔딱거
> 리고 있었다. 사내가 담뱃불을 붙이기 위해 옷자락에 성냥불을 켰을 때 녀석은 그 불빛
> 을 보고 달려든 게 분명했다. _{서술자가 새가 사내에게 날아든 과정을 말해 줌.}
> "빛에 쫓긴 녀석이 외려 또 불빛을 보고 덤벼들다니…… 역시 새 짐승이란……."
> _{새 장수가 비추는 전깃불 빛　　　　　사내의 담뱃불 빛}
> ❏ 서술자가 사건의 전후와 사내의 심리를 모두 설명해 줌. → 출감했음에도 정처를 찾지 못　　　－ 이청준, 〈잔인한 도시〉
> 한 주인공과, 자유를 찾은 듯 보였으나 그것이 진정한 자유가 아니었던 새를 대비하여 '자
> 유'에 대한 서술자의 주제 의식을 독자에게 전달함.
> ● **방생(放生)**: 사람에게 잡힌 생물을 놓아주는 일.

> ☑ 위에서 각 시점의 특징을 설명하였지만 그것이 꼭 모든 소설에 그대로 적용되는 것은 아니야. 즉 어느 시점으로 서술되느냐에 따라서 독자가 받는 느낌이 꼭 그러한 것은 아니라는 말이지. 예를 들어 1인칭 주인공 시점의 소설에서 독자들은 1인칭 서술자에게 친근감과 신뢰감을 느낄 수 있지만, 그 서술자가 작가가 의도적으로 설정한 부정적 인물인 경우(예〈치숙〉의 서술자 '나' → 119쪽)에는 그렇지 않아. 따라서 어떤 시점인지를 파악하는 것도 중요하지만, 서술자의 태도가 어떠한지, 또 그러한 서술자를 설정한 작가의 의도가 무엇인지를 고려해야 해.

개념
콕3 이 글의 서술자에 대한 설명으로 적절하지 <u>않은</u> 것은?

① 서술자가 작품 밖에 위치해 있다.
② 서술자의 감정이 개입되어 사건이 전달된다.
③ 서술자가 관찰한 내용을 독자에게 들려주고 있다.

개념
콕4 이 글의 서술자에 대한 설명으로 적절하지 <u>않은</u> 것은?

① 사내의 심리를 알고 있다.
② 작품 안에 드러나지 않는다.
③ 새가 사내의 품에 날아든 전후 사정은 알지 못한다.

초점 화자

 작품 밖의 서술자가 어느 한 등장인물의 속마음에 들어가서 그 인물의 시점에서 보고 듣고 느낀 바를 말하는 시점도 있어. 이때 서술자가 속마음에 들어간 등장인물을 초점 화자라고 해.

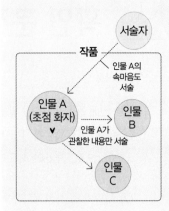

> 이렇게 비 내리는 날이면 원구(元求)의 마음은 감당할 수 없도록 무거워지는 것이었다.(그것은 동욱(東旭) 남매의 음산한 생활 풍경이 그의 뇌리를 영사막처럼 흘러가기 때문이었다.)빗소리를 들을 때마다 원구는 으레 동욱과 그의 여동생 동옥(東玉)이 생각나는 것이었다. 그들의 어두운 방에 쓰러져 가는 목조 건물이 비의 장막 저편에 우울하게 떠오르는 것이었다.
> 　　　　　　　　　　　　　　　　　　　❷ 작품 밖의 서술자가 초점 화자인 '원구'의 속마음을 모두 설명해 줌.
>
> [중간 줄거리] '동욱'의 집에 방문한 '원구'는 어린 시절 이후 처음으로 '동옥'을 보게 된다.
>
> 살결이 유달리 희고 눈썹이 남보다 검은 그 여인은 원구를 내다보며 좀처럼 입을 열지 않았다. 저게 동옥인가 보다고 속으로 생각하며, 여기가 김동욱 군의 집이냐는 원구의 물음에 여인은 말없이 약간 고개를 끄덕여 보였을 뿐이다. 눈썹 하나 까닥하지 않는 그 태도는 거만해 보이는 것이었다. 동욱 군 어디 나갔습니까? 하고, 재차 묻는 말에도 여인은 먼저처럼 고개만 끄덕했다.
> 　　　　　　　　　　　　　　　　　❷ ①~④: '동옥'의 속마음은 드러나지 않고, 겉으로 드러난 행동만 서술됨.
> 　　　　　　　　　　　　　　　　　　→ 초점 화자인 '원구'가 관찰한 모습임.
> 　　　　　　　　　　　　　　　　　　　　　　　　　　　　– 손창섭, 〈비 오는 날〉

위에서 초점 화자는 '원구'야. 서술자가 원구의 속마음에 들어갔으므로, 원구의 심리와 그런 심리를 느끼는 이유까지 모두 설명해 주고 있어. 한편 원구 외의 등장인물인 '동옥(여인)'의 심리는 서술되지 않아. 다만 원구의 시각에서 '동옥'을 관찰한 내용이 서술될 뿐이지.

이러한 시점을, 특정 인물을 초점 화자로 선택한다는 점에서 '선택적 작가 시점', 초점 화자의 심리만 제한적으로 알 수 있다는 점에서 '제한적 작가 시점'이라고 해.

특정 인물의 시각에서 서술

 '선택적 작가 시점'과 관련해서, 시험에서는 '특정 인물의 시각에서 서술'이라는 표현이 자주 나와.

> • 〈삼대〉의 서술자는 대체로 **특정 인물의 시각**에 의존하여 다른 인물을 서술 대상으로 포착한다. (2017. 06. 평가원)
> • **특정 인물의 시각**에서 사건을 서술하고 있다. (2011. 06. 평가원)
> • 작품 밖 서술자가 **특정 인물의 시각**을 중심으로 사건을 전달하고 있다. (2016. 09. 고1 학력평가)

특정 인물의 시각에서 서술하는 시점은 1인칭 시점과 제한적 작가 시점이야. 예를 들어, 〈사랑손님과 어머니〉의 '옥희'도 특정 인물이고, 〈비 오는 날〉의 '원구'도 특정 인물이지. '특정 인물의 시각에서 서술'이라는 말, 잘 알아 두자!

◎ 시점 찾기 방법

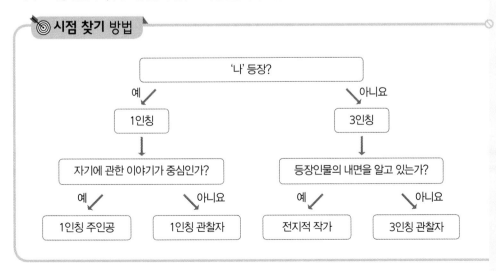

궁금해요

 한 작품에는 하나의 시점만 사용되나요?

 아니, 꼭 그렇지는 않아. 소설의 전개에 따라 서술자가 달라질 수도 있어. 그리고 3인칭 관찰자 시점과 전지적 작가 시점이 함께 쓰이기도 해. 예를 들어 현진건의 〈운수 좋은 날〉의 경우, 작품 전체적으로는 전지적 작가 시점이지만 부분적으로는 3인칭 관찰자 시점도 쓰였어. 또 작품 밖의 서술자가 누구의 입장에서 서술하느냐에 따라 초점 화자가 달라질 수도 있지. 서술의 초점은 한 작품 안에서 다양하게 변화할 수 있다는 점도 기억해 둬.

개념➕ 선택적(=제한적) 작가 시점의 특징

• 서술자가 침투한 인물, 즉 초점 화자의 심리는 서술자가 모두 설명해 준다.

• 초점 화자의 내면 심리는 전지적 작가 시점처럼 단정적으로 제시된다.

• 초점 화자를 제외한 다른 인물의 내면 심리는 드러나지 않고, 말과 행동만 관찰해 전달하거나, 심리를 추측하는 표현만 쓰인다.

❷ 이런 특징 때문에, 초점 화자의 이름을 '나'로 바꾸면 1인칭 시점과 비슷해짐.

빈칸 답 | ❼ 객관적 ❽ 상상력
📍3 ② 4 ③

✔ 바로바로 간단 체크

1 괄호 안에 들어갈 알맞은 말을 쓰시오.

(1) (ㅅㅅㅈ)는 작가를 대신해 이야기를 들려주는 사람으로, 작가의 허구적 대리인이다.

(2) 서술자가 소설 속 대상이나 사건을 바라보는 관점을 (ㅅㅈ)이라고 한다.

(3) 작품 밖의 서술자가 특정 인물의 시각에서 서술할 때, 서술자가 속마음에 들어간 특정 인물을 (ㅊㅈㅎㅈ)라고 한다.

2 ㉠~㉣에 알맞은 시점을 쓰고, 각 시점에 대한 설명으로 알맞은 것을 ⓐ~ⓓ에서 찾아 선으로 이으시오.

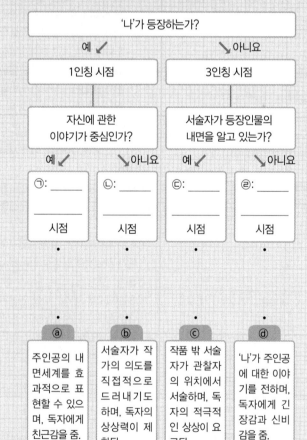

[01~03] 다음 글을 읽고 물음에 답하시오.

🔒 미래엔 🔒 해냄

[앞부분 줄거리] 사대문 안에서 살다가 성북동으로 이사 온 '나'는 신문 보조 배달부인 황수건이라는 인물을 만나면서 이곳이 시골임을 실감하게 된다. '나'는 정식 배달부가 소원이란던 황수건이 급사로 다니던 학교에서마저 쫓겨나 형님 집에 얹혀살게 되었다는 소식을 듣게 된다.

　나는 그날 그에게 돈 삼 원을 주었다. 그의 말대로 삼산학교 앞에 가서 버젓이 참외 장사라도 해 보라고. 그리고 돈은 남지 못하면 돌려주지 않아도 좋다 하였다.

　그는 삼 원 돈에 덩실덩실 춤을 추다시피 뛰어나갔다. 그리고 그 이튿날,

"선생님 잡수시라굽쇼."

하고 나 없는 때 참외 세 개를 갖다 두고 갔다.

　그러고는 온 여름 동안 그는 우리 집에 얼씬하지 않았다. 들으니 참외 장사를 해 보긴 했는데 이내 장마가 들어 밑천만 까먹었고, 또 그까짓 것보다 한 가지 놀라운 소식은 그의 아내가 달아났단 것이었다. 저희끼리 금슬은 괜찮았건만 동서가 못 견디게 굴어 달아난 것이라 한다. 남편만 남 같으면 따로 살림 나는 날이나 기다리고 살 것이나 평생 동서 밑에 살아야 할 신세를 생각하고 달아난 것이라 한다.

　그런데 요 며칠 전이었다. 밤인데 달포*만에 수건이가 우리 집을 찾아왔다. 웬 포도를 큰 것으로 대여섯 송이를 종이에 싸지도 않고 맨손에 들고 들어왔다. 그는 벙긋거리며,

"선생님 잡수라고 사 왔습죠."

하는 때였다. 웬 사람 하나가 날쌔게 그의 뒤를 따라 들어오더니 다짜고짜로 수건이의 멱살을 움켜쥐고 끌고 나갔다. 수건이는 그 우둔한 얼굴이 새하얗게 질리며 꼼짝 못 하고 끌려 나갔다.

　나는 수건이가 포도원에서 포도를 훔쳐 온 것을 직각*하였다. 쫓아 나가 매를 말리고 포돗값을 물어 주었다. 포돗값을 물어 주고 보니 수건이는 어느 틈에 사라지고 보이지 않았다.

　나는 그 다섯 송이의 포도를 탁자 위에 얹어 놓고 오래 바라보며 아껴 먹었다. 그의 은근한 순정의 열매를 먹듯 한 알을 가지고도 오래 입 안에 굴려 보며 먹었다.

– 이태준, 〈달밤〉

● 달포: 한 달이 조금 넘는 기간.
● 직각(直覺): 보거나 듣는 즉시 곧바로 깨달음.

01 다음을 참고하여 이 글의 시점을 쓰시오.

> • 서술자가 작품 안에 등장하는가?
> • 서술자가 자신의 이야기를 하는가, 아니면 다른 인물의 이야기를 전하는가?

02 '황수건'에 대한 설명으로 적절하지 않은 것은?

① '나'가 관찰하고 있는 대상이다.
② '나'에게 고마움을 느끼고 있다.
③ '나'가 비판적인 시각으로 보는 대상이다.
④ 보통 사람보다 모자라지만 순박한 사람이다.
⑤ 장사에 실패하고 아내가 도망가는 아픔을 겪는다.

03 이 글의 시점이 지닌 특징으로 적절한 것은?

① 독자가 딱히 상상력을 발휘하지 않아도 된다.
② 서술자가 다른 인물의 속마음까지 알고 서술해 준다.
③ 서술자가 자신의 주관을 배제하고 객관적인 입장에서 인물을 관찰한다.
④ 자신의 이야기를 전하는 느낌을 주어 독자에게 친근감과 신뢰감을 줄 수 있다.
⑤ 독자가 '나'의 서술을 통해 인물의 심리를 추측해야 하므로 독자에게 긴장감을 준다.

[04~06] 다음 글을 읽고 물음에 답하시오.

우리 아저씨 말이지요? 아따 저 거시기, 한참 당년에 무엇이냐 그놈의 것, 사회주의라더냐 막걸리라더냐, 그걸 하다 징역 살고 나와서 폐병으로 시방 앓고 누웠는 우리 오촌 고모부 그 양반…… 뭐, 말두 마시오. 대체 사람이 어쩌면 글쎄…… 내 원! / 신세 간데없지요.

자, 십 년 적공˚, 대학교까지 공부한 것 풀어 먹지도 못했지요, 좋은 청춘 어영부영 다 보냈지요, 신분에는 전과자라는 붉은 도장 찍혔지요. 몸에는 몹쓸 병까지 들었지요. 이 신세를 해가지굴랑은 굴속 같은 오두막집 단간 셋방 구석에서 사시장철 밤이나 낮이나 눈 따악 감고 드러누웠군요.

재산이 어디 집 터전인들 있을 턱이 있나요. 서발막대 내저어야 짚검불 하나 걸리는 것 없는 철빈˚인데.

우리 아주머니가, 그래도 그 아주머니가, 어질고 얌전해서 그 알량한 남편 양반 받드느라 삯바느질이야, 남의 집 품빨래야, 화장품 장사야, 그 칙살스런˚ 벌이를 해다가 겨우겨우 목구멍에 풀칠을 하지요. (중략)

대학교 출신이 막벌이 노동이라께 꼴 가관이지만 그래도 할 수 없지, 머. / 그런 걸 보고 가만히 나를 생각하면, 만약 우리 증조 할아버지네 집안이 그렇게 치패˚를 안 해서 나도 전문학교나 대학교를 졸업을 했으면, 혹시 우리 아저씨 모양이 됐을지도 모를 테니 차라리 공부 많이 않고서 이 길로 들어선 게 다행이다…… 이런 생각이 들어요.

사실 우리 아저씨 양반은 대학교까지 졸업하고도 인제는 기껏 해먹을 거란 막벌이 노동밖에 없는데, 요 보통학교 사 년 겨우 다니고서도 시방 앞길이 환히 트인 내게다 대면 고쓰카이˚만도 못하지요.

아, 그런데 글쎄 막벌이 노동을 하고 어쩌고 하기는커녕 조금 바시시 살아날 만하니까 이 주책꾸러기 양반이 무슨 맘보를 먹는고 하니, 내 참 기가 막혀! 아―니, 그놈의 것하고는 무슨 대천지 원수가 졌단 말인지, 어쨌다고 그걸 끝끝내 하지 못해서 그 발광인고? (중략)

아, 해서 좋을 양이면 나라에선들 왜 금하며 무슨 원수가 졌다고 붙잡아다가 징역을 살리나요. / 좋고 유익한 것이면 나라에서 도리어 장려하고 잘할라 치면 상급도 주고 그러잖아요. / 활동 사진이며 스모˚며 만자이˚며 또 왓쇼왓쇼˚랄지 세이레이 낭아시˚랄지 라디오 체조랄지 이런 건 다아 유익한 일이니까 나라에서 설도˚로 하고 그러잖아요.

나라라는 게 무언데? 그런 걸 다아 잘 분간해서 이럴 건 이러고 저럴 건 저러라고 지시하고 그 덕에 백성들을 제가끔 제 분수대로 편안히 살두룩 애써 주는 게 나라 아니오? / 그놈의 것 사회주의만 하더라도 나라에서 금하질 않고 저희가 하는 대로 두어 두었어 보아? 시방쯤 세상이 무엇이 됐을지……

― 채만식, 〈치숙˚〉

˚ **적공(積功):** 많은 힘을 들여 애를 씀.
˚ **철빈(鐵貧):** 더할 수 없이 가난함. 또는 그런 가난.
˚ **칙살스럽다:** 하는 짓이나 말 따위가 잘고 더러운 데가 있다.
˚ **치패(致敗):** 살림이 아주 결딴남.
˚ **고쓰카이:** 잔심부름을 하는 남자 고용인을 이르는 일본어.
˚ **스모:** 일본의 전통적인 씨름.   ˚ **만자이:** 만담.
˚ **왓쇼왓쇼:** '영차영차'의 일본어. 여기서는 일본 전통 축제를 가리킴.
˚ **세이레이 낭아시:** 7월에 있는 일본의 불교 행사.
˚ **설도:** 설두(設頭). 앞장서서 일을 주선함.
˚ **치숙(痴叔):** 어리석을 '치', 아저씨 '숙'으로, 어리석은 아저씨를 뜻함.

III
현대
소설

04 이 글의 서술상 특징으로 가장 적절한 것은?

① 작품 안의 서술자가 자신이 살아온 과거 삶의 내력을 회상하고 있다.

② 작품 안의 서술자가 특정 인물의 행적과 근황에 대해 요약적으로 전달하고 있다.

③ 작품 밖의 서술자가 모든 사건과 작중 인물에 대해 주관적 입장에서 평가하고 있다.

④ 서술자가 작중 인물에서 작품 밖의 서술자로 바뀌면서 사건을 다각도에서 서술하고 있다.

⑤ 작품 밖의 서술자가 자신이 직접 관찰하거나 들은 내용을 객관적 위치에서 서술하고 있다.

05 이 글을 읽고 알 수 있는 내용이 <u>아닌</u> 것은?

① 아저씨는 사회주의 운동을 하다가 옥살이를 했다.

② 아저씨는 막벌이 노동을 하여 가족의 생계를 책임지려 하고 있다.

③ '나'는 자신이 학벌은 낮지만 미래가 훤하다는 자부심을 느끼고 있다.

④ 아저씨는 어려운 생활에도 끝끝내 사회주의에 대한 미련을 버리지 못하고 있다.

⑤ '나'는 일제 강점기의 시대적 상황 속에서 민족보다는 개인의 이익을 우선시하고 있다.

06 〈보기〉를 참고할 때, 이 글의 서술자가 주는 효과로 적절한 것은?

┤ 보기 ├

〈치숙〉의 서술자 '나'는 무지하고 어리석은 인물이라는 점에서 못 미더운 화자라고 볼 수 있다. '나'는 미숙한 현실 인식을 바탕으로 하여 아저씨를 관찰, 평가하고 있다.

① '나'가 어린아이라는 점이 작품 속 분위기를 순수하게 느끼게 한다.

② '나'가 미성숙하여 설명해 주지 못하는 사건의 암시적 의미는 독자도 추측하기 어렵다.

③ 독자는 '나'의 시선에 따라 인물을 바라보게 되어 아저씨에게 부정적인 평가를 내리게 된다.

④ 표면적으로는 '나'가 아저씨를 비판하고 있으나, 독자는 그런 '나'를 비판적으로 받아들이게 된다.

⑤ '나'는 순수한 시각으로 아저씨를 해석함으로써 당대 현실에 대한 객관적 평가를 독자에게 전달한다.

[07~09] 다음 글을 읽고 물음에 답하시오.

2015학년도 9월 평가원⑧(변형)

[앞부분 줄거리] 철새들, 특히 도요새의 도래지로 유명한 동진강 하구°에 한 가족이 살고 있다. 둘째 아들 '병식'은 재수생이자 무기력하고 줏대 없는 성격으로 용돈을 벌기 위해 철새를 박제하는 일에 협조한다. 병식은 무능력한 아버지와, 퇴학생인 형 '병국'을 한심하게 생각한다. 병국은 서울의 일류 대학에 다니던 촉망받는 인물이었으나, 시위 경력 때문에 퇴학된 뒤 환경 문제, 특히 동진강의 오염과 새 떼에 관심을 갖게 된다.

가 죽음을 거부하면서도 삶답지 못한 생존의 늪을 허우적거릴 때, 이 도시의 생활환경이 왜 자연을 파손시키느냐의 또 다른 문제에 관심을 갖게 되었다. 그와 동시에 나는 동진강 하구의 삼각주° 개펄에서 새 떼를 만난 것이다. 실의의 낙향° 생활로 술만 죽여 내던 내 깜깜한 생활 안으로 나그네새의 울음소리가 화톳불°처럼 살아나기 시작했다. ㉠새가 내 머릿속으로 자유자재 날아다녔다. 수백 마리로 떼를 이루어 의식의 공간을 무한대로 휘저었다. 새 중에서도 동진강 하구에서 자취를 감춘 도요새였다. 나는 도요새를 찾아 헤매었다. 그중 중부리도요를 발견하기 위해 휴일에는 정배형과 함께, 그 외의 날은 나 혼자서 동남만 일대의 습지와 못과 개펄을 싸돌았다. 그러나 봄은 짧았고 곧 초여름으로 접어들었다. 그때는 이미 물떼새목의 도요샛과에 포함된 그 무리는 우리나라 남단부°를 거쳐 휴전선 하늘을 질러 북상한° 뒤였다. ㉡다시 도요새 무리가 도래할° 시절을 만해의 임처럼 기다렸다. 그래서 시베리아 알래스카 캐나다의 툰드라°에서 편도 일만 킬로미터를 날아 남으로 남으로 내려오는 그 작은 새 떼의 길고 긴 여정에 밤마다 동참했던 것이다. 나의 일상이 너무 권태스러울 정도로 자유스러우면서, ㉢전혀 자유스럽지 못한 내 사고의 굳게 닫힌 문을 도요새가 그 날카로운 부리로 쪼며 밀려들었다. 그리고 떠남의 자유와 고통에 대해 여러 말을 재잘거렸다.

— 우리는 여름에 그 한대의 추운 지방에서 번식하여 가을이면 지구의 반을 가로지르는 여행길에 오른다. 우리는 떠나야 할 때를 안다. 얇은 햇살 아래 파르스름하게 살아 있던 이끼류와 작은 떨기나무가 잿빛으로 시들고, 긴 밤이 저 북빙°의 찬바람을 몰아올 때쯤이면 우리는 여정의 채비를 차린다. (중략) 오백만 년 전 신생대부터 우리 조상들은 그런 고통의 긴 여행을 터득해 왔다. 인간으로서는 감히 상상할 수 없는 바다와 하늘이 맞물려 있는 무공 천지°에 길을 열어 봄 가을 두 차례를 대이동으로 장식해 온 것이다. 오직 생활환경에 적응키 위해서라는 한마디로 치부해 버린다면 인간도 거기에서 예외일 수는 없다. 오히려 인간은 거기에

적응하기 위해 사악하고 간사하고 탐욕하고 음란하고 권력욕에 차 있어, 자연의 환경을 파괴하고 끝내 너희들 스스로까지 파멸시키기 위해 기계와 조직의 노예가 되고 있지 않은가…….

[중간 줄거리] 한편 아버지는 이북 출신으로 6·25 전쟁에 인민군으로 참전했다가 포로가 되어 전향한 사람으로, 소극적이며 무능하다. 아버지는 학교 서무과장을 하다가 생활력 강한 어머니의 강요로 공금을 돌려쓰고 실직한다. 아버지는 북에 있는 가족과 약혼녀를 그리워하며 동진강 하구에 나가 철새 보는 것을 낙으로 삼는다.

🅝 도요새 무리를 동진강 삼각주에서 발견했을 때, 나는 마치 헤어진 부모와 동기간과 약혼녀를 만난 듯 반가웠다. 너희들이 휴전선 위 통천을 거쳐 여기로 날아왔으려니, 하고 대답 없는 물음을 던지면 울컥 사무쳐 오는 향수가 내 심사를 못 견디게 긁어 놓았다. 가져온 술병을 기울이며 나는 새 떼와 많은 대화를 나누었다. 내가 말하고 내가 새가 되어 대답하는 그런 대화를 아무도 이해할 수 없을 것이다. ㉢새가 고향 땅 부모님이 되고, 형제가 되고, 어떤 때는 약혼자가 되어 내게 들려주던 그 많은 이야기를 나는 기쁨에 들며, 때때로 설움에 젖어 화답하는 그 시간만이 내게는 살아 있는 진정한 시간이었다. 세월의 부침* 속에 고향에 대한 내 향수도 차츰 식어갔다. 이제 새 떼가 부쩍 줄어든 동진강 하구도 내 인생과 함께 황혼을 맞고 있었다. 동진강이 악취 풍기는 폐수로 변해버렸기 때문이었다. 지금 보는 바다 역시 헤엄쳐 북상하면 며칠 내 고향에 도착할 수 있을 것 같던 거리가 까마득히 멀어 보였다. ㉣철새나 나그네새는 휴전선을 넘어 자유로이 왕래하건만 나는 그곳으로 갈 수 없다는 안타까움만 해가 갈수록 내 이마에 깊은 주름을 새겼다.

– 김원일, 〈도요새에 관한 명상〉

● 하구: 강물이 바다로 흘러 들어가는 어귀.
● 삼각주: 강이 바다로 들어가는 어귀에, 강물이 운반하여 온 모래나 흙이 쌓여 이루어진 편평한 지형.
● 낙향: 시골로 거처를 옮기거나 이사함.
● 화톳불: 한데다가 장작 따위를 모으고 질러 놓은 불.
● 남단부: 남쪽 끝부분.
● 북상하다: 북쪽을 향하여 올라가다.
● 도래하다: 외부에서 전해져 들어오다.
● 툰드라: 북극해 연안에 분포하는 넓은 벌판. 연중 대부분은 눈과 얼음으로 덮여 있다.
● 북빙: 북극 빙하 지역.
● 무공 천지: 아무 것도 없는 하늘과 땅.
● 부침(浮沈): 세력 따위가 성하고 쇠함을, 물 위에 떠올랐다 잠기는 것에 비유하여 이르는 말.

07 이 글에 대한 설명으로 적절하지 <u>않은</u> 것은?
① (가)와 (나)는 동일한 소재를 중심으로 서술하고 있다.
② (가)는 '병국'의 시점, (나)는 아버지의 시점으로 서술되었다.
③ (가)의 서술자는 도요새에게 감정을 이입하여 자신의 생각을 강조하고 있다.
④ (가), (나) 모두 서술자가 자신의 체험을 진술하여 현실에 대한 인식을 드러내고 있다.
⑤ (나)는 부도덕한 인물을 서술자로 내세워 실향민의 상처라는 사회의 문제를 비판적으로 제시하고 있다.

08 〈보기〉를 참고할 때, 이 소설의 시점이 주는 효과로 적절하지 <u>않은</u> 것은?

┤ 보기 ├
이 소설은 모두 4장으로 구성되어 있는데, 1~3장은 주인공을 달리하여 각자의 1인칭 주인공 시점으로 사건을 바라보는 방식으로 전개된다. 무기력하고 비양심적인 인간상을 대표하는 병식, 환경 문제의 심각성에 관심을 갖는 병국, 실향민으로서 정신적 상처를 입은 아버지의 시선을 통해 이야기가 펼쳐진다.

① 한 사건에 대한 다양한 생각들을 제시해 준다.
② 사건을 다각적이고 입체적으로 제시할 수 있다.
③ 독자가 사건을 객관적으로 바라볼 수 있게 한다.
④ 하나의 현상을 다각도로 살펴봄으로써 참다운 삶이 무엇인지 생각하게 한다.
⑤ 병식보다 좀 더 객관적인 시각을 지닌 병국과 아버지의 서술을 통해 사건을 입체적으로 바라볼 수 있다.

09 ㉠~㉤에 대한 이해로 적절한 것은?
① ㉠: 인물과 대상의 정서적 거리가 멀다는 것이 드러난다.
② ㉡: 인물이 대상과의 재회를 두려워하고 있다.
③ ㉢: 인물의 의식이 대상에 의해 각성되고 있다.
④ ㉣: 인물이 대상에게 정신적 위안을 주고 있다.
⑤ ㉤: 인물과 대상의 처지가 대조되면서 인물의 긍정적 정서가 부각되고 있다.

Ⅲ 현대 소설

02 거리, 인물, 서술자의 태도

같은 플레이, 다른 해설 태도

📚 개념을 품은 **기출 선택지**
• 인물들의 심리 상태를 공간적 거리와 결부하여 서술함으로써, 인물 간의 심리적 **거리감**을 보여 주고 있다. (2017. 09. 평가원)
• ⓒ과 ⓒ은 인물들을 바라보는 **'나'의 긍정적 시선**을 드러내고 있다. (2016 수능⑧)
• 의문과 추측의 진술을 통하여 다른 **인물에 대한 반감**을 제시하고 있다. (2016. 09. 평가원⑧)

1 거리

'거리(distance)'는 서술자, 인물, 독자 사이에 가깝고 멀게 느껴지는 심리적 거리를 말한다. 거리는 소설의 시점이나 인물 제시 방법에 따라 달라진다.
133쪽

시점＼거리	독자 – 서술자	독자 – 인물	서술자 – 인물
1인칭 주인공 시점	가깝다.	멀다.	가깝다.
전지적 작가 시점	가깝다.	멀다.	가깝다.
1인칭/3인칭 관찰자 시점	멀다.	가깝다.	멀다.

🔺 ['독자-서술자'의 거리] 우리는 무뚝뚝한 사람보다 친절한 사람을 더 가깝게 느낀다.

🔺 ['독자-인물'의 거리] 이미 잘 알고 지내는 사람에게는 굳이 다가가려 노력하지 않는다.

◉ 독자와 서술자의 거리

독자는 인물의 심리와 사건의 전후를 모두 말해 주는 친절한 서술자를 더 가깝게 느낀다. 즉, 독자는 1인칭 주인공 시점과 전지적 작가 시점의 서술자를 **①[＿＿＿]** 느끼고, 1인칭 관찰자 시점과 3인칭 관찰자 시점의 서술자를 **②[＿＿＿]** 느낀다.

◉ 독자와 인물 사이의 거리

서술자가 이미 인물에 대해 자세히 설명해 주었다면, 독자는 굳이 인물에게 다가서려고 노력하지 않게 되므로 거리는 줄어들지 않는다. 따라서 독자는 1인칭 주인공 시점의 인물과 전지적 작가 시점의 인물을 **③[＿＿＿]** 느끼고, 1인칭 관찰자 시점과 3인칭 관찰자 시점의 인물을 **④[＿＿＿]** 느낀다.
'나(=서술자)'를 제외한 인물을 말함.

서술자와 인물 사이의 거리

서술자가 인물의 심리와 성격을 속속들이 알고 있는 시점은 서술자와 인물의 거리가 가깝다. 즉, 1인칭 주인공 시점과 전지적 작가 시점은 서술자와 인물의 거리가 **⑤**.
서술자(나)=주인공 → 거리가 없다고 할 정도로 가까움.
반면 서술자가 인물의 외양과 행동만을 서술하는 시점은 서술자와 인물의 거리가 멀다. 즉, 1인칭 관찰자 시점과 3인칭 관찰자 시점은 서술자와 인물의 거리가 **⑥**.

개념➕ 인물 제시 방법과 거리

• **직접 제시**: 서술자가 인물의 내면을 속속들이 알고 독자에게 말해 주므로 서술자와 인물의 거리는 가깝다. 독자는 서술자의 상세한 설명으로 인물을 파악할 수 있으므로, 인물에 다가서려고 노력하지 않게 된다. 따라서 독자와 인물의 거리는 멀다.
• **간접 제시**: 서술자가 인물의 행동과 외양만을 묘사하므로 서술자와 인물의 거리는 멀다. 독자는 인물에 바짝 다가서서 인물의 내면을 추리해야 하므로 독자와 인물의 거리는 가깝다.

❷ 인물의 유형

인물의 유형은 성격 변화의 여부에 따라 '평면적 인물'과 '입체적 인물', 대표성에 따 *조직이나 인물을 대표하는 성질* 라 '전형적 인물'과 '개성적 인물', 사건 진행에서 맡은 역할에 따라 '주동 인물'과 '반동 인물'로 구분할 수 있다.

> ☑ 인물의 유형은 인물의 행동과 말을 통해 드러나는 인물의 사고 방식, 성격, 태도 등을 추론해서 파악해야 해.

(1) 평면적 인물 vs 입체적 인물

㉠ **평면적 인물**: 작품의 처음부터 끝까지 성격이 변화하지 않는 인물 유형이다. 주로 고전 소설에 등장한다.

　㉘ 〈흥부전〉의 '흥부' – 처음부터 끝까지 선한 인물

㉡ **입체적 인물**: 사건 전개에 따라 성격이 **⑦** 하는 인물 유형이다.

　㉘ 〈감자〉의 '복녀' – 처음에는 도덕적 성품을 지니고 있었으나 서서히 타락해 가는 인물
　🔗 127쪽

(2) 전형적 인물 vs 개성적 인물

㉠ **전형적 인물**: 특정 시대, 특정 계층이나 집단의 특성을 대표하는 인물 유형이다.

　㉘ 〈꺼삐딴 리〉의 이인국 박사 – 일제 강점기와 해방 이후 혼란한 시기를 거치면서 자신의 출세만을 위해 행동하는 기회주의자의 전형을 보여 주는 인물
　🔗 125쪽

㉡ **개성적 인물**: 특정 시대, 특정 계층이나 집단과 관계없이 자신만의 독자적인 성격을 뚜렷하게 지닌 인물 유형이다.

　㉘ 〈날개〉의 '나' – 자의식이 강하여 스스로를 '박제가 되어 버린 천재'라고 여기며 보통 사람과는 다르게 현실을 인식하고 사유하는 개성적인 인물
　🔗 135, 177쪽

(3) 주동 인물 vs 반동 인물

㉠ **주동 인물**: 작품의 **⑧** 으로, 사건을 이끌어 가는 역할을 하는 인물 유형이다.

　㉘ 〈봄·봄〉의 '나' – 작품의 주인공인 인물
　🔗 142쪽

㉡ **반동 인물**: 주동 인물에 반대하여 갈등을 일으키는 대립자, 적대자의 역할을 하는 인물 유형이다.

　㉘ 〈봄·봄〉의 장인 – 점순과 혼인하려는 '나'와 대립하여 갈등을 빚는 인물

 궁금해요

🧑 한 인물이 '전형적 인물'이면서 '개성적 인물'인 경우도 있나요?

👩 소설 속 인물들을 하나의 유형으로 규정하는 건 어려운 일이야. 당연히 한 인물이 여러 유형의 특징을 드러내는 경우도 많단다. 예를 들어 볼까? 〈꺼삐딴 리〉의 '이인국 박사'는 전형적인 기회주의자의 모습을 보여 주는 '전형적 인물'인 동시에, 우리가 생각하는 일반적인 의사와는 달리 환자보다 돈을 중시하기 때문에 '개성적 인물'로 볼 수 있어. 그리고 시종일관 기회주의적이라는 점에서 '평면적 인물'이기도 하지. 인물의 어떤 점에 초점을 맞추느냐에 따라 인물의 유형도 달라질 수 있는 거야.

빈칸 답 | ❶ 가깝게 **❷** 멀게 **❸** 멀게
❹ 가깝게 **❺** 가깝다 **❻** 멀다 **❼** 변화
❽ 주인공

3 인물에 대한 서술자의 태도

소설 속 인물에는 그 인물에 대한 작가의 평가가 반영되는데, 독자는 서술자의 태도에서 이를 추측할 수 있다. 인물에 대한 서술자의 태도는 작품의 ⑨ [ ]와 깊이 연관된다. 따라서 인물에 대한 서술 태도를 살피면 작가의 의도나 주제를 쉽게 짐작할 수 있다.

◎ 우호적 태도(=긍정적 태도)

인물을 긍정적인 입장에서 서술하는 경우이다. 이는 인물에 대한 동경이나 경외, 동정과 연민 등으로 나타난다.

> ( ): 서술자=('나')는 아버지에게 경외감을 지니고 있음.
> 할아버지 앞에서는 항상 무릎 꿇고 조아려 공손하기가 몸종과 다름없었지만, (처자 앞
> └ 아버지(서술자가 긍정적으로 평가하는 인물)
> 에서는 단란하고 즐거워 웃더라도 결코 치아를 내보인 일이 없어 근엄하되, (중략) 당신
> 아버지에 대한 '나'의 인식 ① – 근엄한 인물
> 을 알던 모든 사람들한테 선생님이란 경칭을 받았던, …… . 저만치 멀리로 건너다 보이며
> 아버지에 대한 '나'의 인식 ② – 존경 받는 인물   아버지에 대한 '나'의 인식 ③ – 거리감이 느껴지는 어려운 인물
> 어렵기만 한 사람이었다.)어디 그럴 법이 있을 수 있단 말인가. 남의 집 울안 출입에 노랫
> 근엄하고 사람들에게 존경 받는 '아버지'가 마을 사람들 앞에서 격의 없이 노는 모습을 보고 충격을 받은 '나'
> 가락과 어깨춤……
> ➡ '아버지'를 몸가짐이 단정하고 사람들로부터 존경을 받는 인물이었다며   천재(박) 해냄 | 이문구, 〈관촌수필〉
>   긍정적인 태도로 서술함.

◎ 적대적 태도(=비판적 태도)

인물을 부정적인 입장에서 서술하는 경우이다. 이는 인물에 대한 직접 비판이나 풍자, 냉소와 조롱, 혐오와 분노 등으로 나타난다.

> [앞부분 줄거리] 황만근은 훌륭한 성품의 인물이나 마을 사람들은 이를 몰라보고 그를 엉뚱하다고 무시한다. 어느 날 농민 궐기 대회*에 갔다는 황만근이 실종된다.
>
> "그제 밤에 내일 궐기 대회 한다고 사람들 모였을 때 이장님이 황만근 씨에게 뭐라고
> 황만근의 실종에 이장의 책임이 있다고 생각하는 민 씨
> 하셨죠. 모임 끝난 뒤에." / 이장은 민 씨를 흘기듯 노려보았다.
> "왜, 농민 보고 농민 궐기 대회 꼭 나오라 캤는데, 뭐가 잘못됐나."
> 황만근의 진면목을 알아본 유일한 사람
> 민 씨는 자기도 모르게 따지는 어조가 되었다. /("군 전체가 모두 모여도 몇 명 안 되었
> 황만근의 실종을 대수롭지 않게 여기는 이장의 태도에 화가 남
> 다면서요. 그런 자리에 황만근 씨가 꼭 가야 합니까. 아니, 황만근 씨만 가야 할 이유라
> 도 있습니까. 따로 황만근 씨한테 부탁을 할 정도로.") ( ): 서술자는 '민 씨'의 입을 통해 황만근을 무시하는
>   이장에 대한 비판적 태도를 드러냄.
> ➡ 서술자는 민 씨의 말을 통해 이기적인 이장을 비판적인   천재(박) 금성, 비상 | 성석제, 〈황만근은 이렇게 말했다〉
>   태도로 서술함.
> ● 궐기 대회: 어떤 문제에 대하여 해결책을 촉구하기 위하여 뜻있는 사람들이 함께 일어나 행동하는 모임.

◎ 객관적 태도(=관조적 태도, 중립적 태도)

인물에 대해 긍정적이거나 비판적인 평가를 내리지 않고 보이는 그대로의 모습을 비교적 객관적으로 서술하는 경우이다.

> 소년은, 드디어, 그렇게도 동경하여 마지않던 서울로 올라오고야 말았다. 청량리를 들어서서 질펀한 거리를 달리는 승합 자동차의 창 너머로, 소년이 우선 본 것은 전차*라는 물건이었다. 시골 '가평'서 결코 볼 수 없었던 것이 그야, 전차 한 가지가 아니다. 그래도 그는, 지금 곧, 우선 저 전차에 한 번 올라타 보았으면 한다.
> ➡ 서울 풍경을 보며 신기해하는 소년의 모습을 객관적인 태도로 서술함.   천재(김) | 박태원, 〈천변 풍경〉
> ● 전차: 공중에 설치한 전선으로부터 전력을 공급받아 지상에 설치된 궤도 위를 다니는 차. 서울 전차는 1898년 처음 개통해 1969년에 완전히 폐기됨.

◢ 23쪽

개념
콕 1 이 글에 대한 설명으로 적절하지 **않은** 것은?

① 서술자는 '아버지'를 동정하고 있다.
② 서술자는 '아버지'를 우호적으로 바라보고 있다.
③ '아버지'를 대하는 작품 속 '사람들'과 서술자의 태도가 일치한다.

개념
콕 2 이 글에 대한 설명으로 적절한 것은?

① 서술자는 '민 씨'를 적대적으로 대하고 있다.
② '이장'은 서술자의 태도를 대변하는 인물이다.
③ '이장'에 대한 '민 씨'와 서술자의 태도는 일치한다.

개념
콕 3 이 글에 대한 설명으로 적절한 것은?

① 서술자는 '서울 풍경'을 부정적으로 표현하고 있다.
② 서술자는 객관적 태도로 '소년'의 모습을 서술하고 있다.
③ '소년'에 대한 서술자의 비판적인 인식이 직접적으로 드러난다.

빈칸 답 | ⑨ 주제
콕 1 ① 2 ③ 3 ②

확인 문제

✔ 바로바로 간단 체크

1 괄호 안에 들어갈 알맞은 말을 쓰시오.

(1) 소설에서의 '거리'란 서술자, 인물, 독자 사이에 존재하는 (ㅅㄹㅈ) 거리를 일컫는다.

(2) 작가가 인물을 형상화할 때 드러나는 인물에 대한 태도는 작품의 (ㅈㅈ)와도 연관되며, 크게 (ㅇㅎㅈ) 태도, (ㅈㄷㅈ) 태도, (ㄱㄱㅈ) 태도로 나뉜다.

2 다음 설명이 맞으면 ○표, 틀리면 ✕표를 하시오.

(1) 평면적 인물이란 작품이 진행되는 동안 성격이 변화 없이 끝까지 지속되는 인물 유형이다. ( )

(2) 전형적 인물이란 특정한 계층을 대표하는 특성을 갖지 않고 자신만의 개성적 삶의 양식을 가지고 살아가는 인물 유형이다. ( )

(3) 주동 인물은 사건을 이끌어 가는 역할을 하는 반면 반동 인물은 주인공에 반대하여 갈등을 빚는 대립자의 역할을 한다. ( )

(4) 1인칭 주인공 시점에서 독자와 주인공인 '나' 사이의 거리는 멀지만, 독자와 "'나'를 제외한 다른 인물"과의 거리는 가깝다. ( )

3 독자, 인물, 서술자의 거리에 관해 다음과 같이 정리할 때 ㉠~㉤에 들어갈 알맞은 말을 쓰시오.

시점\거리	독자 – 서술자	독자 – 인물	서술자 – 인물
1인칭 주인공	㉠	㉡	가깝다.
전지적 작가	㉢	㉣	가깝다.
1인칭 관찰자 / 3인칭 관찰자	멀다.	가깝다.	㉤

[01~04] 다음 글을 읽고 물음에 답하시오.

🔲 창비

[앞부분 줄거리] 이인국 박사는 일제 강점기 말기에는 친일파로 잘 살았고, 광복이 된 후에는 소련군에게 빌붙어서 위기를 모면했으며, 1·4 후퇴 때 월남한 이후에는 특유의 생명력으로 고난을 딛고 미국인의 도움을 받아 사회 지도층이 된다. 이인국 박사는 미국에 가기 위해 브라운 씨의 도움을 받고자 한다.

차가 브라운 씨의 관사* 앞에 닿았다.

성조기*를 보면서 이인국 박사는 그날의 적기*와 돌려온 시계를 생각했다.

응접실에 안내된 이인국 박사는 주인이 나오기를 기다리면서 방안을 둘러보았다. 대사관으로는 여러 번 찾아갔지만 집으로 찾아온 것은 이번이 처음이다.

삼 년 전 딸이 미국으로 갈 때부터 신세진 사람이다.

벽 쪽 책꽂이에는 《이조실록》, 《대동야승》 등 한적*이 빼곡이 차 있고 한쪽에는 고서*의 질책*이 가지런히 쌓여져 있다.

맞은 편 책상 위에는 작은 금동불상 곁에 몇 개의 골동품이 진열되어 있다. 십이 폭 예서* 병풍 앞 탁자 위에 놓인 재떨이도 세월의 때문은 백자기다.

저것들도 다 누군가가 가져다 준 것이 아닐까 하는 데 생각이 미치자 이인국 박사는 얼굴이 화끈해졌다.

그는 자기가 들고 온 상감진사* 고려청자 화병에 눈길을 돌렸다. ㉠사실 그것을 내놓는 데는 얼마간의 아쉬움이 없지 않았다. 국외로 내어 보낸다는 자책감 같은 것은 아예 생각해 본 일이 없는 그였다. 차라리 이인국 박사에게는, 저렇게 많으니 무엇이 그리 소중하고 달갑게 여겨지겠느냐는 망설임이 더 앞섰다.

브라운 씨가 나오자 이인국 박사는 웃으며 선물을 내어놓았다. 포장을 풀고 난 브라운 씨는 만면에 미소를 띠며 기쁨을 참지 못하는 듯 '땡큐'를 거듭 부르짖었다.

"참 이거 귀중한 것입니다."

"뭐 대단한 것이 아닙니다만 그저 제 성의입니다."

이인국 박사는 안도감에 잇닿는 만족을 느끼면서 브라운 씨의 기쁨에 맞장구를 쳤다. (중략)

"그거, 국무실에서 통지 왔습니다."

이인국 박사는 뛸 듯이 기뻤으나 솟구치는 흥분을 억제하면서 천천히 손을 내밀어 악수를 청했다.

"땡큐, 땡큐." / 어쩌면 이것은 수술 후의 스텐코프가 자기에게 하던 방식 그대로 인지도 모른다는 생각이 들었다.

㉡이인국 박사는 지성이면 감천이라구, 나의 처세법은 유에스 에이에도 통하는구나 하는 기고만장한 기분이었다.

청자병을 몇 번이고 쓰다듬으면서 술잔을 거듭하는 브라운 씨도 몹시 즐거운 기분이었다.

"미국에 가서의 모든 일도 잘 부탁합니다."

"네, 염려 마십시오. 떠나실 때 소개장을 써 드리지요."

"감사합니다."

"역사는 짧지만, 미국은 지상의 낙토˚입니다. 양국의 우호와 친선에 도움이 되기를 바랍니다."

"땡큐……."

다음 날 휴전선 지대로 같이 수렵하러˚ 가기로 약속하고 이인국 박사는 브라운 씨 대문을 나섰다.

이번에 새로 장만한 영국제 쌍발 엽총의 짙푸른 총신˚을 머리에 그리면서 그의 몸은 날기라도 할 듯이 두둥실 가벼웠다. ⓒ이인국 박사는 아까 수술한 환자의 경과가 궁금했으나 그것은 곧 씻겨져 갔다.

그의 마음속에는 새로운 포부와 희망이 부풀어 올랐다.

신체 검사는 이미 끝난 것이고 외무부 출국 수속도 국무성 통지만 오면 즉일 될 수 있게 담당 책임자에게 교섭˚이 되어 있지 않은가? 빠르면 일주일 내에 떠나게 될지도 모른다는 브라운 씨의 말이 떠올랐다.

대학을 갓 나와 임상˚ 경험도 신통치 않은 것들이 미국에만 갔다 오면 별이라도 딴 듯이 날치는 꼴이 눈꼴사나웠다.

'어디 나두 댕겨오구 나면 보자!'

ⓔ문득 딸 나미와 아들 원식의 얼굴이 한꺼번에 망막으로 휘몰아 왔다. 그는 두 주먹을 불끈 쥐고 얼굴에 경련을 일으키듯 긴장을 띠다가 어색한 미소를 흘려보냈다.

'흥, 그 사마귀 같은 일본놈들 틈에서도 살았고, 닥싸귀˚ 같은 로스케˚ 속에서도 살아났는데, 양키라고 다를까……'.

ⓜ혁명이 일겠으면 일구, 나라가 뒤바뀌겠으면 바뀌고, 아직 이 이인국의 살 구멍은 막히지 않았다. 나보다 얼마든지 날뛰던 놈들도 있는데, 나쯤이야…….'

그는 허공을 향하여 마음껏 소리치고 싶었다.

이인국 박사는 캘리포니아 특산 시거˚를 비스듬히 문 채 지나가는 택시를 불러 세웠다. 그는 스프링이 튈 듯이 복스에 털썩 주저앉았다.

"반도 호텔로……."

차창을 거쳐 보이는 맑은 가을 하늘이 이인국 박사에게 더욱 푸르고 드높게만 느껴졌다.

– 전광용, 〈꺼삐딴˚ 리〉

●**관사**: 관청에서 관리에게 빌려주어 살도록 지은 집. ●**성조기**: 미국의 국기.
●**적기(赤旗)**: 소련의 국기. ●**한적(漢籍)**: 한문으로 쓴 책.
●**고서(古書)**: 오래된 책. ●**질책(帙冊)**: 여러 권으로 한 벌을 이루는 책.
●**예서(隸書)**: 한자 글씨체의 하나. 천한 일을 하는 노예라도 이해하기 쉬운 글씨체라는 뜻에서 붙은 이름임.

●**상감진사**: 도자기에 '진사'라는 붉은 재료로 '상감'이라는 방법을 사용하여 무늬를 냈다는 뜻.
●**낙토**: 살기 좋은 땅. ●**수렵하다**: 사냥하다.
●**총신**: 총의 몸통 전체.
●**교섭**: 어떤 일을 이루기 위하여 서로 의논하고 절충함.
●**임상**: 의학 연구 또는 병자 진료를 위해 병상에 임함.
●**닥싸귀**: 도꼬마리. 자잘한 가시가 있어 옷에 잘 달라붙는 잡초.
●**로스케**: 러시아 사람을 낮잡아 이르는 말.
●**시거**: 얇은 종이로 가늘게 말아 놓은 담배.
●**꺼삐딴**: 영어 '캡틴'의 러시아식 발음. 친소파에서 친미파로 변신한 이인국의 기회주의적 행태에 대한 비판이 담김.

---

01 이 글의 시점으로 적절한 것은?
① 전지적 작가 시점
② 1인칭 주인공 시점
③ 1인칭 관찰자 시점
④ 3인칭 관찰자 시점
⑤ 못 미더운 서술자의 시점

02 이 글의 '이인국'에 대한 서술자의 태도로 적절한 것은?
① '이인국'을 연민하며 동정하고 있다.
② '이인국'을 동경하며 경외하고 있다.
③ '이인국'을 비판적인 시각에서 바라보고 있다.
④ '이인국'을 평가하지 않고 객관적으로 서술하고 있다.
⑤ '브라운 씨'와 동일한 태도로 '이인국'을 바라보고 있다.

03 '이인국'의 인물 유형으로 적절하지 않은 것은?
① 전형적인 기회주의적 인물이다.
② 자신만 아는 이기주의적인 인물이다.
③ 본인의 과오를 후회하여 개과천선하는 입체적 인물이다.
④ 작품의 주인공으로 사건을 이끌어 가는 역할을 하는 주동 인물이다.
⑤ 의사임에도 불구하고 환자의 건강 회복보다는 돈과 명예를 중시하는 개성적인 인물이다.

04 ㉠~㉤에 드러난, 인물에 대한 서술자의 태도로 적절하지 **않은** 것은?

① ㉠: 국가와 민족보다는 자신의 이익만을 추구하는 이인국의 이기적인 태도를 비판하고 있다.

② ㉡: 상황에 따라 능수능란하게 변절하는 이인국의 기회주의적 태도를 냉소적으로 비꼬고 있다.

③ ㉢: 의사로서의 기본적인 직업 윤리 의식이 없는 이인국의 태도를 비판하고 있다.

④ ㉣: 힘든 상황에서도 오직 혈육에 대한 걱정에만 몰두하는 이인국의 모습에 연민을 보이고 있다.

⑤ ㉤: 민족적 수난기에 자신의 안녕과 이익만을 좇아 온 이인국과 같은 사회 지도층과 그들의 처세술을 풍자하고 있다.

[05~07] 다음 글을 읽고 물음에 답하시오.

[앞부분 줄거리] 복녀는 가난하지만 정직하고 계율 있는 집안에서 자랐기에 막연하게나마 도덕과 윤리 의식을 지니고 있었다. 고작 열다섯 살에 마을 홀아비에게 팔십 원에 팔려 시집을 가게 된 복녀는 무능하고 게으른 남편 때문에 칠성문[●] 밖 빈민굴에서 살게 된다.

복녀는 열아홉 살이었다. 얼굴도 그만하면 빤빤하였다. 그 동네 여인들의 보통 하는 일을 본받아서, 그도 돈벌이 좀 잘하는 사람의 집에라도 간간 찾아가면 매일 오륙십 전은 벌 수가 있었지만 ㉠선비의 집안에서 자라난 그는 그런 일은 할 수가 없었다.

㉡그들 부처[●]는 역시 가난하게 지냈다. 굶는 일도 흔히 있었다.

기자묘 솔밭에 송충이가 끓었다. 그때 평양부에서는 그 송충이를 잡는데 (은혜를 베푸는 뜻으로) 칠성문 밖 빈민굴의 여인들을 인부로 쓰게 되었다. 여인들은 모두가 지원을 하였다. 그러나 뽑힌 것은 겨우 오십 명쯤이었다. 복녀도 그 뽑힌 사람 가운데 한 사람이었다.

복녀는 열심으로 송충이를 잡았다. 소나무에 사다리를 놓고 올라가서는 송충이를 집게로 집어서 약물에 잡아넣고 또 그렇게 하고 그의 통은 잠깐 새에 차곤 하였다. 하루에 삼십이 전씩의 품삯이 그의 손에 들어왔다. (중략)

어떤 날 송충이를 잡다가 점심때가 되어서 나무에서 내려와서 점심을 먹고 다시 올라가려 할 때에 감독이 그를 찾았다.

"복네! 얘, 복네!"

"왜 그릅네까?"

그는 약통과 집게를 놓고 뒤로 돌아섰다.

"좀 오나라."

그는 말없이 감독 앞에 갔다.

"얘, 너, 음…… 데 뒤 좀 가 보자."

"뭘 하레요?"

"글쎄 가야……."

"가디요, 형님!"

그는 돌아서면서 부인들 모여 있는 데로 고함을 쳤다.

"형님두 갑세다."

[A] "싫다 얘, 둘이서 재미나게 가는데 내가 무슨 맛에 가갔니?"

ⓐ복녀는 얼굴이 새빨갛게 되면서 감독에게로 돌아섰다.

"가 보자."

감독은 저편으로 갔다. 복녀는 머리를 숙이고 따라갔다.

"복네 도캇구나."

뒤에서 이런 소리가 들렸다. 복녀의 숙인 얼굴은 더욱 빨갛게 되었다.

㉢그 날부터 복녀도 '일 안 하고 품삯을 많이 받는 인부'의 한 사람으로 되었다.

㉣복녀의 도덕관 내지 인생관은 그때부터 변하였다.

그는 여태껏 딴 사내와 관계를 한다는 것을 생각하여 본 일도 없었다. 그것은 사람의 일이 아니요 짐승의 하는 것쯤으로만 알고 있었다. 혹은 그런 일을 하면 탁 죽어지는 일로 알았다.

[B] 그러나 이런 이상한 일이 어디 다시 있을까. 사람인 자기도 그런 일을 한 것을 보면 그것은 결코 사람으로 못 할 일은 아니었다. 게다가 일 안 하고도 돈 더 받고, 긴장된 유쾌가 있고, 빌어먹는 것보다 점잖고…… 일본말로 하자면 '삼박자(拍子)' 같은 좋은 일은 이것뿐이었다. 이것이야말로 삶의 비결이 아닐까. 뿐만 아니라 이 일이 있은 뒤부터 그는 처음으로 한 개 사람으로 된 것 같은 자신까지 얻었다.

㉤그 뒤부터는 그의 얼굴에 조금씩 분도 발리게 되었다.

– 김동인, 〈감자〉

● 칠성문(七星門): 평양시 모란봉에 있는, 고구려 평양성의 내성 북문.
● 부처(夫妻): 남편과 아내. 부부.

05 ⊙~ⓜ에 대한 설명으로 적절하지 <u>않은</u> 것은?

① ⊙: 복녀가 조신하게 자랐기에 정조 관념을 가지고 있었기 때문이다.

② ⓛ: 복녀가 앞으로 겪게 될 도덕적 타락의 원인이 극심한 가난임을 암시한다.

③ ⓒ: 복녀가 송충이 잡는 힘든 일은 더 이상 하지 않고 매춘을 하면서 더 많은 돈을 벌게 되었음을 의미한다.

④ ⓔ: 서술자가 복녀의 생각이 변화했음을 직접적으로 제시하고 있다.

⑤ ⓜ: 복녀가 윤리적으로 타락한 자신의 과거를 뉘우치고 새로운 인생을 시작하였음을 의미한다.

06 [A]와 [B]의 서술 특징을 비교한 것으로 적절한 것은?

① [A]는 [B]보다 서술자와 독자의 거리가 더 멀다.

② [B]는 [A]보다 서술자와 인물의 거리가 더 멀다.

③ [B]는 [A]와 달리 서술자가 인물의 속마음을 알지 못한다.

④ [A], [B] 모두 서술자가 작품 안에서 인물의 행동을 전달해 준다.

⑤ [A], [B] 모두 서술자가 자신의 이야기를 전달하며 독자에게 신뢰감을 준다.

07 다음 설명을 읽고 '복녀'의 인물 유형이 무엇인지 쓰시오.

> 복녀는 가난하지만 계율 있는 집안에서 정직하고 정숙하게 자라났지만, 게으르고 무능한 남편과 결혼한 이후 극도로 빈곤한 환경에 처하게 되면서 도덕적으로 타락하고 매춘을 일삼게 되는 인물이다.

[08~10] 다음 글을 읽고 물음에 답하시오.

2019학년도 6월 평가원(변형)

[앞부분 줄거리] 어린 시절의 친구 은자를 주인공으로 한 소설을 발표했던 '나'는 어느 날 오랫동안 소식을 몰랐던 은자로부터 연락을 받는다.

다음날 아침 어김없이 은자의 전화가 걸려 왔다. 토요일이었다. 이제 오늘 밤과 내일 밤뿐이었다. 은자도 그것을 강조하였다.

"설마 안 올 작정은 아니겠지? 고향 친구 한번 만나 보려니까 되게 힘드네. 야, 작가 선생이 밤무대 가수 신세인 옛 친구 만나려니까 체면이 안 서데? 그러지 마라. 네 보기엔 한심할지 몰라도 오늘의 미나 박이 되기까지 참 숱하게도 넘어지고 또 넘어지고 했으니까."

그렇게 말할 만도 하였다. 고상한 말만 골라서 신문에 내고 이렇게 해야 할 것 아니냐, 저렇게 되면 곤란하다, 라고 말하는 게 능사인 작가에게 밤무대 가수 친구가 웬 말이냐고 볼멘소리를 해 볼 만도 하였다. 나는 아무런 대꾸도 할 수 없었다. 박은자에서 미나 박이 되기까지 그 애는 수없이 넘어지고 또 넘어진 모양이었다. 누군들 그러지 않겠는가. 부천으로 옮겨 와 살게 되면서 나는 그런 삶들의 윤기 없는 목소리를 많이 듣고 있었다. 딱히 부천이어서가 아니라 내가 부천 사람이어서 그랬을 것이었다. 창가에 붙어 앉아 귀를 모으고 있으면 지금이라도 넘어져 상처 입은 원미동 사람들의 이야기를 들을 수 있었다. 넘어졌다가 다시 일어나고, 또 넘어지는 실패의 되풀이 속에서도 그들은 정상을 향해 열심히 고개를 넘고 있었다. 정상의 면적은 좁디좁아서 아무나 디딜 수 있는 곳이 아니라는 엄연한 현실도 그들에게는 단지 속임수로밖에 납득되지 않았다. 설령 있는 힘을 다해 기어올랐다 하더라도 결국은 내리막길을 마주해야 한다는 사실 또한 수긍하지 않았다. 부딪치고, 아등바등 연명하며 기어 나가는 삶의 주인들에게는 다른 이름의 진리는 아무런 소용도 없는 것이었다. 그들에게 있어 인생이란 탐구하고 사색하는 그 무엇이 아니라 몸으로 밀어 가며 안간힘으로 두들겨야 하는 굳건한 쇠문이었다. 혹은 멀리 보이는 높은 산봉우리였다.

(중략)

일 년에 한 번씩 타인의 낯선 얼굴을 확인하러 고향 동네에 가는 일은 쓸쓸함뿐이었다. 이제는 그 쓸쓸함조차도 내 것으로 남지 않게 될 것이었다. 누구라 해도 다시는 고향으로 돌아가지 못할 것이었다. 고향은 지나간 시간 속에 있을 뿐이니까. 누구는 동구 밖의 느티나무로, 갯마을의 짠 냄새로, 동네를 끼고 흐르는 긴 강으로 고향을 확인하며 산다고 했다. 내게 남은 마지막 표지판은 은자인 셈이었다. 보이는 것들은, 큰오빠까지도 다 변하였지만 상상 속의 은자는 언제나 같은 모습이었다. 은자만 떠올리면 옛 기억들이, 내게 남은 고향의 모든 숨소리가 손에 잡힐 듯이 다가오곤 하였다. 허물어지지 않은 큰오빠의 모습도 그 속에 온전히 남아 있었다. 내가 새부천 클럽에 가서 은자를 만나 버리고 나면 그때부터는 어떤 표지판에 기대어 고향을 찾아갈 수 있을 것인지 정말 알 수 없었다.

은자의 지금 모습이 어떤지 나는 전혀 떠올릴 수가 없다. 설령 클럽으로 찾아간다 하여도 그 애를 알아볼 수 있을지 자신할 수도 없었다. 내 기억 속의 은자는 상고머리*에, 때 낀 목덜미를 물들인 박 씨의 억센 손자국, 그리고 터진 겨드랑이 사이로 내보이던 낡은 내복의 계집아이로 붙박여 있었다. 서른도 훨씬 넘은 중년 여인의 그 애를 어떻게 그려 낼 수 있는가. 수십 년 간 가슴에 품어 온 고향의 얼굴을 현실 속에서 만나고 싶지는 않다, 라고 나는 생각하였다. 만나 버린 뒤에는 내게 위안을 주었던 유년의 소설도, 소설 속의 한 시대도 스러지고야 말리라는 불안감을 떨쳐 버릴 수가 없었다. 그렇다 하더라도 이미 현실로 나타난 은자를 외면할 수 있을는지 그것만큼은 풀 수 없는 숙제로 남겨 둔 채 토요일 밤을 나는 원미동 내 집에서 보내고 말았다.

일요일 낮 동안 나는 전화 곁을 떠나지 못하였다. 이제 은자는 가시 돋친 음성으로 나의 무심함을 탓할 것이었다. 그녀의 질책을 나는 고스란히 받아들일 작정이었다. 나는 그 애가 던져 올 말들을 하나하나 상상해 보면서 전화를 기다렸다. 오전에는 그러나 한 번도 전화벨이 울리지 않았다.

– 양귀자, 〈한계령〉

* **상고머리**: 머리 모양의 하나. 앞머리만 길게 놓아두고 옆머리와 뒷머리를 짧게 깎은 모양.

08 이 글의 서술상 특징으로 가장 적절한 것은?

① 독백적 어조를 통해 인물의 내면 심리를 드러낸다.
② 장면에 따라 서술자가 변하면서 인물 간의 갈등을 다각적으로 조명한다.
③ 작품 밖에 존재하는 서술자가 인물의 말과 행동을 관조적으로 진술한다.
④ 서술자가 의문과 추측의 진술을 통하여 다른 인물에 대한 적대적 태도를 드러낸다.
⑤ 서술자가 모든 등장인물의 현재와 과거를 제시해 주므로 독자는 인물에 대해 상상할 필요성을 느끼지 못한다.

09 이 글에 대한 감상으로 적절하지 않은 것은?

① 선민: '나'는 은자에게 걸려온 전화를 받고 옛 기억들을 돌아보고 있어.
② 준현: '나'는 매년 고향에 가기는 하지만 자신이 바라는 모습의 고향을 만나지는 못하고 있어.
③ 예준: '나'는 은자와 관련한 옛 기억들 속에서 지금은 변해 버린 큰오빠의 좋았던 옛 모습을 떠올리고 있어.
④ 하랑: '나'는 거듭된 실패에도 불구하고 열심히 살아가는 은자를 보며 상처 입은 원미동 사람들을 떠올리고 있어.
⑤ 소희: 원미동 사람들은 하루하루를 건사하기 위해 아등바등 살기보다는 인생을 탐구하고 사색하려고 하는 이들이야.

10 '은자'에 대한 서술자의 태도로 가장 적절한 것은?

① 오랫동안 연락이 없던 은자에게 서운함을 느끼고 있다.
② 작가가 된 자신의 모습을 은자에게 자랑하고 싶어 한다.
③ 은자로부터 심리적 위안을 받으며 내적 갈등을 해소하고 있다.
④ 어린 시절 친구인 은자가 밤무대 가수가 된 것을 부끄러워하고 있다.
⑤ 은자를 만나고 싶지 않아 하면서도 은자의 전화를 기다리는 이중적인 태도를 보이고 있다.

03 서술상의 특징 ① _ 서술 방식, 서술자의 개입, 인물 제시 방법, 풍자와 해학

짚고 가요

서술 방식과 전개 속도

전개 속도는 소설에서 사건이 진행되는 속도를 말하는데, 서술자가 소설의 사건을 어느 정도로 서술하느냐에 따라 독자는 사건의 흐름을 빠르거나 느리게 느껴. 소설에서 서술자가 사건의 진행 과정을 짧게 정리하여 서술하면 독자는 이야기가 빨리 진행된다고 느끼고, 사건의 구체적인 양상을 인물들의 대화나 묘사(심리 묘사 포함) 등을 통해 자세하고 구체적으로 서술하면 독자는 이야기가 느리게 진행된다고 느끼겠지?

개념 콕 1 이 글의 서술 방식에 대한 설명으로 알맞은 것은?

① 대화를 통해 인물의 삶이 제시된다.

② 서술자가 직접 자신의 과거를 요약하여 전달한다.

③ '그녀'의 가치관이 서술자의 서술을 통해 드러난다.

개념을 품은 기출 선택지

• 추측을 포함한 **요약적 진술**로 사건의 경과를 드러내어 현재 상황에 대한 이해를 돕고 있다. (2018. 06. 평가원)
• 독자를 언급하여 **서술자의 개입**을 드러내고 있다. (2019 수능)
• [A]와 [B]는 모두 인물들 간의 **대화**를 통해 인물들 사이의 갈등을 제시하고 있다. (2016 수능)
• ⓜ에서는 인물의 **외양 묘사**를 통해 그 인물의 심리를 드러내고 있다. (2015 수능)

1 서술 방식

서술 방식은 서술자가 독자에게 인물, 갈등, 배경 등의 내용을 전달하는 방식이다. 서술 방식의 종류에는 서술, 묘사, 대화가 있다. 같은 이야기라도 어떤 서술 방식으로 전달하느냐에 따라 전개 **❶** 가 달라진다.

(1) 서술

서술자가 독자에게 인물의 내면, 사건, 배경 등을 직접 설명하는 방식이다. 쉽게 말하면 묘사와 대화가 아닌 것은 모두 서술이다.

• **요약적 제시:** 서술자가 인물의 내면이나 과거의 사건 등 핵심적인 내용을 요약하여 전달하는 서술 방식이다. ➔ 분량의 제약으로 긴 시간에 걸쳐 벌어진 사건을 모두 서술하기 어려울 때 사용됨.

> ┌ 악착 같이 돈을 추구하며 사는 인물
> ⊙서울 여자⊙에겐 돈이다. 그녀가 경영하고 있는 음식점 출입문을 들어서는 사람들은 모조리 그녀에겐 돈으로 뵌다. (중략) 미친 듯 돈을 벌어서, 가랑이를 찢어 내던 어린 시절의 배고픈 기억을 보란 듯이 보상받고 싶은 게 그녀의 욕심이다. 물론 남자 없이 혼자 지새워야 하는 밤이 그녀의 부대 자루 같은 살덩이를 이따금 서럽게 만들기도 한다.
> └ 몹시 가난한 살림을 비유적으로 표현한 관용어
> 하지만 그녀는 두 아들을 끔찍이 사랑했다. 소중한 두 아들과 또 그들을 행복하게 만드는 데에 쓰일 돈, 그 두 가지만 있으면 과부인 그녀의 삶은 그런대로 만족할 것도 같다.
> └ 그녀가 소중하게 여기는 두 대상을 '아들'과 '돈'으로 요약해 제시함.
>
> ➔ 서울 여자의 과거 행적을 하나하나 보여 주는 대신, 서술자가 그녀의 과거(가난했음, 과부임)를 요약하여 제시함.　　　📖 창비 | 임철우, 〈사평역〉

• **의식의 흐름 기법(=자동기술법):** 한 인물의 머릿속에 떠오르는 생각이나 기억, 마음에 스치는 느낌을 아무런 제한 없이 의식의 흐름대로 서술하는 방식이다. 따라서 서술에 논리적 순서가 없으며 사건의 ❷ 이 중요시되지 않는다.

> └ 별다른 목적 없이 경성을 배회하며 삶의 의미를 탐색하는 인물
> ⓐ구보는 눈을 떨어뜨려, 손바닥 위의 다섯 닢 동전을 본다. 그것들은 공교롭게도 모두
> └'구보'의 의식의 흐름 ① – 동전에 관해 서술함. └동전 다섯 닢의 발행 연도를 모두 더한 것
> 가 뒤집혀 있었다. 대정(大正) 12년. 11년. 11년. 8년. 12년. 대정 54년 一, 구보는 그 숫
> └다이쇼를 한자로 읽은 것. 대정 12년은 1923년임.
> 자에서 어떤 한 개의 의미를 찾아내려 들었다. 그러나 그것은 부질없는 일이었고, 그리
> 고 또 설혹 그것이 무슨 의미를 가지고 있었다 하더라도, 그것은 적어도 '행복'은 아니
> 었을 게다. └'구보'의 의식의 흐름 ②– 동전에 쓰인 숫자의 의미를 생각함.
> 차장이 다시 그의 옆으로 왔다. 어디를 가십니까. 구보는 전차가 향하여 가는 곳을
> 바라보며 문득 창경원에라도 갈까, 하고 생각한다. └'구보'의 의식의 흐름 ③ – 목적지를 생각함.
> ➡ 특정한 사건이 제시되지 않고, 경성을 배회하는 '구보'의 의식(생각)의 흐름에 따라 내용이 전개됨.
> 📖 금성, 미래엔, 지학사 | 박태원, 〈소설가 구보 씨의 일일〉

(2) 묘사

배경, 인물, 사건 등을 그림 그리듯이 구체적으로 표현하는 방식이다. 묘사를 통해 대상을 ❸ 이고 구체적으로 표현함으로써 독자들에게 생생하고 사실적인 이미지를 전달할 수 있다.

> ( ): 마을의 풍경 묘사
> (삼팔 접경의 이 북쪽 마을은 드높이 갠 가을 하늘 아래 한껏 고즈넉했다.
> └배경: 한국 전쟁 당시 남북이 대치하는 삼팔선 부근의 마을
> 주인 없는 집 봉당°에 흰 박통°만이 흰 박통만을 의지하고 굴러 있었다.)
> (어쩌다 만나는 늙은이는 담뱃대부터 뒤로 돌렸다. 아이들은 또 아이들대로 멀찍이서
> └( ): 국군이 들어오자 두려워하는 마을 사람들의 모습 묘사
> 미리 길을 비켰다. 모두 겁에 질린 얼굴들이었다.)
> ➡ 마을의 풍경과 인물들을 묘사함으로써 고요하면서도 불길한 분위기를 생생하게 전달함.
> – 황순원, 〈학〉
> ♦ **봉당:** 안방과 건넌방 사이의 마루 놓을 자리를 흙바닥 그대로 둔 곳.   ♦ **박통:** 타지 않은 통째로의 박.

(3) 대화

대화는 소설 속 등장인물들이 주고받는 말이다. 대화의 방식으로 서술하면, 인물의 ❹ 과 개성을 잘 드러낼 수 있고, 사건을 장면화하여 제시함으로써 이야기의 사실성을 높일 수 있다. └'대화'는 서술하는 바로 그 시점에서 발생하기 때문에 영화의 한 장면을 보듯 사건의 모습을 떠올리게 된다.

> "참, 그런데 김옥임 여사가 무어라지 않습니까?"
> └정례의 친구. 돈 욕심이 강해 정례에게서 돈을 뜯어내려 함.
> 그만 일어설 줄 알았던 교장은 담배를 붙여 새판으로 말을
> └김옥임과 협력 관계임.
> 꺼낸다. / "왜 무어라구 해요?"
> └김옥임이
> 정례 모녀는 무슨 말이 나오려는지 벌써 알아차리고 입이 삐죽하여졌다.
> └불만스러운 마음의 표현
> "글쎄, 그 이십만 원 조건을 대지루구 날더러 예서 받아가려니, 그래 어떻게들 이야기
> └김옥임에게서 자신이 받을 이십만 원을, 정례 모녀에게 달라고 하는 교장
> 가 귀정이 났나요?"
> 영감의 말이 떨어지기가 무섭게 정례는 잔뜩 벼르고 있었던 듯이 모친의 앞장을 서서
> 가로 탄한다.
> "교장 선생님! 그따위 경위 없는 말이 어디 있어요? 그건 요나마 우리 가게를 판들어
> └정례 모녀와 교장의 갈등이 드러남. 또한 김옥임과 정례 모녀의 갈등 관계도 드러남.
> 먹게 하구 말겠단 말이지 뭐예요?"
> ➡ 대화를 통해 '교장↔정례 모녀↔옥임'의 갈등이 드러남.
> – 염상섭, 〈두 파산〉

📙 **궁금해요**

🙋 의식의 흐름 기법이 쓰인 소설에는 무엇이 있나요?

👩‍🏫 의식의 흐름 기법은 정신적 혼란을 겪는 인물의 내면을 표현할 때 자주 쓰여. 대표적 작품으로 박태원의 〈소설가 구보 씨의 일일〉, 이상의 〈날개〉, 오상원의 〈유예〉가 있어. 🔗135쪽
🔗 147쪽

개념➕ 묘사의 방법

좀 더 효과적으로 묘사하기 위해 "산 허리는 온통 메밀밭이어서 피기 시작한 꽃이 소금을 뿌린 듯이 흐뭇한 달빛에 숨이 막힐 지경이다." (이효석, 〈메밀꽃 필 무렵〉)에서처럼 비유적 표현을 활용하기도 한다.

개념
🔑**2** 이 글의 서술 방식에 대한 설명으로 적절하지 않은 것은?

① 서술자가 마을의 풍경을 그림처럼 제시한다.
② 마을 사람들의 행동을 묘사해 긴장감을 조성한다.
③ 마을의 고즈넉함과 활기찬 분위기를 묘사를 통해 대비한다.

개념
🔑**3** 이 글의 서술 방식에 대한 설명으로 알맞은 것은?

① 사건의 경과를 요약하여 제시한다.
② 인물 간의 대화를 통해 '옥임'과 '정례 모녀'의 갈등이 드러난다.
③ '교장'이 독자들에게 '옥임'과 '정례 모녀' 사이의 갈등을 설명하고 있다.

빈칸 답 ❶ 속도 ❷ 인과성 ❸ 감각적
❹ 성격
🔑 2 ③ 3 ②

Ⅲ 현대 소설

❷ 서술자의 개입

- 뜻: 인물의 심리나 사건의 정황을 모두 아는 작품 밖의 ❺[ ] 작가 시점의 서술자가 작품 속 사건에 개입하여 자신의 입장이나 생각을 드러내는 서술 방식이다.
- 주로 ❻[ ] 소설에 많이 등장하는 서술 방식이다.

◉ 서술자 개입의 유형

㉠ 서술자가 인물에 대한 평가를 직접 내리는 경우

> ┌ 일제 강점기에 자신의 이익만을 챙기려는 인물
> "해가 서쪽으서 뜨겄구나?" / 윤 직원 영감은 아들의 이렇듯 부르지도 않은 걸음을,
> ─ 아들(윤 주사)가 못마땅한 윤 직원
> 더욱이나 안방에까지 들어온 것을 이상타고 꼬집는 소립니다.
> "……멋하러 오냐? 돈 달라러 오지?" (중략)
> 지체를 바꾸어 윤 주사를 점잖고 너그러운 아버지로, 윤 직원 영감을 속 사납고 경망
> ─ 아들 윤 주사와 아버지 윤 직원을 평가하는 서술자의 목소리가 직접 드러남.
> 스런 어린 아들로 둘러놓았으면 꼬옥 맞겠습니다.
>
> ❺ 윤 주사와 윤 직원의 반대되는 성격, 이 둘에 대한 서술자의 평가가 직접 제시됨.　[교] 동아, 지학사, 천재(박), 해냄 [비] 비상, 지학사 | 채만식, 〈태평천하〉

㉡ 서술자가 작중 상황을 판단하여 의견을 밝히는 경우

> ┌ 두메산골에 살다가 도시의 막내아들 집에 온 인물
> 화산댁이는 참다 못해 조심조심 더듬어 부엌으로 내려갔다. 부엌에서 다시 더듬어
> 밖으로 나갔다. 비는 그쳤고 갈라진 구름 사이로 별이 보였다. (뒷간이 있음직한 곳을
> ─ 화장실
> 이리저리 찾았으나 없었다. 집을 두 바퀴나 돌았으나 뒷간은 역시 없었다.) 대체 적산집*
> ( ): 아들의 집이, 화장실이 밖에 있는 시골집과 달라 애를 먹는 화산댁이의 모습
> 뒷간이 밖에 있을 리가 없다. ❺□: 서술자가 직접 상황에 대한 판단을 내림.　– 오영수, 〈화산댁이〉
>
> ● 적산집: 해방 뒤에 일본인이 물러가면서 우리나라에 남겨 놓고 간 집. 적산(敵産)은 자기 나라나 점령지 안에 있는 적국(敵國)의 재산을 의미함.

㉢ 서술자가 상황이나 인물로부터 느낀 자신의 감정을 드러내는 경우

> ─ 친척들
> 한림은 즉시 일가들에게 통지하여 아침에 모두 사당 아래로 모이게 했다.
> ─ 이유: 못된 둘째 부인 '교 씨'의 꾀임에 속은 한림이, 정숙한 '사 씨' 부인을 쫓아내겠다고 친척들에게 알리기 위해
> 아아! 유 소사는 지하에서 일어날 수 없고 두 부인도 만 리나 멀리 떠났으니, 누가 한
> ─ 사 씨를 아끼던, 한림의 고모부
> 림의 뜻을 돌릴 수 있겠는가? 　　　❺ 사 씨를 내치려는 한림의 행동을 말릴 수 없는 상황에
> 한림의 어리석은 판단에 대한 서술자의　　　대한 서술자의 안타까움과 한탄이 드러남.
> 안타까움이 직접 드러남.　　　[교] 비상(박영), 천재(박) [비] 신사고, 천재(김) | 김만중, 〈사씨남정기〉

㉣ 서술자가 독자에게 말을 건네는 경우

> ( ): 서술자가 독자에게 직접 말을 건네 서술 내용에 관해 설명함.
> (영신과 주재소 주임 사이에 주고받은 대화나 그밖의 이야기는 기록하지 않는다. 그러나 호출한 요령*만 따서 말하면,) '첫째는 예배당이 좁고 오래되어 위험하니 아동을 팔십 명 이외에는 한 사람도 더 받지 말라는 것과, 둘째는 기부금을 내라고 돌아다니며 너무 강제 비슷하게 청하면 법률에 저촉이 된다'는 것을 단단히 주의시키는 것이었다.
> 　　　　　　　　　　　　　　　　　　　　　　– 심훈, 〈상록수〉
>
> ● 요령(要領): 가장 긴요하고 으뜸이 되는 골자나 줄거리.

개념
4 이 글의 서술 방식에 대한 설명으로 적절하지 **않은** 것은?

① 서술자가 자신의 의견을 독자에게 말하고 있다.
② 서술자가 단순히 사건을 전달하는 역할만 하고 있다.
③ 서술자가 마치 판소리의 창자(唱者)와 같은 역할을 하고 있다.

개념
🔑5 이 글에 대한 설명으로 적절한 것은?

① 서술자가 독자에게 말을 건네고 있다.
② 서술자가 인물의 성격을 직접 제시하고 있다.
③ 서술자는 적산집의 화장실이 밖에 있지 않고 집 안에 있음을 알고 있다.

📖 궁금해요

👦 '서술자의 개입'과 '편집자적 논평'은 다른 개념인가요?

👧 어떤 책에서는 '서술자의 개입'이라고 하고, 어떤 책에서는 '편집자적 논평'이라고 표현해서 헷갈린 모양이구나. '편집자적 논평'은 서술자의 개입에 속하는 하나의 유형이야. 서술자가 인물이나 상황에 대해 판단·평가해서 의견을 밝히는 경우지.

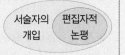

서술자의 개입은 워낙 폭넓은 개념이고, 시험에서 보는 서술자의 개입은 대부분 편집자적 논평이야. 그러니 우리는 둘을 나눠서 생각하지 않아도 돼.

❸ 인물 제시 방법

(1) 직접 제시(=말하기, ❼ [　　　] 제시)
Telling

- **뜻**: 서술자가 인물의 성격이나 심리를 직접적으로 설명하는 방법이다.
- **효과**: 독자에게 인물의 성격이나 심리를 정확하게 전달할 수 있다.
- **단점**: 독자의 ❽ [　　　]을 제한하고 이야기의 자연스러운 진행을 방해할 수 있다.

> 　　창섭의 아버지는 근검(勤儉)으로 근방에 소문난 영감이다. 그러나 자기 대에 와서는 밭 하루갈이˚도 늘리지는 못한 것으로도 소문난 영감이다.
>
> ↪ 서술자가 소문을 활용해 '창섭의 아버지'의 성격을 직접적으로 설명함.　　　　　　　　📘 신사고 | 이태준, 〈돌다리〉
>
> ˚**하루갈이**: 소를 데리고 하루낮 동안에 갈 수 있는 밭의 넓이.

(2) 간접 제시(=보여 주기, ❾ [　　　] 제시)
Showing

- **뜻**: 인물의 말과 행동, 묘사를 통해 인물의 성격이나 심리를 간접적으로 드러내는 방법이다.
- **효과**: 직접 제시에 비해 생생한 느낌을 자아내고 독자가 자유롭게 상상할 수 있는 여지를 주며 극적인 효과를 낼 수 있다.
- **단점**: 독자가 인물의 말과 행동만 보고 판단해야 하므로 인물의 성격을 오해할 수 있다.

> ┌ 권 씨. 전과자의 신분으로, 생활 능력이 부족한 인물
> 　　나는 내심 그의 입에서 끈끈한 가래가 묻은 소리가, 이를테면, 오 선생 너무하다든가 잘 먹고 잘 살라든가 하는 말이 날아와 내 이마에 탁 눌어붙는 순간에 대비하고 있었는
> '나'가 이렇게 생각한 이유: 아내의 수술비를 빌려 달라는 '그(권 씨)'의 부탁을 '나'가 거절했기 때문에
> 지도 모른다. 그래서 그가 갑자기 돌아서면서 나를 똑바로 올려다봤을 때 그처럼 흠칫
> 부탁을 거절한 것이 미안했기 때문임.
> 놀랐을 것이다.
> 　　"오 선생, 이래 봬도 나 대학 나온 사람이오."
> '그'가 자존심이 매우 강한 인물이라는 것을 보여 주는 말
> 　　그것뿐이었다. 내 호주머니에 촌지를 밀어 넣던 어느 학부형같이 그는 수줍게 그 말만 건네고는 언덕을 내려갔다.　　　　↪ '그'의 말을 통해 자존심이 강한 성격을 간접 제시함.
>
> 　　　　　　　　　　📘 비상(박안), 천재(이) | 윤흥길, 〈아홉 켤레의 구두로 남은 사내〉

❹ 풍자와 해학

　　풍자는 서술자가 부정적으로 보는 인물이나 사회 현실을 과장하거나 왜곡하여 우스꽝스럽게 표현함으로써 간접적으로 ❿ [　　　]하는 서술 방식이다. 해학은 대상을 우스꽝스럽게 표현하여 독자가 대상에게 호감과 연민을 느끼게 하는 서술 방식이다.

> 　　　　　　　　┌ 지식이 부족하면서 틈만 나면 유식한 척하는 인물
> 　　결혼한 지 한 달도 되지 않았는데 비읍은 십 년 넘게 마누라를 호령하며 살아온 사람처럼 굴었다. (중략) 그리고 그 부인이 내온 음료수가 비읍에게 새로운 별명을 선사했다.
> 　　"내가 산 건 백 퍼센트 천연 무가당 오렌지 주스였단 말야. 그런데 그게 언제 오렌지 맛 음료로 바뀌었는지 모르겠어. 정말 환상적인 부부야."
> 오렌지 맛 음료보다 비쌈.　　　　　　　비읍 아내의 인색함이 웃음을 자아냄.
> 　　(일동은 그의 집을 빠져나오는 순간부터 그를 당분간 '오렌지 맛'이라고 부르기로 만장일치로 합의했다. 백 퍼센트 오렌지 주스를 혼자 마시고 있을 그의 부인은 '오렌지 부인'으로 부르기로 했고.) ( ): 인색한 비읍과 비읍의 부인에게 별명을 붙여 웃음을 자아냄. → 조롱이나
> 　　　　　　　　　　　　냉소가 아니라, 애정이 담긴 따뜻한 웃음임.
>
> ↪ 인색한 '비읍'과 그 부인을 해학적으로 표현함.　　　　　　　－ 성석제, 〈오렌지맛 오렌지〉

개념
콕 **6** 이 글의 서술 방식에 대한 설명으로 적절하지 **않은** 것은?

① 서술자가 '창섭의 아버지'의 성격을 직접 제시하고 있다.
② 서술자가 인물에 대한 자신의 감정을 직접 드러내고 있다.
③ 서술자가 인물의 성격을 독자에게 정확하게 전달하고 있다.

개념
콕 **7** 이 글의 서술 방식에 대한 설명으로 적절한 것은?

① '나'가 '그'의 성격을 직접 설명한다.
② 작품 밖의 서술자가 '그'의 말을 분석하여 평가를 내린다.
③ '그'의 말을 통해 독자들이 '그'의 성격을 짐작하게 한다.

궁금해요

 '풍자'와 '해학'이 헷갈려요.

풍자와 해학 모두 웃음을 불러일으킨다는 점에서 비슷하지만, '풍자'가 대상을 부정적인 시선으로 보고 웃음을 통해 비판하는 것이 목적이라면, '해학'은 대상을 애정과 연민의 시선으로 바라보며 웃음을 유발하는 것이 목적이야.

빈칸 답 ❼ 전지적 ❻ 고전 ❼ 분석적
❽ 상상력 ❾ 극적 ❿ 비판
콕 4 ② 5 ③ 6 ② 7 ③

III
현대
소설

확인 문제

✔ 바로바로 간단 체크

1 괄호 안에 들어갈 알맞은 말을 쓰시오.

(1) (ㅁㅅ)란 어떤 장면을 생생하게 그림 그리듯이 전달해 주는 방식으로, 독자에게 생동감을 주고 감각적 정서를 불러일으킨다.

(2) (ㅇㅇㅈㅈㅅ)는 서술자가 사건의 중요한 내용만 간추려서 설명해 주는 방식으로, 사건의 정황을 압축하여 간단하게 전달해 준다는 특징이 있다.

(3) 한 인물의 생각이나 느낌을 아무런 제한이나 제재 없이 의식이 흐르는 대로 자연스럽게 서술하는 방법을 (ㅇㅅㅇㅎㄹ) 기법이라고 한다.

2 다음 설명이 맞으면 O표, 틀리면 ✕표를 하시오.

(1) 묘사, 대화, 서술 등 서술 방식은 사건의 전개 속도와 관련이 없다. ( )

(2) 대화는 사건과 갈등 양상을 드러낼 뿐만 아니라 인물의 성격을 간접적으로 제시한다. ( )

(3) 서술자의 개입은 서술자가 사건에 개입하여 자신의 입장이나 생각을 드러내거나 독자에게 말을 건네는 것을 뜻한다. ( )

3 다음의 각 인물 제시 방법에 해당하는 것을 〈보기〉에서 찾아 그 기호를 쓰시오.

(1) 직접 제시
(2) 간접 제시

┌─ 보기 ─────────────────────────────
○ 독자의 상상력을 제한할 수 있다.
○ '말하기(telling)', '분석적 제시'라고도 한다.
○ '보여 주기(showing)', '극적 제시'라고도 한다.
○ 독자가 인물의 성격과 상황을 오해할 수도 있다.
○ 독자에게 인물의 성격이나 심리를 정확하게 전달할 수 있다.
└────────────────────────────────────

[01~03] 다음 글을 읽고 물음에 답하시오.

📖 비상(박안) 📖 창비

가 대구에서 서울로 올라오는 차중에서 생긴 일이다. 나는 나와 마주 앉은 그를 매우 흥미 있게 바라보고 또 바라보았다. 두루마기 격으로 기모노를 둘렀고 그 안에선 옥양목*저고리가 내어 보이며, 아랫도리엔 중국식 바지를 입었다. 그것은 그네들이 흔히 입는 유지 모양으로 번질번질한 암갈색 피륙으로 지은 것이었다. 그리고 발은 감발*을 하였는데 짚신을 신었고, 고부가리*로 깎은 머리엔 모자도 쓰지 않았다. 우연히 이따금 기묘한 모임을 꾸민 것이다. (중략) 나는 쌀쌀하게 그의 시선을 피해 버렸다. 그 주적대는 꼴이 어줍잖고 밉살스러웠음이다.

나 그때 나는 그의 얼굴이 웃기보다 찡그리기에 가장 적당한 얼굴임을 발견하였다. 군데군데 찢어진 경성드뭇한 눈썹이 알알이 일어서며 아래로 축 처지는 서슬에 양미간에는 여러 가닥 주름이 잡히고 광대뼈 위로 뺨 살이 실룩실룩 보이자 두 볼은 쪽 빨아 든다. 입은 소태*나 먹은 것처럼 왼편으로 삐뚤어지게 찢어 올라가고, 조이던 눈엔 눈물이 괴인 듯 삼십 세밖에 안 되어 보이는 그 얼굴이 십 년가량은 늙어진 듯하였다. 나는 그 신산(辛酸)스러운* 표정에 얼마쯤 감동이 되어서 그에게 대한 반감이 풀려지는 듯하였다.

다 그러자 그의 신세타령의 실마리는 풀려 나왔다. 그의 고향은 대구에서 멀지 않은 K군 H란 외딴 동리였다. 한 백 호 남짓한 그곳 주민은 전부가 역둔토*를 파먹고 살았는데, 역둔토로 말하면 사삿집* 땅을 부치는 것보다 떨어지는 것이 후하였다. 그러므로 넉넉지는 못할망정 평화로운 농촌으로 남부럽지 않게 지낼 수 있었다. 그러나 세상이 뒤바뀌자 그 땅은 전부가 동양 척식 회사*의 소유에 들어가고 말았다. 직접으로 회사에 소작료를 바치게나 되었으면 그래도 나으련만 소위 중간 소작인이란 것이 생겨나서 저는 손에 흙 한번 만져 보지도 않고 동척*엔 소작인 노릇을 하며, 실작인*에게는 지주 행세를 하게 되었다. 동척에 소작료를 물고 나서 또 중간 소작인에게 긁히고 보니, 실작인의 손에는 소출의 삼 할도 떨어지지 않았다. 그 후로 '죽겠다', '못 살겠다' 하는 소리는 중이 염불하듯 그들의 입길에서 오르내리게 되었다. 남부여대*하고 타처로 유리하는 사람만 늘고, 동리는 점점 쇠진해 갔다.

[중간 줄거리] '그'는 자신의 사정을 계속해 이야기한다. 일제에게 땅을 빼앗긴 그는 가난을 피해 서간도*로 이사를 갔으나 아버지와 어머니를 잃고 매우 비참한 삶을 살았다. 그리고 오랜만에 고향에 돌아와 폐허가 된 마을의 모습, 과거 인연이 있던 여인의 안타까운 모습을 본 이야기를 전한다.

라 "암만 사람이 변하기로 어째 그렇게도 변하는기오? 그 숱 많던 머리가 훌렁 다 벗어졌더라. 눈은 푹 들어가고 그 이들이들하던 얼굴빛도 마치 유산*을 끼얹은 듯하더라."

"서로 붙잡고 많이 우셨겠지요."

"눈물도 안 나오더라. 일본 우동집에 들어가서 둘이서 정종만 열 병 따려 누이고 헤어졌구마."

하고 가슴을 짜는 듯이 괴로운 한숨을 쉬더니만 ㉠그는 지난 슬픔을 새록새록이 자아내어 마음을 새기기에 지치었음이더라.

마 내 또한 너무도 참혹한 사람살이를 듣기에 쓴 물이 났다.

"자, 우리 술이나 마저 먹읍시다."

하고 우리는 주거니 받거니 한뒷 병을 다 말리고 말았다. 그는 취흥에 겨워서 우리가 어릴 때 멋모르고 부르던 노래를 읊조리었다.

볏섬이나 나는 전토*는 / 신작로*가 되고요 —.
말마디나 하는 친구는 / 감옥소로 가고요 —.
담뱃대나 떠는 노인은 / 공동묘지 가고요 —.
인물이나 좋은 계집은 / 유곽*으로 가고요 —.

– 현진건, 〈고향〉

* 옥양목: 생목보다 발이 고운 무명. 빛이 썩 희고 얇다.
* 감발: 버선이나 양말 대신 발에 감는 좁고 긴 무명천.
* 고부가리: 머리를 짧게 깎음. 또는 그 머리를 뜻하는 일본어.
* 소태: 소태나무의 껍질. 맛이 매우 씀.
* 신산스럽다: 보기에 사는 것이 힘들고 고생스러운 데가 있다.
* 역둔토(驛屯土): '역토(역에 딸린 땅)'와 '둔토(지방에 주둔한 군대 경비를 충당하기 위한 땅)'를 아울러 이르는 말.
* 사삿집(私私-): 개인 소유의 집.
* 동양 척식 회사: 동양 척식 주식회사. 1908년 일제가 조선의 토지와 자원을 수탈할 목적으로 설치한 식민지 착취 기관.
* 동척: 동양 척식 주식회사의 준말.   * 실작인: 실제로 농사짓는 소작인.
* 남부여대(男負女戴): 남자는 지고 여자는 인다는 뜻으로, 가난한 사람들이 살 곳을 찾아 떠돌아다님을 비유적으로 이르는 말.
* 서간도: 백두산 부근의 만주 지방으로 압록강 너머 지역이 이에 해당함.
* 유산: 황산의 옛말.   * 전토: 논과 밭.
* 신작로: 자동차가 다닐 수 있을 정도로 넓게 새로 낸 길.
* 유곽: 창녀들이 모여서 몸을 팔던 집이나 그 구역.

---

01 (가)~(마)의 서술상 특징으로 적절하지 <u>않은</u> 것은?

① (가): 인물의 외양 묘사를 통해 그 인물이 살아온 내력을 보여 주고 있다.

② (나): 간접 제시의 방법으로 독자가 인물에 대해 상상하게끔 하고 있다.

③ (다): 사건을 요약적으로 제시하고 있다.

④ (라): 대화를 통해 사건을 전달하고 있으며 말투를 통해 인물의 개성이 드러나고 있다.

⑤ (마): 노래의 가사를 통해 당대 조선의 민중들이 처한 현실을 해학적으로 표현하고 있다.

02 ㉠에 대한 설명으로 적절한 것은?

① '그'의 의식의 흐름대로 서술된 부분이다.

② '그'가 자신의 지친 심정을 직접 드러내고 있다.

③ 서술자가 자신의 지친 심정을 직접 드러내고 있다.

④ '그'의 행동에 대한 서술자의 판단을 직접 드러내고 있다.

⑤ '그'와 '나'의 대화를 통해 '그'의 심리가 간접적으로 제시되어 있다.

03 '그'에 대한 '나'의 태도가 크게 바뀌었음을 가장 잘 보여 주는 행동이 무엇인지 10자 내외로 쓰시오.

[04~05] 다음 글을 읽고 물음에 답하시오.   📖 지학사

'박제*'가 되어 버린 천재'를 아시오? 나는 유쾌하오. 이런 때 연애까지가 유쾌하오.

육신이 흐느적흐느적하도록 피로했을 때만 정신이 은화*처럼 맑소. 니코틴이 내 횟배 앓는 뱃속으로 스미면 머릿속에 으레 백지가 준비되는 법이오. 그 위에다 나는 위트와 패러독스를 바둑 포석처럼 늘어놓소. 가공할 상식의 병이오.

나는 또 여인과 생활을 설계하오. 연애 기법에마저 서먹서먹해진, 지성의 극치를 흘깃 좀 들여다본 일이 있는, 말하자면 일종의 정신 분일자(精神奔逸者)말이오. 그런 생활 속에 한 발만 들여놓고 흡사 두 개의 태양처럼 마주 쳐다보면서 낄낄거리는 것이오. 나는 아마 어지간히 인생의 제행*이 싱거워서 견딜 수가 없게끔 되고 그만둔 모양이오. 굿바이.

– 이상, 〈날개〉

* 박제: 동물의 가죽을 곱게 벗기고 썩지 아니하도록 한 뒤에 솜이나 대팻밥 따위를 넣어 살아 있을 때와 같은 모양으로 만든 물건.
* 은화: 은으로 만든 돈.
* 제행: 깨달음에 도달하기 위하여 몸, 입, 뜻으로 행하는 모든 선행.

---

04 이 글의 서술상 특징으로 적절한 것은?

① 인과성을 띤 진술로 상황에 사실성을 부여한다.

② 과거와 현재를 대비하여 사건을 다각도로 제시한다.

③ '나'와 아내의 대화를 통해 인물의 내적 갈등을 드러낸다.

④ 의식의 흐름 기법을 통해 인물의 분열된 내면 심리를 보여 준다.

⑤ 비현실적인 시·공간을 배경으로 설정하여 몽환적인 분위기를 조성한다.

05 〈보기〉를 참고할 때, 이 소설에 대한 감상으로 적절하지 <u>않</u>은 것은?

┤ 보기 ├

　이상의 〈날개〉는 1930년대 식민지 경성을 배경으로 근대화된 물질 사회의 어두운 면을 그린 작품이다. 이 글의 '나'는 몸을 팔아서 생계를 유지하는 아내에게 빌붙어 사는 지식인으로 아내가 주는 동전을 모은 저금통을 변소에 빠트릴 만큼 돈에 관심이 없다.
　어느 날 '나'는 아내가 다른 남자와 잠자리를 하는 모습을 목격한다. 아내는 그런 '나'에게 약을 먹이는데, '나'는 그 약이 두통약이 아닌 수면제라는 사실에 충격을 받고 집을 나선다. '나'는 백화점 옥상에 올라가 자신의 삶을 되돌아본다. 정오를 알리는 사이렌이 울리자 '나'는 의식이 깨어난 느낌을 받으며 날개가 돋기를 간절히 바란다.

① '나'는 근대화된 식민지 사회에 적응하지 못하는 지식인이라 할 수 있군.

② '나'의 아내는 물질 중심의 사회 속에서 자신의 몸을 팔아서라도 생계를 유지하려 하고 있어.

③ 저금통을 변소에 빠트리는 '나'의 행동은 '나'가 근대화된 물질 문명에 적응하지 못함을 의미하는 것 같아.

④ '박제가 되어 버린 천재'는 근대화된 식민지 사회에서 자유롭게 뜻을 펼치지 못하는 '나'를 가리키는 말인 거 같아.

⑤ 돈이 중시된 사회 속에서 방황하는 주인공 '나'의 내면을 표현하기 위해 이 소설은 논리적이고 인과성이 잘 드러나는 표현 방식을 취하고 있어.

[06~08] 다음 글을 읽고 물음에 답하시오.

　　　　　　　　　　　　　2011학년도 수능(변형)

[앞부분 줄거리] 어느 여름 저녁에 '나'는 '철'에게서 전쟁 때 북한군 포로로 잡혀 이송되었던 형과 동생의 이야기를 듣는다. 다음은 '철'이 '나'에게 해 준 이야기이다.

　형은 또 울었다. 밤이 깊도록 어머니까지 불러 가며 엉엉 소리 내어 울었다.
　동생도 형 곁에서 남모르게 소리를 죽여 흐느껴 울었다. 그저 형의 설움과 울음을 따라 울 뿐이었다. 동생도 이렇게 울면서 어쩐지 마음이 조금 흐뭇했다.
　이날 밤의 감시는 밤새도록 엄했다.

　바깥은 첫눈이 흩날리고 있었다.
　⊙형은 울음을 그치고 불쑥,
　"야하, 눈이 내린다, 눈이, 눈이. 벌써 겨울이 다 됐네."
　물론 감시병들의 감시가 심하니까 동생의 귀에다 입을 대지도 않고 이렇게 혼잣소리처럼 지껄였다.
　"저것 봐, 저기 저기, 에에이, 모두 잠만 자구 있네."
　동생의 허리를 쿡쿡 찌르기만 하면서……
　어느새 양덕*도 지났다. 하루하루는 수월히도 저물어 갔고 하늘은 변함없이 푸르렀을 뿐이었다. 산도 들판도 눈에 덮여 있었다. 경비병들의 겨울 복장을 바라보는 형의 얼굴에는 천진한 애들 같은 선망의 표정이 어려 있곤 했다. 날로 날로 풀이 죽어 갔다.
　어느 날 밤이었다. 일행도 경비병들도 모두 잠들었을 무렵, 형은 또 동생의 귀에다 입을 대고, 이즈음에 와선 늘 그렇듯 별나게 가라앉은 목소리로,
　"그 새끼 생각이 난다. 맘이 꽤 좋았댔이야이."
　"……" / "난 원래 다리에 담증*이 있는데이. 너두 알잖니. 요새 좀 이상한 것 같다야."
　하고는 헤죽이 웃었다.
　"……" / 동생은 놀라 돌아다보았다. 여느 때 없이 형은 쓸쓸하게 웃으면서 두 팔로 동생의 어깨를 천천히 그러안으면서,
　"칠성아, 야하, 흠썩은* 춥다."
　"……" / "저 말이다, 엄만 날 늘 불쌍히 여겼댔이야, 잉. 야, 칠성아, 칠성아, 내 다리가 좀 이상헌 것 같다야이."
　"……" / 동생의 눈에선 다시 눈물이 비어져 나왔다.
　형은 별안간 두 눈이 휘둥그레져서 동생의 얼굴을 멀끔히 마주 쳐다보더니,
　"왜 우니, 왜 울어, 왜, 왜. 어서 그치지 못하겠니."
　하면서도 도리어 제 편에서 또 울음을 터뜨리고 있었다.
　ⓒ이튿날, 형의 걸음걸이는 눈에 띄게 절름거렸다. 혼잣소리도 풀이 없었다.
　"그만큼 걸었음 무던히 왔구만서두. 에에이, 이젠 좀 그만 걷지딜, 무던히 걸었구만서두." / 하고는 주위의 경비병들을 흘끔 곁눈질해 보았다. 경비병들은 물론 알은체도 안 했다. 바뀐 사람들은 꽤나 사나운 패들이었다.
　그날 밤 형은 동생을 향해 쓸쓸하게 웃기만 했다.
　ⓒ"칠성아, 너 집에 가거든 말이다, 집에 가거든……"
　하고는 또 무슨 생각이 났는지 벌쭉 웃으면서,
　"히히, 내가 무슨 소릴 허니. 네가 집에 갈 땐 나두 갈 텐데, 앙 그러니? 내가 정신이 빠졌어."
　한참 뒤엔 또 동생의 어깨를 그러안으면서,

"야, 칠성아!"

동생의 얼굴을 똑바로 마주 쳐다보기만 했다.

바깥은 바람이 세었다. 거적문*이 습기 어린 소리를 내며 열리고 닫히곤 하였다. 문이 열릴 때마다 눈 덮인 초라한 들판이 부유스름하게* 아득히 뻗었다.

동생의 눈에선 또 눈물이 비어져 나왔다.

형은 또 벌컥 성을 내며,

"왜 우니, 왜? 흐흐흐." / 하고 제 편에서 더 더 울었다.

며칠이 지날수록 형의 걸음은 더 절룩거려졌다. 행렬 속에서도 별로 혼잣소리 지껄이지 않았다. 평소의 형답지 않게 꽤나 조심스런 낯색이었다. ㉣둘레를 두리번거리며 경비병의 눈치를 흘끔거리기만 했다. 이젠 밤에도 동생의 귀에다 입을 대고 이것저것 지껄이지 않았다. 그러나 먼 개 짖는 소리 같은 것에는 여전히 흠칫흠칫 놀라곤 했다. 동생은 또 참다못해 눈물을 흘렸다. 그러나 형은 왜 우느냐고 화를 내지도 않고 울음을 터뜨리지도 않았다. 동생은 이런 형이 서러워 더 더 흐느꼈다.

그날 밤, 바깥엔 함박눈이 내렸다.

형은 불현듯 동생의 귀에다 입을 댔다.

"너, 무슨 일이 생겨두 날 형이라구 글지 마라, 어엉?"

여느 때답지 않게 숙성한 사람 같은 억양이었다.

"울지두 말구 모르는 체만 해, 꼭."

동생은 부러 큰 소리로, / "야하, 눈이 내린다."

형이 지껄일 소리를 자기가 지금 대신하고 있다고 생각했다.

"……" / 그러나 이미 형은 그저 꾹하니 굳은 표정이었다.

동생은 안타까워 또 울었다. 형을 그러안고 귀에다 입을 대고,

"형아, 형아, 정신 차려."

이튿날, 한낮이 기울어서 어느 영 기슭에 다다르자, 형은 동생의 허벅다리를 쿡 찌르고는 걷던 자리에 털썩 주저앉고 말았다. / 형의 걸음걸이를 주의해 보아 오던 한 사람이 뒤에서 따발총을 휘둘러 쏘았다.

형은 앉은 채 앞으로 꼬꾸라졌다. 그 사람은 총을 어깨에 둘러메면서,

㉤"메칠을 더 살겠다구 뻐득대? 뻐득대길."

[뒷부분 줄거리] 이야기를 마친 '철'은 '나'에게 자신의 어릴 적 이름이 칠성이었다고 고백하며, 현실에 순응하는 삶을 살았던 자신의 삶이 옳은 것이었는지 의심을 품는다.

– 이호철, 〈나상*〉

● 양덕: 평안남도 양덕군에 있는 읍.
● 담증: 몸의 분비액이 큰 열을 받아서 생기는 병을 통틀어 이르는 말.
● 흠썩하다: 푹 젖은 상태이다. ● 거적문: 문짝 대신에 거적을 친 문.
● 부유스름하다: 선명하지 않고 약간 부옇다.
● 나상(裸像): 벗은 몸을 표현한 형상. 여기서는 천진난만한 '형'의 모습을 형상화한 것이라 볼 수 있음.

06 이 글의 서술상 특징으로 가장 적절한 것은?

① 인물의 희화화를 통해 상황의 비극성을 강조하고 있다.

② 주인공의 반복적 행위를 서술하여 성격을 구체화하고 있다.

③ 현재와 과거를 교차 서술하여 사건 전개의 신빙성을 높이고 있다.

④ 독백적 어조를 통해 인물의 무의식을 있는 그대로 드러내고 있다.

⑤ 간접 인용을 활용하여 인물의 성격과 인물 간의 관계를 드러내고 있다.

07 ㉠~㉤에 대한 설명으로 적절하지 않은 것은?

① ㉠: 전쟁통에 감시를 받고 있는 상황에서 눈에 감격하는 모습을 통해 형의 천진한 성격이 드러난다.

② ㉡: 상황이 악화됨을 의미하며, 비극적 결말을 암시하고 있다.

③ ㉢: 자신이 집에 돌아갈 수 있다는 희망을 놓지 않는 형의 긍정적 자세를 엿볼 수 있다.

④ ㉣: 자신의 다리가 좋지 않음을 들킬까 봐 조심하는 형의 심리를 엿볼 수 있다.

⑤ ㉤: 전쟁이 불러일으킨 인간성의 상실을 보여 주고 있다.

08 이 글에서 '형'의 성격을 제시한 방법에 대한 설명으로 적절한 것은?

① 말하기(Telling), 분석적 제시라고도 한다.

② 독자의 상상력을 제한한다는 단점이 있다.

③ 서술 시간을 단축하고 사건의 전개 속도를 빠르게 할 수 있다.

④ 독자에게 생생한 느낌을 주며 극적인 효과를 낼 수 있는 방법이다.

⑤ 서술자가 인물의 심리나 성격을 직접 분석하여 독자에게 전달하는 방법이다.

04 서술상의 특징 ② _ 문체

궁금해요

우리나라 대표 작가들의 문체가 궁금해요.

문체는 작가의 개성이 특히 잘 드러나는 부분이야. 대표적인 예로 염상섭은 호흡이 긴 문체, 황순원은 간결하면서도 서정적인 문체, 채만식은 풍자적이고 냉소적인 문체, 김유정은 토속적이고 해학적인 문체를 썼어. 작가들의 개성이 확실히 드러나지! 작품을 읽으며 직접 확인해 보렴!

짚고 가요

구어체, 문어체 구분하기

일상 대화에서 자주 쓰는 말투인가?

예 / 아니요

 구어체   문어체

개념을 품은 기출 선택지

- 전기는 전기 소설의 영향을 받아 다채로운 **문체**를 활용하면서도 서사적 독자성을 지향했다. (2017 수능)
- **간결한 문체**를 사용하여 중심 사건의 긴장감을 높이고 있다. (2015. 09. 평가원Ⓐ)
- 쉼표를 활용한 **긴 문장**으로 여러 대상과 장면을 서술하고 있다. (2013 수능)
- **감각적인 묘사**를 통해 혼란스러운 시대적 분위기를 입체적으로 제시하고 있다. (2016. 09. 평가원Ⓑ)

❶ 문체

작가가 작품의 내용과 주제를 전달하기 위해 사용하는 문장의 개성적인 표현 방식을 말한다. 작가마다 고유한 문체를 지니는 것은 언어를 사용하는 방식이나 여러 표현 기법을 쓰는 취향이 작가마다 다르기 때문이다.

❷ 문체의 종류

☑ 문체의 종류만큼이나 중요한 것이 문체를 사용했을 때 얻을 수 있는 효과야.

(1) 구어체 vs 문어체

구어체는 구어(口語)로 쓰인 문체이고, 문어체는 문어(文語)로 쓰인 문체이다. 일반적으로 문학에서는 일상 대화에서 실제 사용하는 말투가 나타나는 문체를 〔❶　　　〕로, 주로 글에서만 사용되는 특징적인 버릇(=글투, 문투)이 나타나는 문체를 〔❷　　　〕로 분류한다. 예를 들어 대화할 때 흔히 나타나는 '거(이거, 그거, 저거, 별거 등)', '뭔', '이랑/랑' 등은 주로 구어에서 쓰이고, '것(이것, 그것, 저것, 별것 등)', '무슨', '와/과' 등은 주로 문어에서 쓰인다.

㉠ **구어체**: 구어체는 독자들이 사건이나 이야기를 좀 더 생생하게 느끼게 해 주어 글의 현장감과 생동감을 높이는 효과가 있다. '–습니다', '–어요' 등을 사용하여 서술자가 독자에게 말을 건네듯이 서술하는 것 또한 구어체로 분류한다. 이 경우 독자에게 친근감을 줄 수 있다.

→ 일제 강점기에 자신의 이익만을 챙기려 하는 인물

일찍이 ⓥ윤 직원 영감은 그의 소싯적 윤 두꺼비 시절에, 자기 부친 말 대가리 윤용규가 화적*의 손에 무참히 맞아 죽은 시체 옆에 서서, 노적*이 불타느라고 화광이 충천한 하늘을 우러러,
불타는 빛

"이놈의 세상, 언제나 망하려느냐?" / "우리만 빼놓고 어서 망해라!"

하고 부르짖은 적이 있겠다요. / 이미 반세기 전, 그리고 그것은 당시의 나한테 불리한 윤 직원 영감

세상에 대한 격분된 저주요, 겸하여 웅장한 투쟁의 선언이었습니다.
[   ]: 서술자가 독자에게 말을 건네듯 서술함. → 편집자적 논평(132쪽), 판소리 사설체

해서 윤 직원 영감은 과연 승리를 했겠다요.
→ 독자에게 말을 건네는 구어체를 통해 서술자가 독자와 한편이 되어 '윤 직원'을 풍자함.

동아, 지학사, 천재(박), 해냄 / 비상, 지학사 | 채만식, 〈태평천하〉

* 화적: 떼를 지어 돌아다니며 재산을 마구 빼앗는 사람들의 무리.
* 노적: 곡식 따위를 쌓아 놓음.

개념+ **토속어, 방언, 비속어**

토속어, 방언, 비속어를 활용하면 구어체가 주는 효과인 생동감을 더 잘 살릴 수 있다.

토속어	특정 지방 고유의 정취가 느껴지는 말이다. 토속어를 사용하면 ❸ [ ]을 강하게 드러낼 수 있다.
방언	어느 한 지방에서만 쓰이는, 표준어가 아닌 말이다. 방언을 사용하면 향토성과 현장감, 사실감을 높일 수 있으며 인물의 특성을 구체적으로 제시할 수 있다. └ 특정 지역 사람의 경향이나 분위기를 보여 줄 수 있음.
비속어	격이 낮고 속된 말로, '욕'이 대표적이다. 비속어를 사용하면 ❹ [ ], 사실감을 두드러지게 할 수 있으며 인물의 특성을 구체적으로 제시할 수 있다. └ 저항 의식, 하층민의 거친 삶을 보여 줄 때 자주 쓰임.

( ): 경상도 방언(□)과 비속어(○)의 사용 → 경상도 출신의 하층민 여성의 모습이 구체적으로 그려짐.

("이 썩어 빠진 늠의 자슥아! 니가 부잣집 파틴지 잔친지 그 짓 보아 놓으모 그기 중학
　　비속어
교 들어가는 시험에 나온다 카더나? 잘 처묵고 잘사는 사람 그 돈놀음 잔치 본다고 니
한테 무슨 이득이 돌아오겠노! 저 얼라를 내가 장자라 믿고 이래 눈 팔아 키우모 난중
　　　　　　　　　　　　　　　저 어리적은 아이를 맏아들이라 믿고
에 무신 덕을 보겠다꼬……")

어머니의 목소리에 물기가 섞여 있었다.

"자, 잘몬했습니더."

주눅이 든 내 목소리가 떨렸다.
→ 경상도 방언과 비속어를 사용하여 작품의 현장감과 사실감을 높임.

– 김원일, 〈마당 깊은 집〉

ⓒ **문어체**: 일상 대화에서는 잘 쓰지 않는 예스러운 말투나 표현이다. 문어체는 현대 소설보다 ❺ [   ]에서 주로 나타난다.

→ 조선에 처들어온 청나라 장수

울대 대경하여 급히 퇴진하며 앙천탄식하며 가로되, [   ]: 문어적 표현
　　　크게 놀라　　　　하늘을 보고 크게 탄식하며　　말하길
"기병하여 조선에 나온 후 병불혈인(兵不血刃)하고 방포일성에 조선을 도모하고 이
군사를 일으켜　　　　　　군사 중에 피 흘린 자 없이　　　대포 소리 한 방에
곳에 와 여자를 만나 불쌍한 동생을 죽이고 무슨 면목으로 임군과 귀비를 뵈오리오."
　　박 씨 부인　　　박 씨 부인이 울대의 동생을 죽였음.
통곡함을 마지아니하거늘 제장이 호언(好言)으로 관위(寬慰)하며 의논 왈,
　　　　　　　　　　　　　정다운 말로 위로하며
"아무리 하여도 그 여자에게 복수할 수는 없사오니 퇴군하느니만 같지 못하다."

하고 왕비와 세자 대군과 장안 물색을 거두어 행군하니 백성의 울음소리 산천이 움직
이더라.
　　　　　평범한 서민들을
→ 일상생활에서 쓰지 않는 예스러운 말투인 '가로되, 왈, –더라' 등이
사용됨. → 문어체

동아, 신사고 / 비상 | 작자 미상, 〈박씨전〉

개념+ **판소리 사설체**

판소리 사설의 말투를 띤 문체를 말한다. 대표적으로 다음 두 경우가 나타난다.

· 서술자가 경어체를 써서 관객(독자)에게 말을 건네는 것처럼 나타나는 경우. 예 채만식, 〈태평천하〉
· 운율이 있는 문체인 '율문투'로 같은 의미의 어구를 반복적으로 구사하는 경우.

예 논두렁에 구멍 뚫기, 애호박에 말뚝 박기, 곱사등이 엎어 놓고 밟아 주기

– 작자 미상, 〈흥부전〉

개념

콕 **1** 이 글의 표현 방식에 대한 설명으로 적절하지 않은 것은?

① 비속어를 사용하여 독자의 웃음을 유발했다.
② 방언을 사용하여 공간적 배경을 짐작하게 한다.
③ 비속어와 방언을 사용하여 작품의 사실감을 높였다.

궁금해요

 언제부터 문어체가 잘 쓰이지 않게 된 건가요?

1894년~1910년 무렵을 개화기라고 하는데, 그때 말할 때 쓰는 언어와 그 말을 글로 적은 언어가 서로 일치해야 한다는 '언문일치 운동'이 일어났어. 이때부터 고전 소설에서 사용되었던 문어체가 점점 사라지고 구어체로 쓴 소설들이 등장하기 시작했지.

빈칸 답 | ❶ 구어체 ❷ 문어체 ❸ 향토성
❹ 현장감 ❺ 고전 소설
콕 1 ①

III 현대 소설

간결한 문장, 호흡이 짧은 문장

(2) 간결체 vs 만연체
호흡이 긴 문장

간결체는 간결하고 짧은 문장, 만연체는 장황하고 긴 문장을 반복적으로 사용한 문체이다.

㉠ **간결체**: 간결체는 감정을 절제하여 전달할 때나 사건에 ❻ 〔   〕을 부여할 때 주로 쓰인다. 전투 장면과 같이 긴박한 분위기를 조성할 때 사용되기도 한다.

> ┌ 순간 벽시계가 열두 시를 치기 시작했다. 세 사람은 일제히 시계 쪽으로 시선을 돌
> 렸다. 방 안이 술렁술렁해졌다. 시계를 쳐다보던 세 사람의 시선이 다시 늙은 주인 쪽
> 으로 향했다. 코 앞의 사마귀를 만지던 늙은 주인이 어리둥절하게 아들과 며느리와 딸
> 을 번갈아 쳐다보았다.
> 　　복도로 통한 문이 열리며 방 안의 불빛이 복도 건너편 흰 벽에 말갛게 삐어져 나갔
> 다. 열두 시가 다 쳤다. 네 사람의 시선이 그 쪽으로 옮겨졌다. 조용했다. 왼편 벽으로
> └ 부터 서서히 식모가 나타났다.
>
> 늙은 주인의 아들, 그의 부인, 그의 여동생
> 이유: 오랜 기간 기다리던 늙은 주인의 맏딸이 열 두시에 온다고 했기 때문에
> 딸이 아닌 식모가 등장함으로써 긴장감이 일시에 무너짐.
>
> ➡ 식모가 등장하면서 가족들이 누군가를 기다리는 긴장감이 일시에 무너지는 과정을 짧은 문장으로 속도감 있게 제시함.
> 　　　　　　　　　　　　　　　　　　　　　　　　　－ 이호철, 〈닳아지는 살들〉

전체 7행에 10개의 문장이 쓰임. → 간결체

㉡ **만연체**: 만연체는 차분하고 설명하는 듯한 느낌을 준다. 소설 속 상황이나 인물의 심리를 세밀하게 전달하는 효과가 있다. 반면 사건의 진행 속도가 느려져서 독자에게 지루한 느낌을 줄 수도 있다.

> ┌ 아버지나 조상의 덕택으로 글자나 언어 배웠거나, 소설 권이나 들춰보았다고, 인생
> 이니 자연이니 시(詩)니 소설이니 한대야 결국은 배가 불러서 투정질하는 수작이요,
> 실인생·실사회의 이면의 이면, 진상의 진상과는 얼마만한 관련이 있다는 것인가? 하
> 고 보면 내가 지금 하는 것, 이로부터 하려는 일이 결국 무엇인가 하는 의문과 불안을
> 느끼지 않을 수가 없었다. 일 년 열두 달 죽도록 농사를 지어야 반 년짝은 시래기로 목
> 숨을 이어 나가지 않으면 안 되겠으니까…… 하는 말을 들을 제, 그것이 과연 사실일
> └ 까 하는 의심이 날 만큼, 나의 귀가 번쩍하리만큼 조선의 현실을 몰랐다.
>
> 좋은 집안에 태어나서
> ○: 쉼표 사용 → 만연체에는 쉼표가 자주 사용됨.
> 주인공. 일본에 유학해 있던 지식인임.
> 식민지 조선의 현실을 몰랐던 자신을 반성함.
>
> ➡ 긴 문장을 사용하여 식민지 현실을 몰랐던 자신을 반성하는 '나'의 내면 심리를 세밀하게 드러냄. 〔교과서 금성, 동아, 미래엔, 천재(정)〕| 염상섭, 〈만세전(萬歲前)〉

전체 7행에 3개의 문장이 쓰임. → 만연체

개념➕ 쉼표 사용

의도적으로 쉼표를 사용함으로써 ❼ 〔   〕에 변화를 주는 표현 기법이다. 독자가 해당 장면을 좀 더 주목해서 읽게 하는 효과가 있으며 상황이나 인물의 심리를 세밀하게 전달할 수 있다. 쉼표를 자주 사용하면 문장을 길게 늘여 뜨려 만연체로 쓸 수 있다.

> 　　긴긴 여름, 게다가 나는 여러 일터를 전전했다. 오후엔 주유소에서, 또 밤에는 편의점
> 에서. 있으나 마나 한 여자애들이 일터마다 다긴 했지만, 있으나 마나 했으므로 지루하긴
> 마찬가지였다. 비하자면 수성과 금성과, 있으나 마나인 별들을 지나, 지구까지 오던 태양
> 광선이 나 같은 기분이었을까?
>
> ○: 쉼표 사용 → 해당 부분에서 서술자의 이야기에 주목하게 함.
>
> ➡ 쉼표를 여러 번 사용하여 상황을 대하는 자신의 심리를 세밀하게 전달함. 　－ 박민규, 〈그렇습니까? 기린입니다〉

개념 콕 **2** 이 글의 문체에 대한 설명으로 적절하지 않은 것은?

① 비교적 짧은 문장으로 구성되어 있다.
② 간결체를 사용하여 사건을 속도감 있게 제시하였다.
③ 간결한 문장을 사용하여 주인공의 감정을 절제하여 전달하였다.

개념 콕 **3** 이 글의 문체에 대한 설명으로 적절하지 <u>않은</u> 것은?

① 쉼표를 자주 사용하였다.
② 호흡이 긴 문장을 사용하여 긴장감을 고조하였다.
③ 만연체를 사용해 '나'의 심리를 세밀하게 드러내고 있다.

개념 콕 **4** 이 글의 표현 방식에 대한 설명으로 적절하지 <u>않은</u> 것은?

① 의도적으로 쉼표를 자주 사용하였다.
② 쉼표를 자꾸 사용함으로써 긴박한 분위기를 조성하였다.
③ 쉼표를 활용하여 독자들이 서술자의 이야기에 주목하게 하였다.

(3) 감각적 문체(=감각적 문장, 감각적 수사)

시각, 청각, 후각, 미각, 촉각과 같은 인간의 감각을 자극하는 표현을 사용한 문체이다. 감각적인 문장을 사용하면 독자들이 눈으로 소설을 읽으면서도 '눈, 귀, 코, 입, 피부' 등으로 느끼는 다섯 가지 감각을 활용해 내용을 상상할 수 있기 때문에 장면을 ⑧ [　　　　] 전달하는 효과가 있다.

> 달은 지금 긴 산허리에 걸려 있다. 밤중을 지난 무렵인지 죽은 듯이 고요한 속에서 짐
> _{시각과 관련됨.}
> 승 같은 달의 숨소리가 손에 잡힐 듯이 들리며, 콩 포기와 옥수수 잎새가 한층 달에 푸르
> _{청각과 관련됨.}
> 게 젖었다. 산허리는 온통 메밀밭이어서 피기 시작한 꽃이 소금을 뿌린 듯이 흐뭇한 달빛
> _{시각과 관련됨.}
> 에 숨이 막힐 지경이다. 붉은 대궁이 향기같이 애잔하고 나귀들의 걸음도 시원하다.
> _{후각과 관련됨.}
>
> ➎ 시각, 청각, 후각 등 다양한 감각적 표현을 사용하여 서정적인 달밤의 분
> 위기를 효과적으로 전달함.   금성, 비상, 창비 | 이효석, 〈메밀꽃 필 무렵〉

개념
콕5 이 글의 문체에 대한 설명으로 적절한 것은?

① 감각적인 문장을 사용해 긴박한 상황을 강조하였다.
② 문어적 표현을 씀으로써 고풍스러운 분위기를 자아냈다.
③ 다양한 감각적 표현을 구사하여 달밤의 풍경을 묘사하였다.

Ⅲ 현대 소설

(4) 예스러운 문체(=의고적 문체)

_{오늘날은 쓰지 아니하는 옛날의 말}
한자어나 문어적 표현, 고어를 많이 사용하여 옛글을 보는 것 같은 느낌을 주는 문체이
_{일상적인 대화에서 쓰는 말이 아닌, 주로 글에서 쓰는 말}
다. 예스러운 문체를 사용하면 엄숙하거나 고풍스러운 분위기를 자아낼 수 있다.

> 마을의 주인(왕소나무)이 세상 뜬 지 오래라니 오죽해졌으랴 싶기도 했다. 하루에도 몇
> 차례씩, 더욱이 피서지로 한몫해 온 탓에, 해수욕장이 개장된 여름이면 밤낮 기적 소리가
> 잘 틈 없던 철롯가에 서서, 그 숱한 소음과 매연을 마시다 지쳐, 영물(靈物)˙의 예우도 내
> 던지고 고사(枯死)˙해 버린 왕소나무의 운명은, 되새기면 되새길수록 가슴이 쓰리고 아
> 파 견딜 수가 없었다. 물론 왕소나무의 비운(悲運)˙에 대한 조상(弔喪)˙만으로 비감(悲
> 感)˙에 젖어 있었다고는 말할 수 없겠지만—.   ➎ 다양한 한자어를 사용하여 고풍스러운 분위기를 연출함.
>
>   천재(박) | 해냄 | 이문구, 〈관촌수필〉
>
> ● 영물(靈物): 신령스러운 물건이나 짐승.
> ● 고사(枯死): 나무나 풀 따위가 말라 죽음.
> ● 비운(悲運): 순조롭지 못하거나 슬픈 운수나 운명.
> ● 조상(弔喪): 죽음을 애도함.
> ● 비감(悲感): 슬픈 느낌.

개념
콕6 이 글의 문체에 대한 설명으로 적절한 것은?

① 간결한 문장을 사용하여 사건을 빠르게 전개하였다.
② 다양한 한자어를 사용해 고풍스러운 분위기를 연출하였다.
③ 문어적 표현과 속담을 사용하여 옛글을 보는 것 같은 느낌을 주고 있다.

 짚고 가요
- -

시험에 나오는 문체

여기서 언급한 것들 외에도 문체의 종류는 다양해. 독자에게 주는 느낌이 부드러운지 아니면 굳세고 강건한지에 따라서도 나눌 수 있고(우유체, 강건체), 건조하게 딱 할 말만 하느냐 아니면 수식어를 많이 써서 화려하게 꾸몄느냐에 따라서도 나눌 수 있지(건조체, 화려체). 맞아, 작가의 개성이 다양한 만큼 문체는 다양해. 하지만 이와 같은 구분은 그 기준을 명확하게 세우기가 어렵기 때문에 시험에서 묻기 애매해. 그래서 문체와 관련해서는, 비교적 명확하게 구별되는 간결체와 만연체, 감각적 문체, 예스러운 문체가 자주 등장해!

빈칸 답 | ⑥ 긴장감 **⑦** 호흡 **⑧** 생생하게
콕 2 ③ **3** ③ **2** ④ **2** ⑤ **3** ⑥ ②

☑ 바로바로 간단 체크

1 괄호 안에 들어갈 알맞은 말을 쓰시오.

(1) 작가가 작품의 내용과 주제를 전달하기 위한 문장의 개성적인 표현을 (ㅁㅊ)라고 한다.

(2) (ㅁㅇㅊ)는 주로 글에서만 사용되는 특징적인 버릇(글투, 문투)이 나타나는 문체이다.

(3) (ㄱㄱㅊ)는 문장의 길이가 짧은 문체로, 사건을 빠르게 전개하거나 긴박한 분위기를 조성할 때 주로 쓰인다.

2 다음 설명이 맞으면 ○표, 틀리면 ×표를 하시오.

(1) 고전 소설은 대부분 구어체로 서술된다. (   )

(2) 만연체는 사건이나 인물의 심리를 세밀하게 전달하는 효과가 있다. (   )

(3) 감각적인 문체는 인간의 감각을 자극하는 표현을 써서 대상을 구체적이고 생생하게 표현한다. (   )

3 다음 (1)~(3)을 통해 얻을 수 있는 효과를 아래의 〈보기〉에서 찾아 그 기호를 쓰시오.

(1) 쉼표 사용:

(2) 비속어 사용:

(3) 토속어, 방언 사용:

┤ 보기 ├
㉠ 작가가 의도하는 장면에서 독자가 주목하게 한다.
㉡ 특정 지역이 지닌 고유의 정취, 느낌, 색깔을 보여 준다.
㉢ 저항 의식, 하층민의 거칠고 힘든 삶을 나타낼 때 주로 사용한다.

01 (가), (나)의 서술상 특징으로 적절하지 않은 것은?

가 이날 밤 머슴을 데리고 바다에 나가 김을 따 가지고 들어온 사위 또한, 남의 자식이더라도 내 자식의 지극한 사랑의 정에 따라 뜨겁게 지극해지게 마련인 법이라, 딸 못지않게 깜짝 놀란 듯 반가워하며, 자기가 어협 조합의 총대 일을 보느라 바빠서 막동이 처남한테 면회 한 번 못 갔음을 죄송해하더니, 막동이의 건강 상태에 대해 묻고 한동안 말없이 담배만 빨고 있다가 딸이 저녁 설거지를 마치고 들어서자, 모녀가 오랜만에 만났으니 이런저런 할 이야기가 쌓였을 게 아니냐면서 마을로 나갔다.

– 한승원, 〈어머니〉

나 사람들은 아버지를 난쟁이라고 불렀다. 사람들은 옳게 보았다. 아버지는 난쟁이였다. 불행하게도 사람들은 아버지를 보는 것 하나만 옳았다. 그 밖의 것들은 하나도 옳지 않았다. 나는 아버지, 어머니, 영호, 영희, 그리고 나를 포함한 다섯 식구의 모든 것을 걸고 그들이 옳지 않다는 것을 언제나 말할 수 있다. 나의 '모든 것'이라는 표현에는 '다섯 식구의 목숨'이 포함되어 있다.

国 미래엔, 지학사, 창비 | 금성, 동아, 비상, 창비, 지학사 | 조세희, 〈난쟁이가 쏘아 올린 작은 공〉

① (가)는 만연체, (나)는 간결체로 서술되었다.

② (가)는 호흡이 긴 문장으로 서술하며 쉼표를 많이 사용하였다.

③ (나)와 같은 문체로 표현하면 사건 진행이 느려서 지루한 느낌을 줄 수 있다.

④ (나)는 군더더기 없는 간결한 문장으로 서술자의 태도가 더 담담하게 느껴지도록 표현하였다.

⑤ (가)와 같은 문체는 인물의 복잡하고 미묘한 내면 심리를 자세하게 서술하는 데에 효과적이다.

[02~04] 다음 글을 읽고 물음에 답하시오.

国 금성, 동아, 비상(박영), 지학사, 천재(박), 해냄 | 비상

[앞부분 줄거리] '나'는 점순이와 혼례를 올리기로 하고 3년 7개월이나 변변한 대가 없이 머슴일을 해 주고 있다. 음흉한 장인은 점순이가 덜 컸다는 이유로 혼례를 미루고 '나'는 구장에게 억울함을 호소한다. 구장은 처음엔 '나'의 편을 드는 듯 했지만 마름인 장인의 눈치를 보며 결국 장인 편을 든다.

"그래, 거진 사 년 동안에도 안 자랐다니 그 킨 은제 자라지유? 다 그만두구 사경 내슈……."

"글쎄, 이 자식아! 내가 크질 말라구 그랬니, 왜 날 보구 떼냐?"

"빙모님은 참새만한 것이 그럼 어떻게 앨 낳지유?(사실 장모님은 점순이보다도 귀때기 하나가 작다.)"

장인님은 이 말을 듣고 껄껄 웃더니(그러나 암만해두 돌 씹은 상이다) 코를 푸는 척하고 날 은근히 골리려고 팔꿈치로 옆 갈비께를 퍽 치는 것이다.

[중간 줄거리] 점순이는 구장에게 갔다 그냥 온 나에게 화를 내며 성례를 부추기고, 나는 더 이상 참을 수 없어 장인과 대판 몸싸움을 벌인다.

내가 머리가 터지도록 매를 얻어맞은 것이 이 때문이다. 그러나 여기가 또한 우리 장인님이 유달리 착한 곳이다. 여느 사람이면 사경을 주어서라도 당장 내쫓았지 터진 머리를 불솜으로 손수 지져 주고, 호주머니에 희연*한 봉을 넣어 주시고 그리고,

"올 갈엔 꼭 성례를 시켜 주마. 암말 말구 가서 뒷골의 콩밭이나 얼른 갈아라." / 하고 등을 뚜덕여 줄 사람이 누구냐.

나는 장인님이 너무나 고마워서 어느덧 눈물까지 났다. 점순이를 남기고 이젠 내쫓기려니, 하다 뜻밖의 말을 듣고,

"빙장님! 인제 다시는 안 그러겠어유."

이렇게 맹세를 하며 부랴사랴 지게를 지고 일터로 갔다. 그러나 이때는 그걸 모르고 장인님을 원수로만 여겨서 잔뜩 잡아당겼다. / "아! 아! 이놈아! 놔라, 놔."

장인님은 헛손질을 하며 솔개미에 챈 닭의 소리를 연해 질렀다. 놓긴 왜, 이왕이면 호되게 혼을 내주리라, 생각하고 짓궂이 더 댕겼다마는 장인님이 땅에 쓰러져서 눈에 눈물이 핑 잉 도는 것을 알고 좀 겁도 났다.

"할아버지! 놔라, 놔, 놔, 놔놔."

그래도 안 되니까, / "얘 점순아! 점순아!"

이 악장*에 안에 있었던 장모님과 점순이가 헐레벌떡하고 단숨에 뛰어나왔다.

나의 생각에 장모님은 제 남편이니까 역성*을 하는지도 모른다. 그러나 점순이는 내 편을 들어서 속으로 고소해서 하겠지……

대체 이게 웬 속인지(지금까지도 난 영문을 모른다) 아버질 혼내 주기는 제가 내래 놓고 이제 와서는 달려들며,

"에그머니! 이 망할 게 아버지 죽이네!"

하고 내 귀를 뒤로 잡아당기며 마냥 우는 것이 아니냐. 그만

여기에 기운이 탁 꺾이어 나는 얼빠진 등신이 되고 말았다.

– 김유정, 〈봄·봄〉

● **희연**: 일제 강점기 때의 담배 이름.
● **악장**: 악을 씀.
● **역성**: 옳고 그름에 관계없이 무조건 한쪽 편을 들어 주는 일.

---

02 이 글의 표현상 특징으로 적절한 것은?

① 비속어를 사용하여 당시의 시대 상황을 드러냈다.
② 일상 대화에서 사용하지 않는 문어적 표현을 사용하였다.
③ 방언을 사용하여 작품에 현장감과 생동감을 부여하였다.
④ 감각적인 묘사를 통해 농촌의 풍경을 생생하게 드러냈다.
⑤ 상대를 높이는 말과 낮추어 부르는 말을 동시에 사용함으로써 인물에 대한 비판적 태도를 드러냈다.

03 이 글에서 못 미더운 서술자를 내세워 얻는 효과를 쓰시오.

┤ 조건 ├
'~함으로써 ~한다.'의 형식으로 쓸 것.

04 〈보기〉를 참고할 때, 이 글을 읽은 독자의 반응으로 적절한 것은?

┤ 보기 ├
제목 〈봄·봄〉은 이 소설의 시간적 배경이면서, '나'의 가슴을 울렁이게 하여 이성에 눈을 뜨게 만드는 계절을 의미하기도 한다. 한편 매년 봄마다 나와 장인 사이에서 반복되는, '갈등–화해'라는 사건의 순환을 뜻하기도 한다.

① 내년 봄에는 점순이의 키가 많이 자라겠군.
② 내년 봄에는 '나'와 점순이의 성례가 이루어지겠군.
③ '나'는 자신의 욕망을 포기하고 더 이상 성례를 요구하지 않겠군.
④ 갈등의 근본 원인이 해결되지 않았으므로 내년 봄에도 같은 갈등이 발생하겠군.
⑤ 내년 봄에도 같은 상황이 발생하겠지만 성숙해진 '나'는 다른 방법으로 대처하겠군.

III 현대 소설

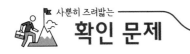

[05~06] 다음 글을 읽고 물음에 답하시오.

2013학년도 수능 (변형)

[앞부분 줄거리] 천변에 있는 약국에서 일하러 시골에서 올라온 창수는 서울의 모든 것이 신기하기만 하다.

 이 층, 삼 층, 사 층…… 웬 집들이 이리 높고, 또 그 위에는 무슨 간판이 그리 유난스레도 많이 걸려 있느냐. 시골서, '영리하다' '똑똑하다', 바로 별명 비슷이 불려 온 소년으로도, 어느 틈엔가, 제 풀에 딱 벌려진 제 입을 어쩌는 수 없이, 마분지 조각으로 고깔을 만들어 쓰고, 무엇인지 종잇조각을 돌리고 있는 사나이 모양에도, 그의 눈은, 쉽사리 놀라고, 수많은 깃대잡이 아이놈들의 앞장을 서서, 몽당수염 난 이가 신나게 부는 날라리 소리에도, 어린이의 마음은 걷잡을 수 없게 들떴다.
(중략)

 그러한 소년의 눈에, ㉠천변을 오고 가는 모든 사람들이, 그 모두가, 한결같이 잘나만 보이는 것도 또한 어찌할 수 없는 일이 아니냐. 임바네스° 입은 민 주사°며, 중산모° 쓴 포목전° 주인이며, 인력거 위에 날아갈 듯이 앉아 있는 취옥이며, 그러한 모든 사람은 이를 것도 없거니와 다리 밑에 모여서들 지껄대고, 툭 치고, 아무렇게나 거적 위에서 뒹굴고, 그러는 깍정이° 떼들도, ㉡이곳이 결코 시골이 아니라 서울일진댄, 그것들은 그만큼 행복일 수 있지 않느냐. / 더구나, 소년은, 줄창, 이곳에만 있어, 오직 이곳 풍경만 사랑하지 않아도 좋을 것이다.
 ㉢'암만 좋은 구경이래두, 밤낮 본다면 물리고 만다……'
 그러나 이제 창수는 '화신상°'도 가 볼 수 있고, '전차'도 탈 수 있고, 옳지, 또 가만히 서만 있어도 삼 층 꼭대기, 사 층 꼭대기로 데려다 준다는 '승강기'라는 것이 있다지 않나. 수길이 말을 들으면, 머리가 어�찔하게 현기증이 나더라지만, 그것은 타는 법을 몰라 그럴 것이다.
 '눈을 꼭 감고만 있으면 아무 상관이 없다……'
 창수는, 말로만 들었지 정작 눈으로 본 일은 없는 '승강기'라는 물건을, 잠깐 머릿속에 아무렇게나 만들어 보느라 골몰이었으나, 어느 틈엔가 제 곁에 서너 명의 아이들이 모여 선 것을 깨닫고, 그들을 둘러보았다.
 "얘가 시굴 아이다, 시굴 아이야."
 칠팔 세나 그밖에 더 안 된 아이가, 옆에 있는 아이들을 둘러보고 그렇게 말하니까, 모두 고만고만한 또래의 딴 아이들이, / "그래, 시굴 아이야, 시굴 아이……"
 저마다 연방 고개를 끄덕이고, 열한두 살이나 그렇게 된 계집아이 등에 업혀 있는 두세 살 된 갓난애조차, 잘 안돌아가는 혀끝을 놀리어, / "시구라, 시구라." / 하고 뻔히 저를 쳐다보는 것에, 소년은 그러한 것에도 쉽사리 붉어지는 제 얼굴을 아무

렇게도 하는 수 없이, 문득, 등 뒤에서 요란스러이 울린 ㉣자전거 종소리에, 그만 질겁을 하여 한옆으로 허둥대며 비켜서는 꼴을 보고, 그 결코 그렇게는 놀라는 일이 없는 '서울 아이'들이 "하, 하, 하"하고 가장 재미있는 듯싶게 한바탕을 웃었을 때, ㉤소년은 귀밑까지 새빨개가지고 마음속에 끝없는 모욕을 느끼지 않으면 안 되었다.

– 박태원, 〈천변 풍경〉

- 임바네스: 남자용 외투의 일종.
- 중산모: 꼭대기가 둥글고 높은 서양 모자.
- 깍정이: 거지.
- 주사: 사무직의 한 직급.
- 포목전: 옷감을 파는 가게.
- 화신상: 화신 백화점.

05 이 글의 서술상 특징으로 가장 적절한 것은?

① 쉼표를 활용한 긴 문장으로 여러 대상과 장면을 서술하고 있다.
② 과거와 현재를 교차 서술하여 사건을 다각도에서 서술하고 있다.
③ 비속어를 사용하여 문명화에 대한 인물의 저항 의식을 드러내고 있다.
④ 빈번한 장면 전환을 통해 사건 전개의 속도감과 긴장감을 높이고 있다.
⑤ 여러 인물의 내면을 서술하여 인물들의 다양한 특성을 보여 주고 있다.

06 〈보기〉를 바탕으로 한 ㉠~㉤의 감상으로 적절하지 않은 것은?

┤ 보기 ├

 처음 도시에 온 이들은 자신의 꿈과는 다른 현실을 마주하곤 심리적 혼돈을 겪고 크게 위축된다. 도시는 문명의 화려함을 내세워 그들을 사로잡지만 안정된 삶의 장소를 내주지는 않는다. 화려한 문명의 이면, 인정이 메마른 사람들, 도시에 대한 비판적 의식이 어우러져 도시 소설의 한 줄기를 이룬다.

① ㉠: 창수는 문명의 화려함에 사로잡혀 도시 사람들 모두를 잘나게 보고 있어.
② ㉡: 거지조차 행복해 보인다는 것에서 창수가 도시의 이면을 보지 못하는 것을 알 수 있어.
③ ㉢: 창수가 비로소 도시를 비판적으로 보기 시작하고 있어.
④ ㉣: 도시에 막 입성한 사람들은 이 장면의 창수처럼 불안정한 상황을 겪었을 거야.
⑤ ㉤: 서울 아이들의 놀림을 받고 창수가 심리적으로 위축된 거 같아.

05 서술상의 특징 ③_표현 기법

내가 쓴 글이야. 들어 봐!
'궁핍한 섭취로 나의 뱃속은 환난에 처했다. 내 영혼의 기갈은 언제쯤 끝이 날까…'

현학적 표현

어렵다. 근데 결국 배고프다는 뜻 아니니?

음, 내 평가는 '빈 수레가 요란하다!' 내용은 없는데 표현이 요란해!

관용적 표현

🎒 개념을 품은 **기출 선택지**

• **현학적인 표현**을 사용하여 사건을 보는 다양한 관점을 제시하고 있다. (2014 수능A)
• **인물 간의 대화**를 통해 특정 인물의 생각과 행동을 **희화화**하고 있다. (2019 수능)
• **간접 인용**을 활용하여 사건 전개의 신빙성을 높이고 있다. (2011 수능)

💡 짚고 가요

표현 기법을 묻는 문제 풀이 방법

표현 기법을 묻는 문제의 선택지는 대부분 '～을 통해(표현 기법) ～하고 있다(효과)'의 형식으로 구성되어 있어. 그리고 표현 기법에 대한 설명은 맞는데 효과에 대한 설명이 틀린 경우가 많지. 성격 급한 학생들은 함정에 걸려들기 딱 좋은 구조지? 그러니까 오답의 함정에 빠지지 않으려면 선택지를 '표현 기법'과 '효과' 부분으로 끊어서 각각 옳고 그름을 판단해야 돼.

> 인물의 과장된 행동을 통해 / 비극적 분위기에 반전을 꾀하고 있다. → 앞부분이 표현 기법, 뒷부분이 효과!

❶ 표현 기법

작가는 소설의 인물, 사건, 배경을 독자에게 효과적으로 전달하기 위한 다양한 언어적 방법을 사용하는데, 이것을 '표현 기법'이라고 한다.

❷ 표현 기법의 종류

⑴ 비유(=빗대어 표현)

표현하고자 하는 대상을 다른 대상에 빗대어 표현하는 방법으로, 장면이나 인물을 더욱 실감나게 표현할 수 있다.

> 추석 가까운 날씨는 해마다의 그때와 같이 맑았다. 하늘은 천 리같이 트였는데 조각구름들이 여기저기 널리었다. 어떤 구름은 깨끗이 바래 말린 옥양목*처럼 흰빛이 눈이 부시다. <u>부동산 투자를 통해 허황된 꿈을 꾸는 인물</u> <u>비유 → 원관념: 구름</u> 안 초시는 이번에도 자기의 때 묻은 적삼* 생각이 났다. 그러나 이번에는 소매 끝을 불거나 <u>안 초시의 비참한 현실을 의미</u> ↔ <u>희고 깨끗한 구름과 대조됨.</u> 떨지는 않았다. 고요히 흘러내리는 눈물을 그 더러운 소매로 닦았을 뿐이다.
>
> 여름이 극성스럽게 덥더니, 추위도 그럴 징조인지 예년보다 무서리가 일찍 내리었다.
>
> 서 참의가 늘 지나다니는 식은 관사(殖銀官舍)에는 울타리가 넘게 피었던 코스모스들 <u>흐물어진 코스모스를 물에 데쳐진 대상에 비유 → 안 초시의 불행한 최후(자살)를 암시하는 어두운 분위기를 형성함.</u> 이 끓는 물에 데쳐 낸 것처럼 시커멓게 무르녹고 말았다. …
>
> ➡ 비유를 활용해 인물의 비참한 처지를 부각하고 불행한 결말을 암시함.
>
> – 이태준, 〈복덕방〉

● **옥양목**: 생목보다 발이 고운 무명. 빛이 썩 희고 얇음. ● **적삼**: 윗도리에 입는 홑저고리.
● **무서리**: 그해의 가을 들어 처음 내리는 묽은 서리.
● **식은 관사**: 한국 산업 은행의 전신인 '조선 식산 은행' 직원이 살던 저택.

(2) 반어(=아이러니)

작가가 실제 전달하고자 하는 바를 반대로 표현함으로써 내용을 강조하는 방법이다. 주로 상황이나 대상을 풍자하거나 비판적 태도를 드러낼 때 사용된다.

개념
콕1 이 글의 표현 방식에 대한 설명으로 적절한 것은?

① '나'의 속마음을 반대로 표현하였다.

② 모순된 표현을 사용하여 비판적 태도를 강조하였다.

③ '너우네 아저씨'에 대한 '나'의 예찬적 태도가 직접 제시되었다.

> → 한국 전쟁 때 아들이 아닌 조카를 데리고 남하한 인물로, 서술자 '나'가 비판적으로 보는 인물임.
> 피란 내려와서도 한동안은 너우네 아저씨와 이웃해 살았다.
>
> ① 직업이 자물쇠 장수임. ② '나'는 아저씨의 자물쇠를 훈장과 같다고 생각함.
> 밤새도록 반짝반짝 닦은 크고 작은 자물쇠를 앞뒤로 주렁주렁 달고 장군처럼 거만하고 당당하게 장사를 나가는 너우네 아저씨의 권위는 완벽했다.
> 아저씨에 대한 반감을 반어적으로 표현함.
> 내 자식을 사지에 뿌리치고 조카자식을 구해 내서 공부시킨다는 게 그렇게 위대한 일
> 북에 두고 온 너우네 아저씨의 친아들 죽은 형의 아들
> 일까? 나는 그의 당당함에 압도된 채, 속으론 언제고 그의 위대성이 터무니없는 가짜라
> 아저씨가 조카를 키운 자신의 선택을 자랑스러워한다고 생각하는 '나'
> 는 걸 보고 말 테다, 라는 엉큼한 생각을 키우고 있었다.
>
> ➡ 아저씨에 대한 반감을 가진 '나'가 "아저씨의 권위는 완벽했다."라고 표현함으로써 비판적인 태도를 드러냄.
> – 박완서, 〈아저씨의 훈장〉

(3) 관용적 표현(=관습적 표현)

속담, 관용어, 고사성어, 격언 등과 같이 오랫동안 써서 그대로 굳어진 표현을 말한다. 관용적 표현을 사용하면 전달하고자 하는 내용을 간단하면서도 인상적으로 드러낼 수 있다.

개념
콕2 이 글의 표현 방식에 대한 설명으로 적절한 것은?

① 속담을 사용하여 '소년'의 심리를 드러내고 있다.

② 고사성어를 사용하여 '아버지'와 '아들'이 불행했던 이유를 밝히고 있다.

③ 속담을 사용하여 '아버지'가 '아들'을 서울로 데리고 온 까닭을 제시하고 있다.

> → 많은 고민 끝에 아들을 시골에서 서울로 데려와 가게 점원이라도 시키려 하는 인물
> "예가 무슨 집이에요, 아버지." / "저—, 화신상……, 화신상이란 데야."
> 1931년에 세워진 최초의 현대적 경영 형태의 백화점
> "화신상요? 그래, 아무나 들어가요?" / "그럼, 아무나 들어가지."
>
> 그러나 아버지는, 아들이 지금 그 안에 들어갈 것을 허락지 않았다. 그는 겨우내 생각하고 또 생각한 나머지에, "마소 새끼는 시골로, 사람 새끼는 서울로."의 속담을 그대로
> 사람은 서울처럼 큰 곳에서 자라야 견문이 넓어지고 출세할 수 있다는 뜻 → 속담을 인용
> 좇아, 아직 나이 어린 자식의 몸 위에 천만 가지 불안을 품었으면서도, '자식 하나, 사람
> 만들어 보겠다'고, 이내 그의 손을 잡고 '한성'으로 올라온 것이다.
> 아버지가 아들을 서울로 데리고 온 목적
>
> ➡ 속담을 인용하여 '아버지'가 '아들'을 서울로 데리고 온 까닭을 밝힘.
> 📖 천재(김) | 박태원, 〈천변 풍경〉

(4) 현학적 표현

학식이 있음을 자랑하여 뽐냄
지나치게 어렵고 전문적인 어휘를 필요 이상으로 사용하는 표현이다. 자신의 학식을 과시하며 아는 척하려는 인물이 등장하는 상황에 주로 나타난다.

개념
콕3 이 글의 표현 방식에 대한 설명으로 적절한 것은?

① 현학적 표현을 열거하여 인물의 학식을 예찬하였다.

② 한문 시구를 인용하여 고풍스러운 분위기를 형성하였다.

③ 현학적 표현을 사용해 '그'가 잘난 체하는 성격을 지닌 인물임을 표현하였다.

> '황 진사'를 가리킴. 황 진사는 시대의 변화를 바로 보지 못하고 낡은 관념에 사로잡힌 채 자존심만 내세우는 몰락한 양반을 상징함.
> 그는 언 것, 구운 것도 가리지 않고 한참 부지런히 집어먹더니, 그 동안 흥이 났는지 아
> '나'가 그에게 대접한 떡
> 주 목청을 뽑아서,
>
> "관관저구(關關雎鳩)는 재하지주(在河之洲)로다. 요조숙녀(窈窕淑女)는 군자호구(君
> 子好逑)로다." / 하는 대문을 외곤 하였다.
> 《시경》의 구절을 인용함.
>
> 나는 그 동안 책상에 앉아 있느라고 모른 체하고 있으니까,
>
> "아, 성인께서도 실수가 있단 말야!" / 그는 나를 바라보며 이렇게 소리를 질렀다.
>
> "아, 공자님께서 시전에 음군을 두셨거던!" / 그는 무슨 큰 문제나 발견한 듯이 나 있는
> 학식을 과시하기 위해 공자를 언급하고 한자어를 사용함.
> 쪽을 옆눈으로 흘겨보며 마구 기를 뽑아 이렇게 외쳤다.
>
> ➡ 불필요하게 《시경》을 인용하고 한자어를 사용하는 '그'의 말투에서 '그'의 현학적 태도가 드러남. – 김동리, 〈화랑의 후예〉

(5) 희화화
익살맞고 우스꽝스러운 모양을 비유적으로 이르는 말

인물의 외모나 성격, 또는 사건을 의도적으로 **❶**　　　　　 묘사하는 표현 방식이다. 희화화의 대상은 서술자가 비판적으로 인식하는 인물인 경우가 많지만, 동정이나 연민의 대상일 때도 있다.

> "에구머니!" / 놀라 질겁을 하였으나 이미 뱉어진 양칫물은 퀴퀴한 냄새와 더불어 백절
> '미스터 방'이(→ 보잘것없는 처지였으나 미군의 S 소위에게 접근해 통역을 해 주고 출세한 인물)
> 폭포로 내리쏟아져 웃으면서 쳐드는 S 소위의 얼굴 정통에 가 좌르르.
> 미군 소위 → 당시에는 미군이 권력자였음.
> "유 데블!" / 이 기급할 자식이라고 S 소위는 주먹질을 하면서 고함을 질렀고, 그 주먹
> 이 쳐든 채 그대로 있다가, 일변 허둥지둥 버선발로 뛰쳐나와 손바닥을 싹싹 비비는 미스
> 터 방의 턱을 / "상놈의 자식!" / 하면서 철컥, 어퍼컷으로 한 대 갈겼더라고.
> ➊ S 소위에게 아부하며 악행을 저지르던 '미스터 방'이 양치질한 물을 뱉는 실수로
> 자신의 지위를 한꺼번에 잃게 되는 장면을 우스꽝스럽게 표현함.　🔖 동아, 신사고 | 채만식, 〈미스터 방〉

(6) 현재형 어미 사용

현재형 종결 어미 '-는다/-ㄴ다'를 사용하여 서술하는 표현 기법이다. 소설 속의 장면이 바로 눈앞에서 일어나고 있는 일인 듯한 **❷**　　　　 과 생동감을 느끼게 해 준다.

> 나는 빨가벗은 채 추위에 살이 빨가니 얼어서 흰 둑길을 걸어**간다**. 수 발의 총성, 나는
> 그대로 털썩 눈 위에 쓰러**진다**. 이윽고 붉은 피가 하이얀 눈을 호젓이 물들여 **간다**.
> ➊ 현재형 어미를 사용하여 '나'가 죽어 가는 사건을 마치 눈앞에서 일어나고 있는 일처럼 전달함.　🔖 지학사 | 오상원, 〈유예〉

(7) 직접 화법(인용)과 간접 화법(인용)　➊ 화법: 말하기 방법이나 기술, 전략 등을 가리키는 말. 소설에서 인물의 대사를 전달하는 방식에 따라 '직접 화법'과 '간접 화법'으로 나뉨.

- ㉠ **직접 화법(인용)**: 인물의 대사를 그대로 가져와 **❸**　　　　 로 표시해서 인용하는 방식이다.
- ㉡ **간접 화법(인용)**: 인물의 대사를 큰따옴표 없이 제시하는 방식으로, 다른 인물의 대사를 전달할 때 주로 사용된다.

> → 이 소설의 주인공 '구보'가 싫어하는 인물로, 다방에서 구보와 우연히 마주침.
> 이 사내는, 어인 까닭인지 구보를 반드시 '구포'라고 발음하였다. 그는 맥주병을 들
> 어 보고, 아이 쪽을 향하여 더 가져오라고 소리치고, 다시 구보를 보고, (그래 요새두
> ( ): 간접 화법
> 많이 쓰시우. 무어 별로 쓰는 것 '없습니다'.) (중략)
> 사내가 한 말
> 구보가 한 말
> 마침 문을 들어서는 벗을 보자 그만 실례합니다. 그리고 그들이 무어라 말할 수 있
> 간접 화법(구보가 한 말) · 이유: 사내가 말을 걸기 전에 벗과 함께 이 자리를 벗어나기 위해서임.
> 기 전에 제자리로 돌아와 노트와 단장을 집어 들고, 마악 자리에 앉으려는 벗에게,
> "나갑시다. 다른 데로 갑시다."
> 직접 화법(구보가 한 말)
> 밖에, 여름 밤, 가벼운 바람이 상쾌하다.
> ➊ 구보가 심리적으로 멀게 느끼는 대상과의 대화 내용은 간접 화법, 가깝게 느끼는 대상과의 대화 내용은 직접 화법으로 서술함.
> 🔖 금성, 미래엔, 지학사 | 박태원, 〈소설가 구보 씨의 일일〉
> ● 단장: 짧은 지팡이.

🔖➕ **그 외 표현 기법**

- **설의적 표현**: 서술자가 의문문의 형식으로 서술함으로써 독자의 동의를 구하거나, 독자가 스스로 상황을 판단하게 한다. 의문문의 형식을 사용하는 것일 뿐 답을 얻기 위해 실제로 묻는 표현은 아니다.
- **띄어쓰기, 문단 사이의 여백**: 일부러 단어 사이, 문단 사이에 간격을 두어 사건의 인과 관계를 명료하게 하거나, 여운을 주는 효과가 있다.

개념
콕 4 이 글의 표현 방식에 대한 설명으로 적절하지 **않은** 것은?

① 인물의 외양을 익살맞게 묘사하였다.
② 장면을 희화화함으로써 독자의 웃음을 유발하고 있다.
③ '미스터 방'이 지위를 잃게 되는 장면을 우스꽝스럽게 표현하였다.

개념
콕 5 이 글의 표현 방식에 대한 설명으로 적절하지 **않은** 것은?

① 현재형 어미를 사용하여 현장감을 느끼게 한다.
② 미래의 사건을 지금 일어나고 있는 일처럼 전달하고 있다.
③ 사건이 마치 눈앞에서 일어나고 있는 것처럼 생동감이 느껴지게 서술하고 있다.

개념
콕 6 이 글의 표현 방식에 대한 설명으로 적절하지 **않은** 것은?

① '사내'의 말을 직접 화법으로 제시하였다.
② 직접 화법과 간접 화법을 모두 사용하였다.
③ '구보'가 벗에게 하는 말을 큰따옴표를 사용해 인용하였다.

Ⅲ 현대 소설

빈칸 답 | ❶ 우스꽝스럽게 **❷** 현장감
❸ 큰따옴표
콕 1 ① 2 ③ 3 ③ 4 ① 5 ② 6 ①

05 서술상의 특징 ③ • **147**

✅ 바로바로 간단 체크

1 다음 빈칸에 알맞은 말을 쓰시오.

(1) 작가가 실제 의도하고자 하는 뜻을 반대로 표현하는 것을 (　ㅂㅇ　) 또는 (　ㅇㅇㄹㄴ　)라고 한다.

(2) 속담, 관용어, 고사성어 등과 같이 오랫동안 써서 그대로 굳어진 표현을 (　ㄱㅇㅈ　) 표현이라고 한다.

(3) 지나치게 어렵고 전문적인 어휘를 필요 이상으로 사용하는 표현을 (　ㅎㅎㅈ　) 표현이라고 한다.

2 다음 설명이 맞으면 ○표, 틀리면 ×표를 하시오.

(1) 서술자는 자신이 부정적, 비판적으로 여기는 대상만을 희화화한다.　(　　)

(2) 비유를 사용하면 장면이나 인물을 더욱 생동감 있게 묘사하고 표현할 수 있다.　(　　)

(3) 직접 화법이란 인물의 대사를 그대로 가져와 큰따옴표로 표시해서 인용하는 방식이다.　(　　)

3 다음 (1)~(4)는 아래 〈보기〉의 어느 표현 기법과 관련된 효과인지 찾아 그 기호를 쓰시오.

(1) 현장감과 생동감을 줄 수 있다.:

(2) 전달하고자 하는 내용을 단적으로 드러낼 수 있다.:

(3) 상황이나 대상을 풍자하거나 그에 대한 비판적 태도를 드러내는 효과가 있다.:

(4) 독자의 동의를 구하거나, 독자가 스스로 상황을 판단하게 할 수 있다.:

┌ 보기 ┐
ⓐ 관용적 표현　　ⓑ 반어적 표현
ⓒ 설의적 표현　　ⓓ 현재형 어미 사용
└────────┘

[01~04] 다음 글을 읽고 물음에 답하시오.

📖 동아, 지학사, 천재(박), 해냄 📖 비상, 지학사

㉠망진자(亡秦者)는 호야(胡也)니라*

일찍이 윤 직원* 영감은 그의 소싯적 ⓐ윤 두꺼비 시절에, 자기 부친 ⓑ말 대가리 윤용규가 화적*의 손에 무참히 맞아 죽은 시체 옆에 서서, 노적*이 불타느라고 화광이 충천한 하늘을 우러러, / "이놈의 세상, 언제 망하려느냐?"

"우리만 빼놓고 어서 망해라!"

하고 부르짖은 적이 있겠다요.

이미 반세기 전, 그리고 그것은 당시의 나한테 불리한 세상에 대한 격분된 저주요, 겸하야 웅장한 투쟁의 선언이었습니다.

해서 윤 직원 영감은 과연 승리를 했겠다요. 그런데……

식구들은 시아버지 윤 직원 영감이 보기가 싫은 건넌방 고 씨만 빼놓고, 서울 아씨, 태식이, 뒷채의 두 동서, 모두 안방에 모여 종수를 맞이하는 예를 표하고, 그들의 옹위* 아래 윤 직원 영감과 종수는 각기 아랫목과 뒷벽 앞으로 갈라 앉았습니다. 방금 점심 밥상을 받을 참입니다.

"너 경손 애비, 부디 정신 채리라!……"

윤 직원 영감이 종수더러 곰곰히 훈계를 하던 것입니다. 안 식구가 있는 데라 점잖게 경손 애비지요. (중략)

[중간 줄거리] 윤 직원은 큰손자 종수에게, 둘째 손자 종학이 경찰서장이 될 것이라 자랑하며 종수도 어서 군수가 되어야 한다고 훈계한다. 그때 아들 창식이 동경에서 온 전보를 들고 들어온다. 종학이 사회주의 사상을 가져서 경시청에 잡혀 갔다는 내용이었다.

윤 직원 영감은 먼저에는 몽치로 뒤통수를 얻어맞은 것같이 멍했지만, 이번에는 앉아 있는 땅이 지함*을 해서 수천 길 밑으로 꺼져 내려가는 듯 정신이 아찔했습니다.

그러나 그것은 결단코 자기가 믿고 사랑하고 하는 종학이의 신상을 여겨서가 아닙니다.

윤 직원 영감은 시방 종학이가 사회주의를 한다는 그 한 가지 사실이 진실로 옛날의 드세던 부랑당패*가 백길 천 길로 침노하는* 그것보다도 더 하고, 물론 무서웠던 것입니다.

[A] ┌ 진(秦)나라를 망할 자 호(胡:오랑캐)라는 예언을 듣고서, 변방을 막으려 만리장성을 쌓던 |진시황|, 그는, 진나라를 망한 자 호가 아니오, 그의 자식 |호해|(胡亥)임을 눈으로 보
└ 지 못하고 죽었으니 오히려 행복이라 하겠습니다. (중략)

"……오죽이나 좋은 세상이여? 오죽이나……"

윤 직원 영감은 팔을 부르걷은 주먹으로 방바닥을 땅 치면서 성난 황소가 영각을 하듯 고함을 지릅니다.

"화적패가 있너냐아? 부랑당 같은 수령(守令)들이 있너냐?
…… 재산이 있대야 도적놈의 것이오, 목숨은 파리 목숨 같

던 말세(末世)년 다 — 지내가고 오……, 자 — 부아라, 거리거기 순사요 골골마다 공명헌 정사(政事), 오죽이나 좋은 세상이여…… 남은 수십만 명 동병(動兵)*을 히여서, 우리 조선놈 보호히여 주니, 오죽이나 고마운 세상이여? …… 으응? …… 제 것 지니고 앉어서 편안하게 살 세상, 이걸 태평천하라구 하는 것이여, 태평천하! …… 그런데 이런 태평 천하에 태어난 부잣집 놈의 자식이 더군다나 왜지가 땅땅거리구 편안허게 살 것이지, 어찌서 지가 세상 망쳐 놀 부랑당패에 참섭(參涉)*을 헌담 말이여, 으응?"

땅—바닥을 치면서 벌떡 일어섭니다. 그 몸짓이 어떻게도 요란스럽고 괄괄한지*, 방금 발광이 되는가 싶습니다. 아닌 게 아니라, 모여 선 가권*들은 방바닥 치는 소리에도 놀랐지만, 이 어른이 혹시 상성*이 되지나 않는가 하는 의구의 빛이 눈에 나타남을 가리지 못합니다.

"…착착 깎어 죽일 놈! …… 그놈을 내가 핀지 히여서, 백 년 지녁*을 살리라구 헐 걸! 백 년 지녁 살리라구 헐 테여…… 오냐 그놈을 삼천 석꺼리를 직분(分財)*히여 줄려구 히였더니, 오—냐, 그놈 삼천 석꺼리를 톡톡 팔어서 경찰서으다가, 사회주의 허는 놈 잡어 가두는 경찰서다가 주어 버릴껄! 으응, 죽일 놈!" / 마지막의 응응 죽일 놈 소리는 차라리 울음소리에 가깝습니다.

"…이 태평천하에! 이 태평천하에……."

– 채만식, 〈태평천하〉

* **망진자(亡秦者)는 호야(胡也)니라**: 중국 진나라를 망하게 한 사람은 진시황의 아들인 호야이다.
* **직원**: 일제 강점기에, 향교나 경학원의 직무를 맡아 하던 사람.
* **화적**: 떼를 지어 돌아다니며 재산을 마구 빼앗는 사람들의 무리.
* **노적**: 곡식 따위를 수북이 쌓아 놓음.
* **옹위**: 좌우에서 부축하며 지키고 보호함.
* **지함(地陷)**: 땅이 움푹하니 가라앉음.
* **부랑당패**: 불한당패. 떼를 지어 돌아다니며 재물을 마구 빼앗는 사람들의 무리.
* **침노하다**: 남의 나라를 불법으로 쳐들어가다.
* **동병**: 전쟁을 일으킴.　　　　* **참섭**: 끼어들어 간섭함.
* **괄괄하다**: 성질이 급하다.　　　* **가권**: 호주나 가구주에게 딸린 식구.
* **상성**: 본디 성질을 잃고 마치 딴 사람같이 변함.　* **지녁**: 징역.
* **직분하다**: 가족이나 친척에게 재산을 나누어 주다.

01 〈보기〉를 바탕으로 하여 이 글의 인물들을 파악한 내용으로 적절한 것은?

┤ 보기 ├

　일제는 억압적인 공포 정치를 자행하는 한편, 조선인이 일제의 지배에 마음속으로부터 순응하게 하고자 했다. 그 방법 중 하나는 조선인 내부에서부터 일제의 식민 통치를 찬양, 협력하는 친일파를 조직적으로 육성하는 일이었다.

① 윤 직원의 부친은 일제에 저항하다가 화적의 손에 죽었다.
② 윤 직원은 일제의 억압적인 공포 정치에 반감을 갖고 있다.
③ 윤 직원은 손자들을 출세시켜 일제의 식민지 정책에 저항하고자 한다.
④ 윤 직원은 일제의 식민 정책 덕분에 성장한 계층의 모습을 대표하는 인물이다.
⑤ 윤 직원의 손자 종수는 할아버지의 뜻에 반하여 자신의 신념을 지키려는 인물이다.

02 이 글에 나타난 서술자의 태도로 적절한 것은?

① 사건 전개에 따라 인물에 대한 태도를 달리하고 있다.
② 구어체를 사용하여 인물에게 애정 어린 시선을 보내고 있다.
③ 경어체를 사용하여 등장인물에 대한 호의적 태도를 드러내고 있다.
④ 겉으로는 인물을 치켜세우지만 실제로는 조롱하는 반어적 표현을 사용하고 있다.
⑤ 주인공을 반민족적인 인물로 묘사함으로써 인물의 기회주의적 태도를 옹호하고 있다.

03 ⓐ, ⓑ와 같은 표현의 효과로 적절한 것은?

① 공간적 배경을 뚜렷하게 드러낸다.
② 앞으로 이어질 사건을 예측하게 한다.
③ 독자가 인물에게 친밀감을 느끼게 한다.
④ 시대적 배경에 대한 독자의 이해를 돕는다.
⑤ 천박한 별명을 노출하여 인물을 희화화한다.

04 [A]를 바탕으로 하여 이 글의 소제목을 ⊙과 같은 관용적 표현으로 정한 이유를 서술하시오.

┤ 조건 ├
이 글에서 진시황과 호해에 해당하는 인물을 밝힐 것.

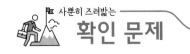
[05~08] 다음 글을 읽고 물음에 답하시오.

2010학년도 6월 평가원(변형)

학교에 나가지 않으면 나는 5시에 ㉠컨베이어 앞을 떠날 수 없을 것이다. 선생님은 버스 정류장에서 내일은 꼭 학교에 나오라고 한다.

"우선 학교에 나와서 얘기하자."

버스에 올라탄 선생님이 나를 향해 손을 흔든다. 선생님의 손 뒤로 공장 굴뚝이 울뚝울뚝하다. 처음으로 공장 속에서 사람을 만난 것 같다. 버스가 떠난 자리에 열일곱의 나, 우두커니 서 있다. 선생님의 손길이 남아 있는 내 어깨를 내 손으로 만져 보며.

다음 날 교무실로 나를 부른 선생님은 내게 ㉡반성문을 써 오라 한다.

"하고 싶은 말 다 써서 사흘 후에 가져와 봐."

반성문을 쓰기 위해 학교 앞 문방구에서 대학 노트를 한 권 산다. 지난날, 노조 지부장에게 왜 외사촌과 내가 학교에 가야만 하는가를 뭐라구 뭐라구 적었듯이 이젠 선생님에게 학교 가기 싫은 이유를 뭐라구 뭐라구 적는데 어느 참에서 마음속의 이야기들이 왈칵 쏟아져 나온다. 열일곱의 나, 쓴다. 내가 생각한 도시 생활이란 이런 것이 아니었으며, 내가 생각한 학교 생활도 이런 것이 아니었다고. 나는 주산 놓기도 싫고 부기책도 싫으며 지금은 오로지 마음속에 남동생 생각뿐으로 다시 그곳으로 돌아가서 그 애와 함께 살고 싶다고. 반성문은 노트 삼분의 일은 되게 길어진다.

반성문을 다 읽은 선생님이 말한다.

"너 소설을 써 보는 게 어떻겠냐?"

내게 떨어진 소설이라는 말. 그때 처음 들었다. 소설을 써 보라는 말.

그는 다시 말한다.

"㉢주산 놓기 싫으면 안 놓아도 좋다. 학교에만 나와. 내가 다른 선생들에게 다 말해 놓겠어. 뭘 하든 니가 하고 싶은 걸 하거라. 대신 학교는 빠지지 말아야 돼."

그는 내게 한 권의 책을 건네준다.

"내가 요즘 최고로 잘 읽은 소설이다."

표지에 난쟁이가 쏘아 올린 작은 공이라고 씌어 있다.

(중략)

최홍이 선생님. 이후 나는 그 선생님을 보러 학교에 간다. 어색한 이향으로 마음에 가둬졌던 그리움들이 최홍이 선생

님을 향해 방향을 돌린다. 열일곱의 나, 늘 난쟁이가 쏘아 올린 작은 공을 가지고 다닌다. 어디서나 난쟁이가 쏘아 올린 작은 공을 읽는다. 다 외울 지경이다. 희재 언니가 무슨 책이냐고 묻는다.

"소설책."

소설책? 한번 반문해 볼 뿐 관심 없다는 듯이 희재 언니가 고갤 떨군다. 최홍이 선생님이 마음 안으로 가득 들어찬다. 정말 주산을 놓지 않아도 주산 선생님은 그냥 지나간다. 부기 노트에 ㉣대차대조표를 그리지 않아도 부기 선생은 탓하지 않는다.

주산 시간에 국어 노트 뒷장을 펴고 난쟁이가 쏘아 올린 작은 공을 옮겨 본다.

[A]
……사람들은 아버지를 난쟁이라고 불렀다. 사람들은 옳게 보았다. 아버지는 난쟁이였다. 불행하게도 사람들은 아버지를 보는 것 하나만 옳았다. 그 밖의 것들은 하나도 옳지 않았다. 나는 아버지, 어머니, 영호, 영희, 그리고 나를 포함한 다섯 식구의 모든 것을 걸고 그들이 옳지 않다는 것을 언제나 말할 수 있다. 나의 '모든 것'이라는 표현에는 '다섯 식구의 목숨'이 포함되어 있다.

……이제 열일곱의 나는 컨베이어 위에서도 난쟁이가 쏘아 올린 작은 공을 옮기고 있다. 천국에 사는 사람들은 지옥을 생각할 필요가 없다,고. 그러나 우리 다섯 식구는 지옥에 살면서 천국을 생각했다,고. 단 하루라도 천국을 생각해 보지 않은 날이 없다,고. 하루하루의 생활이 지겨웠기 때문이다,고. 우리의 생활은 전쟁과도 같았다,고. 우리는 그 전쟁에서 날마다 지기만 했다,고. 그런데도 어머니는 모든 것을 잘 참았다,고.

그가 소설책을 써 보는 게 어떻겠느냐는 말 대신 시를 써 보는 게 어떻겠느냐고 했으면 나는 시인을 꿈꾸었을 것이다. 그랬었다. 나는 꿈이 필요했었다. 내가 학교에 가기 위해서, 큰 오빠의 가발을 담담하게 빗질하기 위해서, ㉤공장 굴뚝의 연기를 참아 낼 수 있기 위해서, 살아가기 위해서.

소설은 그렇게 내게로 왔다.

12월 중순이 지날 때까지 나는 한경신 선생이 보낸 편지를 가방에 넣고 다녔다. 가끔 편지를 꺼내 전화는 오후 5시 30분 이후부터 9시까지 하실 수 있습니다, 라는 대목을 읽어 보곤

했다. 842 - ××××. 몇 번 편지를 꺼내 읽고 다시 넣고 하는 사이에 나도 모르게 전화번호를 다 외우고 있었다. 그러나 나는 끝내 전화하지 못했다. 시간은 자꾸 흘러 한경신 선생이 학교에 왔으면 하는 기간인 12월 초와 중순을 지나갔다. 이제는 방학을 했겠구나, 싶었을 때 가방에서 편지를 꺼내 서랍에 넣으면서 그 학교를 떠나온 햇수를 헤아려 봤다. 떠나온 지 십삼 년이다. 이제는 그때의 일들이 나에게는 객관화가 되어 있으려니 했다.

글을 쓰기로 마음을 먹었을 땐 나는 그 시절을 다 극복한 것도 같았다. 그래서 그 시절에 대해서 할 수 있는 한 자세히 써 보기로 했다. 그때의 기억을 복원시켜 내 말문을 틔워 보고 내 인생의 폐문 앞에서 끊겨 버린 내 발자국을 연결시켜 줘 보기로.

– 신경숙, 〈외딴 방〉

* **컨베이어**: 물건을 연속적으로 이동시키는 띠 모양의 기계.
* **노조 지부장**: 노동자들이 좀 더 나은 환경에서 일하기 위해 만든 단체에서 일을 맡아 다스리는 사람.
* **주산 놓다**: 수판으로 계산을 하다.
* **부기책**: 돈이 나가고 들어오는 것을 기록하는 책, 졸업해서 바로 취업을 해야 하는 상업 고등학교 학생들이 예전에 배우던 과목 중 하나임.
* **이향**: 고향을 떠남.
* **대차대조표**: 기업이 가진 돈의 여유와 빚의 현황을 알아보기 위한 표.

05 〈보기〉는 이 글의 작가가 남긴 창작 노트이다. 〈보기〉를 바탕으로 하여 이 글을 이해한다고 할 때 적절하지 않은 것은?

┤ 보기 ├
* 시제에 변화를 줄 것 ………………… ⓐ
* 간결한 문장으로 표현할 것 …………… ⓑ
* 문단 나누기의 효과를 살릴 것 ………… ⓒ
* '나'를 부르는 방식에 변화를 줄 것 ……… ⓓ
* 심리 묘사와 함께 대화의 서술 방식도 사용할 것 … ⓔ

① ⓐ: 과거 회상 부분에서 현재형 어미를 사용하여 이야기 전개 속도를 높였다.

② ⓑ: 간결한 문장을 주로 사용하여 과거를 담담하게 서술하였다.

③ ⓒ: 문단 사이에 여백을 두어 열일곱 살이던 과거 이야기에서 삼십 대인 나의 현재 이야기로 바뀌었음을 나타내었다.

④ ⓓ: 서술자가 스스로를 가리키는 방식에 변화를 주어 과거 회상 속 '나'의 나이를 강조하고 있다.

⑤ ⓔ: '나'의 심리 서술과 함께 대화의 서술 방식을 사용하여 선생님이 나에게 책을 준 사건을 장면화하여 제시했다.

06 이 글을 통해 알 수 있는 내용이 아닌 것은?

① 열일곱 살의 '나'는 최홍이 선생님의 영향을 받아 꿈을 가지게 되었다.

② 열일곱 살의 '나'는 최홍이 선생님을 계기로 고향에 대한 그리움에 빠졌던 것에서 벗어날 수 있었다.

③ 삼십 대의 '나'는 열일곱 살 때의 일을 떠올려 글로 쓰려고 한다.

④ 삼십 대의 '나'는 학교로 오라는 한경신 선생의 바람에 부응하지 않았다.

⑤ 삼십 대의 '나'는 아직 치유하지 못한 열일곱 살의 과거의 아픔을 글로 쓰며 과거를 극복하겠다고 다짐하고 있다.

07 ㉠~㉤에 대한 서술자의 심리적 태도가 다른 하나는?

① ㉠　② ㉡　③ ㉢　④ ㉣　⑤ ㉤

08 [A]에 대한 설명으로 적절하지 않은 것은?

① '나'의 고단한 생활을 간접적으로 보여 준다.

② '나'가 소설 쓰기를 배워 가는 과정을 보여 준다.

③ '나'가 창작의 어려움을 깨달아 가는 모습을 보여 준다.

④ '나'가 소설을 옮겨 적으며 스스로 위안하는 모습을 보여 준다.

⑤ '나'가 〈난쟁이가 쏘아 올린 작은 공〉에 대해 보이는 애착을 구체적인 장면으로 보여 준다.

Ⅲ 현대 소설

내적 갈등

외적 갈등

 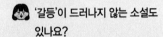

152 · Ⅲ 현대 소설

궁금해요

😊 '갈등'이 드러나지 않는 소설도 있나요?

🤓 갈등이 없다면 사건이 생기지 않을 거고, 그럼 전달할 이야기가 없어지겠지? 그래서 소설에서 갈등은 꼭 필요한 구성 요소란다. 하지만 최근에는 기존 소설의 틀에서 벗어나려는 시도의 하나로, 갈등이 나타나지 않는 소설들도 등장하고 있어. 극히 일부의 경우이지만 말이야.

개념

콕 1 이 글에 대한 이해로 적절하지 **않은** 것은?

① 모화와 아들은 서로 종교가 달라서 갈등을 겪는다.

② 모화와 아들의 대화는 사건이 순조롭게 해결될 것임을 암시한다.

③ 기독교에 대한 모화의 반감은 뒤에 일어날 사건의 원인이 된다.

🔒 개념을 품은 기출 선택지

· 인물의 의식이 **내적 갈등**에 초점을 둔 서술 방식을 통해 드러나고 있다. (2015 수능⑧)
· **인물 간의 갈등**을 다각적으로 조명하여 사건 전개의 양상을 다면화하고 있다. (2019 수능)
· 반복되는 사건을 제시하여 **인물들의 갈등**을 심화하고 있다. (2018 수능)

❶ 갈등의 개념과 기능

　'갈등'은 어떤 사건이나 상황에 대하여, 인물 자신의 생각이 마음속에서 엇갈리거나 또는 인물 간의 관점이나 태도가 서로 엇갈려서 발생하는 [❶　　　]과 충돌을 의미한다. 소설의 사건은 인물들이 일으키는 갈등을 중심으로 이루어지며, 갈등을 통해 한 사건에서 다른 사건으로 이야기를 전개해 나가게 된다.

☑ 갈등의 주체와 원인, 전개 양상, 기능을 종합적으로 묻는 문제가 자주 출제되고 있어.

🔵 갈등의 기능

㉠ **사건의 전개**: 갈등은 앞뒤 사건을 [❷　　　]으로 연결하여 사건을 전개시킨다. 앞에서 발생한 갈등의 결과가 뒤의 사건으로 이어지기 때문이다.

> "그래, 예수돈가 하는 데서는 밥 먹을 때마다 눈을 감고 주문을 외나?"
> 　　　　　기독교
> "오마니, 그건 주문이 아니외다. 하느님 전에 기도 드리는 것이외다."
>
> "하느님 앞에?" / 모화는 눈을 둥그렇게 떴다.
> 　　　　샤머니즘적 세계를 의미하는 인물
> "네, 하느님께서 우리 사람을 내셨으니깐요." / "야아, 너 잡귀가 들렸구나!"
> 모화의 얼굴빛은 순간 퍼렇게 질리었다. 그러고는 더 묻지 않았다.
> 　　　　기독교에 대한 모화의 격렬한 반발
> 모화의 기독교에 대한 반감 → 앞으로의 갈등을 암시
>
> **[뒷부분 줄거리]** 욱이와 모화는 자신의 신앙을 강요하며 다투다, 욱이가 모화의 칼에 찔려 죽게 된다. 마을에 기독교가 전파되어 점차 고립되어 가던 모화는 굿을 하다가 물에 빠져 죽고 만다.
>
> 　　　　　　　　　　　　　　　　　　　　　　　　　　　　　　 － 김동리, 〈무녀도〉
>
> ❷ 무당인 모화가 아들의 종교에 반감을 느끼고 이 때문에 갈등이 생기면서 사건이 전개됨.

© **인물의 성격 부각**: 갈등 상황에 대처하는 인물의 말이나 행동, 태도 등에서 인물의 성격과 ❸ 이 드러난다.

> "옛네…… 꼭 십오 전만 줄 것이지만, 자네가 하두 그리싸닝개 이십 전을 주녕 것이니, 오 전을랑 자네 말대루 막걸리를 받어 먹든지, 탁배기를 사 먹든지 맘대루 허소. 나넌 모르네!" / "건 너무 적습니다!" / "즉다니? 돈 이십 전이 즉담 말인가? 이 사람아 촌으 가면 땅이 열 평이네, 땅이 열 평이여!"
> _{이십 전을 주려는 것에 대한 인력거꾼의 반발}
>
> 인력거꾼은, 그렇거들랑 그거 이십 전 가지고 촌으로 가서 땅 열 평 사 놓고서 삼대 사대 빌어먹으라고 쏘아 던지고서 홱 돌아서고 싶은 것을, 그러나 겨우 참습니다.

➡ 인력거 요금을 둘러싼 갈등을 통해 윤 직원의 염치없고 뻔뻔한 성격이 드러남.
　　　　　　　　　　　　　　📖 동아, 지학사, 천재(박), 해냄 📖 비상, 지학사 | 채만식, 〈태평천하〉

© **분명한 주제 제시**: 갈등이 발생하고 해결되는 과정에서 작가가 전달하려는 내용인 '주제'가 드러난다.

> **〈흐르는 북〉의 짧은 줄거리**
>
> 타고난 예술적 기질과 역마살로 가정을 외면한 채 살아온 민 노인은 아들 대찬의 눈치를 보며
> _{아들이 민 노인(예술가)의 삶을 부정하는 이유}
> 아들 집에 얹혀 지낸다. 민 노인은 대찬의 친구들 앞에서 북을 쳤다가 대찬과 다투게 된 뒤로 집에 손님이 오는 날이면 일부러 집을 비운다. 한편 손자 성규는 북에 대한 민 노인의 열정을 이해하고 자신이 속한 탈춤반 공연에서 북을 쳐 달라고 부탁을 한다. 고민 끝에 이를 받아들인 민 노인은 청
> _{손자 성규는 민 노인을 긍정적으로 생각함}
> 중 앞에서 예술혼을 유감없이 발휘한다. 그러나 이 사실을 알게 된 대찬은 민 노인을 탓하고, 대찬과 성규는 다툼을 벌인다. 일주일 후, 성규는 데모를 하다가 경찰에게 붙잡힌다. 민 노인은 자신의 역마살과 성규의 데모 행위가 닮았다고 생각하며 북을 울린다.

➡ 민 노인을 두고 아들과 손자가 벌인 갈등을 통해 '세대 갈등과 예술혼의 긍정'이라는 주제가 드러남.
　　　　　　　　　📖 비상 | 최일남, 〈흐르는 북〉
　　　　　　　　　_{세대 간의 갈등 속에서도 북소리는 이어진다는 뜻}

개념
콕 **2** 이 글에 나타난 인력거꾼과 윤 직원의 갈등을 이해한 내용으로 적절한 것은?

① 인력거꾼의 부정적 면모가 부각된다.
② 윤 직원의 부정적인 면모가 강조된다.
③ 절약이라는 가치관이 긍정적으로 그려진다.

개념
콕 **3** 이 글에 대한 설명으로 적절하지 <u>않은</u> 것은?

① 민 노인과 성규 사이에 갈등이 발생하고 있다.
② 민 노인과 대찬은 가치관의 차이로 갈등하고 있다.
③ 성규와 대찬의 갈등을 통해 예술혼을 긍정적으로 바라보는 주제 의식이 드러나고 있다.

Ⅲ 현대 소설

❷ 갈등의 종류

(1) 내적 갈등

한 인물의 내면에서 일어나는 상반되거나 분열된 심리가 원인이 되는 갈등이다. 인물이 자신이 처한 상황과 관련해 ❹ 심리를 가질 때 내적 갈등이 발생한다. 인물이 겪는 고민, 근심, 불안, 방황, 망설임, 분노 등이 모두 내적 갈등에 해당한다.

> "십만 원 가까이 빌릴 수 없을까요?" (중략)
> _{권 씨가 '나'에게 돈을 빌리려는 이유: 아내가 출산이 임박했는데, 태아가 탯줄을 목에 감아서 수술을 해야 함.}
> 나는 한동안 망설이지 않을 수 없었다. 그의 진지함 앞에서 '아아, 그거 참 안됐군요.' 라든가 '그래서 어떡하죠.' 하는 상투적인 말로 섣불리 이쪽의 감정을 전달하기엔 사실 말이지 '십만 원 가까이'는 내게 너무나 큰 부담이었다. 집을 살 때 학교에다 진 빚을 아직 절반도 못 가린 처지였다. 정상 분만비 일, 이만 원 정도라면 또 모르지만 단순히 권 씨를 도울 작정으로 나로서는 거금에 해당하는 십만 원 가까이를 또 빚진다는 건 무리도 이만 저만이 아니었다.
> _{평범한 소시민인 '나'는 인정상 분만비 정도는 도울 의향이 있음.　　권 씨를 위해 거금을 빚지기는 싫음.}

➡ 권 씨의 부탁을 외면할 수는 없지만, 자신의 안락한 삶도 유지하고 싶은 '나'의 내적 갈등이 드러남.
　　　　　　📖 비상(박안), 천재(이) | 윤흥길, 〈아홉 켤레의 구두로 남은 사내〉

개념
콕 **4** 이 글에 대한 이해로 적절하지 <u>않은</u> 것은?

① '나'의 망설임이 내면 서술로 상세히 드러난다.
② '권 씨'의 부탁에 대한 '나'의 복잡한 심리가 드러난다.
③ '나'의 내적 갈등을 통해 '나'의 비정한 성격을 강조한다.

빈칸 답 | ❶ 대립 **❷** 인과적 **❸** 가치관
❹ 상반된
콕 **1**② **2**②③ **3**① **4**③

(2) 외적 갈등

인물과 그를 둘러싼 ⑤[ ]가 대립하여 생기는 갈등이다. 인물에게 영향을 미치는 외적 요소에 따라 '인물과 인물의 갈등', '인물과 사회의 갈등', '인물과 운명의 갈등', '인물과 자연의 갈등'으로 구분한다.

> ☑ 갈등을 겪는 인물에는 O표시, 이 인물과 대립하는 요소에는 △표시를 하면서 글을 읽으면 갈등을 파악하는 데 도움이 돼.

가치관, 성격, 태도의 차이
인물 ↔ 인물

㉠ **인물 vs 인물**: 인물 사이의 가치관, 성격, 태도, 감정, 환경 등의 차이 때문에 발생하는 갈등이다. 주동 인물과 반동 인물 사이의 갈등이 대표적이다. 🔗 123쪽

> "너 봄 감자가 맛있단다."
> 점순이가 '나'에게 마음을 표현하는 매개물
> "난 감자 안 먹는다. 니나 먹어라."
> '나'가 점순이의 마음을 눈치 채지 못하고 감자를 거절함. → 이로써 '나'와 점순이의 갈등이 시작됨.
> 나는 고개도 돌리려 하지 않고 일하던 손으로 그 감자를 도로 어깨 너머로 쑥 밀어 버렸다. / 그랬더니 그래도 가는 기색이 없고, 그뿐만 아니라 쌔근쌔근하고 심상치 않게 숨소리가 점점 거칠어진다. (중략)
> '나'가 감자를 거절해 몹시 화가 남.
> 나는 눈에 쌍심지가 오르고 사지가 부르르 떨렸으나 사방을 한번 휘돌아보고야 그제서 점순이 집에 아무도 없음을 알았다. 잡은 참지게 막대기를 들어 울타리의 중턱을 후려치며
> 이유: 점순이가 '나'의 집 씨암탉을 때리고 있어서
> "이놈의 계집애! 남의 닭 알 못 낳으라구 그러니?" 하고 소리를 빽 질렀다.
> 그러나 점순이는 조금도 놀라는 기색이 없고 그대로 의젓이 앉아서 제 닭 가지고 하듯이 또 죽어라, 죽어라 하고 패는 것이다. 이걸 보면 내가 산에서 내려올 때를 겨냥해 가지고 미리부터 닭을 잡아 가지고 있다가 네 보란 듯이 내 앞에 쥐어지르고 있음이 확실하다.
> 감자를 거절한 '나' 때문에 마음에 상처를 입은 점순이가 의도적으로 '나'를 괴롭힘. → 갈등이 본격적으로 일어남.
>
> ❍ '나'와 점순이의 갈등이 드러남.
> 🔲 천재(이) | 김유정, 〈동백꽃〉

㉡ **인물 vs 사회**: 인물이 자신이 속한 사회의 ⑥[ ], 관습, 윤리에 의해 겪게 되는 갈등이다.

> 1945년 봄에도 행촌리에 살구꽃 피고, 꽈리꽃, 오랑캐꽃, 자운영이 피었을까. 그럴 리 없건만 괜히 안 피고 말았을 거 같다. 그 꽃들이 피어나기 전에 만득이와 곱단이의 연애도 끝나고 말았을. 만학이었던 만득이는 읍내의 사 년제 중학교를 졸업하자마자 징병으로 끌려나갔다. (중략)
> 만득이와 곱단이의 헤어짐을 암시하는 복선
> 일제에 의해 징병으로 끌려가면서 만득이가 연인인 곱단이와 이별하게 됨.
> 곱단이네는 그 고운 딸을 번갯불에 콩 궈 먹듯*이 그 재취* 자리로 보내 버렸다.
> 위안부*에 끌려가지 않기 위해 다른 남자와 원하지 않는 결혼을 함.
> 곱단이가 어떤 심정으로 그 혼사에 응했는지는 알 길이 없다. 피를 보면 멀쩡한 사람도 정신이 회까닥해진다고 하지 않는가. 피 묻은 소문도 마찬가지였다. 곱단이네 식구뿐 아니라 마을 사람들도 이성을 잃고 말았다. 만득이와 곱단이의 연애를 어여삐 여기고, 스스로 증인이 된 마을 어른들도 이제 곱단이를 위해 할 수 있는 일은 일본군한테 내주지 않는 일뿐이었다.
> 이성을 잃는다고   위안부와 관련된 끔찍한 소문 – 만득이와 곱단이의 사랑이 이루어지지 못하게 된 원인
> 만득이와 곱단이의 사랑이 이루어지지 못한 까닭이 시대적 상황 때문임을 보여 줌.
>
> ❍ 일제 강점기라는 사회적 상황이 두 인물(만득이·곱단이)과 갈등하여 결국 이들을 헤어지게 함.
> 🔲 금성 | 박완서, 〈그 여자네 집〉
>
> * 번갯불에 콩 궈 먹듯: 어떤 행동을 당장 해치우지 못하여 안달하는 조급한 성질을 이르는 말.
> * 재취: 아내를 여의었거나 아내와 이혼한 사람이 다시 장가가서 아내를 맞이함.
> * 위안부: 주로 전쟁 때 남자들의 성욕 해결을 위하여 군대에 강제로 동원된 여자.

개념 콕 5 이 글의 갈등을 이해한 내용으로 적절한 것은?
① '나'와 점순이 사이의 외적 갈등이 드러난다.
② 점순이의 내적 갈등이 서술자의 서술로 드러난다.
③ '나'가 점순이를 좋아하기 때문에 갈등이 발생한다.

사회 (제도, 관습, 윤리) ↔ 인물

개념 콕 6 이 글에 드러난 갈등에 대한 설명으로 적절한 것은?
① 곱단이와 만득이 사이의 갈등이 나타난다.
② 일제가 시행한 징병 제도 때문에 갈등이 발생한다.
③ 곱단이가 타고난 운명 때문에 심리적 갈등이 발생하였다.

ⓒ **인물 vs 운명** : 인물이 자신에게 주어진 운명을 부정적으로 인식하고 그 운명에서 벗어나고자 할 때 발생하는 갈등이다.

> **〈역마〉의 짧은 줄거리**
>
> 　화개 장터에서 주막을 운영하는 옥화의 아들인 성기는 한 곳에서 정착할 수 없는 역마살이라는 〔늘 이리저리 떠돌아다니며 사는 운명〕 사주를 타고 났다. 옥화는 성기의 사주를 고치기 위해 노력한다. 어느 날 체를 파는 영감이 딸 계 〔아들의 운명에 저항함.〕 연을 주막을 운영하는 옥화에게 맡긴 뒤 장사를 떠난다. 성기와 계연은 서로 사랑하게 되고, 성기 는 계연과 정착하여 살고자 한다. 그러던 어느날, 옥화는 계연의 왼쪽 귓바퀴에서 사마귀를 발견하 〔역마살이라는 운명을 극복하려 함.〕 고, 계연이 자신의 동생이 아닐까 의심한다. 결국 계연이 옥화의 이복동생임이 밝혀지면서, 계연과 성기의 사랑은 좌절된다. 계연은 아버지를 따라 여수로 떠나고, 중병을 앓은 성기도 병이 낫자 화 〔역마살이라는 자신의 운명에 순응함.〕 개 장터를 떠난다.
>
> ◐ 역마살이라는 운명과, 운명에서 벗어나려 안간힘을 쓰는 인간의 갈등이 나타남. 　　　　　　　　　 – 김동리, 〈역마〉
>
> ✦ **체**: 가루를 곱게 치거나 액체를 거르는 데 쓰는 기구.

개념
콕 7 이 글에 대한 설명으로 적절하지 <u>않은</u> 것은?

① 옥화와 계연이 대립하여 갈등이 발생한다.
② 성기가 자신의 운명에 순응함으로써 갈등이 해소된다.
③ 계연과 성기는 혈연관계임이 밝혀지면서 둘의 사랑이 좌절된다.

ⓓ **인물 vs 자연**: 인물이 자연 현상과 대립함으로써 발생하는 갈등이다. 자연의 힘 앞에 〔 ❼ 〕하는 인물과, 반대로 자연과 대결하려는 인물이 제시된다.

> **〈노인과 바다〉의 짧은 줄거리**
>
> 　쿠바 아바나의 늙은 어부 산티아고는 84일 동안 물고기를 잡지 못한다. 그의 조수였던 소년 마 놀린만이 그를 도와줄 뿐 아무도 그를 가까이하지 않는다. 홀로 배를 타고 먼 바다로 나간 산티아 고의 낚싯줄에 마침내 거대한 청새치가 걸린다. 노인은 자기 배보다도 큰 청새치와 며칠 간의 〔인물과 자연의 갈등 ①〕 사투를 벌인 끝에 승리한다. 그러나 청새치를 배에 묶어 돌아오는 길에 피 냄새를 맡고 몰려든 상 어를 만나게 된다. 노인은 사력을 다해 다가오는 상어들을 죽이고 또 저항해 보지만, 결국 뼈와 대 〔인물과 자연의 갈등 ②〕 가리만 남은 청새치와 함께 항구로 돌아오게 된다. 지친 노인은 소년에게 위로를 받으며 잠들고 사 자 꿈을 꾼다.
>
> ◐ 자연의 힘과 맞서 싸우는 노인의 모습이 드러남. 　　　 🖥 동아, 천재(김) | 어니스트 헤밍웨이, 〈노인과 바다〉
>
> ✦ **청새치**: 황새칫과의 바닷물고기. 몸의 길이는 3미터 정도이며, 검푸르고 살은 복숭아 빛깔인데 식용한다. 주둥이가 좁고 창날처럼 길다.

개념
콕 8 이 글의 갈등에 대한 설명으로 적절한 것은?

① 노인의 외로움이 갈등의 원인이 된다.
② 노인과 자연 현상의 갈등이 중심을 이룬다.
③ 운명에 순응하는 노인의 모습이 갈등 해결의 실마리로 작용한다.

3 갈등의 진행 양상

갈등이 전개되는 모습과 갈등의 정도가 변화하는 모습을 말한다. 즉, 소설의 이야기가 진행되어 가는 상태를 가리킨다.

〔감정, 세력 따위가 한층 높아짐〕
(1) 고조

갈등의 정도가 점점 높아지고 있는 상태이다. 인물 사이, 혹은 인물 내면의 갈등이 점점 깊어지는 모습을 보일 때, 갈등이 고조되고 있다고 표현한다.

> 　"남대문 정거장까지 말씀입니까?" / 하고, 김 첨지는 잠깐 주저하였다. 그는 이 우중 〔오랫동안 일이 없었는데 잇따라 일이 들어오자 뜻밖의 행운에 당황한 것임.〕 〔비가 내리는데〕 에 우장도 없이 그 먼 곳을 철벅거리고 가기가 싫었음일까? 처음 것, 둘째 것으로 고 만 만족하였음일까? 아니다, 결코 아니다. 이상하게도 꼬리를 맞물고 덤비는 이 행운 앞에 조금 겁이 났음이다. 그리고 집을 나올 제, 아내의 부탁이 마음에 켕기었다. 〔병든 아내의 죽음을 예감하지만 집으로 돌아가지 않고 있는 '김 첨지'의 내적 갈등이 고조되고 있음.〕

빈칸 답: ❺ 외적 요소 ❻ 제도 ❼ 순응
콕 5 ① 6 ② 7 ① 8 ②

① 김 첨지의 내적 갈등이 점차 고조되고 있다.

② 김 첨지는 행운이 거듭되자 오히려 불안해하고 있다.

③ 김 첨지가 아내의 말을 떠올리는 장면은 갈등이 사라질 것임을 암시하는 장치이다.

— 앞집 마마님한테서 부르러 왔을 제 병인은 그 뼈만 남은 얼굴에 유일한 생물 같은 유달리 크고 움푹한 눈에다 애걸하는 빛을 띄우며,

_{김 첨지의 아내}

"오늘은 나가지 말아요. 제발 덕분에 집에 붙어 있어요. 내가 이렇게 아픈데……."

하고 모깃소리같이 중얼거리며 숨을 걸그렁걸그렁* 하얏다.

_{아내의 죽음이 암시됨.}

➡ 계속되는 행운 앞에서 아픈 아내를 떠올리는 김 첨지의 내적 갈등이 고조됨.   – 현진건, 〈운수 좋은 날〉

◆ **우장**: 비를 맞지 아니하기 위해서 차려 입음. 또는 그런 복장. 우산, 도롱이, 갈삿갓 따위를 이른다.

◆ **걸그렁걸그렁**: 가래 따위가 목구멍에 걸려 숨 쉴 때마다 자꾸 꽤 거칠게 나는 소리.

_{상황이나 사태 따위가 날카롭고 격함}

(2) 첨예

갈등이 고조되어 갈등의 정도가 ⑧ 에 달한 상태이다. 인물 사이 또는 인물 내면의 갈등이 가장 날카롭고 격할 때, 첨예하게 대립한다고 표현한다.

① 갈밭새 영감과 청년들이 서로 첨예하게 대립하고 있다.

② 갈밭새 영감은 둑을 허물려 하고 청년들은 이를 막으려 하고 있다.

③ 갈밭새 영감의 내적 갈등이 해소되었다가 경찰의 출현으로 다시 고조되었다.

섬 사람들이 한창 둑을 파헤치고 있을 무렵이었다. 좀 더 똑똑히 말한다면, 조마이

_{둑을 파헤치는 이유: 비가 세차게 오고 있는데, 둑을 미리 무너뜨리지 않으면 물이 더 불었을 때 갑자기 터져 섬 사람들의 목숨이 위험해지기 때문에}

섬 서쪽 강 둑길에 검정 지프차 한 대가 와 닿은 뒤라 한다. 웬 깡패같이 생긴 청년 두

_{권력자의 앞잡이들}

명이 불쑥 현장에 나타나더니, 둑을 허물어뜨리는 광경을 보자, 이내 노발대발 방해를 하기 시작하더라고. (중략) 순간 화가 머리끝까지 치밀었을 갈밭새 영감도,

"이 개 같은 놈아, 사람의 목숨이 중하냐, 네 놈들의 욕심이 중하냐?"

_{갈밭새 영감의 분노가 최고조에 달함: 행패를 부리는 깡패와, 그들을 조종하는 힘 있는 사람들에 대한 분노}

말도 채 끝내기 전에 덜렁 그 자를 들어 물 속에 태질* 을 해 버렸다는 것이다.(상대방은 "아이고" 소리도 못해 보고 탁류에 휘말려 가고, 지레 달아난 녀석의 고자질에 의해선지 이내 경찰이 둘이나 달려왔더라고.)

_{( ): 깡패는 죽고 갈밭새 영감은 살인죄로 감옥에 가게 됨.}

➡ 깡패 같이 생긴 청년들과 갈밭새 영감이 서로 첨예하게 대립함.   – 김정한, 〈모래톱 이야기〉

◆ **태질**: 세게 메어치거나 내던지는 짓.

_{해결되어 없어짐}

(3) 해소

갈등을 일으키던 요인이 사라지거나 갈등이 해결되어 없어진 상태를 말한다. 그러나 갈등이 해소되었다는 것이 반드시 ⑨ 결말을 의미하지는 않는다. 대립하던 대상 중 어느 한 쪽이 승리하든 패배하든 아니면 서로 화해하든, 갈등 요소가 사라지면 모두 갈등이 해소되었다고 표현할 수 있다.

① '나'가 당숙의 양자가 된 것

② '나'가 당숙을 '아부제'라고 부른 것

③ '나'와 '아부제'가 서로 밥을 먹었는지 묻는 것

나는 신발을 벗고 방으로 들어서며 말했다. 강릉에서 올라올 때부터 내내 입속으로 되뇌며 연습한 말이었다.(아버지가 있으니 아버지라고 부를 수는 없고, 그러면서도 아

_{( ): '나'는 어린 시절 당숙의 양자로 들어가지만 당숙을 창피하게 여겼음. 당숙은 그 때문에 상처를 입었고, '나'는 미안한 마음에 당숙을 찾아감.}

버지라는 뜻을 불러야 하고, 이젠 당숙을 그렇게 불러야 하고 그렇게 불러야 할 때가 왔다고 생각했다.)아부제가 놀라는 얼굴로 나를 바라보았다.

_{'나'의 양아버지(당숙)}

"아부제……." / "……."

_{당숙을 '아부제'라고 부름.}

"지가 잘못했어요." / "언, 언제 완?"

"어제요. 어머이가 아부제 모시고 오라고 해서요."

"……. 밥은 먹은?" / "야. 내일 온다더니요?"

"여게서 들어오는 사람 편에 니가 왔다는 얘기를 들었잔."

"진지는 드셨어요?" / "거게서 먹기는 해두 니가 뭘 안 먹었음 같이 먹을라구……."

➡ '나'의 사과를 받아들인다고 직접 대답하지는 않으나, 밥을 먹었냐고 묻고, '나'와 같이 먹으려 했다는 당숙의 말을 통해 갈등이 해소되었음을 알 수 있음.   – 이순원, 〈말을 찾아서〉

✓ **바로바로 간단 체크**

1 다음 빈칸에 알맞은 말을 쓰시오.

(1) (ㄱㄷ)은 어떤 사건에 대하여 인물 간의 관점이나 태도가 서로 엇갈려서 대립하고 충돌하는 일이다.

(2) 소설에서 갈등은 앞뒤 사건을 (ㅇㄱㅈ)으로 연결하여 사건을 전개하는 역할을 한다.

(3) 갈등 상황에서 드러나는 인물의 (ㄱㅊㄱ)과 태도는 인물의 (ㅅㄱ)을 좀 더 분명하게 드러내 준다.

2 다음 설명이 맞으면 ○표, 틀리면 ×표를 하시오.

(1) 소설 속 갈등의 진행 양상은 대개 '고조 → 첨예 → 해소'의 과정을 거친다. ( )

(2) 갈등의 강도가 최고조에 달했을 때 갈등의 양상이 '첨예' 상태에 이르렀다고 표현할 수 있다. ( )

(3) 갈등의 '해소'는 갈등을 일으키던 요인이 해결된 상태이므로 행복한 결말을 가리키는 말이다.
( )

3 갈등의 종류를 다음과 같이 정리할 때 빈칸에 들어갈 알맞은 말을 쓰시오.

㉠____ 갈등	한 인물의 내면에서 일어나는 심리적 갈등으로, 고민, 근심, 분노, 방황, 불안, 망설임 등이 있다.	
㉡____ 갈등	인물 VS ㉢____	인물의 가치관, 성격, 태도, 감정, 환경의 차이로 발생하는 갈등
	인물 VS ㉣____	인물이 ㉣____의 제도나 관습과 충돌하며 발생하는 갈등
	인물 VS 운명	인물이 자신에게 주어진 운명을 거부하면서 발생하는 갈등
	인물 VS ㉤____	인물이 거대한 힘을 가진 ㉤____ 환경과 대립하며 발생하는 갈등

[01~04] 다음 글을 읽고 물음에 답하시오.

[앞부분 줄거리] 화개 장터에서 주막을 하는 옥화는 아들 성기의 타고난 역마살을 없애기 위해, 주막에 맡겨진 체 장수의 딸 계연과 성기를 혼인시키려 한다. 옥화는 우연히 계화의 귓바퀴에도 자신과 똑같은 사마귀가 있음을 알게 된다. 이를 이상하게 여긴 옥화는 점쟁이를 찾아가고, 체 장수가 자신의 아버지이며 계연은 이복동생이라는 말을 듣게 된다. 옥화는 성기와 계연의 혼인을 반대하고, 체 장수는 계연을 데리고 고향인 여수로 떠난다. 성기는 실연의 아픔을 이기지 못하고 병에 걸린다. 성기가 살아날 가망이 없자 옥화는 그간의 사연을 모두 털어놓게 된다.

옥화는 잠깐 말을 그쳤다. 성기는 두 눈에 불을 켜듯 한 형형한 광채를 띠고, 그 어머니의 얼굴을 쳐다보고 있었다.

"차라리 몰랐으면 또 모르지만 한번 알고 나서야 인륜이 있는듸 어쩌겠냐."

그리고 부디 어미 야속타고나 생각지 말라고, 옥화는 아들의 뼈만 남은 손을 눈물로 씻었다. 옥화의 이 마지막 하직같이 하는 통정˙ 이야기에 의외로도 성기는 도로 힘을 얻은 모양이었다. 그 불타는 듯한 형형한 두 눈으로 천장을 한참 바라보고 있던 성기는 무슨 새로운 결심이나 하듯 입술을 지그시 깨물고 있었다.

아버지를 찾아 함경도 쪽으로 가 볼 생각도 없다, 집에서 장가들어 살림을 할 생각도 없다, 하는 아들에게, 그러나, 옥화는 전과 같이 이제 고지식한 미련을 두는 것도 아니었다.

"그럼 어쩔라냐? 너 좋을 대로 해라."

"……."

성기는 아무런 말도 없이 도로 자리에 드러누워 버렸다.

그러고 나서 한 달포˙나 넘어 지난 뒤였다.

성기가 좋아하는 여러 가지 산나물이 화갯골에서 연달아 자꾸 내려오는 이른 여름의 어느 장날 아침이었다. 두릅회에 막걸리 한 사발을 쭉 들이켜고 난 성기는 옥화더러,

㉠"어머니, 나 엿판 하나만 맞춰 주."

하였다.

"……."

옥화는 갑자기 무엇으로 머리를 얻어맞은 듯이 성기의 얼굴을 멍하니 바라보고 있었다.

그런 지도 다시 한 보름이 지나, 뻐꾸기는 또다시 산울림처럼 건드러지게 울고, 늘어진 버들가지엔 햇빛이 젖어 흐르는 아침이었다. 새벽녘에 잠깐 가는 비가 지나가고, 날은 다시 유달리 맑게 갠 화개 장터 삼거리 길 위에서, 성기는 그 어머니와 하직˙을 하고 있었다. 갈아입은 옥양목 고의적삼에, 명주

수건까지 머리에 잘끈 동여매고 난 성기는, 새로 맞춘 새하얀 나무 엿판을 걸빵°해서 느직하게 엉덩이 즈음에다 걸었다. 위 목판에는 새하얀 가락엿이 반 넘어 들어 있었고, 아래 목판에는 팔다 남은 이야기책 몇 권과 간단한 방물°이 좀 들어 있었다.

그의 발 앞에는, 물과 함께 갈리어 길도 세 갈래로 나 있었으나, 화갯골 쪽엔 처음부터 등을 지고 있었다. 동남으로 난 길은 하동, 서남으로 난 길이 구례, 작년 이맘때도 지나 그녀가 울음 섞인 하직을 남기고 체 장수 영감과 함께 넘어간 산모퉁이 고갯길은 퍼붓는 햇빛 속에 지금도 환히 장터 위를 굽이 돌아 구례 쪽을 향했으나, 성기는 한참 뒤 몸을 돌렸다. ⓛ그리하여 그의 발은 구례 쪽을 등지고 하동 쪽을 향해 천천히 옮겨졌다.

한 걸음 한 걸음 발을 옮겨 놓을수록 그의 마음은 한결 가벼워져, 멀리 버드나무 사이에서 그의 뒷모양을 바라보고 서 있을 어머니의 주막이 그의 시야에서 완전히 사라져 갈 무렵해서는, 육자배기 가락으로 제법 콧노래까지 흥얼거리며 가고 있는 것이었다.

– 김동리, 〈역마〉

● 통정: 통사정. 딱하고 안타까운 형편을 털어놓고 말함.
● 달포: 한 달이 조금 넘는 기간.
● 하직: 먼 길을 떠날 때 웃어른께 작별을 고하는 것.
● 걸빵: '멜빵'의 방언.
● 방물: 여자가 쓰는 화장품, 바느질 기구, 패물 따위의 물건.

01 이 글을 이해한 것으로 적절하지 않은 것은?

① 계연이 떠난 뒤 성기가 겪는 내적 갈등이 병으로 나타난다.
② 성기는 옥화와의 대화를 통해 계연에 대한 마음을 포기하게 된다.
③ 계연과 옥화 사이의 인륜은 성기와 계연이 헤어지는 원인이 된다.
④ 성기가 갈등을 해소하는 과정을 통해 작품의 주제가 분명히 드러난다.
⑤ 옥화는 성기의 운명을 바꾸기 위해 끝까지 노력하는 의지적인 인물이다.

02 이 글에서 가장 두드러지게 나타난 갈등은?

① 인물과 인물의 갈등
② 인물과 종교의 갈등
③ 인물과 사회의 갈등
④ 인물과 자연의 갈등
⑤ 인물과 운명의 갈등

03 ㉠과 ㉡을 고려하여, 이 글의 갈등이 해소된 방식에 대해 간략하게 쓰시오.

04 〈보기〉를 참고하여 이 글을 감상한 내용으로 적절하지 않은 것은?

┤ 보기 ├
ㄱ. 김동리는 〈역마〉의 인물들을 통해, 운명을 수용하는 것이 운명에 패배하는 것이 아니라 세계와 조화되는 것이며, 이는 우리 민족의 전통적 삶의 방식이라고 여겼다.
ㄴ. 〈역마〉의 인물들이 보여 주는 생각과 행동은 적극적이지 않고 비합리적이어서, 주체적으로 자기 삶의 방향을 결정하는 현대인들이 공감하기 힘들다는 비판이 있다.

① ㄱ에 따르면, 성기와 계연의 이별 장면은 운명을 받아들임으로써 세계와 조화를 이루는 장면이군.
② ㄱ에 따르면, 옥화는 계연과 성기의 관계가 천륜에 어긋남을 인정하고 둘을 헤어지게 했으므로 전통적 인물이군.
③ ㄱ에 따르면, 엿장수가 되어 집을 떠나기로 한 성기의 결심은 자기 의지에 따라 삶을 살아가려는 행동이군.
④ ㄴ에 따르면, 성기는 자기 삶의 방향을 주체적으로 결정하지 않고 운명에 맡기는 소극적 인물이군.
⑤ ㄴ에 따르면, 옥화는 체 장수 영감과 계연에 대한 점쟁이의 말을 그대로 믿는 비합리적인 인물이군.

[05~07] 다음 글을 읽고 물음에 답하시오.

2017학년도 6월 평가원 (변형)

[앞부분 줄거리] 일본으로 유학을 간 덕기는 방학을 맞아 고향으로 돌아왔다. 덕기의 할아버지는 의관이라는 벼슬을 사 조 의관으로 불렸으며, 이제는 양반의 족보까지 사들인다. 아버지인 상훈은 유학을 하고 돌아와 기독교 신자가 되어, 선교 학교의 교사로 일하면서 사회 운동이나 교육 사업에 투자한다. 그는 교회 신자들에게 존경받지만, 사실 술 담배를 즐겨할 뿐만 아니라 젊은 여자들을 농락하는 난봉꾼이다. 그는 자신이 선교 학교에서 가르쳤던 독립운동가의 딸이자 아들의 동창생인 홍경애와의 사이에서 딸을 낳지만 사회와 교회에서의 체면을 생각하여 경애와 자신의 딸을 모른 척한다.

[가] "누가 돈 쓰는 것을 아랑곳했나? 누가 저더러 돈을 쓰라니 걱정인가? 내 돈 가지고 내가 어떻게 쓰든지……."

"아버지께서 하시는 일에……."

조금 뜸하여지며 부친이 쌈지를 풀어서 담배를 담는 동안에 상훈이는 나직이 말을 꺼냈다.

"……돈 쓰신다고만 하는 것도 아닙니다마는 어쨌든 공연한˚ 일을 만들어 내는 사람들이 첫째 잘못이란 말씀입니다."

"무에 어째 공연한 일이란 말이냐?"

부친의 어기˚는 좀 낮추어졌다.

"대동보소˚만 하더라도 족보 한 질에 오십 원씩으로 매었다 하니 그 오십 원씩을 꼭꼭 수봉하면˚ 무엇 하자고 삼사천 원이 가외˚로 들겠습니까?"

"삼사천 원은 누가 삼사천 원 썼다던?"

영감은 아들의 말이 옳다고는 생각하였으나 실상 그 삼사천 원이란 돈이 족보 박이는 데에 직접으로 들어간 것이 아니라 XX 조씨로 무후(無後)한˚ 집의 계통을 이어서 일문일족에 끼려 한즉 군식구가 늘면 양반에 진국이 묽어질까 보아 반대를 하는 축들이 많으니까 그 입들을 씻기기 위하여 쓴 것이다. 하기 때문에 난봉자식이 난봉 피운 돈 액수를 줄이듯이˚ 이 영감도 실상은 한 천 원 썼다고 하는 것이다. 중간의 협잡배˚는 이런 약점을 노리고 우려 쓰는 것이지만 이 영감으로서 성한 돈 가지고 이런 병신 구실 해 보기는 처음이다.

"그야 얼마를 쓰셨던지요. 그런 돈은 좀 유리하게 쓰셨으면 좋겠다는 말씀입니다."

'재하자 유구무언(在下者 有口無言)˚'의 시대는 지났다 하더라도 노친 앞이라 말은 공손했으나 속은 달았다.

"어떻게 유리하게 쓰란 말이냐? 너같이 오륙천 원씩 학교에 디밀고 제 손으로 가르친 남의 딸자식 유인하는 것이 유리하게 쓰는 방법이냐?"

아까부터 상훈이의 말이 화롯가에 앉아서 폭발탄을 만지작거리는 것 같아서 위태위태하더라니 겨우 간정되려던˚ 영감의 감정에 또 불을 붙여 놓고 말았다.

상훈이는 어이가 없어서 얼굴이 벌게진다.

[중간 줄거리] 조 의관이 죽고, 아들 상훈이 아닌 손자 덕기가 재산 상속자가 된다. 조 의관의 유산 목록에 정미소˚가 없었다는 것을 안 상훈은 정미소를 차지하려고 한다. 한편 상훈은 세간 값을 적은 종이들을 덕기에게 보내 값을 치르라고 한다.

[나] "어제 그건 봤니?"

부친이 비로소 말을 붙이나 아들은 다음 말을 기다리고 가만히 앉았다.

"치를 수 없거든 거기 두고 가거라."

역정˚스러운 목소리나 여자 손들이 많은데 구차스럽게 세간 값으로 부자 충돌을 하는 꼴을 보이기 싫기 때문에 아들의 입을 미리 막으려는 것이다.

"안 치러 드린다는 것은 아닙니다마는……."

덕기는 너무 오래 잠자코 있을 수 없어서 말부리만 따고 또 가만히 고개를 떨어뜨리고 앉았다. 그러나 복통이 터져서 속은 끓었다. 속에 있는 말이나 시원스럽게 하고 싶으나 부친 앞에서, 더구나 조인광좌(稠人廣座)˚ 중에서 그럴 수도 없다.

"이 판에 용이 이렇게 과하시면 어떡합니까. 여간한 세간 나부랭이야 저 집에 안 쓰고 굴리는 것만 갖다 놓으셔도 넉넉할 게 아닙니까?"

안방 치장 하나에 천여 원 돈을 묶어서 들인다는 것은 생돈 잡아먹는 것 같고, 누가 치르든지 간에 어려운 일이다.

"이 판이 무슨 판이란 말이냐? 그 따위 아니꼬운 소리 할 테거든 그거 내놓고 어서 가거라. 안 쓰고 굴리는 세간은 너나 쓰렴!"

영감은 자식에게라도 좀 점해서˚ 그런지 화만 버럭버럭 내고 호령이다.

"할아버지께서 산소에 돈 쓰신다고 반대하시던 걸 생각하시기로……."

"무어 어째? 널더러 먹여 살리라니? 걱정 마라. 아니꼽게 네가 무슨 총찰˚이냐? 그러나 정미소 장부는 이따라도 내게로 보내라."

부친은 이 말을 하려고 트집을 잡는 것이었다.

"정미소 아니라 모두 내놓으라셔도 못 드릴 것은 아닙니다마는, 늘 이렇게만 하시면야 어디 드릴 수 있겠습니까?"

"드릴 수 있고 없고 간에, 내 거는 내가 찾는 게 아니냐?"

"왜 그렇게 말씀을 하셔요. 제게 두시면 어디 갑니까?"

"이놈 불한당˚ 같은 소리만 하는구나? 돈 천도 못 되는 것을 치러 줄 수 없다는 놈이 무어 어째?"

부친은 신경질이 일어났는지 별안간 달려들더니 주먹으로

뺨을 갈기려는 것을 덕기가 벌떡 일어서니까 주먹이 어깨에 맞았다. 병적인지 벌써 망녕인지는 모르겠으나 점점 흥분하게 해서는 아니 되겠다 하고 마루로 피해 나와 버렸다. 그러나 금시로 정이 떨어지는 것 같고 그 속에 앉은 부친은 딴 세상 사람같이 생각이 들었다. 신앙을 잃어버리고 사회적으로 활약할 야심이나 희망까지 길이 막히고 보면야, 생활이 거칠어가는 수밖에는 없을 것이라고 동정도 하는 한편인데, 이미 신앙을 잃어버린 다음에야 가면을 벗어 버리고 파탈하고* 나서는 것도 오히려 나은 일이라고도 하겠으나, 노래(老來)*에 이렇게도 생활이 타락하여 갈까 하고, 덕기는 부친에게 반항하기보다도 다만 혼자 탄식을 하는 것이었다.

– 염상섭, 〈삼대〉

● **공연(空然)하다**: 아무 까닭이나 실속이 없다.
● **어기(語氣)**: 말하는 기세.
● **대동보소**: 족보 만드는 곳.
● **수봉하다**: ① 세금을 징수하다. ② 남에게 빌려준 돈이나 외상값 따위를 거두어들이다.
● **가외**: 일정한 기준이나 정도의 밖.
● **무후하다**: 대를 이어갈 자손이 없다.
● **난봉자식이 난봉 피운 액수를 줄이듯이**: 나쁜 짓을 한 아들이 나쁜 짓을 한 돈의 액수를 줄여 말해 잘못을 줄이고자 하듯이.
● **협잡배**: 옳지 아니한 방법으로 남을 속이는 짓을 일삼는 무리. 여기서는 조 의관이 XX 조씨 집안의 족보에 오를 수 있도록 꾸민 일과 관련하여 조 의관과 XX 조씨 집안 사이에서 일을 중재하며 조 의관으로부터 뒷돈을 뜯어내는 이들을 말한다.
● **재하자 유구무언**: 아랫사람은 입이 있어도 어른 앞에서 함부로 말을 하면 안 된다는 뜻.
● **간정되다**: 소란스럽던 일이나 앓던 병 따위가 가라앉아 진정되다.
● **정미소**: 쌀 찧는 일을 전문적으로 하는 곳.
● **역정**: 몹시 언짢거나 못마땅하여서 내는 성.
● **조인광좌**: 여러 사람이 빽빽하게 많이 모인 자리.
● **점하다**: 점직하다. 부끄럽고 미안하다.
● **총찰**: 모든 일을 총괄하여 살핌. 또는 그런 직무.
● **불한당**: 떼를 지어 돌아다니며 재물을 마구 빼앗는 사람들의 무리.
● **파탈하다**: 어떤 구속이나 예절로부터 벗어나다.
● **노래**: '늘그막'을 점잖게 이르는 말.

05 이 글에 대한 이해로 적절한 것은?

① 상훈의 부친은 족보를 만드는 데 '한 천 원'이 들었다며 다행이라 여기고 있다.
② 상훈의 부친은 상훈이 '오륙천 원'을 학교에 '디밀'었던 것이야말로 돈을 유리하게 쓴 것이라고 본다.
③ 상훈은 자신의 부친이 '족보'에 '돈'을 쓰는 것에는 동의하였다.
④ 덕기는 '세간 값'으로 치러야 하는 돈은 어쩔 수 없는 지출이라고 생각한다.
⑤ 덕기는 집안의 재산이 낭비되지 않게 하기 위해 '정미소 장부'를 내놓지 않으려 한다.

06 (가)와 (나)에서 각각 드러나는 부자 간의 갈등에 대한 이해로 적절한 것은?

① (가)와 (나) 모두에서 아들이 아버지를 동정한다.
② (가)와 달리 (나)에서는 아버지가 아들의 간섭을 못마땅해 한다.
③ (가)와 달리 (나)에서는 아버지가 자신의 잘못을 아들의 탓으로 돌린다.
④ (나)와 달리 (가)에서는 아버지가 아들의 잘못을 들추어내며 책망한다.
⑤ (나)와 달리 (가)에서는 아들이 자신과 생각이 다른 아버지의 행위를 문제 삼는다.

07 〈보기〉를 바탕으로 이 글을 감상한 것으로 적절하지 않은 것은?

┤ 보기 ├
〈삼대〉는 구한말을 대표하는 할아버지 조 의관, 개화기를 대표하는 아버지 조상훈, 일제 강점기를 대표하는 손자 조덕기를 통해 1920~1930년대의 생활 현실을 있는 그대로 그려 내고 근대적으로 변화되는 시대상을 드러내고 있다. 작품 속의 인물들은 돈을 중심으로 대립하고 있는데, 특히 봉건적 의식을 지닌 조 의관과 개화기 지식인이지만 위선적인 조상훈의 대립을 통해 세대 간의 갈등을 보여 주기도 한다.

① 조 의관이 족보를 꾸미는 데 돈을 들인 행동은 조 의관의 봉건적 가치관을 보여 준다고 할 수 있군.
② 상훈이 조 의관에게 '공연한 일을 만들'지 말고 '돈을 유리하게 쓰라'고 권하는 것을 보니 상훈은 조 의관의 가치관에 문제가 있다고 생각하는군.
③ 조 의관의 말에서 '학교에 돈을 디미'는 등 개화기 지식인인 양 행동하나 '남의 딸자식을 유인하'는 상훈의 위선적인 면모가 잘 드러나는군.
④ 조 의관이 재산을 상훈이 아니라 덕기에게 상속하는 행동을 통해 돈을 중심으로 세대 간의 갈등이 나타났던 시대상을 엿볼 수 있군.
⑤ 아버지에게 공손한 척이라도 하는 상훈과 달리 아버지에게 자신의 의견을 당당히 말하는 덕기를 통해 세대가 거듭될수록 부자 간 갈등이 심해짐을 알 수 있군.

07 구성

마음대로 사건을 재구성해 보세요!

⑤ → ① → ② → ③ → ④는 어때?

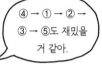
④ → ① → ② → ③ → ⑤도 재밌을 거 같아.

Ⅲ 현대 소설

궁금해요

'장면'은 정확히 뭘 의미하나요?

'장면(場面)'의 사전적 정의는 '같은 인물이 동일한 공간 안에서 벌이는 사건의 광경'이야. 소설은 여러 개의 장면으로 구성되므로 장면 간의 관계를 파악하면 구성상의 특징을 쉽게 파악할 수 있어.

그러니 소설의 구성을 공부하기 전에 각각의 장면을 나누는 방법을 알아야 하겠지? 새로운 인물이 등장하거나 배경이 변화하거나 다른 사건이 시작되는 부분에 주목해 봐.

🔒 **개념을 품은 기출 선택지**

• **시간의 역전**을 통해 **인과 관계를 재구성**한 서사를 함께 제시하여 사건의 내막을 감추고 있다. (2018 수능)
• 다른 장소에서 **동시**에 벌어진 **사건을 병치**하여 서사의 진행을 지연시키고 있다. (2018. 06. 평가원)
• 다른 사람의 체험을 듣고 독자에게 전해 주는 **액자식 구성**을 취하고 있다. (2016. 06. 평가원Ⓐ)
• **장면의 잦은 전환**을 통해 인물의 가치관이 달라지고 있음을 드러내고 있다. (2015. 09. 평가원Ⓐ)

❶ 구성

구성은 작가가 치밀하게 계산하여 조직한 이야기의 배열 방식이다. 소설 속 인물의 행동과 사건은 아무렇게나 나열되지 않는다. 작가는 주제의 효과적인 전달, 독자의 흥미를 끌 수 있는 이야기의 전개 방식, 사건의 필연성 등을 고려하여 소설의 구성 요소들을 짜임새 있게 맞추는데 이를 구성 또는 플롯(plot)이라고 한다.

일의 결과가 반드시 그렇게 될 수밖에 없는 성질
인물(🔗 123쪽), 사건, 배경(🔗 176쪽)

☑ 구성은 작가가 치밀하게 계산해서 조직한, 장면의 배열 방식이라고 생각하면 돼.

❷ 소설의 구성 단계

개념➕ 줄거리와 플롯

줄거리(=스토리)는 사건을 시간 순서에 따라서 나열한 것이고, 플롯은 작가의 의도에 따라 사건을 재배열한 것이다. 위의 만화에서 ①~⑤의 순서로 사건을 시간 순서대로 나열한 것이 '줄거리'라면, 두 친구가 사건을 자신의 의도에 따라 재배열한 것은 '플롯'이라 할 수 있다.

소설의 구성 단계 한눈에 보기

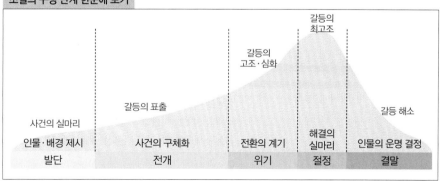

발단	전개	위기	절정	결말
인물·배경 제시	사건의 구체화	전환의 계기	해결의 실마리	인물의 운명 결정
사건의 실마리	갈등의 표출	갈등의 고조·심화	갈등의 최고조	갈등 해소

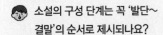

 소설의 구성 단계는 꼭 '발단~결말'의 순서로 제시되나요?

소설의 구성 단계는 일반적으로 사건의 원인과 그에 따른 결과의 순서에 따라 '발단'에서 '결말'까지 순차적으로 나타나. 하지만 작가가 주제를 효과적으로 드러내기 위해서 각 구성 단계를 뒤바꾸어 제시할 때도 있어. 그리고 경우에 따라 다섯 단계 중에서 위기나 절정 단계 없이 3단계, 또는 4단계로 소설을 구성하기도 하지.

◉ 소설의 구성 단계

소설 속 사건은 **❶** 이 형성되고 해소되는 과정에 따라 구성된다. 소설의 구성 단계는 갈등의 정도로 구분할 수 있으며, '발단 → 전개 → 위기 → 절정 → 결말'의 5단계 구성이 가장 일반적으로 나타난다.

발단	소설의 도입부로서 시간적·공간적 배경, 주요 등장인물의 성격이 제시되는 단계이다. 발단에서는 소설의 전체적 분위기가 드러나고, 사건의 실마리가 나타난다.
❷	사건이 본격적으로 전개되는 부분으로, 이야기가 복잡하게 얽히고 갈등이 겉으로 드러나는 단계이다. 다가올 사건에 대한 복선이 나타나기도 한다.
위기	갈등이 고조되고 심화되는 단계이다. 사건이 전환되고 새로운 사건이 발생하여 위기감이 고조되면서 사건이 절정에 이르는 계기가 된다.
절정	모든 사건과 갈등이 최고조에 이르는 단계로, 갈등의 정점에서 해결의 실마리가 나타난다. 여러 가지 이야기가 질서를 잡아가고 결말을 예고하는 단계이다.
결말	인물들 사이에서 벌어진 모든 사건과 갈등이 해결되고 마무리되는 단계이다. 인물들의 운명이 분명해지고 작품의 **❸** 가 드러나게 된다.

🔍 짚고 가요

복선

전개 단계에서 '복선'이 나타난다고 했지? 복선은 앞으로 일어날 사건에 대해 독자에게 미리 암시해 주는 소재나 사건을 의미해. 예를 들어 소설 〈소나기〉에서 소녀의 꽃묶음이 망가진 사건은 소녀의 죽음을 암시하지.

> ┌ 윤 초시의 손녀. 몸이 아픔.
> 소녀가 속삭이듯이, 이리 들어와 앉으라고 했다. 괜찮다고 했다. 소녀가 다시, 들어와 앉으라고 했다. 할 수 없이 뒷걸음질을 쳤다. 그 바람에, 소녀가 안고 있는 꽃묶음이 망그러졌다.

어차피 뒤에서 벌어질 사건인데 왜 암시를 해 주냐구? 그건, 앞부분에서 미리 뒷부분에서 일어날 사건의 단서를 서술해 두어야 사건이 논리적 필연성을 띨 수 있기 때문이야. 독자들이 복선을 떠올리며 "아, 그렇게 될 것 같았어."라고 납득하게 된다는 거지.

> ☑ 선택지에는 복선이라는 단어가 직접적으로 나오지 않고, '~는 ~를 암시한다.'는 표현이 자주 사용돼.

❸ 구성의 유형

(1) 중심 사건의 가짓수에 따라

㉠ **단일 구성**: 하나의 중심 사건만으로 이야기를 전개하는 구성으로, 독자에게 통일된 인상이나 압축된 긴장감을 전달하는 데 효과적이다. 주로 단편 소설에서 많이 사용된다.

1 〈아우를 위하여〉의 구성에 대한 설명으로 적절하지 않은 것은?

① 중심 사건은 하나이다.
② '나'와 영래 무리의 갈등이 중심 사건이다.
③ 담임 선생님의 내적 갈등을 중심으로 사건이 전개된다.

> **〈아우를 위하여〉의 짧은 줄거리**
>
> 6·25 전쟁 이후 '나'는 부산에서 서울로 전학을 오게 됐다. 그 학급에서는 반장 영래를 중심으로 〔'나'와 대립하는 인물〕 힘이 센 아이들이 무리를 지어, 평범한 아이들을 때리고 돈을 뜯어냈다. 담임 선생님은 이러한 폭력에 무관심했지만, 실습을 나온 여자 교생 선생님은 영래의 잘못을 타이르고 아이들을 사랑으로 대한다. 이를 못마땅하게 생각한 영래 무리는 교생 선생님을 비방하는 쪽지를 돌린다. 교생 선생님을 떠올린 〔'나'와 영래 무리의 갈등이 전개됨〕 '나'는 용기를 내어 쪽지를 돌린 총하에게 사과하라고 한다. 반 아이들도 일제히 영래네의 잘못을 비판하자, 영래 무리는 자신들의 잘못을 인정한다. '나'는 정의를 얻기 위해서는 무관심한 태도를 취해선 안 된다는 깨달음을 얻게 된다.
>
> ➲ '나'와 영래의 갈등이라는 하나의 중심 사건으로 소설이 구성됨.
>
> – 황석영, 〈아우를 위하여〉

ⓒ **복합 구성**: 두 개 이상의 중심 사건이 있어 이야기가 복잡하게 얽혀 전개되는 구성이다. 주로 장편 소설에서 많이 사용된다.

> **〈나목〉의 짧은 줄거리**
>
> (주인공 이경은 6·25 전쟁 중 폭격으로 두 오빠를 잃고 서울의 고가에서 홀어머니와 함께 단둘
> ( ): 중심 사건 ① - 이경과 가족 이야기
> 이 살고 있다. 오빠들이 죽은 후 그녀의 어머니는 삶의 활력을 완전히 잃고 이경에게는 관심이 없
> 어진다.)(이경은 미군 부대 안 초상화 가게에서 일하다 화가 옥희도와 사랑에 빠지게 된다. 그러나
> 유부남에 아이가 다섯이나 딸린 옥희도와 이경의 사랑은 이루어지지 못하고)(이경은 어머니가 돌
> ( ): 중심 사건 ② - 이경과 옥희도의 이야기
> 아가신 후 황태수와 결혼하게 된다. 세월이 흘러 두 아이의 엄마가 된 이경은)옥희도의 유작전에서
> ( ): 중심 사건 ③ - 이경과 태수의 이야기
> 그가 그린 '나목'이란 그림을 보며, 전쟁 당시 그 그림을 본 자신이 고목을 떠올렸음을 상기하며 옥
> 희도에 대한 회상에 잠기게 된다.   다시 이경과 옥희도의 이야기가 제시됨.
>
> ➊ '이경과 가족', '이경과 옥희도', '이경과 태수' 등 이경을 둘러싼 인물들 간의 사건이 복   📖 천재(이) | 박완서, 〈나목〉
> 잡하게 얽힌 구성임.

(2) 사건의 배열 순서에 따라

ⓐ **평면적 구성(=순행적 구성)**: 사건이 발생한 ┃ ❹ ┃ 순서에 따라 구성하는 방식이다. 일대기적 구성으로 이루어지는 고전 소설에서 흔히 볼 수 있다.
어느 한 인물의 일생을 기록하는 구성

> **〈심청전〉의 짧은 줄거리**
>
> 심 봉사와 곽 씨 부인은 간절히 기도한 끝에 선녀가 나오는 꿈을 꾸고 딸 심청을 낳는다. 곽 씨
> 부인은 심청을 낳고 바로 죽었고, 심 봉사가 젖을 얻어 먹여 심청을 키웠다.(심청이 열다섯 살 때,
> 인물의 출생   인물의 성장   ( ): 열다섯 살에 겪은 일
> 심 봉사가 물에 빠진 자신을 구해 준 스님에게 공양미 삼백 석을 시주하기로 했다. 심청은 뱃사람
> 들에게 제물로 팔려, 아버지의 눈을 뜨게 해 줄 공양미 삼백 석을 마련한다. 인당수에 몸을 던진 심
> 청은)옥황상제의 명으로 환생하여 황후가 된다. 심청이 전국의 맹인들을 불러 모으는 잔치를 벌이
> 고 심 봉사가 우여곡절 끝에 맹인 잔치에 참석해 딸을 만나고 눈을 뜨게 된다.
> 인당수에 몸을 던진 뒤에 일어난 사건   황후가 된 뒤에 일어난 사건
>
> ➊ 심청의 출생부터 심 봉사가 눈을 뜨게 되는 내용이 시간의 흐름에 따라 순차적으   📖 미래엔 | 작자 미상, 〈심청전〉
> 로 구성됨.

ⓑ **입체적 구성(=과거와 현재 교차, 시간의 역전)**: 시간이 흐르는 순서대로 사건을 배열하는 것이 아니라 시간의 흐름을 바꾸어 사건을 구성하는 방식으로, ┃ ❺ ┃ 구성이라고 도 한다. 주로 현대 소설에서 인물의 심리를 나타내거나 어느 특정 장면을 강조할 때 많이 사용된다.
예: 현재 → 과거 → 현재

> **〈세상에 단 한 권뿐인 시집〉의 짧은 줄거리**
>
> 작가가 된 '나'는 어느 날 고등학교 때 좋아했던 현아의 전화를 받게 된다.
> 현재
> 고등학교 시절 '나'는 친구가 살던 하숙집의 주인 딸인 현아에게 첫눈에 반하게 되었고, 직접 지
> 과거 회상
> 은 시로 시집을 만들어 고백하려 한다. 현아를 만나지 못한 '나'는 친구에게 시집 전달을 부탁하는
> 데, 고백 이후 현아에게서 아무런 반응이 없자 '나'는 상심하게 된다.
> 이십 년 만에 현아를 만난 '나'는 '나'의 친구 역시 현아를 좋아했으며, 그렇기에 내가 쓴 시집을
> 전달하지 않았다는 사실을 전해 듣게 된다.
> 다시 현재
>
> ➊ 작가가 된 현재 중년의 '나'가 고등학교 시절인 과거를 회상   📖 창비 📖 해냄 | 박상률, 〈세상에 단 한 권뿐인 시집〉
> 하는 구성임.

개념콕 2 〈나목〉의 구성에 대한 설명으로 적절한 것은?

① 여러 개의 사건으로 구성되었다.

② 주제가 다른 여러 이야기로 구성되었다.

③ 동일한 시·공간에서 일어난 여러 사건들이 중첩되어 제시되고 있다.

┃ 과거 ┃ → ┃ 현재 ┃

개념콕 3 〈심청전〉의 내용 전개 방식으로 적절한 것은?

① 시간의 흐름대로 사건이 전개된다.

② 역순행적 구성으로 사건이 전개된다.

③ 황후가 된 심청의 과거 회상으로 이야기가 전개된다.

┃ 현재 ┃ → ┃ 과거 ┃ → ┃ 현재 ┃

또는 '과거 → 현재 → 과거', '현재 → 과거 → 현재 → 과거' 등 다양하게 나타날 수 있음.

개념콕 4 〈세상에 단 한 권뿐인 시집〉의 구성에 대한 설명으로 적절하지 않은 것은?

① '현재 → 과거 → 현재' 순으로 사건이 진행되고 있다.

② '나'가 과거를 회상하는 형식으로 구성되어 있다.

③ 중심인물을 둘러싼 다양한 갈등이 얽혀 있다.

빈칸 답 | ❶ 갈등 ❷ 전개 ❸ 주제
❹ 시간 ❺ 역행적
콕 1 ③ 2 ① 3 ① 4 ③

Ⅲ
현대
소설

(3) 이야기의 구성 방식에 따라

ㄱ **병렬적 구성(=사건 병치)**: 두 개 이상의 사건이나 장면을 _{나란히 늘어놓음}나란히 배열하여 전개하는 구성이다. 이때 병렬적으로 구성된 사건이나 장면은 의미상 대조되거나 동시에 발생한 경우가 많다.

ㄴ **액자식 구성**: 하나의 이야기 속에 또 하나의 이야기가 들어 있는 구성이다. 이야기의 핵심 내용인 내부 이야기(내화)와, 이를 둘러싸고 있는 외부 이야기(외화)로 나뉜다. 주로 외화의 서술자나 인물이 ⑥[　　　]의 이야기를 전해 듣는 구성을 취해 독자에게 내화의 사건이 실제로 일어난 듯한 느낌을 준다. 내화와 외화의 시점이 달라지기도 한다.
　　　　　　_{외화는 주로 서술자가 작품 안에, 내화는 서술자가 작품 밖에 있어 내화의 서술자와 독자 사이에 일정한 거리를 유지하기도 한다.}

ㄷ **피카레스크식 구성**: 독립된 각각의 이야기에 ⑦[　　　] 인물이 등장하여 각기 다른 사건들을 경험하고 이를 통해 주제가 드러나는 구성이다. 연작 소설이 대표적이다.

개념 콕 5 〈최척전〉의 구성에 대한 설명으로 적절한 것은?

① 시간의 순서를 역전하여 사건을 전개하였다.

② 각각의 인물들이 겪는 사건을 나란히 배열하였다.

③ 동일한 시·공간에서 일어난 여러 가지 사건을 제시하였다.

외화

내화

개념＋ 환몽 구성 🔗 209쪽

꿈과 현실을 오가며 사건이 전개되는 구성이다. 이때 '꿈'은 주인공이 깨달음을 얻게 되는 매개체인 경우가 많다. 환몽 구성은 주로 고전 소설에 많이 나타나며, 액자식 구성의 일종으로 볼 수 있다.

사건 1 | 사건 2 | 사건 3

개념 콕 6 〈관촌수필〉의 구성에 대한 설명으로 적절하지 않은 것은?

① 독립된 여러 개의 이야기로 구성되어 있다.

② 각각의 이야기에는 동일한 인물이 등장한다.

③ 동일한 사건을 서로 다른 인물의 시각에서 바라본 내용으로 전개된다.

② **옴니버스식 구성**: 하나의 주제나 모티프를 바탕으로 하여 독립된 몇 편의 이야기가 구성
된 것이다. 각각의 이야기마다 ⑧ [　　] 주인공들이 등장해 사건이 전개된다.

> 작품을 표현하는 동기가 된, 작가의 중심 사상

> **《금오신화》의 작품별 내용** [　]: 각 작품마다 주인공이 다름. → 주인공들의 공통점: 현실과 화합하지 못하고 모두 현실을 떠나 버림.
> • 〈만복사저포기〉: 주인공 양생은 부처와 내기를 하여 이긴 대가로 만난, 죽은 처녀와 사랑에 빠진다.
> • 〈이생규장전〉: 주인공 이생이 죽은 아내와 재회하여 행복한 나날을 보내다 영원히 헤어진다.
> • 〈취유부벽정기〉: 주인공 홍생이 평양의 부벽루란 장소에서 선녀와 시를 짓고 논다.
> • 〈남염부주지〉: 현실에서 출세하지 못한 주인공 박생이 저승 세계의 왕과 담론을 벌인다.
> • 〈용궁부연록〉: 주인공 표연이 화려한 용궁 생활을 체험하게 된다.
>
> 🔖 금성, 동아, 미래엔, 비상, 지학사, 창비 | 김시습, 《금오신화》

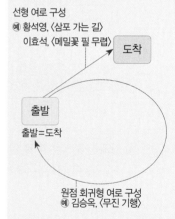

개념
🎯**7** 이 글의 특징으로 적절한 것
은?

① 옴니버스 형식으로 구성된다.
② 동일한 주인공이 매 작품마다
등장한다.
③ 하나의 사건을 매 작품마다 서
로 다른 시각에서 다루고 있다.

개념 ➕
피카레스크식 구성 작품
⑩ 양귀자, 〈원미동 사람들〉 🔗 128쪽
　 박태원, 〈천변 풍경〉 🔗 124쪽
옴니버스식 구성의 작품
⑩ 전통극 〈봉산 탈춤〉 🔗 244, 247쪽
➡ 옴니버스식 구성은 소설보다는 연극이나
영화에서 더 자주 볼 수 있다.

Ⅲ 현대 소설

🔖 **궁금해요** ··

🧑 피카레스크와 옴니버스가 헷갈려요.

👩‍🏫 두 용어의 유래를 알면 쉽게 구분할 수 있을 거야. '피카레스크 소설'은 원래 16세기에 스페인에서 유행한
문학 양식으로 악당(스페인어로 '피카로')이 여행길에서 여러 가지 사건을 겪고 결말에 가서 개과천선하는
내용을 담았어. 시간이 흘러 피카레스크 소설은 악당 소설이라는 본래의 뜻에서 확대되어 '동일한 인물이
여러 사건을 겪는 시리즈 유형의 소설'을 의미하게 되었단다. 한편 '옴니버스'는 '합승 마차'라는 뜻이야. '합
승'은 '함께 타다'란 뜻인데, 버스나 기차를 함께 타는 사람들은 목적지가 비슷한 방향이라는 점 외에는 대
체로 아무런 관계가 없는 사람들이지? 옴니버스식 구성도 이처럼 각기 독립되어 있기는 하지만 방향성, 즉
주제가 같은 이야기를 하나로 엮은 구성이란 뜻이야. 어때, 이제 좀 구분이 되니?

🔵 **그 밖에 자주 나오는 구성**

여행하는 길

㉠ **여로(旅路) 구성**: 여행의 일정, 경로를 따라 진행되는 구성이다. 여로 구성 중에서 여
행의 마지막에 ⑨ [　　]로 다시 돌아오는 것을 '원점 회귀형 구성'이라고 한다.

> **〈만세전〉의 짧은 줄거리** [　]: '나'의 여로
> '나'는 아내가 위독하다는 전보를 받고 동경을 출발하여 하관에서 배를 타고 가다 배 안의 목욕
> 일본의 시모노세키
> 탕에서 조선인을 깔보는 일본인들에게 분노한다. '나'는 이후 부산에 내려 거리를 떠돌다 술집에서
> 조선을 떠나 일본으로 가겠다는 여자의 이야기를 듣고 불쾌하고, 김천에 내려 형님을 만나지만
> 첩을 두고 있는 형님과 언쟁을 벌인다. '나'는 대전에서 기차가 잠시 머무는 동안 밧줄에 묶여 끌려
> 가는 젊은 여인을 보며 조선의 현실을 무덤이라고 생각한다. 서울에 도착하나 아내는 죽고 '나'는
> 무덤에서 벗어난다는 생각으로 동경으로 출발한다.
> ➡ '나'의 여로인 '동경 → 하관 → 부산 → 김천 → 대전
> → 서울 → 동경'을 따라 소설이 진행됨. 동경에서 출　🔖 금성, 동아, 미래엔, 천재(정) | 염상섭, 〈만세전(萬歲前)〉
> 발하여 동경으로 돌아오는 원점 회귀형 구성임.

선형 여로 구성
⑩ 황석영, 〈삼포 가는 길〉
　 이효석, 〈메밀꽃 필 무렵〉
도착
출발
출발＝도착

원점 회귀형 여로 구성
⑩ 김승옥, 〈무진 기행〉

㉡ **전(傳) 형식**: 인물의 행적에 초점을 두어 '인물 소개-행적-인물평'으로 구성하는 방식
으로, 한문 문체에서 유래한 구성이다. ➡ 한 인물의 일대기를 서술하면서 여기에 교훈적인 내용이나 비판을
덧붙여 평가하는 것을 목적으로 한다.

> **〈유자소전〉의 짧은 줄거리**
> 작가인 '나'에게는 유재필이란 친구가 있다. '나'는 생각이 깊고 남의 아픔을 자신의 아픔으로 받
> 아들일 줄 아는 그를, 성인군자를 대하는 기분으로 '유자'라고 부른다. 유자는 제대한 후 재벌 총수
> 의 집에서 운전기사를 한다. 남들이 부러워하는 자리였지만 유자는 총수의 위선적 모습 때문에 일
> 을 그만두고 싶어 하다 결국 총수에게 쫓겨난다. 말년에 병원 원무 실장으로 근무하던 유자는 원장
> 에 맞서서 시위 부상자의 치료를 돕고 사표를 낸다. 이후 유자는 간암으로 삶을 마감했지만, 불의
> 와 사기가 판을 치는 세상에서 당당하게 살아간 그를 기리기 위해 '나'는 그의 전(傳)을 쓴다.
> ➡ 전(傳) 형식으로 유재필이라는 인물의 일대기를 제시함으로써, 그의 삶
> 이 사람들의 귀감이 되게 하려는 의도를 드러냄.　🔖 신사고 🔖 천재(정) | 이문구, 〈유자소전〉

| 인물에 대한 소개 | → | 인물의 행적 | → | 인물에 대한 평가 |

빈칸 답 | ⑥ 내화 ⑦ 동일한(같은) ⑧ 다른
⑨ 출발지
🎯 5 ② 6 ③ 7 ①

☑ 바로바로 간단 체크

1 괄호 안에 들어갈 알맞은 말을 쓰시오.

(1) 소설에서 이야기의 전개, 사건의 필연성, 주제의 표현 등을 고려하여 여러 요소를 짜임새 있게 맞추는 것을 (ㄱ ㅅ)이라고 한다.

(2) (ㅂ ㅎ) 구성은 두 개 이상의 중심 사건이 있어 이야기가 복잡하게 얽혀 전개되는 구성으로 주로 장편 소설에서 많이 사용된다.

(3) (ㅍ ㅁ)적 구성은 사건이 발생한 시간의 흐름에 따라 진행되는 구성 방식이다.

2 다음 설명이 맞으면 O표, 틀리면 ×표를 하시오.

(1) 소설의 구성 단계는 필연적인 인과 관계에 따라 순차적으로 진행되며, 항상 '발단-전개-위기-절정-결말'의 순서를 따른다. ( )

(2) 소설의 5단계 구성 중에서 절정 단계는 갈등이 가장 고조된 단계로, 해결의 실마리가 나타난다. ( )

(3) 입체적 구성은 주로 일대기적 구성의 고전 소설에서 인물의 심리를 나타내거나 특정 장면을 강조할 때 활용된다. ( )

3 이야기의 구성 방식에 따라 구성의 유형을 다음과 같이 정리할 때 빈칸에 알맞은 말을 쓰시오.

㉠ _____ 적 구성	• 두 개 이상의 사건이나 장면을 나란히 배열하여 전개하는 구성
㉡ _____ 식 구성	• 하나의 이야기 속에 또 하나의 이야기가 들어 있는 구성
㉢ _____ 식 구성	• 독립된 각각의 이야기에 동일한 인물이 등장하여 각기 다른 사건들을 경험하는 구성
㉣ _____ 식 구성	• 하나의 주제나 모티프를 바탕으로 하여 각각 다른 주인공이 등장하는 독립된 몇 편의 이야기로 이루어진 구성

[01~03] 다음 글을 읽고 물음에 답하시오.
📖 천재(박)

가 "대미를 장식헐 만헌 순애보라고 내 입으로 말허기는 약간 거시기헌 구석이 있지마는……."

인테리어 전문점을 운영하는 최건호였다. 묵비권이라도 행사하듯 내내 잠자코 앉아 남의 이야기를 듣고만 있던 그가 뜻밖에도 자진해서 마지막 이야기 순번을 떠맡고 나서자 그에게도 입이 달려 있었음을 뒤늦게 깨닫고 좌중은 깜짝 반가워했다.

"반세기가 지나가드락 영 잊혀지지 않는 소녀가 있다면 혹시 순애보 계열에 턱걸이로라도 낄 수 있지 않을까 싶어서……."

나 "거기 누구?"

내가 처음 서 있던 그 자리에 아직도 눈길을 고정한 채 계집애는 날카로운 목소리로 다시 물었다. 나는 손에 든 나뭇개비를 아무렇게나 땅바닥에 팽개치면서 담박질을 놓기 시작했다. 당달봉사다! 집 쪽을 향해 정신없이 뛰면서 나는 속으로 부르짖었다. 계집애가 눈뜬장님이란 사실을 최초로 알아차리던 순간의 놀라움이 나로 하여금 만세 주장* 지에밥*을 훔쳐 먹으려던 애초의 계획을 깜빡 잊도록 만들었다. 그날 밤이 깊도록 서울 계집애의 그 희고도 곱상한 얼굴이, 그 화사한 옷맵시가, 어딘지 모르게 굼뜨고 어설퍼 보이던 그 행동거지 하나하나가 내 머릿속에서 줄곧 떠나지 않았다.

[중간 줄거리] 군수 관사에서 줄행랑을 놓은 지 사흘 만에 '나'는 다시 군수 관사를 찾아갔다가 명은이 외할머니를 만난다. 명은이 외할머니는 '나'에게 명은이가 입원했다는 사실을 알려 주고, 명은이의 말동무가 되어 주어 고맙다는 인사와 관사에 자주 놀러 오라는 말을 한다. 그리고 부모가 한꺼번에 죽는 것을 보고 명은이의 눈이 멀었으니 명은이 앞에서는 절대 부모 이야기, 사람이 죽고 사람을 죽이는 이야기, 장님 이야기는 꺼내지 말라고 당부한다.

다 나는 주일 학교를 마치기 무섭게 신광 교회에서 곧장 시청을 향해 달려갔다. 명은이에게 건넬 선물을 장만하기 위해서였다. 전황*에 대한 새로운 소식은 앞 못 보는 명은이에게 의미 있는 선물이 될 뿐만 아니라 내가 결코 시골뜨기라고 만만히 볼 상대가 아님을 서울내기 계집애한테 일깨워 주는 확실한 증거물이 될 것이었다. (중략)

"영국군 29여단 글로스터 대대가 60여 시간 사투 끝에 중공군을 무찌르고 적성 고지를 사수혔디야."

시청 앞 게시판에서 공들여 외워 온 벽보 내용을 뜻도 모르는 채 앵무새처럼 고스란히 옮기면서 나는 명은이의 반응을 살폈다. 아니나 다를까, 명은이의 손아귀에서 스르르 힘이 풀리면서 공이 잔디밭으로 굴러떨어졌다.

[중간 줄거리] '나'가 전쟁 이야기를 계속하자 명은이는 화를 내며 '나'를 쫓아낸다. '나'는 명은이와 교회에서 종을 치는 딸고만이 아버지 이야기를 하며 화해하게 된다. 명은이는 '나'에게 딸고만이 아버지를 보고 싶다 이야기하고 두 사람은 함께 교회로 가 종소리를 듣는다.

라 "종은 쳐서 뭣 헐라고?"

"그냥 그래! 내 손으로 울리는 종소리를 듣고 싶을 뿐이야."

말은 그렇게 했지만 나는 명은이의 진짜 속셈이 무엇인가를 금세 알아차릴 수 있었다. 동화 속의 늙고 병든 백마를 흉내 내고 싶은 것이었다. 버림받은 백마처럼 자신의 억울한 사정을 성주에게 호소하고 싶은 것이었다. 다름 아닌 눈을 뜨고 싶다는 소원을 하나님에게 전할 속셈임이 틀림없었다. 누구든지 종을 치면서 소원을 빌면 다 이루어진다고 명은이 앞에서 공연히 허튼소리를 지껄인 일이 새삼스레 후회되었다. 대관절 무슨 재주로 딸고만이 아버지 허락도 없이 교회 종을 무단히*울린단 말인가?

마 한창 종 치는 일에 고부라져 있었던 탓에 딸고만이 아버지가 달려오는 줄도 까맣게 몰랐다. 되알지게*엉덩이를 한방 걷어채고 나서야 앙바틈한*그의 모습을 어둠 속에서 겨우 가늠할 수 있었다. 기차 화통 삶아 먹은 듯한 고함과 동시에 그가 와락 덤벼들어 내 손을 밧줄에서 잡아떼려 했다. 그럴수록 나는 더욱더 기를 쓰고 밧줄에 매달려 더욱더 힘차게 종소리를 울렸다. (중략) 그 어느 때보다 기운차게 느껴지는 종소리가 어둠에 잠긴 세상 속으로 멀리멀리 퍼져 나가고 있었다. 명은이 입에서 별안간 울음이 터져 나오기 시작했다. 때때옷*을 입은 어린애를 닮은 듯한 그 울음소리를 무동 태운 채 종소리는 마치 하늘 끝에라도 닿으려는 기세로 독수리처럼 높이높이 솟구쳐 오르고 있었다.

뎅그렁 뎅 뎅그렁 뎅 뎅그렁 뎅……

[이후 줄거리] 건호의 이야기를 들은 동기들은 이런저런 말을 주고받다가 새벽이 되어서야 자리에서 일어난다.

– 윤흥길, 〈종탑 아래에서〉

* 담박질: 달음박질의 준말. 급히 뛰어 달려감.
* 당달봉사: 겉으로 보기에는 눈이 멀쩡하나 앞을 보지 못하는 눈. 또는 그런 사람.
* 주장: 술도가. 술을 만들어 도매하는 집.
* 지에밥: 찹쌀이나 멥쌀을 물에 불려서 시루에 찐 밥.
* 전황: 전쟁의 실제 상황.
* 무단히: 사전에 허락이 없이. 또는 아무 사유가 없이.
* 되알지다: 힘주는 맛이나 무리하게 억지로 해내는 솜씨가 몹시 세다.
* 앙바틈하다: 짤막하고 딱 바라져 있다.
* 때때옷: 고까옷.

01 이 글에 대한 설명으로 적절하지 않은 것은?

① 동일한 주제를 여러 주인공의 시각에서 보여 준다.

② '최건호'가 과거의 이야기를 회상하는 형태를 띤다.

③ 액자식 구성을 통해 '나'의 이야기에 신뢰성을 준다.

④ 과거와 현재가 교차되면서 '나'의 첫사랑이 강조된다.

⑤ 내부 이야기와 외부 이야기의 시점이 바뀌면서 이야기가 진행된다.

02 이 글의 내용과 일치하는 것은?

① '나'는 명은이 외할머니의 말을 듣고 명은이의 눈이 멀었다는 것을 알게 되었다.

② '나'는 명은이를 골탕 먹이기 위해 일부러 전쟁 이야기를 했다.

③ 명은이는 자신이 모르는 이야기를 하는 '나'에게 서운함을 느껴 화를 냈다.

④ 딸고만이 아버지는 '나'와 명은이 교회 종을 치는 것을 말리려 했다.

⑤ 명은이는 딸고만이 아버지에게 맞은 것이 아파서 눈물을 흘렸다.

03 소설의 구성 단계를 고려하여 (가)~(마)를 이해한 것으로 적절하지 않은 것은?

① (가): 소설의 도입 부분으로 사건의 실마리가 나타난다.

② (나): 등장인물과 소설의 시간적·공간적 배경이 소개된다.

③ (다): 소설의 세 번째 구성 단계로 갈등이 고조되고 심화된다.

④ (라): 절정 이전의 단계로 새로운 사건이 발생하여 위기감이 고조된다.

⑤ (마): 이야기가 마무리되면서 작품의 주제가 분명히 드러난다.

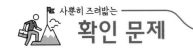

[04~06] 다음 글을 읽고 물음에 답하시오.

2015학년도 3월 고3 학력평가 (변형)

[앞부분 줄거리] '나'는 군 복무 중 야전 진지를 구축하다가 유골 한 구를 발견하고 어머니의 얼굴을 떠올린다. '나'는 유골의 묘를 만들어 주기 위해 동네 노인을 모셔 온다.

노인은 고개를 숙인 채 뼛조각에 묻은 흙을 정성스레 닦아 내고 있었다. 무슨 귀한 물건마냥 서두르는 기색도 없이 신중히 손질하고 있는 노인의 자그마한 체구를 우리는 둘러서서 지켜보았다. 모두들 한동안 입을 다물었고, 나는 흙에 적셔진 노인의 손끝이 가늘게 떨리고 있음을 깨달았다.

"땅속에 누운 사람의 잠을 살아 있는 사람이 깨워서야 되겠소. 또 그럴 수도 없는 법이고. 원통한 넋이니 죽어서라도 편히 눈감도록 해야지, 암. 그것이 산 사람들의 도리요…… 하기는, 이렇게 불편한 꼴로 묶여 있었으니 그 잠인들 오죽했을까만."

노인은 어느 틈에 꾸짖는 듯한 말투로 혼자 중얼거리고 있었다. 두개골과 다리뼈를 꼼꼼히 문질러 닦은 뒤, 노인은 몸통 뼈에 묶인 줄을 풀어내기 시작했다. 완강하게 묶인 매듭은 마침내 노인의 손끝에서 풀리어졌다. 금방이라도 쩔걱쩔걱 쇳소리를 낼 듯한 철사 줄은 싱싱하게 살아 있었다. 살을 녹이고 뼈까지도 녹슬게 만든 그 오랜 시간과 땅 밑의 어둠을 끝끝내 견뎌 내고 그렇듯 시퍼렇게 되살아 나오는 그것의 놀라운 끈질김과 냉혹성이 언뜻 소름끼치도록 무서움증을 느끼게 했다.

노인은 손목과 팔에 묶인 결박까지 마저 풀어낸 다음 허리를 펴고 일어서더니 줄 묶음을 들고 저만치 걸어 나갔다. 그가 허공을 향해 그것을 멀리 내던지는 순간, 나는 까닭 모르게 마당가에서 하늘을 치어다보며 서 있는 어머니의 가녀린 목줄기와 그녀가 아침마다 소반 위에 떠서 올리곤 하던 하얀 물 사발이 눈앞에 떠올랐다가 스러져 버리는 것이었다.

나는 담배를 피워 물었다. 멀리 메마른 초겨울의 야산이 헐벗은 등을 까내놓고 죽은 듯이 엎드려 있었다. 사위는 온통 잿빛의 풍경이었다. 피잉, 현기증이 일었다.

광주리를 머리에 인 어머니가 모래밭을 걸어오고 있었다. 돌돌거리며 흐르는 물소리를 거슬러 강변 모래밭을 어머니가 혼자 저만치서 다가오고 있었다. 모래밭은 하얗게 햇살을 되받아 쏘며 은빛으로 반짝였다. 허리띠를 질끈 동인 어머니의 치맛자락이 흐느적이며 바람결에 흔들리고 있었다. 나는 햇살에 부신 눈을 가늘게 오므리고 줄곧 그녀를 지켜보고 있었다. 그때였다. 꿈속에서처럼 나는 그녀의 뒤를 바짝 따라오고 있는 한 사내의 환영을 보았다. 그건 아버지였다. 언젠가 어머니의 낡은 반닫이 깊숙한 옷가지 밑에 숨겨져 있던 액자 속에서 학생복 차림으로 서 있던 그대로 그건 영락없는 그 사내였다. 나를 어머니의 뱃속에 남겨 놓은 채 어느 바람이 몹시 부는 날 밤, 산길을 타고 지리산인가 어디로 황황히 떠나가 버렸다는 사내. 창백해 뵈는 뺨에 마른 몸집의 그 사내가 어머니와 함께 걸어오고 있는 것이었다. 놀란 눈으로 풀밭에 앉아 나는 그들을 지켜보고 있었다. 이윽고 어머니의 눈썹과 코, 입의 윤곽과 야윈 목줄기까지 뚜렷이 드러날 만큼 가까워졌을 때 사내의 환영은 어느 틈에 사라져 버리고 없었다. 몇 번이나 눈을 비비고 보았으나 역시 마찬가지였다. 하얗게 반짝이는 모래밭 위로 어머니가 찍어 내는 발자국만 유령처럼 끈질기게 그녀의 발꿈치를 뒤따라오고 있을 뿐이었다.

우리는 관 대신에 신문지로 싼 유해를 맨 처음 그 자리에 다시 묻어 주었다. 도톰하니 봉분을 만들고 뗏장까지 입혀 놓고 보니 엉성한 대로 형상은 갖춘 듯싶었다. 노인은 술을 흙 위에 뿌려 주었다. 그리고 자신이 먼저 한 모금 마신 다음에 잔을 돌렸다. 오 일병이 노파가 준 북어를 내놓았고, 덕분에 작은 술판이 벌어졌다. 음복인 셈이었다.

"얌마, 이런 느닷없는 장례식도 모두 너희 두 놈들 때문이니까, 자 한 잔씩 마셔라."

"그래 그래. 어쨌든 너희들은 좋은 일 했으니 천당 가도 되겠다."

소대장이 병을 기울였고 다른 녀석들도 낄낄대며 한마디씩 보태었다.

술이 가득 차오른 반합 뚜껑을 나는 두 손으로 받쳐 들었다. 저것 봐라이. 날짐승도 때가 되면 돌아올 줄 아는 법이다. 어머니가 말했다. 저만치 웬 사내가 서 있었다. 가슴과 팔목에 철사 줄을 동여맨 채 사내는 이쪽을 응시하며 구부정하게 서 있었다. 퀭하니 열려 있는 그 사내의 눈은 잔뜩 겁에 질려 있는 채로였다. 애앵. 총성이 울렸고 그는 허물어지듯 앞으로 고꾸라지고 있었다. 불현듯 시야가 부옇게 흐려 왔다.

아아. 아버지는 지금 어디에 쓰러져 누워 있을 것인가. 해마다 머리맡에 무성한 쑥부쟁이와 엉겅퀴꽃을 지천으로 피워 내며 이제 아버지는 어느 버려진 밭고랑, 어느 응달진 산기슭에 무덤도 묘비도 없이 홀로 잠들어 있을 것인가.

반합 뚜껑에서 술이 쭐쭐 흘러 떨어지고 있었다.

[중략 부분의 줄거리] 노인과 함께 산을 내려와 헤어지면서 '나'는 어머니와 있었던 일을 회상한다.

어머니는 훌쩍 등을 돌리고 앉았다. 그리고는 주섬주섬 저고리 섶을 끌어올리는 것이었다. 어머니가 울고 있었다. 외아들 앞에선 좀체 눈물을 비치지 않던 그녀였다. 아무리 앓아누웠을 때라도 입술을 앙당물고 애써 태연해 보이던 그녀가 쭐쭐 눈물을 흘리고 있는 것이었다.

아아, 나는 까맣게 잊고 있었던 것이다. 어머니가 그토록 오랫동안 누군가를 기다려 왔었음을. 내 유년 시절의 퇴락한 고가의 마루 밑 그 깜깜한 어둠 속에서 음습하고 불길한 냄새와 함께 나를 쏘아보고 있던 한 사내의 눈빛을, 그리고 청년이 된 지금까지도 가슴을 새까맣게 그을려 놓으며 깊숙한 상흔으로만 찍혀져 있을 뿐인 그 증오스런 사내의 이름을, 어머니는 스물다섯 해가 넘도록 혼자서 몰래 불씨처럼 가슴속에 키워 오고 있었던 것이다. 어머니한테 그 사내는 다른 아무것도 아니었다. 다만 곱고 자상한 눈매로서만, 나직한 음성으로서만 늘 곁에 남아 있었던 것이다.

하지만 그녀가 울고 있는 건 그 미련스럽도록 끈질긴 기다림 때문만은 아니었으리라. 아니, 사실상 어머니는 누구보다도 더 잘 알고 있을 터였다. 그녀의 기다림이 얼마나 까마득하게 손이 닿지 않는 먼 곳으로 자꾸만 자꾸만 밀려 나가고 있는 것인가를 말이다. 스물다섯 해의 세월이, 스스로 묶어 놓은 그 완고한 기만이 목에 잠기어 흐느낌도 없이 지금 어머니는 울고 있는 것이었다. 밥상을 받아 놓은 채 나는 고개를 처박고 앉아 있었다. 눈앞에는 우리 가족의 그 오랜 어둠과 같은 미역가닥이 국그릇 속에서 멀겋게 식어 가고 있을 뿐이었다.

이제 노인의 모습은 더 이상 보이지 않았다. 그새 수북이 쌓인 눈을 밟으며 나는 오던 길을 천천히 되돌아가기 시작했다.

– 임철우, 〈아버지의 땅〉

● **야전 진지**: 전투 부대의 공격이나 방어를 위한 준비로 전쟁터에 구축하여 놓은 지역.
● **봉분**: 흙을 둥글게 쌓아 올려서 무덤을 만듦. 또는 그 무덤.
● **뗏장**: 흙이 붙어 있는 상태로 뿌리째 떠낸 잔디의 조각.
● **음복**: 제사를 지내고 난 뒤 제사에 쓴 음식을 나누어 먹음.

04 이 글에 대한 설명으로 가장 적절한 것은?

① 작품 안에 위치한 서술자가 자신의 내면을 드러내고 있다.
② '나'와 노인 사이의 갈등을 중심으로 사건을 전개하고 있다.
③ 현재형 어미를 사용하여 사건을 생동감 있게 드러내고 있다.
④ 인물 간의 대화를 중심으로 사건이 속도감 있게 전개되고 있다.
⑤ '나'의 회상을 통해 아버지와 어머니가 갈등한 근본적인 이유를 보여 주고 있다.

05 다음은 이 글에 나타난 장면을 정리한 것이다. ㄱ~ㅁ을 사건이 일어난 순서대로 나열하시오.

ㄱ. 밥상에서 미역국이 식어 가는 장면
ㄴ. 군인들이 봉분을 만들고 음복을 하는 장면
ㄷ. 노인이 철사 줄 묶음을 허공에 던지는 장면
ㄹ. 어머니가 내게 등을 돌리고 앉아서 우는 장면
ㅁ. 아버지가 밤에 산길을 따라 도망치듯 떠나는 장면

06 다음은 〈보기〉의 영화를 관람한 학생들의 토의이다. 이 글을 영화로 제작하기 위하여 고려해야 할 내용으로 적절하지 <u>않은</u> 것은?

┤ 보기 ├

영화 〈태극기 휘날리며〉의 전체 줄거리

한국 전쟁 유해 발굴단은 새로 발견된 유해의 신원 확인을 위해 이진석 노인에게 전화를 건다. 연락을 받은 이진석 노인은 지난날을 생각한다. 한국 전쟁이 발발하고 피난을 가던 진석과 형 진태는 강제 징집되어 같은 부대에 배속된다. 진태는 동생을 살려 귀가시키겠다는 일념으로 싸워 전쟁 영웅이 된다.

그러나 비극적 운명이 그들 형제를 기다리고 있다. 유해가 있는 곳에 도착한 진석은 자신의 이름이 새겨진 녹슨 만년필을 보며 "50년 동안 기다리고 있었는데 이러고 있으면 어떻게 해요."라고 외치며 눈물을 흘린다.

① 민경: 〈보기〉와 같이 유해 발견을 내용 전개의 실마리로 삼으면 좋겠어.
② 충희: 〈보기〉의 진태처럼 '나'의 아버지도 비극적 인물로 설정해야겠어.
③ 윤경: 〈보기〉에서 진석을 통해 사건의 내막이 알려지듯이 '나'를 통해 가족의 과거사가 드러나게 하자.
④ 성은: 〈보기〉에서 진석이 유해의 신원을 확인하듯이 '나'가 유해의 신원을 확인하는 장면을 촬영할 필요가 있어.
⑤ 진수: 〈보기〉의 진석이 유해 앞에서 절규한 것과는 달리 '나'는 유해 수습 장면에서 착잡한 표정을 짓게 하자.

08 소재의 기능

어, '흰 봉투'다. 저 아줌마, 결혼 반대하려나 보다.

그걸 어떻게 알아?

드라마에선 '흰 봉투'가 결혼 반대를 의미하거든. '우리 아들과 헤어져!'

와, 우리 엄마 짱이다!

드라마 시청 경력 30년..!

🎁 개념을 품은 **기출 선택지**

- '어머니'와 '그'의 **갈등을 지속시키는 매개물**이다. (2018. 09. 평가원)
- '조선말', '조선의 곡조' 등이 **사건 전개에 중요한 역할**을 하는 것은 최척 부부의 재회가 외국에서 이루어지고 있기 때문이겠군. (2017. 06. 평가원)
- 주인공의 아들이 자기 물건들에 '도도'라는 이름을 붙이고 멸종된 종이라고 말한다는 점에서, '도도'는 주인공 아들의 **불행한 미래를 암시**하는 대상이다. (2016. 09. 평가원Ⓑ)

---

① 소재

문학 작품을 창작하는 데 사용되는 모든 재료를 일컫는 말로, 소설을 구성하는 데 밑바탕이 되는 요소이다. 소설의 소재는 단순히 재료라는 기능을 넘어 ❶ 　　　　 를 형상화하는 데 기여한다. 따라서 작가가 소재에 부여한 의미나 역할이 무엇인지 주의 깊게 살펴봐야 한다.

> ☑ 시험에서 어떤 소재를 제시하고, 그것의 '서사적 기능'을 묻는 문제를 본 적이 있을 거야. 그때의 '서사적 기능'이 바로 '소재의 기능'이야.

---

② 소재의 기능

㉠ **갈등의 매개물**: 소재가 갈등의 원인이 되기도 한다. 또 새로운 소재가 등장하여 갈등 ❷ 　　　　 의 실마리를 제공하기도 한다.

> 언제 구웠는지 아직도 더운 김이 홱 끼치는 굵은 [감자] 세 개가 손에 뿌듯이 쥐였다.
> _{'나'에 대한 점순이의 관심과 호의 → 갈등의 매개물이 됨.}
> "느 집엔 이거 없지?" (중략) 그리고 또 하는 소리가
> _{감자}
> "너 봄 감자가 맛있단다." / "난 감자 안 먹는다, 니나 먹어라."
> 나는 고개도 돌리려 하지 않고 일하던 손으로 그 감자를 도로 어깨 너머로 쑥 밀어
> 버렸다. / 그랬더니 그래도 가는 기색이 없고, 그뿐만 아니라 쌔근쌔근하고 심상치 않_{'나'가 감자를 거절함으로써 점순이의 기분이 상하고 갈등이 발생함.}
> 게 숨소리가 점점 거칠어진다.
> ❥ '나'가 점순이가 주는 감자를 거절함으로써 두 사람 간의 갈등이 시작됨.　　　　📖 천재(이) | 김유정, 〈동백꽃〉

개념
콕 1 이 글에 대한 설명으로 적절하지 <u>않은</u> 것은?

① '감자'는 '나'에 대한 점순이의 호의를 상징한다.
② '감자'는 '나'와 점순이의 갈등을 유발하는 소재이다.
③ '감자'는 '나'의 내적 갈등을 심화시키는 기능을 한다.

ⓒ **인물의 성격·심리 상징**: 소재로 인물의 처지나 상황, 가치관 등을 보여 줌으로써 인물의 성격을 ❸[　　　]으로 드러낸다. 또 특정 소재를 대하는 인물의 태도나 반응에서 인물의 심리 상태를 파악할 수 있다.

┌───┐

┌─ 아내가 도망치고 자식을 남의 집에 주고서도 독 짓기라는 목표에 전념하는 인물

　　그러는 송 영감의 눈앞에 독 가마가 떠올랐다. 그러자 송 영감은 그리로 가리라는
　　　　　　　　　　　　　　　　독에 대한 애정과 친밀감을 지니고 있음.
생각이 불현듯 일었다. 거기에만 가면 몸이 녹여지리라. (중략) 곧 예사 사람으로는 더
견딜 수 없는 뜨거운 데까지 이르렀다. 그런데도 송 영감은 기기를 멈추지 않았다. 그
　　　　　　　　　　　　　　　송 영감이 독 가마 속에서 죽으려 함을 알 수 있음.
렇다고 그냥 덮어놓고 기는 것은 아니었다. 지금 마지막으로 남은 생명이 발산하는 듯
어둑한 속에서도 이상스레 빛나는 송 영감의 눈은 무엇을 찾고 있는 것이었다. 그러다
가 열어젖힌 곁 창으로 새어 들어오는 늦가을 맑은 햇빛 속에서 송 영감은 기던 걸음
을 멈추었다. 자기가 찾던 것이 예 있다는 듯이. 거기에는 [터져 나간 송 영감 자신의
독 조각]들이 흩어져 있었다.
　　　　　　　터져 나간 독 조각 → 변화하는 세상에 적응하지 못한 송 영감을 상징함.
　　송 영감은 조용히 몸을 일으켜 단정히, 아주 단정히 무릎을 꿇고 앉았다. 이렇게 해
　　　　　　　　　　　　　　독과 함께 삶을 마감하고자 함. → 송 영감의 투철한 장인 정신이 드러남.
서 그 자신이 터져 나간 자기의 독 대신이라도 하려는 것처럼.

❯ 독과 함께 죽음을 맞는 모습에서 장인 정신이 투철한 송 영감의 성격이 드러남.
　　　　　　　　　　　　　　　　　　　　　　　　　　　　　　　　　　　　– 황순원, 〈독 짓는 늙은이〉

└───┘

ⓒ **장면의 연결 고리**: 소재는 여러 장면이나 사건을 자연스럽게 ❹[　　　]하는 매개물의 기능을 한다. 과거의 사건을 회상하거나 장면을 전환할 때 특정 소재가 사용되기도 한다.

┌───┐

┌─ 이인국. 돈과 권력을 추구하는 외과 의사로 일제 강점기에 친일 행각으로 윤택한 삶을 살았음.
　　ⓘ는 창문으로 기웃이 한길 가를 내려다보았다. 우글거리는 군중들은 아직도 소음
속으로 밀려가고 있다.
　　굳게 닫혀 있는 은행 철문에 붙은 [벽보]가 한길을 건너 하얀 윤곽만이 두드러져 보인다.
　　　　　　　　　　　　　중환자 치료를 거부했던 과거를 회상하게 하는 매개체
아니 [그곳]에 씌어 있는 구절.
　　　벽보
　　'친일파, 민족 반역자를 타도하자.'
　　친일파인 이인국에게 경고의 메시지로 다가오는 내용
옆에 붉은 동그라미를 두 겹으로 친 글자가 그대로 눈앞에 선명하게 보이는 것만 같다.
　　(중략) 벌써 육 개월 전의 일이다.
　　　　　　　과거 회상이 시작되는 부분　　　해방 전, 이인국은 이 중환자가 사상범이라는 것이 찝찝하여 치료를 거부했음.
　　형무소에서 병보석으로 가출옥되었다는 중환자가 업혀서 왔다.

❯ '벽보'는 그가 과거를 회상하게 하고 과거의 장면을 현재와 자연스럽게 연결해 주는 기능을 함.
　　　　　　　　　　　　　　　　　　　　　　　　　　　　　창비 | 전광용, 〈꺼삐딴 리〉

└───┘

ⓒ **주제 암시**: 작가는 특정 소재를 통해 ❺[　　　]를 압축적으로 전달하기도 한다.

┌───┐

┌─ 타고난 역마살이라는 운명 때문에 사랑에 좌절한 인물(성기)
　　ⓘ의 발 앞에는, 물과 함께 갈리어 길도 세 갈래로 나 있었으나, 화갯골 쪽엔 처음부
　　　　　　　　　　　　　　　　　　　　　　　　성기가 자라온 과거의 삶과 관련됨.
터 등을 지고 있었고, 동남으로 난 길은 [하동], 서남으로 난 길이 구례, 작년 이맘때도 지
　　　　　　　　　　　　　　　운명에 순응하는 삶　　　사랑했던 계연이 걸어간 길 – 운명을 거부하는 삶
나 그녀가 울음 섞인 하직을 남기고 체 장수 영감과 함께 넘어간 산모퉁이 고갯길은 퍼
　　계연
붓는 햇빛 속에 지금도 하동 장터 위를 굽이돌아 구례 쪽을 향했으나, 성기는 한참 뒤
　　　　　　　　　　　　　　　　　　　　성기가 역마살이라는 자신의 운명을 받아들임.
몸을 돌렸다. 그리하여 그의 발은 구례 쪽을 등지고 [하동 쪽]을 향해 천천히 옮겨졌다.

❯ '길'은 주인공이 새롭게 선택하는 삶을 상징하는 소재로, 성기가 하동 쪽으로 향하는 모습을 보여 줌으로써 '운명에 순응하는 삶'이라는 주제를 드러냄.
　　　　　　　　　　　　　　　　　　　　　　　　　　　　　　　　– 김동리, 〈역마〉

└───┘

개념
콕 2 이 글에 대한 설명으로 적절하지 **않은** 것은?

① 송 영감은 '독'에 대한 애정을 갖고 있다.
② 송 영감은 깨어진 '독'을 쓸모 없는 것으로 인식하여 멀리하고 있다.
③ '독'과 함께 죽음을 맞이하는 데서 송 영감의 장인 정신이 드러나고 있다.

개념
콕 3 이 글에 대한 설명으로 적절하지 **않은** 것은?

① '벽보'는 그의 기회주의적인 삶을 상징한다.
② '벽보'는 현재와 과거를 연결하는 역할을 한다.
③ '벽보'는 그가 과거를 회상하게 하는 매개체이다.

개념
콕 4 이 글에 대한 설명으로 적절하지 **않은** 것은?

① '화갯골 쪽 길'은 과거의 삶을 상징한다.
② '하동 쪽 길'은 운명을 따르는 삶을 상징한다.
③ '구례 쪽 길'은 운명에 패배하는 삶을 상징한다.

빈칸 답 | ❶ 주제 ❷ 해소 ❸ 상징적
❹ 연결 ❺ 주제
콕 1 ③ 2 ② 3 ① 4 ③

☑ 바로바로 간단 체크

1 괄호 안에 들어갈 알맞은 말을 쓰시오.

(1) (ㅅㅈ)는 문학 작품 창작에 사용되는 모든 재료를 일컫는 말로, 소설을 구성하는 데 밑바탕이 된다.

(2) 소설의 소재는 단순한 재료를 넘어 (ㅈㅈ)를 형상화하는 데 기여하므로 소재의 의미나 역할을 주의 깊게 살펴봐야 한다.

2 다음 설명이 맞으면 ○표, 틀리면 ✕표를 하시오.

(1) 소재는 인물 사이에 발생하는 갈등 양상과 깊은 관련이 있다. ( )

(2) 소재를 통해 인물이 처한 처지나 상황을 보여 주기도 하지만 소재가 인물의 성격이나 심리 상태와 관련 있는 것은 아니다. ( )

(3) 소재를 활용하면 여러 장면이나 사건을 자연스럽게 전환하거나 연결할 수 있다. ( )

3 소재의 기능을 다음과 같이 정리할 때 빈칸에 알맞은 말을 쓰시오.

⑦_____의 매개물	• 소재가 ⑦_____의 원인이 되기도 함. • 새로운 소재가 등장하여 ⑦_____ 형성의 매개물이 되기도 함.
인물의 ⓛ_____이나 심리 상징	• 소재를 통해 인물의 처지나 상황, 가치관을 보여 줌으로써 인물의 ⓛ_____을 상징적으로 드러냄. • 특정 소재를 대하는 인물의 ⓒ_____나 반응을 통해 인물의 심리 상태를 파악할 수 있음.
ⓔ_____의 연결 고리	• 여러 ⓔ_____이나 사건을 자연스럽게 연결함. • 과거의 사건을 ⓜ_____하거나 ⓔ_____을 전환할 때 주로 사용됨.
ⓗ_____ 암시	• 특정 소재를 제시하여 ⓗ_____를 압축적으로 전달함.

[01~03] 다음 글을 읽고 물음에 답하시오.
천재(이)

S 회관 화랑은 3층이었다. 숨차게 계단을 오르자마자 화랑 입구였고 나는 마치 화랑을 들어서기도 전에 입구를 통해 한 그루의 커다란 나목(裸木)을 보았다.

나는 좌우에 걸친 그림들을 제쳐 놓고 빨려 들 듯이 나무 앞으로 다가갔다. 나무 옆을 두 여인이, 아기를 업은 한 여인은 서성대고 짐을 인 여인은 총총히 지나가고 있었다.

내가 지난날, 어두운 단칸방에서 본 한발˚ 속의 ⓐ고목(枯木), 그러나 지금의 나에겐 웬일인지 그게 고목이 아니라 ⓑ나목(裸木)이었다. ㉠그것은 비슷하면서도 아주 달랐다.

김장철 소스리바람에 떠는 나목, 이제 막 마지막 낙엽을 끝낸 김장철 나목이기에 봄은 아직 멀건만 그의 수심엔 봄에의 향기가 애닯도록 절실하다.

그러나 보채지 않고 늠름하게, 여러 가지들이 빈틈없이 완전한 조화를 이룬 채 서 있는 나무, 그 옆을 지나는 춥디추운 김장철의 여인들.

여인들의 눈앞엔 겨울이 있고, 나목에겐 아직 멀지만 봄에의 믿음이 있다.

봄에의 믿음. 나목을 저리도 의연하게˚ 함이 바로 봄에의 믿음이리라.

㉡나는 홀연히 옥희도 씨가 바로 저 나목이었음을 안다. 그가 불우했던 시절, 온 민족이 암담했던 시절, 그 시절을 그는 바로 저 김장철의 나목처럼 살았음을 나는 알고 있다.

나는 또한 내가 그 나목 곁을 잠깐 스쳐간 여인이었을 뿐임을, 부질없이 피곤한 심신을 달랠 녹음을 기대하며 그 옆을 서성댄 철없는 여인이었을 뿐임을 깨닫는다.

'나무와 여인' 그 그림은 벌써 한 외국인의 소장으로 돼 있었다.

나는 S 회관을 나와 잠깐 망연했다. ㉢오랜 여행 끝에 낯선 역에 내린 듯한 피곤인지 절망인지 모를 망연함, 그런 망연함에서 남편이 나를 구했다.

"어디서 차라도 한 잔 하고 쉬었다 갈까?" (중략)

빨간 풍선을 놓친 계집아이가 자지러지게 운다. 구름 한 점 없는 하늘로 빠져들 듯이 풍선이 멀어져 간다.

드디어 ㉣빨간 점을 놓치고 만 나는 눈물이 솟도록 하늘의 푸르름이 눈부시다.

옆에 앉은 남편도 풍선을 좇았던가 고개를 젖힌 채 눈이 함빡 하늘을 담고 있다.

㉤그러나 그뿐, 이미 그의 눈엔 10년 전의 앳된˚ 갈망은 없

다. 그뿐이랴. 여자를 소유하고 가정을 갖고 싶다는 세속적인 소망 외에는 한 번도 야망이나 고뇌가 깃들어 보지 않은 눈. 부스스한 머리가 늘어진 이마에 어느새 굵은 주름이 자리잡기 시작한 중년의 그가 나는 또다시 낯설다.

— 박완서, 〈나목〉

● 한발: 가뭄.
● 의연하다: 의지가 굳세어서 끄떡없다.
● 앳되다: 애티가 있어 어려 보이다.

---

01 이 글에 대한 설명으로 적절하지 <u>않은</u> 것은?

① 남편에 대한 '나'의 평가가 직접 제시되고 있다.
② 작품 안 서술자가 자신의 내면을 고백하고 있다.
③ 그림이라는 소재의 특성이 주제를 형상화하고 있다.
④ 장면을 병렬적으로 나열하여 과거의 모습을 반성하고 있다.
⑤ 그림이라는 소재를 통해 '나'의 의식의 성장을 보여주고 있다.

02 ⓐ와 ⓑ에 대한 설명으로 적절한 것은?

① ⓐ는 '옥희도'의 유작전에서 다시 보게 된 그림을 의미한다.
② ⓐ는 암울한 시대에도 예술가의 혼을 불태웠던 '옥희도'의 치열한 삶을 보여 준다.
③ ⓑ는 '나'의 심리적 방황과 절망스러운 삶을 나타낸다.
④ ⓑ는 과거 '옥희도'의 어두운 단칸방에서 본 그림을 의미한다.
⑤ ⓑ는 시련과 절망을 이겨 내고 새로운 희망을 잃지 않는 의지와 생명력을 상징한다.

03 ㉠~㉤에 나타난 '나'의 심리에 대한 설명으로 적절하지 <u>않</u>은 것은?

① ㉠: 대상에 대한 인식의 변화를 겪는다.
② ㉡: 그림을 감상한 뒤 새로운 깨달음을 얻는다.
③ ㉢: 새로운 인식과 깨달음에서 오는 아득한 감정에 사로잡힌다.
④ ㉣: 어린아이에 대한 연민과 안타까움으로 슬퍼한다.
⑤ ㉤: 야망이나 고뇌 없이 일상에 젖어 있는 남편의 모습에 실망한다.

[04~06] 다음 글을 읽고 물음에 답하시오.

신사고

시골에 땅을 둔대야 일 년에 고작 삼천 원의 실리가 떨어질지 말지 하지만 땅을 팔아다 병원만 확장해 놓으면, 적어도 일 년에 만 원 하나씩은 이익을 뽑을 자신이 있는 것, 돈만 있으면 땅은 이담에라도, 서울 가까이라도 얼마든지 좋은 것으로 살 수 있는 것……. 아버지는 아들의 의견을 끝까지 잠잠히 들었다. 그리고,

"점심이나 먹어라. 나두 좀 생각해 봐야 대답허겠다."

하고는 다시 개울로 나갔고, 떨어졌던 다릿돌을 올려놓고야 들어와 그도 점심상을 받았다.

점심을 자시면서였다.

"원, 요즘 사람들은 힘두 줄었나 봐! 그 다리 첨 놀 제 내가 어려서 봤는데 불과 여남은 이서 거들던 돌인데 장정 수십 명이 한나절을 씨름을 허다니!"

"㉠나무다리가 있는데 건 왜 고치시나요?"

"너두 그런 소릴 허는구나. 나무가 돌만 하다든? 넌 ㉡그 다리서 고기 잡던 생각두 안 나니? 서울루 공부 갈 때 그 다리 건너서 떠나던 생각 안 나니? 시체 사람들은 모두 인정이란 게 사람헌테만 쓰는 건 줄 알드라! 내 할아버지 산소에 상돌을 그 다리로 건네다 모셨구, 내가 천잘 끼구 그 다리루 글 읽으러 댕겼다. 네 어미두 그 다리루 가말 타구 내 집에 왔어. 나 죽건 그 다리루 건네다 묻어라……. 난 서울 갈 생각 없다." / "네?"

"천금이 쏟아진대두 난 땅은 못 팔겠다. 내 아버님께서 손수 이룩허시는 걸 내 눈으루 본 밭이구, 내 할아버님께서 손수 피땀을 흘려 모신 돈으루 작만 허신 논들이야. 돈 있다고 어디 가 느르지논 같은 게 있구, 독시장밭 같은 걸 사? 느르지논 둑에 선 느티나문 할아버님께서 심으신 거구, 저 사랑 마당에 은행나무는 아버님께서 심으신 거다. 그 나무 밑에를 설 때마다 난 그 어룬들 동상(銅像)이나 다름없이 경건한 마음이 솟아 우러러보군 헌다. 땅이란 걸 어떻게 일시 이해를 따져 사구 팔구 허느냐? 땅 없어 봐라, 집이 어딨으며 나라가 어딨는 줄 아니? 땅이란 천지만물의 근거야. 돈 있다구 땅이 뭔지두 모르구 욕심만 내 문서 쪽으로 사 모기만 하는 사람들, 돈놀이처럼 변리(邊利) 만 생각허구 제 조상들과 그 땅과 어떤 인연이란 건 도시(都是) 생각지 않구 헌신짝 버리듯 하는 사람들, 다 내 눈엔 괴이한 사람들루밖엔 뵈지 않드라." (중략)

아들은 아버지가 고쳐 놓은 돌다리를 건너 저녁차를 타러 가 버렸다. 동구 밖으로 사라지는 아들의 뒷모양을 지키고

섰을 때, 아버지의 마음도 정말 임종에서 유언이나 하고 난 것처럼 외롭고 한편 불안스러운 심사조차 설레었다.

– 이태준, 〈돌다리〉

● **시체 사람들**: 요즘 사람들. '시체'는 그 시대의 풍습이나 유행이라는 뜻.
● **천잘**: 천자문을.
● **작만**: 장만하다의 어근인 '장만'을 한자를 빌려서 '작만(作滿)'으로 씀.
● **느르지논**: 철원군 철원읍 사요리 일대의 논을 이르는 말로, 근방에서 기름진 논으로 유명하다.
● **독시장밭**: 철원군 철원읍 율리리 근방에 소재한 선비소(늪) 위에 있는 밭 이름. 옛날에 어떤 선비가 이곳에서 독선생을 두고 글을 읽었는데, 여기에서 생긴 '독서당'이란 말이 변해서 된 말이라고 한다.
● **변리**: 남에게 돈을 빌려 쓴 대가로 치르는 일정한 비율의 돈.
● **도시**: 도무지.

---

04 이 글에 대한 설명으로 적절하지 **않은** 것은?

① 전형적이고 평면적인 인물이 등장하고 있다.
② 인물 간의 갈등이 해소되지 않은 채로 끝나고 있다.
③ 대화와 서술을 통해 인물의 가치관이 드러나고 있다.
④ 작품 밖의 서술자가 인물의 행동과 심리를 서술하고 있다.
⑤ 상징적 소재를 활용하여 인물의 과거 행적을 비판하고 있다.

05 ㉠과 ㉡에 대한 설명으로 적절하지 **않은** 것은?

① ㉠은 쉽고 편한 것만 추구하는 근대적 삶의 태도를 상징한다.
② ㉠은 아버지 자신을 포함한 가족의 역사와 추억이 담겨 있는 소재이다.
③ ㉡은 모든 것을 금전적 가치로만 평가하는 세태를 비판하기 위한 도구이다.
④ ㉡은 과거로부터 전해지는 문화가 후대까지 이어지기를 바라는 인물의 심리를 표현하는 소재이다.
⑤ ㉠과 ㉡은 아들과 아버지가 지닌 가치관의 차이를 보여 준다는 점에서 대립적인 소재이다.

06 땅과 관련하여 글쓴이가 궁극적으로 말하고자 하는 바로 알맞은 것은?

① 땅과 인간, 인간의 지혜는 땅에서 나옵니다.
② 소중한 땅, 그 본질적 의미를 되새겨야 합니다.
③ 땅의 가치, 그것은 효율성으로 평가해야 합니다.
④ 땅의 소유, 농민에게는 많을수록 좋은 일입니다.
⑤ 마음의 땅, 우리가 돌아갈 미래의 보금자리입니다.

[07~09] 다음 글을 읽고 물음에 답하시오.

2016학년도 9월 평가원⑥ (변형)

내가 태어난 날임을 상기시키는 아무런 특별함은 없다. 그 해 봄날 바람이 불었는지 비가 내렸는지 맑았는지 흐렸는지, 이제는 층계를 오르는 일조차 잊어버린 치매 상태의 노모에게 묻는 것은 의미 없는 일이다. 다산의 축복을 받은 농경민의 마지막 후예인 그녀에게 아이를 낳는 것은, 밤송이가 벌어 저절로 알밤이 툭 떨어지는 것, 봉숭아 여문 씨들이 바람에 화르르 흐트러지는 것처럼 자연스럽고 범상한◦ 일이었을 것이다.

나는 막냇동생이 태어나던 때를 기억하고 있다. 깨끗한 바가지에 쌀을 담고 그 위에 마른 미역을 한 잎 걸쳐 안방 시렁◦에 얹어 삼신에게 바친 다음 할머니는 또다시 깨끗한 짚을 한 다발 안방으로 들여갔다. 사람도 짐승처럼 짚북데기 깔자리에서 아기를 낳나? 누구에게도 물을 수 없었던 마음속의 의문에 안방 쪽으로 가는 눈길이 자꾸 은밀하고 유심해졌다.

할머니는 아궁이가 미어지게 나무를 처넣어 부엌의 무쇠솥에 물을 끓였다. 저녁 내내 어둡고 웅숭깊은◦ 부엌에는 설설 물 끓는 소리와 더운 김이 가득 서렸다. 특별히 누군가 말해 준 적은 없지만 아이들은 무언가 분주하고 소란스럽고 조심스러운 쉬쉬함으로 어머니가 아기를 낳으려 한다는 눈치를 채게 마련이었다.

할머니는 언니에게, 해지기 전에 옛우물에서 물을 길어 와 독을 채워 놓으라고 말했다. 머리카락 빠뜨리지 마라. 쓸데없이 수다 떨다 침 떨구지 마라. 부정 탄다. 할머니는 엄하게 덧붙였다.

(중략)

한 사람의 생애에 있어서 사십오 년이란 무엇일까. 부자도 가난뱅이도 될 수 있고 대통령도 마술사도 될 수 있는 시간일 뿐더러 이미 죽어서 물과 불과 먼지와 바람으로 흩어져 산하에 분분히 내리기에도 충분한 시간이다.

나는 창세기 이래 진화의 표본을 찾아 적도 밑 일천 킬로미터의 바다를 건너 갈라파고스 제도로 갈 수도, 아프리카에 가서 사랑의 의술을 펼칠 수도 있었으리라. 무인도의 로빈슨 크루소도, 광야의 선지자도 될 수 있었으리라. 피는 꽃과 지는 잎의 섭리를 노래하는 근사한 한 권의 책을 쓸 수도 있었을 테고 맨발로 춤추는 풀밭의 무희도 될 수 있었으리라. 질량 불변의 법칙과 영혼의 문제, 환생과 윤회에 대한 책을 쓸 수도 있었을 것이다. 납과 쇠를 금으로 만드는 연금술사도 될 수 있었고 밤하늘의 별을 보고 나의 가야 할 바를 알았는지도 모른다.

그러나 나는 지금 작은 지방 도시에서, 만성적인 편두통과 임신 중의 변비로 인한 치질에 시달리는 중년의 주부로 살아가고 있다. 유행하는 시와 에세이를 읽고 티브이의 뉴스를 보고 보수적인 것과 진보적인 것으로 알려진 두 가지의 일간지를 동시에 구독해 읽는 것으로 세상을 보는 창구로 삼고 있다. 한 달에 한 번씩 아들의 학교 자모회에 참석하고 일주일에 두 번 장을 보고 똑같은 거리와 골목을 지나 일주일에 한 번 쑥탕에 가고 매주 목요일 재활 센터에서 지체 부자유자들의 물리 치료를 돕는 자원 봉사의 일을 하고 있다. 잦은 일은 아니지만 이름난 악단이나 연주자의 순회공연이 있을 때면 남편과 함께 성장*을 하고 밤 외출을 하기도 한다.

갈라파고스를 떠올린 것도 엊그제, 벌써 한 주일 이상이나 화재가 계속되어 희귀 생물의 희생이 걱정된다는 티브이 뉴스에 비친 광경이 의식의 표면에 남긴 잔상 같은 것일 테고 더 먼저는 아들이, 자신이 사용하는 물건들에 붙여 놓은, '도도'라는 말에서 비롯된 것일 수도 있다. 도도가 무엇인가를 묻자 아들은 4백 년 전에 사라진, 나는 기능을 잃어 멸종된 새였다고 말했다. 누구나 젊은 한 시절 자신을 전설 속의, 멸종된 종으로 여기지 않겠는가. 관습과 제도 속으로 들어가야 하는 두려움과 항거를 그렇게 나타내지 않겠는가.

우리 삶의 풍속은 그만큼 빈약한 상상력에 기대어 부박하다.* 삶이 내게 도태시킨 가능성에 대해 별반 아쉬움도 없이 잠깐 생각해 본 것은 내가 새로 보태어진 나이테에 잠깐 발이 걸렸다는 뜻일 게다. 그러나 나는 이제 혼례나 장례에 꼭 같은 한 가지 옷으로 각각 알맞은 역할을 연출할 줄 알고 내 손으로 질서 지워지는 일들에 자부심을 갖고 있다. 마늘과 생강이 어우러져 내는 맛을 알고 행주와 걸레의 질서를 사랑하지만 종종 무질서 속으로 피신하는 것도 한 방법이라는 것을 알고 있다.

– 오정희, 〈옛우물〉

◆ 범상하다: 중요하게 여길 만하지 아니하고 예사롭다.
◆ 시렁: 물건을 얹어 놓기 위하여 방이나 마루 벽에 두 개의 긴 나무를 가로질러 선반처럼 만든 것. ◆ 웅숭깊다: 생각이나 뜻이 크고 넓다.
◆ 성장: 잘 차려입음. 또는 그런 차림. ◆ 부박하다: 천박하고 경솔하다.

---

07 이 글의 '나'에 대한 이해로 적절하지 않은 것은?

① '나'는 자신의 생일을 맞아, 막냇동생이 태어난 날을 떠올린다.
② '나'는 사람에게 사십오 년의 시간이 주어지면 많은 일을 할 수 있다고 생각한다.
③ '나'는 규칙적으로 모임에 참석하지만 무질서를 꿈꾸기도 한다.
④ '나'는 밤 외출하는 행동을 통해 가족에게서 벗어나 성장하는 시간을 갖는다.
⑤ '나'는 자신의 손으로 질서 지우는 집안일에서 자부심을 느낀다.

08 이 글의 서술상 특징으로 가장 적절한 것은?

① 감각적인 문장을 통해 혼란스러운 시대상을 생생하게 그려 내고 있다.
② 과거 회상을 통해 인물의 행적과 갈등의 원인을 요약적으로 진술하고 있다.
③ 사건에 대한 객관적 진술을 통해 사건의 전모를 입체적으로 보여 주고 있다.
④ 의문과 추측의 반복적 진술을 통하여 다른 인물에 대한 반감을 드러내고 있다.
⑤ 작품 안에 등장하는 서술자의 자기 고백적 진술을 통해 내면을 제시하고 있다.

09 도도에 대한 이해로 가장 적절한 것은?

① '도도'를 통해 '갈라파고스' 섬의 희귀종을 연상한다는 점에서, '나'에게 '도도'는 현대 과학 문명에 의해 희생된 생물을 떠올리게 하는 소재이다.
② '나'의 아들이 멸종된 새인 '도도'라는 이름을 자기가 사용하는 물건들에 붙여 놓았다는 점에서, '도도'는 아들의 불행한 미래를 암시하는 소재이다.
③ '나'가 스스로를 가능성이 도태된 존재로 여기면서 자기 자신을 '나는 기능'을 상실한 '도도'와 연관 짓는다는 점에서, '도도'는 '나'가 자신을 비추어 보는 소재이다.
④ '나'가 아들의 물건에 붙어 있는 '도도'라는 말에 관심을 기울이고 이에 대해 아들과 이야기를 나눈다는 점에서, '도도'는 '나'와 아들 간의 갈등 해소를 돕는 소재이다.
⑤ '도도'가 인간 앞에 '항거'하지 못하고 희생되어 '전설 속'의 존재로 여겨진다는 점에서, '도도'는 두렵지만 항거하고자 하는 현실 사회의 관습과 제도를 상징하는 소재이다.

- ⓒ에서는 **같은 날 서로 다른 공간을 배경으로 하는 사건**이 일어났음을 밝혀 ⓒ의 공간에서 일어나는 사건과 ㉠의 공간에서 일어나는 사건을 결합하고 있고, …… (2019 수능)
- 연상을 통해 새로운 공간을 제시하여 **시대 상황**의 이념적 성격을 구체화하고 있다. (2018. 06. 평가원)
- **시간적 배경**을 묘사하여 인물의 성격 변화를 암시하고 있다. (2017 수능)

❶ 배경의 종류

(1) 시간적 배경

- **시간적·계절적 배경:** 사건이 일어나는 구체적인 시간이다. 특정한 시간대, 계절에 대한 배경 묘사, 날씨 등을 통해 드러난다.

> 밤중을 지난 무렵인지 죽은 듯이 고요한 속에서 짐승 같은 달의 숨소리가 손에 잡힐
> _{시간적 배경}
> 듯이 들리며 콩 포기와 옥수수 잎새가 한층 달에 푸르게 젖었다. 산허리는 온통 메밀
> 밭이어서 피기 시작한 꽃이 소금을 뿌린 듯이 흐붓한 달빛에 숨이 막힐 지경이었다.
> _{늦여름에 피는 메밀꽃을 활용해 계절적 배경을 제시함.}
> ➔ 메밀꽃이 흐드러지게 핀 여름날 달밤이라는 시간적 배경이 두드러　　📖 금성, 비상, 창비 | 이효석, 〈메밀꽃 필 무렵〉
> 지게 나타남.

- **사회적 배경(=시대적 배경, 역사적 배경):** 소설 속에 나타난 사회 현실과 역사적 상황이다. 사회적 배경은 작품에 ❶ [　　　] 을 부여하고 주제에 직접적인 영향을 미친다.

> 조선에 '만세'가 일어나던 전해 겨울이다. 세계 대전이 막 끝나고 휴전 조약이 성립
> _{3·1 운동(1919)을 의미함.　　　제1차 세계 대전(1914~1918)}
> 되어서 세상은 비로소 변해진 듯싶고, 세계 개조(世界改造)의 소리가 동양 천지에도
> 떠들썩한 때이다. 일본은 참전국이라 하여도 이번 전쟁 덕에 단단히 한밑천 잡아서,
> 소위 나리낀(成金), 나리낀 하고 졸부가 된 터이라, 전쟁이 끝났다고 별로 어깻바람이
> _{벼락부자}
> 날 일도 없지마는, 그래도 또 한몫 보겠다고 발버둥질을 치는 판이다.
> ➔ 세계 대전이 끝난 직후인 1918년의 사회적 배경이 드러남. 📖 금성, 동아, 미래엔, 천재(정) | 염상섭, 〈만세전(萬歲前)〉

개념+ 배경의 개념

배경이란 사건이 전개되고 인물이 활동하는 시간적·공간적 환경을 뜻한다. 소설의 배경에는 사건과 행위가 일어난 시간, 계절, 역사적 시기, 사회 관습, 인물의 지적·경제적 수준, 직업, 종교, 가족 유형 등의 생활 환경까지 모두 포함된다. 배경은 인물의 심리, 작품의 분위기, 주제와 밀접하게 연관되어 있다.

개념 콕1 이 글의 배경에 대한 설명으로 적절하지 <u>않은</u> 것은?

① 시간적 배경을 서정적으로 그려 낸다.
② '메밀꽃'으로 계절적 배경을 드러낸다.
③ 날씨를 묘사하여 시간적 배경을 구체화한다.

개념 콕2 이 글에 대한 설명으로 적절하지 <u>않은</u> 것은?

① 역사적 상황이 배경으로 드러난다.
② 당시 사회상에 대한 서술자의 인식이 드러난다.
③ 세계 대전으로 어려움을 겪는 일본의 상황이 드러난다.

시대적 배경을 찾는 방법

 시대적 배경은 직접적으로 언급되는 경우가 드물기 때문에 소재를 보고 찾아야 해.

> (아침에 운동장에서 조회를 할 때마다 <u>황국 신민의 맹세</u>를 하고 나서 군가 행진곡에 발을 맞춰 교실에 들어
> 갈 때면 괜히 피가 뜨거워지곤 했는데 그건 뭔가를 무찌르러 달려 나가야 할 것 같은 호전적인 정열이었다.)
> ( ): 일제가 어린아이들에게 일본에 대한 충성심을 강압적으로 고취하는 정신 교육을 실시했음을 알 수 있음.
> ◎ '황국 신민의 맹세'라는 말에서 일제 강점기를 배경으로 한 소설임을 알 수 있음.　　– 박완서, 〈그 많던 싱아는 누가 다 먹었을까〉

(2) 공간적 배경

- **향토적 배경**: '도시'와 대비되는 공간으로, 고향이나 시골을 의미한다. 풍경 묘사나
  ❷　　　소재를 제시해 공간적 특성을 강조한다.

> □ : 향토적 배경을 드러내는 소재
> 　　그 전날, 왜 내가 새고개 맞은 봉우리 <u>화전밭</u>을 혼자 갈고 있지 않았느냐.(밭 가생이
> 　　　　　　　　　　　　　　　주로 산간 지대에서 풀·나무를 불사른 후 만든 밭　　화전밭 근처의 풍경이 묘사됨.
> 로 돌 적마다 야릇한 꽃내가 물컥물컥 코를 찌르고 머리 우에서 벌들은 가끔 '붕, 붕.'
> 소리를 친다. 바위틈에서 샘물 소리밖에 안 들리는 <u>산골짜기</u>니까 맑은 하늘의 봄볕은
> 이불 속같이 따스하고 꼭 꿈꾸는 것 같다.)
> ◎ '화전밭', '산골짜기', 풍경 묘사에서 공간적 배　　　📖 금성, 동아, 비상(박영), 지학사, 천재(박), 해냄 | 김유정, 〈봄·봄〉
> 경이 농촌임이 드러남.

- **도시적 배경**: 주로 서울이며, 도시임을 알 수 있는 근대화된 문물이 등장한다(예 일제 강
  점기의 '승강기', '백화점', '전차' 등). '시골'이나 '고향'과 대비하여 **❸**　　　이고 물질
  주의적인 공간으로 설정하는 경우가 많다.

> □ : 도시적 배경을 드러내는 소재 → 1930년대를 배경으로 신문물이 도입되고 근대화가 진행중인 상황임이 드러남.
> 　<u>전차</u>도 전차려니와, 웬 <u>자동차</u>며 <u>자전거</u>가 그렇게 쉴 새 없이 뒤를 이어서 달리느냐.
> 어디 '장'이 선 듯도 싶지 않건만, 사람은 또 웬 사람이 그리 거리에 넘치게 들끓느냐.
> <u>이 층, 삼 층, 사 층…… 웬 집들이 이리 높고</u>, 또 그 위에는 무슨 간판이 그리 유난스레
> 도 많이 걸려 있느냐.
> ◎ 근대화된 문물과 풍경을 통해 공간적 배경이 도시임이 드러남.　　　📖 천재(김) | 박태원, 〈천변 풍경〉

(3) 심리적 배경

　　인물의 심리 상황이나 독특한 내면세계를 의미한다. 심리적 배경은 사건 전개보다 인물
의 내면 **❹**　　　와 그 변화에 초점을 맞추어 서술하는 소설에 주로 등장한다.

> 　　　　　　　　　　→ 지식인이지만 무기력한 인물로 아내에게 의지하고 살아가고 있음.
> 　내 방은 <u>나</u> 하나를 위하여 요만한 정도를 꾸준히 지키는 것 같아 늘 내 방에 감사하
> 였고 나는 또 이런 방을 위하여 이 세상에 태어난 것만 같아서 즐거웠다.
> 　그러나 이것은 행복이라든가 불행이라든가 하는 것을 계산하는 것은 아니었다. 말
> 하자면 나는 내가 행복되다고도 생각할 필요가 없었고, 그렇다고 불행하다고도 생각
> 할 필요가 없었다. 그냥 그날그날을 그저 까닭 없이 펀둥펀둥 게으르고만 있으면 만사
> 　　　　　　　　　나는 자신의 처지를 행복하다거나 불행하다고 생각해 보려 하지 않음.
> 는 그만이었던 것이다. 내 몸과 마음에 옷처럼 잘 맞는 방 속에서 뒹굴면서, 축 처져
> 　　나는 무기력과 권태에 젖어 있음.
> 있는 것은 행복이니 불행이니 하는 그런 세속적인 계산을 떠난, 가장 편리하고 안일
> 한, 말하자면 절대적인 상태인 것이다. 나는 이런 상태가 좋았다.
> ◎ 특정 사건 없이 '나'의 의식의 흐름에 따라 '나'의 심리가 서술됨.　　　📖 지학사 | 이상, 〈날개〉

개념
콕 3 이 글의 배경에 대한 설명으
로 적절하지 **않은** 것은?

① 계절적 배경은 '봄'이다.
② '화전밭'을 통해 사회적 배경
　이 드러난다.
③ 풍경 묘사를 통해 공간적 배
　경이 드러난다.

Ⅲ 현대 소설

개념
콕 4 이 글의 배경에 대한 설명으
로 적절한 것은?

① 급하게 근대화가 진행된 농촌
　이 배경이다.
② 풍경 묘사를 통해 계절적 배
　경을 드러낸다.
③ 근대화된 문물을 제시해 도시
　적 배경을 드러낸다.

개념
콕 5 이 글에 대한 설명으로 적절
한 것은?

① '나'의 내면 심리에 초점을 맞
　추고 있다.
② 공간적 배경과 시간적 배경이
　모두 드러난다.
③ 비현실적인 공간에서 드러나
　는 내면 갈등이 나타난다.

빈칸 답 ❶ 사실성 ❷ 토속적 ❸ 근대적
❹ 심리
콕 3 ② 4 ③ 5 ①

② 배경의 기능

개념 콕 6 이 글에 제시된 배경의 기능으로 알맞은 것은?

① 구체적인 날짜를 언급해 인물의 성격을 드러낸다.

② 역사적 의미가 있는 날을 제시하여 사건에 사실성을 부여한다.

③ 배경의 의미를 언급하며 인물에 대한 서술자의 평가를 드러낸다.

㉠ **사실성, 개연성 부여:** 시간과 공간을 구체적으로 제시함으로써 독자에게 사건이 실제로 벌어진 것처럼 느끼게 할 수 있으며, 사건이 전개되는 과정에 ❺[   ]을 부여한다.

> [1945년 8월 15일, 역사적인 날.] 시간적 배경을 구체적으로 제시함.
> 이날도 신기료장수 방삼복은 종로의 공원 건너편 응달에 앉아서 구두 징을 박으면
> └ 미스터 방. 후에 미군 S 소위의 눈에 들어 출세함.
> 서 해방의 날을 맞이하였다. 그러나 삼복은 감격한 줄도 기쁜 줄도 모르겠었다.
>
> ❶ ① 실제 역사적 의미가 있는 날을 배경으로 제시하여 사실성을 높임.　동아, 지학사, 천재(박), 해냄 │ 비상, 지학사 │ 채만식, 〈미스터 방〉
> ② 해방 직후 남한에 미군이 주둔하므로, 이후 방삼복이 미군 소위의 눈에 들어 출세하게 되는 사건에 개연성을 부여함.

개념 콕 7 이 글의 배경인 '장마'에 대한 설명으로 적절하지 않은 것은?

① '할머니'의 부정적인 속성을 선명히 드러낸다.

② 가족 간의 갈등이 해소되자 '장마'도 끝이 난다.

③ 6·25 전쟁의 비극성을 상징하며 주제를 부각한다.

㉡ **작품의 주제 부각:** 작품의 배경은 ❻[   ]를 부각할 수 있다. 예를 들어 인물의 비참한 처지를 더욱 비참하게 느껴지게 하거나, 인물의 부정적 속성을 더욱 선명하게 드러내는 배경을 설정함으로써 주제를 부각할 수 있다.

> **〈장마〉의 짧은 줄거리**
> [장마가 계속되던] 6·25 전쟁 중의 어느 날, 외삼촌의 전사 소식이 전해진다. 이 때문에 국군 아
> 사회적 배경　　　　　　　　　　　　　　　　　　　　　　　　　　　남한군
> 들을 둔 외할머니와 빨치산 아들을 둔 할머니가 갈등을 겪는다. '나'도 삼촌이 집에 왔다는 말실수
> 북한군
> 를 해 할머니의 분노를 산다. 한편, 할머니는 점쟁이의 말을 듣고 삼촌을 맞이할 잔치를 벌이지만,
> 삼촌 대신 구렁이가 나타난다. 기절한 할머니를 대신해 외할머니가 구렁이를 무사히 보내고 두 사
> 삼촌이 죽었다는 의미로 받아들여짐
> 람은 화해하게 된다. 임종의 자리에서 할머니는 내 손을 잡고 내 지난날을 모두 용서해 주었다. 나
> 도 마음속으로 할머니의 모든 걸 용서했다. [정말 지루한 장마였다.]
>
> ❶ 6·25 전쟁에서 비롯된 가족 간의 갈등이 해소되는 모습을 시간적 배경인 '장마'가　비상(박영) │ 윤흥길, 〈장마〉
> 끝나는 모습과 함께 제시해 주제를 부각함.

㉢ **작품의 전반적인 분위기 조성:** 작품의 배경은 작품 전체의 ❼[   ]를 형성한다. 예
└ 분위기나 정세 따위를 만듦
를 들어 '흐린 날, 비오는 날'은 어둡고 불길한 분위기를 조성한다.

> 대개의 간이역이 그렇듯이 [대합실 내부]엔 눈에 띌 만한 시설물이라곤 거의 없다.
> □: 공간적 배경
> (유난히 높은 천장과 회칠한 사방 벽 때문에 열 평도 채 못 되는 공간이 턱없이 넓어 보
> ( ): 공간적 배경을 묘사한 부분
> 여서 더욱 을씨년스러운 느낌을 준다.)
>
> ❶ 공간적 배경을 묘사해 쓸쓸한 분위기를 조성함.　창비 │ 임철우, 〈사평역〉

소설에 자주 나오는 공간의 상징성

• **농촌:** 전원적이고 향토적인 공간

• **땅:** 농민, 민중들의 삶의 터전

• **도시:** 인간 소외와 단절의 공간, 기계 문명의 발달

• **아파트:** 현대 도시인의 대표적 생활 양식, 타인과 단절된 공간

• **판자촌:** 빈곤, 소외의 공간

• **교실(학교):** 학생들로 이루어진 사회의 축소판

㉣ **사건의 전개 방향, 인물의 심리 암시:** 배경으로 앞으로 일어날 일이나 인물의 심리를 암시할 수 있다. 예를 들어 인물이 누군가와 이별하고 나서 비를 맞는 배경을 설정하면 인물의 우울한 심리가 암시된다.

> 모를 낸 후 [비 같은 비 한 방울 구경 못한 무서운 가뭄]에 시달려 그렇지 않아도 쪼그
> 라졌던 고목 잎이 볼 모양 없이 배배 틀려서 돌배나무로 알려질 판이다. 그래도 그것
> 이 [구십 도가 넘게 쪄 내리는 팔월의 태양]을 가리워, 누더기 같으나마 밑둥치에는 제
> 법 넓은 그늘을 지웠다.
>
> ❶ 가뭄이 몹시 심한 팔월의 농촌을 배경으로, 이 상황을 극복하기 위한 사건이 전개될 것임을 암　－ 김정한, 〈사하촌〉
> 시함.

빈칸 답 │ ❺ 개연성 **❻** 주제 **❼** 분위기
콕 6 ② **7** ①

정답과 해설 59쪽

✔ 바로바로 간단 체크

1 괄호 안에 들어갈 알맞은 말을 쓰시오.

(1) (ㅂㄱ)이란 소설에서 사건이 전개되고 인물이 활동하는 환경을 가리킨다.

(2) (ㅅㄱㅈ) 배경은 특정한 시간대, 계절에 대한 배경 묘사, 날씨 등을 통해 드러난다.

(3) (ㄷㅅㅈ) 배경은 주로 서울이며, 도시임을 알 수 있는 근대화된 문물이 등장한다.

2 다음 설명이 맞으면 O표, 틀리면 ×표를 하시오.

(1) 사회적 배경은 작품에 사실성을 부여하고 주제에 직접적인 영향을 미친다. ( )

(2) 향토적 배경은 풍경에 대한 묘사나 토속적 소재를 통해 근대적이고 물질주의적인 공간으로 묘사되는 경우가 많다. ( )

(3) 심리적 배경은 주로 인물의 내면 심리와 그 변화에 초점을 맞추어 서술하는 소설에 주로 등장한다.
( )

3 배경의 기능을 다음과 같이 정리할 때 빈칸에 들어갈 알맞은 말을 써넣으시오.

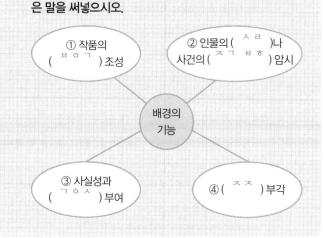

① 작품의 (ㅂㄱ) 조성
② 인물의 (ㅅㄹ)나 사건의 (ㅈㄱㅂㅎ) 암시
배경의 기능
③ 사실성과 (ㄱㅇㅅ) 부여
④ (ㅈㅈ) 부각

[01~03] 다음 글을 읽고 물음에 답하시오.

🕮 미래엔, 해냄

[앞부분 줄거리] 구청 직원인 '나'는 선술집에서 대학원생 '안'과 우연히 만나 대화를 나눈다. 자리를 옮기려고 일어섰을 때, 한 사내가 다가와 오늘 아내가 죽었다고 한다. 사내는 아내의 시체를 해부 용도로 기증한 다음 돈 사천 원을 받았지만, 이 돈을 오늘 다 쓰고 싶어 한다. 사내는 '나'와 '안'에게 돈을 쓸 때까지 함께 있어 달라 부탁하고, 두 사람은 그 제안을 받아들인다.

사내는 계속해서 울고 있었다. 사내는 가끔 "여보."라고 중얼거리며 오랫동안 울고 있었다. 우리는 여전히 열 발짝쯤 떨어진 곳에서 그가 울음을 그치기를 기다리고 있었다. 한참 후에 그가 우리 앞으로 비틀비틀 걸어왔다.

우리는 모두 고개를 숙이고 어두운 골목길을 걸어서 거리로 나왔다. 적막한 거리에는 찬바람이 세차게 불고 있었다.

"몹시 춥군요."라고 사내는 우리를 염려한다는 음성으로 말했다.

"추운데요. 빨리 여관으로 갑시다." / 안이 말했다.

"방을 한 사람씩 따로 잡을까요?"

여관에 들어갔을 때 안이 우리에게 말했다.

"그게 좋겠지요?"

"모두 한 방에 드는 게 좋겠어요."라고 나는 아저씨를 생각해서 말했다.

아저씨는 그저 우리 처분만 바란다는 듯한 태도로, 또는 지금 자기가 서 있는 곳이 어딘지도 모른다는 태도로 멍하니 서 있었다. 여관에 들어서자 우리는 모든 프로가 끝나 버린 극장에서 나오는 때처럼 어찌할 바를 모르고 거북스럽기만 했다. 여관에 비한다면 거리가 우리에게는 더 좁았던 셈이었다. 벽으로 나누어진 방들, 그것이 우리가 들어가야 할 곳이었다.

"모두 같은 방에 들기로 하는 것이 어떻겠어요?"

내가 다시 말했다.

"난 지금 아주 피곤합니다." / 안이 말했다.

"방은 각각 하나씩 차지하고 자기로 하지요."

"혼자 있기가 싫습니다."라고 아저씨가 중얼거렸다.

"혼자 주무시는 게 편하실 거예요." / 안이 말했다.

우리는 복도에서 헤어져 사환*이 지적해 준, 나란히 붙은 방 세 개에 각각 한 사람씩 들어갔다.

"화투라도 사다가 놉시다."

헤어지기 전에 내가 말했지만,

"난 아주 피곤합니다. 하시고 싶으면 두 분이나 하세요."라고 안은 말하고 나서 자기의 방으로 들어가 버렸다.

"나도 피곤해 죽겠습니다. 안녕히 주무세요."라고 나는 아저씨에게 말하고 나서 내 방으로 들어갔다. 숙박계엔 거짓 이름, 거짓 주소, 거짓 나이, 거짓 직업을 쓰고 나서 사환이 가져다 놓은 자리끼*를 마시고 나는 이불을 뒤집어썼다. 나는 꿈도 안 꾸고 잘 잤다.

다음날 아침 일찍이 안이 나를 깨웠다.

"그 양반, 역시 죽어 버렸습니다."

안이 내 귀에 입을 대고 그렇게 속삭였다.

"예?" / 나는 잠이 깨끗이 깨어 버렸다.

"방금 그 방에 들어가 보았는데 역시 죽어 버렸습니다."

"역시……."

나는 말했다.

"사람들이 알고 있습니까?"

"아직까진 아무도 모르는 것 같습니다. 우린 빨리 도망해 버리는 게 시끄럽지 않을 것 같습니다."

"자살이지요?"

"물론 그것이겠죠."

나는 급하게 옷을 주워 입었다. 개미 한 마리가 방바닥을 내 발이 있는 쪽으로 기어오고 있었다. 그 개미가 내 발을 붙잡으려고 하는 것 같은 느낌이 들어서 나는 얼른 자리를 옮겨 디디었다.

밖의 이른 아침에는 싸락눈이 내리고 있었다. 우리는 할 수 있는 한 빠른 걸음으로 여관에서 떨어져 갔다.

(중략)

우리는 헤어졌다. 나는 마침 버스가 막 도착한 길 건너편의 버스 정류장으로 달려갔다. 버스에 올라서 창으로 내다보니 안은 앙상한 나뭇가지 사이로 내리는 눈을 맞으며 무언지 곰곰이 생각하고 서 있었다.

– 김승옥, 〈서울, 1964년 겨울〉

● **사환**: 관청이나 회사, 가게 따위에서 잔심부름을 시키기 위하여 고용한 사람.
● **자리끼**: 밤에 자다가 마시기 위하여 잠자리의 머리맡에 준비하여 두는 물.

01 이 글에 대한 설명으로 적절하지 <u>않은</u> 것은?

① 인물들의 성격을 대화와 행동을 통해 제시하고 있다.

② 사건을 체험한 사람이 직접 서술하는 방식을 취하고 있다.

③ 주로 간결한 문장으로 서술하였으며 함축적인 문장도 쓰였다.

④ 반전에 대응하는 과정을 통해 인물의 성격 변화를 보여 주고 있다.

⑤ 특정한 시대적 배경을 제목으로 설정하여 내용의 사실성을 강화하고 있다.

02 공간적 배경인 '여관'을 중심으로 이 글을 이해한 것으로 적절하지 <u>않은</u> 것은?

① 소미: '벽으로 나누어진 방'이라는 표현에서 여관이 단절적, 폐쇄적인 공간임이 드러나.

② 다현: "여관에 비한다면 거리가 우리에게는 더 좁았다."라는 '나'의 서술을 통해 여관에서 '나'가 느끼는 불편한 심리가 드러나.

③ 정현: '사내'의 부탁에도 불구하고 인물들이 각자 다른 방으로 들어간 것에서 소통과 연대감 없이 살아가는 현대인의 모습이 나타나.

④ 정수: 여관에서 모두 한 방에 들자고 하거나 화투를 사서 함께 놀자고 제안하는 '나'의 모습에서 공동체 의식의 회복이라는 주제가 암시되고 있어.

⑤ 연아: 여관의 숙박계에 '거짓 이름, 거짓 주소, 거짓 나이, 거짓 직업'을 쓰는 '나'의 모습에서 익명성을 유지하려는 '나'의 태도가 드러나고 있어.

03 이 글의 계절적 배경을 '겨울'로 설정한 이유로 가장 적절한 것은?

① 연말연초의 흥분되고 설레는 분위기와, '사내'와 같은 사회적 약자들이 느끼는 고통과 슬픔을 대비시키기 위해서이다.

② 눈 내리는 풍경을 통해 낭만적이고 비현실적인 분위기를 조성하고 인물의 천진난만한 순수함을 드러내기 위해서이다.

③ 이별과 소멸의 계절인 겨울을 겪어 내는 과정을 통해 앞으로 다가올 새로운 관계 맺음에 대한 기대를 증폭하기 위해서이다.

④ 춥고 차디찬 이미지를 통해 당시 사람들이 단절된 인간관계에서 느끼는 고독과 소외감, 또는 현실의 암울함을 암시하기 위해서이다.

⑤ 메마르고 황량한 이미지를 통해 지적 허영심에 가득한 채 살아가는 '나'나 '안'과 같은 젊은이들의 이기적인 행태를 부각하기 위해서이다.

[04~07] 다음 글을 읽고 물음에 답하시오.

2015학년도 9월 고1 학력평가(변형)

이지러는 졌으나 보름을 가제° 지난 달은 부드러운 빛을 흐뭇이° 흘리고 있다. 대화까지는 칠십 리의 밤길, 고개를 둘이나 넘고 개울을 하나 건너고 벌판과 산길을 걸어야 된다. ㉠「길은 지금 긴 산허리에 걸려 있다. 밤중을 지난 무렵인지 죽은 듯이 고요한 속에서 짐승 같은 달의 숨소리가 손에 잡힐 듯이 들리며, 콩 포기와 옥수수 잎새가 한층 달에 푸르게 젖었다. 산허리는 온통 메밀밭이어서 피기 시작한 꽃이 소금을 뿌린 듯이 흐뭇한 달빛에 숨이 막힐 지경이다.」붉은 대궁이 향기같이 애잔하고 나귀들의 걸음도 시원하다. ⓐ길이 좁은 까닭에 세 사람은 나귀를 타고 외줄로 늘어섰다. 방울 소리가 시원스럽게 딸랑딸랑 메밀밭께로 흘러간다. 앞장선 허 생원의 이야기 소리는 꽁무니에 선 동이에게는 확적히는 안 들렸으나, 그는 그대로 개운한 제멋에 적적하지는 않았다.

"장 선 꼭 이런 날 밤이었네. 객줏집 토방°이란 무더워서 잠이 들어야지. 밤중은 돼서 혼자 일어나 개울가에 목욕하러 나갔지. 봉평은 지금이나 그제나 마찬가지지. 보이는 곳마다 메밀밭이어서 개울가가 어디 없이 하얀 꽃이야. 돌밭에 벗어도 좋을 것을, 달이 너무도 밝은 까닭에 옷을 벗으러 물방앗간으로 들어가지 않았나. 이상한 일도 많지. 거기서 난데없는 성 서방네 처녀와 마주쳤단 말이네. 봉평서야 제일 가는 일색이었지."

"팔자에 있었나 부지."

아무렴 하고 응답하면서 말머리를 아끼는 듯이 한참이나 담배를 빨 뿐이었다. 구수한 자줏빛 연기가 밤기운 속에 흘러서는 녹았다.

"날 기다린 것은 아니었으나 그렇다고 달리 기다리는 놈팽이가 있는 것두 아니었네. 처녀는 울고 있단 말야. 짐작은 대고 있었으나 성 서방네는 한창 어려워서 들고날 판인 때였지. 한 집안 일이니 딸에겐들 걱정이 없을 리 있겠나. 좋은 데만 있으면 시집도 보내련만 시집은 죽어도 싫다지……. 그러나 처녀란 울 때같이 정을 끄는 때가 있을까. 처음에는 놀라기도 한 눈치였으나 걱정 있을 때는 누그러지기도 쉬운 듯해서 이럭저럭 이야기가 되었네……. 생각하면 무섭고도 기막힌 밤이었어."

"제천인지로 줄행랑을 놓은 건 그 다음 날이었나?"

"다음 장도막°에는 벌써 온 집안이 사라진 뒤였네. 장판은 소문에 발끈 뒤집혀 오죽해야 술집에 팔려가기가 상수°라고 처녀의 뒷공론이 자자들 하단 말이야. 제천 장판을 몇 번이나 뒤졌겠나. 하나 처녀의 꼴은 꿩 궈 먹은 자리°야. 첫날

밤이 마지막 밤이었지. 그때부터 봉평이 마음에 든 것이 반평생을 두고 다니게 되었네. 평생인들 잊을 수 있겠나."

"수 좋았지. 그렇게 신통한 일이란 쉽지 않어. 항용° 못난 것 얻어 새끼 낳고 걱정 늘구 생각만 해두 진저리나지……. 그러나 늘그막바지까지 장돌뱅이로 지내기도 힘드는 노릇 아닌가? 난 가을까지만 하구 이 생애와도 하직하려네. 대화쯤에 조그만 전방°이나 하나 벌이구 식구들을 부르겠어. 사시장철° 뚜벅뚜벅 걷기란 여간이래야지."

"옛 처녀나 만나면 같이나 살까……. 난 거꾸러질 때까지 이 길 걷고 저 달 볼 테야."

산길을 벗어나서 큰길로 틔어졌다. 꽁무니의 동이도 앞으로 나서 나귀들은 가로 늘어섰다.

"총각두 젊겠다, 지금이 한창시절이렷다. 충줏집에서는 그만 실수를 해서 그 꼴이 되었으나 섧게 생각 말게."

"처, 천만에요. 되려 부끄러워요. 계집이란 지금 웬 제격인가요. 자나 깨나 어머니 생각뿐인데요."

허 생원의 이야기로 실심해° 한 끝이라 동이의 어조는 한풀 수그러진 것이었다.

"아비 어미란 말에 가슴이 터지는 것도 같았으나 제겐 아버지가 없어요. 피붙이라고는 어머니 하나뿐인걸요."

"돌아가셨나?"

"당초부터 없어요."

"그런 법이 세상에."

생원과 선달이 야단스럽게 껄껄들 웃으니, 동이는 정색하고 우길 수밖에는 없었다.

"부끄러워서 말하지 않으려 했으나 정말예요. 제천 촌에서 달도 차지 않은 아이를 낳고 어머니는 집을 쫓겨났죠. 우스운 이야기나, 그러기 때문에 지금까지 아버지 얼굴도 본 적 없고 있는 고장도 모르고 지내와요."

고개가 앞에 놓인 까닭에 세 사람은 나귀를 내렸다. 둔덕은 험하고 입을 벌리기도 대근하여° 이야기는 한동안 끊겼다. 나귀는 건듯하면 미끄러졌다. 허 생원은 숨이 차 몇 번이고 다리를 쉬지 않으면 안 되었다. 고개를 넘을 때마다 나이가 알렸다. 동이 같은 젊은 축이 그지없이 부러웠다. 땀이 등을 한바탕 쪽 씻어 내렸다.

고개 너머는 바로 개울이었다. 장마에 흘러 버린 널다리°가 아직도 걸리지 않은 채로 있는 까닭에 벗고 건너야 되었다. 고의를 벗어 띠로 등에 얽어매고 반 벌거숭이의 우스꽝스런 꼴로 물속에 뛰어들었다. 금방 땀을 흘린 뒤였으나 밤 물은 뼈를 찔렀다.

"그래, 대체 기르긴 누가 기르구?"

"어머니는 하는 수 없이 의부˙를 얻어 가서 술장수를 시작
했죠. 술이 고주˙래서 의부라고 전망나니˙예요. 철들어서부
터 맞기 시작한 것이 하룬들 편한 날 있었을까. 어머니는 말
리다가 채이고 맞고 칼부림을 당하곤 하니 집 꼴이 무어겠
소. 열여덟 살 때 집을 뛰어나서부터 이 짓이죠."

"총각 낫세론 섬이 무던하다˙고 생각했더니 듣고 보니 딱한
신세로군."

물은 깊어 허리까지 채었다. 속 물살도 어지간히 센데다가
발에 채이는 돌멩이도 미끄러워 금시에 훌칠˙ 듯하였다. 나귀
와 조 선달은 재빨리 거의 건넜으나 동이는 허 생원을 붙드느
라고 두 사람은 훨씬 떨어졌다.

"모친의 친정은 원래부터 제천이었던가?"

"웬걸요. 시원스리 말은 안 해주나 봉평이라는 것만은 들었죠."

"봉평? 그래 그 아비 성은 무엇이구?"

"알 수 있나요. 도무지 듣지를 못했으니까."

그 그렇겠지 하고 중얼거리며 흐려지는 눈을 까물까물하다
가 허 생원은 경망하게도 발을 빗디뎠다. 앞으로 고꾸라지기
가 바쁘게 몸째 풍덩 빠져 버렸다.

– 이효석, 〈메밀꽃 필 무렵〉

˙**가제**: 갓.　　　　　　　˙**흐붓하다**: 넉넉하고 푸근하다.
˙**객줏집 토방**: 길 가는 손님들이 묵던 흙으로 된 방.
˙**장도막**: 한 장날로부터 다음 장날 사이의 동안을 세는 단위.
˙**상수**: 자연으로 정하여진 운명.
˙**꿩 궈 먹은 자리**: 어떠한 일의 흔적이 전혀 없음을 비유적으로 이르는 말.
˙**항용**: 흔히 늘.　　　˙**전방**: 물건을 늘어놓고 파는 가게.
˙**사시장철**: 사철 중 어느 때나 늘.
˙**실심하다**: 근심 걱정으로 맥이 빠지고 마음이 산란하여지다.
˙**대근하다**: 견디기가 어지간히 힘들고 만만하지 않다.
˙**널다리**: 널빤지를 깔아서 놓은 다리.　˙**의부**: 의붓아버지.
˙**고주**: 술에 몹시 취하여 정신을 가누지 못하는 상태. 또는 그런 사람.
˙**전망나니**: 돈이라면 사족을 못 쓰고 못된 짓을 하는 사람을 이르는 말.
˙**낫세론 섬이 무던하다**: 나이치고는 철이 들었다.
˙**훌치다**: 물체가 바람 따위를 받아서 비스듬하게 쏠리다.

04 ㉠과 같은 배경 묘사가 주는 효과에 대한 설명으로 적절하
지 <u>않은</u> 것은?

① 허 생원이 과거를 회상하기에 적합한 분위기를 만
든다.

② 달빛과 메밀꽃이 이루는 풍경이 낭만적인 분위기를
형성한다.

③ 허 생원이 추구하는 이상적인 삶을 형상화하는 역
할을 한다.

④ 독자로 하여금 허 생원의 추억을 더 아름답다고 느
끼게 한다.

⑤ 향토적 서정을 느끼게 하고 인물들 간의 자연스러
운 대화를 이끌어 내는 계기가 된다.

05 〈보기〉에서 설명하고 있는 '이곳'은?

┤ 보기 ├
　　떠돌이 장꾼인 허 생원은 '이곳'에서 수직적으로 이
동하며 거듭 시련을 겪은 후 정착의 이유를 발견하게
되는 다음 공간으로 이동한다.

① 산허리　　　　② 산길　　　　③ 큰길
④ 고개　　　　　⑤ 개울

06 〈보기〉를 고려할 때, 작가가 ⓐ와 같이 설정한 의도로 적절
한 것은?

┤ 보기 ├
　　이 작품에서 길은 단순한 공간적 배경이 아니라 인
물 간의 물리적 거리를 조절함으로써 서사의 전개와
관련을 맺고 있다. 마지막까지 동이는 자신과 허 생원
의 관계를 짐작하지 못하여 독자 입장에서 긴장이 유
지된다.

① 동이가 허 생원을 의심하게 하기 위해

② 허 생원의 고독한 인생관을 강조하기 위해

③ 허 생원과 동이의 사이가 좋지 않음을 드러내기 위해

④ 동이가 소외감을 느끼게 함으로써 인물 사이에 긴
장감이 흐르게 하기 위해

⑤ 동이에게 허 생원의 이야기가 들리지 않게 하여 서
사적 긴장을 유지하기 위해

07 〈보기〉를 바탕으로 이 글을 감상한 내용으로 적절하지 <u>않은</u>
것은?

┤ 보기 ├
　　이 글은 핏줄 찾기와 같은 한국적인 소재의 선택,
자연 배경, 현재와 과거의 연결 구조, 서정적 문체 등
이 조화를 이루어 독자에게 감동을 주고 있다. 그리고
질문과 대답의 과정을 통해 중심인물들의 관계가 밝
혀지는 탐정식 수법이 사용되고 있다.

① 허 생원의 옛 추억은 현재의 삶에 영향을 미치고 있군.

② 한국적 소재인 핏줄 찾기 이야기라서 독자가 쉽게
공감하겠군.

③ 허 생원의 과거 일이 작가의 글 솜씨로 아름답게 꾸
며져 독자에게 전달되겠군.

④ 허 생원은 동이가 말한 제천, 봉평이란 지명이 낯설
게 느껴져서 탐정식 질문을 하고 있군.

⑤ '달'과 '하얀 꽃'이 형성하는 백색의 이미지가 허 생
원의 추억을 아름답게 드러내 주고 있군.

현대 소설 해석의 지혜

> 소설은 지문이 길지만, 결국 '이야기'야. 흐름을 따라 읽으면 줄거리를 파악할 수 있게 되지. 줄거리를 파악하기 위해서는 작은 이야기 단위로 끊어 읽는 것이 좋아. 인물의 처지·상황을 알 수 있는 부분, 그리고 그 상황에 대한 반응을 알 수 있는 부분에 집중하면 돼. 시·공간적 배경이 바뀌면서 새로운 사건이 나타나는 부분도 중요하지. 이렇게 말하면 감이 안 올 테니, 2016학년도 수능에 출제된 윤흥길의 〈아홉 켤레의 구두로 남은 사내〉를 함께 읽어 보자.

불을 끈 다음에 아내가 다시 소곤거려 왔다.

"당신두 보셨죠? 오늘사 말고 영기 엄마 배가 유난히 더 불러 보였어요. 혹시 쌍둥이나 아닌가 싶어서 남의 일 같잖아요. 여덟 달밖에 안 된 배가 그렇게 만삭이니 원……."

> 영기 엄마의 상황이 나와. 임신을 했네. 한 번 끊어 읽고 가는 의미로 숫자 ❶을 표시했어. 이제부터 끊어 읽을 곳에선 숫자 표시를 할게.

"당신더러 대신 낳으라고 떠밀진 않을 거야. 걱정 마."

> '나' 등장! 1인칭 시점이구만.

㉠나는 그날 밤 디킨즈와 램*의 궁둥이를 번갈아 걷어차는 꿈을 꾸었다. 내가 권 씨의 궁둥이를 걷어차고 권 씨가 내 궁둥이를 걷어차는 꿈을 꾸었다.

> 꿈을 통해 '나'의 심리가 드러나. 인물의 심리가 드러나는 부분! 여기도 숫자 표시!

> '아내'가 권 씨 부인, 즉 영기 엄마가 배가 불렀으면서도 천하태평인 것에 관심을 보이고 있어. 표시!

아내가 권 씨네에 대해서 갑자기 관심을 보이기 시작했다. 좀 더 정확히 얘기해서 권 씨 부인의 그 금방 쏟아질 것만 같은 아랫배에 관한 관심이었다.❸ 말투로 볼 때 남자들이 집을 비우는 낮 동안이면 더러 접촉도 가지는 모양이었다. ㉡예정일도 모르더라면서 아내는 낄낄낄 웃었다. 임산부가 자기 분만 예정일도 몰라서야 말이 되느냐고 핀잔했더니, 까짓것 알아도 그만 몰라도 그만, 어차피 때가 되면 배 아프며 낳기는 마찬가지라면서 태평으로 있더라는 것이었다.

> 권 씨는 백수군. 표시!

권 씨는 여전히 일자리를 구하지 못한 채였다.❹ 일정한 직장이 없으면서도 아침만 되면 출근 복장을 차리고 뻔질나게 밖으로 나가곤 했다. 몸에 붙인 기술도, 그렇다고 타고난 뚝심도 없으면서 계속해서 공사판 같은 데 나가 막일을 하는 눈치였다. "동주운아, 노올자아!" 하고 둘이 합창하듯이 길게 외치면서 일단 안방까지 들어오는 데 성공한 권 씨의 아이들은 끼니 때가 되어도 막무가내로 버티면서 문간방으로 돌아가지 않는 적이 자주 있게 되었다. 문간방의 사정이 심상치 않다는 징조였다.❺ 그렇다고 권 씨나 권 씨 부인이 우리에게 터놓고 도움을 청한 적은 한 번도 없었다. ㉢다만 우리로 하여금 그런 꼴을 목격하고도 도울 마음을 먹지 않으면 도무지 인간이 아니게시리 상황을 최악의 선까지 잠자코 몰고 갈 뿐이었다. 애당초 이 순경이 기대했던 그대로 산타클로스 비슷한 꼴이 되어 쌀이나 연탄 따위를 슬그머니 문간방 부엌에다 넣어 주고 온 날 저녁이면 아내는 분하고 억울해서 밥도 제대로 못 먹었다.❻ 임부나 철부지 애들을 생각한다면 그까짓 알량한 선심쯤 아무렇지도 않다는 주장이었다. 하지만 제게 딸린 처자식조차 변변히 건사 못 하는 한 얼간이 사내한테까지 자기 선심의 일부나마 미칠 일을 생각하면 괘씸해서 잠이 안 올 지경이라고 생병을 앓았다. 권 씨가 여간내기 아니라고 속삭이던 게 엊그제인 걸 벌써 잊고 아내는 셋방 잘못 내줬다고 두고두고 자탄하는 것이었다.

> 권 씨 애들을 보니 권 씨네는 매우 가난한 것 같아. 표시!

> 아내의 묘한 심리가 나온다. 권 씨 애들을 돕는 건 좋지만, 권 씨는 괘씸한 거지.

남편이 여전히 벌이가 시원찮은 상태에서 권 씨 부인은 어언 해산의 날을 맞게 되었다.❼ 진통이 시작된 지 꽤 오래되는 모양이었다. 아내의 귀띔으로는 점심 무렵이 지나서부터 그런다고 했다. 학교에서 돌아와 저녁을 먹다가 나는 문간방에서 울리는 괴상한 소리를 들었다. 처음에는 되게 몸살을 하듯이 끙끙 앓는 소리로 시작되었다. 그러다가 느닷없이 몸의 어딘가에 깊숙이 칼이라도 받는 양 한 차례 처절하게 부르짖고는 이내 도로 잠잠해지곤 하면서 이러기를 몇 번이고 되풀이하는 것이었다.❽ 나로서는 그것이 방을 세내 준 이후로 처음 듣는 권 씨 부인의 목소리였다.

> 권 씨 부인이 애 낳기 직전이야. 표시!

> 권 씨 부인의 진통이 심한가 봐.

"당신이 한번 권 씰 설득해 보세요. 제가 서너 번 얘길 했는데두 무슨 남자가 실실 웃기만 하믄서 그저 염려 없다구만 그러네요." / 병원 얘기였다.❾

> 권 씨 부인의 상황을 본 아내가, '나'에게 권 씨를 설득해 병원에 가게 하자고 말하고 있어.

"권 씨가 거절하는 게 아니고 돈이 거절하는 거겠지."

아내는 진즉부터 해산 준비가 전혀 되어 있지 않음을 더러는 흉보고 또 더러는 우려해 왔었다.

"남산만이나 한 배를 갖추서 요즘 세상에 그래 앨 집에서, 그것도 산모 혼잣힘으로 낳겠다니, 아무래두 꼭 무슨 일이 터질 것만 같애요. 달이 다 차도록 기저귓감 하나 장만 않는 여편네나 조산원 하나 부를 돈도 마련이 없는 사내나 어쩜 그리 짝짜꿍인지!"

서둘러 식사를 끝내고 나서 나는 권 씨를 마당으로 불러냈다. 듣던 대로 권 씨는 대뜸 아무 염려 말라면서 실실 웃었다. 마치 곤경에 빠진 나를 극진히 위로해 주는 투였다. ⑩ `나`는 아내의 말을 따라 행동했네.

"둘째 때도 마누라 혼자서 거뜬히 해치웠거든요." ⑪ 이에 대한 권 씨의 반응은? 권 씨 부인을 병원에 안 데려가겠다네!

"우리가 염려하는 건 권 선생네가 아니라 바로 우리를 위해서요. 물론 그럴 리야 없겠지만 만의 일이라도 일이 잘못될 경우 난 권 선생을 원망하겠소."

작자가 정도 이상으로 느물거린다 싶어 나는 엔간히 모진 소리를 남기고는 방으로 들어와 버렸다. ⑫ 그런 권 씨에 대한 `나`의 반응은? 아무래도 화가 난 거 같지?

– 윤흥길, 〈아홉 컬레의 구두로 남은 사내〉

● **디킨즈와 램**: 램과 디킨즈는 빈민가의 이들에게 동정과 연민을 보내는 글을 쓴 영국의 작가들이다. 그런데 램은 실제로도 정신 분열증이 있는 누이를 돌보면서 헌신적인 삶을 살았던 반면, 디킨즈는 자신에게 구걸하는 아이들을 그냥 내쫓아 버렸다고 한다. 즉, 램과 디킨즈의 궁둥이를 번갈아 걷어차는 꿈에는, 권 씨를 도와줄지 말지를 고민하는 `나`의 마음이 반영된 것이다.

어때, 인물의 상황이나 반응이 나오는 부분에 따라 끊어 읽으니 아무 생각 없이 읽다가 헤메게 되지는 않지? 나는 총 12개의 숫자 표시를 했어. 정답은 없어. 몇 번을 끊어 읽느냐는 이야기를 읽는 사람에 따라 달라지는 거야.

1 작품을 구조화해라.

끊어 읽기한 것을 바탕으로, 다음과 같이 상황에 대한 인물들의 반응을 통해 이야기를 정리해 보자.

2 서술자의 위치를 구체적으로 파악해라.

아까 소설에 `나`가 등장하는 거 봤지? `나`는 권 씨네 상황을 관찰해 전달하고 있어. 즉, 1인칭 관찰자 시점이야. 시점에 관해서는 114쪽을 참고해. 서술 시점과 서술자에 관한 문항이 자주 출제되니, 시점을 파악하며 읽는 습관을 들이는 것이 좋아!

알아 두면 쓸데 있는 100인의 지혜

현대 소설 풀이의 지혜

{ '현대 시 풀이의 지혜(76쪽)'에서 수능에 나오는 문제는 유형이 정해져 있다고 했지? 소설도 마찬가지야. 유형을 파악하고 풀이 방법을 익히기 위해 문제를 살펴보자. }

| 유형 파악 | 지문의 내용을 충실히 읽었는지 묻는 '내용 확인' 유형이야. 본문을 바탕으로 알 수 있거나 추리할 수 있는 내용을 선택지로 제시하고, 이것이 옳은지 그른지 묻지.

> **1 윗글에 대한 이해로 가장 적절한 것은?**
> ① '아내'는 '권 씨네'에게 선심을 베푸는 것을 비판하는 '나'로 인해 생병을 앓는다.
> ② '아내'는 '권 씨'가 '권 씨네'의 경제적 상황을 해결하고 있다는 이유로 여간내기가 아니라고 간주한다.
> ③ '아내'는 '권 씨 부인'의 진통이 시작된 것을 '나'를 통해 알게 된다.
> ④ '아내'의 불안감과 우려는 '나'로 하여금 '권 씨'를 불러내게 하는 계기가 된다.
> ⑤ '나'를 위로하는 '권 씨'의 행동은 '권 씨'에 대한 '아내'의 원망을 누그러뜨린다.

| 풀이 방법 | 선택지의 키워드를 찾아. 그리고 그 키워드와 가장 관련 있는 본문 부분을 찾아서, '직접' 확인하는 것이 가장 확실한 방법이지. 머릿속에 있는 대략의 줄거리로 선택지의 옳고 그름을 판단하면 틀리기 쉬우니 반드시 해당되는 본문에서 근거를 찾아 보도록!

자, 이제 선택지를 보자. 아까 끊어 읽기를 하면서 밑줄 친 부분은 다음과 같아. 선택지에서 주목해야 할 인물에는 □ 표시를, 키워드에는 ＿＿＿ 표시를 하면서 읽을게.

> ❶ 영기 엄마는 임신을 한 상태임. ❷ 나는 권 씨를 도와줄지 말지가 고민임. ❸ 아내는 해산에 임박했는데도 태평한 권 씨 부인에게 관심을 보임. ❹ 권 씨는 현재 백수 상태임. ❺ 권 씨 아이들의 행동을 볼 때 권 씨네는 현재 매우 가난한 상태임. ❻ 아내는 권 씨네를 도와 주지만 권 씨를 몹시 괘씸해 함. ❼ 권 씨 부인이 애 낳기 직전임. ❽ 권 씨 부인의 진통이 심해짐. ❾ 아내는 권 씨를 설득해 병원에 가게 하라고 '나'에게 말함. ❿ '나'는 아내의 말에 따름. ⓫ 권 씨는 권 씨 부인을 병원에 데려가지 않겠다고 함. ⓬ '나'는 권 씨에게 모진 소리를 함.

① 아내는 '권 씨네'에게 선심을 베푸는 것을 비판하는 '나'로 인해 생병을 앓는다. (×)

> 키워드는 "아내가 '나' 때문에 생병을 앓는다."야. 아까 끊어 읽기 하며 숫자 표시 한 것 중에 ❻에 해당하네. 이걸 보면 아내는 '나' 때문이 아니라, 권 씨가 얄미워서 생병을 앓았음을 알 수 있어. 정확한 근거를 찾기 위해 본문의 ❻ 근처를 살펴 볼까? "제게 딸린 처자식조차 변변히 건사 못 하는 한 얼간이 사내한테까지 자기 선심의 일부나마 미칠 일을 생각하면 괘씸해서 잠이 안 올 지경이라고 생병을 앓았다." 바로 이 부분이 근거야. 아내가 '생병을 앓는' 원인이 정확히 나와 있지. 따라서 오답!

② 아내는 '권 씨'가 '권 씨네'의 경제적 상황을 해결하고 있다는 이유로 여간내기가 아니라고 간주한다. (×)

> 권 씨는 백수로 경제적 상황을 해결하고 있지 못해. 본문에 "권 씨가 여간내기 아니라고 속삭이던 게 엊그제인 걸 벌써 잊고 아내는 셋방 잘못 내줬다고 두고두고 자탄하는 것이었다."라는 문장이 있지만, 여간내기가 아니라고 평가했던 이유는 제시된 지문만으로 알 수 없어. 따라서 오답!

③ '아내'는 '권 씨 부인'의 진통이 시작된 것을 '나'를 통해 알게 된다. (×)

> ❼, ❽에 해당하는 내용이야. "진통이 시작된 지 꽤 오래되는 모양이었다. 아내의 귀띔으로는 점심 무렵이 지나서부터 그런다고 했다."를 보면, 오히려 '나'가 아내를 통해 권 씨 부인의 진통을 알게 되었어. 따라서 오답!

④ '아내'의 불안감과 우려는 나로 하여금 '권 씨'를 불러내게 하는 계기가 된다. (○)

> ❾, ❿에 해당하는 내용이야. "당신이 한번 권 씰 설득해 보세요." 부분으로 딱 확인되네. 이것이 정답!

⑤ '나'를 위로하는 '권 씨'의 행동은 '권 씨'에 대한 아내의 원망을 누그러뜨린다. (×)

> ⓫에 해당하는 내용이야. '권 씨'가 "마치 곤경에 빠진 나를 극진히 위로해 주는 투"였다고 했지만, 이에 대한 아내의 반응은 나오지 않아. 오답!

기억해. 내용 확인 문제의 핵심은 정확한 근거 찾기야!

● 자, 다음 문제를 보자.

| 유형 파악 | 서술자의 서술 방식을 묻는 '서술상 특징' 유형이야. 시점을 파악할 수 있고, 시점별 특징을 알고 있는지, 그리고 선택지의 개념을 얼마나 숙지하고 있는지 묻는 문제지.

> **2** ㉠~㉢에 대한 설명으로 가장 적절한 것은?
> ① ㉠은 '나'의 경험에 대한 분석 내용을 제시하고 있다.
> ② ㉡은 '아내'의 말을 통해 다른 인물의 상황을 나타내고 있다.
> ③ ㉢은 '나'가 관찰하고 있는 인물들의 내면을 묘사하고 있다.
> ④ ㉠과 ㉢은 '나'와 인물들 간의 외적 갈등을 제시하고 있다.
> ⑤ ㉡과 ㉢은 인물들을 바라보는 '나'의 긍정적 시선을 드러내고 있다.

| 풀이 방법 | 국어의 기본 개념을 어느 정도 알고 있어야 해. 이 책을 통해 개념을 익혔으니 충분히 풀 수 있어. 또, 작품을 읽으면서 미리 서술자와 서술 시점을 체크해 둘 것!

그럼 선택지를 보자. ㉠~㉢은 다음과 같아.

> ㉠ 나는 그날 밤 디킨즈와 램의 엉덩이를 번갈아 차는 꿈을 꾸었다.
> ㉡ 예정일도 모르더라면서 아내는 낄낄낄 웃었다.
> ㉢ 다만 우리로 하여금 그런 꼴을 목격하고도 도울 마음을 먹지 않으면 도무지 인간이 아니게시리 상황을 최악의 선까지 잠자코 몰고 갈 뿐이었다.

① ㉠은 '나'의 경험에 대한 분석 내용을 제시하고 있다. (×)

> ㉠은 '나'가 자기 꿈을 말한 것뿐이야. 디킨즈와 램을 아는 친구들이라면, '나'가 '권 씨'를 도와줄지 말지를 고민하는군, 하고 알아차릴 수 있겠지만 몰라도 상관없이 이 선택지가 오답임을 알 수 있지. 꿈의 내용을 분석하고 있지는 않잖아? 오답!

② ㉡은 '아내'의 말을 통해 다른 인물의 상황을 나타내고 있다. (○)

> '아내'의 말 '예정일도 모르더라'를 통해 '권 씨 아내'의 상황을 나타내고 있어. 예정일은 병원에서 가르쳐 주는데, '권 씨 아내'는 아마 임신 중임에도 병원을 다니지 못한 모양이야. 딱해라. 여하튼 정답!

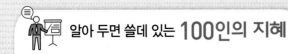

③ ㉢은 '나'가 관찰하고 있는 인물들의 내면을 묘사하고 있다. (×)

> 선택지 내용이 시점에 관한 거네. 115쪽에서 공부한 것 기억나? '나'가 등장하는 1인칭 시점은 다른 인물의 내면을 묘사할 수 없지. 오답!

④ ㉠과 ㉢은 '나'와 인물들 간의 외적 갈등을 제시하고 있다. (×)

> ㉠, ㉢에는 '권 씨'를 도울지 고민하는 '나'의 내적 갈등만이 나타나 있으므로 오답! '외적 갈등'은 '인물과 그를 둘러싼 외부적인 요소와의 갈등'이란 거 기억하지? 기억나지 않는 친구들은 154쪽을 보도록!

⑤ ㉡과 ㉢은 인물들을 바라보는 '나'의 긍정적 시선을 드러내고 있다. (×)

> '나'와 '아내'가 '권 씨네'를 긍정적 시선으로 보고 있다고 보긴 힘들어. 오히려 자신들에게 피해를 끼치지 않았으면 좋겠다는 생각을 갖고 있지. 따라서 오답!

이렇게 서술상 특징이나, 표현 방법을 묻는 문제를 풀려면 국어의 기본 개념을 탄탄하게 익히고 있어야 해.

● 자, 다음 문제를 보자.

| 유형 파악 | 〈보기〉를 토대로 시의 주제나 시어의 의미를 해석하는 '외적 준거 활용' 유형이야. 제시된 외재적 요소들을 작품에 적용해서 이해할 수 있는지를 확인하는 문항이지. 〈보기〉는 작품의 사회·문화적 배경, 작가의 가치관이나 문학 세계, 그리고 문학적 개념 등을 제시해 줘.

1 〈보기〉를 바탕으로 윗글을 감상한 내용으로 적절하지 **않은** 것은? [3점]

┤ 보기 ├

　　1970년대 한국 소설에는 산업화 과정에서 공동체적 유대감이 파괴되고 개인주의가 팽배하면서 그 사이에서 고민하게 되는 소시민이 나타난다. 물질적 가치를 중시하는 세태가 심화되고 계층 분화가 일어나면서 주변부로 밀려난 도시 빈민과 같은 소외 계층이 등장하는데, 이들도 소설의 주요한 제재로 반영되고 있다.

① '나'가 '권 씨네'를 의식하면서도 '권 씨네'의 상황에 거리를 두려는 것은 소시민의 내적 갈등을 보여 주는군.
② '권 씨'가 일정한 직업 없이 막일을 할 수밖에 없는 것은 계층이 분화하면서 생겨난 도시 빈민의 처지를 나타내는군.
③ '아내'가 '권 씨네'를 대하는 이중적 태도는 공동체 의식과 개인주의 사이에 놓인 소시민의 모습을 반영하는군.
④ '권 씨 부인'이 혼자 힘으로 해산을 하려는 모습은 궁핍한 삶에 내몰린 소외 계층의 처지를 반영하는군.
⑤ '나'가 '권 씨네'에 대해 염려하며 '우리를 위해서'라고 말한 것은 공동체적 유대감을 회복하려는 소시민의 욕망을 드러내는군.

| 풀이 방법 | 일단 〈보기〉부터 이해할 것. 그 다음 작품의 내용과 연결 지어서 생각해야 돼. 거꾸로, 처음 작품을 해석하기 전에 〈보기〉부터 읽고 들어가는 방법도 있어. 〈보기〉에서 작품 이해를 돕는 정보가 나오고 있거든.

어디서 본 적 있는 유형 아니니? 맞아, '현대 시 풀이의 지혜(76쪽)'에서 봤잖아. 그러니 현대 시의 '외적 준거 활용 유형'을 푸는 것처럼 접근하면 돼. 문항 길이만 보고 괜히 겁먹지 말고, 작품 이해를 도와주기 위한 힌트라고 생각할 것! 〈보기〉를 읽어 보자.

1970년대 한국 소설에는 산업화 과정에서 공동체적 유대감이 파괴되고 개인주의가 팽배하면서 그 사이에서 고민
_{1970년대에 쓰인 작품이었군!} _{즉, 이웃과 함께하느냐, 내 몫부터 챙기느냐를 고민하는 거지.}
하게 되는 소시민이 나타난다. 물질적 가치를 중시하는 세태가 심화되고 계층 분화가 일어나면서 주변부로 밀려난 도
_{'나'와 '아내'는 소시민이겠네.}
시 빈민과 같은 소외 계층이 등장하는데, 이들도 소설의 주요한 제재로 반영되고 있다.
_{권 씨네 가족을 말해.}

① '나'가 '권 씨네'를 의식하면서도 '권 씨네'의 상황에 거리를 두려는 것은 소시민의 내적 갈등을 보여 주는군. (○)

> '권 씨네'를 도울까 말까 하는 '나'의 모습은 〈보기〉에 제시된, 이웃과 함께하는 삶과 자신의 몫 사이에서 고민하는 소시민에 해당해.

② '권 씨'가 일정한 직업 없이 막일을 할 수밖에 없는 것은 계층이 분화하면서 생겨난 도시 빈민의 처지를 나타내는
군. (○)

> 〈보기〉의 도시 빈민은, 가장은 백수고, 아이들은 굶고, 엄마는 임신 중인데 병원도 못 가는 '권 씨네 가족'으로 나타나.

③ '아내'가 '권 씨네'를 대하는 이중적 태도는 공동체 의식과 개인주의 사이에 놓인 소시민의 모습을 반영하는군. (○)

> '아내'의 이중적 태도가 뭐였지? '권 씨네'를 도우면서도 '권 씨'를 괘씸해했던 것이지. 이 모습은 〈보기〉에서 공동체적 유대감과
> 개인주의 사이에서 고민하는 소시민과 딱 들어맞네!

④ '권 씨 부인'이 혼자 힘으로 해산을 하려는 모습은 궁핍한 삶에 내몰린 소외 계층의 처지를 반영하는군. (○)

> 아무리 1970년대라지만, 만삭인 산모가 병원에도 가지 못하는 게 말이 되니? 아주 궁핍한 모습이라고 볼 수 있지.

⑤ '나'가 '권 씨네'에 대해 염려하며 '우리를 위해서'라고 말한 것은 공동체적 유대감을 회복하려는 소시민의 욕망
을 드러내는군. (×)

> '우리를 위해서'가 어디서 나왔더라? 마지막 부분에서 '나'는 "우리가 염려하는 건 권 선생네가 아니라 바로 우리를 위해서요. 물
> 론 그럴 리야 없겠지만 만의 일이라도 일이 잘못될 경우 난 권 선생을 원망하겠소."라고 말하지. 여기서 '우리를 위해서'의 '우리'
> 는 '권 씨네'와 '나'를 의미하는 게 아니야. '나'와 '나의 아내'를 의미하지. '권 씨 아내'가 죽는다든지 하는 불상사가 생기면, 집
> 주인인 '나'와 '아내'에게도 좋지 않은 영향을 미치겠지? '나'는 '나'와 '나'의 가족들에게 불똥이 튈까 봐 걱정하는 거야. 즉, 공동
> 체적 유대감을 회복하려는 게 아니라 개인주의적인 모습에 가까운 거지. 적절하지 않은 해석이므로 이것이 정답!

휴, 다 풀었다. 지금은 조금 복잡해 보일지 몰라도 연습하다 보면 금세 실력이 늘어 있을 거야. 그리고 마지막 팁!
국어 영역의 정답은 늘 시험지 위에 있어. 찬찬히 읽으면 어떤 문제든 풀 수 있도록 출제된다는 얘기야. 배경지식을
달달 외워서 푸는 문제는 절!대!로! 안 나와. (물론 배경지식이 있다면 이해가 더 쉬울 수는 있겠지만) 그러니 모르
는 지문, 모르는 내용이 나왔다고 좌절하지 말고 일단 부딪혀 봐.

> 등장인물에 표시하고, 작은 이야기 단위로 끊어 읽어 보세요.

아버지는 등에 찰싹 달라붙은 내 티셔츠를 들추고 통풍을 시켜 주며, 짜아식 집에 가서 목욕하고 자야겠다고 했다. 그러고는 내 손목을 잡고 풀장이 있는 데로 갔다. ㉠아버지와 같이라면 풀도 조금쯤은 덜 무서웠다. 아버지는 건장한 몸집과 솥뚜껑 같은 손을 갖고 있었다.

아버지가 풀 가로 걷고 나는 안측으로 걸으면서도 겁이 나서 아버지에게 꼭 매달렸다.

별안간 내 몸이 공중으로 붕 떴다. 나는 비명을 지르면서 아버지에게 엉겨붙었다. 그러나 아버지는 나를 가볍게 털어냈다. 나는 물속으로 조약돌처럼 풍덩 빠지며 낄낄낄 하는 아버지의 웃음소리를 들었다.

얼마 동안을 물속에서 죽을 기를 쓰고 허우적댔는지 모른다. 가까스로 풀장 가의 손잡이를 붙잡고 보니, 어처구니없게도 목 위가 물 밖에 나왔는데도 발이 땅에 닿는 게 아닌가.

그때까지도 아버지는 허리를 비틀고 낄낄대고 있었다. 마치 웃음이 사레가 들린 것처럼 격렬하고 괴롭게 아버지는 낄낄댔다.

㉡순간 나는 아버지가 나를 물에 빠뜨려 죽이려 했구나 하고 생각했다. 아버지는 나보다 죽은 누이동생을 더 사랑했고, 그래서 내가 살아남은 게 미워서 나도 누이동생처럼 물에 빠져 죽기를 바랄 수도 있다고 나는 내 추측에다 제법 논리적인 체계를 세웠다.

그것은 지독한 배신감이었다. 아버지뿐 아니라 풀도 나를 배신했다. 늘 헤아릴 길 없이 충충한 깊이로 나를 겁주던 풀이 내 한 길도 안 되는 깊이일 줄이야.

㉢배신당한 충격과 분노가 도리어 나에게 수영을 배울 용기가 되었다. 그해 여름 처음 나는 자진해서 동네 교회당에서 가는 하계 캠프에 참가해서 수영을 익혔다. 처음에는 아버지에 대한 복수심으로 이를 부득부득 갈며 물에 대한 공포감에 도전하다가 어느 틈에 물개처럼 자연스럽게 물과 친해졌다. 아버지에 대한 오해와 앙심도 저절로 풀렸다.

[중략 줄거리] 국민학교 이학년인 '나'는 황금빛 단추가 달린 검은 양복을 입고 출근을 하는 아버지의 모습에서 늠름함과 훌륭함을 느낀다. 그해 여름 아버지는 어머니의 만류에도 불구하고 '나'를 데리고 출근하겠다고 선언한다.

아버지와 나는 버스를 탔다. 버스가 달릴수록 우리 동네보다 길도 넓어지고 집도 커지고 차와 사람이 많아지는 것 같았다. 나는 우리 동네가 서울 시내인 줄 알았는데 아버지는

넋을 잃고 창밖을 내다보는 나한테 "정신이 없지? 여기가 시내란다" 하고 말을 걸었다. 내가 대답을 안 하자 "짜아식 촌놈이라 별수 없구나. 질려서 얼이 쏙 빠져버렸잖아" 하기도 했다.

[A] ⎡ 무지무지하게 높은 집만 있는 동네에서 버스를 내렸다. 사람이 너무 많아 여기서 아버지를 잃으면 생전 못 찾을 것 같아서 나는 아버지의 손을 더욱 꼭 붙들었다. 문득 아버지를 따라나온 게 후회스러워졌다. 몇 년 전 나를 뿌리쳐 풀 속에 팽개쳤듯이 이 엄청난 인파 속에 아버지가 나를 팽개칠지 모른다는 생각이 들기 시작했 ⎣ 다.

물속에선 헤엄이라는 거라도 칠 수 있지만 인파에 빠진 촌놈은 도대체 무엇을 할 수 있단 말인가. 그러나 아버지는 나를 뿌리치지 않았을뿐더러 더욱 꼭 붙들어주었다.

칠층인가 팔층인가 되는 회색 빛깔의 집 앞에서 아버지는 멎었다.

"여기가 아빠 직장이란다."

큰 집이었지만 그 근처엔 십층도 넘는 집이 수두룩해서 나는 가볍게 실망했다.

아버지와 내가 문 앞에 서자 문이 저절로 열렸다. ㉣나는 아버지를 위해 문을 열어준 시중꾼을 찾아내려고 두리번거렸으나 아무도 찾지를 못했다.

저절로 열리는 문을 들어서자마자 제일 먼저 있는 방으로 아버지가 들어섰다. 그 방은 드나드는 사람을 빤히 살펴볼 수 있는 유리창이 달려 있고 딱딱한 비닐 의자가 서너 개, 회색빛 호마이카 테이블과 전화가 있을 뿐인 좁고 살벌한 방이었다.

게 좀 앉았거라, 하면서 아버지는 모자를 벗고 이마의 땀을 닦았다. 나는 처음으로 이 여름에 아버지는 저 검은 양복으로 얼마나 더울까 하는 생각을 했다.

[B] ⎡ 자동문 밖에 새까만 차가 멎더니 대머리가 까진 키가 작고 넥타이를 맨 쪼오다 티가 더럭더럭 나는 남자가 나타났다. 아버지는 질겁을 해서 뛰어나갔다. 그러더니 꼿꼿이 서서 우리 삼형제가 매일 아침 아버지한테 하는 것 같은 '경롓'을 그 쪼오다한테 엄숙하게 올려붙이는 것이 ⎣ 었다.

나는 너무 놀라서 그 쪼오다가 아버지를 거들떠봤는지 안 봤는지 그것을 살필 겨를도 없었다. 승용차는 연달아 자동문

밖에 와서 멎고, 아버지와는 너무도 딴판인, 억수같이 퍼붓는 소나기 속을 물 한 방울 안 맞고 십 리도 가게 생긴 새앙쥐 같은 사내들이 그 속에서 내렸고 그때마다 아버지는 경의를 과장한 '경롓'을 올려붙였다.

넥타이 맨 새앙쥐 같은 사내들은 하나같이 아버지의 존재를 무시하고 점잖게 걸어 들어갔지만 실은 아버지의 존재를 강렬하게 의식하고 있다는 걸 나는 알 수가 있었다.

아버지의 당당한 거구와 비상식적인 화려한 옷은 실은 아버지의 것이 아니었던 것이다. 넥타이 맨 새앙쥐들의 우월감과 권위의식을 충족시키기 위한 어릿광대의 의상이었던 것이다.

나는 그제야 아버지의 방 유리창에 '수위실'이라고 써 있는 걸 읽을 수가 있었다. 그나저나 아버지는 왜 나에게 자기의 어릿광대질을 보여 주려고 했을까. 높은 분의 아침마중을 끝낸 아버지가 수위실로 들어왔다. 그리고 별안간 낄낄댔다.

웃음이 사레가 들려 더 지독한 웃음이 되어, 아버지의 웃음은 좀체 멎지를 못했다. ⑩그것은 질자배기 깨지는 소리였으며, 동시에 나의 우상이 깨지는 소리였다.

나는 수위실을 뛰어나왔다. 내 앞을 가로막는 문이 다시 스르르 열렸다. 나는 어느 틈에 건물 밖으로 밀려나 있었다. 아버지는 나를 붙들지 않았다. 아니 또 한번 팽개쳤던 것이다. 나는 도시의 인파 속에서 몇 년 전 풀 속에서 허위적대듯 허위적댔다. 그리고 풀 속에서 듣던 것과 똑같은 아버지의 웃음소리를 들었고, 풀 속에서처럼 고독했고 풀 속에서처럼 이를 갈며 아버지에게 앙심을 먹었다.

내가 고등학생이 되자 아버지도 많이 늙었다. 나는 그 나이가 되도록 그런 어릿광대스러운 양복을 입고 수위 노릇을 해야 하는 아버지에게 연민을 느낄지언정 앙심이 남아 있을 리 없었다.

– 박완서, 〈배반의 여름〉

줄거리 요약

다음 줄거리의 빈칸을 채워 보자.

어느 여름 날 '나'를 ❶[ ]에 빠뜨리고 웃는 아버지를 보고 지독한 ❷[ ]을 느낀 나는 배신당한 충격과 분노로 수영을 배운다. 하지만 이를 계기로 수영을 배울 수 있게 되면서 아버지에 대한 오해와 앙심이 풀렸다. 2학년 때 출근을 하는 아버지의 모습에서 '나'는 늠름함과 훌륭함을 느낀다. 어느 날 어머니의 만류에도 아버지는 '나'를 데리고 ❸[ ]하겠다고 선언한다. 그곳에서 나는 아버지가 사실 건물 ❹[ ]였다는 사실을 알게 되고, 아버지에게 또 한번 ❺[ ]을 느끼게 된다. 나는 풀 속에서처럼 고독했고 풀 속에서처럼 이를 갈며 아버지에게 ❻[ ]을 품었다. 하지만 고등학생이 되자 이때의 배신감 역시 아버지를 이해하는 기회가 된다.

작품 분석하기

시점을 파악하고, 주요 상황에 대한 등장인물의 반응과 태도 중심으로 작품을 정리해 보자.

시점			
주요 상황	물을 무서워하는 '나'를 아버지가 물에 빠뜨림.	아버지가 쪼오다와 생쥐 같은 사내들에게 '경롓'을 함.	고등학생이 되어 아버지가 많이 늙으심.
태도와 반응 — 나			
태도와 반응 — 아버지			

서술상 특징 [시점과 서술상 특징을 파악해서 풀고 개념을 정리해 보자.]

01 윗글의 서술상 특징으로 가장 적절한 것은?

① 서술자가 등장인물과 상황에 대한 반응을 직접 드러내고 있다.
② 시대적 상황 묘사를 통하여 현실을 비판적으로 드러내고 있다.
③ 동일한 사건을 여러 인물의 관점에서 다양하게 해석하고 있다.
④ 과거와 현재를 교차시켜 사건에 입체감을 부여하고 있다.
⑤ 사건을 객관적으로 서술함으로써 사실성을 높이고 있다.

개념의 좌표 찾기

● 선택지에 잘 모르는 어휘나 개념이 있다면 아래에 적고 그 뜻을 확인해 보세요.

외적 준거 활용 [〈보기〉를 통해 '작품의 구조와 의의'를 먼저 확인하고, 위 소설의 내용과 연결 지어 보자.]

02 〈보기〉를 바탕으로 ㉠~㉤을 이해한 반응으로 적절하지 <u>않은</u> 것은? [3점]

> **보기**
>
> 이 작품은 '기대-배반-성장'의 이야기 구조가 반복되고 있다. 주인공은 세계에 대한 인식이 성숙하지 못한 소년으로, 아버지에 대해 기대와 믿음을 지니고 있다. 그러나 그것이 무너져 내리는 배반을 경험한다. 하지만 차츰 아버지에 대한 오해와 앙심이 풀리면서 내적 성장을 이루게 된다.

① ㉠에서 물을 무서워하는 '나'는 '아버지'가 자신을 지켜줄 것이라 기대하고 있군.

② ㉡은 '나'가 '아버지'의 행동으로 기대와 믿음이 깨어지자 보인 반응이군.

③ ㉢에서 '아버지'에게 느낀 배반감이 '나'를 성장하게 만드는 계기로 작용하는군.

④ ㉣은 '아버지'의 사회적 지위를 확인해 줄 실체를 찾으려는 기대에서 나온 행동이군.

⑤ ㉤은 '아버지'의 웃음소리의 의미를 알게 됨으로써 '나'의 내적 성장이 이루어짐을 보여주는군.

개념의 좌표 찾기

● 선택지에 잘 모르는 어휘나 개념이 있다면 아래에 적고 그 뜻을 확인해 보세요.

표현상 특징과 효과 [표현 부분과 효과 부분을 구분해서 풀고, 개념을 정리해 보자.]

03 [A]와 [B]에 대한 설명으로 적절한 것은?

① [A], [B] 모두 현재형 진술을 통해 긴박감을 조성한다.

② [A], [B] 모두 배경 묘사를 통해 앞으로 일어날 사건을 암시한다.

③ [A]에는 인물의 내적 갈등이, [B]에는 인물 간의 갈등이 드러난다.

④ [A]는 새로운 공간이, [B]는 새로운 인물의 등장이 인물의 심리 변화를 유발한다.

⑤ [A]에서는 직접적 제시를 통해, [B]에서는 간접적 제시를 통해 인물의 성격을 드러낸다.

[04~06] 다음 글을 읽고 물음에 답하시오.

등장인물에 표시하고, 작은 이야기 단위로 끊어 읽어 보세요.

뒤에야 알았지만 아침에 그런 일이 있고 난 그날 밤에 아내는 그 고무신짝을 들고 골목길을 이리저리 기웃거리다가 길가의 아무 집이건 가림이 없이 여느 집 담장으로 휙 던졌던 모양이었다. 물론 아내는 제 자존심도 있었을 터여서 그런 얘기를 나에게는 입 밖에 내기는커녕 전혀 내색조차 하지 않았다. 나도 아침에 그런 일이 있고, 그 고무신짝은 대문 앞의 멋대가리 없게 생긴 시멘트 덩어리 쓰레기통에 버린 뒤, 그런 일은 없었던 셈으로 쳤다. 우리는 미심한 대로 그 일을 그렇게 처결해 버렸던 것이다. 그러나 아내는 그 미심한 점이 역시 미심했던 모양이었다. 나는 하루 종일 거리로 나와 있었지만 아내는 종일토록 집에만 있었으니까, 그 미심한 느낌도 나보다도 훨씬 더했을 것이다. 그렇게 아내는 이미 그 고무신짝의 논리 속에 흠뻑 빠져 들어가고 있었다. 그리하여 어두울 무렵에 혼자 나갔을 것이다. 쓰레기통 속에서 희끄무레한 남자 고무신짝을 끄집어냈을 것이다. 골목길을 오르내리며 마땅해 보이는 장소를 물색했을 것이다. 그러다가 아무 집이건 담장 너머로 휙 던져 버렸을 것이다. 그렇게 그쯤으로 액땜을 했다고 자처해 버렸을 것이다.

그 며칠 뒤, 정확하게 열흘쯤 지나서였다.

아침에 자리에서 눈을 뜨자 먼저 일어나 밖으로 나갔던 아내가,

"아빠아, 눈 왔다아, 눈 왔어어."

호들갑을 떨듯이 소리를 질러서, 나도 벌떡 자리에서 일어나 내의 바람으로 달려 나갔다.

아내는 뜰 한가운데 파자마 바람으로 싱글벙글 웃고 서 있었다.

수북하게 눈이 와 있었다. 게다가 하늘은 활짝 개고 해는 금방 떠오를 모양이었다.

"밤새 왔던 모양이지요."

"그걸 말이라고 하나. 당연하지."

"아이, 야박스러. 좀 그렇다고 맞장구를 쳐 주면 어때요."

"나는 합리적인 사람이니까 이치에 닿지 않는 소린 싫거든."

"흥, 이치 좋아하시네."

하며 아내는 입은 비시시 웃고 눈은 얄팍하게 나를 흘겨보듯 하더니, 다시 장난스러운 표정이 되며 물었다.

"하늘에 깝북 구름이 차 있다가, 가장 빠른 시간 안으로 이렇게 온 하늘이 깨끗이 개어 오르려면 몇 분이나 걸리는지 알아요?"

나는 잠시 무슨 뜻인지 몰라서 뚱하게 아내를 쳐다보았다.

"그건 하늘 나름일 테지."

"하늘 나름이라뇨?"

"넓은 하늘도 있고 좁은 하늘도 있지 않겠어. 그건 어쨌든, 당신은? 당신은 아나?"

"몰라요, 모르니까 묻죠."

하고 아내는 낭랑한 목소리로 한바탕 또 웃었다.

눈 내린 겨울 아침과 저 낭랑한 웃음. 이 눈 내린 겨울 아침이 훨씬 더 눈 내린 겨울 아침으로 느껴지도록 하고 있는 저 웃음. 또한 저 웃음으로 하여금 더욱더 저 웃음이도록 해 주고 있는 이 활짝 개어 오른 눈 내린 겨울 아침.

그러나 무엇인가 빠져 있다. 나는 문득 고향의 그 큰 산이 떠오르려고 하는 것을 머리를 설레설레 흔들어 지워 버렸다.

그리고 보니, 비나 눈이 오다가 개어 오를 때는 대개 바람이 불면서 스름스름 걷히는데, 어느새 눈 깜짝할 사이에 온 하늘은 활짝 개어 있곤 하는 것이다. 선들바람이 지나가면서 두꺼운 하늘 한복판에 파아란 구멍 하나가 깊숙하게 뿡 뚫렸다 싶으면 스름스름 구름이 날아간다. 다음 순간 눈 깜짝할 사이에 어느새 온 하늘은 끝까지 활짝 개어 있곤 한다. 그렇다, 늘 '어느새'. '어느새'라는 낱말 하나로 간단히 처리되지만, 간단히 처리 안 될 수도 없게 그렇게 '어느새'다. 하늘 끝에서 끝까지 완전히 개어 오르는 그 과정을 처음부터 끝까지 완벽하게 지켜본 사람이 있을까. 온 하늘의 구름 조각 하나하나가 한꺼번에 스러져 가는 것을 완전히 본 사람이 있을까. 설령 보았대도 마찬가지일 것이다. 정신이 번쩍 들듯이 정신을 차려 보니까 '어느새' 온 하늘이 활짝 개어 있기는 마찬가지일 것이다.

이렇게 눈이 내려서, 게다가 하늘이 개어 올라서 아내는 저렇게도 단순하게 기분이 좋은 모양이었다. 눈을 밟으며 사뿐사뿐 큰 문 쪽으로 달려 나갔다. 그러더니 뜰 끝에서 멈칫섰다. 일순 여들여들하게 유연하던 아내의 뒷등이 무언가 현실적인 분위기로 굳어지고 있었다.

"어마, 저게 뭐유?"

헛간 쪽의 블록 담 밑을 꾸부정하게 들여다보았다.

"뭔데?"

나도 가슴이 철렁해지며 문득 열흘쯤 전의 그 일이 떠올라 그쪽으로 급하게 다가갔다.

동시에 좀 전의 그 환하던 겨울 아침은 대뜸 우리 둘 사이에서 음산한 분위기로 둔갑을 하고 있었다.

"고무신짝이에요, 또 그, 그 고무신짝."

아내의 목소리는 완연히 떨고 있었다. 거의 헐떡거리듯 하였다. 맞다. 고무신짝이었다. 그 새하얗게 씻은 남자 고무신짝.

"……"

나는 마치 머릿속의 저 아득한 맨 끝머리에 쩌엉스런 깊고 빈 들판이 있다가, 그것이 또 확 열려 오는 듯한 공포 속으로 휘어 감겼다.

– 이호철, 〈큰 산〉

줄거리 요약

○ 다음 줄거리의 빈칸을 채워 보자.

겨울 어느 날 '나'와 '아내'는 담 위의 ❶□□□□을 발견한다. 꺼림직함을 느낀 나는 쓰레기통에 버린 뒤 그런 일은 없었던 셈으로 쳤다. 하지만 아내는 그것이 ❷□□했던 모양인지 그 고무신짝을 들고 나가 아무 집 담장으로 휙 던진다. 그리고 그렇게 그쯤으로 ❸□□을 했다고 자처했다. 며칠 뒤 눈이 수북하게 쌓인 아침에 아내는 맑고 상쾌한 기분을 느끼며 '나'와 가벼운 농담을 나눈다. '나'는 즐거워하는 아내의 모습을 보며 무언가 빠져있음을 느끼고 고향의 ❹□□을 떠올리지만 금세 지워 버린다. 유연하던 아내의 뒷등이 현실적인 분위기로 굳어지고 있었다. 아내가 뜰 안에서 고무신짝을 발견한 것이다. '나'와 '아내'는 ❺□□□에 휘어 감긴다.

작품 분석하기

○ 시점을 파악하고, 주요 상황에 대한 등장인물의 반응과 태도 중심으로 작품을 정리해 보자.

시점			
주요 상황	아내가 고무신짝을 이웃집 담장으로 버림.	눈이 내림.	고무신짝이 다시 돌아옴.
태도와 반응	나			
	아내			

서술상 특징 [작품의 전체적인 맥락을 이해해서 풀고 개념을 정리해 보자.]

04 윗글에 대한 설명으로 가장 적절한 것은?

① 다른 장소에서 동시에 벌어진 사건을 병치하여 서사의 진행을 지연시키고 있다.

② 작중 인물이 아닌 서술자가 등장하여 인물 간의 갈등을 새 국면으로 이끌고 있다.

③ 연상을 통해 새로운 공간을 제시하여 시대 상황의 이념적 성격을 구체화하고 있다.

④ 사건에 개입되지 않은 이의 객관적 관점을 통해 인물의 위선적 면모를 표면화하고 있다.

⑤ 추측을 포함한 요약적 진술로 사건의 경과를 드러내어 현재 상황에 대한 이해를 돕고 있다.

개념의 좌표 찾기

● 선택지에 잘 모르는 어휘나 개념이 있다면 아래에 적고 그 뜻을 확인해 보세요.

소재·배경의 의미와 기능 [배경의 서사적 의미를 묻는 문제야. 줄거리 흐름상 배경의 의미를 파악해 보자.]

05 눈 내린 겨울 아침 에 대한 이해로 가장 적절한 것은?

① 눈 내린 겨울 아침의 활짝 갠 하늘을 보고 '나'는 '아내'의 자존심을 세워 주겠다고 다짐한다.

② 눈 내린 겨울 아침의 밝은 분위기가 '나'와 '아내'의 불안감으로 인해 음산한 분위기로 바뀐다.

③ 눈 내린 겨울 아침에 '나'와 '아내'는 '열흘쯤 전의' 일에 대한 대화를 나누며 상실감에 젖는다.

④ 눈 내린 겨울 아침에 '아내'는 감정에 들며 한때 '나'에 대해 가졌던 '미심한 느낌'을 떨쳐 버린다.

⑤ 눈 내린 겨울 아침에 '나'는 '고향의 그 큰 산'에서 겪은 일에 대한 기억을 낱낱이 되살리려 애쓴다.

개념의 좌표 찾기

● 선택지에 잘 모르는 어휘나 개념이 있다면 아래에 적고 그 뜻을 확인해 보세요.

외적 준거 활용 [〈보기〉를 통해 작품의 사회·문화적 배경을 먼저 확인하고, 위 소설의 내용과 연결 지어 보자.]

06 〈보기〉를 참고하여 (가), (나)를 감상한 내용으로 적절하지 않은 것은? [3점]

> ┤보기├
>
> 〈큰 산〉에는 도시화로 인한 가치관의 변화와 과도기적 상황이 드러난다. 도시화 과정에서 도시인들은 공동체의 이익보다 개인의 이익을 중시하고, 남을 배려하기보다 자신의 안위를 보장받는 데 더 관심을 둔다. 또한 미신과 같은 주술적인 사고방식이 남아 있는가 하면 합리적인 사고방식으로 사태에 대처하려는 태도를 보이기도 한다. 이렇듯 상이한 가치관 사이에서 사람들은 혼란을 겪는다.

① '고무신짝의 논리'가 '액땜'과 연관되어 있다는 점에서 주술적인 방식으로 문제를 인식하는 태도를 엿볼 수 있겠군.

② '아내'가 '아무 집이건 담장 너머로' '고무신짝'을 던져 버렸다는 점에서 자신의 안위를 앞세우는 태도를 엿볼 수 있겠군.

③ '아내'가 '완연히 떨고 있'는 목소리로 무엇인가를 염려하는 듯한 모습에서, 사태를 합리적 방식으로 파악하는 데 익숙하지 않은 과도기적 상황을 엿볼 수 있겠군.

④ '나'가 '이치에 닿지 않는 소린 싫'다고 하면서도 '남자 고무신짝'에 대해서는 '공포'를 느끼며 합리적으로 사고하지 못한다는 설정에서, 가치관이 혼재된 상황을 짐작할 수 있겠군.

⑤ 스스로 '합리적인 사람'이라고 강조하는 '나'에게 '아내'가 '장난스러운 표정'으로 응대하는 대화 내용에서, 합리적 자세로 남을 배려하는 새로운 가치관의 면모를 확인할 수 있겠군.

Ⅲ
현대
소설

알아 두면 쓸데 있는 **100인의 지혜**

사회·문화적 배경과 관련지어 현대 소설을 이해하는 키워드

84쪽에서 사회·문화적 배경과 현대 시 작품들을 연결해 주는 키워드를 공부했던 것 기억나니? 현대 시와 마찬가지로 현대 소설 또한 현대사의 주요 사건·변화와 관련지어 이해할 수 있는 작품이 적지 않아. 다음을 보자.

🔒 : 시대상
🔑 : 키워드

일제 강점기

🔑 민족의 수난과 식민지 조선의 사회상
• 〈만세전〉·〈삼대〉(염상섭)
• 〈고향〉·〈술 권하는 사회〉(현진건)
• 〈탁류〉·〈치숙〉·〈태평천하〉(채만식)

🔑 식민지 지식인의 비애
• 〈날개〉(이상)
• 〈소설가 구보 씨의 일일〉(박태원)

🔑 우리의 역사와 전통
• 〈무영탑〉(현진건)
• 〈무녀도〉(김동리)

🔑 전쟁의 상처와 극복
• 〈수난 이대〉(하근찬)
• 〈학〉(황순원)
• 〈종탑 아래에서〉(윤흥길)

🔑 분단의 아픔과 치유
• 〈광장〉(최인훈)
• 〈나상〉(이호철)
• 〈장마〉(윤흥길)
• 〈엄마의 말뚝〉·〈겨울 나들이〉(박완서)

6·25 전쟁과 분단

🔑 무너지는 농촌 공동체
• 〈관촌수필〉(이문구)
• 〈삼포 가는 길〉(황석영)

🔑 소외된 도시 노동자·하층민의 삶
• 〈객지〉(황석영)
• 〈난장이가 쏘아 올린 작은 공〉(조세희)
• 〈아홉 켤레의 구두로 남은 사내〉(윤흥길)

산업화와 도시화

🔑 도시의 소시민·지식인의 삶
• 〈무진 기행〉·〈서울, 1964년 겨울〉(김승옥)
• 〈병신과 머저리〉(이청준)
• 〈한계령〉(양귀자)

🔑 개인의 욕망, 자아 정체성
• 〈외딴 방〉(신경숙)
• 〈옛우물〉(오정희)

🔑 여성·다문화
• 〈채식주의자〉(한강)
• 〈허생의 처〉(이남희)
• 〈완득이〉(김려령)
• 〈코끼리〉(김재영)

다양한 목소리

앞으로도 쭉~~♥

✏️ 그렇지만 주의할 점!

현대 시와 마찬가지로 현대 소설을 읽을 때도 사회·문화적 배경을 기계적으로 연관 짓지 않도록 해야 해. 그리고 우리가 살펴본 현대 시·현대 소설의 키워드와 관계없는 내용을 담은 작품들도 많이 있어. 그러니까 무조건적으로 모든 작품에 키워드를 적용하려고 하기보다는, 중요한 키워드들을 참고로 알아 두면 돼.

IV
고전 소설

01 고전 소설의 개념과 특징

과거를 보러 한양에 가려면 말이 필요한데…

앗! 말이다. 네가 왜 여기서 나와?

우연성

참나, 날기까지 하네!

전기성

📦 개념을 품은 **기출 선택지**

• 악인의 횡포를 징벌함으로써 **권선징악**의 세계관을 드러내고 있다. (2019 수능)
• **이원적 공간 구도**는 최낭의 '환신'이 '이승'에 있음에도 '저승의 법'을 따라 '황천'으로 가야 한다는 데에서 나타나고 있다. (2017. 09. 평가원)
• 타국에서 만난 동포의 도움을 통해 **우연히** 이루어진다. (2017. 06. 평가원)
• **편집자적 논평**을 통해 인물의 행위에 대한 서술자의 시각을 보여 주고 있다. (2016 수능B)

개념➕ **가전(假傳)**

어떤 사물이나 동물을 의인화해서 그 일대기를 전기(傳記) 형식으로 서술한 문학 양식을 말한다. 주인공의 이야기를 통해 사람들에게 재미와 교훈을 주는 풍자적인 문학으로 가전체 소설이라고도 한다. 고려 중기 이후로 성행하였으며, 대표작으로 임춘의 〈공방전〉, 이규보의 〈국선생전〉 등이 있다.

❶ 고전 소설의 개념과 성립 과정

└─ 우리나라가 재래의 문물제도를 근대식으로 고치는 등 정치·경제·사회 전반에 걸쳐 혁신을 단행한 갑오개혁(1894)을 기준으로 고전 소설과 현대 소설을 구분하며, 이 시기의 과도기적 소설 양식을 신소설 또는 개화기 소설이라 부름.

개화기 이전에 창작된 소설로, 우리나라의 설화, 가전과 중국 명나라의 소설에 영향을 받아 생겨났다. 고전 소설은 한문 소설에서 시작하였는데 임진왜란 이후에는 한글이 널리 보급되면서 〔 ❶ 　　　　 〕이 활발히 창작되었다. 특히 조선 후기에는 여성과 평민층이 한글 소설을 활발히 향유함으로써 사회의 부조리를 풍자하거나, 여성의 인간적 권리에 대한 의
└─ 이치에 맞지 아니하거나 도리에 어긋남
식을 드러내는 등 민중의 삶과 정서가 담긴 작품이 다수 창작되었다.

└─ 김시습의 〈금오신화〉를 최초의 한문 소설, 허균의 〈홍길동전〉을 최초의 한글 소설로 보는 견해가 많음.

❷ 고전 소설의 특징

(1) 주제

　　　　　　　　　　　　　　　　　　└─ 좋은 일을 하면 좋은 결과가 오고, 나쁜 일을 하면 나쁜 결과가 옴
고전 소설의 주제는 대체로 '〔 ❷ 　　　　 〕(勸善懲惡)'과 '인과응보(因果應報)', '영웅적
　　　　　　　　　　　　　　　　└─ 착한 일을 권장하고 악한 일을 징계함
인물의 활약상', '가족 간의 우애', '위기를 극복한 남녀 간의 사랑' 등으로 구분할 수 있다. 대부분의 고전 소설은 이러한 주제가 이야기의 바탕을 이루면서 세부 이야기만 달라진다는 특성이 있다.

> ☑ 고전 소설은 이야기의 줄기에 따라 영웅 이야기, 가정 내의 갈등 이야기, 지배층을 골탕 먹이는 이야기 등 몇 가지 유형으로 나눌 수 있는데, 이건 다음 단원에서 공부하자.

(2) 구성

㉠ **평면적 구성**: 고전 소설에서는 사건이 대부분 시간의 흐름을 따라 전개된다.

㉡ **일대기적 구성(=전기(傳記)적 구성)**: 주인공이 태어나서 죽을 때까지의 사건이 시간이 흐르는 **❸ [　　]** 에 따라 전개된다. 평면적 구성의 하나이다. 🔗163쪽

㉢ **영웅의 일대기적 구성(=영웅 서사 구조)**: 영웅적인 주인공의 일대기를 다루는 작품은, '왕족이나 귀족 같은 고귀한 혈통 → 보통 사람과는 다른 비정상적인 **❹ [　　]** → 남들보다 훨씬 뛰어난 능력을 타고남. → 죽을 고비를 맞고 가족과 헤어짐. → 조력자의 도움으로 위기를 극복하고 양육됨. → 어른이 된 후 또다시 위기를 맞이함. → 위기를 극복하고 승리함.'과 같이 일정한 서사 구조에 따라 사건이 전개된다.

> ☑ '전기적 구성'이든지 '영웅 서사 구조'이든지 일대기적 구성은 시간의 흐름에 따라 사건을 전개하는 것이므로 모두 평면적 구성에 해당해.

㉣ **이원적 구성**: 소설의 배경이 신선이 사는 '천상계'와 인간이 사는 '지상계'로 나누어진 구성을 말한다. 고전 소설에는 천상계 인물인 주인공이 죄를 짓고 지상계로 내려왔다가 시련을 극복하고 영웅이 되어 다시 천상계로 돌아간다는 설정이 자주 등장한다.

(개념➕) **적강 구조**: 이원적 구성은 적강 소설에서 많이 나타나는데, '적강'은 천상계 인물이 지상계로 내려오거나, 지상계에서 사람으로 태어나는 것을 뜻한다. 이러한 이야기 구조를 '적강 구조'라고 하며, '적강 구조'를 가진 소설을 '적강 소설'이라고 한다.

> **〈숙향전〉의 짧은 줄거리**
>
> 숙향은 <u>천상</u>의 선녀로, 죄를 짓고 <u>인간 세계</u>에서 사람으로 태어난다. 숙향은 피란길에서 부모와 헤어지고 장 승상 댁 양녀가 되지만, 시비 '사향'의 계략으로 쫓겨나 '마고할미'와 살게 된다. 어느 날 숙향은 천상 선녀로 놀던 꿈을 꾸고 수를 놓는데, 이를 본 '이선'이 숙향을 찾아와 둘은 사랑에 빠진다. 이선의 아버지는 두 사람의 혼인을 반대하지만, 이선이 과거에 급제한 후 숙향과 이선은 혼인하고 부귀를 누리다가 <u>천상계</u>로 돌아간다. □: 천상(계), 인간 세계의 두 배경이 등장하는 이원적 구성
> 적강 구조: 숙향의 적강 / 곁에서 시중을 드는 계집종
> ➡ 천상계와 지상계의 이원적 구성과 천상계 인물인 '숙향'의 적강이 드러남.　　　　– 작자 미상, 〈숙향전〉

(3) 인물
🔗123쪽

㉠ **평면적 인물**: 고전 소설에서는 인물의 성격이 소설의 처음부터 끝까지 변하지 않는다.

㉡ **전형적 인물**: 고전 소설에서는 특정 신분이나 집단을 대변하는 인물 유형인 전형적 인물이 많이 등장한다. 그 예로 조선 시대 여성의 유교적 윤리 의식을 대표하던 열녀, 고난과 시련을 극복하는 영웅, 양반과 봉건적 사회를 풍자하고 조롱하는 평민 등이 있다.

　　㉠ 사랑을 지켜 내는 열녀: 〈춘향전〉의 춘향 등

　　　시련과 고난을 이겨 내는 영웅: 〈홍길동전〉의 홍길동, 〈박씨전〉의 박씨 부인 등

　　　양반을 풍자하고 조롱하는 평민: 〈춘향전〉의 방자, 〈배비장전〉의 방자 등

> ☑ 고전 소설에 등장하는 주요 인물들은 대개 당대 사회의 이상적 인간상에 가깝게 그려지거나 특정 계층을 대변하는 경우가 많아. 그래서 입체적 인물보다는 평면적 인물이 주로 등장하고, 개성적이기보다는 전형적인 특성을 드러내는 경우가 많지.

㉢ **초월적 인물**: 인간의 세계를 뛰어넘는 능력을 지닌 인물 유형이다. 이원적 구성의 경우 **❺ [　　]** 의 인물이 초월적 인물이 된다. 주로 하늘의 선녀, 용궁의 용왕 등과 같이 신이한 힘을 가진 존재로 그려진다.

개념 콕 1 고전 소설의 특징으로 보기 어려운 것은?

① 권선징악을 주제로 삼은 작품이 많다.

② 대체로 시간의 흐름에 따라 사건이 전개된다.

③ 개성적 인물을 중심으로 사건이 입체적으로 진행되는 경우가 많다.

🔺 이원적 구성과 적강 구조

(개념➕) 고전 소설에 자주 나오는 인물 유형 – 재자가인형 인물

'재주 있는 남자와 아름다운 여자'를 이르는 말이다. 고전 소설의 주인공은 외모와 능력이 뛰어난 재자가인형 인물로 설정되는 경우가 많다.

예

〈숙영낭자전〉의 주요 인물
: 백선군, 숙영 낭자
→ 뛰어난 외모와 인품, 지혜를 겸비한 재자가인형 인물

빈칸 답 | ❶ 한글 소설 ❷ 권선징악
❸ 순서 ❹ 출생 ❺ 천상계
콕 1 ③

㉠ **우연성**: 고전 소설에서는 현대 소설과 달리 사건이 필연적인 상황이나 원인 없이 우연하게 발생하는 경우가 많다.
_{사물의 관련이나 일의 결과가 반드시 그렇게 될 수밖에 없음}

개념 콕 2 이 글에 대한 설명으로 적절한 것은?

① '길동'과 '공'의 만남은 우연히 이루어진 것이다.
② '길동'과 '공'은 미리 만나기로 약속한 상태이다.
③ '길동'의 탄식은 '공'이 산책을 하게 되는 원인이다.

> 길동이 서당에서 글을 읽다가 문득 책상을 밀치고 탄식하며 말했다.
> "대장부가 세상에 나서 공맹을 본받지 못하면 차라리 병법을 외워, 대장군의 인장을 허리춤에 비스듬히 차고 동과 서로 정벌하여, 나라에 큰 공을 세우고 이름을 만대에 빛내는 것이 장부로서 흔쾌히 할 일이다. 나는 어찌하여 한 몸이 외롭고, 아버지와 형이 있건만 아버지와 형이라고 부르지도 못하니 심장이 터질 것 같구나. 어찌 원통 _{서자이기 때문에 호부호형(아버지를 아버지라 부르고, 형을 형이라고 부름)을 하지 못하는 길동} 하지 아니하리오!"
> 말을 마치고 뜰에 내려가서 검술을 공부하였다. 마침 _{길동 아버지} 공이 또한 달빛을 구경하다가 길동이 배회하는 것을 보고 즉시 불러 물었다. _{우연성을 드러냄.}
>
> ◐ 길동이 있던 뜰에 공(길동 아버지)이 우연히 나타나 서로 만나게 됨.　　　　　　[책] 해냄 | 허균, 〈홍길동전〉

㉡ **비현실성(=전기성(傳奇性))**: 고전 소설에서는 현실적으로 일어나기 어려운, ⑥ _____ 하고 이상한 사건을 다루는 경우가 많다. 등장인물이 비범하거나 초월적인 능력을 발휘하기도 한다.
_{보통 수준보다 훨씬 뛰어남}

개념 콕 3 이 글에 대한 설명으로 적절하지 않은 것은?

① '생'의 행동에 전기성이 나타난다.
② 둔갑술을 베푸는 것은 현실에서 일어날 수 없는 행동이다.
③ 인물의 비범한 능력으로 홀연 광풍이 창틈으로 들어오게 된다.

궁금해요

😀 '전기(傳記)적 구성'의 '전기'와 '전기(傳奇)성'의 '전기'가 헷갈려요.

😊 앞엣것은 한 사람이 태어나서 죽을 때까지의 행적을 적은 기록, 뒤엣것은 비현실적 사건이라는 뜻이야. 보통 글의 구조나 구성에 관해 설명할 때는 '傳記', 서술상 특징에 관해 설명할 때는 '傳奇'를 말하는 거야.

> 　마음이 불안하여 책을 놓고 보더니, 홀연 광풍(狂風)이 창틈으로 들어와 생이 쓴 관을 벗겨 공중에 솟았다가 방 가운데 떨어뜨리니, 생이 그 관을 태우고 주역(周易)을 내어 점괘를 보니 괴이한 일이 눈앞에 보이는지라. 마음에 냉소(冷笑)하고 촛불을 돋우고 밤새기를 기다리더니, 삼경(三更)이 지난 후에 방 안에 음산한 바람이 일어나거늘, _{비범한 능력으로 앞일을 예측함.: 전기적 요소 ①} 둔갑술을 베풀어 몸을 감추고 그 거동을 살폈다.
> _{생의 비범한 능력: 전기적 요소 ②}
> ◐ 주인공의 비범한 능력으로 비현실적인 일이 일어남.　　　　　　[책] 미래엔 | 작자 미상, 〈소대성전〉
> ● 광풍(狂風): 미친 듯이 사납게 휘몰아치는 거센 바람.　　● 삼경(三更): 밤 11시에서 새벽 1시 사이.

(5) 문체

㉠ **문어체**: 일상적인 대화에서는 거의 쓰이지 않고 주로 글에서만 쓰이는 특징적인 버릇(=글투, 문투)이 나타나는 문체이다. 고전 소설은 한문 문어체의 영향을 받아 '-(이)ㄴ지라', '-더라', '가로되', '왈' 등의 표현이 자주 나타난다.

개념 콕 4 이 글에 대한 설명으로 적절한 것은?

① 음수와 음보 등이 매우 규칙적으로 나타난다.
② 일상생활에서 대화를 나누는 어투로 표현되어 있다.
③ 일상 대화에서 잘 쓰지 않는 종결 표현을 사용하였다.

> 　여러 날 만에 금강산을 찾아가니, 풍경도 좋거니와 때도 마침 삼춘이라. 좌우 산천 바라보니 각색 화초 만발한데 봉접은 펄펄 날아 꽃을 보고 춤을 추고, 수양버들은 늘어졌는데 황금 같은 꾀꼬리는 환우성(喚友聲)이 더욱 좋다. 경치를 구경하며 점점 들어가니 사람 발자취가 없는지라.
>
> ◐ '-이라', '-(이)ㄴ지라'와 같은 문어체가 사용됨.　　[책] 동아, 신사고 [책] 비상 | 작자 미상, 〈박씨전〉
> ● 삼춘: 봄의 석 달.　　● 봉접: 벌과 나비를 아울러 이르는 말.　　● 환우성(喚友聲): 새가 지저귀는 소리.

ⓛ **운문체(=율문투):** 운율이 느껴지는 문장이 연속된 낭송하기 좋은 문체이다. 주로 판소리
의 영향을 받은 소설에서 나타나는 특징이다. *28쪽

판소리계 소설(*215쪽)

> 장끼란 놈 하는 말이,
> "콩 먹고 다 죽을까? 고서(古書)를 볼작시면 콩 태(太) 자 든 이마다 오래 살고 귀히
> 되나니. 태고적 천황씨(天皇氏)는 일만 팔천 세를 살아 있고, 태호 복희씨(太昊伏
> 羲氏)는 풍성이 상승하여 십오 대를 전해 있고, 한 태조(漢太祖), 당 태종(唐太宗)
> 은 풍진 세계 창업지주(創業之主) 되었으니, 오곡 백곡 잡곡 중에 콩 태 자가 제일
> 이라. 궁팔십(窮八十) 강태공(姜太公)은 달팔십(達八十) 살아 있고, 시중천자(詩中
> 天子) 이태백은 기경 상천(騎鯨上天)하여 있고, 북방의 태을성(太乙星)은 별 중의
> 으뜸이라."
>
> ➡ 동일한 글자(태)의 반복/동일한 문장 구조(~고, ~라)의 반복/3·4조, 4·4   🔖 신사고, 창비 | 작자 미상, 〈장끼전〉
> 조의 음수율을 사용해 운율이 느껴짐.

(6) 서술자의 개입(=편집자적 논평)
*132쪽

> ☑ 서술자의 개입은 현대 소설에서도, 고전 소설에서도 나타날 수 있
> 어. 단, 서술자의 개입은 고전 소설에서 더 자주 물어보니까 눈여겨보
> 도록 하자. 고전 소설은 지문이 길기 때문에 다 읽고 나서 찾기보다는
> 읽으면서 서술자의 개입이 나타나는 부분을 표시해 두는 게 좋아.

작품 밖의 서술자가 작품에 개입하여 인물과 사건에 대한 판단이나 생각, 느낌을 직접 서
술하는 것으로 ❼ [   ] 작가 시점에서 주로 나타난다. 편집자적 논평이라고도 하며,
문장의 형태는 주로 설의적 의문문(-랴, -쏘냐, -리오)으로 나타난다.
쉽게 판단할 수 있는 사실을 질문하여 독자가 스스로 판단하게 하는 표현 방법

> 이때 천자는 백사장에 엎어져 있고 한담이 칼을 들고 천자를 치려 했다. ^{┌유충렬}원수가 이때를
> ^{천자가 죽임을 당하게 된 위급한 상황}
> 당해 평생의 기력을 다해 호통을 지르니, 천사마도 평생의 용맹을 다 부리고 변화 좋은
> 장성검도 삼십삼천(三十三千)에 어린 조화를 다 부리었다. 원수 닿는 곳에 강산도 무너
> 지고 하해도 뒤엎어지는 듯하니, 귀신인들 아니 울며 혼백°인들 아니 울리오.
>
> ➡ 유충렬이 천자를 구하기 위해 달려가는 상황을 보며 귀신도   🔖 지학사, 해냄 🔖 동아, 신사고 | 작자 미상, 〈유충렬전〉
> 울 것이라는 자신의 생각을 서술자가 직접 드러냄.
>
> ● 혼백: 넋.

 짚고 가요

고전 소설을 읽을 때 꼭 알아야 할 말

고전 소설에서만 사용되는 말이나, 당시 사회적 배경이 반영된 말의 뜻을 모르면 고전 소설의 내용을 이해
하기 어려워. 다음 말들은 꼭 익혀 두자.

각설, 차설	이제까지 다루던 내용을 그만두고 화제를 다른 쪽으로 돌린다는 뜻이다. '각설'이나 '차설'이 쓰이면 이전까지와는 다른 내용이 전개된다.
축첩제	정식 부인은 '처', 정식 부인이 아닌 아내를 '첩'이라고 한다. 조선 시대에는 첩을 두는 것이 허용되었으며 이러한 제도를 '축첩제'라고 부른다.
적서 차별	'처'의 자식인 '적자'와 달리, '첩'의 자식인 '서자'는 벼슬에 제한이 있는 등 차별을 받았다. 이러한 차별을 '적서 차별'이라고 한다. 대표적으로는 〈홍길동전〉의 '홍길동'이 받고 있는 차별을 들 수 있다.

개념 ⑤ 이 글에 대한 설명으로 적절
하지 **않은** 것은?

① '태' 자를 반복하여 운율을 형
성하였다.
② 의문형 어미 '-까?'를 반복하
여 리듬감을 형성하였다.
③ 글자 수가 반복되는 음수율을
통해 운율을 형성하였다.

개념 ⑥ 이 글에 대한 설명으로 적절
하지 **않은** 것은?

① 서술자의 생각이 인물의 말을
통해 드러나 있다.
② 작품 밖의 서술자가 자신의
생각을 서술하고 있다.
③ 설의적 의문문을 사용해 서술
자의 생각을 드러내고 있다.

IV 고전 소설

빈칸 답 | ❻ 신기 ❼ 전지적
② ① ③ ③ ④ ③ ⑤ ② ⑥ ①

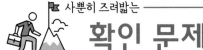

☑ 바로바로 간단 체크

1 괄호 안에 들어갈 알맞은 말을 쓰시오.

(1) 고전 소설에서는 어떤 사회 집단이나 계층을 대표하는 (ㅈㅎㅈ) 인물이 주로 등장한다.

(2) 고전 소설의 배경이 천상과 지상 둘로 나누어져 있는 경우 (ㅇㅇㅈ) 구성을 보인다고 한다.

(3) 고전 소설은 대부분 사건들이 필연적인 인과 관계 없이 (ㅇㅇㅅ)을 보이며 전개되는 경우가 많다.

2 다음 설명이 맞으면 O표, 틀리면 ×표를 하시오.

(1) 주인공의 일대기를 다룬 전기(傳記)적 구성의 작품에서는 시간이 흐르는 순서에 따라 사건이 전개된다. ( )

(2) 서술자의 개입은 작품 밖의 서술자가 등장인물의 말을 대신 서술하는 것을 의미한다. ( )

3 다음 빈칸에 들어갈 알맞은 말을 써 영웅의 일대기적 구성(=영웅 서사 구조)을 완성하시오.

영웅의 일대기적 구성
왕족이나 귀족 같은 ㉠ (ㄱㄱㅎ) 혈통
↓
보통 사람과는 다른 출생
↓
남들보다 훨씬 뛰어난 ㉡ (ㄴㄹ)을 타고남.
↓
죽을 고비를 맞고 가족과 헤어짐.
↓
㉢ (ㅈㄹㅈ)의 도움으로 위기를 극복하고 양육됨.
↓
어른이 된 후 또다시 위기를 맞이함.
↓
위기를 극복하고 승리함.

[01~02] 다음 글을 읽고 물음에 답하시오.

📖 금성, 동아, 미래엔, 비상, 지학사, 창비

[앞부분 줄거리] 사랑하는 아내 최랑과 함께 살던 이생은 홍건적의 난으로 가족들과 뿔뿔이 흩어진다. 가족들은 모두 죽고, 이생은 도적들이 떠난 뒤 옛집으로 돌아가 슬퍼한다.

그는 슬픔을 이기지 못해, 작은 누각에 올라가서 눈물을 거두고 길게 한숨을 쉬며 날이 저물도록 앉아서 지난날의 즐겁던 일들을 생각해 보니, 완연히 한바탕 꿈만 같았다. 밤중이 거의 되자 희미한 달빛이 들보를 비춰 주는데, 낭하(廊下)˚에서 발소리가 들려왔다. 그 소리는 먼 데서 차차 가까이 다가온다. 살펴보니 사랑하는 아내가 거기 있었다. 이생은 그녀가 이미 이승에 없는 사람임을 알고 있었으나, 너무나 사랑하는 마음에 반가움이 앞서 의심도 하지 않고 말했다.

"부인은 어디로 피란하여 목숨을 보전하였소."

여인은 이생의 손을 잡고 한바탕 통곡하더니 곧 사정을 얘기했다.

"저는 본디 양가의 딸로서 어릴 때부터 가정의 교훈을 받아 자수와 바느질에 힘썼고, 시서(詩書)와 예법을 배웠으므로 규중(閨中)의 법도만 알았을 뿐 어찌 집 밖의 일을 알았겠습니까? 그러나 낭군께서 붉은 살구꽃이 피어 있는 담 안을 엿보게 되자, 저는 스스로 몸을 바쳤으며 꽃 앞에서 한 번 웃고 난 후 평생의 가약을 맺었고, 휘장 속에서 거듭 만났을 때는 정이 백 년을 넘쳤습니다. 사세(事勢)가 이렇게 되자 슬픔과 부끄러움을 차마 견딜 수가 없었습니다. 장차 백 년을 함께하려 했는데 어찌 횡액(橫厄)˚을 만나 구렁에 넘어질 줄 알았겠습니까? 끝내 이리 같은 놈들에게 정조를 잃지는 않았지만, 몸뚱이는 진흙탕에서 찢김을 당하고 말았습니다. 진실로 천성이 그렇게 만든 것입니다만, 인정으로는 차마 할 수 없는 일이었습니다. 저는 낭군과 궁벽한 산골에서 헤어진 후로 ㉠짝 잃은 새가 되고 말았던 것입니다. 집도 없어지고 부모님도 잃었으니 피곤한 혼백(魂魄)을 의지할 곳 없음이 한스러웠습니다. 의리는 중하고 목숨은 가벼우므로 쇠잔한 몸뚱이로써 치욕을 면한 것만은 다행이었습니다만, 누가 산산조각이 난 제 마음을 불쌍히 여겨 주겠습니까? 다만 갈기갈기 찢어진 썩은 창자에만 맺혀 있을 뿐입니다. 해골은 들판에 버려졌고 몸뚱이는 땅에 버려지고 말았으니, 생각하면 그 옛날의 즐거움은 오늘의 이 비운을 위해 마련된 것이 아니었던가 싶습니다. 그러나 이제 봄바람이 깊은 골짜기에 불어와서 제 환신(幻身)이 이승에 되돌아왔습니다. 낭군과 저와는 삼세(三世)의 깊은 인연이 맺어져 있는 몸, 오랫동안 뵙지 못한 정을 이제 되살려서 결코 옛날의 맹세를 저버리지 않겠습니다. 낭군께서 지금도 삼세의 인연을 알아주신다면 끝내 고이 모실까 합니다. 낭군께서는 허락해 주시겠습니까?" 이생은 기쁘고 또 고마워서,

"그것은 본디 나의 소원이오." 하고는 서로 즐겁게 심정을 털어놓았다.

[뒷부분 줄거리] 이생은 아내와 행복하게 살지만, 몇 년 후 아내가 저승길은 피할 수 없다며 저승으로 돌아간다. 아내를 그리워하던 이생은 얼마 지나지 않아 상사병으로 죽고 만다.

– 김시습, 〈이생규장전〉

● 낭하(廊下): 복도.　● 횡액(橫厄): 뜻밖에 닥쳐 오는 좋지 않은 일.

---

01 이 글에 대한 이해로 적절하지 않은 것은?

① 이생이 죽은 아내와 만나는 장면에서 '전기성(傳奇性)'이 드러나는군.

② 아내가 환생한 것으로 보아 아내는 천상의 인물이며 '적강'을 한 것이겠군.

③ 아내를 맞는 이생의 태도에서 이 글의 주제인 '남녀 간의 애절한 사랑'이 드러나는군.

④ 이생은 아내를 사랑하는 마음이 변하지 않는다는 점에서 '평면적 인물'이라 할 수 있군.

⑤ 이생이 옛집으로 되돌아가 죽은 아내와 만나는 장면에서는 사건 전개의 '우연성'이 나타나는군.

---

02 ㉠이 이생의 아내인 최랑의 상황을 빗댄 말이라 할 때, 최랑이 읊었을 만한 시로 가장 적절한 것은?

① 잔 들고 혼자 앉아 먼 뫼를 바라보니
　그리던 임이 오다 반가움이 이러하랴.
　말씀도 우옴도 아녀도 못내 좋아하노라.

② 동짓달 기나긴 밤을 한 허리를 베어 내여
　춘풍(春風) 이불 아래 서리서리 넣었다가
　어론 님 오신 날 밤이여든 구뷔구뷔 펴리라.

③ 도적 떼 밀려와서 처참한 싸움터에
　몰죽음 당하니 원앙도 짝 잃었네.
　여기저기 흩어진 해골 그 누가 묻어 주리.

④ 추강에 밤이 드니 물결이 차노매라.
　낚시 드리치니 고기 아니 무노매라.
　무심한 달빛만 싣고 빈 배 저어 오노라.

⑤ 은하수의 까막까치들이 아름다운 기약을 도와주었네.
　이제 월하노인이 붉은 실로 매어 주리니
　봄바람 불어도 두견새를 원망 마시오.

[03~04] 다음 글을 읽고 물음에 답하시오.

금성, 지학사, 천재(정)

[앞부분 줄거리] 천상계인 연화도량에서 불도●를 공부하는 성진은 육관 대사의 심부름으로 동정호 용왕을 만나러 갔다가 용왕의 권유로 술을 마시고, 돌아오는 길에 팔선녀를 만나 서로 희롱한다.

이럭저럭 잠을 이루지 못하여 밤이 이미 깊었다. 눈을 감으면 팔선녀가 앞에 앉았고 눈을 떠 보면 문득 간 데가 없었다.

성진이 크게 놀라 뉘우치며 생각하되,

'불법(佛法) 공부는 마음을 정하는 것이 제일인데 ㉠사사로운 마음이 이렇듯 일어나니 어찌 나의 앞날에 해롭지 않겠는가?'

하고, 즉시 향로에 전단을 다시 피우고, 의연히 포단(蒲團)●에 앉아 정신을 가다듬어 염주를 굴리며 염불을 하였다.

이때 홀연 창 밖에서 동자(童子)가 급히 말하되,

"사형(師兄)은 주무십니까? 사부(師父)께서 부르십니다."

(중략)

대사가 크게 화를 내며 꾸짖되,

"성진아, 네 죄를 아느냐?"

성진이 크게 놀라 신을 벗고 뜰에 나려 엎드려 가로되,

"소자가 사부를 섬긴 지 십 년이 넘었지만 일찍이 한 말도 불순하게 한 적이 없었으니, 진실로 어리석고 아득하여 지은 죄를 알지 못하겠습니다."

대사가 크게 화를 내며 이르되,

"네 용궁에 가 술을 먹었으니 그 죄도 있거니와 오다가 돌다리 위에서 팔선녀와 함께 언어를 수작(酬酢)●하고 꽃을 던져 희롱하였으니 그 죄 어찌하며, 돌아온 후 선녀를 그리워하여 불가의 경계(警戒)를 전혀 잊고 인간 부귀를 생각하니 그리하고서 공부를 어찌하겠느냐. 네 죄가 중하여 이곳에 있지 못할 것이니, 네 가고자 하는 데로 가거라."

성진이 머리를 조아리고 울며 가로되,

"스승님! 저에게 진실로 죄가 있지만 주계(酒戒)를 파(破)한● 것은 용왕이 괴롭게 권해서 마지못해 한 것이고, 선녀로 더불어 언어를 수작하고 꽃을 던져 희롱한 것은 길을 빌리기 위함이어서 각별히 부정한 말을 한 바가 없었고, 선방에 돌아온 후에 잠시 동안 마음을 잡지 못하였으나, 마침내 스스로 뉘우쳐 뜻을 바르게 하였습니다. 제자에게 죄가 있으면 사부께서 회초리로 때려 꾸짖으실 뿐이지 어찌하여 차마 내치려 하십니까? 사부님을 우러르기를 부모같이 하여 제가 십이 세에 부모를 버리고 사부님을 좇아 머리를 깎은 이후, 연화도량(蓮花道場)이 곧 제 집이니 저를 어디로 가라 하십니까?"

IV 고전 소설

대사가 이르되,

"네 스스로 가고자 하기에 가라 하는 것이니 네 만일 있고자 하면 뉘 능히 가라 하겠느냐? 네 또 말하기를, '어디로 가라 하십니까?' 하는데, 너의 가고자 하는 곳이 너의 갈 곳이니라."

대사가 크게 소리 질러 가로되,

"황건역사(黃巾力士)°는 어디에 있느냐?"

홀연 공중으로부터 신장(神將)°이 내려와 명령을 기다리니, 대사가 분부하되,

"네 죄인을 영거(領去)하여° 풍도(豊都)°에 가 교부(交付)하고° 오너라."

[뒷부분 줄거리] 성진은 풍도로 간 후 팔선녀와 함께 인간 세상으로 추방된다. 꿈에서 양소유로 태어난 성진은 이후 팔 낭자를 차례로 만나 두 명의 처와 여섯 명의 첩을 거느리고 부귀영화를 누리다가 인생의 무상함을 깨닫고 꿈에서 깨어난다. 이후 성진과 팔선녀는 불도에 정진하여 극락세계로 간다.

– 김만중, 〈구운몽〉

● 불도: 부처의 가르침.　　● 포단(蒲團): 부들로 둥글게 틀어 만든 방석.
● 수작(酬酌): 서로 말을 주고받음.　　● 주계(酒戒): 술을 삼가라는 훈계.
● 파(破)하다: 약속 따위를 중간에서 어그러뜨리다.
● 황건역사(黃巾力士): 신장의 하나. 힘이 세다고 한다.
● 신장(神將): 무력을 맡아 사방의 잡귀나 악귀를 몰아내고 불법(佛法)을 지키는 신.
● 영거(領去)하다: 함께 데리고 가거나 가지고 가다.
● 풍도(酆都): 도가의 지옥.　　● 교부(交付)하다: 내어 주다.

03 이 글에서 성진에게 ㉠의 대상이 되는 인물을 쓰시오.

04 이 글에 대한 설명으로 적절하지 않은 것은?

① 대사는 비현실적인 능력을 소유한 초월적 인물이다.
② 일상 대화에서 잘 쓰지 않는 문어체 표현이 사용된다.
③ 작품의 배경인 연화도량은 현실을 초월한 공간이다.
④ 성진과 팔선녀는 천상계에서 지상계로 쫓겨나는 벌을 받는다.
⑤ 성진이 풍도로 쫓겨나는 것은 영웅의 일대기 중 죽을 고비를 맞고 가족과 헤어지는 과정에 속한다.

[05~06] 다음 글을 읽고 물음에 답하시오.

2014학년도 수능Ⓐ(변형)

[앞부분 줄거리] 홍 판서와 시비 춘섬 사이에서 서자로 태어난 길동은 자신의 처지를 괴로워하다가 부친께 호부 호형을 허락받고, 집을 나와 활빈당 활동을 벌여 조정과 대립하다가 병조 판서 벼슬을 받는다.

음력 구월 보름에 임금이 달빛을 받으며 후원을 걸으실새, 문득 맑은 바람이 일어나며 공중에서 피리 소리가 청아한 가운데 한 소년이 내려와 주상 앞에 엎드렸다. 임금이 놀라 묻기를,

"선동(仙童)이 어찌 인간 세상에 내려왔으며 무슨 일을 말하고자 하나뇨?"

소년이 땅에 엎드려 아뢰기를,

"신은 전임 병조 판서 홍길동이옵니다."

상이 놀라 또 묻기를, / "네가 어찌 심야에 왔느냐?"

길동이 대답해 가로되,

"신이 전하를 받들어 만세를 모실까 했으나, 천한 종의 몸에서 태어났기에 문(文)으로는 홍문관 벼슬이 막히고 무(武)로는 선전관 벼슬길이 막히었습니다. 이런 까닭에 활빈당으로 더불어 사방을 멋대로 떠돌아다니며 관청에 폐를 끼치고 조정에 죄를 지었던 것이온데, 이는 전하로 하여금 아시게 하려 함이었습니다. 이제 벼슬을 내리어 신의 소원을 풀어 주셨으니 전하를 하직하고° 조선을 떠나가옵니다. 엎드려 바라건대 전하는 만수무강하소서."

하더니 공중에 올라 아득히 날아가거늘, 임금이 그 재주를 못내 칭찬하였다. 그 후로는 길동의 폐단이 없으니 사방이 태평하였다.

길동이 조선을 하직하고 남경 땅 제도라는 섬으로 들어가, 수천 호의 집을 짓고 농업에 힘쓰고 무기 창고를 지으며 군법을 연습하니, 병사는 잘 훈련되고 양식은 풍족하게 되었다.

(중략)

상주 인형이 자세히 보니, 곧 길동이라 붙잡고 통곡하며,

"아우야, 그 사이 어디 갔더냐? 아버지께서 평소에 유언이 간절하셨는데, 이제 오니 어찌 자식의 도리이겠느냐?"

하며, 손을 이끌고 내당에 들어가 모부인(母夫人)을 뵈옵고 춘섬을 상면하여 한바탕 통곡하였다.

"네가 어찌 중이 되어 다니느냐?"

하니, 길동이 대답했다.

"소자가 조선을 떠나 머리 깎고 중이 되어 지술(地術)을 배웠습니다. 이제 부친을 위하여 좋은 터를 구했으니, 모친은 염려 마소서."

인형이 크게 기뻐 말하였다.

"너의 재주 기이한지라, 좋은 터를 얻었으면 무슨 염려가 있으리오."

다음날 길동이 운구하여° 제 모친을 모시고 서강 강변에 이르니, 지휘해 놓은 대로 배가 기다리고 있었다. 배에 올라 화살같이 빨리 저어 한 곳에 다다르니, 여러 사람이 수십 척의 배를 대어 놓고 있었다. 서로 반기며 호위하여 가니 그 광경이

대단하였다. 어언간 산 위에 다다르매, 인형이 자세히 본즉 산세가 웅장한지라, 길동의 지식을 못내 탄복하였다*. 일을 마치고 함께 길동의 처소로 돌아오니, 백씨와 조씨가 시어머니와 시숙을 맞아 뵈옵는 한편, 인형과 춘섬은 못내 길동의 지식을 탄복하였다.

여러 날이 되자, 인형은 길동과 춘섬을 이별하면서 산소를 극진히 모시라 당부한 후, 산소에 하직하고 출발했다. 본국에 이르러 모부인을 뵈옵고 전후 사실을 고하니, 부인이 신기하게 여겼다. 길동이 제사를 극진히 받들어 삼년상을 마치매 모든 영웅을 모아 무예를 익히며 농업에 힘쓰니, 병사는 잘 조련되고 양식도 풍족했다.

남쪽에 율도국이라는 나라가 있었으니, 기름진 평야가 수천 리나 되며 덕화(德化)가 행해지니 실로 살기 좋은 나라라, 길동이 매양 생각해 오던 바였다. 모든 사람을 불러 말하기를,

"내가 이제 율도국을 치고자 하니 그대들은 정성을 다하라."

하고는 그날로 진군하였다. 길동은 스스로 선봉장이 되고 마숙으로 후군장을 삼아, 정예병 오만을 거느리고 율도국 철봉산에 다다라 싸움을 걸었다. 율도국 태수 김현충이 난데없는 군사가 이름을 보고 크게 놀라 왕에게 보고하는 한편, 한 부대의 군사를 거느리고 내달아 싸웠다. 길동이 이를 맞아 싸워 한번에 김현충을 베고 철봉을 얻어 백성을 달래어 위로하였다. 정철로 철봉을 지키게 하고, 대군을 지휘하여 바로 도성을 칠새, 격서(檄書)를 율도국에 보냈으니, 내용은 이러하였다.

"의병장 홍길동은 글을 율도왕에게 부치나니, 대저 임금은 한 사람의 임금이 아니요 천하 사람의 임금이라. 내 하늘의 명을 받아 병사를 일으키매, 먼저 철봉을 깨뜨리고 물밀듯 들어오니, 왕은 싸우고자 하거든 싸우고, 그렇지 않으면 일찍 항복하여 살기를 도모하라."

왕이 보기를 마치자 크게 놀라,

"우리나라가 철봉을 굳게 믿었거늘, 이제 잃었으니 어찌 대항하리오." / 하고는, 모든 신하를 거느리고 항복했다.

길동이 성중에 들어가 백성을 달래어 안심시키고 왕위에 오른 후, 율도왕을 의령군에 봉했다. 마숙과 최철로 각각 좌의정과 우의정을 삼고, 나머지 여러 장수에게도 각각 벼슬을 내리니, 조정에 가득 찬 신하들이 만세를 불러 하례하였다*. 왕이 나라를 다스린 지 삼 년에 산에는 도적이 없고 길에 떨어진 물건도 주워 갖지 않으니, 태평세계라고 할 만하였다.

– 허균, 〈홍길동전〉

* **하직하다**: 먼 길을 떠날 때 웃어른께 작별을 고하다. 어떤 곳에서 떠나다.
* **운구하다**: 시신을 넣은 관을 운반하다.
* **탄복하다**: 매우 감탄하여 마음으로 따르다.
* **하례하다**: 축하하여 예를 차리다.

05 이 글에 대한 이해로 적절하지 않은 것은?

① 길동은 부하들에게 벼슬을 주고 율도국을 다스림으로써 자신의 바람을 이루었다.

② 율도국 태수는 길동이 보낸 격서를 읽고 싸움에 승산이 없다고 생각하여 항복하였다.

③ 임금이 하늘에서 내려온 길동을 선동으로 오해하는 장면은 이 소설의 전기성을 보여 준다.

④ 길동이 잘 훈련된 정예병을 이끌고 율도국을 공격하는 장면은 길동의 영웅성을 부각한다.

⑤ 인형은 부친의 장례식에 나타난 길동을 동생으로 대했고 길동은 홍 판서를 부친이라 지칭하였다.

06 〈보기〉를 참고하여 이 글을 감상한 내용으로 적절하지 않은 것은?

▌보기▐

　서자 홍길동의 일생은 신분의 한계를 극복하는 과정이다. 이 과정에서 당대 사회가 안고 있는 문제뿐만 아니라 개인의 이기적 욕망에서 비롯되는 문제도 드러난다. 즉 신분의 한계를 극복하는 과정에서 길동은 부당한 사회와 충돌하기도 하고, 개인적 욕망 성취를 위해 사회 부조리와 타협하거나 명분과 괴리되는 행위를 하여 스스로 모순에 빠지기도 하는 것이다.

① 비범한 능력을 가지고 있음에도 길동의 벼슬길이 막히는 것을 보면, 당대 사회에 적서 차별이 존재했음을 알 수 있어.

② 봉건 체제의 상징인 임금이 길동의 재주를 칭찬하는 것을 보면, 당대 사회 제도의 부당함에 공감하고 있음을 알 수 있어.

③ 신분 차별에 저항했던 길동이 병조 판서 벼슬을 받은 후 자신의 행적을 '죄'라고 부르는 것을 보면, 길동이 당대의 사회 제도와 타협하고 있음을 알 수 있어.

④ 길동이 '살기 좋은 나라'인 율도국을 치면서 스스로를 '의병장'이라 부르며 침략을 정당화하는 것을 보면, 길동의 욕망 성취 과정에서 행위와 명분 사이에 괴리가 있음을 알 수 있어.

⑤ 분란을 일으킨 길동에게 임금이 벼슬을 내려 길동의 불만을 달랠 뿐 그 근본 원인은 해소하지 않는 것을 보면, 당대 사회가 신분 문제를 해결하는 데에는 소극적이었음을 알 수 있어.

02 고전 소설의 유형

'현실 – 달콤한 꿈 – 현실'의 구조

개념을 품은 **기출 선택지**

• '춘향'은 '도련님'을 처음 만날 때부터 **이별**의 상황을 우려하였음을 말하고 있다. (2018. 09. 평가원)
• (나)는 박씨 등의 여성 인물과 용골대 등의 가해 세력 간의 **대립 구도를 통해** 전쟁을 조명하고 있다.
(2017 수능)
• '강남홍'이 '취봉루'에서 **꿈**에 드는 것으로 보아, '취봉루'는 천상계에서 속세로 **입몽**하는 공간이군.
(2014 수능⑧)

① 고전 소설의 유형

고전 소설은 구체적인 인물이나 사건은 달라져도 주제나 이야기 구조가 서로 비슷한 작품이 많아서 몇 가지 유형으로 나눌 수 있다. 고전 소설의 유형에는 '애정 소설', '가정 소설', '군담 소설', '풍자 소설', '환몽 소설', '전기 소설' 등이 있다.

☑ 고전 소설은 유형에 따라 중점적으로 다루는 내용이 다르기 때문에 각 유형을 파악해 두는 것이 좋아. 한 작품이 여러 유형에 해당할 수 있다는 점도 알아 두자.

(1) 애정 소설

남녀 간의 [①]이 주제인 소설로, 주인공들이 시련을 극복하고 사랑의 결실을 맺는 구조로 이루어져 있다. 주인공들이 겪는 시련은 이별로 이어지는 경우가 많으므로, [②]의 원인과 극복 과정에 초점을 맞추어 읽어야 한다.

[앞부분 줄거리] 평양에 사는 김 진사의 딸 채봉은 장필성과 약혼한 사이였으나 벼슬에 눈이 먼 김 진사가 허 판서에게 채봉을 첩으로 주겠다고 약속한다.

김 진사의 욕심: 사랑의 시련

"아가, 너는 재상의 첩이 좋으냐, 여염집®의 부인이 좋으냐? 아비, 어미가 있는데 부끄러울 게 뭐냐. 네 생각을 말해 보아라."

채봉이 예사 여염집 처녀 같았으면 부모의 말이라 뭐라고 대꾸하지 않았을 터이지만,

원래 학식도 있었을 뿐 아니라 장필성과의 일을 잠시도 잊지 않고 있는지라. 게다가 부모가 하는 얘기를 다 들은 터라 조금도 서슴지 않고 얼굴을 바로 하고 대답한다.

"차라리 닭의 입이 될지언정 소의 뒤 되기는 바라는 바가 아닙니다."
<u>큰 단체의 졸개보다는 작은 단체의 우두머리가 나음: 재상이라 해도 첩이 되고 싶지 않음</u>

"허허, 그 녀석. 네가 첩 구경을 못 해서 그런 소리를 하는구나! 재상의 첩이야 세상에 그 같은 호강은 또 없느니라."

부인이 말을 가로막고 김 진사를 쳐다보며,

"영감은 자식에게 별말씀을 다 하시는구려. 계집애 자식이란 것은 으레 부모가 하는 대
<u>김 진사</u>   <u>유교적 관습을 이유로 채봉의 생각을 존중하지 않음.</u>
로 좇아가는 법이랍니다. 아가! 너는 네 방으로 가 있어라." (중략)

한편 채봉은 초당*으로 나와 장필성과의 약속을 생각하고 홀로 탄식한다.

[뒷부분 줄거리] 허 판서와 결혼하러 서울로 가던 채봉은 도적 떼가 쳐들어온 틈을 타 평양으로 돌아오고, 허 판서가 옥에 가둔 아버지를 구하기 위해 '송이'라는 기생이 된다. 장필성은 채봉이 내건 한시를 보고 채봉을 찾아온다. 둘의 사랑을 알게 된 '이 감사'가 둘의 혼인을 돕고, 두 사람은 부부의 인연
<u>사랑의 결실</u>
을 맺게 된다.

➡ 채봉과 장필성의 사랑이 '김 진사'의 욕심으로 시련(이별)을 겪고, 시련을 극복하는   📖 해냄 | 작자 미상, 〈채봉감별곡〉
   과정이 나타난 애정 소설

◆ 여염집: 일반 백성의 살림집.
◆ 초당: 억새나 짚 따위로 지붕을 인 조그마한 집채.

(2) 가정 소설

가정을 배경으로 가족 구성원의 다툼과 극복 과정을 다룬 소설이다. 새어머니(계모)가 전부인의 자녀들을 학대하거나 <u>처</u>와 <u>첩</u>이 갈등하는 내용이 주로 등장한다. 가정 소설에서는 ⍟주인공⍟을 착한 인물로, 주인공과 부딪히는 인물을 나쁜 인물로 설정하여 선과 악의 대립을 보여 주므로 '⍟선인⍟'과 '⍟악인⍟'을 구분하며 읽어야 한다. 또한 '❸⬚⬚⬚⬚ 간의 갈등'을 다루는 경우에는 '축첩 제도'에 대한 작가의 태도가 어떠한지 확인해야 한다.
🔗 201쪽

[앞부분 줄거리] 명나라의 유현은 늦은 나이에 아들 연수를 얻는다. 연수는 열다섯 살 때 과거에 급제하여 한림학사가 된 후 사 씨와 결혼을 한다. 구 년이 넘도록 아이를 낳지 못하자 사 씨는 유 한림에게
                                                                              = 유연수
첩을 얻어 대를 이으라고 권하고, 유 한림은 어쩔 수 없이 악독한 성품의 교 씨를 받아들인다.

      첩   ○: 선인
<u>교 씨</u>는 그제야 눈물을 거두고 대답하였다.   (중략)   △: 악인

"그런데 오늘 아침 <u>부인</u>께서 첩을 불러 놓고 책망*하셨습니다. '상공께서 너를 취하신
        처: 사 씨   <u>유 한림 = 유연수</u>
까닭은 단지 후사를 위한 것일 따름이었어. 집안에 미색이 부족한 때문이 아니었어. 그
<u>아이를 낳기 위함.</u>
런데 너는 밤낮으로 얼굴이나 다독거렸지. 또한 듣자 하니 음란한 음악으로 장부의 심지를 고혹*하게 하여 가풍*을 무너뜨리고 있다 하더구나. 이는 죽어 마땅한 죄이다. (중략) 앞으로 각별히 삼가라!'고 하셨습니다."

[뒷부분 줄거리] 교 씨는 '동청'과 계략을 꾸며 사 씨를 내쫓고 유 한림을 유배시킨다. 이후 자신의 잘못을 뉘우친 유 한림은 교 씨를 처형하고 사 씨를 다시 부인으로 맞이한다.

➡ '첩'인 교 씨가 '처'인 '부인(사 씨)'을 모함하는 장   🔖 비상(박영), 천재(박) 📖 신사고, 천재(김) | 김만중, 〈사씨남정기〉
   면으로, 처첩 간의 갈등을 다룬 가정 소설

◆ 책망: 잘못을 꾸짖거나 나무라며 못마땅하게 여김.
◆ 고혹: 아름다움이나 매력 같은 것에 홀려서 정신을 못 차림.   ◆ 가풍: 한 집안에 대대로 이어 오는 풍습이나 범절.

개념
🔑 1 이 글의 인물에 대한 설명으로 적절하지 <u>않은</u> 것은?

① 채봉은 결국 사랑보다 권세를 좇게 된다.
② 채봉은 자신의 의지대로 사랑을 성취하려 한다.
③ 아버지는 채봉이 사랑을 성취하는 데 방해가 되는 인물이다.

개념
🔑 2 이 글에 대한 설명으로 적절한 것은?

① 처첩 간의 갈등이 드러난다.
② '처'는 '교 씨'이고, '첩'은 '사 씨'이다.
③ '사 씨'의 악한 성품 때문에 갈등이 발생하였다.

빈칸 답 | ❶ 사랑 ❷ 이별 ❸ 처첩
🔑 1 ① 2 ①

(3) 영웅·군담 소설

영웅 소설은 영웅의 일대기를 그린 소설을 말하고, 군담 소설은 주인공의 군사적 활약상을 주요 내용으로 하는 소설을 이르는 말이다. 군담 소설은 대체로 영웅적인 주인공이 등장하기 때문에, 비범한 능력을 지닌 주인공이 위기와 고난을 극복하고 전쟁을 승리로 이끌어 높은 자리에 오르게 된다는 일대기적 구성(영웅 서사 구조)을 취한다. 영웅의 비범함을 드러내기 위해 ❹ [　　　]을 띠는 장면이 자주 나온다.

> ☑ 특히 임진왜란과 병자호란을 겪고 나서 군담 소설이 크게 유행하게 돼. 실제 전쟁에서는 패배했지만, 소설 속에서라도 영웅이 등장하여 적들을 물리치길 바라는 대중의 마음이 반영된 거지. 침략한 나라에 대한 분노와 적개심이 소설에 드러나기도 해.

> [영웅 서사 구조에 따른 〈홍계월전〉의 줄거리] (고귀한 혈통) 귀족 가문인 이부 시랑 홍무의 딸로 태어남. → (비정상적인 출생) 어머니 양 부인이 선녀 꿈을 꿈. → (비범한 능력) 어릴 적부터 문무를 겸비하고 남다른 능력을 보임. → (어린 시절 위기) 장사랑의 반란으로 부모와 헤어짐. → (구출과 양육) 여공의 도움으로 죽을 고비를 넘기고 남장을 한 상태로 보국과 함께 양육됨. → (성장 후 위기) 남장 사실을 들켜 보국과 갈등함. → (고난의 극복과 승리) 전쟁에서 적을 물리치고 보국과 화해하며 부귀영화를 누림.
> 군대의 대장, 우두머리 · 싸우는 상대
> 　홍 원수가 철통같이 달려가니, 원수의 준총마가 시뻘건 주둥이를 벌리고 순식간에 맹
> 홍계월
> 길의 말꼬리를 물고 늘어졌다. 맹길이 크게 놀라 몸을 돌이켜 장창을 높이 들고 원수를 해치고자 했다. 홍 원수가 크게 분노하며 칼을 들어 맹길을 치자, 두 팔이 떨어져 나갔다.
> 무찔러 모조리 죽여 없애다
> 또 이리저리 헤집고 돌아다니며 적졸을 모두 진멸하니, 피가 흘러 냇물을 이루고 주검이
> 산과 같이 쌓였다. 　　과장→홍계월의 영웅성 강조
>
> ⬥ '홍계월'의 일대기를 영웅 서사 구조에 따라 전개하며, 전쟁에서 홍계월이 활약하는 모습을 보여 주는 군담 소설　📗 미래엔, 비상(박영) 📘 천재(김) | 작자 미상, 〈홍계월전〉

개념 쏙 3 이 글에 대한 설명으로 적절하지 않은 것은?

① 홍계월이라는 여성 영웅의 삶을 다루고 있다.
② 홍계월은 부모에게 버림을 받은 뒤 여공에게 구출·양육되었다.
③ 전쟁에서 활약하는 홍계월의 모습을 과장하여 영웅적 면모를 드러내고 있다.

(4) 풍자 소설

이치에 맞지 아니하거나 도리에 어긋남
부정적 인물을 내세워 그들의 무능과 위선을 풍자하고 당대 사회의 부조리를 드러내는 소설이다. ❺ [　　　]의 〈호질〉, 〈양반전〉 등이 대표적인 풍자 소설이다. 우화적 수법이나 ❻ [　　　], 반어법, 부정적인 인물의 희화화 등 풍자의 효과를 높이기 위해 사용한 표현 기법에 주목하며 읽어야 한다.
🔖 147쪽
동식물 혹은 다른 사물을 인간처럼 표현하여, 그들의 행동을 통해 풍자와 교훈을 전달하는 표현 방법

> [앞부분 줄거리] '북곽 선생'은 학식 있고 고매한 인품의 유학자이며, '동리자'는 열녀로 받들어지는 미모의 과부이다. 하지만 동리자는 성씨가 다른 다섯 아들을 두고 있다. 북곽 선생과 동리자는 밤에 밀회를 즐기다가 발각되고, 북곽 선생은 달아나다가 똥구덩이에 빠진 뒤 호랑이를 만나게 된다.
> 희화화: 우스꽝스럽게 표현하여 북곽 선생의 권위를 떨어뜨림.
> 　범은 북곽 선생을 여지없이 꾸짖었다.
> 우화적 수법: 북곽 선생을 꾸짖는 범 · 북곽 선생
> "내 앞에 가까이 오지 마라. 내 들건대 유(儒)는 유(諛)라 하더니 과연 그렇구나. 네가
> 유(儒)는 '선비'를 의미하고 유(諛)는 '아첨하는 말'을 의미함: 언어유희
> 평소에 천하의 악명을 죄다 나에게 덮어씌우더니, 이제 사정이 급해지자 면전에서 아
> 첨을 떠니 누가 곧이듣겠느냐. 천하의 원리는 하나뿐이다. 범의 본성(本性)이 악한 것
> 앞과 뒤가 다른 위선
> 이라면 인간의 본성도 악할 것이요, 인간의 본성이 선한 것이라면 범의 본성도 선할 것
> 이다. (중략) 너희가 밤낮으로 쏘다니며 팔을 걷어붙이고 눈을 부릅뜨고 노략질하면서
> 부끄러운 줄 모르고, 심한 놈은 돈을 불러 형님이라 부르고, 장수가 되기 위해서 제 아
> 인간의 부도덕
> 내를 살해하였은즉 다시 윤리 도덕을 논할 수 없다."
>
> ⬥ 우화적 수법과 언어유희로 인간의 위선과 부도덕 등을 풍자하는 풍자 소설　📗 미래엔, 해냄 | 박지원, 〈호질〉
> 호랑이의 꾸짖음

개념 쏙 4 이 글에 대한 설명으로 적절하지 않은 것은?

① 우화적 수법을 사용하고 있다.
② 작가가 풍자하는 대상은 '범'이다.
③ 언어유희로 풍자의 효과를 높이고 있다.

(5) 환몽 소설

주인공이 '현실-꿈-현실'을 오가며 사건이 전개되는 '환몽 구조'로 이루어진 소설이다. 외화(현실)와 내화(꿈)로 이루어진 <u>액자식 구성</u>을 취하는데, 주인공이 꿈속 세계로 들어가는 것을 **❼**, 꿈에서 깨어나 현실 세계로 돌아오는 것을 **❽** 이라고 한다.

<small>🔗164쪽</small>

<small>입몽(외화 → 내화)</small>

[앞부분 줄거리] 수성궁 옛터에서 놀다가 술에 취해 잠이 든 유영은 <u>꿈속</u>에서 운영과 김생을 만나 그들의 비극적인 사랑 이야기를 듣게 된다. 안평 대군은 궁녀 열 명을 뽑아 가르치면서 궁 밖과의 인연을 금했으나, 궁녀 운영은 김생과 사랑에 빠진다. 둘의 사랑이 발각되자 운영은 목을 매어 자살하고, 김생도 식음을 전폐하다 죽는다.
<small>애정 소설</small>

두 사람은 마주 보고 슬피 울면서 능히 스스로를 그칠 줄을 몰랐다. 유영은 위로의 말
<small>운영·김생</small>
을 해 주었다.

"두 사람이 다시 만났으니 소원이 없겠소. 원수인 종도 이미 없어졌고 통분함*도 사라졌을 것인데, 어찌 슬퍼하여 마지않는가. 다시 인간에 나오기를 얻지 못하여 한함인가."

(중략) 이때 유영도 취하여 잠깐 누워 있다가 산새 소리에 깨어났다. 구름과 연기는 땅에 가득하고 새벽빛은 창망한데*, 사방을 살펴보아도 사람은 보이지 않고, 다만 <u>김생</u>이
<small>각몽(내화 → 외화)</small> <small>꿈에서 만난 인물</small>
기록한 <u>책자</u>만이 있었다.
<small>꿈과 현실을 이어 주는 매개체</small>

➡ 주인공 '유영'이 꿈속에서 '운영'과 '김생'의 사랑 이야기를 듣고 깨어나 현실로 돌아오는 환몽 소설

<small>🔳 금성, 해냄 | 작자 미상, 〈운영전〉
〈수성궁몽유록〉이라고도 함.</small>

● **통분하다:** 원통하고 분하다.　● **창망하다:** 넓고 멀어서 아득하다.

> ☑ 주인공이 꿈속에서 현실과 다른 인물이 되기도 해. 〈구운몽〉의 '성진'이 꿈에서 '양소유'가 되는 것처럼 말이야. 어쨌거나 '환몽 구조'로 이루어졌으니 〈구운몽〉도 환몽 소설이야.

(6) 전기(傳奇) 소설

실제로 일어나기 어려운, 신기하고 비현실적인 이야기를 다룬 소설이다. 주로 천상이나 용궁 등의 비현실적인 세계가 배경인 이야기와 현실 속 인물이 신비한 존재와 애틋한 사랑을 나누는 이야기가 많다.

<small>현실의 공간</small>

[앞부분 줄거리] <u>만복사</u>*에 살던 양생은 부처님과 저포* 놀이를 해 이긴 대가로 아름다운 처녀와 부부의 연을 맺는데, 둘은 다시 만날 것을 약속하고 잠시 헤어진다. 양생은 약속한 장소에서 기다리다 아내의 가족을 만난다.

<small>아내</small>
양생은 그 전날 <u>여인</u>과 약속한 일을 그대로 이야기했다. 여인의 부모는 놀라고 의아하
<small>다시 만나기로 한 일</small>
게 생각하더니 이윽고 입을 열었다.

"내겐 딸만 하나 있었네. 그런데 그 아이는 왜구들의 난리 때 싸움의 와중에 죽고 말았지."
<small>죽은 사람과 사랑을 한 양생: 전기적 요소 ① → 애정 소설, 전기 소설</small>

(중략)

말을 마치고 부모는 먼저 <u>보련사</u>로 떠나고, 양생은 우두커니 서서 기다리고 있었다. 약
<small>아내와 함께 가기로 약속했던 장소</small>
속한 시간이 되자 과연 한 여인이 시녀를 데리고 하늘거리며 왔다. 그 여인이었다. 그들은 서로 기뻐하며 손을 잡고 절 안으로 들어갔다.

여인은 부처님께 절을 올리고 하얀 휘장 안으로 들어가는데 친척들과 승려들은 모두 그녀를 보지 못하고 오직 양생만이 볼 수 있었다.
<small>양생만이 여인을 볼 수 있음: 전기적 요소 ②</small>

➡ 현실의 사람이 죽은 사람과 사랑하는 내용을 다룬 전기 소설

<small>– 김시습, 〈만복사저포기〉</small>

● **만복사:** 절 이름.
● **저포:** 주사위 같은 것을 나무로 만들어서 던져서 그 곳수로 승부를 겨루는 것으로, 윷놀이와 비슷하다.

<small>외화 (현실) → 입몽 → 내화 (꿈) → 각몽 → 외화 (현실)</small>

**개념
콕 5** 이 글에 대한 설명으로 적절한 것은?

① '유영'이 '운영'과 '김생'을 위로한 곳은 '현실'의 공간이다.

② '유영'은 꿈속에서 '김생'으로 태어나 '운영'과 사랑을 나눈다.

③ '김생'이 기록한 책자는 꿈과 현실을 이어 주는 매개체이다.

<small>Ⅳ 고전 소설</small>

**개념
콕 6** 이 글에 대한 설명으로 적절하지 **않은** 것은?

① '양생'이 저포 놀이를 한 '만복사'는 현실의 공간이다.

② '양생'의 사랑은 '여인'의 환생을 통해 이루어지고 있다.

③ '양생'이 부처님과 저포 놀이를 하는 것은 비현실적인 일이다.

빈칸 답 | ❹ 전기성 ❺ 박지원 ❻ 언어유희 ❼ 입몽 ❽ 각몽
콕 3 ② 4 ② 5 ③ 6 ②

[01~02] 다음 글을 읽고 물음에 답하시오.

미래엔, 해냄

바로바로 간단 체크

1 괄호 안에 들어갈 알맞은 말을 쓰시오.

(1) 〈춘향전〉, 〈운영전〉, 〈채봉감별곡〉처럼 남녀 간의 사랑을 주제로 하는 고전 소설을 (　°ㅈ　) 소설이라고 한다.

(2) 전쟁과 군대를 배경으로 하여 비범한 인물이 위기에 처한 나라를 구하는 고전 소설을 (　ㄱㄷ　) 소설이라고 한다.

(3) (　ㅎㅁ　) 소설은 '현실 → 꿈 → 현실'의 구조를 가지며, 외화와 내화로 구분할 수 있다.

2 다음 설명이 맞으면 O표, 틀리면 ×표를 하시오.

(1) '가정 소설'은 가정을 배경으로 하는 고전 소설로, 새어머니가 본처의 자식을 괴롭히거나 처와 첩이 갈등하는 상황이 자주 등장한다.　　(　　)

(2) '풍자 소설'은 서술자가 대상에 대한 애정을 바탕으로 한 고전 소설로, 언어유희가 많이 쓰인다.
　　　　　　　　　　　　　　　　　　(　　)

3 다음은 '환몽 소설'인 〈구운몽〉의 구성을 정리한 것이다. 빈칸에 들어갈 알맞은 말을 쓰시오.

현실	천상의 신선계: 성진이 세속적 욕망으로 불교에 대한 회의감에 빠짐.

↓ 입몽

㉠____	지상의 인간계: 성진이 양소유로 환생하여 입신양명과 부귀영화를 이룸.

↓ ㉡____

현실	천상의 신선계: 성진이 속세의 허망함을 깨닫고 불도에 정진함.

정(鄭)나라 어느 고을에 벼슬을 탐탁하게 여기지 않는 학자가 살았으니 '북곽 선생(北郭先生)'이었다. 그는 나이 마흔에 손수 교정(校正)해 낸 책이 만 권이었고, 또 육경(六經)의 뜻을 부연해서 다시 저술한 책이 일만 오천 권이었다. ㉠천자(天子)가 그의 행의(行義)를 가상히 여기고 제후(諸侯)가 그 명망을 존경하고 있었다.

그 고장 동쪽에는 동리자(東里子)라는 미모의 과부가 있었다. 천자가 그 절개를 가상히 여기고 제후가 그 현숙함을 사모하여, 그 마을의 둘레를 봉(封)해서 '동리과부지려'(東里寡婦之閭)라고 정표(旌表)해 주기도 했다. 이처럼 동리자가 수절을 잘하는 부인이라 했는데 실은 슬하의 다섯 아들이 저마다 성(姓)을 달리하고 있었다.

어느 날 밤, 다섯 놈의 아들들이 서로 지껄이기를,

"강 건너 마을에서 닭이 울고 강 저편 하늘에 샛별이 반짝이는데, 방 안에서 흘러나오는 말소리는 어찌도 그리 북곽 선생의 목청을 닮았을까."

하고 다섯 놈이 차례로 문틈으로 들여다보았다. 동리자가 북곽 선생에게,

"오랫동안 선생님의 덕을 사모했사온데 오늘 밤은 선생님 글 읽는 소리를 듣고자 하옵니다." (중략)

다섯 놈이 서로 소곤대기를,

"《예기(禮記)》에 이르기를 '과부의 문에는 함부로 들지 않는다.' 하였는데, ㉡북곽 선생과 같은 점잖은 어른이 과부의 방에 들어올 리가 있겠나. 우리 고을의 성문이 무너진 데에 여우가 사는 굴이 있다더라. 여우란 놈은 천 년을 묵으면 사람 모양으로 둔갑할 수가 있다더라. 저건 틀림없이 그 여우란 놈이 북곽 선생으로 둔갑한 것이다."

하고 함께 의논했다.

"들으니 여우의 머리를 얻으면 큰 부자가 될 수 있고, 여우의 발을 얻으면 대낮에 그림자를 감출 수 있고, 여우의 꼬리를 얻으면 애교를 잘 부려서 남에게 예쁘게 보일 수 있다더라. 우리 저놈의 여우를 때려잡아서 나누어 갖도록 하자."

다섯 놈이 방을 둘러싸고 우르르 쳐들어갔다. 북곽 선생은 크게 당황하여 도망쳤다. 사람들이 자기를 알아볼까 겁이 나서 모가지를 두 다리 사이로 쑤셔 박고 귀신처럼 춤추고 낄낄거리며 문을 나가서 내닫다가 그만 들판의 구덩이 속에 빠져 버렸다. 그 구덩이에는 똥이 가득 차 있었다. 간신히 기어올라 머리를 들고 바라보니 뜻밖에 범이 길목에 앉아 있는 것이 아

닌가. / 범은 북곽 선생을 보고 오만상을 찌푸리고 구역질을 하며 코를 싸쥐고 외면을 했다.

"어허, 유자(儒者)*여! 더럽다."

– 박지원, 〈호질〉

* 육경(六經): 중국 춘추 시대의 여섯 가지 경서(經書).   * 가상히: 착하고 기특하게.
* 제후(諸侯): 봉건 시대에 일정한 영토 안에서 지배력을 가지던 사람.
* 봉(封)하다: 임금이 그 신하에게 일정 정도의 영지를 내려 주고 영주(領主)로 삼다.
* 정표(旌表)하다: 착한 행실을 세상에 드러내어 널리 알리다.
* 예기(禮記): 의례에 대한 해설과 음악·정치·학문 등 여러 방면에 걸쳐 예의 근본 정신에 대해 서술한 중국의 고전.
* 유자(儒者): 유학을 공부하는 선비.

01 이 글에 대한 설명으로 적절하지 않은 것은?

① 천자와 제후는 북곽 선생을 잘못 평가하고 있다.
② 동리자의 아들들은 사건의 본질을 제대로 파악하지 못하고 엉뚱한 행동을 하고 있다.
③ 동리자는 성이 다른 다섯 아들을 낳음으로써 자신을 열녀로 받드는 세태를 비판하고 있다.
④ 귀신처럼 춤추고 낄낄거리며 도망치는 것을 볼 때, 북곽 선생은 자기 행동이 떳떳하지 못함을 알고 있다.
⑤ 작가는 당대 사회에서 이상적인 인물로 평가받고 있는 인물들의 이중적인 모습을 드러냄으로써, 당대 지배층의 위선을 비판하고 있다.

02 ㉠과 ㉡을 근거로 '범'이 '북곽 선생'에게 "어허, 유자(儒者)여! 더럽다."라고 평가한 이유를 쓰시오.

_____

_____

[03~05] 다음 글을 읽고 물음에 답하시오.
🔖 지학사, 해냄 📖 동아, 신사고

[앞부분 줄거리] ㉠유심은 부인 장 씨와 형산에 치성을 드리고 신이한 꿈을 꾼 뒤, 천상계의 신선 자미성이었던 충렬을 아들로 얻는다. 정한 담 역시 천상계에서 죄를 짓고 지상계로 내려왔는데, 정한담은 충렬의 가족을 계략에 빠뜨려 흩어지게 한다. ㉡충렬은 전직 고관인 강희주의 도움으로 목숨을 건지고 그의 사위가 된다. 그러나 강희주도 정한담과 대립하다 밀려나고, 충렬은 때를 기다리며 도술을 배운다. 이때 정한담 이 호국(胡國)과 내통하고 명나라는 전쟁이 일어나기 직전의 상황이 된다.

이때 원수*는 도성에서 적세를 탐지하고 있었는데, 한 군사 달려와 아뢰되,

"지금 도적이 금산성으로 쳐들어와 군사를 다 죽이고 중군 장을 찾아 횡행하니, 원수께서는 급히 와 구원하소서."

하니, 원수 대경해 금산성 십 리 뜰로 나는 듯이 달려가 벽력 같은 소리를 지르며 적진을 헤치고 중군장 조정만을 구원해 장대에 앉힌 후, 필마단창*으로 성화같이 적진을 향해 달려갔 다. ㉢원수의 장성검이 지나는 곳에 천극한의 머리 떨어지고 천사마 닿는 곳에 십만 군병이 팔공산 초목이 구시월 만나듯 이 순식간에 없어졌다. 원수 본진으로 돌아와 칼끝을 보니 정 한담은 간데없고 ㉣전후가 모두 지금껏 보지 못했던 되놈*들 이었다.

이때 한담이 원수를 속이고 정병*만을 가리어 급히 도성으 로 들어가니, 성중에는 지키는 군사가 전혀 없었으며, 천자 또 한 원수의 힘만 믿고 잠이 깊이 들어 있었다. 이에 한담이 천 병만마*를 이끌고 와 순식간에 성문을 깨치고 궐내로 들어가 함성해 이르기를,

"이봐, 명제*야! 이제 네가 어디로 달아날 수 있겠느냐? 팔 랑개비라 비상천*하며 두더지라 땅으로 들어가랴. 네 놈의 옥새 빼앗으려고 왔는데, 네 이제는 어디로 달아나려느냐. 바삐 나와 항복하라."

하는 소리에 ㉤궁궐이 무너지고 혼백이 상천(上天)하는지라. 한담의 고함 소리에 명제도 넋을 잃고 용상*에서 떨어졌으나, 다급히 옥새를 품에 품고 말 한 필을 잡아타고 엎어지며 자빠 지며 북문으로 빠져나와 변수 가로 도망했다. (중략) 한담이 대희해 천둥 같은 소리를 지르고 순식간에 달려들어 구척장 검을 휘두르니 천자가 탄 말이 백사장에 거꾸러지거늘, 천자 를 잡아내어 마하(馬下)에 엎어뜨리고 서리 같은 칼로 통천관 (通天冠)*을 깨어 던지며 호통하기를,

"이봐, 명제야! 내 말을 들어 보아라. 하늘이 나 같은 영웅을 내실 때는 남경의 천자가 되게 하심이라. 네 어찌 계속 천자 이기를 바랄쏘냐. 내가 네 한 놈을 잡으려고 십 년을 공부해 변화무궁한데, 네 어찌 순종하지 않고 조그마한 충렬을 얻 어 내 군사를 침노*하느냐. 네 죄를 논죄컨대 이제 바삐 죽 일 것이로되, 나에게 옥새를 바치고 항서를 써서 올리면 죽 이지 아니하리라. 그러나 만약 그렇지 아니하면 네놈은 물 론 네놈의 노모와 처자를 한칼에 죽이리라."

하니, 천자 어쩔 수 없이 하는 말이,

"항서를 쓰자 한들 지필(紙筆)이 없다."

하시니, 한담이 분노해 창검을 번득이며 왈, / "곤룡포를 찢어 떼고 손가락을 깨물어서 항서를 쓰지 못할까."

IV 고전 소설

하는지라. 천자 곤룡포를 찢어 떼고 손가락을 깨물었으나 차마 항서를 쓰지는 못하고 있었으니, 어찌 황천(皇天)인들 무심하리오.

– 작자 미상, 〈유충렬전〉

* **원수**: 군대의 대장. 우두머리.　　　　* **필마단창**: 한 필의 말과 한 자루의 창.
* **되놈**: 중국의 여진족을 낮잡아 부르는 말. 오랑캐.
* **정병**: 우수하고 강한 군사.
* **천병만마**: 천 명의 군사와 만 마리의 군마라는 뜻으로, 아주 많은 수의 군사와 군마를 이르는 말. 천군만마.
* **명제**: 중국 명나라의 황제. 명나라의 천자를 일컬음.
* **비상천(飛上天)**: 하늘로 날아 올라감.　　* **용상**: 임금이 정무를 볼 때 앉던 평상.
* **통천관(通天冠)**: 황제가 정무를 보거나 조칙을 내릴 때 쓰던 관.
* **침노**: 성가시게 달라붙어 손해를 끼치거나 해침.

03 이 글의 내용과 일치하는 것은?

① '천자'는 도망치는 도중에 옥새를 잃어버렸다.
② '정한담'은 금산성에서 '충렬'을 기다리고 있었다.
③ '정한담'은 '충렬'이 천자가 될 재목이라고 인정하였다.
④ '천자'는 '원수'를 믿지 못해 성 안에 많은 군사를 두었다.
⑤ '정한담'은 '충렬'을 '천자'로부터 떨어뜨리는 계략을 꾸몄다.

04 이 글의 유형을 고려하여 ㉠~㉤을 이해한 것으로 적절하지 않은 것은?

① ㉠: 영웅의 일대기에서 영웅의 기이한 출생에 해당하는 부분으로 볼 수 있다.
② ㉡: '강희주'는 '충렬'에게 위기를 극복하도록 도와주는 조력자의 역할을 하는 인물로 볼 수 있다.
③ ㉢: 서술자는 '충렬'이 지닌 탁월한 능력을 사실적으로 묘사하여 '충렬'의 영웅적 면모를 강조하고 있다.
④ ㉣: '호국'의 군사들을 '되놈'으로 지칭해 소설 창작 당시 독자들이 지닌 호국에 대한 적개심을 반영하였음을 알 수 있다.
⑤ ㉤: '정한담' 역시 '충렬'과 마찬가지로 천상계의 인물이기 때문에 비범한 능력을 지닌 인물로 설정되었음을 알 수 있다.

05 이 글에서 '서술자의 개입'이 나타난 부분의 첫 어절과 끝 어절을 쓰시오.

[06~07] 다음 글을 읽고 물음에 답하시오.

2018학년도 수능 (변형)

[앞부분 줄거리] 유 한림은 아내 사 씨와의 사이에 아이가 없어 교 씨를 첩으로 들인다. 악독한 성격의 교 씨는 동청과 계략을 꾸며 사 씨를 내쫓고 자신이 정실 부인이 된다. 사 씨는 집을 떠나 이리저리 떠돌고, 교 씨와 동청의 계략으로 유 한림도 유배를 간다.

왕비가 웃으며 말했다.

"부인이 이곳에 오긴 오겠지만 아직 때가 멀었소. 남해 도인이 그대와 인연이 있으니 잠깐 의탁하게 될 것이오. 이 또한 하늘의 뜻이니라."

사 씨가 여쭈었다.

"남해라면 바다 끝으로 알고 있사옵니다. 첩에게는 탈 것이 없고 돈도 없는데 어찌 갈 수 있겠나이까?"

왕비가 말했다.

"조만간 길을 인도하는 자가 있을 것이니 조금도 염려 마라."

이윽고 좌우에 앉아 있는 부인들을 하나하나 소개했다. 위국 부인 장강*, 한나라의 반첩여* 등이 있었다. 사 씨가 다소곳이 일어나 머리를 조아리고 말했다.

"뜻밖에도 모든 부인님의 얼굴을 오늘 뵙게 되니 크나큰 영광입니다."

드디어 하직을 하고 여동의 인도를 받아 내려오는데, 걷었던 ㉠주렴을 내리는 소리가 요란하였다. 이 소리에 놀라 몸을 일으키니 유모와 시비가 부인이 깨신다 하고 부르거늘 사 씨가 일어나 앉으니 이미 날이 저물었다. 멍한 정신이 한참 만에야 진정되었다. 입에서는 향기로운 냄새가 났고 왕비께서 하시던 말씀이 뚜렷했다. 유모에게 물었다.

"내가 어디 갔다 왔느냐?"

유모와 시비가 대답했다.

"부인께서 기절하는 바람에 소인들이 간호하여 이제야 깨어나셨는데 어디를 가셨단 말입니까?"

사 씨가 조금 전에 있었던 일을 다 말하고 ㉡대나무 수풀을 가리키며 말했다.

"분명히 저 길로 갔다 왔으니 어찌 꿈이라 하리오. 믿지 못하겠다면 나를 따라오라."

그러고는 길을 찾아 대나무 수풀 뒤쪽으로 가니 사당이 하나 있었다. 현판이 걸려 있는데 황릉묘*라고 쓰여 있었다. 분명 아황과 여영, 두 왕비의 묘로 ꠤ꿈ꠥ에서 본 것과 같았다. 사당 안으로 들어가 살펴보니 두 왕비의 ㉢초상화가 걸려 있는데 꿈에서 본 것과 같았다. 이에 사 씨가 향을 피우고 절하며 말했다.

"첩이 왕비의 가르치심을 입어 훗날 좋은 시절을 만나서 영화를 누리게 된다면 어찌 그 은혜를 잊으리까?"

분향을 마친 후 앉아서 신세를 생각하니 슬픔이 밀려왔다. 시비를 시켜 묘지기 집에 가서 밥을 구해 와서는 세 사람이 나누어 먹었다. 이윽고 사 씨가 말했다.

"의지할 곳이 없으니 신령이 나를 놀리시는구나."

앞길이 막막하여 어쩔 줄 모르는 중 벌써 달이 밝았다. 세 사람이 방황하고 있는데 묘문으로 두 사람이 들어와 물었다.

"어려움을 만나 물에 빠지려 하시는 부인이 아니옵니까?"

사 씨가 눈을 들어 자세히 보니 한 명은 여승이고 다른 한 명은 여동이었다. 크게 놀라며 말했다.

"어찌 우리를 아는가?"

여승이 합장하고 말했다.

"우리는 동정 군산에 사는 사람인데 조금 전 꿈결에 관음보살께서 어진 여자가 화를 만나 날이 저물어 갈 곳을 몰라 방황하니 급히 황릉묘로 가서 구하라고 하셨습니다. 이에 ⓐ배를 저어 와서 부인을 만나게 되었습니다."

(중략)

한편 한림학사 유연수는 유배지에 도착하니 바람이 거세고 인심이 사나워 갖은 고초를 겪게 되었다. 외로운 가운데 이러한 고생을 하니 예전의 총명함이 점점 돌아와 뉘우치며 말했다.

"사 씨가 동청을 꺼렸는데 이제 와서 생각하니 그 말이 옳도다. 어진 아내를 의심했으니 무슨 면목으로 조상을 대하리오."

밤낮 이런 생각을 하면서 탄식하니 병에 걸리고 말았다. 이곳에는 마땅한 의약이 없었다. 병세는 날로 심해져 죽을 지경에 이르렀다. 하루는 흰 옷 입은 노파가 ⓜ병(甁)을 들고 와서 말했다.

"상공의 병이 위독하니 이 물을 먹으면 좋아지리라."

한림이 물었다.

"그대는 누구인데 유배당한 사람의 병을 구하시오?"

노파가 말했다. / "나는 동정 군산에 사는 사람이로다."

그러고는 병을 뜰 가운데 놓고 사라졌다. 한림이 놀라 일어나니 꿈이었다. 이상하게 생각했는데 다음 날 아침 하인이 뜰을 청소하다가 들어와 고했다.

"뜰에서 물이 솟아나옵니다."

한림이 이상하게 여겨 창을 열고 보니 꿈에 노파가 병을 놓았던 자리였다. 물을 한 그릇 떠오라고 해서 마시니 맛이 달고 상쾌한 것이 마치 단 이슬을 먹은 것 같았다. 원래 행주는 수질이 좋지 않은 곳이다. 한림의 병도 그렇게 좋지 않은 물 때

문에 생긴 것이었다. 그런데 이 물을 먹은 즉시 병세가 사라지고 예전의 얼굴과 기력을 회복하였다. 그것을 본 사람들이 모두 신기하게 여겼다. 이후로도 그 샘은 마르지 않아 마을 사람들이 나누어 마셨다. 이로 인해 물로 인한 병이 없어지자 사람들이 그 샘을 학사정이라고 하였는데 지금까지 전해진다.

– 김만중, 〈사씨남정기〉

● 장강: 춘추 전국 시대 위나라 장공의 아내.　● 반첩여: 한나라 성제의 후궁.
● 황릉묘: 순임금의 두 왕비인 아황과 여영을 추모하기 위해 세운 사당.

06 ㉠~㉤에 대한 설명으로 적절한 것은?

① ㉠: '사 씨'가 꿈에서 깨게 되는 소리로, '사 씨'가 현실 세계에서 비현실적인 세계로 돌아오게 되는 계기이다.

② ㉡: '사 씨'가 꿈에서 보았던 곳과 같은 장소로, 비현실적 상황과 현실적 상황의 경계를 분명히 구별하게 한다.

③ ㉢: '사 씨'가 꿈에서 보았던 왕비의 모습을 떠올리게 하는 물건으로, 초월적 존재에 대해 '사 씨'가 믿음을 갖게 되는 소재이다.

④ ㉣: '사 씨'가 꿈에서 계시를 받아 사전에 준비한 이동 수단으로, '사 씨'가 두 왕비와 재회할 수 있도록 돕는 매개체이다.

⑤ ㉤: '유 한림'과 인연이 있는 현실의 사람이 준 물건으로, '유 한림'이 처한 위급한 상태를 현실적인 방법으로 낫게 하는 소재이다.

07 이 글에 나타난 꿈에 대한 이해로 가장 적절한 것은?

① 꿈을 꾼 등장인물들이 고난을 극복하게 될 것을 암시한다.

② 꿈을 꾼 등장인물들이 새로운 삶을 체험하는 계기가 된다.

③ 꿈을 꾼 등장인물들이 만나고 싶어 하던 역사적 인물이 등장한다.

④ 천상계의 존재를 등장시켜 꿈을 꾼 등장인물의 신분이 고귀함을 드러낸다.

⑤ 꿈을 꾼 등장인물들이 꿈속 인물과의 대화를 통해 자신의 잘못을 뉘우치게 된다.

03 판소리, 판소리계 소설

1 판소리와 판소리 사설

판소리는 조선 후기 발생한 연행 예술로 창(소리·노래)과 아니리(말), 발림(몸짓)이 결합된 종합 예술 양식이다. 창자 한 명이 고수 한 명의 장단에 맞추어 몸짓과 함께 소리를 한다.
이 판소리를 채록해 대본으로 만든 것을 판소리 사설이라고 하는데 대부분 근원
_{노래를 하는 사람} _{북이나 장구 따위를 치는 사람}
[①]를 가지고 있다. 현재까지 소리가 전해지는 작품은 〈춘향가〉, 〈심청가〉, 〈흥보
_{자료를 찾아 모아서 적거나 녹음함}
가(박타령)〉, 〈수궁가(토별가)〉, 〈적벽가〉이다.

> _{주로 판소리 창자의 창과 아니리를 녹음하여 기록함.}
> ☑ 〈~가〉로 끝나는 작품은 판소리를 채록한 판소리 사설이고, 〈~전〉으로 끝나는 작품은 판소리가 소설로 정착한 판소리계 소설이야. 그래서 판소리계 소설에는 운율을 가진 문장(운문체)들이 많아.

개념 ➕ **판소리 장단의 종류**

1. **진양조**: 판소리 장단 가운데서 가장 느린 것으로, 이야기의 전개가 느슨하고 서정적인 장면에서 사용한다. _{정서를 듬뿍 담고 있는}

2. **중모리**: 느린 장단으로, 어떤 사연을 담담히 서술하는 장면이나 서정적인 장면에서 사용한다.

3. **중중모리**: 중모리보다 빠른 장단으로, 춤추는 장면, 당당하게 걷는 장면, 우는 장면에서 사용한다.

4. **자진모리**: 중중모리보다 빠른 장단으로, 어떤 일이 차례로 벌어지거나 여러 가지 사건을 늘어놓는 장면, 긴장이 고조되는 장면에서 사용한다.

5. **휘모리**: 판소리 장단 가운데 가장 빠른 장단으로, 어떤 일이 매우 빠르게 벌어지는 대목에서 사용한다.

🟢 판소리의 구성 요소

㉠ **창**: 창자가 부르는 노래이다. 사설의 내용에 따라 장단의 [②]가 달라지는데, '진양조, 중모리, 중중모리, 자진모리, 휘모리' 등이 있다.

㉡ **아니리**: 창자가 하는 [③]이다. 창자가 노래를 하다가 대사처럼 사설을 엮어 나가는 것을 말한다. _{늘어놓는 말이나 이야기}

㉢ **발림(=너름새)**: 창자가 공연 중에 작품 내용에 맞추어 손, 발, 몸짓을 이용해 감정을 표현하는 행위이다.

[중모리] : 창 – 수청을 들라는 사또의 말을 거역하는 춘향

"여보 사또님, 들으시오, 여보 사또님, 들으시오. 충신은 불사이군(不事二君)˚이요, 열녀불경이부절(烈女不更二夫節)˚을 사또는 어이 모르시오? (중략) 마오, 그리 마오. 기생 자식이라고 그리 마오."

<small>변사또 ‌ 춘향이 사또의 명을 거절하는 근거로 제시한 유교 이념</small>

[아니리] : 사설

사또님이 이 말을 들어 놓으니, 오장이 벌컥 뒤집혀서, 미처 통인(通引)˚을 못 부르고, / "사령˚아, 이년 잡아 내려라."

<small>몹시 화가 나서</small>

[휘모리] : 창

골방의 수청 통인 우루루루루 나오더니, / "급창(及唱)˚! 춘향 잡아 내리랍신다!"

➡ 창과 아니리가 번갈아 나타나고 있음.　　　　　　📖 신사고, 창비 | 작자 미상, 〈춘향가〉

- **불사이군(不事二君):** 두 임금을 섬기지 않음.
- **열녀불경이부절(烈女不更二夫節):** 열녀는 절개를 지켜 두 남편을 맞이하지 않음.
- **통인(通引):** 조선 시대에, 수령의 잔심부름을 하던 사람.
- **사령:** 조선 시대에, 각 관아에서 심부름을 하던 사람.
- **급창(及唱):** 조선 시대에, 군아에 속하여 원의 명령을 간접으로 받아 큰 소리로 전달하는 일을 맡아보던 사내종.

② 판소리계 소설

판소리 사설의 영향을 받아 소설로 정착된 것을 가리킨다. 판소리계 소설과 판소리 사설은 공통적으로 다음과 같은 표현상 특징을 지닌다.

(1) 언어의 이중성: 하층 계급의 비속어, 구어 등과 상층 계급의 한문투가 섞여 있는 ‘언어의 이중성’이 두드러진다. 판소리는 원래 ❹ 들이 만들어 내었기 때문에 비속어, 구어 등이 사용되었는데, 점차 사대부와 임금까지 판소리를 즐기게 되면서 이들이 쓰는 언어가 섞여 나타나게 되었다.

<개념➕> **주제의 양면성:** 판소리계 소설을 하층 계급과 상층 계급이 모두 즐기면서 나타난 또 하나의 특징은 ‘주제의 양면성’이다. 예를 들어 〈춘향전〉의 경우 겉으로 드러나는 ‘표면적 주제’는 ‘춘향의 절개’이지만, 숨겨져 있는 ‘이면적 주제’는 ‘신분의 한계를 벗어난 주체적인 삶’이다. 기존 지배 체제에 어긋나는 평민의 소망이나 바람을 대놓고 드러낼 수 없었기 때문에 ‘이면적 주제’를 숨겨 두고, 표면적으로는 ‘절개’와 같이 상층 계급이 중요시하는 가치를 내세운 것이다.

[앞부분 줄거리] 심청은 아버지의 눈을 뜨게 할 공양미 삼백 석을 마련하려고 인당수에 바칠 제물이 되기로 하고, 사정을 알게 된 심 봉사는 슬퍼한다.

심 봉사가 하도 기가 막혀 울음도 아니 나오고 실성을 하는데,
"애고, 이게 웬 말이냐, 응! 참말이냐, 농담이냐? 말 같지 아니하다. 나더러 묻지도 않고 네 마음대로 한단 말이냐? 네가 살고 내 눈 뜨면 그는 응당 좋으려니와 네가 죽고 내 눈 뜨면 그게 무슨 말이 되랴. (중략) 무지한 강도놈들아, 생사람 죽이면 대전통편(大典通編) 률(律)이니라."

<small>구어체 ‌ 비속어</small>
<small>법에 어긋난다는 뜻(한문투)</small>

➡ 하층·상층 계급의 언어가 섞여 나타남.　　　　　　📖 미래엔 | 작자 미상, 〈심청전〉

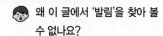

개념콕 1 이 글에 대한 설명으로 적절한 것은?

① 판소리를 채록한 작품이다.
② ‘아니리’에서 창자는 장단에 맞춰 노래를 한다.
③ 두 명의 창자가 각각 ‘창’과 ‘아니리’를 담당한다.

궁금해요

 왜 이 글에서 ‘발림’을 찾아 볼 수 없나요?

우리가 글로 보는 판소리 사설은 ‘내용’에 해당하는 ‘창’과 ‘아니리’만 기록해 뒀기 때문이야. 하지만 실제 공연에는 세 요소 모두가 드러난다는 점을 알아 두자.

개념콕 2 이 글에 대한 설명으로 적절하지 <u>않은</u> 것은?

① 평민의 일상적인 구어가 사용되었다.
② 두 계급의 언어가 혼합되어 나타나는 특징을 보인다.
③ 한문투의 말은 평민층의 언어와 함께 쓰이지 못하고 있다.

빈칸 답 : ❶ 설화 ❷ 빠르기 ❸ 말 ❹ 평민
콕 1 ① 2 ③

개념+ 풍자·해학 한눈에 보기 ⬥ 133쪽

	풍자	해학
공통점	부정적인 상황에서도 웃음을 유발하여 골계미를 형성함.	
차이점	대상에 대한 비웃음, 공격, 비판, 조롱을 이끌어 냄.	대상에 대한 친근감이나 연민, 동정을 이끌어 냄.

개념 콕 3 이 글에 대한 설명으로 적절한 것은?

① 어리석은 평민층에 대한 비판이 드러난다.
② 웃음을 잃지 않는 골계미를 해학으로 보여 준다.
③ 흥보를 풍자하며 슬픔을 웃음으로써 해소하려고 한다.

바나나 먹으면 나한테 반하나??

개념 콕 4 동음이의어를 활용한 언어유희에 해당하는 것은?

① 유(儒)는 유(諛)라 하더니
② 아참, 말이 빠져서 이가 헛나갔군.
③ 네 서방인지 남방(南方)인지 걸인 하나 내려왔다.

(2) 풍자와 해학: 판소리 사설·판소리계 소설은 등장인물이 위기에 처하거나 어렵고 힘든 일에 부딪쳐도 웃음을 유발하며 장면을 진행하는 경우가 많다. 이는 지배층이나 부정적 사회 현상에 대한 조롱이 섞인 '❺_____'적인 웃음일 수도 있고, 슬픔을 웃음으로써 해소하려는 '❻_____'적인 웃음일 수도 있다. 이와 같이 비극적이거나 부정적인 상황에서도 웃음을 잃지 않는 미학을 '골계미'라고 한다.

> **[앞부분 줄거리]** 아버지가 돌아가시자 형 놀보는 재산을 독차지하고 흥보를 내쫓는다. 가난에 시달리던 흥보는 결국 대신 매를 맞아 주고 돈을 받는 일을 하기로 한다. 이 사실을 가족들에게 말하자 자식들은 온갖 물건을 사 달라고 보챈다.
>
> "아부지. 나일랑은 양피 조끼에 통대모 장도 비단 꽃신 한 벌 사다 주오."
> "네 이 자식, 대모 장도 얻다 찰래?" *(저는)*
> "찰 데 없으면 갈비 뚫어 차지요."
> 장도(칼)를 사 와도 찰 데가 없을 정도로 가난한 상황에서 '찰 데 없으면 갈비 뚫어 차겠다'와 같은 대사를 써서 웃음을 유발함.
> 흥보 아내 곁에 섰다 여러 자식들을 호통하여 물리치니, 흥보 하는 말이,
> "요런 몹쓸 일도 있는가. 개암*쪽만한 볼기짝에 그새에 시장관을 벌였구나. 그만 두어라. 많이 사다 주마."
>
> ❶ 매를 맞아 돈을 벌어야 할 정도로 비참한 상황이지만 이를 해학적으로 표현하여 웃음으로 해소하려고 함.
> ♦ **개암:** 개암나무의 열매. 겉은 도토리와 비슷하고 맛은 밤과 비슷함.
>
> – 작자 미상, 〈박흥보전〉

(3) 언어유희: '언어유희'란 말이나 글자를 소재로 하는 놀이를 뜻하는데, 다음과 같은 방법으로 말을 재미있게 꾸미는 것을 예로 들 수 있다.
> ❶ 판소리 사설·판소리계 소설은 언어유희를 활용해 운율을 형성하고, 청자와 독자에게 흥미를 유발하였다.

㉠ 발음의 유사성을 이용한 언어유희

> 올라간 이(李) 도령인지 삼(三) 도령인지
> ❶ 이몽룡의 성씨와 숫자 '2'의 발음이 유사한 것을 활용한 말장난
> 📖 금성, 동아, 신사고, 지학사, 창비, 천재(박), 해냄 📖 비상 | 작자 미상, 〈춘향전〉

뜻은 다르지만 소리가 같은 말
㉡ 동음이의어를 활용한 언어유희

> 운봉의 갈비를 직신, / "갈비 한 대 먹고 지고" *(갈비뼈 / 소갈비)*
> ❶ 사람의 뼈인 '갈비'를 먹는 음식인 '갈비'처럼 표현하고 있음: 뜻은 다르지만 소리가 같은 말을 활용한 말장난
> 📖 금성, 동아, 신사고, 지학사, 창비, 천재(박), 해냄 📖 비상 | 작자 미상, 〈춘향전〉

㉢ 같거나 비슷한 소리를 반복하여 만드는 언어유희

> 아, 이 양반이 허리 꺾어 절반인지, 개다리 소반인지, 꾸레미전에 백반인지
> ❶ '반'으로 끝나는 단어를 반복한 말장난
> 📖 천재(박), 천재(이) 📖 미래엔, 비상, 지학사, 창비, 천재(정) | 작자 미상, 〈봉산 탈춤〉

일반적인 말의 차례를 바꾸는 표현 방법 ⬥ 49쪽
㉣ 언어 도치를 이용한 언어유희

> 어 추워라, 문 들어온다, 바람 닫아라. 물 마른다, 목 들여라. *(바람 들어온다. 문 닫아라. / 목 마른다. 물 들여라.)*
> ❶ 문장의 일반적인 어순을 뒤바꾼 도치를 활용한 말장난
> 📖 금성, 동아, 신사고, 지학사, 천재(박), 해냄 📖 비상 | 작자 미상, 〈춘향전〉

(4) 고사의 활용

고사는 옛이야기란 뜻으로 주로 고대 중국에서 전해져 온 이야기이다. 판소리 사설·판소리계 소설은 상층 계급의 취향을 고려하고자 고사를 자주 활용하였다. 고사가 활용될 때 상층 계급의 [**❼**]가 나타나는 경우가 많다.

[앞부분 줄거리] 별주부는 용왕의 병을 고칠 토끼의 간을 얻으려고 토끼를 용궁으로 데려온다. 토끼가 자신의 간을 육지에 두고 왔으니 가지고 오겠다고 하자, 별주부는 토끼를 데리고 육지에 다녀오라는 용왕을 말린다.

토끼가 기가 막혀,
　　　　　　　　　　　　　　　　　　　　　　　　　　　　　　□: 한자어
"여봐라 이놈 별주부야. 야 이놈 몹쓸 놈아. 왕명이 지중커늘 내가 어이 기만하랴. 옛말
　　　　　　　　　용왕의 명령을 내가 어떻게 기만할까?(=육지에 다녀오라는 명을 어길 수 없다)
을 네가 못 들었느냐. 하걸(夏桀) 학정*으로 용봉을 살해코 미구(未久)에 망국 되었으
하(夏)나라의 폭군인 '하걸'이 '용봉'이라는 자를 죽이고 나라가 망함. 중요한 자를 죽이면 나라가 망한다는 뜻을 가진 고사
니 너도 이놈 내 배를 따 보아 간이 들었으면 좋으려만 만일에 간이 없고 보면 불쌍한
나의 목숨이 너의 나라서 원귀 되고 너의 용왕 백 년 살 것을 하루도 못 살 테요, 너의
나라 만조백관* 한날한시에 모두 다 몰살시키리라. 아나 옛다 배 갈라라. 똥밖에는
든 것 없다. 내 배를 갈라내 보아라."

➲ 고사가 한문투와 함께 나타남.
　　　　　　　　　　　　　　　　　　　　　　　　　　　　　　– 작자 미상, 〈수궁가〉

● 학정: 포학하고 가혹한 정치. 　● 만조백관: 조정의 모든 벼슬아치.

(5) 장면의 극대화(=부분의 독자성)

독자들이 관심 있어 할 흥미 있는 장면을 나열하고 [**❽**]하면서 이야기 전개에 필요한 정도보다 자세하게 서술하는 방법이다. 리듬감과 해학성을 얻는 효과가 있지만, 이야기 전개가 불균형해지기 때문에 작품 전체의 유기성을 떨어뜨리는 원인이 되기도 한다.
　　　　　　　　　　　　　　서로 연관되어 있는 성질

[앞부분 줄거리] 별주부는 용왕의 병을 고칠 토끼의 간을 얻으려고 육지로 와 토끼를 만난다.

토끼 저를 대접하여 청함을 듣고 가장 점잖은 체하며 대답하되,
"그 뉘라서 나를 찾는고. 산이 높고 골이 깊은 이 강산 경개* 좋은데, 날 찾는 이 그 뉘신
고. 수양산의 백이숙제(伯夷叔齊)*가 고비* 캐자 날 찾는가, 소부(巢父) 허유(許有)*가
영천수(潁川水)에 귀 씻자고 날 찾는가, (중략) 한 천자의 스승 장량(張良)*이가 퉁소
불자 날 찾는가, 상산사호(商山四皓)* 벗님네가 바둑 두자 날 찾는가, 굴원(屈原)*이가
물에 빠져 건져 달라 날 찾는가, 시중천자 이태백*이 글 짓자고 날 찾는가."

➲ 중국 고사를 활용하여 '자신을 찾는 이유'를 묻는 부분을 장면의 극대화로 자세하게 나타냄.
　　　　　　　　　　　　　　　　　　　　　　　　　　　　　　– 작자 미상, 〈토끼전〉

● 경개: 경치.
● 백이숙제(伯夷叔齊): 백이와 숙제를 아울러 이르는 말. 군주에 대한 충성을 끝까지 지킨 은나라 말기의 형제.
● 고비: 고사리.
● 소부(巢父) 허유(許有): 중국 고대의 숨어 살던 선비. 허유는 요임금이 자기에게 보위를 물려주려고 하자 귀가 더럽혀졌다고 냇가에서 귀를 씻었고, 소부는 그 물을 소에게 먹일 수 없다며 몰고 온 소를 다시 끌고 감.
● 장량(張良): 전한(前漢) 때의 공신.
● 상산사호(商山四皓): 진시황 때 상산에 숨어 살았던 네 명을 이름.
● 굴원(屈原): 초(楚)나라 사람으로 자신의 간언이 받아들여지지 않자 투신자살함.
● 이태백: 중국 당나라의 시인.

☑ 이 밖에도 판소리 사설·판소리계 소설은 운문체나 서술자의 개입이 두드러지는데, 201쪽에 자세하게 나와 있으니 여기서는 다루지 않을게. 중요한 내용이니까 꼭! 다시 확인해 봐.

궁금해요

🧑 '고사'와 '고사성어'의 차이는 뭔가요?

🧑‍🏫 '고사'는 '옛이야기'를 말하고, '고사성어'는 '옛이야기에서 유래한, 한자로 이루어진 말'을 의미해. 즉 둘 다 옛이야기와 관련되어 있지만, 고사성어는 그 이야기를 한자 몇 글자로 줄여서 표현한 거야.

개념
콕 5 이 글에 대한 설명으로 적절한 것은?

① 자신의 이전 경험을 들어 상대를 설득하고 있다.
② 상대를 원망하는 마음을 언어유희로 표현하고 있다.
③ 옛이야기를 활용하여 자신의 주장을 뒷받침하고 있다.

개념
콕 6 이 글에 대한 설명으로 적절하지 않은 것은?

① 중국의 고사를 활용하였다.
② 해학적인 표현이 사용되었다.
③ 자신을 찾는 이유를 묻는 장면을 장황하게 늘어놓았다.

빈칸 답: ❺ 풍자 ❻ 해학 ❼ 한문투 ❽ 과장
콕 3 ② 4 ① 5 ③ 6 ②

확인 문제

☑ 바로바로 간단 체크

1 괄호 안에 들어갈 알맞은 말을 쓰시오.

(1) 판소리에서 (ᄋᄂᄅ)는 창자가 노래가 아닌 말로 연기하는 것을 뜻한다.

(2) 판소리에서 (ᄇᄅ)은 창자가 손, 발, 몸짓 등을 활용해 감정을 표현하는 것을 뜻한다.

2 다음 설명이 맞으면 O표, 틀리면 ×표를 하시오.

(1) 판소리 사설은 판소리계 소설이 노래로 정착한 것으로, 근원 설화가 있는 것이 특징이다. ( )

(2) 판소리 사설이나 판소리계 소설에서 '언어의 이중성'이 나타나는 이유는 상층 계급이 즐긴 판소리가 점차 하층 계급에까지 유행됐기 때문이다.( )

(3) '언어유희'는 말이나 글자를 소재로 한 놀이를 의미하는데, 발음의 유사성이나 비슷한 말소리의 반복 등을 활용해 말을 재미있게 표현하는 것이다.
( )

(4) 판소리 사설이나 판소리계 소설에서 '장면의 극대화'는 관객이나 독자의 흥미를 유발하기 위해 전개에 필요한 정도보다 내용을 길게 서술하는 것이다.
( )

3 다음은 '풍자와 해학'의 공통점과 차이점을 정리한 표이다. 빈칸에 들어갈 알맞은 말을 쓰시오.

	풍자	해학
공통점	부정적인 상황에서도 ⑦_____을 유발하여 골계미를 형성함.	
차이점	대상에 대한 비웃음, 공격, 비판, ⓛ_____을 유도함.	대상에 대한 친근감이나 연민, 동정을 유도함.

[01~03] 다음 글을 읽고 물음에 답하시오.

📖 신사고, 창비

[앞부분 줄거리] 춘향은 수청을 들라는 사또의 명을 거절했다가 옥에 갇히고, 암행어사가 된 몽룡은 거지 복장을 하고 남원으로 내려온다. 몽룡은 춘향의 모친, 향단이와 함께 춘향을 찾아가기로 한다.

[진양조]
"마나님, 파루* 쳤사오니 아기씨한테 가사이다."

"가자, 오냐, 가자. 어서 가자. 갈 시간도 늦어 가고 먹을 시간도 늦어 간다."

향단이는 등롱*을 들고 걸인 사위는 뒤를 따라 옥으로 내려갈 제, 밤 적적 깊었는데 인적은 고요하고, 밤새 소리는 북북, 옥문 거리를 당도하여, ㉠옥문 열쇠 부여잡고 사또가 알까 걱정이 되어 크게 부르든 못하고, / "사정이, 사정이! 아이고, 원수 놈 또 투전하러 갔구나. 아가, 춘향아, 춘향아."

"아, 이 사람아! 춘향을 그렇게 불러서 어디 알아듣겠는가? 목소리를 좀 크게 내서 불러 보소, 춘향아!"

춘향 모친 깜짝 놀라, 어사또 입을 손으로 막으며,

"아이고, 이 사람아, 어쩌자고 이렇게 떠들어. (중략) 만일 사또가 알면, 촛대 뼈, 웅도리 뼈 부러져!"

"촛대 뼈, 웅도리 뼈는 나중에 어느 놈이 부러지든지 좀 크게 불러 보소."

㉡"아가, 춘향아, 아이고, 저게 기절했는가, 대답이 없네."

이렇듯이 춘향을 부르고 자진할 제, 그때에 춘향이는 내일 죽을 일을 생각하니 정신이 삭막하여 칼머리 베고 누웠다가, 홀연히 잠이 드니 비몽사몽간(非夢似夢間)에 남산 백호(南山白虎)가 옥 담을 뛰어넘어 오느라고 춘향 앞에 와 우뚝, 주홍 입 짝, 허허헝 으르르르르르, 깜짝 놀라 깨달으니, 무서운 마음이 솟긋하여 소름이 끼치며 몸에서 땀이 주루루루루루루. 벌렁벌렁 떨고 앉았을 제, 부름 소리가 언뜻언뜻 들리거늘, 모친인 줄은 모르고 귀신 소리로 짐작하고,

㉢"야, 이 몹쓸 귀신들아! 나를 잡아가려거든 조르지 말고 잡아가거라. 내가 무슨 죄 있느냐? 살인죄냐, 강도죄냐? 항쇄(項鎖) 족쇄(足鎖)가 웬일이며, 나도 만일 이 옥문을 못 나가고 이 자리에서 죽게 되면 저것이 모두 다 내 동무지. '옴 급급 여율령 사바아* 쉐!'"

춘향 모친이 이 모양을 보더니, / "아이고 저것이 죽으려고 헛소리를 하네그려. 아가, 춘향아, 에미 왔다. 정신 차려라."

[아니리]
"밖에 누구 왔소?" / "오냐, 내가 왔다."

"아이고, 어머니! 밤이 깊었는데 어찌 또 오시었소?"

"오냐, 내가 너더러 할 말이 있어 왔다. 이만큼 나오너라."

[중모리]

춘향이가 나오는데, ⓒ형문(刑問) 맞은 다리 장독(杖毒)이 나서 걸음 걸을 수가 전혀 없네. 아픈 다리를 저만큼 옮겨 놓고 몽구작몽구작 나오더니,

"아이고 엄마 어찌 왔소?" / "오냐, 왔다."

"오다니 누가 와요? 서울서 편지가 왔소?"

"흥, 오장 없는 년. 차라리 그런 대로 있고 편지나 왔으면 뒤 아니 좋겠느냐? 통째 왔더라."

"아이고, 어머님, 통째라니, 나 데려가려고 가마가 왔소?"

"너 죽으면 태워 갈 들것도 안 왔더라."

"아이고, 어머니, 그러면 누가 와요?"

ⓐ"네 평생 앉아도 '방', 누워도 '서방', 죽어 가면서도 '방, 방' 하던 너의 서방 이몽룡 씨 비렁거지 되어 왔다. 어서 나와 얼굴 좀 봐라."

춘향이가 이 말을 듣더니 어안이 벙벙, 흉중이 콱 막히어 한참 말을 못 하더니마는, 눈을 번히 뜨고 바라보더니 옥문 틈으로 손을 내어 빈손만 내두르며,

"서방님이 오셨거든 나의 손에 잡혀 주오."

어사또 기가 막혀, 춘향 손을 부여잡더니 눈물이 듣거니 맺거니,

"오냐, 춘향아, 우지 마라. 부드럽고 곱든 손길 피골이 상련하니 네가 이것이 웬일이냐."

"나도 이게 내 죄라마는 귀중하신 서방님이 저 모양이 웬일이오." / "나도 역시 팔자로다."

ⓒ"아이고, 저 빌어도 못 먹을 년. 저렇게 헐게 생긴 것 보더니마는 단박에 그냥 환장하네그려."

– 작자 미상, 〈춘향가〉

● 파루: 조선 시대에, 통행금지를 해제하기 위해 종각의 종을 서른 세 번 치던 일.
● 등롱: 등의 하나. 겉에 종이나 헝겊을 씌워 안에 등잔불을 넣어서 달아 두기도 하고 들고 다니기도 함.
● 옴 급급 여율령 사바아: 악귀를 쫓을 때 읽는 경문의 한 구절.

01 이 글에 대한 설명으로 적절하지 않은 것은?

① 노래와 사설이 번갈아 나오고 있다.

② 고사를 활용하여 춘향의 억울함을 드러내고 있다.

③ 이야기의 내용이 달라짐에 따라 장단의 빠르기도 변화하고 있다.

④ 수청을 거절하는 춘향을 통해 표면적 주제인 '여인의 절개'를 드러내고 있다.

⑤ 죄 없는 춘향을 괴롭히는 사또는 지배층에 대한 평민의 비판 의식이 반영된 인물이다.

02 ⓐ의 언어유희 방식에 대한 설명으로 적절한 것은?

① 문장 구조를 뒤바꾸었다.

② 동음이의어를 활용하였다.

③ 동일한 말소리를 반복하였다.

④ 뜻과 음이 같은 단어를 활용하였다.

⑤ 뜻은 같으나 음이 다른 말을 활용하였다.

03 ㉠~㉤ 중, 〈보기〉와 같은 기법이 쓰인 것은?

┤ 보기 ├

판소리는 배우가 관객 앞에서 연기하는 연행 문학이기에 슬프고 침울한 장면에서도 익살스러운 표현을 쓰기도 한다. 이를 통해 정서의 급격한 반전을 노려 청중의 흥미를 유발하기도 한다.

① ㉠　　② ㉡　　③ ㉢　　④ ㉣　　⑤ ㉤

[04~05] 다음 글을 읽고 물음에 답하시오.

비상(박영), 신사고 신사고

흥부 아내 하는 말이, / "애고 여봅소. 부질없는 청렴 맙소. 안자의 가난함은 주린 염치로 서른에 일찍 죽고, 백이숙제는 주린 염치로 청루 소년이 웃었으니, 부질없는 청렴 말고 저 자식들 굶겨 죽이겠으니, 아주버님네 집에 가서 쌀이 되나 벼가 되나 얻어 옵소."

흥부가 하는 말이, / "형님이 음식 끝을 보면 사촌을 몰라보고 똥 싸도록 때리는데, 그 매를 뉘 아들놈이 맞는단 말이오?"

"애고 동냥은 못 준들 쪽박조차 깨칠쏜가. 맞으나 아니 맞으나 쏘아나 본다고 건너가 봅소."

흥부 이 말을 듣고 형의 집에 건너갈 제, 치장을 볼작시면, ㉠편자 없는 헌 망건에 박쪼가리 관자 달고 물렛줄로 당끈 달아 대가리 터지게 동이고, 깃만 남은 중치막, 동강 이은 헌 술띠를 흉복통에 눌러 띠고, 떨어진 헌 고의에 칡 노끈 대님 매고, 헌 짚신 감발하고, 세살 부채 손에 쥐고, 서 홉들이 오망자루 꽁무니에 비슥 차고, 바람맞은 병인 같이, 잘 쓰는 대비같이, 어슥비슥 건너 달아 형의 집에 들어가서 전후좌우 바라보니, 앞노적, 뒷노적, 멍에 노적 담불담불 쌓였으니, 흥부 마음 즐거우나 놀부 심사 무거하여 형제끼리 내외하여 구박이 태심하니 (중략) 놀부가 묻는 말이,

"네가 뉜고?"

"내가 흥부요."

"흥부가 뉘 아들인가?"

[중간 줄거리] 놀부는 흥부를 도와주지 않고, 어렵게 살던 흥부는 어느 날 구렁이의 습격을 받아 다리가 부러진 제비 새끼를 구해 주고 박씨를 얻어 큰 부자가 된다.

놀부 놈의 거동 보소. 동지섣달부터 제비를 기다린다. (중략) 태백산 갈가마귀 차돌도 못 얻어먹고 주려 청천에 높이 떠 갈곡갈곡 울고 가니, 놀부 눈을 멀겋게 뜨고 보다가 하릴없어 동네 집으로 다니면서 제비를 제 집으로 몰아들이되 제비가 아니 온다.

그달 저 달 다 지내고 삼월 삼일 다다르니 강남서 나온 제비 옛집을 찾으려 하고 오락가락 넘놀 적에 놀부 사면에 제비집을 지어 놓고 제비를 들이모니, 그중 팔자 사나운 제비 하나가 놀부 집에 흙을 물어 집을 짓고 알을 낳아 안으려 할 제, 놀부 놈이 주야로 제비 집 앞에 대령하여 가끔가끔 만져 보니 알이 다 곯고 다만 하나 깨었는지라. 날기 공부 힘쓸 제 구렁배암 아니 오니 놀부 민망 답답하여 ⓛ제 손으로 제비 새끼를 잡아 내려 두 발목을 자끈 부러뜨리고 제가 깜짝 놀라 이른 말이,
"가련하다, 이 제비야."
하고 조기 껍질을 얻어 찬찬 동여 뱃놈의 닻줄 감듯 삼층 얼레연줄 감듯 하여 제 집에 얹어 두었더니, 십여 일 뒤에 그 제비가 구월 구일을 당하여 두 날개를 펼쳐 강남으로 들어가니 강남 황제 각처 제비를 점고할 제, 이 제비가 다리 절고 들어와 복지하니, 황제 제신으로 하여금,
"그 연고를 사실하여 아뢰라."
하시니, 제비 아뢰되,
"작년에 웬 박씨를 내어 보내어 흥부가 부자 되었다 하여 그 형 놀부 놈이 나를 여차여차하여 절뚝발이가 되게 하였 사오니, 이 원수를 어찌하여 갚고자 하나이다."

— 작자 미상, 〈흥부전〉

● 노적: 곡식 따위를 한데에 수북이 쌓음. 또는 그런 물건.

---

04 ㉠에 대한 설명으로 적절하지 <u>않은</u> 것은?
① 일정한 글자 수의 반복으로 리듬감을 형성하고 있다.
② 가난한 옷차림을 하고 길을 나서는 흥부의 모습에서 독자의 웃음을 유발하고 있다.
③ 중국에서 유행하던 옷차림을 나열하여 상층 계급의 취향을 고려하고 있다.
④ 사건 전개에 중요하지 않은 부분이 강조되어 작품의 유기성이 떨어지고 있다.
⑤ 열거와 비유를 활용하여 흥부의 행색을 구체적으로 묘사함으로써 독자의 흥미를 유발하고 있다.

05 ⓛ에 대한 독자의 반응으로 가장 적절한 것은?
① 다리가 부러진 제비에게 위로하는 말을 하는 것을 보니, 근본 심성은 착하다고 볼 수 있군.
② 자기가 제비 다리를 부러뜨려 놓고 치료를 해 주며 구해 주는 척하다니, 놀부는 위선적 인물이겠군.
③ 자기가 구렁이를 대신하여 제비 다리를 부러뜨린 것을 보니, 놀부는 악역을 자처하는 선한 인물형이군.
④ 놀부의 실수로 제비 다리가 부러졌는데 저런 말을 하다니, 놀부는 조심성이 없는 인물이므로 풍자의 대상이겠군.
⑤ 놀부가 제비 다리를 부러뜨려 놓고 깜짝 놀라는 장면은, 일부러 놀부를 친근하게 표현하려는 해학적 의도가 있군.

[06~08] 다음 글을 읽고 물음에 답하시오.

2013학년도 7월 고3 학력평가B (변형)

[앞부분 줄거리] 공명은 조조에게 신세를 진 적이 있는 관공이 혹시 조조를 놓아주지 않을까 염려한다. 관공은 목숨을 걸고 조조를 꼭 잡아오겠다는 군령장을 쓰고 조조를 잡으러 떠난다. 쫓기던 조조는 화용도에서 관공에게 잡히는데, 조조는 과거 관공의 목숨을 살려준 적이 있었다.

[아니리]
칼을 번쩍 빼어 들고 조조 앞으로 바싹 달려드니 조조가 깜짝 놀래 목을 딱 움추리니 관공이 빙긋이 웃으며,
"옷깃으로 내 청룡도를 피한단 말이냐."
"글쎄요, 그러기에 장군님은 제발 가까이 서지 마옵소서."
"네 말이 날다려 유정타 허며 어찌 가까이 서지는 말라는 고."
"글쎄요, 장군님은 유정하나 청룡도는 무정허여 고정을 베일까 염려로소이다."
관공이 웃으시며 조조의 지기(志氣)를 떠보려고 청룡도를 높이 들어 조조 목을 베어낼 듯,
"검여두이혼인(劍與頭而婚姻)허면 생기자유혈(生其子流血)이라. 네 목에 피를 내어 내 칼을 한 번 씻으랴 함이로다."
목을 넘겨 땅을 컥 찌르니 조조 정신 아찔하야 군사들을 돌아보며,
"야들아 청룡도가 잘 든다더니 과연 그 말이 맞구나. 아프잖게 잘 도려 가신다. 내 목 있나 좀 봐라."
관공이 웃으시며,
"목 없으면 죽었거늘 죽은 조조도 말을 하느냐."

"예. 그는 정신이 좋삽기로 말은 겨우 하거니와 혼은 벌써 피난 간 지 오래로소이다."

관공은 본래 조조의 은혜를 입은지라 조조를 놓을까 말까 망설이며 결정을 못하고 있던 차에,

[자진모리]

주창이 여짜오되,

"장군님은 어찌하야 첫 칼에 베일 조조 살려 두려 하시는지. 옛일을 모르시오. 강동의 모진 범여 함양을 파한 후 홍문연 앉은 패공 무심히 거저 놓아 항장(項將)의 날랜 칼이 쓸 곳이 없었고* 계명산 추야월에 장량(張良)의 옥퉁소 한 곡조 슬피 불어 팔천병 흩었으니 오강풍랑 자문사(自刎死)라.* 하물며 조조는 처세에 능하고, 난세에 간웅*이라. 장군이 만일 놓아주면 소장이 잡으리다."

별안간 달려들어 조조 멱살을 꽉 잡으며,

"왕의 목숨이 주창의 손에 달렸도다. 내 손에 달린 목숨 네 어디로 피할소냐." / 냅다 잡아끄니 조조 놀래 벌벌 떨며,

"여보 주 별감(周別監) 술 많이 받아 드릴 테니 제발 날 좀 놔주시오." / 관공이 웃으시며,

"아서라 아서라 그리 마라. 어디 차마 보겠느냐. 목숨일랑 끊지 말고 사로잡아 가자."

좌우에 제장군졸을 한편으로 갈라 세우고 관공이 말머리를 돌리실 제 조조가 급히 말을 타고 정신없이 달아난지라. 관공이 거짓 분노하며, / "내 분부도 듣지 않고 제 마음대로 달아나니 그 죄로 죽어봐라."

[중모리]

조조 듣고 말 아래 뚝 떨어지니 장졸들이 황겁하야 장군 말 아래 가 두 손 합장 비는디 사람의 인륜에 못 볼래라.

"비나이다 비나이다 장군님전 비나이다. 살려 주오 살려 주오 우리 승상 살려 주오. 우리 승상 살려 주면 높고 높은 장군 은혜 본국 천리 돌아가서 호호 만세 하오리다."

조조 듣고 기가 막혀,

"우지 마라 우지 마라. 나 죽기는 설잖으나 가냘픈 너희 모습 눈 뜨고 볼 수가 없구나. 풍파에 곤한 신세 고향 가는 길에 장군님을 만났으니 가냘픈 우리 모습 설마 살려 주시제 죽일소냐." (중략)

조조가 비는 말이,

"현덕과 공명 선생이 장군님 아시기를 오른팔로 믿사오니 초수(草獸)같은 이 몸 조조 아니 잡아 가드래도 죽이지는 않으리라. 장군님 타신 말과 청룡도에 나 죽기는 그 아니 원통하오."

관공이 감심하야* 조조를 놓아주고 말을 돌려 돌아가니 세

인이 노래를 허되, '슬겁구나, 슬겁구나. 화용도 좁은 길에 조조가 살아가니 천고에 늠름한 대장부는 관공인가 하노라.'

– 작자 미상, 〈적벽가〉

● 지기(志氣): 의지와 기개를 아울러 이르는 말.
● 강동의~없었고: 한나라 항우가 유방을 죽이지 않고 살려 준 고사.
● 계명산~자문사라: 한나라의 전략가인 장량이 고도의 심리전으로 초나라 군대를 해산시켜 항우를 자결에 이르게 한 고사.
● 간웅: 간사한 꾀가 많은 영웅.　● 감심하다: 감동되어 마음이 움직이다.

06 이 글에 대한 설명으로 적절하지 <u>않은</u> 것은?

① 관습적 표현을 통한 배경 묘사가 나타나 있다.
② 동일한 어구가 반복되어 율격을 형성하고 있다.
③ 비굴한 인물의 말을 통해 웃음을 유발하고 있다.
④ 상황에 대한 서술자의 주관적인 평가가 드러나고 있다.
⑤ 중국 고사가 인용된 부분이 있어 평민들이 내용을 완전히 이해하기 어려웠을 것이다.

07 이 글의 등장인물을 이해한 것으로 적절하지 <u>않은</u> 것은?

① '관공'은 지난날 '조조'에게서 입은 은혜를 잊지 않고 있군.
② '관공'과 달리 '주창'은 원칙에 따라 '조조'를 제거하려는 모습을 보이는군.
③ '공명'은 '관공'이 '조조'를 살려 줄 것이라는 것을 미리 예상한 지혜로운 인물이군.
④ '장졸'들은 '조조'의 모습에 실망하여 자신의 장군을 잡아다 적장에게 바치고 있군.
⑤ '조조'는 살길을 도모하기 위해 상대 적장에게 비굴하게 비는 패장의 모습을 보이는군.

08 〈보기〉의 ⓐ를 참고하여 이 글의 '조조'가 비굴한 인물형으로 설정된 이유를 쓰시오.

┤ 보기 ├

〈적벽가〉는 중국 소설 〈삼국지연의〉를 재창조하는 과정에서 원작 인물의 성격을 변화시킨다. 그 예로 '조조'는 어진 인품을 가진 인물인 '관공'과 달리 무능한 인물로 희화화되었다. ⓐ이에는 지배층에 대한 평민들의 시각이 반영되어 있다.

[01~03] 다음 글을 읽고 물음에 답하시오.

> 등장인물에 표시하고, 작은 이야기 단위로 끊어 읽어 보세요.

이혈룡이 어이가 없어서,

"오냐, 내가 너를 친구라고 찾아왔다가 통지를 할 수 없어 한 달이나 지나서 노자도 떨어지고 기갈을 견디지 못하여 문전걸식하고 다니다가 오늘에야 이 자리에서 너를 보니 죽어도 한이 없다. 나는 너를 친구라고 찾아왔는데 어찌 이같이 괄시한단 말이냐? ㉠오랜 친구도 쓸데없고 결의형제도 쓸데없구나. 내가 네 처지라면 이같이는 괄시하지 않을 거다. 다만 돈백이라도 준다면 모친과 처자를 먹여 살리겠다."

하면서 대성통곡하였다. 이혈룡은 다시 울먹이는 말로,

"이 몹쓸 김진희야, 내가 지금 푼전의 노자가 없으니 멀고 먼 서울 길을 어찌 돌아가랴."

하니, 김 감사는 노발대발,

"이 미친놈 봤나."

호통을 치면서 사공을 불러 엄명하였다.

"이놈을 배에 싣고 가서 강물 한가운데 던져라."

이에 사공들이 영을 받고 물러 나와 이혈룡을 묶어서 배에 실을 때에 연회장에 있던 옥단춘이 넌지시 보니, 비록 의복은 남루하나 얼굴이 비범한 것을 보고 불쌍히 여기고 감사에게 거짓말하여 고하기를,

"소녀 지금 오한이 일어나며 온몸이 괴로워 견딜 수가 없습니다."

하니 감사가,

"그러면 물러가서 치료하라."

하였다. 옥단춘이 물러 나와서 사공을 급히 불렀다.

"저기 가는 저 사공들, 잠깐 기다리시오."

하니 사공들이 머무르거늘 옥단춘이 하는 말이,

"내 이 양반의 몸값을 후하게 줄 것이니 이 양반을 죽이지 말고 죽인 듯이 모래를 덮어서 숨겨 두고 오시오."

하였다.

옥단춘의 부탁을 받은 사공들이,

㉡"아무리 사또 영이 지중하지만 어찌 우리 손으로 죄 없는 사람을 죽이겠는가."

하고 사공들이 이혈룡을 배에 싣고 만경창파 깊은 물에 둥기 둥실 떠나갔다. 혈룡은 이런 사실을 전혀 모르고 속절없이 죽는 줄로만 알고 하늘을 우러러 방성통곡하였다.

[중략 부분의 줄거리] 이혈룡은 옥단춘의 기지로 목숨을 구한 후 그녀의 집에 머물게 된다. 이후 이혈룡은 과거 시험을 치르라는 옥단춘의

권유로 서울로 돌아와 가족을 만나고 그간의 사정을 이야기한다.

그러자 모친과 부인은 그 사실을 듣고 혈룡의 죽을 고생을 생각하고 서로 슬픈 눈물을 흘렸다. 동시에 옥단춘이 혈룡을 구제한 전후 사실을 듣고, 그 은혜를 서로 치사하여 마지않았다.

오래간만에 만난 가족들은 그동안의 회포를 서로 다 이야기하여 풀고 다시 원만한 가정을 이루게 되었다. ㉢모친도 죽었던 자식 다시 본 듯, 부인도 잃었던 낭군 다시 본 듯 잠시도 서로 떠날 마음이 없이 행복하게 살게 되었다.

이때에 과거 날이 되었으므로 혈룡이 모친의 슬하를 떠나서 대궐 안 과거장에 들어가니 팔도에서 글 잘한다는 선비들이 구름같이 모여 있었다.

이윽고 글제를 살펴보니 ⓐ천하태평춘(天下泰平春)이라 걸려 있었다. ㉣글을 지을 생각을 가다듬은 후에 용벼루에 먹을 갈아 조맹부의 필체로 단숨에 일필휘지하여 바쳤는데, 전하께서 보시고는 글자마다 비점(批點)이요 글귀마다 관주(貫珠)를 치는 것이었다.

전하께서 칭찬하시는 말씀이,

"참으로 신묘하다. 이 글씨와 글 지은 사람은 범상치 않은 사람이다."

하시고, 알성시(謁聖試)에 ⓑ장원 급제로 한림학사를 제수하시고, 곧 어전입시(御前入侍)하라는 분부를 내리셨다. 이한림이 입시하여 천은을 사례하자 전하께서 칭찬하시기를,

"충신의 자식은 충신이요, 소인의 자식은 소인이다. 용모를 살펴보니 용안호두(龍顔虎頭)요, 목목지인(穆穆之人)이로다."

하고 칭찬을 아끼지 않으셨다.

이한림은 어전에 엎드려,

㉤"소신과 같이 무재무능한 자를 이처럼 충신지자충신(忠臣之子忠臣)이라 하시오니 황공무지하오며, 또한 한림을 제수하시니 더욱 황공하옵니다."

하고, 수없이 치사하고 물러 나와 집에 큰 잔치를 베풀고 향당과 친지를 청하여 경사를 축하하였다. 그리고 한편으로,

'평양 감사 김진희의 불의무도한 소행을 나만 당하였으랴. 무고한 백성들은 무슨 죄로 한 사람의 ⓒ학정으로 평양 일도에서 어육(魚肉)이 된다는 말인가. 곰곰 생각하니 나라와 백성을 위해서 마땅히 성상께 여쭙지 않을 수 없다.'

생각하고, 전후 사실을 일일이 밀록(密錄)하여 전하께 바쳤다.

전하께서는 그 ⓓ밀록을 받아 보시고 수없이 탄식한 뒤에 ⓔ봉서(封書) 삼장을 내리셨다. 또 친히 하교하시기를,

"첫 봉서는 새문 밖에 가서 뜯어보고, 둘째 봉서는 평양에 가서 뜯어보고, 셋째 봉서는 그 후에 뜯어보라."

하시고, 조심하여 다녀오라 하셨다. 이한림이 사은숙배하고 바로 나와서 모친과 부인에게 하직하였다. 새문 밖에 나가서 첫째 봉서를 뜯어보니, '평안도 암행어사 이혈룡'이라는 사령장과 마패가 들어 있었다.

– 작자 미상, 〈옥단춘전〉

- **문전걸식**: 이 집 저 집 돌아다니며 빌어먹음.
- **괄시하다**: 업신여겨 하찮게 대하다.
- **치사**: 고맙고 감사하다는 뜻을 표시함.
- **비점(批點)**: 시가나 문장 따위를 비평하여 아주 잘된 곳에 찍는 둥근 점.
- **관주(貫珠)**: 글이나 시문을 하나하나 따져 보면서 잘된 곳에 치던 동그라미.
- **제수하다**: 추천의 절차를 밟지 않고 임금이 직접 벼슬을 내리다.
- **어전입시(御前入侍)**: 대궐에 들어가 임금을 뵈다.
- **용안호두(龍顔虎頭)**: 용과 호랑이의 상.
- **목목지인(穆穆之人)**: 점잖은 사람.
- **불의무도(不義無道)**: 옳지 못하고 도리에서 벗어남.
- **학정**: 포학하고 가혹한 정치.
- **어육(魚肉)**: 짓밟고 으깨어 아주 결딴낸 상태를 비유적으로 이르는 말.
- **밀록(密錄)**: 비밀스러운 기록.
- **사은숙배**: 임금의 은혜에 감사하며 공손하고 경건하게 절을 올리던 일.

줄거리 요약

◯ 다음 줄거리의 빈칸을 채워 보자.

이혈룡은 김 감사를 친구라고 여기고 찾아가 도움을 요청하지만 김 감사는 ❶◻◻을 시켜 이혈룡을 죽이려 한다. 이를 본 옥단춘이 사공에게 몸값을 후하게 주고 구해 주지만 이를 모르는 혈룡은 죽는 줄로 알고 방성통곡한다. 이혈룡은 옥단춘에게 도움을 받은 후 그녀의 집에 머물게 된다. 이후 이혈룡은 과거 시험을 치르라는 옥단춘의 권유로 ❷◻◻로 돌아와 가족을 만나고 그간의 사정을 이야기한다. 그러자 모친과 부인은 그 사실을 듣고 혈룡의 죽을 고생을 생각하고 서로 슬픈 눈물을 흘렸다. 혈룡은 과거 시험에서 장원 급제로 ❸◻◻◻◻를 제수받는다. 한편 이혈룡은 평양 감사 김진희의 ❹◻◻◻◻한 소행을 일일이 ❺◻◻하여 전하께 바친다. 임금은 그 밀록을 받아 보고 탄식한 뒤에 봉서 세 장을 내린다. 새문 밖에 나가서 첫째 봉서를 열어보니 '평안도 암행어사 이혈룡'이라는 사령장과 ❻◻◻가 들어 있었다.

작품 분석하기

◯ 인물 관계도를 완성해 보자.

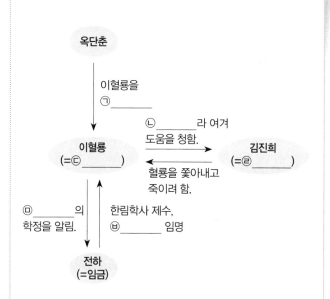

구절의 의미 파악 [서술자나 등장인물이 어떤 방식으로 무슨 의도를 드러내는지 확인해 보자.]

01 윗글의 ㉠~㉤에 대한 설명으로 적절하지 않은 것은?

① ㉠: 반복을 통해 상대방에 대한 배신감을 드러내고, 역지사지를 가정하여 상대방을 질책하고 있다.

② ㉡: 옥단춘의 회유로 '사또 영'을 따르지 않기로 한 사공들의 생각이 설의적 표현으로 나타나고 있다.

③ ㉢: 이혈룡과 재회한 기쁨을 모친과 부인 각자의 입장에 어울리는 비유를 통해 표현하고 있다.

④ ㉣: 이혈룡의 글 짓는 과정을 행동의 순차적 나열로 보여 주고, 타인의 평가를 통해 이혈룡의 재능이 확인되고 있다.

⑤ ㉤: 이혈룡은 겸양의 어조를 통해 상대방이 내린 지위에 대해 수용할 수 없다는 뜻을 드러내고 있다.

개념의 좌표 찾기

● 선택지에 잘 모르는 어휘나 개념이 있다면 아래에 적고 그 뜻을 확인해 보세요.

Ⅳ 고전 소설

소재·배경의 의미와 기능 [줄거리 흐름상 소재·배경이 가지는 의미를 파악해 보자.]

개념의 좌표 찾기

● 선택지에 잘 모르는 어휘나 개념이 있다면 아래에 적고 그 뜻을 확인해 보세요.

02 윗글의 ⓐ~ⓔ에 대한 이해로 적절하지 <u>않은</u> 것은? [3점]

① 이혈룡은 ⓐ라는 과제에 탁월한 답안을 제출하여 임금으로부터 ⓑ에 합당한 인재로 인정받았다.

② ⓑ는 이혈룡이 공적 임무를 수행할 수 있는 자격이 주어졌음을 뜻하고, 임금에게 ⓓ를 올릴 수 있는 계기로 작용한다.

③ ⓒ는 이혈룡이 평양에서 겪었던 일을 반어적으로 표현하며 ⓐ가 구현되는 것을 방해한다.

④ ⓓ는 ⓒ를 계기로 작성되었으며 현재 ⓐ가 완전하게 실현되지 않았음을 보여 준다.

⑤ ⓔ는 임금이 이혈룡에게 ⓒ를 바로잡는 공적인 임무를 수행하도록 하는 내용을 담고 있다.

외적 준거 활용 [〈보기〉를 통해 작품에 등장하는 인물의 성격과 역할을 먼저 확인하고, 위 소설의 내용과 연결 지어 보자.]

03 〈보기〉를 참조하여 윗글을 이해한 것으로 적절하지 <u>않은</u> 것은?

┤ 보기 ├

〈옥단춘전〉에서 옥단춘은 인물의 비범함을 알아보는 지인지감(知人之鑑)의 소유자이자 기지를 발휘하여 위기에 빠진 인물을 구해 내는 적극적인 조력자로 그려진다. 그녀는 자신의 조력을 통해 대상 인물의 사회적 지위를 상승시키고, 애정의 대상을 주체적으로 선택하는 인물이다.

① 옥단춘이 오한을 핑계로 김 감사의 허락을 받은 후 연회장을 빠져나온 것에서 그녀의 기지를 엿볼 수 있군.

② 옥단춘이 이혈룡을 구해 줄 수 있는 인물로 김 감사를 선택한 것에서 여성으로서의 주체적 판단이 작용했음을 알 수 있군.

③ 옥단춘이 김 감사에게 괄시받던 남루한 행색의 이혈룡이 비범한 인물임을 발견한 데서 그녀의 지인지감을 엿볼 수 있군.

④ 가족들이 어려움에 처했던 이혈룡을 구해 준 옥단춘의 은혜에 감사한 것에서 조력자인 옥단춘의 역할을 인정한 것임을 알 수 있군.

⑤ 옥단춘이 사공들에게 이혈룡의 몸값을 후하게 제시하고 구체적 방안을 알려 준 것에서 그녀의 적극적인 조력 의지를 엿볼 수 있군.

[04~07] 다음 글을 읽고 물음에 답하시오.

등장인물에 표시하고, 작은 이야기 단위로 묶어 읽어 보세요.

[앞부분의 줄거리] 어느 시골에 한 부자가 있었는데, 그의 친척 중 한 명이 수시로 횡포를 부리더니, 어느 날은 재산의 절반을 달라고 위협한다. 그러자 부자는 서울 형조에 송사를 제기하지만 친척이 미리 관원들에게 뇌물을 준다. 부자는 결국 재판에 지게 되어 재산을 빼앗기게 된다.

부자 생각하되,

'내 관전에서 크게 소리를 하여 전후사를 아뢰려 하면 반드시 관전(官前) 발악(發惡)이라 하여 뒤얽어 잡고 법대로 할 양이면 청 듣고 송사도 지게 만드는데, 무슨 일을 할 것이며 무지한 사령 놈들이 만일 함부로 두드리면 고향에 돌아가지도 못하고 죽을 때까지 어혈(瘀血)만 될 것이니 어찌할꼬.'

이리 생각 저리 생각 아무리 생각하여도 그저 송사를 지고 가기는 차마 분하고 애달픔이 가슴에 가득하여 재판관을 뚫어지게 치밀어 보다가 문득 생각하되,

'내 송사는 지고 가거니와 이야기 한 마디를 꾸며 내어 조용히 할 것이니, 만일 저놈들이 듣기만 하면 무안이나 뵈리라.'

하고, 다시 일어서 계단 아래에 가까이 앉으며 하는 말이,

"소인이 천 리에 올라와 송사는 지고 가옵거니와 들음직한 이야기 한 마디 있사오니 들으심을 원하나이다."

관원이 이 말을 듣고 가장 우습게 여기나 평소에 이야기 듣기를 좋아하는 고로 시골 이야기는 재미있는가 하여 듣고자 하나 다른 송사도 결단치 아니하고 저놈의 말을 들으면 남들이 보는 눈이 걱정되는지라. 거짓 꾸짖는 분부로 일러 하는 말이,

"네 본디 시골에 있어 일이 돌아가는 상황을 잘 모르고 관전에서 이야기한단 말이 되지 못한 말이로되, 네 원이나 풀어 줄 것이니 무슨 말인고 아뢰어라."

[중간 부분의 줄거리] 이렇게 시작된 부자의 이야기는 다음과 같다. 꾀꼬리, 뻐꾹새, 따오기가 서로 자기의 우는 소리가 최고의 소리라고 다투다가 황새를 찾아가 송사를 제기한다. 그런데 소리에 자신이 없었던 따오기는 송사에서 이기기 위해 황새에게 미리 청탁을 한다. 날이 밝아 세 짐승이 황새 앞에서 소리를 시작한다.

꾀꼬리 먼저 날아들어 소리를 한번 곱게 하고 아뢰되,

"소인은 바야흐로 봄이 한창 화창한 좋은 시절에 이화도화(梨花桃花) 만발하고, 앞내의 버들빛은 초록장 드리운 듯,

뒷내의 버들빛은 유록장 드리운 듯, 금빛 같은 이내 몸이 날아들고 떠들면서 흥에 겨워 청아(淸雅)하고 옥을 깨뜨릴 만한 아름다운 목소리를 춘풍결에 흩날리며 봄의 석 달 동안 보낼 적에 뉘 아니 아름답게 여기리이까."

황새 한 번 들으매 과연 제 말과 같아 심히 아름다운지라. 그러나 이제 제 소리를 좋다 하면 따오기에게 청 받은 뇌물을 도로 줄 것이요, 좋지 못하다 한즉 내 공정치 못한 관결로 정체가 손상할지라. 반나절이나 깊이 생각한 끝에 관결하여 이르되,

[A] "네 들어라. 당시(唐詩)에 타기황앵아(打起黃鶯兒) 막교지상제(莫敎枝上啼)라 하였으니, 네 소리 비록 아름다우나 애잔하여 쓸데없도다."

꾀꼬리 점즉히 물러 나올 새, 또 뻐꾹새 들어와 목청을 가다듬고 소리를 묘하게 하여 아뢰되,

"소인은 녹수청산(綠水靑山) 깊은 곳에 만학천봉(萬壑千峯) 기이하고 안개 피어 구름 되며, 구름이 걷히고 많은 신기한 봉우리로 별세계가 펼쳐졌는데 만장폭포 흘러내려 수정렴을 드리운 듯 송풍(松風)은 소슬하고 오동추야 밝은 달에 이내 소리 만첩청산의 아름다운 새 소리가 되오리니 뉘 아니 반겨하리이까."

황새 듣고 여러모로 생각해 본 후 관결하되,

"월락자규제(月落子規啼) 초국천일애(楚國千日愛)라 하였으니, 네 소리 비록 깨끗하나 아주 어려웠던 옛날의 일을 떠오르게 하니, 가히 불쌍하도다."

하니, 뻐꾹새 또한 부끄러워하며 물러나거늘, 그제야 따오기가 날아들어 소리를 하고자 하되, 저보다 나은 소리도 벌써 지고 물러나거늘 어찌할꼬 하며 차마 남부끄러워 입을 열지 못하나, 그 황새에게 약 먹임을 믿고 고개를 나직이 하여 한 번 소리를 주하며 아뢰되,

"소인의 소리는 다만 따옥성이옵고 달리 풀쳐 고할 일 없사오니 사또 처분만 바라고 있나이다."

하되, 황새놈이 그 소리를 듣고 두 무릎을 탕탕 치며 좋아하며 이른 말이,

"쾌재(快哉)며 장자(長者)로다. 화난 감정이 일시에 터져 나와서 큰 소리로 꾸짖음은 옛날 황장군(黃將軍)의 위풍이요, 장관교(長坂橋) 다리 위에 백만 군병 물리치던 장익덕의 호통이로소이다. 네 소리 가장 웅장하니 짐짓 대장부의 기상이로다."

하고,

"이렇듯이 처결하여 따옥성을 상성(上聲)으로 처결하여 주오니, 그런 짐승이라도 뇌물을 먹은즉 잘못 판결하여 그 꾀꼬리와 뻐꾹새에게 못할 노릇 하였으니 어찌 화가 자손에게 미치지 아니 하오리까. 이러하온 짐승들도 물욕에 잠겨 틀린 노릇을 잘 하기로 그놈을 개아들 개자식이라 하였으니, 이제 서울 법관도 여차하오니, 소인의 일은 벌써 판이 났으매 부질없는 말하여 쓸데없으니 이제 물러가나이다."

하니, 형조 관원들이 대답할 말이 없어 가장 부끄러워하더라.

– 작자 미상, 〈황새결송〉

- **송사:** 백성끼리 분쟁이 있을 때, 관부에 호소하여 판결을 구하던 일.
- **어혈(瘀血):** 타박상 따위로 살 속에 피가 맺힘. 또는 그 피.
- **타기황앵아(打起黃鶯兒) 막교지상제(莫敎枝上啼):** '꾀꼬리를 날려 보내어 가지 위에서 울게 하지 마라.'는 뜻으로 전쟁으로 헤어진 임을 그리워하는 여인의 애절한 심정을 담고 있음.
- **소슬하다:** 으스스하고 쓸쓸하다.
- **월락자규제(月落子規啼) 초국천일애(楚國千日愛):** '달이 지고 두견이 우니 초나라 천일의 사랑이라.'는 뜻으로 나라가 망할 것을 암시함.
- **장자(長者):** 덕망이 뛰어나고 경험이 많아 세상일에 익숙한 어른.
- **여차하다:** 이렇다.

줄거리 요약

○ 다음 줄거리의 빈칸을 채워 보자.

어느 시골에 한 부자가 살았다. 그의 친척이 재산의 절반을 달라고 위협하자 ❶□□를 제기한다. 하지만 친척의 ❷□□ 때문에 재판에 지고 재산을 빼앗기게 된다. 부자는 분한 마음에 관원들에게 ❸□□이나 뵈려고 이야기 하나를 들려준다. 이렇게 시작한 이야기는 다음과 같다. 꾀꼬리, 뻐꾹새, 따오기가 서로 자기의 우는 소리가 최고의 소리라고 다투다가 황새를 찾아가 송사를 제기한다. 이에 자신이 없던 따오기는 황새에게 미리 ❹□□을 한다. 날이 밝아 세 짐승이 황새 앞에서 소리를 시작한다. 먼저 꾀꼬리가 날아들어 소리를 하자 황새는 애잔하여 쓸데없다고 평가하고, 다음으로 뻐꾹새가 소리를 하자 이번에는 옛날의 일이 떠올라 불쌍하다고 한다. 마지막으로 따오기가 소리를 하자 무릎을 치며 짐짓 대장부의 기상이라고 평가한다. 부자는 이야기를 끝낸 후에 ❺□□에 잠긴 짐승을 개아들 개자식이라 하고, 서울 법관도 여차하다고 한다. 이에 형조 관원들이 부끄러워한다.

작품 분석하기

○ 인물 관계도를 완성해 보자.

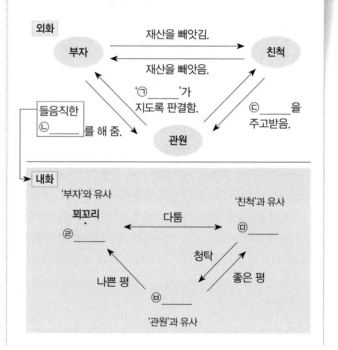

인물의 정서와 태도 [인물의 심리나 태도를 추리하는 문제야. 본문에서 선택지의 근거가 되는 부분을 찾아보자.]

04 윗글에 대한 이해로 적절하지 **않은** 것은?

① '부자'는 송사 결과에 대한 자신의 생각을 제대로 말하지 못해 분해하였군.

② '관원'은 '부자'의 이야기를 듣고 싶어하나, 남들의 시선을 의식하고 있군.

③ '황새'는 '따오기'에게 받은 뇌물 때문에 송사에서 공정한 판결을 내리지 못하는군.

④ '따오기'는 자기 소리를 자랑하기보다는 '황새'의 처분만 기다리는 것으로 보아 겸손한 자세를 지니고 있군.

⑤ '꾀꼬리'는 자신의 소리를 누구든 아름답게 여긴다고 말하는 것으로 보아 자신의 소리에 자부심을 가지고 있군.

개념의 좌표 찾기

● 선택지에 잘 모르는 어휘나 개념이 있다면 아래에 적고 그 뜻을 확인해 보세요.

작품의 구조 이해 [〈보기〉로 이야기의 구조를 먼저 확인하고 두 이야기의 서사적 관계를 추론해 보자.]

05 윗글에 나타난 송사의 내용을 〈보기〉와 같이 정리해 보았다. (가), (나)에 대한 이해로 적절하지 <u>않은</u> 것은?

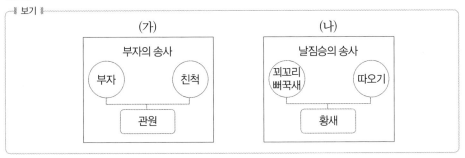

┤ 보기 ├

(가)
부자의 송사
부자　　　친척
관원

(나)
날짐승의 송사
꾀꼬리 뻐꾹새　　　따오기
황새

① (가)는 친척의 부당한 요구에서 비롯된다.

② (가)를 통해 (나)의 판결 이유가 밝혀지게 된다.

③ (가)의 결과는 부자가 (나)의 이야기를 시작하는 계기가 된다.

④ (가)에서 송사의 원인은 '재산'이고 (나)에서는 '최고의 소리'이다.

⑤ (가)와 (나) 모두 청탁이 판결에 중요한 영향을 미친다.

IV
고전 소설

소재의 의미와 기능 [인물의 의도를 소재로 파악하는 문제야. 앞뒤 문맥을 확인해 보자.]

06 '부자'가 이야기를 한 의도로 가장 적절한 것은?

① 관원들에게 다른 송사를 청탁하기 위해서

② 무식한 관원에게 자신의 지혜를 뽐내기 위해서

③ 비리와 관련된 관원들을 우회적으로 비판하기 위해서

④ 예상과 다른 판결에 대해 관원들과 논쟁을 벌이기 위해서

⑤ 자신의 패배로 끝난 송사로 인해 잃게 된 재산을 되찾기 위해서

상황에 맞는 관용적 표현 [상황에 맞는 관용적 표현을 찾는 문제야. 평소에 사자성어나 속담을 정리해 두자.]

07 [A]에 대해 〈보기〉와 같이 반응한다고 할 때, (　　　)에 들어갈 한자어로 가장 적절한 것은?

┤ 보기 ├

"황새는 자기의 주장을 합리화하기 위해 (　　　　)의 태도를 보이고 있군."

① 견강부회(牽强附會)　　　　　② 경거망동(輕擧妄動)

③ 각주구검(刻舟求劍)　　　　　④ 배은망덕(背恩忘德)

⑤ 타산지석(他山之石)

아픔을 견뎌 내고 꽃핀 민중의 문학

– 조선 후기 우리 문학의 변화 –

일본의 침략(임진왜란)과 청의 침략(병자호란)을 당하면서 우리 민족은 큰 고통을 겪게 돼. 많은 사람들이 다치거나 목숨을 잃기도 했고, 가족들과 헤어져 먼 나라로 끌려가기도 했지. 또 백성들의 재산이나, 우리의 소중한 문화유산이 약탈당하고 불에 타 잿더미가 되기도 했어. 이렇듯 두 전쟁을 겪으며 참혹한 경험을 한 민중의 실망과 분노는 지배층을 향했어. 지배층이 전쟁을 대비하지도 않았을 뿐더러, 전쟁이 났을 때는 임금이 백성을 버리고 도망가기도 했고, 탁상공론만 펼치다가 전쟁에 제대로 대응하지 못했거든.

그뿐인가? 굴욕적인 패배 때문에 구겨진 민족의 자존심은 덤이었지.

하지만 흔들리지 않고 피는 꽃은 없는 법. 고통스러운 전쟁의 경험과 지배층의 실망스러운 모습은 오히려 민중의 의식이 성장하는 계기가 돼. 민중이 여러 방면에서 조선 사회의 변화를 이끌게 된 거야.

우리의 문학 역시 이 시기에 많은 변화가 일어나. 민중의 목소리가 문학에 나타나기 시작했거든. 민중은 지배층이 사용하는 어려운 말을 알고 있지 못했기 때문에, 일상생활에서 쓰는 쉽고 구체적인 말로 표현했어. 그래서 민중의 문학은 이전의 문학보다 쉽고 친숙한 느낌을 줘. 상업이 발달하면서 오락을 위한 공연 예술이 활발해지고, 이 과정에서 판소리와 민속극이 발달하기도 했지.

민중의 문학에는 어떤 내용이 담겨 있을까? 시가 문학에는 무능하고 부패한 지배층을 풍자하거나, 그들이 지배하는 사회를 비판하는 내용이 담겨 있어.

일상생활에서 느끼는 진솔한 감정을 담아내기도 했지. 삶의 고단함이나 여인에게 가해지는 사회적 제약 때문에 겪는 어려움, 누군가를 사랑하고 그리워하는 감정 등이 여기에 해당해.

산문 문학은 영웅 소설과 군담(전쟁) 소설이 유행했어. 특히 군담 소설은 패배한 전쟁을 승리로 바꾸어 패배감을 극복하고, 민족의 자긍심을 높이는 역할을 했어. 일종의 대리 만족을 한 거지. 전쟁에 제대로 대응하지 못한 왕을 비롯한 지배층의 무능에 대한 비판과, 침략국에 대한 적개심이 드러나기도 해.

또 다른 변화는 한글 보급 덕분에 문학의 작가층이 다양해졌다는 거야. 기존에는 주로 한문을 쓰는 지배층이 주요 작가층이었다면, 조선 후기에는 평민이나 여성 등의 계층도 자신들의 정서나 이야기를 한글로 표현하면서 문학의 작가층이 확대되었거든. 이와 함께 엄격한 신분 질서가 무너지면서, 그동안 유교 질서 속에서 억눌려 왔던 감정을 솔직하게 표현한 애정 소설도 많이 등장해. 독자층 또한 다양해지면서 남녀 간의 사랑을 다룬 이야기가 인기를 끌게 됐지.

민중들의 문학이 변화하는 동안 지배층의 문학은 그대로 있었을까? 조선 후기로 접어들면서 당대의 지식인들은 성리학적 이념에서 벗어나, 현실 문제에 주목하여 자신들의 생각을 적극적으로 드러내게 돼. 대체로 실생활에 도움이 되는 학문을 추구하는 실학 정신이 반영되었지. 대표작으로는 〈양반전〉, 〈호질〉 등 박지원의 작품들을 들 수 있어. 당대 사회를 비판하고 지배층의 위선과 무능을 풍자하는 내용이 많아.

이렇듯 임진왜란과 병자호란은 우리 사회와 민중의 의식에 많은 변화를 가져왔고, 문학도 이러한 시대 상황에 영향을 받아 변화했어. 우리가 문학을 제대로 이해하려면 당시의 시대 상황과 그 시대를 살아가는 사람들의 삶을 함께 봐야 하는 이유가 바로 여기에 있는 거야.

V

극·수필

01 희곡

연극
101마리의
달아시안

이를 어쩌나!
공간이 한참
부족하네.

그러니까
90마리는 그림으로
그리자고 했잖아!

연출

무대 연출

희곡의 제약

개념+ 소설 VS 희곡

		소설	희곡
공통점		허구적 성격, 산문 문학, 갈등 구조	
차이점	형식	발단-전개-위기-절정-결말	발단-전개-절정-하강-대단원
	사건 전개	서술자의 서술	서술자 없음, 인물의 대사·행동으로 전개

궁금해요

시간·공간의 제약이 뭔가요?

연극은 무대 위에서 관객에게 이야기를 바로 전달하잖아. 그런데 만약 대본이 엄청나게 길어서 연극이 10시간 걸린다면? 배우도 힘들고, 관객도 힘이 들겠지. 그래서 희곡은 이야기의 길이가 너무 길어질 수 없어. 이런 걸 '시간적 제약'이라고 해. '공간적 제약'은 '무대 공간'이 제한되어 있어 무대 배경이 금방금방 여러 번 바뀐다든가 매우 많은 인물들이 한꺼번에 무대에 등장하는 것은 어렵다는 것을 뜻해.

⚖️ 개념을 품은 기출 선택지

- 남자가 여자에게 **전보를 치는 행동**은 현재의 무대 공간에서 **인물의 대사**를 통해서 제시된다. (2016. 06. 평가원ⓑ)
- 실제 지명의 노출을 통해 **극중 상황**에 사실감을 부여하고 있다. (2018. 09. 평가원)
- 등장인물이 **무대 밖에서 피아노로 음향 효과**를 낸다. (2017 수능)
- **무대 장치의 이동**으로 **극중 공간**을 좌우로 분리시킨다. (2017 수능)

❶ 희곡의 개념

[**①**] 상연을 하기 위해 쓴 대본을 말한다. 희곡과 같은 극 문학은 갈등을 중심으로 사건이 전개되기 때문에 내용을 파악하는 방식은 소설과 다르지 않다. 다만, 소설에서는 서술자가 작품 안이나 밖에서 사건을 전개하고 서술한다면, 극 문학은 서술자 없이 인물의 [**②**]와 [**③**]을 통해 사건을 전개하는 것이 다르다.

(연극 따위를 무대에서 하는 일) (무대 공연이나 상영을 목적으로 하는 문학)

> ☑ 희곡은 소설과 마찬가지로 갈등 상황을 파악하는 게 가장 중요해. 그리고 지시문이나 대사의 기능, 소재의 상징성도 시험에 자주 나오는 요소야.

❷ 희곡의 특징

㉠ **행동과 대사**: 극은 배우의 행동과 대사를 통해 진행된다. 또 작가의 직접적인 서술이 불가능하여 인물의 내면 심리 상태와 정신세계를 완전히 표현하기 어렵다.

㉡ **갈등**: 인물의 갈등과 그 해소 과정을 주된 내용으로 다룬다.

㉢ **무대 상연의 전제와 제약**: 무대 상연을 전제로 하기 때문에 시간·공간의 제약을 받는다.

㉣ **현재화된 표현**: 사건이 무대 위에서 바로 표현되기 때문에 모든 이야기가 현재화된다.

㉤ **관습**: 희곡은 무대 상연을 전제로 한다는 점에서 관객이나 독자와 일종의 약속을 하게 되는데, 이를 희곡의 관습이라고 한다. 예를 들어 '방백'은 실제 다른 배우들에게 들리고 있더라도, 관객과 독자는 다른 배우들에게 들리지 않는 말이라고 여긴다.

❸ 희곡의 구성⁺

(1) 구성단위

㉠ **막**: 무대의 커튼이 올랐다가 다시 내릴 때까지의 단위를 말한다. 커튼을 내렸을 때 무대의 배경이나 여러 장치가 바뀌게 된다. 하나의 막은 몇 개의 장으로 이루어진다.

㉡ **장**: 희곡의 기본 단위로, 무대 장면이 변하지 않고 이루어지는 사건의 한 토막을 이른다. 조명이 꺼지고 켜지는 것이나 등장인물의 퇴장과 등장으로 구분된다.

(2) 구성 요소

㉠ **지시문(지문)**: 등장인물의 동작, 표정, 심리 상태 등을 설명하거나 조명, 효과음 등을 지시하는 부분이다. 인물의 동작, 표정, 말투 등을 지시하는 '동작 지시문'과, 배경이나 무대 장치, 음향 효과 등을 지시하는 '무대 지시문'으로 나누어진다.

㉡ **대사**: 등장인물이 하는 말로, 사건을 전개하고 인물의 내면이나 성격을 드러내며 사건의 분위기를 나타낸다.

대화	등장인물 간에 서로 주고받는 대사.
독백	청자가 없다고 생각하고 등장인물이 혼자 중얼거리는 대사. 등장인물의 내면을 ❹ [ ]에게 표현하는 역할을 한다.
방백	다른 ❺ [ ]은 들을 수 없고 관객에게만 들리기로 약속된 대사. 등장인물이 관객에게 무대 위 사건을 직접 설명해 주는 듯한 느낌을 자아낸다.

㉢ **해설**: 희곡의 첫 부분에서 등장인물, 장소, 무대 장치 등을 설명해 주는 글이다. 인물과 무대에 대한 정보를 설명해 주므로 지시문의 일종으로 볼 수 있다.

> **[무대]** 서해안 어느 한촌(寒村). 늦은 가을. 코를 찌르는 듯한 악취가 배인 습하고 누추한 어부의 토막(土幕)⁎. 중앙에 개흙이 무너져 가는 방이 있고 우편으로 비스듬히 부엌. 방머리에 옹배기를 엎어 놓은 굴뚝. 부엌 뒤로부터 굴뚝같이 얕은 토담이 둘러싸였고, 빨래, 그물, 생선, 엉겅퀴 등이 널려 있다.
> 해설: 장소, 무대 장치 등이 제시됨.
>
> **[앞부분 줄거리]** 노어부는 고기를 잡다 한쪽 다리를 잃고, 처와의 사이에서 낳은 큰아들은 바다에서 죽는다. 어느 날 둘째 아들인 복조마저 시체로 돌아온 것을 본 처는 아들의 죽음을 믿고 싶지 않아 하며 바닷가로 가고, 막내아들 석이는 어머니인 처를 걱정한다.
>
> 석이   어머니, 어머니, 어머니. (속이 타서 발을 구르며) 아버지, 얼른 가서 어머니 좀 붙드세요. 얼른 얼른 아버지.
> 동작 지시문   대사
> 노어부   내 알 것 아니야.
> 석이   (어머니, 어머니 부르며 뒤따라 퇴장)
> (멀리서 처의 웃는 소리 우는 소리 번갈아 들린다.)
> 무대 지시문: '처의 울음소리'라는 음향 효과로 '처'가 무대 밖에서 울고 있음을 알려 줌.
> 노어부   (일어서며) 윤 첨지, 북망산⁎으로 가지.
> 복실   촛불 하나 안 키고 관도 없이 어델 가요?
>
> ➡ 희곡의 구성 요소인 지시문·대사·해설이 나타남.
> – 함세덕, 〈산허구리〉

⁎ **토막**: 움막집. 땅을 파고 위에 거적 따위를 얹고 흙을 덮어 추위나 비바람만 가릴 정도로 임시로 지은 집.
⁎ **북망산**: 무덤이 많은 곳이나 사람이 죽어서 묻히는 곳을 이르는 말.

개념+ 희곡의 구성 단계
• **발단**: 극의 도입부로서, 인물, 배경, 극의 전체적 분위기 등이 제시되고 갈등 요소가 암시되는 단계
• **전개**: 인물 간의 대립과 갈등이 상승하는 단계
• **절정**: 갈등이 최고조에 이르며, 새로운 전환점이 생기는 단계
• **하강**: 갈등 해결을 위한 실마리가 제시되는 단계
• **대단원**: 갈등이 해소되고, 인물의 운명이 결정되는 단계

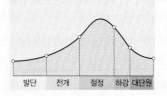

발단 전개 절정 하강 대단원

💡 **짚고 가요**

무대 밖 사건
희곡은 시간·공간의 제약을 받기 때문에, 이야기 속 모든 사건을 무대 위에서 보여 줄 수가 없어. 이때 '무대 밖에서 일어났거나 일어나고 있는' 일은 해설이나 지시문, 대사로 제시하기도 하니 주의 깊게 봐야 해.

개념
극 1 이 글에 대한 설명으로 적절하지 않은 것은?
① 해설을 통해 글의 배경이 어촌 마을임을 알 수 있다.
② 독백을 통해 '처'를 걱정하는 '석이'의 심리를 알 수 있다.
③ 지시문을 통해 '처'가 무대 밖에서 울고 있음을 알 수 있다.

빈칸 답 | ❶ 연극 ❷ 대사 ❸ 행동 ❹ 관객
❺ 등장인물
극 1 ②

내용	희극: 행복한 결말
	비극: 불행한 결말
길이	단막극: 하나의 막
	장막극: 두 개 이상의 막

4 희곡의 종류 +

☑ 희곡은 기준에 따라 다양하게 구분할 수 있지만, 여기서는 시험에 자주 나오는 풍자극과 서사극에 대해서만 보기로 할게.

🏵 풍자극

풍자를 통해 인간·사회를 ❻ [ ]하는 극을 말한다.

> **[앞부분 줄거리]** 이리 떼가 마을을 습격하지는 않는지 감시하는 파수꾼 '다'는 사실 '이리 떼'가 없다는 것을 알게 되고, 촌장은 파수꾼 '다'를 만나러 온다.
>
> 다 　아셨으면서 왜 숨기셨죠? 모든 사람들에게, 저 덫을 보러 간 파수꾼에게, 왜 말하지 않은 거예요?
>
> 촌장 　말해 주지 않는 것이 더 좋기 때문이다.
>
> 다 　(거짓말 마세요, 촌장님! 일생을 이 쓸쓸한 곳에서 보내는 것이 더 좋아요? 사람
> 　　　( ): 체제 안정을 내세워 개인의 자유와 행복을 억압하는 현실을 비판함.
> 들도 그렇죠! '이리 떼가 몰려온다.' 이 헛된 두려움에 시달리고 사는 게 그게 더
> 　　　거짓된 공포를 상징함.
> 좋아요?)
>
> 촌장 　(애야, 이리 떼는 처음부터 없었다. 없는 걸 좀 두려워한다는 것이 뭐가 그렇게
> 　　　( ): 촌장의 합리화. 이리 떼에 대한 경계심이 마을 사람들 사이의 단결과 질서를 유지하는 원동력이라 주장함.
> 나쁘다는 거냐? (중략) 난 질서를 만든 거야. 질서, 그게 뭔지 넌 알기나 하니?
> 　　　　　　　　　　　　　　　'이리 떼가 있다'는 거짓말로 마을을 통제함.
> 모를 거야, 너는. 그건 마을을 지켜 주는 거란다.)
>
> ➡ 거짓된 공포를 만들어 내 마을을 통제하는 촌장의 모습을 통해, 분단 현실을 이용해 공포를 조장하여 권력을 유지하려
> 했던 1970년대의 권력층을 풍자함. 　　📘 미래엔, 지학사 　📗 동아, 비상, 천재(정) | 이강백, 〈파수꾼〉

개념
콕 2 이 글에 대한 설명으로 적절하지 <u>않은</u> 것은?

① '이리 떼'는 마을 사람들에게 공포의 대상이다.
② 파수꾼 '다'는 겁 많은 촌장을 비판하며 진실을 밝히라고 요구한다.
③ '촌장'은 '이리 떼'에 대한 거짓말이 질서를 위해 필요하다고 생각한다.

🏵 서사극

관객의 정서적 몰입을 ❼ [ ]하면서 관객들이 극을 객관적으로 감상하게 하여 극이 비판하고 있는 현실을 바라보게 만드는 극을 말한다. '낯설게하기'라는 기법을 사용한다.

• **낯설게하기:** 연극의 사건이 실제 일어나는 사건인 것처럼 느껴지도록 관객의 몰입을 중시했던 기존 연극의 관습을 깨고 연극이 무대 위에서 벌어지는 사건임을 강조해 관객이 무대 위 사건, 인물에 거리감을 느끼게 하는 기법이다.

특징	무대 위 배우가 관객에게 말을 건네 무대와 객석의 경계를 없앰.
	소설의 서술자와 유사한 '해설자'가 극중 상황을 설명함. '해설자'는 무대 위 '등장인물'이 맡는 경우가 많음.
	하나의 장에서 시간·공간이 자유롭게 바뀌거나 서로 다른 시간·공간이 동시에 나타남.
	과장된 소품을 사용하거나 무대 장치를 노출함.

개념
콕 3 이 글에 대한 설명으로 적절한 것은?

① 서술자인 '한혜자'가 극중 상황을 설명한다.
② '한영덕'과 '한혜자'의 대화로 사건을 전개한다.
③ 관객의 몰입을 방해하는 서사극의 특징을 갖는다.

빈칸 답 | ❻ 비판 ❼ 방해
🎯 2 ② 3 ③

> 모시 적삼을 입은 한영덕이 오른쪽 무대 아래에서 허리를 굽힌 채 염*을 하고 있다. (중략) 이때 여학생 교복을 입은 한혜자, 조심스럽게 걸어 나와 한영덕을 바라보면서 오른쪽 무대 위로
> 올라간다. 　　　한영덕의 죽음 이전·이후의 일(서로 다른 시간·공간)이 한 무대에 동시에 나타남.
>
> 한혜자 　(종이쪽지를 보며) 오늘 아침에 아버지가 돌아가셨다는 전보를 받았습니다. 난,
> (해설자)
> 아버지에 대해 아는 게 별로 없습니다. 날마다 허리를 앓거나 날마다 폭음을 하
> 던 술꾼이라는 기억뿐이에요. 아버지는 식구들과 말도 건네지 않고 항상 골이
> 난 사람처럼 보였어요. 　　➡ 해설자를 등장시키고 서로 다른 시간·공간이 동시에 무대 위에 나타나게
> 　　　　　　　　　　　　　 함으로써 관객 자신이 극을 보고 있다는 사실을 떠올리도록 함.
> 　　　　　　　　　　　　　　　　　　　　　　– 황석영 원작/김석만·오인두 각색, 〈한씨 연대기〉
>
> • 염: 시신을 수의로 갈아입힌 다음, 베나 이불 따위로 쌈.

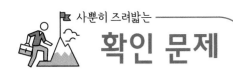

바로바로 간단 체크

1 괄호 안에 들어갈 알맞은 말을 쓰시오.

(1) 희곡은 연극의 대본이며, 구성단위인 (ㅈ)과 막으로 구분한다.

(2) 희곡은 소설처럼 (ㄱ ㄷ)을 중심으로 하는 문학이다.

(3) (ㅅ ㅅ ㄱ)은 '낯설게하기' 기법을 통해 관객들의 객관적인 시선을 유도한다.

2 다음 설명이 맞으면 ○표, 틀리면 ✕표를 하시오.

(1) 희곡은 서술자가 사건을 전달해 준다는 점에서 소설과 유사하다. ( )

(2) 희곡은 무대에서 공연되는 것을 목적으로 한 글이기 때문에 시간과 공간의 제약이 있다. ( )

(3) 풍자극은 인간·사회를 비판하는 극으로 항상 행복한 결말에 이른다. ( )

3 다음은 희곡의 구성 요소를 표로 정리한 것이다. 빈칸에 들어갈 알맞은 말을 쓰시오.

구성 요소	특징
㉠ _____	등장인물의 동작, 표정, 심리 상태 등을 설명하거나 조명, 효과음 등을 지시하는 부분이다.
대사	배우가 무대 위에서 하는 말로 등장인물이 혼자 말하는 ㉡ _____, 등장인물끼리 하는 대화, 관객에게만 들리는 방백이 있다.
㉢ _____	희곡의 도입부에서 등장인물, 장소, 무대 장치 등을 설명하는 부분이다.

[01~05] 다음 글을 읽고 물음에 답하시오.
🔲 동아

[앞부분 줄거리] 열네 살인 동자승인 도념은 자신을 버리고 떠난 어머니를 애타게 그리워한다. 죽은 자식을 위해 절에 불공을 드리러 오는 미망인은 도념을 안타깝게 여겨 양아들로 삼으려 한다. 하지만 주지 스님은 도념의 하산을 반대하고, 도념과 주지 스님은 갈등한다.

초부 ㉠(지게를 지고 일어서며) 지금 그 종 네가 쳤니?

도념 그럼은요. 언제 내가 안 치구 다른 이가 쳤나요?

초부 밤낮 나무해 가지구 비탈 내려가면서 듣는 소리지만 오늘은 왜 그런지 유난히 슬프구나. (일어서다가 도념의 옷차림을 발견하고) 아니, 너 갑자기 바랑˚은 왜 걸머지구 나오니?

도념 이번 가면 다시 안 올지 몰라요.

초부 왜? 스님이 동냥 나가라구 하시든?

도념 아, 아니요. 몰래 나가려구 해요.

초부 ㉡이렇게 눈이 오는데 잘 데두 없을 텐데, 어딜 간다구 이러니? 응, 갈 곳이나 있니?

도념 조선 팔도 다 돌아다닐 걸요 뭐.

초부 하 애, 그런 생각 말구, 어서 가서 스님 말씀 잘 듣구 있거라.

도념 벌써 언제부터 나가려구 별렀는데요? 그렇지만 스님을 속이고 몰래 도망가기가 차마 발이 떨어지지 않아서 못 갔어요.

초부 어머니 아버질 찾기나 했으면 좋겠지만 찾지두 못하면 다시 돌아올 수도 없구, 거지밖에 될 게 없을 텐데 잘 생각해서 해라.

도념 꼭 찾을 거예요. 내가 동냥 달라구 하니까 방문 열구 웬 부인이 쌀을 퍼 주며 나를 한참 바라보구 있더니 별안간 "도념아, 내 아들아, 이게 웬일이냐." 하구 맨발바닥으로 뛰어 내려오던 꿈을 여러 번 꾸었어요.

초부 가려거든 빨리 가자. 퍽퍽 쏟아지기 전에. 이 길루 갈 테니?

도념 비탈길루 가겠어요.

초부 그럼 잘-가라. 난 이 길루 가겠다.

도념 네, 안녕히 가세요.

초부, 나무를 지고 내려간다. 도념, 두어 걸음 나갈 때 법당에서의 주지의 독경˚소리. ㉢발을 멈추고 생각난 듯이 바랑에서 표주박을 꺼내 잣을 한 움큼 담아서 산문˚앞에 놓는다.

도념 (무릎을 꿇고) 스님, 이 잣은 다람쥐가 겨울에 먹으려구 등걸 구멍에다 모아 둔 것을 제가 아침이면 몰래 꺼내 뒀었어요. 어머니 오시면 드리려구요. 동지섣달 긴긴 밤 잠이 안 오시어 심심하실 때 깨무십시오. (산문에 절을 한 후) 스님, 안녕히 계십시오.

멀리 동리를 내려다보고 ㉣길게 한숨을 쉰다. 정숙. 원내에서는 목탁과 주지의 염불 소리만 청청히 들릴 뿐, 눈은 점점 펑펑 내리기 시작한다. 도념, 산문을 돌아다보며 돌아다보며 ㉤비탈길을 내려간다.

– 함세덕, 〈동승〉

● **동자승**: 동승. 나이가 어린 승려. 동자삭발을 한 승려를 이른다.
● **미망인**: 남편을 여읜 여자.
● **바랑**: 승려가 등에 지고 다니는 자루 모양의 큰 주머니.
● **독경(讀經)**: 불경을 소리 내어 읽거나 욈.
● **산문**: 절 또는 절의 바깥문.

01 이 글의 내용과 일치하는 것은?

① '도념'은 동냥하기 위해 산을 내려간다.
② '스님'은 '도념'이 절을 떠난다는 것을 알고 있다.
③ '초부'는 '도념'에게 신중히 행동하라고 충고한다.
④ '도념'은 '어머니'와 만날 수 있을지 의심하고 있다.
⑤ '도념'은 '스님'에 대한 원망을 풀지 못하고 절을 떠난다.

02 이 글에 대한 설명으로 적절한 것은?

① 무대 상연을 고려하여 효과음을 사용해 공간적 배경을 강조한다.
② 서술자가 직접 '도념'의 내적 갈등을 전달하여 관객의 몰입을 돕는다.
③ 과거를 회상하는 방식으로 어머니에 대한 '도념'의 그리움을 부각한다.
④ 공간의 잦은 이동을 통해 '초부'의 성격이 어떻게 변하는지 보여 준다.
⑤ '도념'이 비탈길을 내려가는 모습은 관객들이 극을 객관적으로 바라보게 만든다.

03 희곡의 대사 요소를 고려하여 이 글을 감상한 학생들의 반응으로 적절하지 않은 것은?

① 지성: 도념의 '독백'을 통해 이 글이 지닌 서정적인 분위기가 강조되는군.
② 희연: 초부와 도념의 '대화'를 통해 도념이 절을 떠나는 사건이 전개되는군.
③ 현아: 도념의 '독백'을 통해 관객들은 스님에 대한 도념의 속마음을 알게 되는군.
④ 우진: 초부의 '방백'을 통해 도념을 걱정하는 '초부'의 따뜻한 마음씨가 드러나는군.
⑤ 성우: 초부와 도념의 '대화'를 통해 두 사람이 예전부터 알던 사이임이 드러나는군.

04 공연을 위해 연출자가 ㉠~㉤에 대해 조언할 내용으로 적절하지 않은 것은?

① ㉠: '초부' 역을 맡은 배우는 지게를 지고 일어나다가 의아하다는 듯이 말해 주세요.
② ㉡: '초부' 역을 맡은 배우는 걱정스러운 눈빛으로 '도념' 역을 맡은 배우를 바라봐 주세요.
③ ㉢: '도념' 역을 맡은 배우는 무엇인가를 골똘히 생각하는 듯한 표정으로 걸음을 멈춰 주세요.
④ ㉣: '도념' 역을 맡은 배우는 희망에 찬 표정으로 답답했던 속마음이 후련해졌음을 표현해 주세요.
⑤ ㉤: '도념' 역을 맡은 배우는 몸에 힘을 빼고 천천히 걸음을 옮겨 주세요.

05 이 글에 등장하는 소재의 역할을 정리한 것이다. ⓐ와 ⓑ에 해당하는 소재를 이 글에서 찾아 쓰시오.

| ⓐ _____ | 스님에 대한 도념의 존경심을 드러내는 소재 |
| ⓑ _____ | 도념의 미래가 순탄치 않을 것임을 드러내는 소재. 계절적 배경을 알려 주기도 함. |

[06~07] 다음 글을 읽고 물음에 답하시오.

2014학년도 9월 평가원(변형)

졸음이 오는 지루한 음악과 더불어 철문 도어가 무겁게 열리며 교수 등장. 아래위 **양복**이 원고지를 덧붙여 만든 것처럼 이것도 **원고지 칸투성이**다. 손에는 큼직한 낡은 가방을 들고 있다. 허리에 쇠사슬을 두르고 있는데 허리를 돌고 남은 줄이 마루에 줄줄 끌려 다닌다. 쇠사슬이 도어 밖까지 나가 있어 끝이 없다. 도어를 닫고 소파에 힘들게 앉는다. 여전히 쇠사슬을 끌고 다니면서 가방은 자기 옆에 놓고 처음으로 전면을 바라본다. 중년에 퍽 마른 얼굴, 이마에는 주름살이 가고 찌푸린 얼굴은 돌 모양 변화가 없다. 잠시 후 피곤하다는 듯이 두 손을 옆으로 뻗치면서 크게 기지개를 한다. '아아' 하고 토하는 큰 하품은 무엇에 두들겨 맞아 죽는 비명같이 비참하게 들려 오히려 관객들을 놀라게 한다. 장녀가 플랫폼*에 나타난다.

장녀　저의 아버지랍니다. 밖에서 돌아오시면 늘 이렇게 **달콤한 하품**을 하신답니다. (교수는 머리를 기대고 잠을 자고 있다. 코를 고는데 흡사 고양이 우는 소리다.) 인제 어머님이 돌아오셔요. 어머님은 늘 아버지의 건강을 염려하세요.

적당한 곳에서 처가 나타난다. 과거에는 살도 쪘지만 현재는 몸이 거의 형클어져 있다. **퇴색한*** 옷을 입고 있다. 소리를 안 내고 들어와 잠자는 교수의 주머니를 샅샅이 턴다. 돈을 한 주먹 쥐고 이어 교수의 가방을 턴다. 돈 부스러기를 몇 장 찾아내고 그 액수가 적음에 실망을 한다. 잠시 후 교수를 흔들어 깨운다.

장녀　제 말이 맞았지요?

플랫폼 방 불이 서서히 꺼진다.

처　　여보, 여기서 그냥 주무시면 어떡해요. 옷도 안 갈아입으시고.
교수　깜빡 잠이 들었군.

교수 일어선다.

처　　어서 옷을 갈아입으세요. (처는 교수 허리에 칭칭 감긴 **철쇄**를 풀어 헤치고, 소파 뒤의 막대기에 감겨 있는 또 하나의 굵은 줄을 풀어 교수 허리에 다시 감아 준다.) 옷을 갈아입으시니 한결 시원하지 않아요?

교수　난 잘 모르겠어.

– 이근삼, 〈원고지〉

● **플랫폼**: 극 무대의 바닥을 부분적으로 높여 만든 단으로, 공간이 다름을 상징하기 위해 사용함.
● **퇴색한**: 빛이나 색이 바랜.

---

06 이 글에 대한 설명으로 적절한 것은?

① '지루한 음악'이라는 효과음을 사용해 장녀의 등장을 예고한다.
② '원고지 칸투성이'인 '양복'은 교수의 직업과 상황을 짐작하게 하는 소품이다.
③ 교수의 '하품'을 '달콤한 하품'이라고 말하는 장녀의 대사를 통해 따뜻한 가족의 모습을 보여 준다.
④ '플랫폼 방 불'이 서서히 꺼지는 효과는 막이 끝났음을 보여 준다.
⑤ '철쇄'를 풀어 주는 처의 행동을 통해 교수가 자율성을 회복했음을 드러낸다.

07 〈보기〉를 참고하여, ㉠~㉢ 중 '장녀'에 대한 설명으로 적절하지 <u>않은</u> 것을 고르시오.

┤보기├

이근삼 희곡에는 극중 배역에서 일시적으로 빠져나와 관객에게 직접 말하는 '해설자'가 자주 등장한다. 해설자는 관객들에게 인물·사건·배경에 관한 정보를 제공하고, 무대에서 배우의 연기를 지시하거나 설명한다. 따라서 해설자는 기본적으로 관객들을 극중 상황으로 자연스럽게 인도하는 매개자 역할을 하지만, 관객들이 극중 상황에 몰입하는 것을 차단하는 효과를 유발하기도 한다.

㉠ 관객들에게 객관적인 정보를 제공한다.
㉡ 등장인물이면서 해설자의 역할을 한다.
㉢ 관객들이 정보를 비판적으로 받아들여 극중 상황에 몰입하지 못하도록 한다.

V
극·수필

02 시나리오

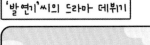

🔧 개념을 품은 **기출 선택지**

· ⓜ은 대사 없이 **인물의 행동과 소품으로 인물의 심리를 간접적으로 표현**해야겠어. (2019. 09. 평가원)

· S#11에서 S#12로의 전환은 **카메라의 시선**이 버스의 내부에서 외부로 바뀌고 있음을 보여 준다.
  (2015. 09. 평가원Ⓐ)

· #68의 장면에 이어지는 #69에서 '**철호 Ⓔ**'를 삽입하여 회상의 주체가 철호임을 알려 주고 있다. (2019 수능)

---

❶ 시나리오의 개념

영화나 드라마 촬영이 목적인 대본으로, [❶　　　　]을 전제하는 극 문학이다.

> ☑ 앞단원에서 희곡도 극 문학이라고 했지? 정리하면 '희곡·시나리오'를 극 문학으로 묶을 수 있겠네.

❷ 시나리오의 특징

· 촬영을 전제로 한다. 특수한 시나리오 용어가 사용된다.

· 대사와 행동으로 인물의 내면과 성격을 드러내고 사건을 전개한다.

· [❷　　　　]에 비해 시간적, 공간적 배경의 제한을 적게 받는다.

· 희곡에 비해 등장인물 수에 제약이 적다.➕

❸ 시나리오의 구성 요소

장면 표시	장면의 설정이나 장면 번호. S#(Scene number)로 나타내며 장면의 전환을 드러낸다.
해설	시나리오의 첫머리에서 등장인물, 때와 장소, 배경 등을 설명한 부분이다.
대사	등장인물이 하는 말을 뜻하며, 사건을 전개하고 인물의 내면이나 성격을 드러내며 작품의 주제를 구현한다.
지시문	인물의 표정이나 동작, [❸　　　　] 위치, 영상 편집 기술 등을 지시한다. 인물의 내면을 나타내거나 성격을 드러내기도 한다.

개념➕ 희곡 VS 시나리오

구분	희곡	시나리오
목적	연극 상연	영화 상영
단위	장과 막	장면(scene)
제약	시간적·공간적 배경, 인물 수에 제약이 있음.	희곡보다 비교적 제약이 적음.
형태	상연으로 소멸됨. (순간 예술)	필름으로 보존됨. (영구 예술)

4 시나리오의 구성단위

㉠ **숏(shot)**: 카메라가 한 번의 연속 촬영으로 찍은 장면으로 컷(cut)이라고도 함.

㉡ **장면(scene)**: 시나리오의 최소 단위. 같은 장소, 시간 내에서 동일한 인물들이 일으키는 일련의 상황이나 사건. 하나 또는 여러 개의 숏으로 구성됨.

㉢ **시퀀스(sequence)**: 하나의 에피소드를 이루는 구성단위. 연극의 막에 해당함. 하나 또는 여러 개의 장면으로 구성됨.

5 시험에 자주 나오는 시나리오 용어

> ☑ 시나리오는 카메라로 촬영하기 때문에 특수한 용어가 자주 쓰여. 시나리오의 중요한 특징이니, 자주 나오는 용어를 기억해야겠지?

- **S#(scene number)**: 장면 번호.
- **Nar.(narration)**: 내레이션. 인물이 화면에 나타나지 않은 채 바깥에서 해설하는 말.
- **M.(music)**: 효과 음악. 배경 음악.
- **E.(effect)**: ④ [   ]. 주로 화면 밖에서의 음향이나 대사에 의한 효과.
  - ⑩ 화면 밖에서 들리는 폭발음, 화면에 보이지 않는 인물의 대사.
- **PAN.(panning)**: 삼각대 따위에 카메라를 고정하고 렌즈를 좌우로 이동하며 촬영함.
- **C.U.(close-up)**: 어떤 대상이나 인물을 두드러지게 확대하여 찍음.
- **F.S.(full-scene)**: 전경(全景). 전체 장면을 화면 위에 다 나타내는 방법.
- **F.I.(fade-in)**: 화면이 처음에 어둡다가 점차 밝아지는 방법.
- **F.O.(fade-out)**: 화면이 처음에는 밝았다가 점차 ⑤ [   ] 방법.
- **Ins.(insert)**: 장면의 이해를 돕기 위해 화면과 화면 사이에 다른 화면을 끼우는 방법.
- **O.L.(overlap)**: 하나의 화면이 끝나기 전에 다음 화면이 겹치면서 먼저 화면이 차차 사라지게 하는 방법.
- **DIS.(dissolve)**: 한 화면이 사라짐과 동시에 다음 화면이 점차로 나타나는 방법.
- **W.O.(wipe-out)**: 한 화면이 닦아 내는 것처럼 조금씩 사라지며 다른 화면이 나타나는 방법.
- **montage**: 몽타주. 따로 촬영한 장면을 이어 붙여 편집하는 기법.

S# 15 영희의 작업 공장(새벽) _{장면 표시: 장면 번호, 시간·공간적 배경}

새벽 3시를 가리키는 시계. 멈추지 않고 돌아가는 기계들. 기계를 만지는 직공들의 분주한 손길. 기계에서는 열기가 뿜어 나오고 엄청난 소음이 귀를 괴롭힌다. (중략) 영희, 깜빡깜빡 졸고 있다. 조장, 공장 안을 이리저리 다니며 졸고 있는 여공들의 팔을 옷핀으로 찌른다. 졸고 있던 영희도 옷핀에 찔린다. (클로즈업) 영희의 작업복 팔 부분에 한 점 빨간 피가 묻어난다.

└ 시나리오 용어: 어떤 대상이나 인물을 두드러지게 확대하여 찍는 것   _{지시문}

영희   (깜짝 놀라 팔을 움켜쥐며) 아야!

조장   (앙칼진 목소리로) 정신 차려, 정신! 기계가 멈추면 공장이 손해고, 공장이 멈추면 우리가 다 손해야! 정신 차려, 정신!

      _{대사}

➡ 시나리오의 구성 요소인 장면 표시, 대사, 지시문과 시나리오 용어가 쓰임.   📖 미래엔 | 조세희 원작/박진숙 각색, 〈난장이가 쏘아 올린 작은 공〉

 궁금해요

O.L.과 DIS.의 차이가 무엇인가요?

 O.L은 '겹치다(overlap)'의 줄임말이고 DIS.는 '녹다(dissolve)'의 줄임말이야. DIS.는 O.L.보다는 장면 겹침이 덜하고, 짧은 시간의 경과나 가까운 장소의 이동을 나타낼 때 사용돼. 반면 O.L.은 과거의 일을 회상할 때, 같은 시간대에 두 등장인물이 겪는 다른 일을 나타낼 때 사용돼. 또 음향이 겹칠 때에도 O.L.이란 표현을 쓸 수 있지.

개념
콕 1 이 글에 대한 설명으로 적절하지 **않은** 것은?

① 장면 표시를 통해 영희가 공장에 있음을 알 수 있다.

② 지시문을 통해 배우들이 취해야 할 행동을 알려 주고 있다.

③ 옷핀에 찔려서 피가 나는 영희의 팔은 멀리서 촬영해야 한다.

✔ 바로바로 간단 체크

1 괄호 안에 들어갈 알맞은 말을 쓰시오.

(1) (ㅅㄴㄹㅇ)는 영화나 드라마 촬영을 목적으로 쓰인 대본이다.

(2) 시나리오에서 (ㅈㅅㅁ)은 인물의 표정이나 동작, 카메라의 위치나 영상 편집 기술을 지시한다.

(3) 시나리오에서 (ㅈㅁ)은 같은 장소와 시간 내에서 일어나는 사건을 의미하며 숏보다 크고, 시퀀스보다 작은 단위이다.

2 다음 설명이 맞으면 ○표, 틀리면 ×표를 하시오.

(1) 시나리오는 희곡과 달리 서술자의 해설을 통한 등장인물의 직접적인 심리 묘사가 가능하다.
( )

(2) 시나리오는 희곡에 비해 시간적, 공간적 배경의 제약을 상대적으로 적게 받는다. ( )

(3) 시나리오는 무대 상연을 고려해야 하고, 특수한 시나리오 용어가 사용된다. ( )

3 다음은 시나리오 용어를 표로 정리한 것이다. 빈칸에 들어갈 알맞은 말을 쓰시오.

시나리오 용어	
㉠ _____	내레이션. 장면에 나타나지 않으면서 바깥에서 해설하는 말.
F.S.	㉡ _____ 장면을 화면 위에 다 나타냄.
㉢ _____	효과음. 주로 화면 밖에서의 음향이나 대사에 의한 효과를 말함.

[01~05] 다음 글을 읽고 물음에 답하시오.
🅐 금성

[앞부분 줄거리] 철호는 계리사 사무실에서 일하는 샐러리맨이다. 그는 6·25 전쟁의 충격으로 "가자!"라는 말만 되풀이하는 노모와 만삭의 아내, 부상을 입고 제대한 동생 영호, 양공주가 된 누이동생 명숙 등 가족에 대한 책임과 걱정 속에서 살아간다. 그러나 동생 영호는 은행 강도로 체포되어 종로서에 수감되고 아내는 출산을 하다 죽는다. 철호는 절망한 상태에서 무리하게 이를 뽑기로 결정한다.

S# 116. 그 집 앞

그 집 옆 골목으로 비틀거리고 나온 철호가 시궁창에 가서 쭈그리고 앉는다. / "왈칵" 쏟아져 나오는 피. / 그는 저고리 소매로 입술을 닦으며 일어선다. / 눈앞이 빙글빙글 돌기 시작한다. / 그는 휘청거리고 나가서는 지나가는 자동차를 세우고 던져지듯 털썩 차 안에 쓰러지자 택시는 구르기 시작한다.

S# 117. 자동차 안

조수   어디로 가시죠?

철호   ㉠해방촌!

자동차가 원을 그리며 돌자

철호   ㉡아냐. 동대문 부인 병원으로.

이번엔 반대로 커브를 돌리자

철호   ㉢아냐. 종로서로 가아!

운전수와 조수가 못마땅해서 힐끗 돌아본다.

S# 118. 동대문 부인과 산실

아이는 몇 번 앙! 앙! 거리더니 이내 그친다. / 그 옆에 허탈한 상태에 빠진 명숙이가 아이를 멍하니 바라보며 앉아 있다. / 여기에 겹치는 명숙의 소리.

명숙   오빠 돌아오세요, 빨리. 오빠는 늘 아이들의 웃는 얼굴이 세상에서 젤 좋으시다고 하셨죠? 이 애도 곧 웃을 거예요. 방긋방긋 웃어야죠. 웃어야 하구 말구요. 또 웃도록 우리가 만들어 줘야죠.

(중략)

S# 120. 자동차 안

조수가 뒤를 보며

조수   경찰섭니다.

혼수상태의 철호가 눈을 뜨고 경찰서를 물끄러미 내다보다가 뒤로 쓰러지며

철호   아니야. 가!

조수   손님 종로 경찰선데요.

철호   ㉣아니야. 가!

조수   어디로 갑니까?

철호   글쎄 가재두―.

조수   참 딱한 아저씨네.

철호   …….

  운전수가 자동차를 몰며 조수에게

운전수   취했나?

조수   그런가 봐요.

운전수   어쩌다 오발탄 같은 손님이 걸렸어. 자기 갈 곳도 모르게.

  철호가 그 소리에 눈을 떴다가 스르르 감는다.
  밤거리의 풍경이 쉴 새 없이 뒤로 흘러간다.
  여기에 철호의 소리가 와이프아웃한다.

철호   (ⓐ) 아들 구실, 남편 구실, 애비 구실, 형 구실, 오빠 구실, 또 사무실 서기 구실, 해야 할 구실이 너무 많구나. 그래 난 네 말대로 아마도 조물주의 오발탄인지도 모른다. 정말 갈 곳을 알 수가 없다. 그런데 지금 나는 어딘지 가긴 가야 하는데―.

  이때 네거리에 자동차가 벨 소리와 함께 선다.

조수   (돌아보며) 어딜 가시죠?

  철호가 의식이 몽롱해진 소리로

철호   ㉤가자―.

S# 121. 하늘

  도시의 소음이 번져 가는 초저녁 하늘. 유성이 하나 길게 꼬리를 문다.

– 이범선 원작/나소운·이종기 각색, 〈오발탄〉

01 이 글에 대한 이해로 적절하지 <u>않은</u> 것은?

① '철호'의 내면은 행동을 통해 추측할 수 있다.

② 주로 장소를 중심으로 장면을 구분하고 있다.

③ 'S# 116'과 'S# 117'은 하나의 이야기로 이어진다.

④ 영상 편집 기술을 지시하는 시나리오 용어가 사용되고 있다.

⑤ '명숙'이라는 해설자를 내세워 작품의 주제를 드러내고 있다.

02 ㉠~㉤에 대한 이해로 가장 적절한 것은?

① ㉠에서 '해방촌'은 철호의 최종 목적지이다.

② ㉡에서 '동대문 부인 병원'은 '명숙'이 있는 공간으로, '명숙'에 대한 '철호'의 애정이 드러난다.

③ ㉢에서 '종로서'는 '영호'가 잡혀 있는 공간으로, '철호'가 '종로서'로 향하려 했던 이유는 '영호'에 대한 걱정 때문임을 추측할 수 있다.

④ ㉣에서 '조수'에게 "가!"라고 명령하는 '철호'의 모습을 통해 '철호'의 염치없는 성격이 강조되고 있다.

⑤ ㉤에서 '철호'가 "가자―."라고 외치는 것은 처절한 현실을 벗어나겠다는 '철호'의 의지를 보여 주고 있다.

03 이 글의 각 장면을 촬영할 때 고려해야 할 점으로 적절하지 <u>않은</u> 것은?

① S# 116: '철호'의 의식이 흐려짐을 표현하기 위해 카메라를 자주 흔들어서 촬영해야 한다.

② S# 117: '철호'의 방황하는 처지가 부각될 수 있도록 자동차가 방향을 자주 바꾸는 모습을 보여 줘야 한다.

③ S# 118: '명숙'은 '철호'를 기다리는 간절한 심정이 잘 드러나도록 연기를 해야 한다.

④ S# 120: '운전수'는 갈 곳을 계속 정하지 못하는 '철호'에게 따뜻한 시선을 보내는 연기를 해야 한다.

⑤ S# 121: '철호'의 비극적인 삶을 강조할 수 있도록 도시의 하늘에 유성이 떨어지는 모습을 쓸쓸한 분위기로 촬영해야 한다.

04 ⓐ에 들어갈 시나리오 용어로 적절한 것은?

① M.   ② E.   ③ F.I.   ④ O.L.   ⑤ PAN.

05 〈보기〉를 참조하여 이 작품의 제목이 가지는 상징적 의미를 50자 내외로 쓰시오.

┤ 보기 ├
  이 작품의 제목인 〈오발탄〉의 사전적 의미는 '잘못 쏜 탄환'이라는 뜻이다. 작품의 제목은 주인공 '철호'의 처지를 상징한다고 볼 수 있다.

[06~07] 다음 글을 읽고 물음에 답하시오.

2013학년도 7월 고3 학력평가(변형)

[앞부분 줄거리] 엄마 인희는 50대의 가정주부이다. 남편 정철은 월급 의사이고, 시어머니는 중증 치매 환자이며, 아들 정수는 삼수생이고 딸 연수는 직장인이다. 가족의 뒤치다꺼리를 하며 살아온 그녀는 오줌소 태 증세로 병원을 찾는데, 자궁암 말기라는 결과가 나온다. 수술 이후 에도 병세가 악화되기만 하자, 엄마는 자신이 죽으면 시어머니를 돌봐 줄 사람도 없을 것이라는 생각에 시어머니의 목을 조르다가 이내 포기 한다.

S# 51. 화장실 안

인희　(눈물을 참고, 대견해하며) 이렇게 입으니까 꼭 새색시 같 네. (할머니 손을 잡고, 차마 못 보고) 어머니, 나 먼저 가 있을게, 빨리 와. (다시 할머니 눈을 보며) 싸우다 정든다 고 나 어머니랑 정 많이 들었네. 친정어머니 먼저 가시 고 애들 아비 공부한다고 객지 생활할 때, 애들도 없고 외롭고 그럴 때…… 어머니는 내 옆에 있었는데……. 나 밉다고 해도 가끔 나한테 당신이 좋아하시는 거 아 꼈다가 주곤 하셨는데……. 어머니, 이젠 기억 하나도 안 나지?

연수　(E.) 엄마?

할머니　(갑자기 버럭, 밖에 대고) 저리 가, 이년아!

인희　(놀라, 할머니를 보고 정신이 드는가 싶어 눈물이 난다.) 어머 니, 아까 미안해요. 내 마음 알죠?

할머니　(눈물이 나는 걸 참고) …….

인희　(손을 잡고, 울며) 이런 말 하는 거 아닌데…… 정신 드실 때 혀라도 깨물어, 나 따라와요. 아범이랑 애들 고생시 키지 말고. 기다릴게. (손을 잡아 얼굴에 대고 울며) 아이 고, 어머니…….

S# 67. 차 안

인희　(장난처럼, 밝게) 정수야, 나 누구야?

정수　(고개를 들고 눈을 부릅며 눈물을 참고, 아이처럼) 엄마.

인희　다시 한번만 더 불러 봐.

정수　(목이 메어) 엄……마.

인희　(눈물이 그렁그렁하여) 정수야, 너…… 다 잊어버려도, 엄 마 얼굴도 웃음도 다 잊어버려도…… 니가 이 엄마 배 속에서 나온 것은 잊으면 안 돼.

정수　(힘들게 끄덕인다.)

엄마　(손가락에 낀 반지를 빼서, 정수 손에 쥐여 주고) 이거, 네 마 누라 줘.

S# 73. 침실

조금은 어두운, 그러나 따뜻해 보이는.

인희, 정철, 조금은 낯설고 멋쩍게 침대에 걸터앉아 있다.

인희　당신은…… 나 없이도 괜찮지?

정철　(인희를 본다.) / 인희　잔소리도 안 하고 좋지, 뭐.

정철　(고개 돌리며) 싫어. / 인희　나…… 보고 싶을 것 같아?

정철　(고개를 끄덕인다.) / 인희　언제? 어느 때?

정철　다. / 인희　다 언제?

정철　아침에 출근하려고 넥타이 맬 때.

인희　(안타까운 맘으로 본다.) 또?

정철　(고개를 돌려, 눈물을 참으며) 맛없는 된장국 먹을 때.

인희　또?

정철　맛있는 된장국 먹을 때.

인희　또?

정철　술 먹을 때, 술 깰 때, 잠자리 볼 때, 잘 때, 잠 깰 때, 잔 소리 듣고 싶을 때, 어머니 망령 부릴 때, 연수 시집갈 때, 정수 대학 갈 때, 그놈 졸업할 때, 설날 지짐이 할 때, 추석날 송편 빚을 때, 아플 때, 외로울 때.

인희　(눈물이 그렁그렁하고, 괜한 옷섶만 만지고 두리번거리며) 당 신, 빨리 와. 나 심심하지 않게. (눈물이 주룩 흐른다.)

- 노희경, 〈세상에서 가장 아름다운 이별〉

06 이 글에 대한 이해로 적절한 것은?

① 가족 관계를 중심으로 장면을 구성하고 있다.

② 극적 반전을 통해 인물 간의 갈등을 심화하고 있다.

③ 'S# 51'에서 효과음을 삽입해 앞으로 일어날 일을 예고하고 있다.

④ 'S# 67'에서 '반지'를 활용해 '인희'에 대한 '정수'의 사랑을 드러낸다.

⑤ 'S# 73'에서 조명을 활용해 '정철'과 '인희'의 성격 변화를 드러내고 있다.

07 〈보기〉는 시나리오 용어에 대한 설명이다. 'S# 67'을 촬영하 기에 더 적합한 것을 고르고 그 이유를 서술하시오.

┤ 보기 ├

㉠ NAR.(Narration): 장면에 나타나지 않으면서 바 깥에서 해설하는 말

㉡ C.U.(Close Up): 어떤 대상이나 인물이 두드러지 게 화면에 확대되는 것

03 민속극

무대와 객석이 하나가 되어…

① 민속극의 개념

민간에 전해 오는 풍습, 전설 등을 내용으로 삼아 공연하는 연극으로, 광대(배우)가 대사나 몸짓으로 사건을 표현하는 우리 고유의 전통극이다.

② 민속극의 특징➕

> ☑ 민속극에서는 풍자와 해학을 통해 비판하고 있는 대상을 판단하는 게 중요해.

입에서 입으로 전해지는 구비 문학을 일컬음. 여러 세대를 거치면서 내용이 계속 조금씩 추가되고 수정되는 특성을 띰

- ㉠ 수백 년 동안 광대들에 의해 집단적으로 창작되며 이어진 적층 문학이다.
- ㉡ 구비 문학으로, 구비 전승되었기 때문에 배우나 상황에 따라 대사가 달라질 수 있다.
- ㉢ 주요 향유 계층인 [❶]의 시각에서 파악한 사회의 모습이 반영되어 있으며, 사회에 대한 비판이 드러난다.
  작품을 가지어 누리는 계층
- ㉣ 평민들의 언어와 삶의 모습이 생생하게 담겨 있다.
- ㉤ 언어유희를 활용한 해학적인 대사가 많으며, [❷]이나 승려에 대한 풍자적인 표현이 많다. 비판의 대상을 희화화하기도 한다.
  🔗 133쪽, 216쪽
- ㉥ 특별한 [❸]가 없으며, 등장인물이 악공이나 관객과 대화를 나누기도 하는 등 무대와 객석의 구분이 없다.

탈춤에서는 '과장'이라고도 함

개념➕ 현대극 VS 민속극

		현대극	민속극
공통점		극 문학, '장'과 '막'(구성단위)	
차이점	줄거리	각 '장'과 '막'의 이야기가 연결됨.	각 '막'의 이야기가 독립되어 있음(옴니버스식 구성). 🔗 165쪽
	무대 장치	있음.	없음.
	무대와 객석의 구분	대부분 있음.	없음.
	대본	있음.	없음 (구비 전승).

빈칸 답 | ❶ 평민 ❷ 지배층 ❸ 무대 장치

Ⅴ 극·수필

3 민속극의 종류

◎ 가면극(=탈춤)

☐**4**☐을 쓰고 공연하는 민속극으로, 평민들의 비판 의식이 반영된 풍자와 해학이 두드러진다.

말뚝이	쉬이. (춤과 반주 그친다.) 여보, 악공들 말씀 들으시오. 오음 육률(五音六律)＊ 다 버리고 저 버드나무 홀뚜기 뽑아다 불고 바가지장단 좀 쳐 주오. _{양반을 조롱하는 말뚝이}
양반들	아아, 이놈, 뭐야! _{양반의 호통}
말뚝이	아, 이 양반들, 어찌 듣소. 용두 해금(奚琴), 북, 장구, 피리, 젓대＊ 한 가락도 뽑지 말고 건건드러지게 치라고 그리하였소. _{말뚝이의 변명}
양반들	(합창) 건건드러지게 치라네. (굿거리장단으로 춤을 춘다.) _{춤을 통한 일시적인 화해}

악공에게 말을 겖(무대와 객석의 구분이 없음)

양반의 안심

➜ 배우들이 말뚝이 가면이나 양반 가면을 쓰고 나와 공연하며, 평민의 대변자인 말뚝이가 양반을 조롱함.

🔖 천재(박), 천재(이) 📘 미래엔, 비상, 지학사, 창비, 천재(정) | 작자 미상, 〈봉산 탈춤 – 제6과장 양반춤〉 ＋

＊오음 육률(五音六律): 옛날 중국 음악의 다섯 가지 소리와 여섯 가지 율조.
＊홀뚜기: 버드나무 가지의 껍질이나 짧막한 밀짚 토막 따위로 만든 피리.
＊젓대: 우리나라 전통 목관 악기 중 하나. 대금.

개념 콕 **1** 이 글에 대한 설명으로 적절한 것은?

① '말뚝이'는 '악공'을 조롱하고 있다.
② '악공'은 '말뚝이'의 말을 듣고 화를 내고 있다.
③ '양반들'은 '말뚝이'가 하는 변명에 넘어가 춤을 춘다.

◎ 인형극

배우 대신에 인형을 등장시켜 전개하는 연극이다. 광대(배우)가 무대 뒤에 숨어서 ☐**5**☐와 가창을 하며, 인형의 동작을 조종한다. 평민들의 ☐**6**☐을 반영하여 풍자와 해학의 성격을 갖추었으며, 조선 후기 남사당패가 공연한 '꼭두각시놀음'이 대표적으로 전해진다. _{남자로만 구성된 연희 집단. 조선 후기부터 떠돌아다니며 노래와 춤, 풍물 연주, 재주 부리기 따위를 공연함}

홍동지	어디요.
박첨지	저켠으로.
홍동지	(그리가며) 이리요?
박첨지	그래.

'홍동지', '박첨지'는 실제 배우가 아닌 '인형'임.

(홍동지는 급히 가서 보느라고 상좌 머리와 자기 머리와 부딪쳤다.) _{웃음을 유도하는 해학적인 행동}

신분이 높은 승려

홍동지 여봐라 듣거라 보니 거리 노중이냐, 보리 망종(芒種)이냐, 칠월 백중이냐, 네가 무슨 중이냐, 염불엔 마음이 없고 잿밥에 마음 둔다더니 미색만 데리고 춤만 추는구나, 나도 한식 놀아보자. _{승려에 대한 비판}

➜ 배우들이 조종하는 인형인 홍동지와 박첨지가 등장하여 승려를 비판함.　　　　– 작자 미상, 〈꼭두각시놀음〉

＊망종(芒種): 벼나 보리 따위같이 까끄라기가 있는 곡식.

개념 콕 **2** 이 글에 대한 설명으로 적절하지 **않은** 것은?

① '홍동지'는 승려답지 못한 행동을 하는 승려를 비판하고 있다.
② '박첨지' 역의 배우는 무대에서 양반 옷을 입고 연기해야 한다.
③ '홍동지'가 '상좌 머리'와 부딪히는 행동은 관객들에게 웃음을 주었을 것이다.

📖 **궁금해요**

🧒 왜 민속극에는 해학적·풍자적인 표현이 많이 나오나요?

🧑‍🏫 관객들을 모으려면 연극이 재미있어야 하지 않겠어? 그래서 민속극은 언어유희나 희화화를 활용한 해학적인 표현으로 관객들의 웃음을 이끌어 내는 거야. 이 방법으로 자연스럽게 풍자를 할 수도 있었지. 그럼 풍자는 왜 하는 걸까? 관객들의 대리 만족이라고 생각하면 돼. 평민들이 사회나 지배층을 비판하고 싶어도 지배층 앞에 가서 직접적으로 말할 수는 없잖아? 그 말을 민속극에서 양반 역할을 하는 배우에게 대신 해 주고 있으니, 관객들은 공연을 보면서 속이 시원해졌겠지. 연기를 하는 배우와 공연을 보는 관객 사이에 공감대도 형성되고 말이야.

확인 문제

✔ 바로바로 간단 체크

1 괄호 안에 들어갈 알맞은 말을 쓰시오.

(1) (ᄆᄉᄀ)은 민간에 전해 오는 풍습, 전설 등을 내용으로 하는 연극으로, 광대(배우)가 대사나 몸짓으로 사건을 전개하는 전통극이다.

(2) 민속극에는 주요 향유 계층인 (ᄑᄆ)의 시각으로 본 사회 모습이 반영되어 있다.

(3) 민속극은 양반이나 승려를 비판하는 해학적인 대사와 (ᄑᄌ)적인 표현이 많다.

2 다음 설명이 맞으면 ○표, 틀리면 ×표를 하시오.

(1) 민속극은 구비 전승되었으며, 배우나 상황에 따라 대사가 다르게 구사될 수도 있다. (   )

(2) 민속극은 대부분 특별한 무대 장치가 필요하며, 관객의 참여가 제한적이라서 무대와 객석의 구분이 엄격한 편이다. (   )

3 다음은 민속극의 종류를 표로 정리한 것이다. 빈칸에 들어갈 알맞은 말을 쓰시오.

민속극의 종류	
㉠_____	얼굴에 탈을 쓰고 공연한다.
인형극	인형으로 극이 진행된다. 배우가 ㉡_____ 뒤에 숨어서 대사와 노래를 하며, ㉢_____의 동작을 조종한다.

[01~04] 다음 글을 읽고 물음에 답하시오.

가

표 생원   부인의 말이 그러하니 말이요, 내가 그 전에 작은집을 하나 얻었소.

꼭두각시   아이고, 듣던 중 상쾌한 말이오. ㉠이 형편에 큰 집, 작은집을 어찌 가리겠소. 집을 얻었으나 재목이나 성하며 양지 바르고 또 장인들 담가 났겠소.

표 생원   어오? 아 이게 무슨 소리여. 장은 무슨 장이며 재목은 무슨 재목? 떡 줄 놈은 생각도 안 하는데 김칫국 먼저 마시네. 소실을 얻었단 말이여.

꼭두각시   아이고, 영감, 이게 무슨 소리요. 이날껏 찾아다니면서 나중에 이런 험한 꼴을 보자고 영감을 찾았구려.

표 생원   잔말 말고 주는 게나 먹고 지내지.

꼭두각시   그러나 저러나 적어도 큰마누라요, 커도 작은마누라니 인사나 시키오.

표 생원   여보게 돌모리집네, 법은 법대로 하세.

돌모리집   무얼 말이오?

표 생원   큰부인한테 인사나 하게.

돌모리집   머지 않은 좌석에서 들어도 알겠소. 내가 적어도 용산삼계(龍山三界) 돌모리집이라면 장안 안이 다 아는 터인데 유명한 표 생원이기로 가문을 보고 살 기어든 날더러 작은집이라 업신여겨 큰부인에게 인사를 하여라, 절을 하여라 하니 잣골 내시 댁 문 앞인가 절은 웬 절이여? 인사도 싫고 나는 갈 터이니 큰마누라하고 잘 사소. (돌아선다.)

표 생원   돌모리집네 여직 사던 정리로 그럴 수가 있나. 오뉴월 불도 쬐다 물러나면 서운하다네. 마음을 돌려 인사하게.

돌모리집   그러면 인사해 볼까요? (아무 말 없이 화가 나서 꼭두각시한테 머리를 딱 들이받으며) 인사 받으우.

꼭두각시   (놀래며) 이게 웬일이여? 여보 영감, 이게 웬일이요. 시속 인사는 이러하오? 인사 두 번 받으면 내 머리는 간다봐라 하겠구나. 인사도 싫으니 세간을 나눠 주오.

표 생원   괘씸스런 계집들은 불 같은 욕심은 있고나. 나의 집은 해남 관머리요, 몸 지체는 한양 성중인데 무슨 세간, 무슨 재물을 나눠 주니? 짚은 몽둥이로 한 번 치면 다 죽으리라.

나

평안 감사   네가 박가냐.

박첨지   ⓛ네, 박간지 망간지 됩니다.

평안 감사   너 박가거든 들어라. 길 치도*를 어느 놈이 했느냐? 썩 잡아들여라.

박첨지   예이. 여보게, 큰일 났네. / 산받이   왜 그려?

박첨지   길 치도한 놈 잡아들이라니 큰일 났네.

산받이   아, 잡아들여야지. 거 내게 맡기게. / 박첨지   그러게.

산받이   야, 진둥아. / 홍동지   (안에서) 밥 먹는다.

산받이   밥이고 뭐고 흥제 났다. 빨리 오너라.

홍동지   (뒤통수부터 나온다.) 왜 그려.

산받이   이놈아, 거꾸로 나왔다.

홍동지   (돌아서며) 어쩐지 앞이 캄캄하더라. 그래, 왜 불렀나?

산받이   너 길 치도 잘했다고 평안 감사께서 상금을 준단다. 빨리 가 봐라.

홍동지   그래, 가 봐야지. (가까이 가서) 네, 대령했습니다.

평안 감사   네가 길 닦은 놈이냐? / 홍동지   예이.

평안 감사   사령. / 사령   네이.

평안 감사   너 저놈 엎어 놓고 볼기를 때려라. 너 이놈 길 치도를 어떻게 했길래 말 다리가 죄다 부러졌느냐? (사령이 볼기를 때리려 대든다.)

홍동지   네 네 잘못했습니다. 그저 그저 하라는 대로 하겠습니다.

평안 감사   이번만은 그럼 용서하겠다. 썩 물러가거라. (홍동지 방귀를 뀌며 들어가고 평안 감사 퇴장하는 듯했다가 다시 돌아온다.)

– 작자 미상, 〈꼭두각시놀음〉

● 치도: 길닦이.
● 꼭두각시놀음: 인형극의 대표 작품.

---

01 이 글에 대한 이해로 적절하지 <u>않은</u> 것은?

① (가)에서 '표 생원' 역의 배우는 무대에 모습을 보이지 않는다.

② (가)에서 '돌모리집'의 대사는 상황에 따라 다르게 공연될 수 있다.

③ (나)에서 '산받이'는 '박첨지'와 대화하면서 사건을 전개하고 있다.

④ (나)에서 '홍동지'는 지배층의 비판 의식을 대신 드러내는 인물이다.

⑤ (나)에서 '홍동지'의 우스꽝스러운 행동을 통해 해학성을 드러내고 있다.

02 이 글의 등장인물에 대한 설명으로 적절하지 <u>않은</u> 것은?

① '꼭두각시'는 정과 의리에 얽매여 '표 생원'에게 순응하는 모습을 보여 주고 있다.

② '표 생원'은 축첩제를 찬성하는 양반층으로, '꼭두각시'와 '돌모리집'을 둘 다 아내로 삼으려 한다.

③ '돌모리집'은 '꼭두각시'에게 머리를 들이받는 행동을 통해 기존 질서에 대한 불만을 드러내고 있다.

④ '홍동지'는 '평안 감사'에게 사정한 후 물러나는 대목에서 방귀를 뀌는 행동을 통해 자신의 불만을 드러내고 있다.

⑤ 자신의 말 다리가 부러졌단 이유로 평민인 '홍동지'를 괴롭히는 '평안 감사'는 부정적인 지배층의 모습을 대표하고 있다.

03 (가)와 (나)가 비판하고 있는 내용을 바르게 짝지은 것은?

	(가)	(나)
①	물질 만능 주의	문란한 성 풍조
②	가부장제 남성의 횡포	문란한 성 풍조
③	가부장제 남성의 횡포	양반의 허영심
④	가부장제 남성의 횡포	탐관오리의 횡포
⑤	물질 만능 주의	탐관오리의 횡포

04 ㉠과 ㉡의 공통점으로 적절한 것은?

① 언어유희를 통해 관객들에게 재미를 주고 있다.

② 관객에게 말을 걸어 무대와 객석을 구분 짓지 않고 있다.

③ 자신의 처지를 반어적으로 표현하여 관객들의 웃음을 유발하고 있다.

④ 문장의 순서를 뒤바꾸어 인물이 당혹스러운 상황에 처했음을 강조하고 있다.

⑤ 양반의 언어를 모방한 표현을 활용해 서민층의 신분 상승 의지를 드러내고 있다.

[05~06] 다음 글을 읽고 물음에 답하시오.

2017학년도 9월 고2 학력평가 (변형)

생원   쉬이. (춤과 장단 그친다.) 말뚝아.

말뚝이 예에.

생원   이놈, 너도 양반을 모시지 않고 어디로 그리 다니느냐?

말뚝이 예에, 양반을 찾으려고 찬밥 국 말어 일조식(日早食)*하고, 마구간에 들어가 ㉠노새 원님을 끌어다가 등에 솔질을 솰솰 하여 말뚝이 님 내가 타고 서양(西洋) 영미(英美), 법덕(法德)*, 동양 삼국 무른 메주 밟듯 하고, 동은 여울이요, 서는 구월이라, 동여울 서구월 남드리 북향산 방방곡곡(坊坊曲曲) 면면촌촌(面面村村)이, 바위 틈틈이, 모래 쨈쨈이, 참나무 결결이 다 찾아다녀도 ㉡샌님 비뚝한*놈도 없습디다.

(중략)

생원   이놈, 말뚝아.

말뚝이 예에.

생원   나랏돈 노랑돈 칠 푼 잘라먹은 놈, 상통이 무르익은 대초빛 같고, 울룩줄룩 배미 잔등 같은 놈을 잡아들여라.

말뚝이 ㉢그놈이 심(힘)이 무량대각(無量大角)*이요, 날램이 비호(飛虎)* 같은데, 샌님의 전령(傳令)*이나 있으면 잡아 올는지 거저는 잡아 올 수 없습니다.

생원   오오, 그리하여라. 옜다. 여기 전령 가지고 가거라.(종이에 무엇을 써서 준다.)

말뚝이 (종이를 받아 들고 취발이한테로 가서) 당신 잡히었소.

취발이 어데, 전령 보자.

말뚝이 (종이를 취발이에게 보인다.)

취발이 (종이를 보더니 말뚝이에게 끌려 양반의 앞에 온다.)

말뚝이 (㉣취발이 엉덩이를 양반 코앞에 내밀게 하며) 그놈 잡아 들였소.

생원   아, 이놈 말뚝아. 이게 무슨 냄새냐?

말뚝이 예, 이놈이 피신(避身)을 하여 다니기 때문에, 양치를 못 하여서 그렇게 냄새가 나는 모양이외다.

생원   그러면 이놈의 모가지를 뽑아서 밑구녕에다 갖다 박아라.

(중략)

말뚝이 샌님, 말씀 들으시오. 시대가 금전이면 그만인데, 하필 이놈을 잡다 죽이면 뭣하오? ㉤돈이나 몇백 냥 내라고 하야 우리끼리 노나 쓰도록 하면, 샌님도 좋고 나도 돈냥이나 벌어 쓰지 않겠소. 그러니 샌님은 못 본 체하고 가만히 계시면 내 다 잘 처리하고 갈 것이니, 그리

알고 계시오. (굿거리장단에 맞추어 일제히 어울려서 한바탕 춤추다가 전원 퇴장한다.)

– 작자 미상, 〈봉산 탈춤〉

* **일조식(日早食):** 아침 일찍 식사함.
* **법덕(法德):** 예전에 프랑스와 독일을 아울러 이르던 말.
* **비뚝하다:** 비슷하다.
* **무량대각(無量大角):** 헤아릴 수 없을 정도로 힘이 셈.
* **비호(飛虎):** 나는 듯이 빠르게 달리는 호랑이.
* **전령(傳令):** 명령 따위를 전하여 보냄. 또는 그 명령.

05 이 글에 대한 설명으로 적절하지 <u>않은</u> 것은?

① '말뚝이'는 과장된 표현으로 인물을 설명한다.
② 다 같이 춤을 추는 행위를 통해 일시적인 화해를 한다.
③ '생원'은 양반의 위엄을 내세워 명령과 지시를 내리고 있다.
④ '전령'은 '말뚝이'가 상대를 잡아 올 수 있도록 하는 소재이다.
⑤ '취발이'는 '말뚝이'에게 끌려 '양반의 집'처럼 꾸며진 공간으로 이동한다.

06 〈보기〉를 바탕으로 ㉠~㉤을 이해한 내용으로 적절하지 <u>않</u>은 것은?

┤ 보기 ├
〈봉산 탈춤〉은 황해도 봉산(鳳山) 지방에 전승되어 오던 가면극으로 재담을 통해 봉건적인 가족 제도와 양반의 무능과 허위, 부조리 등을 폭로하고 비판한다. 이러한 탈춤은 서민들을 억압하는 사회를 풍자하고, 양반을 비하하는 욕설, 행동 등을 거침없이 표현하여 서민들의 금지된 욕망을 드러낸다. 또한 익살스러운 말과 행동을 통해 대상을 조롱하고 희화화하여 서민들이 겪었던 갈등과 고통을 웃음으로 해소한다.

① ㉠: 언어유희를 통해 '노 생원님'을 희화화하고 있다.
② ㉡: 양반을 얕잡아 보는 말을 사용하여 양반을 비하하고 있다.
③ ㉢: '취발이'를 동물에 빗대어 희화화하는 방법으로 서민들 간의 갈등을 유발하고 있다.
④ ㉣: '취발이' 역의 배우는 양반을 무시하고 조롱하는 행동을 함으로써 해학적 장면을 연출하고 있다.
⑤ ㉤: 돈을 받고 부정부패를 묵인하던 당시의 사회상을 비판하고 있다.

V 극·수필

04 수필

글쓴이가 '나'로 등장하는 갈래

① 수필의 개념

글쓴이의 체험과 생각을 특정한 형식이나 내용의 제한 없이 자유롭게 쓴 글이다.

② 수필의 특징

개념➕ **소설 VS 수필**

		소설	수필
공통점		산문 문학	
차이점	성격	허구적	사실적
	형식	발단-전개-위기-절정-결말	정해진 형식 없음.
	말하는이	작가 자신이 아닌 '서술자'	작가 자신

㉠ **자유로운 형식**: 다양한 형식으로 자유롭게 쓸 수 있다. 소설과 달리 대개 [❶] 구소가 나타나지 않는다.

㉡ **다양한 소재**: 인생이나 자연 등 주변의 모든 것이 소재가 될 수 있다.

㉢ **개성적·고백적**: 작가의 [❷]과 인생관이 개성적이고 진솔하게 드러난다.

> 객줏집 방에는 석유 등잔을 켜 놓습니다. 그 도회지의 석간과 같은 그윽한 냄새가 소년 시대의 꿈을 부릅니다. 정 형! 그런 석유 등잔 밑에서 밤이 이슥하도록 '호까'—연초갑지— 붙이던 생각이 납니다. 베짱이가 한 마리 등잔에 올라앉아서 그 연둣빛 색채로 혼곤한 ⓝ 꿈에 마치 영어 '티(T)' 자를 쓰고 건너긋듯이 유다른 기억에다는 군데군데 언더라인을 하여 놓습니다. 슬퍼하는 것처럼 고개를 숙이고 도회의 여차장이 차표 찍는 소리 같은 그 성악을 가만히 듣습니다. (중략) 그리고 비망록을 꺼내어 머룻빛 잉크로 산촌의 시정(詩 情)을 기초합니다.

자유로운 형식: 편지
~: 개성적인 표현-외국어 사용
'베짱이 소리'의 비유적 표현
산촌: 작가가 있는 곳·글의 소재(산촌 생활)

그저께 신문을 찢어 버린 / 때 묻은 흰나비 ┐
봉선화는 아름다운 애인의 귀처럼 생기고   ├ 자유로운 형식: 시 삽입
귀에 보이는 지난날의 기사   ┘

(중략)

파라마운트° 회사 상표처럼 생긴 도회 소녀가 나오는 꿈을 조금 꿉니다. 그러다가 어느
사이에 도회에 남겨 두고 온 가난한 식구들을 꿈에 봅니다.
도회에 남겨 둔 식구들이 생각남.

➜ 편지 형식으로, 산촌에서의 생활을 소재로 한 개성적·고백적인 글
　　　　　　　　　　　　　　　　　　　　　　교과 금성, 미래엔 | 이상, 〈산촌 여정〉

● **객줏집**: 예전에, 길 가는 나그네들에게 술이나 음식을 팔고 손님을 재우는 영업을 하던 집.
● **석간**: 매일 저녁때에 발행되는 신문.　　● **연초갑지**: 담뱃갑의 종이.
● **혼곤하다**: 정신이 흐릿하고 고달프다.
● **비망록**: 잊지 않으려고 중요한 골자를 적어 둔 것. 또는 그런 책자.
● **파라마운트**: 1914년에 설립된 미국의 영화 회사.

개념
콕 **1** 이 글에 대한 설명으로 적절한 것은?

① 서술자는 산촌에 있는 '나'이다.
② 이국적인 단어로 작가의 개성을 드러내고 있다.
③ 작가가 도시에 있으면서 느끼는 감회를 서술하고 있다.

ⓔ **교훈적·성찰적**: 깊이 있는 사색으로 독자가 감동을 느끼고 자신을 반성할 수 있게 한다.

글의 소재: 이스탄불 여행
이곳 이스탄불°의 소피아 성당과 블루 모스크° 사이에 앉아 이 엽서를 띄웁니다. (중략)
자유로운 형식: 엽서
당신이 이스탄불로 나를 부른 까닭을 이제 알 수 있을 것 같습니다. 당신이 보여 준 것은
글쓴이
이스탄불이 안고 있는 관용과 공존의 역사였습니다. 뿐만 아니라 당신은 세계화라는 강
자의 논리를 역조명할 수 있는 귀중한 시각을 안겨 주었습니다.
　그러나 이스탄불에 있는 동안 내가 바라보고 있었던 것은 나의 의식 속에 자리 잡고 있
마음 속의 장벽(중국과 유럽 중심의 세계관: 이스탄불 문화 감상을 어렵게 함)
는 거대한 두 개의 장벽이었습니다. 장벽은 단지 장벽의 건너편을 보지 못하게 할 뿐만
아니라 우리들 스스로를 한없이 왜소하게 만드는 굴레였습니다. 우리는 우리의 의식 속
에 얼마나 많은 장벽을 쌓아 놓고 있는가를 먼저 반성해야 할 것입니다. 그리고 그것을
( ): 고백적·교훈적·성찰적: 중국·유럽 중심의 시각으로 이스탄불을 인식했던 자신의 태도를 반성하며, 우리 의식 속에 있는 장벽을 넘어 관용의 태도를 갖는 것이 중요하다는 깨달음(인생관)을 얻음.
열어 가는 멀고 먼 여정에 나서야 할 것입니다.

➜ 엽서 형식으로, 이스탄불 여행을 소재로 한 고백적·교훈적·성찰적인 글
　　　　　　　교과 해냄 | 신영복, 〈관용은 자기와 다른 것, 자기에게 없는 것에 대한 애정입니다〉

● **모스크(mosque)**: 이슬람교에서, 예배하는 건물을 이르는 말.

개념
콕 **2** 이 글에 대한 설명으로 적절하지 **않은** 것은?

① 엽서 형식으로 자유롭게 쓴 글이다.
② 작가는 모스크의 '장벽'을 보고 깨달음을 얻고 있다.
③ '이스탄불 여행'에서 느낀 점을 진솔하게 표현하고 있다.

ⓜ **비전문적**: ❸ [　　　] 쓸 수 있는 글이다.

☑ 너희도 수필을 쓴 경험이 있지? 누구나 편지나 일기를 써 본 적이 있을 테니까. 이를 통해서도 수필이 '누구나' 쓸 수 있는, 비전문적인 글이라는 점을 자연스럽게 알 수 있단다.

3 수필의 구성 요소

㉠ **구성**: 내용을 일정한 원리에 따라 배열한 순서
㉡ **문체**: 글쓴이의 개성이 드러나는 독특한 표현
㉢ **표현 기법**: 주제를 드러내기 위해 사용하는 다양한 표현 방법

4 수필의 종류

　수필은 글의 소재와 글쓴이의 태도에 따라 '경수필'과 '중수필'로 나뉜다. 사소한 일을 소
재로 가볍게 쓴 수필을 '경수필', 무거운 내용을 논리적·객관적으로 쓴 수필을 '중수필'이
라 한다.

빈칸 답 | ❶ 갈등 ❷ 체험 ❸ 누구나
콕 1 ② 2 ②

V
극·수필

☑ 여기서 잠깐! 시험에는 고전 수필 갈래도 가끔 등장해. 특히 '설'과 '기' 형식의 작품들이 중요하게 다루어지니까, 그 특징을 간단하게라도 짚고 가는 게 좋겠지?

고려 시대부터 갑오개혁 이전까지 창작된 수필을 말한다. 설(說), 기(記) 등 다양한 형식이 있다.
  1894년부터 1896년까지 추진된 개혁 운동

설(說)

한문 문체의 하나로 현상에 대한 자신의 의견을 서술하는 글이다. 일반적으로 앞부분은 글쓴이의 경험이나 어떤 사실로, 뒷부분은 이에서 얻은 **❹** 으로 구성된다. 유추의 방법이 사용되기도 하며, 독자에게 교훈이나 깨달음을 준다.

> 행랑채가 퇴락하여 지탱할 수 없게끔 된 것이 세 칸이었다. 나는 마지못하여 이를 모두 수리하였다. 그런데 그중의 두 칸은 앞서 장마에 비가 샌 지가 오래되었으나, 나는 그것을 알면서도 이럴까 저럴까 망설이다가 손을 대지 못했던 것이고, 나머지 한 칸은 비를 한 번 맞고 샜던 것이라 서둘러 기와를 갈았던 것이다. 이번에 수리하려고 본즉 비가 샌 지 오래된 것은 그 서까래, 추녀, 기둥, 들보가 모두 썩어서 못 쓰게 되었던 까닭으로 수리비가 엄청나게 들었고, 한 번밖에 비를 맞지 않았던 한 칸의 재목들은 완전하여 다시 쓸 수 있었던 까닭으로 그 비용이 많이 않았다. 경험: 행랑채를 수리함.
> ( ): 유추를 통한 깨달음
> (나는 이에 느낀 것이 있었다. 사람의 몸에 있어서도 마찬가지라는 사실을.) 잘못을 알게 되고서도 바로 고치지 않으면 곧 그 자신이 나쁘게 되는 것이 마치 나무가 썩어서 못 쓰게 되는 것과 같으며, 잘못을 알고 고치기를 꺼리지 않으면 해를 받지 않고 다시 착한 사람이 될 수 있으니, 저 집의 재목처럼 말끔하게 다시 쓸 수 있게 되는 것이다.
> 깨달음: 사람의 잘못은 빨리 고쳐야 함.
>
> ➔ 행랑채를 수리한 경험을 통해 사람의 잘못은 빨리 고쳐야 한다는 깨달음을 얻음. ▣ 동아, 지학사 ▣ 신사고, 창비, 해냄 | 이규보, 〈이옥설〉

기(記)

한문 문체의 하나로 어떤 사건이나 경험의 과정을 사실대로 기록하여 기념하고자 한 글이다. 독자에게 교훈이나 깨달음을 주기도 한다.

> ☐ : 글의 소재-밤에 강을 아홉 번 건넌 경험과 강물 소리
> 지금 나는 밤중에 한 줄기의 강을 아홉 번이나 건넜다. (중략) 이와 같이 위태로운데도, 강물 소리를 듣지 못하였다. "요동 벌판이 평평하고 드넓기 때문에 강물이 거세게 소리를 내지 않는 것이다."라고 모두들 말하였다. 그러나 이는 강에 대해 잘 모르고 한 말이다. 요하(遼河)*가 소리를 내지 않은 적이 없건만, 단지 밤중에 건너지 않아서 그랬을 뿐이다. 낮에는 물을 살펴볼 수 있는 까닭에 눈이 오로지 위태로운 데로 쏠리어,
> 밤에 강을 건널 때에는 강물 소리가 크게 들려 그 소리 때문에 무서운데, 낮에는 그 소리가 들리지 않음.
> 한창 벌벌 떨면서 두 눈이 있음을 도리어 우환으로 여기는 터에, 또 어디서 소리가 들렸겠는가? (중략) 나는 마침내 이제 도(道)를 깨달았도다! 마음을 차분히 다스린 사람에게는 귀와 눈이 누를 끼치지 못하지만, 제 귀와 눈만 믿는 사람에게는 보고 듣는 것이 자세하면 할수록 병폐가 되는 법이다.
> 낮에 강물 소리를 듣지 못한 이유: 눈으로 강물을 보며 무서워하기 때문에
> 깨달음: 마음을 차분히 다스리면 감각에 현혹되지 않음.
>
> ➔ 하룻밤에 강을 아홉 번 건넌 경험을 통해 감각에 현혹되는 것을 경계해야겠다는 깨달음을 얻음. ▣ 미래엔 ▣ 천재(정) | 박지원, 〈일야구도하기〉
> 하룻밤에 강을 아홉 번 건너다.
>
> ⦿ 요하: 청나라의 북쪽 국경 너머에서 발원하여 봉천(지금의 선양)과 금주 사이를 흐르는 강. 한나라 때 이 강을 경계로 해서 요동과 요서의 두 군(郡)을 설치하였다.

개념⁺ 유추

두 대상 또는 현상의 특정 속성이 비슷하다면, 나머지 속성도 비슷할 것이라고 추론하는 방법이다. 〈이옥설〉에서 쓰인 유추는 다음과 같다.

행랑채	사람의 몸
두 칸의 수리를 미룸.	잘못을 고치지 않음.
서까래, 추녀, 기둥, 들보를 못 쓰게 됨. →	자신이 나쁘게 됨.

개념 콕 3 이 글에 대한 설명으로 적절하지 **않은** 것은?

① 행랑채를 고친 경험을 바탕으로 쓴 글이다.
② 글의 첫머리에서 자신이 얻은 교훈을 제시하고 있다.
③ 일상의 경험에서 얻은 깨달음이 '사람의 몸'에도 적용되고 있다.

개념 콕 4 이 글에 대한 설명으로 적절한 것은?

① 작가는 '도'에 현혹되는 것을 경계해야겠다는 교훈을 얻고 있다.
② '강을 건넌 경험'을 통해 '마음의 다스림'에 대한 생각으로 나아가고 있다.
③ 낮에 '강물 소리'가 들리는 까닭은 눈으로 보고 있는 강물을 두려워하기 때문이다.

빈칸 답 | ❹ 깨달음
콕 3 ② 4 ②

바로바로 간단 체크

1 괄호 안에 들어갈 알맞은 말을 쓰시오.

(1) 수필은 작가가 일상생활에서 느낀 것, 자연에서 느낀 것 등을 특정한 (ㅎㅅ)의 제약 없이 쓴 글이다.

(2) 수필은 작가의 체험과 인생관을 진솔하게 적는 글이므로 작가의 (ㄱㅅ)이 잘 느껴지는 문학 갈래이다.

(3) 수필은 소설처럼 형식이 정해져 있지 않다. 또한 인생이나 자연 등 글의 (ㅅㅈ)를 어디에서나 구할 수 있다.

2 다음 설명이 맞으면 ○표, 틀리면 ×표를 하시오.

(1) 수필은 주로 작품 밖의 서술자가 사건을 전개하며, 대부분 주관적인 서술로 되어 있다. ( )

(2) 수필은 전문 작가가 아니더라도 누구나 쓸 수 있는 글이다. 이러한 수필의 특성을 '비전문성'이라 한다. ( )

(3) 고전 수필은 예로부터 전해지는 수필로, 설(說)은 유추를 통해 교훈을 이끌어 내기도 한다. ( )

3 다음은 수필의 구성 요소를 표로 정리한 것이다. 빈칸에 들어갈 알맞은 말을 쓰시오.

수필의 구성 요소	
㉠_____	내용을 일정한 원리에 따라 배열한 순서
문체	글쓴이의 ㉡_____이 드러나는 독특한 표현
표현 기법	주제를 드러내기 위한 다양한 표현 방법

[01~03] 다음 글을 읽고 물음에 답하시오.

금성

비자반(榧子盤)* 일급품 위에 또 한층 뛰어 특급이란 것이 있다. 용재며, 치수며, 연륜이며 어느 점이 일급과 다르다는 것은 아닌데, 반면(盤面)에 머리카락 같은 가느다란 흉터가 보이면 이게 특급이다.

알기 쉽게 값으로 따지자면 전전(戰前) 시세로 일급이 8, 9백 원에서 천 원(돌은 따로 하고)—특급은 천 2, 3백 원—. ㉠상처가 있어서 값이 내리는 게 아니라 도리어 비싸진다는 데 진진한 흥미가 있다.

반면이 갈라진다는 것은 기약지 않은 불측의 사고이다. 사고란 어느 때, 어느 경우에도 별로 환영할 것이 못 된다. 그 균열의 성질 여하에 따라서는 일급품 바둑판이 목침감으로 전락해 버릴 수도 있다. 그러나 그렇게 큰 균열이 아니고 회생할 여지가 있을 정도라면 헝겊으로 싸고 뚜껑을 덮어서 조심스럽게 간수해 둔다.(갈라진 균열 사이로 먼지나 티가 들어가지 않도록 하는 단속이다.)

㉡일 년, 이태, 때로는 3년까지 그냥 내버려 둔다. 계절이 바뀌고 추위, 더위가 여러 차례 순환한다. 그동안에 상처 났던 바둑판은 제힘으로 제 상처를 고쳐서 본디대로 유착(癒着)해 버리고, 균열 진 자리에 머리카락 같은 희미한 흔적만이 남는다.

비자의 생명은 유연성이란 특질에 있다. 한 번 균열이 생겼다가 제힘으로 도로 유착, 결합했다는 것은 그 유연성이란 특질을 실지로 증명해 보인, 이를테면 졸업 증서이다. 하마터면 목침감이 될 뻔한 것이, 그 치명적인 시련을 이겨 내면 도리어 한 급이 올라 '특급품'이 되어 버린다. 재미가 깨를 볶는 이야기다.

더 부연할 필요도 없거니와, 나는 이것을 '인생의 과실(過失)'과 결부해서 생각해 본다. 언제나 어디서나 과실을 범할 수 있다는 가능성 — 그 가능성을 매양 꽁무니에다 달고 다니는 것이 그것이 인간이다.

과실에 대해서 관대해야 할 까닭은 없다. 과실은 예찬하거나 장려할 것이 못 된다.

그러나 ㉢어느 누구가 '나는 절대로 과실을 범치 않는다.'라고 양언(揚言)할* 것이냐? 공인된 어느 인격, 어떤 학식, 지위에서도 그것을 보장할 근거는 찾아내지 못한다.

(중략)

㉣과실은 예찬할 것이 아니요, 장려할 노릇도 못 된다. 그러나 그와 동시에 과실이 인생의 '올 마이너스'일 까닭도 없다.

과실로 해서 더 커 가고 깊어 가는 인격이 있다.

과실로 해서 더 정화(淨化)되고 굳세어지는 사랑이 있다. 생활이 있다.

누구나 할 수 있는 일은 아니다. 어느 과실에도 적용된다는 것은 아니다. 제 과실, 제 상처를 제힘으로 다스릴 수 있는 '비자반'의 탄력— 그 탄력만이 '과실'을 효용한다.

⑩인생이 바둑판만도 못하다고 해서야 될 말인가.

－김소운, 〈특급품〉

● **비자반**: 비자나무로 만든 바둑판.
● **양언하다**: 공공연하게 소리 높여 말하다.

---

01 〈보기〉를 바탕으로 하여 빈칸에 공통으로 들어갈 말을 쓰시오.

> **보기**
> 두 대상·현상의 특정 속성이 비슷하다면 나머지 속성도 비슷할 것이라고 추론하는 방법을 '유추'라고 한다. 이 글은 유추의 방법을 통해 비자나무 바둑판에서 인생의 속성을 이끌어 내고 있다.

비자나무 바둑판		인생
예측 불가한 사고로 균열이 생기기도 함.	→	인생을 살다 보면 언제 어디서나 □□을/를 범할 수 있음.
세월이 흐르면 어떤 비자반은 제힘으로 균열을 고쳐서 희미한 흔적만 남는데, 이런 경우 특급이 됨.	→	좌절할 수도 있겠지만 □□을/를 잘 다스린다면 인격이 더 크고 깊어질 수 있음.

02 이 글에 대한 설명으로 적절하지 않은 것은?

① 작가 대신 이야기를 전개하는 서술자가 필요하지 않다.

② 자신의 체험을 바탕으로 한 작가의 개성적 시각이 중요하다.

③ 정해진 형식 없이 자유롭고 진솔하게 글을 써서 교훈을 주고 있다.

④ 갈등 위주의 서사 전개를 통해 삶의 현장을 더욱 생생하게 보여 준다.

⑤ '비자반'이라는 소재를 바탕으로 인생을 바라보는 가치관을 끌어내었다.

03 ㉠~㉤을 이해한 내용으로 적절하지 않은 것은?

① ㉠: 통념에서 벗어나는 상황을 제시하여 독자의 글 이해에 어려움을 주고 있다.

② ㉡: '상처를 고쳐서 본디대로 유착'하려면 시간이 필요함을 보여 주는 사례이다.

③ ㉢: 잘못을 저지르지 않거나, 시련을 겪지 않고 사는 것은 불가능하다는 작가의 생각이 드러나 있다.

④ ㉣: 과실이 인생의 '올 마이너스'일 까닭이 없다고 한 것에서 삶의 오점을 극복했을 때 더 성숙한 존재가 될 수 있다는 작가의 깨달음이 드러난다.

⑤ ㉤: 설의적 표현으로 비자반의 '탄력'처럼 사람도 인생의 시련을 극복하는 것이 중요함을 강조하고 있다.

[04~06] 다음 글을 읽고 물음에 답하시오.

2018학년도 6월 평가원(변형)

나는 집이 가난해서 말이 없기 때문에 간혹 남의 말을 빌려서 탔다. 그런데 노둔하고 야윈 말을 얻었을 경우에는 일이 아무리 급해도 감히 채찍을 대지 못한 채 금방이라도 쓰러지고 넘어질 것처럼 전전긍긍하기 일쑤요, 개천이나 도랑이라도 만나면 또 말에서 내리곤 한다. 그래서 후회하는 일이 거의 없다. ㉠반면에 발굽이 높고 귀가 쫑긋하며 잘 달리는 준마를 얻었을 경우에는 의기양양하여 방자하게 채찍을 갈기기도 하고 고삐를 놓기도 하면서 언덕과 골짜기를 모두 평지로 간주한 채 매우 유쾌하게 질주하곤 한다. 그러나 간혹 위험하게 말에서 떨어지는 환란을 면하지 못한다.

아, 사람의 감정이라는 것이 어쩌면 이렇게까지 달라지고 뒤바뀔 수가 있단 말인가. 남의 물건을 빌려서 잠깐 동안 쓸 때에도 오히려 이와 같은데, ㉡하물며 진짜로 자기가 가지고 있는 경우야 더 말해 무엇 하겠는가.

그렇긴 하지만 사람이 가지고 있는 것 가운데 남에게 빌리지 않은 것이 또 뭐가 있다고 하겠는가. 임금은 백성으로부터 힘을 빌려서 존귀하고 부유하게 되는 것이요, 신하는 임금으로부터 권세를 빌려서 총애를 받고 귀한 신분이 되는 것이다. 그리고 자식은 어버이에게서, 지어미는 지아비에게서, 비복은 주인에게서 각각 빌리는 것이 또한 심하고도 많은데, 대부분

자기가 본래 가지고 있는 것처럼 여기기만 할 뿐 끝내 돌이켜 보려고 하지 않는다. 이 어찌 미혹된 일이 아니겠는가.

ⓒ그러다가 혹 잠깐 사이에 그동안 빌렸던 것을 돌려주는 일이 생기게 되면, 만방(萬邦)의 임금도 독부(獨夫)가 되고 백승(百乘)의 대부(大夫)도 고신(孤臣)이 되는 법인데, ⓓ더군다나 미천한 자의 경우야 더 말해 무엇 하겠는가.

ⓔ맹자(孟子)가 말하기를 "오래도록 차용하고서 반환하지 않았으니, 그들이 자기의 소유가 아니라는 것을 어떻게 알았겠는가."라고 하였다. 내가 이 말을 접하고서 느껴지는 바가 있기에, 〈차마설〉을 지어서 그 뜻을 부연해 보노라.

– 이곡, 〈차마설〉

● 준마(駿馬): 빠르게 잘 달리는 말.
● 방자하다: 어려워하거나 조심스러워하는 태도가 없이 무례하고 건방지다.
● 환란: 근심과 재앙을 통틀어 이르는 말.
● 비복: 계집종과 사내종을 아울러 이르는 말.
● 미혹: 무엇에 홀려 정신을 차리지 못함.
● 만방(萬邦): 만국. 세계의 모든 나라.
● 독부(獨夫): 백성들의 따돌림을 받는 외로운 통치자.
● 백승(百乘): 백 대의 수레. 많은 재산과 권력을 비유.
● 대부(大夫): 고려·조선 시대에, 벼슬의 품계에 붙이던 칭호.
● 고신(孤臣): 임금의 신임이나 사랑을 받지 못하는 신하.

---

04 이 글에 대한 설명으로 적절하지 않은 것은?

① '소유 의식'을 글의 소재로 삼았다.
② 경계해야 할 삶의 태도를 교훈으로 준다.
③ 경험과 깨달음의 순서로 글을 전개하였다.
④ 개인적 체험에서 얻은 깨달음을 일반화하였다.
⑤ 반어적 표현을 통해 작가의 생각을 강조하였다.

05 ㉠~㉤에 대한 이해로 가장 적절한 것은?

① ㉠에서 '나'는 준마를 빌려 탈 때의 의기양양한 감정이 그것을 갖게 될 때에는 생기지 않을 것이라고 예상하고 있다.
② ㉡에서 '나'는 물건을 진짜로 소유하게 된다면 마음에 평안을 찾을 수 있다고 여기고 있다.
③ ㉢에서 '나'는 소유하고 있던 권력이 사실은 빌린 것임을 깨달은 '임금'의 모습을 '독부'로 표현하고 있다.
④ ㉣에서 '나'는 가지고 있는 것이 없는 천한 사람들이 특히 미혹되기 쉽다고 생각하고 있다.
⑤ ㉤에서 '나'는 빌린 것을 소유했다고 여기는 사람들에 대한 문제의식을 떠올리고 있다.

06 이 글과 〈보기〉의 글쓴이에 대한 설명으로 가장 적절한 것은?

┤ 보기 ├

간디는 또 이런 말도 하고 있다.
"내게는 소유가 범죄처럼 생각된다……."
그가 무엇인가를 갖는다면 같은 물건을 갖고자 하는 사람들이 똑같이 가질 수 있을 때에 한한다는 것. 그러나 그것은 거의 불가능한 일이므로 자기 소유에 대해서 범죄처럼 자책하지 않을 수 없다는 것이다.
우리들의 소유 관념이 때로는 우리들의 눈을 멀게 한다. 그래서 자기의 분수까지도 돌볼 새 없이 들뜬다. 그러나 우리는 언젠가 한 번은 빈손으로 돌아갈 것이다. (중략) 크게 버리는 사람만이 크게 얻을 수 있다는 말이 있다. 물건으로 인해 마음을 상하고 있는 사람들에게는 한 번쯤 생각해 볼 말씀이다.

– 법정, 〈무소유〉

① 이 글과 〈보기〉의 글쓴이는 글을 쓴 동기를 분명하게 밝히고 있다.
② 〈보기〉의 글쓴이는 빌린 것을 제때 돌려주지 않는 사람들을 부정적으로 여기고 있다.
③ 이 글의 글쓴이는 빌린 것을 다른 사람들과 똑같이 나누어 써야 한다고 생각하고 있다.
④ 이 글과 〈보기〉의 글쓴이는 소유에 대한 집착을 버리는 것이 올바른 삶의 자세라고 여기고 있다.
⑤ 이 글의 글쓴이는 맹자의 말을 인용하여, 〈보기〉의 글쓴이는 범죄를 저지른 사례를 예시로 들어 글의 설득력을 높이고 있다.

Ⅴ 극·수필

⚖️ 개념을 품은 **기출 발문·선택지**

• (가)에서는 **'아내'의 말을 인용**하여 **서술**하고 있는 데 비해, (나)에서는 **'아내'의 말을 효과음으로 처리**하여 보여 주고 있다. (2015. 09. 평가원Ⓐ)

• (나)는 (가)를 **각색한 시나리오**다. (가)와 (나)에 대한 설명으로 적절하지 **않은** 것은? (2015. 09. 평가원Ⓐ)

• [B]를 〈보기〉의 **시나리오로 각색**했다고 할 때, 고려한 내용으로 적절하지 **않은** 것은? (2015. 06. 평가원Ⓐ)

❶ 소설 VS 수필

소설과 수필은 ⓵ [　　　　]이라는 공통점이 있지만 '허구'와 '사실'이라는 면에서 차이가 있다. 또, 소설에서 말하는 이는 작가를 대신하는 '서술자'이지만 수필에서 말하는 이는 '작가 자신'이다.

박완서(1931~2011)

소설·수필 작가. 여성의 삶에 주목했으며, 섬세하고도 현실적인 감각이 돋보이는 작품을 많이 남겼다.

가 소설

　　　　허구의 인물
나는 **아내**를 안심시키기 위해 나의 일
허구의 인물: 중년의 남성　작가 자신 아닌 서술자: 1인칭 주인공 시점
이 얼마나 쉽고 즐거운 일인가, 그리고
보람 있는 일인가를 설명했고, 출판과 분
위기는 가족적이고, Y선배는 관대하단
얘기를 했다.

（중략）

피곤하다는 핑계로 일찍 자리에 들었
다. 아내는 나의 피곤조차 대견한지 탓하
지 않고 밤늦게까지 콧노래를 흥얼대며
이것저것 집 안을 챙겼다.

➡ 여성인 작가가, 아내를 둔 중년 남성인 '나'를 서술자로
내세워 허구적으로 꾸며 낸 일을 다루는 소설

　　　　　　　　　　　– 박완서, 〈꿈과 같이〉

나 수필

그래서 생각해 낸 게 고양이가 좋아할
만한 먹이가 생기면 봉투 속에 넣지 않고
접시에 따로 담아 고양이가 잘 다니는 통
로에다 놓아두는 거였다.
　　　　　　　　　　고양이의 밥을 챙겨 준 경험
（중략）
　　　　　　　　작가 자신(박완서)
고양이에 대한 **내** 오해가 하도 어처구
　　고양이를 길들였다는 오해를 하고 있었다는 깨달음
니없어서 슬며시 웃음이 났다. 그까짓 먹
고 남은 생선 **뼈** 따위 좀 챙겨 주고 나서
내가 녀석을 길들인 줄 알다니.

➡ 고양이의 밥을 챙겨 준 경험을 통해 자신이 고양이에
대한 오해를 하고 있었음을 깨닫는 수필

　　　　　　　　　천재(박) | 박완서, 〈오해〉

② 소설 VS 극 문학

☑ 최근 수능은 여러 갈래를 한 지문으로 엮은 복합 지문이 나오는 경향이 있어. 그 중 하나로, 소설을 희곡이나 시나리오로 각색한 부분을 주고 두 지문을 함께 묻기도 해. 같은 이야기더라도 갈래가 다르게 나오는 경우도 있다는 얘기야.

소설과 극 문학은 둘 다 ❷ [　　] 을 다루고 있다는 점에서 관련이 깊지만 갈래가 다르기 때문에 여러 가지 차이점이 있다.

	소설	극 문학	
		희곡	시나리오
공통점	시간의 흐름에 따른 서사적 성격, 갈등 구조가 있고, 허구적인 성격의 글이다.		
차이점	인물의 수에 제약이 없다.	소설, 시나리오에 비해 인물 수의 제약을 많이 받는다.	희곡에 비해 인물 수의 제약을 덜 받는다.
	시간적·공간적 제약을 받지 않는다.	소설, 시나리오에 비해 시간적·공간적 제약을 많이 받는다.	희곡에 비해 시간적·공간적 제약을 덜 받는다.
	서술, 대화, 묘사 등으로 사건을 전달한다.	인물의 대사와 행동으로 사건을 전달한다.	

[앞부분 줄거리] 아내의 옛 연인 석현은, 독을 짓는 일을 직업으로 하는 송 영감의 조수가 된다.

가 시나리오
장면 표시: 장면 번호, 시간·공간적 배경

125. 가마 앞(황혼)

송 영감　(혼잣말처럼) 이럴 수가 …… 지금까지 이런 일은 없었는데 …… 이게 내가 만든 독이야! (절망) 아냐! 이건 독이 아냐! (계속 보며) 이것두! 이것두 …… (비통하게) 이건 흙덩이다!
'송 영감'의 내면이 대사를 통해 드러남.

가마 앞에 달려가 망치를 든다.

(중략)

석현　(잡으며) 안됩니다! 성한 것두 있어요!

송 영감　닥쳐! 이건 부정을 탔어! 모두 쳐부셔야 햇!

밀어붙이며 달려가 미친 사람처럼 독을 박살 내기 시작한다.

Ⓔ 뚜왕! 뚜왕!
시나리오 용어 – 효과음
박살 나는 독들.

– 황순원 원작/여수중 각색, 〈독 짓는 늙은이〉
➥ '송 영감'이 독을 깨 버리는 사건이 '송 영감'의 대사와 행동으로 전개됨.

[앞부분 줄거리] 아내는 조수 석현과 달아나 버리고, 송 영감은 생활비를 마련하기 위해 독을 짓지만 아내, 조수에 대한 분노 때문에 일이 제대로 되지 않는다.

나 소설

송 영감은 제힘만이 아닌 어떤 힘으로 벌떡 일어나 다시 독 짓기를 시작하는 것이었으나, 이번에는 겨우 한 개를 짓고는 다시 쓰러지듯이 눕고 말았다.

다음에 송 영감이 정신이 든 것은 아주 어두운 속에서 애가 흔들어 깨워서였다. 울먹이던 애가 깨나는 아버지를 보고 그제야 안심된 듯이 저쪽에서 밥그릇을 가져다 아버지 앞에 놓았다. 웬 거냐고 하니까 애가, 앵두나뭇집 할머니가 주더라고 한다. 송 영감은 확 분노가 치밀어, 누가 거랑질*해 오라더냐고 밥그릇을 밀쳐
서술자가 '송 영감'의 내면을 서술함(전지적 작가 시점)
놓자 애가 훌쩍훌쩍 울기 시작했다.

– 황순원, 〈독 짓는 늙은이〉

● 거랑질: 거지나 동냥아치가 돌아다니며 돈이나 물건 따위를 거저 달라고 비는 일.

➥ '송 영감'이 독 짓기를 어려워하는 사건이 서술자의 서술을 통해 전개됨.

🔖 궁금해요

'각색'이 무슨 뜻인가요?

'각색'은 시나 소설 또는 만화 등을 희곡이나 시나리오로 고쳐 쓰는 것을 말해. 최근에는 웹툰을 각색해서 드라마나 영화로 만드는 경우도 많아. 드라마 〈미생〉이나 영화 〈신과 함께〉 같은 경우 말이야.

💡 짚고 가요

인물의 성격·심리 제시 방법 차이
🔗 133쪽
소설에서는 인물의 성격이나 심리를 대화나 행동 묘사를 통해 간접적으로 제시하는 방법과 서술자가 직접 서술하는 직접 제시 방법이 모두 쓰이는 데 비해, 극 문학에서는 주로 대사와 행동을 통해 인물의 성격이나 심리를 간접적으로 제시하는 방법이 나타난다는 점에서 차이가 있어. 인물 제시 방법은 중요한 개념이니까 이해가 잘 안 되는 친구들은 꼭 다시 공부해 두자.

개념
🔑 **1** (가)와 (나)에 대한 설명으로 적절하지 않은 것은?

① (가)는 '송 영감'의 대사와 행동으로 사건을 전개한다.
② (가)는 과거형으로, (나)는 현재형으로 사건을 진행한다.
③ (나)는 작품 밖의 서술자가 '송 영감'의 내면을 서술한다.

빈칸 답 | ❶ 산문 문학 ❷ 갈등
🔖 1 ②

V
극·수필

1 괄호 안에 들어갈 알맞은 말을 쓰시오.

(1) 소설에서 말하는 이는 작가를 대신하여 이야기를 들려주는 '(ㅅㅅㅈ)'이지만, 수필에서 말하는 이는 '(ㅈㄱ   ㅈㅅ)'이다.

(2) 소설은 희곡과 달리 (ㅁㄷ)에서 상연하는 것을 목적으로 쓴 글이 아니므로 등장인물 수의 제약이 없다.

(3) 소설과 극 문학은 (ㅎㄱㅈ)인 이야기를 갈등 구조를 통해 전개하는 갈래이다.

2 다음 설명이 맞으면 ○표, 틀리면 ×표를 하시오.

(1) 소설은 작가가 실제 겪은 일을 서술하는 산문 문학으로, 소설 속의 '나'는 작가 자신인 경우가 많다. ( )

(2) 수필은 인물 간의 갈등이 중심 사건이며, 갈등을 생생하게 부각한다. ( )

3 다음은 소설과 희곡의 특성을 표로 정리한 것이다. 빈칸에 들어갈 알맞은 말을 쓰시오.

소설과 희곡의 특성	
소설	희곡
• 시간적·공간적 ⊙_____(을)를 받지 않는다.	• 시간적·공간적 ⊙_____(을)를 받는다.
• ⓒ_____, 대화, 묘사 등을 통해 사건을 전달한다.	• 인물의 ⓒ_____와 행동을 통해 사건을 전달한다.

[01~04] 다음 글을 읽고 물음에 답하시오.

가 "아름아, 뭐 하니?"

어머니가 문 사이로 고개를 디밀었다.

'헉, 깜짝이야.' / 나는 짜증을 냈다.

"엄마! 노크!"

어머니는 '아차.' 하다, 도리어 큰소리를 냈다.

"노크는 무슨 노크. 지금 ⓐ방송 시작하는데, 안 봐?"

"벌써 할 때 됐어요?"

"응, 광고하고 있어. 빨리 나와."

나도 방송국 웹 사이트에 들어가 예고편을 봤다. ⊙설렘과 어색함, 신기함과 민망함이 섞여 복잡한 마음이 들었지만, 사실 동영상을 보고 제일 먼저 든 생각은 이거였다.

'아! 나는 저거보단 훨씬 괜찮게 생겼는데…….'

카메라에 비친 내 모습이 실제보다 못해 억울하고 섭섭한 거였다. 연예인들도 실제로 보면 두 배는 더 예쁘고 멋있다는데, 아마 이런 경우를 두고 하는 말인 듯했다. 그러니 일반인들은 오죽할까. 더구나 방송 한 번에 이리 심란한 기분이라니, 연예인이 되려면 자기를 보통 좋아하지 않고선 힘들겠구나 싶은 마음도 들었다. 문밖에 선 어머니가 '근데' 하고 덧붙였다.

"왜 그렇게 놀라? 뭐 이상한 거 보고 있었던 거 아냐?"

나는 부루퉁히 꿍얼댔다.

"내가 뭐 아빠 줄 아나……."

어머니가 눈을 동그랗게 뜨고 다그쳤다.

"아빠? 아빠가 그래?"

나는 그렇긴 뭐가 그러냐며, 곧 나갈 테니 얼른 문 닫으라 핀잔을 줬다. 어머니는 끝까지 의심을 거두지 못한 얼굴로 자리를 떴다. 나는 인터넷 뉴스 창을 닫고, 방송국 홈페이지에 들어가 동영상을 한 번 더 돌려 봤다.

'실제 나이 17세. 신체 나이 80세. 누구보다 빨리 자라, 누구보다 아픈 아이 아름. 각종 합병증에 시달리면서도 웃음을 잃지 않는 아름에게 어느 날 시련이 닥쳐오는데…….'

다시 봐도 낯선 영상이었다. 17. 80. 합병증. 웃음……. 하나하나 짚어 보면 다 맞는 말인데, 그게 그렇게 알뜰하게 배열된 걸 보니 사실이 사실 같지 않았다.

'괜히 하자고 한 걸까?'

막상 완성된 영상이 전파를 타고 전국에 송출될 생각을 하니 걱정스러웠다. 내가 모르는 이들에게 나를 보여 준다는 게 언짢기도 했다. 정확한 건 본방송이 끝난 후에 알게 될 터였다.

🔲 비상(박안), 천재(박) 🔲 지학사, 천재(김) | 김애란, 〈두근두근 내 인생〉

■ S# 11. 한강 둔치/밤

매점 앞.
맥주가 담긴 봉지를 들고 매점을 나오는 대수와 아름이.

아름   아빠 나 화장실.

Cut to˚. 간이 화장실 옆.

대수와 조금 떨어진 간이 화장실 옆의 으슥한 공간.
불량스러워 보이는 학생들에게 둘러싸인 아름. 남학생 넷, 여학생 둘.

불량한 남학생 1   너 진짜 애야? 할배 아니고?
불량한 여학생 2   (동물원의 동물을 보듯이) 우와! 진짜 신기하다.
불량한 남학생 2   (아름이의 얼굴을 살피며 히죽히죽 웃으면서) 외계인이야, 뭐야?
불량한 여학생 1   아, 방송에서 뭐라고 했는데…….(귀찮다는 듯한 말투로) 아, 몰라. 암튼 막 빨리 늙어서 죽는 병이래.
아름   비켜요.

남학생이 아름이의 모자를 낚아채 벗긴다. 아름이의 듬성듬성한 머리가 드러나자 놀라는 아이들.

불량한 여학생 1   대박!
불량한 남학생 1   (막상 보니 놀라서 뒷걸음질 치며) 뭐야, 이거?
불량한 남학생 2   (아름이의 모자를 던지며) 야, 이거 혹시 옮는 병아냐? 아이씨.

Insert. 뭔가 이상한 기분이 들어 두리번거리는 대수. 간이 화장실 옆.

대수   아름아!
아름   (대수를 보며) 아빠!

'아빠야?' '야, 아빠래.' 젊은 아빠인 대수의 모습을 보자 상황이 우습다는 듯, 키득거리는 아이들.

대수   괜찮아? 너 모자…… (말하면서 모자를 집어 아름이와 자리를 뜨는데.)
불량한 남학생 1   (끝까지 이죽거리면서) 어이쿠, 효자 아저씨, 아버님 모시고 마실 나오셨나 봐요?

불량한 남학생 2   아니, 어떻게 사람한테서 골룸이 태어나냐.
대수   (가다가 멈칫, 돌아보며) ⓛ야! 너 지금 뭐라 그랬어?

🔲 비상(박안), 천재(박) | 김애란 원작/최민석 외 각색, 〈두근두근 내 인생〉

• Cut to: 한 장면에서 다른 장면으로 전환함.

---

01 (가) 글에 대한 설명으로 적절하지 <u>않은</u> 것은?
① 작품 속 '나'와 작가는 다른 인물이다.
② '나'가 자신의 심정을 서술로 알려 준다.
③ '나'의 서술과 등장인물과의 대화가 교차된다.
④ 등장인물인 '아빠'에 대한 정보를 해설로 제시한다.
⑤ '나'가 과거의 결정에 대한 결과로 걱정하는 부분이 있다.

02 (나) 글에 대한 설명으로 적절하지 <u>않은</u> 것은?
① 소설에 비해 이야기의 길이에 제약이 있는 편이다.
② 주인공 '아름'이 자신이 경험한 일을 직접 서술한 글이다.
③ '불량한 남학생·여학생'들의 대사와 행동으로 사건이 전개된다.
④ '불량한 남학생 1'이 뒷걸음질 치는 행동은 놀란 심정을 나타낸다.
⑤ 촬영 기법에 대한 지식이 있는 경우, 더욱 효과적으로 장면을 이해할 수 있다.

03 (가)의 사건 이후 (나)의 사건이 일어난 것이라고 할 때, 〈보기〉를 참고하여 ⓐ에 대해 '아름'이 느꼈을 감정을 쓰시오.

┤ 보기 ├
(나)에서 아름을 괴롭히는 불량한 학생들은 (가)의 방송을 보고 아름의 존재를 알았을 것이다.

_____

_____

04 ㉠과 ⓛ에서 각 인물의 심리를 제시하는 방식의 차이를 쓰시오.

_____

_____

[05~07] 다음 글을 읽고 물음에 답하시오.

2015학년도 9월 평가원Ⓐ (변형)

가 버스의 덜커덩거림이 좀 덜해졌다. 버스의 덜커덩거림이 더하고 덜하는 것을 나는 턱으로 느끼고 있었다. 나는 몸에서 힘을 빼고 있었으므로 버스가 자갈이 깔린 시골길을 달려오고 있는 동안 내 턱은 버스가 껑충거리는 데 따라서 함께 덜그럭거리고 있었다. 턱이 덜그럭거릴 정도로 몸에서 힘을 빼고 버스를 타고 있으면, 긴장해서 버스를 타고 있을 때보다 피로가 더욱 심해진다는 것을 알고 있었지만 그러나 열린 차창으로 들어와서 나의 밖으로 드러난 살갗을 사정없이 간지럽히고 불어 가는 ㉠유월의 바람이 나를 반수면 상태로 끌어넣었기 때문에 나는 힘을 주고 있을 수가 없었다. 바람은 무수히 작은 입자(粒子)로 되어 있고 그 입자들은 할 수 있는 한 욕심껏 수면제를 품고 있는 것처럼 내게는 생각되었다.

(중략)

햇빛의 신선한 밝음과 살갗에 탄력을 주는 정도의 공기의 저온, 그리고 해풍(海風)에 섞여 있는 정도의 소금기, 이 세 가지만 합성해서 수면제를 만들어 낼 수 있다면 그것은 이 지상(地上)에 있는 모든 약방의 진열장 안에 있는 어떠한 약보다도 가장 상쾌한 약이 될 것이고 그리고 나는 이 세계에서 가장 돈 잘 버는 제약 회사의 전무님이 될 것이다. 왜냐하면 사람들은 누구나 조용히 잠들고 싶어 하고 조용히 잠든다는 것은 상쾌한 일이기 때문이다.

㉡그런 생각을 하자 나는 쓴웃음이 나왔다. 동시에 무진이 가까웠다는 것이 더욱 실감되었다. 무진에 오기만 하면 내가 하는 생각이란 항상 그렇게 엉뚱한 공상들이었고 뒤죽박죽이었던 것이다. 다른 어느 곳에서도 하지 않았던 엉뚱한 생각을 나는 무진에서는 아무런 부끄럼 없이, 거침없이 해내곤 했던 것이다. 아니 무진에서는 내가 무엇을 생각하고 어쩌고 하는 게 아니라 어떤 생각들이 나의 밖에서 제멋대로 이루어진 뒤 나의 머릿속으로 밀고 들어오는 듯했었다.

"당신 안색이 아주 나빠져서 큰일 났어요. 어머님의 산소에 다녀온다는 핑계를 대고 무진에 며칠 동안 계시다가 오세요. ㉢주주 총회에서의 일은 아버지하고 저하고 다 꾸며 놓을게요. ㉣당신은 오랜만에 신선한 공기를 쐬고 그리고 돌아와 보면 대회생제약회사의 전무님이 되어 있을 게 아니에요?"라고, 며칠 전날 밤, 아내가 나의 파자마 깃을 손가락으로 만지작거리며 나에게 ㉤진심에서 나온 권유를 했을 때 가기 싫은 심부름을 억지로 갈 때 아이들이 불평을 하듯이 내가 몇 마디 입안엣소리로 투덜댄 것도 무진에서는 항상 자신을 상실하지 않을 수 없었던 과거의 경험에 의한 조건 반사였던 것이다.

내가 나이가 좀 든 뒤로 무진에 간 것은 몇 차례 되지 않았지만 그 몇 차례 되지 않은 무진행이 그러나 그때마다 내게는 서울에서의 실패로부터 도망해야 할 때거나 하여튼 무언가 새 출발이 필요할 때였었다. 새 출발이 필요할 때 무진으로 간다는 그것은 우연이 결코 아니었고 그렇다고 무진에 가면 내게 새로운 용기라든가 새로운 계획이 술술 나오기 때문도 아니었었다.

– 김승옥, 〈무진기행〉

나 S# 4. 윤기준의 방 안 (저녁) (현재)

여행용 케이스에 화사한 남성용 의류와 세면도구 등이 차곡차곡 담겨진다. 챙겨 넣는 손, 잠깐 사라졌다가 다시 담겨지곤 하던 중 액자에 든 남녀 사진 한 틀. (인서트˙) 의젓하고 여유 있어 보이는 아내와 윤기준의 나란한 사진. 방에 붙은 욕실에서 나오는 윤기준, 로우브˙를 벗는다. 넥타이를 매어 주는 아내의 손에 맡기고 목을 길게 하고 있는 윤기준의 상반신.

윤기준   하필 무진에서 쉬어야 하나? 원…….

아내   Ⓔ˙ 당신 요즘 안색 보면 제가 바싹바싹 마르는 것 같아요. 어머님 성묘도 하실 겸 좋지 않아요? 저도 같이 갔으면 좋겠지만 이번 주주 총회 작전에는 아버님 옆에 제가 꼭 붙어서 다녀야 할 것 같으니……. 푹 쉬시다 오시면 대회생제약주식회사의 전무 이사님 자리가 기다리구 있을 테구…….

S# 5. 같은 방 창밖 풍경 (저녁) (현재)

가로등이 일제히 켜지고 집집마다 불이 켜진 아름다운 저녁 풍경.

(중략)

S# 11. 시골 자동차길 (낮) (현재)

도망하듯이 시골의 자갈길을 달리고 있는 버스.

S# 12. 버스 안 (낮) (현재)

버스 차창에서 내다보이는 풍경이 주마등 같다. 가로수와 논, 밭 등을 뒤로 획획 보낸다. 산 틈으로 지저분한 바다가 보인다.

– 김승옥, 〈안개〉˙

˙ 인서트(Insert): 삽입된 장면. 장면과 장면 사이에 신문이나 편지, 사진 등이 끼이는 것.
˙ 로우브: 길고 품이 넓은 겉옷. 여기서는 목욕 가운.
˙ Ⓔ: 효과음(Effect). 주로 화면 밖에서의 음향이나 대사에 의한 효과를 말함.
˙ 〈안개〉: 〈무진기행〉을 각색한 시나리오임.

05 **(나)는 (가)를 각색한 시나리오이다. (가)와 (나)에 대한 설명으로 적절한 것은?**

① (가)에서는 인물의 심리를 대화 위주로 제시하고 있는 데 비해, (나)에서는 회상의 방식으로 보여 주고 있다.

② (가)에서는 공간의 변화를 서술하여 제시하는 데 비해, (나)에서는 무대의 소품을 바꿔가며 제시하고 있다.

③ (가)에서는 '아내'에 대한 주인공의 반응을 직접 서술한 데 비해, (나)에서는 대사로 처리하여 전달하고 있다.

④ (가)에서는 서술자가 아내의 심리를 상상하여 서술하고 있는 데 비해, (나)에서는 '아내'의 말을 효과음으로 처리하여 보여 주고 있다.

⑤ (가)는 버스의 덜컹거림이 주는 느낌을 버스가 자갈길을 달리는 모습을 보여 줌으로써 전달하고 있는데 비해 (나)는 그 느낌을 서술자가 직접 서술해 주고 있다.

06 **㉠~㉤에 대한 이해로 적절하지 않은 것은?**

① ㉠: '나'는 '바람' 때문에 긴장을 풀고 있다.

② ㉡: 엉뚱한 공상을 하던 자신에 대해 자조적인 태도를 보이고 있다.

③ ㉢: '나'가 무진으로 가게 된 계기가 아내와 관련됨이 드러나고 있다.

④ ㉣: 아내가 이루고자 하는 욕망이 드러나고 있다.

⑤ ㉤: 아내의 제안을 적극적으로 수용하고 주체적으로 행동하는 '나'의 태도가 드러난다.

07 **(나)에 대한 감상으로 적절하지 않은 것은?**

① 선미: 'S# 4'에서 인서트된, 아내와 윤기준의 사진을 보면 두 인물의 관계와 사회·경제적 수준을 짐작할 수 있어.

② 현수: 'S# 4'에서 윤기준의 '화사한 남성용 의류'와 '로우브'를 보면 그가 경제적으로 여유 있는 계층임을 알 수 있지.

③ 소현: 'S# 5'에서 창밖의 저녁 풍경은 'S# 4'의 공간과 대조되어 윤기준과 아내의 갈등이 심화되고 있음을 보여 주고 있어.

④ 민성: 'S# 11'의 장면이 연출되려면 카메라가 버스의 바깥에서 버스의 모습을 촬영해야겠어.

⑤ 보라: 'S# 12'에서는 카메라의 시선이 버스 내부에서 버스 외부로 향해야 하겠네.

[01~02] 다음 글을 읽고 물음에 답하시오.　　　　　　　　　　　　　[2016학년도 9월 고2 학력평가]

등장인물에 표시하고, 작은 이야기 단위로 끊어 읽어 보세요.

[앞부분의 줄거리] 위조지폐를 만드는 가족(사장, 사원 갑, 사원 을, 사원 병)이 빌딩에 유령 회사를 차려 놓고, 누명을 써서 전과자가 된 청년을 사원으로 채용한다. 청년은 한 달 치 월급으로 받은 위조지폐로 양복을 구입하다 사복형사에게 잡혀 사무실로 끌려오게 된다.

청년　오! 사장님!

사복　선생이 간편무역 사장이십니까?

청년　그렇습니다. 이분이 바로……

사장　잘못 아시고 오신 모양이군.

사원 갑　용산서에서 오셨어요.

사장　나한테? 무슨 일로?

사복　이 남자가 선생 회사에 취직했다는뎁쇼.

사장　천만에! 대체 누구입니까? 이 남자는 난 생면부지올시다.

[A]
　청년　아닙니다. 사장님, 그런 말씀이 어디 있습니까? 금방 제가 눈물을 흘리며 고마워하지 않았어요? 전 여기 사원이에요, 사장님.
　사복　(뺨을 갈기며) 인마, 아직도 거짓말이야, 응?

[B]
　청년　아녜요. 나으리는 몰라요, 나으린. 아씨, 아씨! 아씨가 아십니다. 회계과장이 한 달 월급을 선불해 주시고, 양복을 사 입으라고 달러 지폐를 주셨어요.
　사복　인마, 떠들지 마라. 글쎄 이 미련한 친구가 누굴 속여 보겠다고 백 불짜리 지폐를 위조해 가지고 백주에 서울 네거리를 횡행합니다그려. 헛헛…… 그래서 월급을 받았다? (머리를 갈기며) 인마, 뭐 양복을 짓겠다고? 가짜 돈을 찍으려면 남이 봐도 그럴듯하게 만들어. 진짜 백 불짜린 구경도 못했을 자식이. 가자, 인마. 실례 많았습니다.

사장　원 천만에요.

청년　사장님, 나으리! 제겐 아무 죄도 없어요. 제발, 미련은 하지만 나쁜 짓을 한 적은 한 번도 없어요. 하나님이 아십니다, 하나님이! 어이구 그 지긋지긋한 감옥살일 어떻게 하라고 이러십니까, 이러시길. 사장님! 구두도 사서 신구 양복도 새로 맞추고 추천서도 일없고 신원 보증도 일없다고 그러시지 않았어요. 사장님! 아씨를 만나게 해 주세요, 아씨를. 아씨는 거짓말을 안 하실 겁니다. 아씨! 아씨!

사복　인마, 떠들지 마라, 가자! (억지로 끌고 나간다.)

[C]
　청년　(복도로 해서 오른쪽으로 끌려가며) 사장님! 왜 제게 취직자리를 줬어요? 취직만 안 했더라면 감옥에도 안 가고…… 감옥엘, 감옥엘…… 저 사장님…… 너무합니다. 사장님!

　사장과 사원 갑은 사장실로, 사원 정은 복도로 가서 청년이 간 뒤를 물끄러미 바라본다.

사장　결국 또 실패지. 이번엔 얼마나 찍었더냐?

사원 갑　시험 삼아 3백 장만 찍었어요.

[D]
　사장　흥, 3만 불이로구나. (지갑에서 진짜를 꺼내 대조하며) 어디가 다른가 좀 자세히 보아라.
　사원 갑　도안이 좀 이상하다 했더니만.

[E]
　사원 병　도안이 아녜요, 형님. 인쇄 잉크가 달라요.
　사원 을　잉크가 어떻다고 그래, 종이가 틀리는걸 뭐.
　사원 갑　종이야 할 수 없지. 미국을 간다고 같은 종이를 사겠니.
　사원 병　아녜요, 잉크예요.
　사원 을　종이야.
　사원 갑　도안이 틀렸어.
　사원 병　잉크가 아니라니깐.
　사원 을　잉크가 어쨌단 말야. 네가 도안을 잘못 그려놓곤.
　사원 병　도안이 어디가 틀렸어!

사장　얘들아, 떠들지 마라. 그 미련한 녀석 때문에 단단히 손해 봤다.

사원 병　참 그 자식 때문이야.

사원 갑　첫눈에도 자식이 좀 모자라는 것 같더니만.

　　　　　　　　　　　　　　　　　　　　－오영진, 〈정직한 사기한〉

○ 다음 줄거리의 빈칸을 채워 보자.

❶ [ ][ ][ ][ ]를 만드는 가족(사장, 사원 갑, 사원 을, 사원 병)이 빌딩에 ❷ [ ][ ][ ]를 차려 놓고, ❸ [ ][ ]을 써서 전과자가 된 청년을 사원으로 채용한다. 청년은 한 달 치 월급으로 받은 위조지폐로 ❹ [ ][ ]을 구입하다 ❺ [ ][ ][ ][ ]에게 잡혀 사무실로 끌려오게 된다. 사장은 청년을 모른 체하고, 청년은 억울함에 사장을 원망하며 위폐범으로 잡혀간다. 직원들은 위조지폐 실패의 원인을 서로의 탓으로 돌리다가, 청년 때문에 ❻ [ ][ ]를 봤다고 생각한다.

○ 주요 상황에 대한 등장인물의 반응과 태도를 중심으로 작품을 정리해 보자.

주요 상황		청년이 월급으로 받은 위조지폐로 양복을 구입하다 사복형사에게 잡혀 사무실로 끌려옴.	청년이 위폐범으로 몰려 사복형사에 의해 끌려 나감.
태도와 반응	사장		
	청년		
	사복		
	사원들		

인물의 정서와 태도 [본문의 내용을 통해 인물의 정서나 태도를 확인하는 문제야. 선택지의 근거를 본문에서 찾아 보자.]

01 윗글에 대한 이해로 적절하지 <u>않은</u> 것은?

① '사복'은 '청년'보다는 '사장'의 말을 신뢰한다.

② '청년'은 자신의 결백함을 '아씨'가 밝혀 줄 수 있다고 믿고 있다.

③ '사장'은 위기를 모면하기 위해 '사복' 앞에서 '청년'을 모른 체한다.

④ '사장'은 잡혀 온 '청년'을 통해 지폐를 위조하는 데 실패했음을 확인한다.

⑤ '사원 갑'과 '사원 병'은 위조지폐를 사용하다 '사복'에게 붙잡힌 '청년'을 동정한다.

개념의 좌표 찾기

● 선택지에 잘 모르는 어휘나 개념이 있다면 아래에 적고 그 뜻을 확인해 보세요.

외적 준거 활용 [〈보기〉에서 설명하고 있는 문학적 표현 방식을 이해하고, 그 표현 방식이 사용된 부분을 찾아 보자.]

02 [A]~[E] 중, 〈보기〉의 밑줄 친 부분에 해당하는 것은?

┤ 보기 ├

단막극인 이 작품은 무대 공간이 회사 안으로 제한된다. 무대 공간에서 이루어지는 인물들의 행동과 대화로 이야기가 형상화되기도 하지만, 무대 공간의 제약으로 인해 <u>무대 밖에서 일어난 사건이 오직 인물의 언어적 표현으로 전달</u>되기도 한다.

① [A]: 사복이 청년의 뺨을 때리고 의견을 묵살하는 일

② [B]: 청년이 백 불짜리 위조지폐로 양복을 구매하려는 일

③ [C]: 사복이 청년을 끌고 사무실 밖으로 나가는 일

④ [D]: 사장이 진짜 지폐를 꺼내 사원들에게 대조시키는 일

⑤ [E]: 사원들이 위조지폐의 조잡함에 대해서 이야기하는 일

Ⅴ 극·수필

[03~04] 다음 글을 읽고 물음에 답하시오.

작년 봄에 이웃에서 파초 한 그루를 사 왔다. 얻어온 것도 두어 뿌리 있었지만 모두 어미 뿌리에서 새로 찢어 낸 것들로 앉아서나 들여다볼 만한 키들이요 '요게 언제 자라서 키 큰 내가 들어선 만치 그늘이 지나!' 생각할 때는 적이 한심하였다.

그래 지나다닐 때마다 눈을 빼앗기던 이웃집 큰 파초를 그예 사 오고야 만 것이다. 워낙 크기도 했지만 파초는 소 선지가 제일 좋은 거름이란 말을 듣고 선지는 물론이고 생선 씻은 물, 깻묵물 같은 것을 틈틈이 주었더니 작년 당년으로 성북동에선 제일 큰 파초가 되었고 올 봄에는 새끼를 다섯이나 뜯어내었다. 그런 것이 올 여름에도 그냥 그 기운으로 장차게 자라 지금은 아마 제일 높은 가지는 열두 자도 훨씬 더 넘을 만치 지붕과 함께 솟아서 퍼런 공중에 드리웠다.

지나는 사람마다 "이렇게 큰 파초는 처음 봤군!" 하고 우러러보는 것이다. 나는 그 밑에 의자를 놓고 가끔 남국의 정조(情調)를 명상한다.

파초는 언제 보아도 좋은 화초다. 폭염 아래서도 그의 푸르고 싱그러운 그늘은, 눈을 씻어줌이 물보다 더 서늘한 것이며 비 오는 날 다른 화초들은 입을 다문 듯 우울할 때 파초만은 은은히 빗방울을 퉁기어 주렴(珠簾) 안에 누웠으되 듣는 이의 마음에까지 비를 뿌리고도 남는다. 가슴에 비가 뿌리되 옷은 젖지 않는 그 서늘함, 파초를 가꾸는 이 비를 기다림이 여기 있을 것이다.

오늘 앞집 사람이 일찍 찾아와 보자 하였다. 나가니
"거 저 파초 파십시오."
한다.
"팔다니요?"
"저거 이젠 팔아버리셔야 합니다. 저렇게 꽃이 나온 건 다 큰 표구요, 내년엔 영락없이 죽습니다. 그건 제가 많이 당해본 걸입쇼."
한다.
"죽을 때 죽더라도 보는 날까진 봐야지 않소?"
"그까짓 인제 뒤 달 더 보자구 그냥 두세요? 지금 팔면 파초가 세가 나 저렇게 큰 것 오 원도 더 받습니다…… 누가 마침 큰 걸 하나 구한다죠. 그까짓 슬쩍 팔아버리시죠."
생각하면 고마운 일이다. 이왕 죽을 것을 가지고 돈이라도 한 오 원 만들어 쓰라는 말이다. 그러나 나는 마음이 얼른 쏠

리지 않는다.
"그까짓 거 팔아 뭘 하우."
"아 오 원쯤 받으셔서 미닫이에 비 뿌리지 않게 챙이나 해 다시죠."
그는 내가 서재를 짓고 챙을 해 달지 않는다고 자기 일처럼 성화하던 사람이다. 나는 챙을 하면 파초에 비 맞는 소리가 안 들린다고 몇 번 설명하였으나 그는 종시 객쩍은 소리로밖에 안 듣는 모양이었다. 그는 오늘 오후에도 다시 한 번 와서,
"거 지금 좋은 작자가 있는뎁쇼……."
하고 입맛을 다시었다. 정말 파초가 꽃을 피우면 열대 지방과 달라 한 번 말랐다가는 다시 소생하지 못하는지도 모른다. 그러나 내 마당에서, 아니 내 방 미닫이 앞에서 나와 두 여름을 났고 이제 그 발육이 절정에 올라 꽃이 핀 것이다. 얼마나 영광스러운 일인가! 그가 한 번 꽃을 피웠으니 죽은들 어떠리! 하물며 한마당 수북하게 새순이 솟아오름에랴!

소를 길러 일을 시키고 늙으면 팔고 사간 사람이 잡으면 그 고기를 사다 먹고 하는 우리의 습관이라 이제 죽을 운명의 파초니 오 원이라도 받고 팔아 준다는 사람이 그 혼자 드러나게 모진 사람은 아니다. 그러나 무심코 바람에 너울거리는 파초를 보고 그 눈으로 그 사람의 눈을 볼 때 나는 내 눈이 뜨거웠다.
"어서 가슈. 그리구 올가을엔 움이나 작년보다 더 깊숙하게 파주슈."
"참 딱하십니다."
그는 입맛을 다시며 돌아갔다.

– 이태준, 〈파초〉

● 적이: 꽤 어지간한 정도로.
● 깻묵: 기름을 짜고 남은 깨의 찌꺼기.
● 남국: 남쪽에 있는 나라.
● 정조: 단순한 감각에 따라 일어나는 감정. 예를 들어, 아름다운 빛깔에 대한 좋은 감정, 추위나 나쁜 냄새에 대한 불쾌한 감정 따위이다.
● 주렴: 구슬 따위를 꿰어 만든 발.
● 챙: 햇볕을 가리거나 비가 들이치는 것을 막기 위하여 처마 끝에 덧붙이는 좁은 지붕.
● 객쩍다: 행동이나 말, 생각이 쓸데없고 싱겁다.
● 움: 땅을 파고 위에 거적 따위를 얹어 비바람이나 추위를 막아 겨울에 화초나 채소를 넣어 두는 곳.

줄거리 요약

○ 다음 줄거리의 빈칸을 채워 보자.

❶[ ][ ][ ]에 나는 이웃에서 파초 한 그루를 사 왔다. 작년 당년으로 성북동에선 제일 큰 파초가 되었고 ❷[ ][ ]에는 새끼를 다섯이나 뜯어내었다. ❸[ ][ ]은 제일 높은 가지는 열두 자도 훨씬 더 넘을 만치 지붕과 함께 솟아서 퍼런 공중에 드리웠다. 나는 그 밑에 의자를 놓고 가끔 남국의 정조(情調)를 명상한다. 그런데 ❹[ ][ ] 앞집 사람이 일찍 찾아와 나에게 파초를 팔라고 권유한다. 생각하면 고마운 일이다. 이왕 죽을 것을 가지고 돈이라도 한 오 원 만들어 쓰라는 말이다. 그러나 나는 마음이 얼른 쏠리지 않는다. 그는 ❺[ ][ ][ ][ ]에도 다시 한 번 와서, 좋은 작자가 있다고 입맛을 다시었다. 무심코 바람에 너울거리는 파초를 보고 다시 그 사람의 눈을 볼 때 나는 내 눈이 뜨거웠다. 그래서 그의 권유를 거절한다.

작품 분석하기

○ 대상을 바라보는 인물의 관점 차이

		파초		
㉠	감상의 대상으로 봄.		경제적 가치로 환산하여 생각함.	㉡

· 자연의 아름다움을 여유롭게 즐김.
· 정서적인 아름다움(감상)을 중시함.

· 식물을 키우면서 든 정을 이해할 줄 모름.
· 실용성(경치적 가치)을 중시함.
· 세상을 이해타산적으로 봄.

서술 방식 파악 [글쓴이가 의도한 바를 효율적으로 전하기 위해 사용한 서술 방식을 본문에서 찾아보자.]

03 윗글에 대한 설명으로 가장 적절한 것은?

① 과거 회상을 통해 현재 자신의 삶을 성찰하고 있다.

② 대화를 삽입하여 대상이 지닌 역사적 의미를 강조하고 있다.

③ 단정적인 표현을 통해 부정적 현실의 극복 의지를 드러내고 있다.

④ 대상을 대하는 인물의 태도를 대비하여 글쓴이의 의도를 효과적으로 드러내고 있다.

⑤ 대상에 대한 일정한 거리를 유지하여 글쓴이의 객관적인 감상 태도를 드러내고 있다.

외적 준거 활용 [〈보기〉에서 설명하고 있는 수필 갈래의 특성이 드러난 부분을 본문에서 찾아보자.]

04 〈보기〉를 참고하여 윗글을 감상한 내용으로 적절하지 않은 것은?

┤ 보기 ├
수필의 소재는 특별한 것이 아니라 우리 주변에서 흔히 볼 수 있는 일상적인 것이다. 그러나 그것을 평범한 눈으로만 바라본다면 그 의미와 가치를 발견할 수 없다. 이 글에서 글쓴이는 일상적인 소재를 자신만의 관점으로 바라봄으로써 새로운 의미와 가치를 발견하고 이를 통해 자신이 하고 싶은 말을 효과적으로 전달하고 있다.

① 파초의 크기에 경탄하며 '지나는 사람'에게서 파초를 평범한 눈으로 바라보지 않으려는 태도를 엿볼 수 있군.

② 틈틈이 좋은 거름을 주는 등 파초를 기르는 경험이 제시된 것으로 보아, 파초는 '나'의 일상과 관련된 소재임을 알 수 있군.

③ 파초 잎에 떨어지는 빗방울 소리를 듣고 마음에 비를 뿌린다고 표현한 것은, '나'가 파초를 자신만의 관점으로 보고 있음을 나타낸 것이군.

④ 파초를 팔라는 '앞집 사람'의 제안을 수용하지 않은 것은 '나'가 파초를 의미 있고 가치 있는 것으로 보고 있기 때문이군.

⑤ 자신의 눈이 뜨거워졌다는 말을 통해 '나'가 하고 싶은 말을 간접적으로 전달하는 것이겠군.

개념의 좌표 찾기

● 선택지에 잘 모르는 어휘나 개념이 있다면 아래에 적고 그 뜻을 확인해 보세요.

V 극·수필

이상은 이상하다?

　작가 '이상'의 이름을 들어 본 적이 있니? 이상은 1930년대에 주로 활동한 시인이자 소설가야. 그런데 이 작가를 따라다니는 우스갯소리가 하나 있어. 바로 '이상은 이상하다'는 말이야. 이상의 작품들이 이해하기 어렵기 때문에 나온 얘기지.

　도대체 얼마나 이상하기에 이상하다고 하는 걸까? 예로 이상의 작품 〈오감도〉 연작 제1호를 한번 보자.

> 13인의아해^가가도로로질주하오.
> (길은막다른골목이적당하오.)
>
> 제1의아해가무섭다고그리오.
> 제2의아해도무섭다고그리오.
> 제3의아해도무섭다고그리오.
> 제4의아해도무섭다고그리오.
> 제5의아해도무섭다고그리오.
> (중략)
>
> 그중에1인의아해가무서운아해라도좋소.
> 그중에2인의아해가무서운아해라도좋소.
> 그중에2인의아해가무서워하는아해라도좋소.
> 그중에1인의아해가무서워하는아해라도좋소.
>
> (길은뚫린골목이라도적당하오.)
> 13인의아해가도로로질주하지아니하여도좋소.
> ● 아해: 아이.

　어때? 무슨 뜻인지 알 수 있니? 실제로 〈오감도〉는 작품이 발표된 다음, "도대체 그게 무슨 시냐?"라는 독자의 비판으로 연재를 중단하기도 했어.

　그런데 이상의 시는 왜 이상하게 느껴지는 걸까? 그 답은 바로 모더니즘에 숨어 있어. 1930년대의 주된 경향인 모더니즘 문학은 물질문명 속에서 고통받는 현대인의 내면에 주목했어. 모더니즘 문학에서 끊임없이 던지는 질문은 바로 "나는 누구인가?"야. 문명사회 속에서 살아가고 있는 '나'라는 존재에 대한 질문이지. 이 답을 찾지 못해서 의식이 분열되는 모습을 보이기도 했어. 그래서 이해하기 어려운, 분열된 개인의 내면 의식이 문학 작품에 그대로 나타나는 거야.

　또, 모더니즘 문학은 새로운 방식으로 접근하면 현실의 새로운 면을 발견할 수 있을 거라고 생각했어. 기존에 없던 방식들을 가져와 문학에 담는 시도를 하기도 했지. 그 방식들이 우리에게는 낯설기 때문에 모더니즘 문학이 어렵고 이상하게 느껴지는 거야.

　어때? 여전히 이상은 이상하기만 한 작가라고 생각하니? 어쩌면 이상은 모더니즘 문학의 이상(理想)을 가장 잘 보여 준 작가일지도 몰라.

> 1930년대의 다른 경향으로는 리얼리즘 문학이 있어. 리얼리즘은 말 그대로 'Real', 현실에 집중해. 현실 그 자체의 모습을 문학에 그대로 담고자 했지. 거울처럼 말이야. 일제 강점기라는 시대 상황 속에서, 식민 통치 아래 고통받는 우리 민족의 비참한 현실을 엿볼 수 있어. 대표적으로 이기영의 〈고향〉, 염상섭의 〈삼대〉, 채만식의 〈태평천하〉 등의 현대 소설 작품들이 있어.

천재교육 고등 국어 라인업

 우리만 따라와!

내신 수능

10일 격파 국어
고1~고3 (문학/독서)

단기간 수능 기초 완성 교재
★★★☆☆

수능전략 국어
고2~고3 (문학/독서/화·작/언·매)

개념부터 실전까지 한번에 잡는 수능 대비서
★★★★☆

수능 대비

고단백 수능 단기특강
고1~고3 (기본편/문학/현대시/
고전시가/독서/언·매/화·작/고난도 독서·문학)

부족한 영역을 집중 공략하는 영역 특강서
★★★☆☆

고단백 미니 모의고사
고1~고3 (문학/독서/화·작/언·매)

실전과 가장 유사한 영역별 수능 대비서
★★★★☆

수능 특강

해법문학
고1~고3
(고전시가/고전산문/현대시/현대소설/수필·극)

875편의 작품을 수록한 문학 종합 참고서
★★★☆☆

해법문학Q
고1~고3 (고전문학/현대문학)

문제로 마스터하는 내신·수능 문학 대비서
★★★★☆

문학의 해법

수능 국어 독서 DNA 깨우기
예비고~고2 (배경지식/독해훈련)

실력 향상을 위한 체계적인 비문학 독해서

★★★★☆

비문학 훈련

100인의 지혜
예비고~고2 (문학/문법/화작/독서)

빈틈 없는 국어 영역별 기본 개념서
★★★☆☆

국어 기본

7일 끝 국어
고1~고3 (고등국어[상], [하]/문학/독서/화·작/언·매)

7일이면 끝나는 중간·기말 대비서
★★☆☆☆

고등 내신전략 국어
예비고~고1 (문학/문법)

11종 교과서 대비 영역별 내신 공통서
★★★☆☆

내신 대비

교과서 다품 〈고등 국어(공통)〉
예비고~고1

교과서 개념을 다 품은 공통 입문서
★★★☆☆

시작은 하루 수능 국어
예비고~고2 (국어기초/문학기초/독서기초)

그림으로 개념을 익히는 수능 국어 기초 학습서
★★☆☆☆

입문 기초

100인의 지혜를
모두모았다!
이것이진정한
명강의모음집

정답과 해설

문학

명강사

수능&내신 모두 잡는

100인의

지혜를 담다

천재교육

정답과 해설

Contents

Ⅰ. 현대 시

01 시적 화자, 시적 대상, 시적 상황

사뿐히 즈려밟는 확인 문제   p.16~17

☑ **바로바로 간단 체크**   1 (1) 시적 화자 (2) 시적 청자 (3) 시적 대상
(4) 시적 상황   2 (1) × (2) ○ (3) ×   3 ㉠ 외적 ㉡ 표면 ㉢ 사물

01 ⑤ 02 ㉤ 03 ④ 04 ② 05 ②

01~02 개념으로 작품 읽기   귀뚜라미_ 나희덕

시적 화자는 누구이며 어떠한 시적 상황에 처해 있는지 살펴보자.

높은 가지를 흔드는 매미 소리에 묻혀
　　　　시적 대상(귀뚜라미와 대조되는 존재)
내 울음 아직은 노래가 아니다.
시적 화자(의인화된 귀뚜라미)   ▶1연: 아직 노래가 아닌 '나'의 울음

차가운 바닥 위에 토하는 울음,   ┐ 시적 상황
풀잎 없고 이슬 한 방울 내리지 않는   │ → 생명력이 없는
지하도 콘크리트 벽 좁은 틈에서   ┘ 부정적 현실
숨막힐 듯, 그러나 나 여기 살아 있다
　　　　다른 이들은 알지 못하지만 살아 있는 귀뚜라미
귀뚜르르 뚜르르 보내는 타전 소리가
누구의 마음 하나 울릴 수 있을까.
　　　　　　　　▶2연: 누구의 마음을 울릴 수 있을까 하는 귀뚜라미의 의문

지금은 매미 떼가 하늘을 찌르는 시절
여름
그 소리 걷히고 맑은 가을이
　　　　　　화자가 기다리는 시간
어린 풀숲 위에 내려와 뒤척이기도 하고
계단을 타고 이 땅 밑까지 내려오는 날
발길에 눌려 우는 내 울음도
누군가의 가슴에 실려 가는 노래일 수 있을까.
　　　　화자의 소망 – 노래로 누군가에 감동을 주기를.
　　　　　　▶3연: 자신의 노래가 누군가에게 감동을 주기를 원하는 귀뚜라미

· **화자는?** 표면에 드러난 '나'(의인화된 귀뚜라미)
· **시적 상황은?** 여름날 생명을 지속하기 어려운 지하도 콘크리트 벽이라는
　공간에서 귀뚜라미가 울음을 토하고 있음.
· **어조는?** 회의적인 어조에서 소망을 드러내는 어조로 변하고 있음.
· **정서나 태도는?** 미래에 대해 기대하고 있음.
· **주제는?** 소외된 존재와의 공감과 소통

핵심 정리

| 이 시의 특징 |
· 의문형의 진술로 화자의 소망을 강조함.
· 대조적 의미의 시어(귀뚜라미 ↔ 매미, 울음 ↔ 노래)로 의미를 강조함.
· 청각적·촉각적·시각적 이미지를 사용해 시적 상황을 감각적으로 드러냄.

01   📋 ❺번이 답인 이유

이 시는 화자인 귀뚜라미의 독백으로 전개되고 있기에 화자와 매
미의 소통은 드러나지 않으며, 매미는 그의 울음소리로 화자의 '울

음'이 다른 이들에게 들리지 못하게 방해하는 존재이다. 따라서 매
미와의 소통으로 화자가 자신의 '울음'의 가치를 깨닫게 되었다는
진술은 적절하지 않다.

오답 피하기

① 이 시의 제목과 2연의 '귀뚜르르 뚜르르'라는 시구를 통해 시적
　화자가 의인화된 귀뚜라미임을 알 수 있다.
② 이 시의 화자는 '내 울음', '나'라는 표현을 통해 표면에 드러난다.
③ 마지막 행에서 화자는 '내 울음'이 누군가의 가슴에 '노래'로 전
　해지기를 소망하고 있다.
④ 이 시의 화자는 '지하도 콘크리트 벽 좁은 틈'에서 다른 이들의
　관심을 받지 못한 채 생명을 간신히 이어가고 있으므로 현실에
　서 소외되고 잊힌 존재로 볼 수 있다.

02   📋 ㉤이 답인 이유

'맑은 가을'은 매미 울음소리가 걷히는 시간으로, 시적 화자가 현
재 처해 있는 열악하고 부정적인 상황이 아니라, 누군가에게 감동
을 주는 노래를 부를 수 있는 미래의 긍정적인 상황이다.

오답 피하기

㉠, ㉡ 매미가 있는 '높은 가지'와 대조되는 공간으로 생명을 이어
　가기 힘든 열악한 상황을 드러낸다.
㉢, ㉣ 매미 떼가 하늘을 찌르는 시절인 여름을 의미한다. 매미 소
　리에 묻혀 귀뚜라미의 소리가 다른 이에게 들리지 않는 계절이
　라는 점에서 '나'에게 부정적인 상황을 뜻한다.

03~04 개념으로 작품 읽기   저녁에_ 김광섭

시적 화자는 누구이며 어떠한 시적 상황에 처해 있는지 살펴보자.

저렇게 많은 중에서 / 별 하나가 나를 내려다본다
　　　　　　　　시적 화자(표면에 드러난 '나')
이렇게 많은 사람 중에서 / 그 별 하나를 쳐다본다
　　　　　　　　시적 대상(화자가 관찰하는 자연물)
　　　　　　　　　　　▶1연: '별'과 '나'의 특별한 만남

밤이 깊을수록
시적 상황(밤, 시간의 변화)
별은 밝음 속에 사라지고 / 나는 어둠 속에 사라진다
　　　　　　　　　　▶2연: '별'과 '나'의 이별

이렇게 정다운 / 너 하나 나 하나는
　　　　　　　　 = 별(화자가 말을 건네고 있음)
어디서 무엇이 되어 / 다시 만나랴   ▶3연: '별'과 다시 만나고 싶은 소망
　　　　별과 만나고 싶은 화자의 소망

· **화자는?** 표면에 드러난 '나'
· **시적 상황은?** 밤에 별을 관찰하고 있음.
· **어조는?** 관조적인 어조에서 소망을 드러내는 어조로 변하고 있음.
· **정서나 태도는?** 별과 다시 만나기를 소망하고 있음.
· **주제는?** 친밀한 관계 회복의 소망

핵심 정리

| 이 시의 특징 |
· 대구와 대조를 사용하여 시적 상황을 드러냄.
· 유사한 문장 구조와 동일한 단어의 반복으로 운율을 형성함.
· '별'이라는 시적 대상을 통해 인간 존재에 대한 관조적인 성찰을 보여 줌.

03
📃 **④**번이 답인 이유

3연에서 화자는 "어디서 무엇이 되어 / 다시 만나랴"라고 말하면서, '너'와의 만남을 소망하고 있다. 또 '정다운'이라는 표현에서도 화자가 시적 대상을 친밀하게 느낀다는 것을 알 수 있다.

오답 피하기

① 1연의 2행 "별 하나가 나를 내려다본다"와 4행 "그 별 하나를 쳐다본다"를 통해 화자와 별이 교감을 나누는 시적 상황이 드러난다.

② '밝음 속에 사라지'는 '별'과, '어둠 속에 사라지'는 '나'가 대조적인 명암 이미지로 제시되고 있다.

③ 밤이 깊을수록 별은 '밝음 속에 사라지'게 된다.

⑤ 화자는 3연에서 '별'과 '나'가 정다운 사이임을 깨닫는다. 그리고 이러한 깨달음을 바탕으로 '별'과 언제 어디서 어떤 모습으로든지 다시 만나고 싶다는 소망을 드러낸다.

04
📃 **②**번이 답인 이유

2연에서 화자는 '밤'이 깊어짐에 따라 '별'과 이별을 하게 되지만 3연에서 '별'과 다시 만날 것을 소망하므로 이별이 반드시 끝을 의미하는 것은 아니라는 점을 깨달았다고 볼 수 있다.

---

05 개념으로 작품 읽기　　　　파초우(芭蕉雨)_조지훈

시적 화자는 누구이며 어떠한 시적 상황에 처해 있는지 〈보기〉를 참고해 살펴보자.

외로이 흘러간 한 송이 구름
　　화자의 정서　　　　시적 대상(화자의 정서가 투영된 감정 이입물)
이 밤을 어디메서 쉬리라던고.
　　　　　　　　　　　　　　▶1연: 외로운 구름이 떠돎.

성긴 빗방울
파초 잎에 후두기는 저녁 어스름
　　　　　　화자가 자연과 교감하는 시간적 배경

창 열고 푸른 산과
마주 앉아라.
　자연과 함께하고픈 화자의 심리가 드러난 행동
　　　　　　　　　　　▶2~3연: 저녁 어스름에 마주하는 푸른 산

들어도 싫지 않은 물소리기에
　　　　자연 친화적 태도
날마다 바라도 그리운 산아
　　　　　　　　　　　　　　▶4연: 날마다 그리운 산

온 아침 나의 꿈을 스쳐간 구름
　시적 화자(표면에 드러난 '나')
이 밤을 어디메서 쉬리라던고.
　화자가 쉬고 싶어 하는
　자연의 공간, 안식처
　　　　　　　　　　　▶5연: 쉴 곳을 찾아 떠도는 구름

- **화자는?** 표면에 드러난 화자인 '나'(자연과 교감하는 사람)
- **시적 상황은?** 저녁 무렵 파초 잎에 빗방울이 떨어지는 소리를 들으며 산을 마주하고 앉아 흘러간 구름을 생각함.
- **어조는?** 의고적(옛 형식을 따르는 말투)
- **정서나 태도는?** 자연 친화적, 성찰적
- **주제는?** 자연과의 교감에 대한 소망

핵심 정리

| 이 시의 특징 |

- '–던고'라는 어미를 활용하여 의고적인 어조를 사용함.
  ('–던고'는 지난 일을 물을 때 쓰는 어미로 '–던가'보다 더 예스러운 표현임)
- 청각적·시각적 이미지를 사용하여 자연의 모습을 구체적으로 묘사함.
- 변형된 수미상관의 구조를 활용하여 화자의 정서와 주제 의식을 강조함.

05
📃 **②**번이 답인 이유

〈보기〉에서는 이 시의 화자로부터 '현실에서 벗어나 자연에 숨고 싶은 마음'을 읽어 낼 수 있다고 하였다. 이로 볼 때, '빗방울'이 '후두기는' 소리가 현실 세계에 미련을 버리지 못한 화자의 마음을 형상화한 것이라고 보기 어렵다.

오답 피하기

① '구름'은 한 곳에 머무르지 않고 계속 떠다닌다는 점에서 자연을 떠도는 처지인 화자의 외로운 심정이 투영된 대상이다.

③ 시적 화자가 '창'을 열고 '푸른 산'에게 자신을 드러내는 것을 통해 화자가 자연을 친숙하게 대함을 알 수 있다.

④ '물소리'는 '산'과 마찬가지로 자연의 일부이며, '싫지 않은'이라는 시구를 통해 화자가 '물소리'를 긍정적으로 생각하며 자연과 교감하고 있음이 드러난다.

⑤ 〈보기〉에서 화자는 이미 현실에서 벗어나 자연을 떠돌고 있는 존재임을 알 수 있으며, 이때 화자의 외로운 심정이 투영된 구름이 머물며 쉬는 '어디메'는 화자가 안식을 취하고 싶은 자연의 공간이자 안식처라고 볼 수 있다.

02 화자의 정서, 태도, 어조

사뿐히 즈려밟는 확인 문제　　　　　p.26~27

✔ **바로바로 간단 체크**　1 (1) 정서 (2) 태도 (3) 어조 (4) 청자, 대화체, 독백체　　2 (1) ⓔ (2) ⓒ (3) ④ (4) ⓐ (5) ⓖ (6) ⓑ (7) ⓛ

01 ④ **02** ③ **03** ③ **04** 함박눈 **05** ③ **06** 화자는 모란이 피었을 때를 찬란한 순간으로 느끼지만 모란이 지고 나면 큰 슬픔에 빠지고 만다. 마지막 행은 '찬란한 슬픔의 봄을'이라는 시구를 통해 그러한 슬픔을 겪게 될지라도 봄을 기다리겠다는 화자의 의지를 드러낸 것이다.

01~02 개념으로 작품 읽기　　　　엄마 걱정_기형도

시적 화자가 시적 상황을 어떻게 받아들이고 표현하는지 살펴보자.

열무 삼십 단을 이고
시장에 간 우리 엄마
안 오시네, 해는 시든 지 오래
나는 찬밥처럼 방에 담겨
　어린 화자가 느낀 쓸쓸함과 외로움을 '찬밥'에 빗대어 표현함.
아무리 천천히 숙제를 해도

> 시적 상황(화자의 어린 시절)
> → 가난한 가정 형편, 엄마의 고단한 삶
> 시적 화자는 밤늦도록 '엄마'를 기다림.

엄마 안 오시네, 배춧잎 같은 발소리 타박타박

안 들리네, 어둡고 무서워
　　　　　　　어린 화자의 정서
금 간 창 틈으로 고요한 빗소리
　　　　　　화자의 외로움을 고조시키는 시적 상황
빈방에 혼자 엎드려 훌쩍거리던
밤늦도록 오지 않는 엄마를 기다리는 어린아이의 불안함과 두려움이 울음으로 드러남.
　　　　　　　▶1연: 가난하고 외로웠던 '나'의 유년 시절

아주 먼 옛날
　　　　　　성인이 된 화자가 어린 시절을 회상하고 있음.
지금도 내 눈시울을 뜨겁게 하는

그 시절, 내 유년의 윗목
화자가 어린 시절 느낀 외로움과 서러움이 드러나는 표현
　　　　　　▶2연: 유년 시절을 떠올리며 슬픔을 느끼는 '나'

- **화자는?** 표면에 드러난 '나'
- **시적 상황은?** 성인이 된 화자가, 밤 늦도록 돌아오지 않는 엄마를 기다리던 어린 시절을 회상하고 있음.
- **어조는?** 회상적
- **정서나 태도는?** 슬픔, 쓸쓸함, 외로움, 서러움
- **주제는?** 빈방에서 홀로 엄마를 기다리던 어린 시절의 외로움과 서러움

핵심 정리

| 이 시의 특징 |
- 유사한 통사 구조의 반복과 변주를 통해 운율을 형성함.
- 감각적 이미지를 사용하여 화자의 정서를 생생하게 표현함.
- 각 행을 종결하지 않고 시상을 전개하다가, 전체적으로 마지막 행을 수식하는 구성을 보임.

01　　　　　　❹번이 답인 이유

㉣에서 비가 오고 있음이 드러나지만 이어지는 시행인 '빈방에 혼자 엎드려 훌쩍거리던'으로 볼 때 비가 화자의 마음을 고요하고 평화롭게 해 주었다고 보기 어렵다. 비는 홀로 '엄마'를 기다리는 어린 화자의 외로움을 부각해 주고 있다.

02　　　　　　❸번이 답인 이유

화자는 가난한 집안 형편 때문에 시장에 일하러 나가 밤늦도록 돌아오지 않는 어머니를 외롭고 불안한 마음으로 기다리던 자신의 어린 시절을 회상하며 슬픔을 느끼고 있다. 이를 통해 화자가 어린 날의 자신의 처지를 가엾게 여기고 있음을 알 수 있다.

오답 피하기

① 이 시의 화자는 자신의 어린 시절을 회상하고 있을 뿐 반성하는 태도를 보이고 있지는 않다.
② '(엄마가) 안 오시네'를 반복하며 슬픔과 외로움의 정서를 드러내고 있을 뿐, 엄마가 돌아올 것을 확신하고 있다고 보기 어렵다.
④ 격정적 어조란 화자가 격한 감정을 강하게 표현하는 어조이다. 이 시의 화자는 자신의 외로움과 서러움을 직접적으로 강하게 드러내기보다는 '찬밥'에 자신을 빗대거나 '훌쩍거리던', '눈시울을 뜨겁게 하는'이라는 시구를 통해 감정을 우회적으로 표현하고 있으므로 이를 격정적 어조라고 보기는 어렵다.
⑤ 화자는 가난했던 어린 시절을 회상하며 슬퍼하고 있으므로 화자가 이를 긍정적으로 여긴다고 보기는 어렵다.

시적 화자가 시적 상황을 어떻게 받아들이고 표현하는지 살펴보자.

나는 이제 너에게도 슬픔을 주겠다.
화자(=슬픔)　청자(=기쁨)　□: '-겠다'를 반복해 화자의 의지를 드러냄.
사랑보다 소중한 슬픔을 주겠다.
일반적인 인식과 달리 슬픔에 긍정적인 가치를 부여함.
겨울밤 거리에서 귤 몇 개 놓고

살아온 추위와 떨고 있는 할머니에게
　　　　　　　사회적 약자, 소외된 이웃
귤값을 깎으면서 기뻐하던 너를 위하여
타인의 고통에 개의치 않는 이기적인 '너'의 모습
나는 슬픔의 평등한 얼굴을 보여 주겠다.
사회적 약자에 대한 관심과 애정
　　　　　　▶1~6행: 이기적인 '너'에게 슬픔을 주려 함.
(내가 어둠 속에서 너를 부를 때

단 한 번도 평등하게 웃어 주질 않은

가마니에 덮인 동사자가 다시 얼어 죽을 때
　　　　사회적 약자, 소외된 이웃
가마니 한 장조차 덮어 주지 않은　　　( ): 소외된 이웃에게 무관
　　　　　　　　　　　　　　　심한 '너'의 모습 비판
무관심한 너의 사랑을 위해

흘릴 줄 모르는 너의 눈물을 위해)

나는 이제 너에게도 기다림을 주겠다.
　　　　　　　슬픔과 같은 의미
이 세상에 내리던 함박눈을 멈추겠다.
소외된 이들이 겪는 고통과 시련　　▶7~14행: 무관심한 '너'에게 기다림을 주려 함.
보리밭에 내리던 봄눈들을 데리고

추위 떠는 사람들의 슬픔에게 다녀와서　①, ②: '너'의 잘못을 일깨

눈 그친 눈길을 너와 함께 걷겠다.　워 주고 슬픔이 지닌 힘을
　①　　　　　　　　깨닫게 하겠다는 화자의
슬픔의 힘에 대한 이야기를 하며　　의지
사회적 약자들에 대한 관심과 사랑
기다림의 슬픔까지 걸어가겠다.
　②
　　　　　　▶15~19행: '너'와 함께 진정한 사랑과 화합을 이루고자 함.

- **화자는?** 표면에 드러난 '나'(의인화된 '슬픔'으로 소외된 이웃들에 대한 애정과 관심을 가지고 있음)
- **시적 상황은?** 소외된 이웃(사회적 약자)에게 무관심하고 이기적인 '너'(=기쁨)를 비판함.
- **어조는?** 대화체(=말을 건네는 어조)
- **정서나 태도는?** 비판적, 의지적
- **주제는?** 이기적인 삶에 대한 반성과 더불어 살아가는 삶의 가치 추구

핵심 정리

| 이 시의 특징 |
- 의인화된 시적 청자인 '너'(기쁨)에게 말을 건네는 방식으로 시상을 전개함.
- 대립적인 시어(기쁨 ↔ 슬픔, 추위·어둠·함박눈 ↔ 가마니 한 장·눈물·기다림)를 사용함.
- '-겠다'가 쓰인 말을 반복하여 운율을 형성하고 화자의 의지적인 자세를 표현함.

03　　　　　　❸번이 답인 이유

이 시의 화자인 '슬픔'은 '기쁨'이 사회적 약자의 고난과 시련을 이해하고 그들을 위로해 주는 존재로 변화하기를 바라면서 "너와 함께 걷겠다"고 말하고 있으므로 '기쁨'의 변화 가능성을 회의적으로 여긴다고 볼 수 없다.

오답 피하기

① 이 시는 화자인 '나'가 '슬픔'으로, 청자이자 시적 대상인 '너'가 '기쁨'으로 의인화되어 있으며 '슬픔'인 '나'가 '기쁨'인 '너'에게 말을 건네는 대화체로 전개된다.
② 화자는 '귤값을 깎으면서 기뻐하던 너', '가마니 한 장조차 덮어

주지 않은 / 무관심한 너'와 같이 '기쁨'이 보여 준 이기적인 행
태를 나열하며 비판한다. 여기서 '기쁨'은 타인의 고통에 무관
심한 사람들을 의미한다고 볼 수 있다.

④ '-겠다'에서 '-겠-'은 주체의 의지를 나타내는 선어말 어미이
므로 적절한 설명이다.

⑤ 이 시에서 '슬픔'은 사회적 약자를 이해하고 포용하는 긍정적인
존재로 그려진다.

04

추위, 어둠 (2음절)	고통스럽고 소외된 삶	눈물	타인에 대한 사랑, 연민, 배려
가마니 한 장	최소한의 관심, 인정	기다림	소외된 이웃의 아픔에 공감할 수 있는 시간

05~06 개념으로 작품 읽기　　　모란이 피기까지는_ 김영랑

시적 화자가 시적 상황을 어떻게 받아들이고 표현하는지 살펴보자.

모란이 피기까지는
화자의 소망('봄', '보람')
나는 아직 나의 봄을 기다리고 있을 테요
기다림을 포기하지 않음
　　　　　　　　　　　　　　　▶1~2행: 모란이 피기를 기다림.
모란이 뚝뚝 떨어져 버린 날
화자가 부정적으로 여기는 시적 상황
나는 비로소 봄을 여읜 설움에 잠길 테요
　　　　　　모란이 떨어진 뒤 느끼는 화자의 정서
오월 어느 날 그 하루 무덥던 날
　　　　　　　　　　　　　　　［: 경어체를 사용하여 부드
떨어져 누운 꽃잎마저 시들어 버리고는　　럽고 섬세한 정서를 표현함.

천지에 모란은 자취도 없어지고

뻗쳐오르던 내 보람 서운케 무너졌으니
　　　　　모란이 피었을 때 느낀 화자의 정서
모란이 지고 말면 그뿐 내 한 해는 다 가고 말아
　　　　　　　일 년 간의 기다림과 보람
삼백예순 날 하냥 섭섭해 우옵네다
서러운 감정의 깊이를 강조하는 표현　　▶3~10행: 모란이 지고 난 후의 슬픔과 상실감
모란이 피기까지는

나는 아직 기다리고 있을 테요 찬란한 슬픔의 봄을
화자의 숙명적 기다림　　　　　　역설적 표현을 통해 화자의 정서를 드러냄.
　　　　　　　　　　　　　　　▶11~12행: 모란이 피기를 기다림.

· 화자는? 표면에 드러난 '나'
· 시적 상황은? 봄에 모란이 피기를 기다리고 있음.
· 어조는? 경어체, 섬세한 어조
· 정서나 태도는? 모란이 지고 난 뒤 깊은 서러움과 슬픔을 느끼나 모란이
　다시 피기를 기다리고자 함.
· 주제는? 소망(=모란 피는 것)이 이루어지기를 기다림.

| 이 시의 특징 |
· 수미상관의 구성을 통해 주제를 강조함.
· 섬세하고 아름답게 다듬은 시어를 사용함.
· '찬란한 슬픔'처럼 이치에 맞지 않는 역설적 표현으로 정서를 드러냄.

05
　　　　　　　　　　　　　　　🗨 ❸번이 답인 이유

'어느 날'은 시적 대상인 '모란'이 '자취도 없어지'는 날이므로 화자
가 시적 대상과 이별하는 시적 상황을 가리킨다.

①, ④ 이 시에서 '모란'은 화자가 '봄'을 기다리는 이유이자 간절한

소망의 대상으로 화자에게 보람을 주는 존재이다.

②, ⑤ '설움'은 '모란이 뚝뚝 떨어져 버린 날' 화자가 느낀 정서이므로
화자가 시적 대상과 이별한 후 느끼는 정서로 볼 수 있다. '삼백예
순 날'은 화자가 거의 일 년 내내 서글퍼함을 강조하는 표현이다.

06

화자가 봄을 기다리는 까닭은 모란이 피기 때문이다. 그런데 모란
이 필 때에는 뻗쳐오르는 보람을 느끼지만 모란이 지고 나면 설움
에 빠지고 만다. 그래서 화자에게 모란이 피는 봄의 어느 한때는
그토록 기다렸던 찬란한 순간이지만, 모란이 지고 난 후 큰 상실감
을 느끼게 하므로 '찬란한 슬픔의 봄'이라고 표현한 것이다. 마지
막 행은 그러한 슬픔을 겪게 될지라도 모란이 피었을 때의 보람이
너무나 크기 때문에 그때를 기다리겠다는 화자의 의지를 드러낸
것이다.

03 시의 운율

사뿐히 즈려밟는 확인 문제　　　　　p.32~33

☑ **바로바로 간단 체크**　1 (1) 반복 (2) 외형률, 내재율

2 (1) ⓒ (2) ㉠ (3) ㉡　　　　**3** (1) ○ (2) × (3) ○

01 ②　**02** 두 작품의 화자 모두 임을 떠나보내는 이별의 상황에 처해 있
다. 〈진달래꽃〉의 화자는 희생적인 태도로 떠나는 임을 축복하며 이별의
상황을 받아들이면서도 임과 헤어지고 싶지 않은 마음을 에둘러 표현하
고 있다. 그런 반면 〈보기〉의 화자는 떠나는 임을 원망하면서 잡고 싶어도
보낼 수밖에 없는 마음을 표현하며 임이 곧 돌아와 주기를 강하게 호소하
고 있다. **03** ⑤ **04** ③ **05** ② **06** ④

01~02 개념으로 작품 읽기　　　　　진달래꽃_ 김소월

앞서 배운 시의 운율 형성 방법 중 어떤 방법이 사용되었는지 생각하
며 시를 읽어 보자.

나보기가∨역겨워∨
7글자
가실 때에는∨
5글자
말없이∨고이 보내∨드리우리다.
7글자　　　　　　5글자

운율 형성 요소 ①
-7·5조의 음수율
-3음보의 음보율
▶1연: 이별의 상황에 대한 체념(기)

영변에∨약산∨
　　　　2음보
진달래꽃∨
1음보
아름 따다∨가실 길에∨뿌리우리다.
　　　　　　　　　　3음보

운율 형성 요소 ②: 음보의 규칙적 배열
각 연의 첫 번째 행은 2음보, 두 번째 행
은 1음보, 마지막 행은 3음보
→ 행마다 호흡 속도를 달리해 리듬감을
형성함.
▶2연: 떠나는 임에 대한 축복(승)

가시는∨걸음걸음∨
7글자
놓인 그 꽃을∨
5글자
사뿐히∨즈려밟고∨가시옵소서.
7글자　　　　　5글자

▶3연: 원망을 넘어서는 희생적 사랑(전)

나 보기가∨역겨워∨
7글자
가실 때에는∨
5글자
죽어도∨아니 눈물∨흘리우리다.
7글자　　　　　5글자

운율 형성 요소 ③:
수미상관 → 운율 형성, 구조적
안정감 획득, 주제 강조
▶4연: 인고의 의지로 이별의 정한 극복(결)

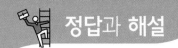

- **화자는?** 표면에 드러난 '나'(임을 기다리는 여인)
- **시적 상황은?** 임이 떠나는 상황을 가정하고 있음.
- **어조는?** 애상적, 섬세한 어조
- **정서나 태도는?** 슬프지만 슬픔을 있는 그대로 표출하지 않음. 임이 원한다면 보내 주겠다며 임을 배려하고 있음.
- **주제는?** 승화된 이별의 정(情)과 한(恨)

핵심 정리

| 이 시의 특징 |
- 아직 일어나지 않은 이별의 상황을 가정하여 시상을 전개함.
- 3음보의 민요조 율격과 '-우리다'의 반복을 통해 운율을 형성함.
- 간절하고 섬세한 어조로 이별의 슬픔을 반어적으로 드러냄.

01

🗨 ❷번이 답인 이유

이 시에서는 시어가 '반복-반복-변화-반복'하는 형태로 운율을 형성하는 부분을 찾아볼 수 없다.

오답 피하기

① 이 시의 1, 3, 4연은 비슷한 글자 수가 반복되고 있다.

③ 각 연의 마지막 행은 두 번의 호흡으로 끊어 읽는 것이 자연스러운 3음보의 운율을 형성한다.

④ 1, 3, 4연의 마지막 행을 '-우리다'로 끝맺음으로써 운율을 형성한다.

⑤ 이 시의 1, 4연은 "나 보기가 역겨워 가실 때에는 ~우리다"라는 유사한 문장 구조를 반복하여 운율을 형성하고 의미를 강조한다.

02

두 작품의 화자 모두 임을 떠나보내는 이별의 상황에 처해 있다. 〈진달래꽃〉의 화자는 희생적인 태도로 떠나는 임을 축복하며 이별의 상황을 받아들이면서도 임과 헤어지고 싶지 않은 마음을 에둘러 표현하고 있다. 그런 반면 〈보기〉의 화자는 떠나는 임을 원망하면서 잡고 싶어도 보낼 수밖에 없는 마음을 표현하며 임이 곧 돌아와 주기를 강하게 호소하고 있다.

03~04 개념으로 작품 읽기　　　　　　　　　　　고향_정지용

앞서 배운 시의 운율 형성 방법 중 어떤 방법이 사용되었는지 생각하며 읽어 보자.

고향에 ∨ 고향에 ∨ 돌아와도
반복 → 그리움 강조
그리던 고향은 아니러뇨.)
마음속에 품고 있던 고향의 모습

> **운율 형성 요소 ①**
> 시어, 시행의 반복
> 음보의 반복

산꿩이 알을 품고
[　]: 변함없는 고향의 모습을 보여 주는 대상
뻐꾸기 제 철에 울건만,

> **운율 형성 요소 ②**
> ○: 같거나 비슷한 소리를 행의 끝에 배치함

▶ 2연: 변함없는 고향의 자연

마음은 제 고향 지니지 않고
화자의 마음속에는 더 이상 '고향'이라는 공간이 존재하지 않음.
머언 항구(港口)로 떠도는 구름.
고향에 머물지 못하고 방황하는 화자의 마음(은유법)

▶ 3연: 안식처를 상실한 화자

오늘도 뫼 끝에 홀로 오르니
└── 화자를 반겨 주는 꽃
흰 점 꽃이 인정스레 웃고,

▶ 4연: 화자를 반겨 주는 고향의 자연

어린 시절에 불던 풀피리 소리 아니 나고
변해 버린 화자의 모습을 청각적 심상('풀피리 소리')으로 나타냄.
메마른 입술에 쓰디쓰다.
고향 상실에 대한 씁쓸함을 미각적 심상('쓰디쓰다')으로 나타냄.

▶ 5연: 변해 버린 화자의 모습

고향에 고향에 돌아와도
반복 → 비애감 강조
그리던 하늘만이 높푸르구나.)
하늘과의 거리감 → 상실감 강조

> **운율 형성 요소 ③**
> (　): 수미상관

▶ 6연: 돌아온 고향에서 느끼는 상실감과 허망함

- **화자는?** 표면에 드러난 화자로, 고향에 돌아옴.
- **시적 상황은?** 고향에 돌아와 고향을 바라보며, 모습은 그대로이지만 더 이상 자신에게 위안과 안정을 주지 못하는 고향에게서 느끼는 정서를 노래함.
- **어조는?** 회고적, 애상적
- **정서나 태도는?** 실망감, 상실감
- **주제는?** 돌아온 고향에서 느끼는 상실감

핵심 정리

| 이 시의 특징 |
- 수미상관의 구조로 운율을 형성하고 주제를 강조함.
- 자연의 영원성과 인간의 유한함을 대조적으로 나타냄.
- 다양한 감각적 이미지로 고향의 모습을 형상화함.

03

🗨 ❺번이 답인 이유

이 시는 1연과 6연을 수미상관 구조로 반복하되 그 내용에는 변화를 주었다. 1연에서는 고향에서 실망감을 느끼는 화자의 모습을 제시하고, 6연에서는 변함없는 고향의 자연을 제시함으로써 둘의 대비를 선명하게 전달한 것이다. 이로써 화자의 상실감이 부각된다.

오답 피하기

① 1연과 6연에서 '고향에'라는 시어를 반복하여 운율을 형성한다.

② 5연의 1행을 제외한 나머지 부분은 3음보로 끊어 읽는 것이 자연스럽다.

③ 2행으로 배치된 각 연은 운율을 형성하고 형식적 안정감을 준다.

④ 5연의 1행 '어린 시절에 불던 풀피리 소리 아니 나고'에서 3음보의 운율을 지키지 않음으로써 화자의 답답함과 안타까움을 강조하였다.

04

🗨 ❸번이 답인 이유

고향에 돌아온 화자는 고향의 자연은 변함없음에도 불구하고 자신이 기대하던 안식을 찾지 못하고 있다. 여기서 '구름'은 이러한 화자의 방황하는 마음을 나타낸 것이다. 따라서 ⓒ에서 초탈하고 달관한 삶을 살려는 화자의 의지를 찾아보기 어렵다.

오답 피하기

① 〈보기〉에서 화자가 ⓐ에서 정신적인 안식을 얻기를 기대했다는 내용을 찾을 수 있으므로 적절하다.

② 제철에 우는 ⓑ은 변함없는 고향의 모습을 보여 주는 대상이다.

④ ⓓ은 기대하고 있던 정신적인 안식을 고향에서 얻지 못한 화자의 씁쓸함을 드러내는 구절이다.

⑤ ⓔ에서 화자는 '높푸르구나'라는 구절로 하늘과의 거리감을 표현하고 있으며, 이러한 거리감을 통해 화자가 고향에서 느끼는 상실감을 강조하여 표현하고 있다.

05~06 개념으로 작품 읽기 　　　산 너머 남촌에는_ 김동환

앞서 배운 시의 운율 형성 방법 중 어떤 방법이 사용되었는지 생각하며 시를 읽어 보자.

〈1〉산 너머∨남촌에는∨누가 살길래
　　　　7글자　　　　　　　5글자
　　해마다∨봄바람이∨남으로 오네

> 운율 형성 요소 ①
> - 7·5조의 음수율
> - 3음보의 음보율

　　꽃 피는∨사월이면∨진달래 향기
　　　　7글자　　　　　　　5글자
　　밀 익는∨오월이면∨보리 내음새

> 운율 형성 요소 ②
> - 문장 구조의 반복
> (~는 ~월이면 ~)

　　어느 것∨한 가진들∨실어 안 오리
　　　　7글자　　　　　　　5글자
　　남촌서∨남풍 불 제∨나는 좋데나

▶ 1수: 봄바람이 실어 오는 아름다운 향기

〈2〉산 너머∨남촌에는∨누가 살길래
　　　　7글자　　　　　　　5글자
　　저 하늘∨저 빛깔이∨저리 고울까

> 운율 형성 요소 ③
> : 시행의 반복

> 운율 형성 요소 ④
> - ('저'가 각 음보의 첫 부분에서 반복됨)

　　금잔디∨너른 벌엔∨호랑나비 떼
　　　　7글자　　　　　　　5글자
　　버들밭∨실개천엔∨종달새 노래

> 운율 형성 요소 ⑤
> 문장 구조의 반복
> (~엔~)

　　어느 것∨한 가진들∨들려 안 오리
　　　　7글자　　　　　　　5글자
　　남촌서∨남풍 불 제∨나는 좋데나

> 운율 형성 요소 ⑥
> : 시행의 반복
> (후렴구 역할을 함)

▶ 2수: 고운 봄 하늘과 바람이 실어오는 아름다운 봄 풍경

- **화자는?** 표면에 드러난 '나'
- **시적 상황은?** 남촌서 불어오는 봄바람을 느끼며 좋아하고 있음.
- **어조는?** 부드러운 어조('누가 살길래', '남으로 오네', '나는 좋데나'와 같은 구어적 표현 사용)
- **정서나 태도는?** 긍정적('나는 좋데나')
- **주제는?** 남촌(이상향, 이상 세계)에 대한 그리움

핵심 정리
| 이 시의 특징 |
- 동일한 시행을 후렴구로 반복하여 운율을 형성함.
- '7·5조'와 '3음보'로 이루어져 민요풍의 느낌을 줌.
- 다양한 이미지(진달래 향기, 보리 내음새[후각]/저 빛깔, 호랑나비 떼[시각]/종달새 노래[청각])를 사용해 남촌의 풍경을 감각적으로 드러냄.

05 　　　　　　　💬 ❷번이 답인 이유

이 시는 '산 너머 / 남촌에는 / 누가 살길래'처럼 각 행을 3음보씩 끊어 읽는 것이 자연스럽다.

오답 피하기
① 이 시에서는 일곱 글자와 다섯 글자가 규칙적으로 반복되는 '7·5조'의 음수율이 드러난다.
③ 이 시에서는 소리를 흉내 낸 말인 의성어가 쓰이고 있지 않다.
④ 이 시는 행과 연이 뚜렷이 구분되고 있으므로 산문적 진술이라 볼 수 없다.
⑤ 문장 구조를 반복하고 있지만 이를 통해 자연 풍경에 대한 만족감을 일관된 어조로 드러낸다.

06 　　　　　　　💬 ❹번이 답인 이유

〈1〉과 〈2〉의 두 번째 연은 모두 문장 구조가 같은 두 행을 짝 짓고 있다.

오답 피하기
① 〈1〉의 두 번째 연에서는 '내음새'라는 시적 허용이 사용되었지만 〈2〉의 두 번째 연에서는 시적 허용이 사용된 표현을 찾을 수 없다.
② 〈1〉과 〈2〉의 마지막 연의 마지막 행은 "남촌서 남풍 불 제 나는 좋데나"가 반복되어 일종의 후렴구 역할을 한다.

04 시의 이미지(심상)

사뿐히 즈려밟는 확인 문제 　　　　p.38~39

☑ **바로바로 간단 체크** 　**1** (1) 이미지 (2) 형상화 (3) 구체적, 환기, 함축성
2 (1) ○ (2) ○ (3) ×
3 ㉠ 시각적 ㉡ 미각적 ㉢ 촉각적 ㉣ 하강 ㉤ 정적 ㉥ 긍정적

01 ④ **02** ④ **03** 금으로 타는 태양의 즐거운 울림. / 공감적 이미지(심상) 또는 감각의 전이 **04** ③ **05** ⓐ 전이 ⓑ 청각적 ⓒ 촉각적 **06** ②
07 ④

01~03 개념으로 작품 읽기 　　　아침 이미지 1_ 박남수

시에서 이미지(심상)가 어떻게 형성되고 어떤 역할을 하는지 살펴보자.

어둠은 새를 낳고, 돌을
생명을 낳는 존재, 긍정적 이미지
낳고, 꽃을 낳는다.

> 명암 대비
> (시각적 이미지)

▶ 1~2행: 온갖 물상을 낳는 어둠

아침이면,
어둠은 온갖 물상을 돌려주지만
스스로는 땅 위에 굴복한다.

▶ 3~5행: 어둠이 소멸하고 아침을 맞이함

무거운 어깨를 털고
물상들은 몸을 움직이어
노동의 시간을 즐기고 있다.

> 어둠이 걷히는 모습을
> 동적 이미지를 활용해
> 감각적으로 드러냄.

즐거운 지상의 잔치에
　　아침의 활기차고 밝은 이미지
금으로 타는 태양의 즐거운 울림.
아침이면,
공감각적 이미지(시각의 청각화)

▶ 6~10행: 아침의 활기찬 풍경

새벽은 개벽을 한다.
생동감 넘치는 아침 이미지를 '개벽'이라는 시어에 집약함.

▶ 11~12행: 새롭게 태어나는 세상

- **화자는?** 표면에 드러나지 않은 화자로 아침의 풍경을 관찰하고 있음.
- **시적 상황은?** 어둠이 걷히며 아침이 다가와 온갖 사물이 모습을 드러내기 시작함.
- **어조는?** 관조적(대상을 관찰하며 감정을 절제함)
- **정서나 태도는?** 주지적(어둠에 대한 새로운 인식), (아침에 대한) 경이로움.
- **주제는?** 즐겁고 생동감 넘치는 아침의 이미지

01
🗨 **④**번이 답인 이유

이 시에서 '어둠'은 아침이 오면 '물상을 돌려주'고, '스스로는 땅 위에 굴복'하는 긍정적인 이미지를 지닌다.

오답 피하기

① 어두운 이미지인 '어둠'과 밝은 이미지를 지닌 '아침'이 대비되어 나타난다.

② 밝기의 대비, '금으로 타는' 등의 표현을 통해 아침 풍경을 시각적으로 그려 내었다.

③ '굴복한다', '어깨를 털고', '몸을 움직이어', '노동의 시간을 즐기고 있다' 등의 동적 이미지를 통해 아침의 활기참을 강조한다.

⑤ 이 시의 화자는 생동감 넘치는 아침의 모습을 관찰한 뒤 다양한 감각적 이미지로 표현하고 있다.

02
🗨 **④**번이 답인 이유

'태양'은 활기찬 아침이 밝아 옴을 알리는 대상이기는 하나, 절대적 존재와는 거리가 멀다.

오답 피하기

① '새', '돌', '꽃'은 자연계의 사물이므로 적절하다.

②, ③ 생기롭고 활기찬 아침의 이미지가 동적인 이미지로 환기된다.

⑤ 아침의 이미지가 '개벽'이라는 시어에 집약된다.

03

시각적으로 감지되는 '태양'의 빛나는 모습을 '울림'이라는 청각적 표현으로 전이한 시구는 '금으로 타는 태양의 즐거운 울림.'이다. 이렇듯 어떤 대상을 표현하기 위해 하나의 감각을 다른 감각으로 전이하여 표현하는 것을 '공감각적 이미지(심상)' 또는 '감각의 전이'라고 한다.

04~05 개념으로 작품 읽기   여승_ 백석

시에서 이미지(심상)가 어떻게 형성되고 어떤 역할을 하는지 살펴보자.

여승은 합장하고 절을 했다
가지취의 내음새가 났다
<small>후각적 이미지 → 여승이 속세와 단절된 상태임을 환기함.</small>
쓸쓸한 낯이 옛날같이 늙었다. ┐ ┌비유를 통한
나는 불경처럼 서러워졌다 ┘ └구체적 형상화
▶1연: '나'와 여승의 재회(현재)

평안도의 어느 산 깊은 금덤판
나는 파리한 여인에게서 옥수수를 샀다
<small>시각적 이미지 → 여인의 수척한 모습을 환기함.</small>
여인은 나 어린 딸아이를 때리며 가을밤같이 차게 울었다
<small>공감각적 이미지(청각의 촉각화) → 여인의 한·힘겹고 고달픈 삶의 형상화</small>
▶2연: 여인과의 첫 만남(과거)

섶벌같이 나아간 지아비 기다려 십 년이 갔다
<small>'지아비'를 '섶벌'에 비유해 일 하러 떠나간 시적 대상의 모습을 환기함.</small>
지아비는 돌아오지 않고

어린 딸은 도라지꽃이 좋아 돌무덤으로 갔다
<small>보라색 → 죽음을 환기하는 이미지</small>
▶3연: 여인의 비극적인 삶(과거)

산 꿩도 섧게 울은 슬픈 날이 있었다
<small>청각적 이미지, 여인의 한을 형상화</small>
산절의 마당귀에 여인의 머리오리가 눈물방울과 같이 떨어진 날이 있었다
<small>시각적 이미지, 여인이 승려가 되어 머리를 잘랐음을 알 수 있음.</small>
▶4연: 여인이 출가하던 날의 모습(과거)

• **화자는?** 표면에 드러난 '나'
• **시적 상황은?** 여승이 된 여인과 대면하여 그녀의 과거를 회상하고 있음.
• **어조는?** 회상적, 회고적, 감각적
• **정서나 태도는?** 애상적(불경처럼 서러워졌다, 섧게 울은 슬픈 날, 눈물방울)
• **주제는?** 일제 강점기 가족 공동체의 붕괴에서 비롯된 한 여인의 비극적 삶

04
🗨 **③**번이 답인 이유

ⓒ의 '도라지꽃'과 '돌무덤'이 시각적 이미지에 해당하지만, 복합적 이미지는 찾아볼 수 없다.

오답 피하기

① ㉠은 '가지취(취나물의 일종)의 내음새'라는 후각적 이미지를 통해 여승이 있는 '산 절'의 모습을 환기한다.

② ㉡에서 여인의 파리한(마르고 핏기가 없는) 모습은 여인의 고달픈 삶을 나타낸다.

④ ㉣은 산 꿩의 울음소리라는 청각적 이미지를 통해 여인의 슬픔과 서러움의 정서를 환기한다.

⑤ ㉤은 여인의 머리카락이 눈물처럼, 또는 눈물과 같이 떨어진다는 하강 이미지를 통해 여인의 슬픔을 강조한다.

05

'울음'이라는 청각적 이미지를 '차다'라는 촉각적 이미지로 전이(이동)시킨 공감각적 이미지가 사용되었다.

06~07 개념으로 작품 읽기   마음의 고향 6 – 초설_ 이시영

시에서 이미지(심상)가 어떻게 형성되고 어떤 역할을 하는지 살펴보자.

내 마음의 고향은 이제
참새 떼 와자히 내려앉는 대숲 마을의 ┌ ▢:색채 대비
<small>청각적 이미지</small> └ (초록색 ↔ 노란색)
노오란 초가을의 초가지붕에 있지 아니하고
<small>시각적 이미지</small>
내 마음의 고향은 이제   ▶1~3행: 초가을의 고향 풍경을 떠올림.
토란 잎에 후두둑 빗방울 스치고 가는
<small>의성어 → 청각적 이미지</small>
여름날의 고요 적막한 뒤란에 있지 아니하고
▶4~6행: 여름날의 고향 풍경을 떠올림.

내 마음의 고향은 이제

추수 끝난 빈 들판을 쿵쿵 울리며 가는
촉각적 이미지의 대비   의성어 → 청각적 이미지
서늘한 뜨거운 기적 소리에 있지 아니하고
　　공감각적 이미지(청각의 촉각화)
내 마음의 고향은 이제   ▶ 7~9행: 고향을 지나던 기적 소리를 떠올림.

빈 들길을 걸어 걸어 흰 옷자락 날리며

서울로 가는 순이 누나의 파르라한 옷고름에 있지 아니하고

(후략)   ▶ 10~12행: 서울로 가던 순이 누나를 떠올림.

〔: 색채 대비
(흰색 ↔ 파란색)〕

- **화자는?** 표면에 드러난 '나'
- **시적 상황은?** '나'가 마음속으로 고향의 모습을 떠올리고 있음.
- **어조는?** 차분한 그리움의 어조
- **정서나 태도는?** 상실감(고향이 있지 않다고 토로함)
- **주제는?** 고향 상실의 아픔과 그리움

핵심 정리
| 이 시의 특징 |
- 문장 구조의 반복(내 마음의 고향은 이제 ~ 에 있지 아니하고)을 통해 운율을 형성하고 병렬적으로 나열된 소재를 연결함.
- 다양한 감각적 이미지를 활용하여 고향에 대한 화자의 그리움을 환기함.
- 반어적 표현을 통해 고향에 대한 그리움을 표현함(마음속에 고향이 있지 않다고 말하지만, 화자는 고향을 그리워하고 있음).

06   🗨 ❷번이 답인 이유

이 시에서는 미각적 이미지가 쓰이지 않았고, 청각적·시각적·촉각적·공감각적 이미지가 드러난다.

오답 피하기

① 이 시에는 '내 마음의 고향은 이제 ~에 있지 아니하고'라는 문장 구조가 반복되어 운율을 형성하고 있다.

③ 이 시는 '아니하고'라는 시어를 반복하여 고향에 대한 상실감을 강조하고 있다.

④ 이 시는 청각적, 시각적, 촉각적, 공감각적 심상과 같은 다양한 감각적 이미지를 통해 고향의 모습을 구체적으로 그려 낸다.

⑤ 이 시에서는 '초록색' 대숲과 '노란색' 초가지붕이, 순이 누나의 '흰' 옷자락과 '파르라한' 옷고름이 색채 대비를 이루고 있다.

07   🗨 ❹번이 답인 이유

[C]의 '흰 옷자락'과 '파르라한 옷고름'의 색채 대비는 '순이 누나'가 서울로 떠나는 시적 상황을 선명히 드러내고 강조하는 효과를 지닌다.

오답 피하기

① 의성어를 통해 청각적 이미지를 드러내는 표현은 [B]의 '후두둑'과 '쿵쿵'이다.

② 시적 허용을 통해 시각적 이미지를 강조하는 표현은 [A]의 '노오란'이다.

③ [B]의 '서늘한 뜨거운 기적 소리'는 촉각의 청각화가 아니라 청각의 촉각화이다.

⑤ [C]에서 색채어가 쓰이고 있지만, 화자는 순이 누나를 비롯한 고향의 풍경을 그리워할 뿐 이를 부정적으로 보지 않는다.

---

05 시어의 함축성과 비유, 상징

사뿐히 즈려밟는 확인 문제   p.44~45

☑ **바로바로 간단 체크** 1 (1) 함축성 (2) 원관념, 보조 관념, 유사성
(3) 상징   2 (1) ○ (2) × (3) × (4) ○   3 (1) © (2) ㉠ (3) ©

01 ⑤ **02** ② **03** ④ **04** ㉠ 껍데기(쇠붙이) © 알맹이(아우성, 흙 가슴)
05 ② **06** ③

01~02 개념으로 작품 읽기   첫사랑_ 고재종

시에서 비유와 상징이 어떻게 쓰이고 어떤 효과를 주는지 살펴보자.

흔들리는 나뭇가지에 꽃 한번 피우려고
　　　　　　　　　　　눈꽃
눈은 얼마나 많은 도전을 멈추지 않았으랴
　눈을 사람에 빗댄 표현(의인법)   ▶ 1연: 눈꽃을 피우기 위한 눈의 도전

싸그락 싸그락 두드려 보았겠지

난분분 난분분 춤추었겠지

미끄러지고 미끄러지길 수백 번,
　　눈꽃을 피우기 위해 눈이 겪는 시련의 과정   ▶ 2연: 눈꽃을 피우기 위한 눈의 시련

바람 한 자락 불면 휙 날아갈 사랑을 위하여

햇솜 같은 마음을 다 퍼부어 준 다음에야
　원관념: 마음(직유법)
마침내 피워 낸 저 황홀 보아라
　원관념: 눈꽃(은유법)   ▶ 3연: 마침내 피워 낸 눈꽃에 대한 예찬

이별의 시간(눈꽃이 사라짐)
봄이면 가지는 그 한 번 덴 자리에
　　　① '눈꽃이 피었던 자리'를 빗댄 표현(은유법) ② 첫사랑의 아픈 경험(상징)
세상에서 가장 아름다운 상처를 터뜨린다
① '봄꽃'을 '상처'에 빗댄 표현(은유법) ② 첫사랑의 아픔 뒤 얻게 된 성숙한 사랑(상징)
　　　　　　　　　　▶ 4연: 눈 녹은 자리에서 피어난 꽃의 아름다움

- **화자는?** 표면에 드러나지 않은 화자로 눈이 내리는 모습을 관찰하고 있음.
- **시적 상황은?** 한겨울에 나뭇가지에 눈이 쌓이는 풍경을 보고 있음.
- **어조는?** 예찬적('저 황홀 보아라')
- **정서나 태도는?** 영탄적, 예찬적
- **주제는?** 인내와 헌신으로 피워 낸 아름다운 사랑

핵심 정리
| 이 시의 특징 |
- 자연물에서 사랑의 의미를 발견함.
- 시각적 이미지를 사용하여 대상을 감각적으로 형상화함.
- 시어의 반복('싸그락 싸그락', '난분분 난분분', '미끄러지고 미끄러지길')을 통해 운율을 형성함.
- 역설적 표현('세상에서 가장 아름다운 상처')을 통해 주제를 부각함.

01   🗨 ❺번이 답인 이유

봄이 오면 눈꽃은 흔적조차 발견할 수 없지만, 나뭇가지는 그 마음을 기억하고 눈꽃을 맺었던 '덴 자리'에 '꽃'을 피워 낸다. 이는 눈의 헌신적인 사랑을 통해 나뭇가지가 보다 성숙하고 아름다운 사랑을 이룰 수 있는 존재로 성장하였음을 의미한다. 따라서 첫사랑의 상처가 영원히 아물지 않을 것이라고 한 해석은 적절하지 않다.

오답 피하기

① 눈을 '도전'을 멈추지 않는 존재처럼 의인화한 표현이 나타난다.

② 사랑을 위해 헌신적으로 노력하여 황홀을 피워 내는 눈의 자세

를 '햇솜 같은 마음'이란 직유법으로 드러내었다.
③ '황홀 보아라'라는 시구에서 '눈꽃'에 대한 예찬이 드러난다.
④ '봄'은 겨울이 끝이 났음을 의미하므로 '가지'와 '눈'이 이별하는 계절이라고 볼 수 있다.

02
②번이 답인 이유

㉠은 눈과 나뭇가지의 첫사랑이 만들어낸 결실, 즉 '눈꽃'이 핀 모습을 표현한 것이다. ㉡은 눈꽃이 진 후, 봄이 되어 그 자리에 핀 꽃을 표현한 것으로, 첫사랑의 아픔을 겪은 후에 이룬 성숙한 사랑의 아름다움을 역설적으로 나타낸다.

03~04 개념으로 작품 읽기 — 껍데기는 가라_신동엽

시에서 비유와 상징이 어떻게 쓰이고 어떤 효과를 주는지 살펴보자.

> 허위, 가식, 외세를 상징함
껍데기는 가라.

4월도 **알맹이**만 남고
4·19 혁명 ─── 진실, 순수, 민족정신을 상징함.
껍데기는 가라.
▶ 1연: 4·19 혁명의 순수한 정신 강조

껍데기는 가라.

동학년 곰나루의, 그 **아우성**만 살고
동학 농민 운동이 일어난 해(1894년) ─── 순수한 정신을 상징
껍데기는 가라.
▶ 2연: 동학 농민 운동의 순수한 정신 강조

그리하여, 다시
껍데기는 가라.

이곳에선, 두 가슴과 그곳까지 내논
한반도 ─── 허위와 가식이 없는 인간 본연의 순수한 모습
아사달 아사녀가
석가탑을 지었다고 전해지는 설화 속 인물로, 순수한 우리 민족을 상징함.
중립의 초례청 앞에 서서
이념을 초월한 민족 화해의 장소를 상징함.
부끄럼 빛내며
맞절할지니
통일, 화합을 상징함.
▶ 3연: 우리 민족의 순수함 강조와 통일에 대한 소망

껍데기는 가라.

한라에서 백두까지
한반도 전체(대유법)
향그러운 **흙 가슴**만 남고
순수한 정신을 상징함.
그, 모오든 **쇠붙이**는 가라.
부정한 세력, 무력, 외세를 상징함. → 민족의 통일을 가로막는 장애물임.
▶ 4연: 순수의 옹호와 부정한 세력의 거부

- **화자는?** 표면에 드러나지 않은 화자로 민족의 통일을 소망하고 있음.
- **시적 상황은?** '껍데기'는 가고 '알맹이'만 남게 함으로써, 순수한 정신으로 부정한 사회 현실을 극복하고자 함.
- **어조는?** 의지적(명령형 종결 어미 '-라'의 반복)
- **정서나 태도는?** 의지적, 저항적
- **주제는?** 부정적 세력에 대한 저항, 민족의 화합과 통일에 대한 소망

핵심 정리
| 이 시의 특징 |
- 직설적 표현으로 현실에 대한 부정적 인식을 드러냄.
- 명령형 종결 어미('-라')로 화자의 단호한 의지를 표현함.
- 동일한 시구('껍데기는 가라.')를 반복함으로써 주제를 강조함.
- 상징적이고 대조적인 시어를 사용하여 시적 긴장감을 조성함.

03
④번이 답인 이유

'한라에서 백두까지'에서 대유법이 쓰이고 있으나 그 외의 비유적 표현은 찾을 수 없다.

오답 피하기
① 이 시는 명령형 어미 '-라'를 반복하여 허위, 가식, 외세를 거부하는 화자의 의지를 표현한다.
② '껍데기는 가라.'라는 시구를 반복함으로써 운율을 형성한다.
③ 부정적 이미지인 '껍데기, 쇠붙이'와 긍정적 이미지인 '알맹이, 아우성, 흙 가슴'의 대립이 나타난다.
⑤ '껍데기'가 '허위, 가식, 외세'를 상징하고 '알맹이'가 '진실, 순수, 민족정신'을 상징하여 주제를 함축적으로 드러내고 있다.

04

'한라'와 '백두'는 각각 남한과 북한의 끝자락에 위치한 한반도의 지명이다. 이러한 한반도의 땅으로부터 '껍데기', '쇠붙이'는 '가라'는 표현을 통해 '껍데기'와 '쇠붙이'가 화자가 거부하는 ㉠을 상징함을 알 수 있다. 또한 "4월도 알맹이만 남고"라는 시구와 "동학년 곰나루의, 그 아우성만 살고"라는 시구와 "향그러운 흙 가슴만 남고"라는 시구를 통해 '알맹이'와 '아우성'과 '흙 가슴'은 화자가 긍정적으로 생각하는 ㉡을 상징한다고 볼 수 있다.

05~06 개념으로 작품 읽기 — 폭포_김수영

시에서 비유와 상징이 어떻게 쓰이고 어떤 효과를 주는지 살펴보자.

폭포는 곧은 절벽을 무서운 기색도 없이 떨어진다
비판 정신을 상징함. ─── 폭포를 사람에 빗댐(의인법)
▶ 1연: 두려움 없이 힘차게 떨어지는 폭포

규정할 수 없는 물결이
무엇을 향하여 떨어진다는 의미도 없이
현실적 효용, 세속적 욕망
계절과 주야를 가리지 않고
고매한 정신처럼 쉴 사이 없이 떨어진다
폭포가 떨어지는 모습을 빗댄 표현 → 타협하지 않는 양심의 자세(직유법)
▶ 2연: 고매한 정신을 지닌 폭포

금잔화도 인가도 보이지 않는 밤이 되면
소박한 아름다움, 희망을 상징 ─── 부정적인 사회 현실 상징
폭포는 곧은 소리를 내며 떨어진다
폭포를 의인화함. → 부정적 현실에 대한 비판과 저항 의지, 정의와 양심의 소리

곧은 소리는 소리이다
곧은 소리는 곧은
소리를 부른다
▶ 3~4연: 곧은 소리를 내며 선구자적 행동을 보여 주는 폭포

번개와 같이 떨어지는 물방울은
매우 빠르게
취할 순간조차 마음에 주지 않고
게으름과 안정감 → 부정적 현실에 안주하고 타협하는 소시민적 태도
나타(懶惰)와 **안정**(安定)을 뒤집어 놓은 듯이
고매한 정신, 곧은 소리를 추구하는 폭포의 모습(직유법)
높이도 폭도 없이 / 떨어진다
▶ 5연: 게으름과 안정을 거부하는 폭포

- **화자는?** 표면에 드러나지 않은 화자로 폭포를 바라보고 있음.
- **시적 상황은?** 폭포가 어둠 속에서도 곧은 소리를 내며 떨어지고 있음.
- **어조는?** 단호하고 단정적인 어조('-ㄴ다'의 반복)
- **정서나 태도는?** 저항적
- **주제는?** 부조리한 현실에 타협하지 않는 의지적인 삶

핵심 정리

| 이 시의 특징 |
- 시인의 현실 인식과 내면세계를 자연물인 '폭포'에 효과적으로 투영함.
- 동일한 시어('떨어진다')를 반복하여 운율을 형성하고 주제를 강조함.
- 감각적인 비유('고매한 정신처럼', '번개와 같이')를 통해 대상의 이미지를 구체화함.

05

🗨 **❷번이 답인 이유**

이 시에서는 색채의 대비가 드러나지 않는다.

오답 피하기

① '-ㄴ다'라는 종결 어미를 반복하여 곧은 소리가 곧은 소리를 부를 것이라고 단호하게 밝힌다.
③ '떨어진다'라는 시어가 1, 2, 3, 5연의 끝부분에서 반복되어 운율을 형성한다.
④ '떨어진다'라는 하강적 이미지를 '곧은 소리'로 연결 지어 긍정적으로 그려 낸다.
⑤ 이 시에서 폭포는 '무서운 기색도 없'고 '곧은 소리를 내'고 '나타와 안정을 뒤집어 놓'는 등 정신적 가치를 추구하는 존재로 의인화된다.

06

🗨 **❸번이 답인 이유**

ⓒ은 '나타와 안정을 뒤집어 놓'은 소리로 잘못된 현실에 대한 비판과 저항 의지를 상징한다.

오답 피하기

① ㉠은 곧은 소리를 내며 떨어지는 폭포의 모습을 빗댄 보조 관념이다.
② ㉡은 '어둠'이라는 속성 때문에 다양한 작품에서 '부정적 현실'을 상징하므로 관습적 상징에 해당한다.
④ ㉣은 물방울의 빠른 움직임을 빗댄 보조 관념이다.
⑤ ㉤은 '폭포'가 부정하는 속성에 해당한다.

---

06 다양한 표현 기법 ① ─강조하기와 변화 주기

사뿐히 즈려밟는 확인 문제 p.51~52

☑ **바로바로 간단 체크** 1 (1) 열거법 (2) 영탄법 (3) 설의법
2 (1) ○ (2) × (3) ○   3 (1) ㉠ (2) ㉢ (3) ㉡

01 ① 02 ③ 03 ⑤ 04 화자가 자신의 속마음을 반어적으로 드러내고 있다. 05 ④ 06 ③

01~02 개념으로 작품 읽기
가난한 사랑 노래 – 이웃의 한 젊은이를 위하여_ 신경림

이 시에 주로 쓰인 표현 기법은 무엇이고, 그러한 표현 기법이 어떤 효과를 주는지 생각하며 시를 읽어 보자.

[가난하다고 해서 외로움을 모르겠는가]
└설의적 표현 ①
너와 헤어져 돌아오는
눈 쌓인 골목길에 새파랗게 달빛이 쏟아지는데.
└색채 대비(흰색·파란색) → 시의 분위기 형성, 외롭고 쓸쓸한 정서 강조
[가난하다고 해서 두려움이 없겠는가]
└설의적 표현 ②
두 점을 치는 소리
└새벽 2시
방범대원의 호각 소리, 메밀묵 사려 소리에
눈을 뜨면 멀리 육중한 기계 굴러가는 소리.
└현대 문명의 비정함, 고달픈 삶의 현장을 환기함
[가난하다고 해서 그리움을 버렸겠는가]
└설의적 표현 ③
어머님 보고 싶소 수없이 뇌어 보지만
집 뒤 감나무에 까치밥으로 하나 남았을
새빨간 감 바람 소리도 그려 보지만.
[가난하다고 해서 사랑을 모르겠는가]
└설의적 표현 ④
내 볼에 와 닿던 네 입술의 뜨거움
사랑한다고 사랑한다고 속삭이던 네 숨결
└반복법 – 의미 강조
돌아서는 내 등 뒤에 터지던 네 울음.
└'~을 모르겠는가'에서 '왜 모르겠는가'로 문장 구조가 변화함
[가난하다고 해서 왜 모르겠는가]
└설의적 표현 ⑤
가난하기 때문에 (이것들을
이 모든 것들을) 버려야 한다는 것을.
└( ): 점층법
외로움, 두려움, 그리움, 사랑과 같은 인간적인 감정들

도치법
– 정상적인 배열(2→3→1행) 순에 변화를 주어 의미를 강조함.
▶1~3행: 헤어짐의 외로움

■의 열거
– 청각적 심상으로 현실의 고달픔을 강조함.
▶4~7행: 현실 생활의 두려움

▶8~11행: 고향과 어머니에 대한 그리움

의 열거
– 가난 때문에 포기해야 하는 모든 인간적인 감정들

▶12~15행: 사랑하면서도 헤어질 수밖에 없는 아픔

도치법
– 정상적인 배열(17→18→16행)에 변화를 주어 의미를 강조함.

▶16~18행: 가난 때문에 모든 것을 버려야 하는 아픔

[ ]의 반복 (가난하다고 해서 ~을 모르겠는가)
– 설의적 표현을 반복하여 화자가 가난 때문에 인간적인 감정을 버려야 하는 현실을 알고 있음을 강조함.

- **화자는?** 표면에 드러난 '나'로 가난한 삶을 살아가는 젊은이임.('어머님 보고 싶소', '내 볼에 와 닿던 네 입술의 뜨거움')
- **시적 상황은?** 가난한 현실 때문에 여러 인간적인 감정들을 포기해야 함.
- **어조는?** 차분한 어조
- **정서나 태도는?** 안타까움, 슬픔
- **주제는?** 가난 때문에 모든 것을 버려야 하는 한 젊은이의 삶의 애환과, 그럼에도 불구하고 인간애를 간직하려는 마음

핵심 정리

| 이 시의 특징 |
- 유사한 구절을 반복하고 변주함으로써 의미를 구체화하고 주제를 강조함.
- 영탄이 섞인 설의적 표현을 사용해 시적 화자의 정서를 드러냄.
- 다양한 감각적 이미지를 사용함['새빨간 감(시각적) 바람 소리(청각적)' – 복합 감각, '네 입술의 뜨거움' – 촉각적]

01

❶번이 답인 이유

이 시에서는 앞 구절의 말을 다음 구절의 첫 부분에서 다시 반복하는 연쇄법이 쓰이지 않았다.

오답 피하기

②, ⑤ '가난하다고 해서 ~을 모르겠는가'라는 문장 구조 및 이와 유사한 문장 구조가 반복되어 운율을 형성하고, 화자가 포기해야 하는 감정인 '외로움, 두려움, 그리움, 사랑'을 열거하고 있다.

③ 1~3행과 16~18행(마지막 3행)에서는 도치법이 쓰였다. 처음 3행을 정상적인 배열로 쓴다면 '너와 헤어져 돌아오는 눈 쌓인 골목길에 새파랗게 달빛이 쏟아지는데 가난하다고 해서 외로움을 모르겠는가'가 되어야 한다. 마지막 3행도 '가난하기 때문에 이것들을 이 모든 것들을 버려야 한다는 것을 가난하다고 해서 왜 모르겠는가'가 되어야 한다. 이렇게 문장 성분을 도치하면 시적 의미를 강조하고 정서를 환기하는 효과를 얻게 된다.

④ 5~7행에서는 다양한 소리를 열거하여 도시의 밤 풍경과 노동자의 삶을 연상시켜 화자의 두려움을 환기하고, 11행에서는 '바람 소리'를 통해 고향에 대한 화자의 그리움을 환기한다.

02

❸번이 답인 이유

이 시에서는 가난하기 때문에 그리움과 사랑 같은 인간적인 감정을 포기해야 하는 한 젊은이의 모습을 통해, 가난이라는 외적 조건 때문에 인간적인 감정조차 누릴 수 없는 현실을 비판적으로 제시하고 있다. 시적 화자는 현실을 냉정하게 인식하고 있으며, 가난해도 진실한 사랑이 있으면 행복해질 수 있으리라는 내용은 제시되지 않았다.

오답 피하기

① '가난'이라는 시어가 반복되고 있으며, 화자인 '나'가 '가난' 때문에 인간적인 감정을 포기해야만 하는 모습을 통해 화자가 가난한 삶을 살아가는 젊은이임을 알 수 있다.

② 9~11행에서 '어머님 보고 싶소'라고 수없이 뇌어 보고 집 뒤 감나무의 모습을 그려 보는 것에서 화자가 고향을 떠나와 살며 어머니를 그리워하고 있음을 알 수 있다.

④ '두 점을 치는 소리', '방범대원의 호각 소리', '메밀묵 사려 소리'와 '육중한 기계 굴러가는 소리'를 나열하여 도시의 풍경과 노동자의 삶을 드러내었다.

⑤ 이 시에서는 가난한 화자가 외로움, 두려움, 그리움, 사랑과 같은 인간적인 감정을 포기해야 하는 상황을 제시하고 있다. 그런데 이러한 감정을 언급할 때 '가난하다고 해서 외로움을 모르겠는가'와 같이 설의법을 사용하여 그러한 감정을 모르지 않음을 강조함으로써 비판적인 태도를 드러내고 있다.

03~04 개념으로 작품 읽기   먼 후일_ 김소월

이 시에 주로 쓰인 표현 기법은 무엇이고, 그러한 표현 기법이 어떤 효과를 주는지 생각하며 읽어 보자.

먼 훗날 당신이 찾으시면 (가정법)
(미래의 시점) 그때에 내 말이 "잊었노라." (반어적 표현 – 잊지 못함.)

반복법 – '~면 ~잊었노라'라는 문장 구조를 반복하여 운율을 형성하고 의미를 강조함.
▶ 1연: 먼 훗날 임이 나를 찾을 때 하고 싶은 말

당신이 속으로 나무라면
"무척 그리다가 잊었노라."
▶ 2연: 임이 나무라면 하고 싶은 말

그래도 당신이 나무라면
"믿기지 않아서 잊었노라."
▶ 3연: 임이 계속 나무라면 하고 싶은 말

오늘도 어제도 아니 잊고
(줄곧 임을 잊지 못하고 지내온 화자의 본심)
먼 훗날 그때에 "잊었노라."
▶ 4연: 어제도 오늘도 임을 잊지 못함.

반어법 – 임을 잊지 못하는 화자의 심리를 반대로 표현하여 의미를 강조함.

점층법 – '당신'을 잊을 수 없음을 점점 더 강하게 표현함. (잊었노라. → 무척 그리다가 잊었노라. → 믿기지 않아서 잊었노라. → 먼 훗날 그때에 잊었노라)

- **화자는?** '나' (임을 그리워하는 이)
- **시적 상황은?** 먼 훗날, 떠난 임과 다시 만나는 상황을 가정함.
- **어조는?** 애상적
- **정서나 태도는?** 그리움
- **주제는?** 떠난 임에 대한 강한 그리움

핵심 정리

| 이 시의 특징 |
- 3음보의 민요적 율격(먼 훗날V당신이V찾으시면)이 드러남.
- 가정적 상황과 반어적 진술로 화자의 정서를 드러내고 주제를 강조함.
- 반복과 변주의 기법으로 이별의 아픔과 그리움의 정서를 부각함.

03

❺번이 답인 이유

이 시의 화자는 임과 이별한 후에도 결코 임을 잊은 적이 없었음을 효과적으로 강조하기 위해 "잊었노라."라고 자신의 속마음과 반대로 말하고 있는데 이는 역설적인 표현이 아니라 반어적인 표현이다.

오답 피하기

① 이 시는 각 연의 마지막 행을 '잊었노라'라는 시어로 종결하고 있는데, 이처럼 동일한 시어를 반복하면 운율이 형성된다.

② '잊었노라'라는 화자의 감정이 연이 거듭될수록 심화되므로 점층법을 통해 화자의 그리움을 점점 강하게 드러내고 있다.

③ 이 시에서는 '나무라면'이라는 시어와 '잊었노라'라는 시어가 반복되어 화자와 대상의 정서를 드러내고 있다.

④ 이 시의 화자는 '-면'이라는 표현을 통해 '당신'과 다시 만나는 상황을 가정하며 '당신'에 대한 미련을 드러낸다.

04

이 시의 화자는 임이 떠난 후에도 임을 잊지 못하고 언제나 그리워하고 있지만 시에서는 '잊었노라'라고 반어적으로 진술하였다.

〈보기〉의 화자 역시 '그대'를 지극히 사랑하고 있지만 이를 '사소한 일'이라고 반어적으로 표현하였다. 따라서 두 시는 모두 화자가 자신의 속마음을 반어적으로 표현하였다는 공통점이 있다.

05~06 개념으로 작품 읽기　　　　　　　　낙화_이형기

이 시에 주로 쓰인 표현 기법은 무엇이고, 그러한 표현 기법이 어떤 효과를 주는지 생각하며 읽어 보자.

가야 할 때가 언제인가를
분명히 알고 가는 이의
> 의인법
> – 떨어지는 꽃을 사람에 빗댐.

뒷모습은 얼마나 아름다운가.
설의법, 영탄법 – 낙화에 대한 긍정적 인식
　　　　　　　　　　　▶1연: 낙화의 아름다움

봄 한철
젊은 시절
격정을 인내한
나의 사랑은 지고 있다. ☞ 하강적 이미지의 시어
원관념=꽃(은유법)

분분한 낙화……
새로운 생명체가 되기 위한 소멸을 의미함.
> 생략법
> – 말줄임표(……)로 여운을 형성함.

결별이 이룩하는 축복에 싸여
역설법 – 이별에 대한 긍정적 인식 →성숙한 만남(=열매)을 위한 헤어짐.
지금은 가야 할 때,
　　　　　　　　　　　▶2~3연: 낙화의 아쉬움과 슬픔

무성한 녹음과 그리고
머지 않아 열매 맺는
가을의 결실, 내적 충만
> 대조법
> – 봄(젊은 시절)↔가을(성숙한 시절)

가을을 향하여
내적 성숙의 시간
나의 청춘은 꽃답게 죽는다.
이별을 통해 내적 성장과 성숙을 이룰 것이므로
　　　　　　　　　　　▶4~5연: 낙화의 의의

헤어지자
섬세한 손길을 흔들며
　　　　　　의인화
> 도치법
> – 정상적인 배열(3→2→1행)에 변화를 주어 의미를 강조함.

하롱하롱 꽃잎이 지는 어느 날
가볍게 흩날리는 모양
　　　　　　　　　　　▶6연: 낙화의 아름다운 모습

나의 사랑, 나의 결별,
샘터에 물 고이듯 성숙하는
'조금씩, 끊임없이'라는 뜻(직유법)
내 영혼의 슬픈 눈.
　　　　　　　　　　　▶7연: 낙화의 슬픔과 영혼의 성숙

· **화자는?** 표면에 드러난 '나'로 이별을 맞이하고 있음.
· **시적 상황은?** 꽃이 지는 모습을 보며 이별의 상황을 떠올림.
· **어조는?** 깨달음의 어조
· **정서나 태도는?** 성찰적
· **주제는?** 이별을 통한 영혼의 성숙

핵심 정리
| 이 시의 특징 |
· 자연 현상에서 인생의 의미를 발견함.
· 이별에 대한 긍정적 인식을 역설적으로 표현함.
· 하강적 이미지의 시어를 사용해 쓸쓸하고 애상적인 분위기를 조성함.

05　　　　　　　　　📑 ❹번이 답인 이유

이 시에서는 비슷한 문장 구조가 반복된 부분이 드러나지는 않는다.

오답 피하기

① 이 시의 화자는 '아름다운가'와 같은 영탄적 어조로 자신의 심리를 드러내며, 대상에게 말을 건네지 않고 '나'의 상태와 상황을 독백적으로 서술하였다.

② '결별이 이룩하는 축복'이라는 역설적 표현을 통해 헤어짐을 겪으면 더욱 성숙해질 수 있다는 깨달음을 전한다.

③ 이 시는 낙화를 '가야 할 때가 언제인가를 분명히 알고 가는 이'에 빗대어 긍정적으로 평가하였다.

⑤ '분분한 낙화……'에서 생략법이 쓰였으며 말줄임표를 사용해 화자가 느끼는 감동과 여운을 표현하였다.

06　　　　　　　　　📑 ❸번이 답인 이유

4연의 '머지 않아 열매 맺는 / 가을을 향하여'라는 시구는 '낙화'로 표현되는 이별의 경험이 단순히 그것에서 끝나는 것이 아니라, 결실인 '열매'를 맺는 '가을'이라는 계절로 연결된다는 화자의 인식을 드러낸다. 이때 가을에 맺히는 열매는 이별을 통한 정신적인 성숙을 의미한다.

오답 피하기

① 1연에서는 낙화의 아름다움을 통해 단정하고 깨끗한 이별의 아름다움을 이야기하고 있다.

② 2연에서는 낙화의 순간을 묘사하여 이별이라는 시적 상황을 드러내고 있다.

④ 6연에서는 낙화의 순간을 의인화하여 이별을 담담하고 아름답게 표현하고 있다.

⑤ 7연에서는 이별을 통해 얻게 되는 영혼의 성숙을 표현하고 있다.

---

07 다양한 표현 기법 ② –객관적 상관물, 변주, 행간 걸침

사뿐히 즈려밟는 **확인 문제**　　　　　p.56~57

☑ **바로바로 간단 체크** 1 (1) 객관적 상관물 (2) 변주 (3) 행간 걸침,
긴장감 2 ㉠ 화자의 대리물 ㉡ 정서 자극물 ㉢ 감정 이입물
3 (1) × (2) × (3) ○

---

01 ① 02 ① 03 파초 04 ⑤ 05 ① 06 ⑤

01~04 개념으로 작품 읽기　　　　　　별 헤는 밤_윤동주

이 시에 주로 쓰인 표현 기법은 무엇이고, 그러한 표현 기법이 어떤 효과를 주는지 생각하며 시를 읽어 보자.

계절이 지나가는 하늘에는
가을로 가득 차 있습니다.
쓸쓸함의 정서
　　　　　　　　　　　▶1연: 계절적 배경 제시

나는 아무 걱정도 없이
가을 속의 별들을 다 헤일 듯합니다.
① 아름다움, 순수와 이상 ② 회상의 매개체
▶2연: 별을 바라보는 화자

가슴속에 하나 둘 새겨지는 별을
이제 다 못 헤는 것은
쉬이 아침에 오는 까닭이요,
현실적 제약
내일 밤이 남은 까닭이요,
마음의 여유
아직 나의 청춘이 다하지 않은 까닭입니다.
미래에 대한 희망
▶3연: 별을 다 세지 못하는 이유

| 대구법 |
| - 운율을 형성함 |

별 하나에 추억과
별 하나에 사랑과
별 하나에 쓸쓸함과
별 하나에 동경과
별 하나에 시와
별 하나에 어머니, 어머니,
▶4연: 별을 보며 떠올리는 것들

| 반복법 |
| - '별 하나에 ~과' |
| 열거법 |
| - : 그리움의 대상을 나열함. |
| ↓ |
| 운율감 형성 |

(어머님, 나는 별 하나에 아름다운 말 한 마디씩 불러 봅니다.
소학교 때 책상을 같이했던 아이들의 이름과, 패, 경, 옥 이런
이국 소녀들의 이름과, 벌써 애기 어머니 된 계집애들의 이
름과, 가난한 이웃 사람들의 이름과, 비둘기, 강아지, 토끼,
노새, 노루, 프랑시스 잠, 라이너 마리아 릴케, 이런 시인의
이름을 불러 봅니다.)
( ): ① 4연에서 언급한 그리움의 대상들을 구체화함. ▶5연: 아름다운 과거에 대한 그리움
② 산문적 리듬과 빠른 호흡으로 화자의 정서를 고조시킴.

이네들은 너무나 멀리 있습니다.
추억(또는 이상)과 현실의 거리감
별이 아슬히 멀 듯이
▶6연: 너무나 멀리 있는 추억의 존재들
| 직유법 |
| - 거리감 강조 |

어머님,
그리고 당신은 멀리 북간도에 계십니다.
▶7연: 어머니에 대한 그리움

나는 무엇인지 그리워
① 화자가 지향하는 이상적 가치, 아름다움, 순수 ② 어머니, 고향, 친구, 잃어버린 조국
이 많은 별빛이 내린 언덕 위에
아름다움, 순수
내 이름자를 써 보고,
자아 성찰의 행위
흙으로 덮어 버리었습니다.
아름답지 못하기 때문 → 자기 삶을 반성하는 행위(부끄러움)

딴은 밤을 새워 우는 벌레는
부정적 현실(일제 강점기)
부끄러운 이름을 슬퍼하는 까닭입니다.
무기력한 자아에 대한 반성
| 객관적 상관물 |
| - 화자의 부끄러운 감정이 이입된 대상 |
▶8~9연: 부끄러운 삶에 대한 반성

그러나 겨울이 지나고 나의 별에도 봄이 오면
고난, 시련   시상의 전환   희망, 광복
무덤 위에 파란 잔디가 피어나듯이
죽음, 질망   부활, 재생
내 이름자 묻힌 언덕 위에도
자랑처럼 풀이 무성할 게외다.
부활과 재생의 이미지
▶10연: 미래에 대한 희망과 확신
| 대조법 |
| - 밤 ↔ 별 |
| - 겨울 ↔ 봄 |
| - 무덤 ↔ 잔디 |

- **화자는?** 표면에 드러난 '나'
- **시적 상황은?** 타지에서 가을밤의 별들을 바라보며 자신을 성찰함.
- **어조는?** 독백적, 고백적
- **정서나 태도는?** 성찰적(부끄러움), 희망적, 의지적
- **주제는?** 아름다운 과거에 대한 그리움과 자기 성찰

| 핵심 정리 |
| **이 시의 특징** |
- '현재-과거-현재-미래'의 시간적 흐름에 따라 역순행적으로 시상을 전개함.
- 산문적 리듬을 가진 연(5연)을 삽입하여 운율에 변화를 줌.
- 상징적 시어와 감정 이입물('벌레')을 활용하여 화자의 정서를 드러냄.

01 ❶번이 답인 이유

이 시의 5연은 행을 구분하지 않고 산문처럼 서술한 연으로, 앞선 연들과 달리 독자에게 급박한 호흡을 조성하여 운율의 변화를 느끼게 한다.

오답 피하기

② 이 시는 '별 하나에 ~과'라는 문장 구조를 반복하다 '어머니, 어머니'라는 시구를 사용하여 변화를 줌으로써 시적 긴장감을 조성하지만 행간 걸침은 나타나지 않는다.

③ 이 시는 '무성할 게외다.'라는 단정적인 진술로 마무리되어 시적 여운을 준다.

④ 역동적 이미지의 시어로 생동감 있는 분위기를 조성한 부분은 찾아보기 어렵다.

⑤ 화자가 시적 대상인 '어머니'에게 말을 건네고 있으나 어머니가 대답하는 부분은 나오지 않으므로 '화자와 시적 대상의 대화'가 삽입되었다고 볼 수 없다.

02 ❶번이 답인 이유

조국의 광복을 상징하는 시어는 화자의 이름자가 묻힌 언덕 위에 풀이 돋아나는 계절인 '봄'이다.

오답 피하기

②, ④, ⑤ 화자는 '별'을 보며 '사랑', '동경', '시'를 떠올리고 있으므로 '별'은 화자가 지향하는 내적 세계인 아름다운 이상, 순수한 세계를 상징한다고 볼 수 있다.

03

이 시에서 '벌레'는 화자의 부끄러운 감정이 이입된 대상이다. 〈보기〉의 시에서 '파초'는 조국을 잃은 화자의 감정이 이입된 대상이자 의인화된 존재로, 이 시어를 통해 화자의 정서가 간접적으로 드러나고 있다.

04 ❺번이 답인 이유

㉤에서 화자는 부끄러움의 대상이었던 '이름'에 대해 긍정적 태도를 보이면서 자신이 죽은 뒤 미래의 상황이 희망적일 것이라고 확신적 어조로 말함으로써 조국 광복에 대한 기대와 확신, 그리고 이를 위한 자기희생의 의지를 드러내고 있다. 따라서 화자가 (죽음이라는) 인간의 한계 때문에 이상을 실현하지 못하는 안타까움을 드러내고 있다는 해석은 적절하지 않다.

오답 피하기

① ㉠의 '가을 속의 별'이라는 시구에서 가을밤이라는 시적 상황이

드러나며, '다 헤일 듯합니다'라는 시구에서 별을 바라보고 있는 화자의 모습을 파악할 수 있다.

② ⓛ에서는 화자의 어린 시절 친구들과 화자가 그리워하는 동물들, 시인의 이름들이 열거되고 있으므로 4연에서 화자가 별을 보며 떠올리던 '추억', '사랑', '쓸쓸함', '동경', '시'가 구체화된 구절로 볼 수 있다.

③ ⓒ은 화자가 그리워하는 존재들이 별처럼 멀리 있다고 표현해 화자가 그리워하는 존재들과 화자 사이의 거리감을 직접적으로 드러내고 있다.

④ 화자가 자신의 이름을 흙으로 덮는 행위는 자기를 성찰한 끝에 자책감과 부끄러움을 느껴 나온 행동으로 해석할 수 있다.

05~06 개념으로 작품 읽기   풀벌레 소리 가득 차 있었다_ 이용악

이 시에 주로 쓰인 표현 기법은 무엇이고, 그러한 표현 기법이 어떤 효과를 주는지 생각하며 시를 읽어 보자.

(우리 집도 아니고   ( ): 점층법 – 다른 나라에서 죽음을
일가 집도 아닌 집   맞이한 비극성을 강조함.
고향은 더욱 아닌 곳에서)
아버지의 침상(寢床) 없는 최후 최후의 밤은
풀벌레 소리 가득 차 있었다   반복법: 아버지의 죽음
객관적 상관물: 화자의 정서 투영, 상황의 비극성 고조
　　　　　　　　▶ 1연: 타향에서 맞은 아버지의 임종

노령을 다니면서까지   　 아버지의 비참한 죽음
러시아의 영토 → 유랑민으로서의 삶   (대조를 통해 비극성을
애써 자래운 아들과 딸에게   고조함)
한마디 남겨 두는 말도 없었고   고요, 평화로운 분위기
　키운
유언도 남기지 못한 갑작스러운 죽음
(아무을 만(灣)의 파선도
러시아의 지명
설룽한 니코리스크의 밤도 완전히 잊으셨다
추운　 러시아의 도시
목침을 반듯이 벤 채)   ( ): 도치법
　　　　　　– 시적 긴장감 유발
　　　　　　– 아버지의 죽음을 강조
　　　　　　▶ 2연: 아버지의 임종 당시의 모습

다시 뜨시잖는 두 눈에
피지 못한 꿈의 꽃봉오리가 갈앉고
아버지가 지녔던 꿈(추상적 관념의 구체화)
얼음장에 누우신 듯 손발은 식어 갈 뿐
입술은 심장의 영원한 정지를 가리켰다
　　　　장면의 객관화
때늦은 의원이 아모 말없이 돌아간 뒤
이웃 늙은이 손으로
눈빛 미명은 고요히
　'무명'의 방언
낯을 덮었다
　　　　　　▶ 3연: 아버지의 죽음 확인

우리는 머리맡에 엎디어
있는 대로의 울음을 다아 울었고
아버지의 침상 없는 최후 최후의 밤은   수미상관식 구성
풀벌레 소리 가득 차 있었다   – 1연의 4, 5행 반복
　　　　　　　　　– 시적 여운 조성
　　　　　　▶ 4연: 아버지의 죽음과 가족의 슬픔

• **화자는?** '우리' 중 한 명인, 아버지의 임종을 지키는 자식
• **시적 상황은?** 먼 타국에서 아버지의 갑작스러운 죽음을 맞이함.
• **어조는?** 감정을 절제한 담담한 어조
• **정서나 태도는?** 슬픔, 애통함
• **주제는?** 아버지의 비참한 임종과 유랑민의 비애

핵심 정리

| 이 시의 특징 |
• 생물체(풀벌레)에 화자의 내면 심리와 정서를 투영하여 표현함.
• 장면을 객관적으로 제시하여 비극적 상황을 사실적으로 묘사함.
• 수미상관식 구성 방식을 취함.

---

05   ❶번이 답인 이유

우의적 기법은 인간의 삶을 다른 사물에 빗대어 표현하는 것과 관련이 있는데, 이 시에서는 그러한 표현이 사용되지 않았다. 화자는 고향을 떠나 살다가 그곳에서 맞은 아버지의 죽음을 감정을 절제하여 담담하게 형상화하였다.

오답 피하기

② 이 시에서 화자는 타지에서 겪게 된 아버지의 죽음이라는 비극적 상황을 담담하게 객관적으로 그려 내고 있다. 특히 3연은 감정을 절제하며 임종의 순간을 묘사하고 있다.

③ '우리 집도 아니고 / 일가 집도 아닌 집 / 고향은 더욱 아닌 곳'이라는 표현으로 아버지가 타지에서 죽음을 맞이한 상황을 점층적으로 드러내어 비극성을 강조하였다.

④ '아무을 만(灣)의 파선도 / 설룽한 니코리스크의 밤도 완전히 잊으셨다 / 목침을 반듯이 벤 채'에서 도치법이 쓰여 시적 긴장감을 유발하였다.

⑤ 1연의 4, 5행과 4연의 3, 4행이 동일하게 반복됨으로써 수미상관식 구성을 이루며 시상을 집약하고 시적 여운을 남기고 있다.

---

06   ❺번이 답인 이유

㉠의 '풀벌레 소리'는 아버지의 삶과는 관련이 없으며, 머나먼 타지에서 유언조차 남기지 못하고 빈궁하게 죽어간 아버지의 모습이 제시되는 장면에서 가족들의 슬픔을 간접적으로 대신 전달함으로써 장면의 비극성을 고조하는 기능을 하고 있다.

오답 피하기

①, ④ '풀벌레 소리'는 아버지를 잃은 가족들의 슬픔을 대신 드러내는 역할을 한다. 이때 '풀벌레'는 화자를 포함한 가족들의 슬픈 정서가 투영된 객관적 상관물이라 할 수 있다.

08 시상 전개 방식 ① _ 시·공간 관련

☑ **바로바로 간단 체크**　**1** (1) 시상 전개 방식 (2) 순행적, 역순행적 (3) 공간, 시선　　**2** (1) ○ (2) ○　　　　**3** ㉠ 공간의 이동 ㉡ 시선의 이동

01 ④　**02** ②　**03** ⑤　**04** ⓐ 원통함 ⓑ 장거리 ⓒ 신명이 남. ⓓ 농무
05 ③　**06** ④　**07** ①　**08** ③　**09** 깃털 색깔이 달라도 함께 어울려 물결을 타는 새들의 모습이, 다른 대상에게 차별적 시선을 보내던 화자 자신과 대조되었기 때문이다.

시상 전개 방식을 파악하기 위해 시의 소재나 시구 등이 어떤 기준에 따라 배열되었는지 살펴보자.

▨ : 시간의 흐름을 드러내는 말들

죽는 날까지 하늘을 우러러
　　　　윤리적 삶의 절대적 기준
한 점 부끄럼이 없기를,
　순수한 삶에 대한 강한 의지
잎새에 이는 바람에도
　　　　화자의 심리적 동요, 갈등
나는 괴로워했다.
　이상과 현실 사이의 갈등, 고뇌
　　　　　　　　　　　　▶ 1~4행: 부끄러움 없는 삶에 대한 소망

－ 과거의 모습

별을 노래하는 마음으로
　희망, 이상, 순수한 소망과 양심
모든 죽어 가는 것을 사랑해야지.
　　　　　유한한 존재
그리고 나한테 주어진 길을
　　　　소명 의식 － 사랑의 실천, 부끄러움이 없는 삶
걸어가야겠다.
　결의와 다짐, 의지적 태도
　　　　　　　　　　　　▶ 5~8행: 미래의 삶에 대한 다짐

－ 미래의 삶 다짐

오늘 밤에도 별이 바람에 스치운다.
　　　　어두운 현실 이상, 양심 현실의 시련과 고난
　　　　　　　　　　　　▶ 9행: 어두운 현실에 대한 자각

－ 현재의 모습

• **화자는?** 표면에 드러난 '나'로 부끄러움이 없는, 순결한 삶을 살고자 하는 이
• **시적 상황은?** 부정적인 현실(일제 강점기) 속에서 이상과 양심을 노래하며 다짐함.
• **어조는?** 고백적, 성찰적
• **정서나 태도는?** 의지적('-겠다'), 소망적
• **주제는?** 순수한 삶에 대한 간절한 소망과 의지

핵심 정리

| 이 시의 특징 |
• '과거의 모습 － 미래의 삶 다짐 － 현재의 모습'의 순서로 시상을 전개함.
• 대립적인 이미지의 시어를 통해 시적 상황과 주제 의식을 제시함.

01　　　　　　　　　🔖 ❹번이 답인 이유

이 시는 '과거의 모습(1연 1~4행) → 미래의 삶 다짐(1연 5~8행) → 현재의 모습(마지막 행)'으로 시상을 전개하고 있다.

오답 피하기

① 이 시에는 계절적인 배경이나 변화가 드러나지 않는다.
② 이 시에서 과거에 화자는 '잎새에 이는 바람에도 괴로워'했으며, 현재인 '오늘 밤'에도 '별이 바람에 스치운다'고 하는 것을 보아 괴로운 상황은 변함없이 계속되고 있다. 따라서 과거와 현재가 대조된다고 볼 수 없다.

③ 시간은 '과거→현재→미래'로 흘러야 자연스러운 것인데 이 시의 장면은 이러한 순차적인 시간의 흐름을 따르지 않았다.
⑤ 이 시에는 '밤'이라는 시간적 배경이 제시되어 있을 뿐, '저녁－밤－새벽'으로 이어지는 시간의 변화는 나타나지 않는다.

02　　　　　　　　　🔖 ❷번이 답인 이유

이 시에서 '바람'은 화자에게 괴로움을 주는 시적 대상으로 화자의 내면적 갈등과 화자가 처한 어두운 현실을 상징하는 시어이다.

오답 피하기

① 이 시에서 '하늘'은 윤리적 삶의 기준으로서 화자가 자신의 삶을 성찰하는 윤리적 잣대가 된다.
③ '사랑'은 '모든 죽어 가는 것'을 향한 것으로, 고통을 겪는 존재에 대한 화자의 연민을 보여 주는 시어이다.
④ 이 시의 화자는 '주어진 길'을 '걸어가야겠다'라고 다짐함으로써, 앞서 언급한 '사랑'을 실천하는 삶을 운명으로 받아들이고 따르려는 태도를 드러내고 있다.
⑤ '별'은 밤에 더욱 빛나는 존재이다. 화자가 그러한 '별을 노래'한다는 것은 어떤 어려움이 있더라도 순수한 마음으로 이상적 삶을 추구해 나가겠다는 의지로 볼 수 있다. 이때의 '별'은 화자의 지향 세계, 즉 이상적 삶을 상징한다.

시상 전개 방식을 파악하기 위해 소재나 시구 등이 어떤 기준에 따라 배열되었는지 살펴보자.

징이 울린다 막이 내렸다
　　하강의 이미지 쓸쓸한 분위기 조성
오동나무에 전등이 매어 달린 가설무대
구경꾼이 돌아가고 난 텅 빈 운동장
　　　　　　　　　　소외당하는 농촌의 현실을 상징함.
우리는 분이 얼룩진 얼굴로
학교 앞 소줏집에 몰려 술을 마신다
　　　　　울분과 고달픔을 잊으려는 행위
답답하고 고달프게 사는 것이 원통하다
　　　　　　　　　　　　▶ 1~6행: 공연이 끝난 후 술을 마심.

□ : 화자 일행의 이동에 따른 공간의 변화

�꽹과리를 앞장 세워 장거리로 나서면
따라붙어 악을 쓰는 건 조무래기들뿐
처녀 애들은 기름집 담벽에 붙어 서서
　농사일할 젊은이들이 떠난 농촌 현실을 상징적으로 드러냄.
철없이 킬킬대는구나
　　　　　　　　　　　　▶ 7~10행: 장거리에서의 농악과 서글픔

많은 젊은이들이 농촌을 떠난 상태라는 것을 짐작할 수 있음.

보름달은 밝아(어떤 녀석은
꺽정이처럼 울부짖고 또 어떤 녀석은
　　　　농민의 울분
서림이처럼 해해대지만)이까짓
('꺽정이', '서림이': 소설 (임꺽정)의 등장인물 인용
산 구석에 처박혀 발버둥 친들 무엇하랴
　　　　　　　　자조적 현실 인식(설의법)
비룟값도 안 나오는 농사 따위야
아예 여편네에게나 맡겨두고
쇠전을 거쳐 도수장 앞에 와 돌 때
우리는 점점 신명이 난다
　농민들의 울분을 역설적으로 표현함.
한 다리를 들고 날나리를 불꺼나
　　　'태평소'의 속칭
고갯짓을 하고 어깨를 흔들거나
　　　　　　　　　　　　▶ 17~20행: 신명이 나 농무를 춤.

( ): 인용법, 직유법, 대구법
→ 피폐해진 농촌의 모습, 농민의 울분을 표현함.

▨ : 직설적 표현
① 농촌의 현실과 구조적 모순을 사실적으로 드러냄.
② 강한 비판의 의도를 전달함.

▶ 11~16행: 피폐한 농촌 현실에 대한 울분

농무를 통해 현실에 대한 불만과 한을 표출함.

- 화자는? 표면에 드러난 '우리'로, 농무를 추는 농민.
- 시적 상황은? 농무를 추며 농촌의 부정적 현실에 대해 울분을 드러냄.
- 어조는? 비판적
- 정서나 태도는? 원통함, 서글픔, 울분, 분노 등
- 주제는? 산업화 과정에서 소외된 농민들의 현실과 그에 대한 비판

핵심 정리
| 이 시의 특징 |
- 공간의 이동에 따라 시상이 전개됨.
- 현실에 대한 부정적인 인식을 직설적으로 드러냄.
- 역설적인 상황 설정으로 화자의 정서와 주제를 강조함.

03 　　　　　　　　　　 ⑤번이 답인 이유

이 시는 농무 공연이 끝난 뒤의 시점부터 시상을 전개하고 있다. 첫 행의 "막이 내렸다"에서 하강의 이미지가 나타나고 이후 농민들의 원통하고 자조적인 정서가 중심을 이루는데, 마지막에서 다시 농무를 신명나게 추는 장면으로 끝을 맺는다. 마지막 부분의 '농무'는 현실에 대한 농민들의 불만감을 쏟아내는 행위이자 자신들도 어쩌지를 못하는 울분과 서글픔을 자연스럽게 풀어내어 심정적으로 위로하는 행위로 이해할 수 있다. 이로 볼 때, 이 시는 막이 내린 시점에서 시작하여 신명난 농무로 끝을 맺는다는 점에서 하강 이미지에서 상승 이미지로 시상의 변화를 보인다고 할 수 있다. 따라서 '하강-상승-하강의 이미지를 순차적으로' 드러내었다는 설명은 맞지 않는다. 또한 울분과 자조, 서글픔 등의 정서가 중심을 이루고 있으므로 '역동적이고 진취적인 농민들의 기상'과는 거리가 멀다.

오답 피하기
① 이 시는 '술을 마신다', '신명이 난다'처럼 현재형 진술을 사용해 농민들의 울분과 한을 생생히 드러내고 있다.
② '발버둥 친들 무엇하랴'라는 대목은 '발버둥 친들 소용없다'라는 의미를 의문형으로 드러낸 설의적 표현으로 화자의 부정적인 현실 인식이 드러난다.
③ '답답하고 고달프게 사는 것이 원통하다', '산 구석에 처박혀 발버둥 친들 무엇하랴', '비룻값도 안 나오는 농사 따위야'에서 직설적 표현이 나타난다. 화자는 이러한 직설적 표현을 통해 농촌의 암담한 현실을 사실적으로 표현하면서 강한 비판의 의도를 전달하고 있다.
④ '꺽정이'는 홍명희의 소설 〈임꺽정〉의 등장인물로, 백성을 수탈하는 탐관오리를 죽이고 재물을 빼앗아 빈민에게 나누어 주었던 의적이다. 화자는 '녀석'의 울분을 '임꺽정'의 울부짖음으로 표현하여 현실에 대한 농민들의 불만을 드러내었다.

04

이 시는 공간의 이동에 따른 화자의 정서 변화를 드러내며 시상이 전개되고 있다. 화자 일행은 구경꾼이 모두 돌아간 '텅 빈 운동장'에서 공연을 마친 후 허탈하고 허무한 심정을 안고 '소줏집'으로 이동한다. '소줏집'은 화자 일행이 "사는 것이 원통하다(ⓐ)"며 감정을 직설적으로 표출하는 공간이다. '장거리(ⓑ)'로 나선 화자 일

행은 "꺽정이처럼 울부짖"으며 울분과 분노를 느끼지만 그러한 정서는 '쇠전'을 거치며 체념으로 바뀌고, 도수장에서는 "신명이 나(ⓒ)"는 모습을 보여 준다. 농민들의 분노와 한을 신명나는 농무(ⓓ) 동작으로 표출하는 역설적 상황이 드러난다.

05 　　　　　　　　　　 ❸번이 답인 이유

이 시에서 농무는 소외된 농촌의 농민들이 분노와 울분을 표출하는 행위로 제시되어 있다. 즉 쨍과리를 앞장 세워 장거리로 나서는 것은 자신들의 분노를 표출하려는 행위이지 근대화 과정에서 사라져 가는 농촌의 풍속을 되살리려는 행위가 아니다.

오답 피하기
① '텅 빈 운동장'은 근대화와 산업화에 따라 빠른 속도로 무너지던 농촌 현실과 그러한 상황에서 농민들이 느꼈을 허탈감, 허무함을 드러내는 공간이다.
② '술을 마신다'는 행위는 개인의 힘으로는 어찌할 수 없었던 농촌 사회의 구조적 모순 앞에서 농민들이 현실적 고뇌와 분노를 해소하던 방법이라고 할 수 있다.
④ 성공적인 근대화와 산업화를 위해 정부가 쌀값을 의도적으로 낮추었기 때문에 '비룻값도 안 나오는' 환경이 만들어진 것이다.
⑤ 농민들의 분노와 한이 무엇인가를 파괴하는 등의 부정적인 행위가 아니라 '농무'라는 신명 나는 춤을 통해 표출됨으로써, 분노와 한이 역설적으로 분출된다고 볼 수 있다.

06~09 개념으로 작품 읽기 　　　　　　 동승_ 하종오

시상 전개 방식을 파악하기 위해 시의 소재나 시구 등이 어떤 기준에 따라 배열되었는지 살펴보자.

국철 타고 앉아 가다가
문득 알아들을 수 없는 말이 들려 살펴니
아시안 젊은 남녀가 건너편에 앉아 있었다
　　　　　　└ 외국어(동질감이 느껴지지 않음)
늦은 봄날 더운 공휴일 오후
나는 잔무 하러 사무실에 나가는 길이었다
저이들이 무엇 하려고
　　　　　　　　▶ 1~5행: '나'와 국철에 동승한 아시안 남녀
국철을 탔는지 궁금해서 쳐다보면
　　　　└ 동질감이 느껴지지 않는 대상에게 호기심을 느낌.
서로 마주 보며 떠들다가 웃다가 귓속말할 뿐
나를 쳐다보지 않았다　　　└ '아시안 젊은 남녀는 '나'와 달리 다른 사람을 의식하지 않고 있음.
(모자 장사가 모자를 팔러 오자
　└ ( ): 우리와 다를 바 없는 모습 - 화자가 동질감을 느끼게 되는 계기
천 원 주고 사서 번갈아 머리에 써 보고
만년필 장사가 만년필을 팔러 오자
천 원 주고 사서 번갈아 손바닥에 써 보는 저이들)
　　　　　　　　▶ 6~13행: 아시안 젊은 남녀의 모습과 이에 대한 화자의 호기심
문득 나는 천박한 호기심이 발동했다는 생각이 들어서
　　　　　└ 차별의 시선, 편견의 시선
황급하게 차창 밖으로 고개 돌렸다

[ ]: 화자의 시선 이동

국철은 강가를 달리고 너울거리는 수면 위에는

깃털 색깔이 다른 새 여러 마리가 물결을 타고 있었다
다양한 인종을 상징함. 화자와 대조되는 존재 · 깃털 색깔이 달라도 함께 물결을 타고 있음.
나는 아시안 젊은 남녀와 천연하게

동승하지 못하고 있어 낯짝 부끄러웠다
자신의 태도에 대한 반성. 부끄러움
국철은 회사와 공장이 많은 노선을 남겨 두고 있었다

(저이들도 일자리로 돌아가는 중이지 않을까) ( ): 잔무 하러 사무실에 나가
보조사: 또한, 역시   는 나처럼, 저이들도 그러
                                              하리라는 동질감을 느낌.
▶ 14~21행: 아시안 젊은 남녀를 차별적 시각으로 본 것에 대한 반성, 부끄러움

· 화자는? 표면에 드러난 '나'
· 시적 상황은? 국철에 동승한 아시안 젊은 남녀를 관찰함.
· 어조는? 담담한 어조
· 정서나 태도는? 편견과 호기심을 바탕으로 외국인 노동자를 바라보았던 자신을 반성하고 부끄러움을 느낌.
· 주제는? 외국인 노동자에게 보냈던 차별적 시각에 대한 반성과 부끄러움

핵심 정리
| 이 시의 특징 |
· 시선의 이동에 따라 시상을 전개함.
· 상징적 소재로 주제를 형상화함.
· 보조사를 사용하여 시적 화자의 심리적 변화를 제시함.

06 ④번이 답인 이유

이 시에서 화자의 시선은 '아시안 젊은 남녀'에서 '차창 밖'으로 이동하고 있고, 이에 따라 내용이 전개되고 있으므로 시선의 이동에 따른 전개 방식이 사용되었다고 볼 수 있다.

오답 피하기
① 이 시에 시간의 흐름을 뒤바꾸어 표현하는 역순행적 방식은 나타나지 않는다.
③ '봄날'이라는 시어를 통해 계절적 배경이 '봄'임을 알 수 있지만 계절의 변화를 암시하는 내용은 찾아볼 수 없다.
④ 화자는 시적 대상인 '아시안 젊은 남녀'나 '깃털 색깔이 다른 새 여러 마리'의 행동을 사실적으로 표현하였다.
⑤ '강가'를 이 시의 공간적 배경인 '국철'과 대조되는 공간으로 볼 수도 있지만, 이 시에서는 화자의 시선만 이동할 뿐 화자가 직접 공간을 이동하고 있지는 않다.

07 ①번이 답인 이유

이 시의 화자는 성찰적 어조로 '외국인 노동자를 차별적 시각으로 바라보았던 자신에 대한 부끄러움과 반성'이라는 주제를 드러내고 있다.

오답 피하기
② 이 시에서는 의미를 강조하기 위해 의문문의 형식으로 표현하는 설의법이 사용된 부분을 찾을 수 없다.
③ 이 시에서 감정 이입은 드러나지 않는다. '깃털 색깔이 다른 새 여러 마리'는 화자에게 부끄러운 감정을 불러일으키는 정서 자극물이다.
④ 이 시의 화자는 자신의 태도를 반성하고 있을 뿐, 현실을 극복하려는 의지를 드러내지는 않았다.
⑤ 이 시에서는 특정한 표현 효과를 얻기 위해 시어에 변화를 준 부분을 찾을 수 없으며, 비판 의식 또한 드러나지 않는다.

08

화자는 ⓒ에서 아시안 젊은 남녀에게 가치 평가적 시선을 보내던 자신에 대해 부끄러움을 느끼고 있다. 화자가 타인에게 호기심 어린 시선을 받은 것은 아니다.

오답 피하기
① 국철은 '내가 아시안 젊은 남녀를 바라보는 시선(가치 평가적 시선)'과 '아시안 젊은 남녀가 서로를 바라보는 시선(관심의 시선)'이 드러나는 공간이다.
② 〈보기〉에서 가치를 평가하려는 의도를 담은 시선은 타인에게 부담감을 줄 수도 있다고 했으므로 적절하다.
④ '동승'은 '차, 배, 비행기 따위를 같이 탐.'이라는 뜻으로, 더불어 살아가는 공동체와 의미가 연결된다.
⑤ 화자는 '또한, 역시'의 의미를 가진 보조사 '도'를 사용해 아시안 젊은 남녀에 대한 동질감을 드러내고 있다.

09

아시안 젊은 남녀를 바라보던 화자는 차창 밖으로 시선을 돌렸다가 다양한 색깔을 가진 새들이 함께 물결을 타고 있는 모습을 보게 된다. 이는 여러 인종이 차별 없이 더불어 살아가는 상황을 상징적으로 드러낸다. 자신과 대조되는 모습을 본 화자는 편견과 호기심에 차서 아시안 젊은 남녀를 바라본 것을 반성하면서, 우리도 그와 같이, 이주민과 함께 어울려 살아가야 함을 깨닫게 된다.

09 시상 전개 방식 ② _ 그 밖의 시상 전개 방식

사뿐히 즈려밟는 확인 문제 p.69~71

☑ 바로바로 간단 체크 1 (1) 수미상관 (2) 선경후정 (3) 점층적
2 ㄱ-ㄷ-ㄹ-ㄴ 3 (1) ○ (2) ○ (3) ×

01 ② 02 ㉠ 눈 ㉡ 가래 ㉢ '순수하고 정의로운 삶(더럽고 부정적인 것을 쏟아내어 자기를 정화하기)', 또는 '억압과 불의의 현실에 맞서는 자유로운 삶' 03 ③ 04 ④ 05 ④ 06 ② 07 ② 08 ④ 09 ⑤

01~02 개념으로 작품 읽기 눈_ 김수영

시상 전개 방식을 파악하기 위해 시의 소재나 시구 등이 어떤 기준에 따라 배열되었는지 살펴보자.

눈은 살아 있다
순수한 것(진정한 가치) → 정의
떨어진 눈은 살아 있다

마당 위에 떨어진 눈은 살아 있다

점층적 시상 전개
: '눈은 살아 있다'의 변주와 반복 → 확장
: '기침을 하자'의 변주와 반복 → 확장

▶ 1연: 순수한 생명력을 지닌 눈

기침을 하자
자기 정화의 행위(내면의 불순한 것을 거부, 제거)
젊은 시인이여 기침을 하자
순수와 정의를 추구하는 존재
눈 위에 대고 기침을 하자

눈더러 보라고 마음 놓고 마음 놓고

기침을 하자
▶ 2연: 순수한 생명력을 회복하려는 의지

눈은 살아 있다

죽음을 잊어버린 영혼과 육체를 위하여
　　'젊은 시인' (용기 있는 지식인)
눈은 새벽이 지나도록 살아 있다
　　　　강인한 생명력
　　　　　　　　　　　　　▶3연: 눈의 강인한 생명력

기침을 하자

젊은 시인이여 **기침을 하자**

눈을 바라보며

밤새도록 고인 가슴의 **가래**라도 ┌ 대비에 따른 시상 전개
　　　　　　불순한 것(소시민성, 속물 근성) │ 눈(순수함) ↔ 가래(불순함)
마음껏 뱉자
　　　　　　　　　▶ 4연: 자기 정화를 통한 순수한 삶 소망

- **화자는?** 표면에 드러나지 않은 화자
- **시적 상황은?** 눈을 바라보며 순수한 삶을 소망하고, 기침을 하는 행동을 통해 부정적인 현실을 극복하고자 함.
- **어조는?** 의지적, 청유적("젊은 시인이여 기침을 하자")
- **정서나 태도는?** 비판적, 의지적
- **주제는?** 순수하고 정의로운 삶에 대한 소망과 부정적 현실을 극복하려는 의지

핵심 정리

| 이 시의 특징 |
- 대립적 이미지를 드러내는 시어를 사용하여 상징적 의미를 부각함.
- 유사한 통사 구조의 반복과 변형을 통한 점층적 시상 전개로 의미를 강조하고 운율을 형성함.
- 청유형 어미(-자)를 반복하여 함께 불의에 저항할 것을 권유함.

01
　　　　　　　　　　　　　　　　🗨 ❷번이 답인 이유

이 시는 "눈은 살아 있다"와 "기침을 하자"라는 문장을 반복하고 변형하여 확장하면서 시상을 점층적으로 전개하고 있으며 이를 통해 주제 의식을 강조하고 있다.

오답 피하기

① 이 시에서는 '-자'라는 청유형 어미를 일관되게 사용하고 있어 화자의 어조 변화가 나타나지 않는다.

③ 시의 처음과 끝에 형태적으로나 의미적으로 동일하거나 유사한 시구를 배열하는 전개 방식은 수미상관으로, 이러한 전개 방식을 사용하면 시에 형태적 안정감을 부여할 수 있다. 그러나 이 시에서는 그러한 구성이 사용되지 않았다.

④ 이 시는 상징적 의미를 지닌 시어를 대비하여 시상을 전개하고 있을 뿐, 특정 시어의 이미지를 다른 관념으로 연결하여 제시하고 있지 않다.

⑤ 앞부분에서는 배경과 같은 풍경을 제시하고 뒷부분에서 화자의 정서와 태도를 드러내는 시상 전개 방식을 선경후정이라고 하는데, 이 시에는 그러한 구성이 드러나지 않는다.

02

이 시는 '깨끗함, 순수함, 살아 있음'을 상징하는 '눈'과 비겁한 소시민적 속물성과 같이 불순한 것을 상징하는 '가래'를 대조적으로 제시하여 시상을 전개하고 있다. 화자는 가래를 뱉는 행위, 즉 기침을 하자고 함으로써 순수한 삶을 살아가고자 하는 소망을 드러낸다.

03~05 개념으로 작품 읽기 　　　　남신의주 유동 박시봉방_ 백석

시상 전개 방식을 파악하기 위해 시의 소재나 시구 등이 어떤 기준에 따라 배열되는지 살펴보자.

어느 사이에 **나**는 아내도 없고, 또,
　　　　　　시적 화자　　　　　　　　　　　┐현실의 고난과
아내와 같이 살던 집도 없어지고,　　　　　│고독
그리고 살뜰한 부모며 동생들과도 멀리 떨어져서,　│
그 어느 바람 세인 쓸쓸한 거리 끝에 헤매이었다.　┘
　　　　타지에서의 방랑
바로 날도 저물어서,
바람은 더욱 세게 불고, 추위는 점점 더해 오는데,
외부의 시련 ①　　　　외부의 시련 ②
나는 어느 목수네 집 헌 삿을 깐,
　　박시봉　　　　　　누추한 공간
한 방에 들어서 쥔을 붙이었다.
셋방살이 (더부살이)　　　　　▶ 1~8행(기): 타지에서의 외롭고 고단한 삶
이리하여 나는 이 습내 나는 춥고, 누긋한 방에서,
낮이나 밤이나 나는 나 혼자도 너무 많은 것같이 생각하며,
　　시간의 흐름　　　　　　내 한 몸도 스스로 감당하기 힘든 상황
딜옹배기에 북덕불이라도 담겨 오면,

(이것을 안고 손을 쬐며 재 우에 뜻 없이 글자를 쓰기도 하며,
　　　( ): 무능하고 나약한 모습. 무료. 지루함
또 문 밖에 나가지두 않구 자리에 누워서,
머리에 손깍지 벼개를 하고 굴기도 하면서,)
나는 내 **슬픔**이며 어리석음이며를 소처럼 연하여 **쌔김질**
　　회한의 정서　　　　　　　　지난 삶에 대한 반추. 반성
하는 것이었다.
내 가슴이 꽉 메어 올 적이며,
내 눈에 뜨거운 것이 핑 괴일 적이며,
　　　　눈물
또 내 스스로 화끈 낯이 붉도록 부끄러울 적이며,
　　회한. 울분. 부끄러움　　　운명과 삶에 대한 절망감. 체념
나는 내 슬픔과 어리석음에 눌리어 죽을 수밖에 없는 것을
느끼는 것이었다.
　　　: 시상의 전환　　　　　▶ 9~19행(승): 지난 삶에
　　　- 부정적 정서→긍정적 정서　　　　대한 반성과 절망
그러나 잠시 뒤에 나는(고개를 들어,
　　　　　　　　　　( ): 화자의 시선 변화: 심리·태도의 변화 암시
허연 문창을 바라보든가 또 눈을 떠서 높은 천정을 쳐다보
는 것인데,)
이때 나는 내 뜻이며 힘으로, 나를 이끌어 가는 것이 힘든
　　　　　　불가항력적인 운명에 대한 인식
일인 것을 생각하고,
이것들보다 더 크고, 높은 것이 있어서, 나를 마음대로 굴
려 가는 것을 생각하는 것인데,　　운명론적 가치관
　　　　　초월적 존재. 운명
이렇게 하여 여러 날이 지나는 동안에, 시간의 흐름
내 어지러운 마음에는 슬픔이며, 한탄이며, 가라앉을 것은
차츰 앙금이 되어 가라앉고,　　▶20~25행(전): 운명에 대한 깨달음이 가져다 준
감정의 정화. 내면적 안정과 심리적 성숙　　감정의 정화. 화자의 심리적 성숙
외로운 생각이 드는 때쯤 해서는,
더러 나줏손에 쌀랑쌀랑 싸락눈이 와서 문창을 치기도 하
는 때도 있는데,　　고통과 시련
나는 이런 저녁에는 화로를 더욱 다가 끼며, **무릎을 꿇어 보며,**
　　　　　　　　　　지난 삶에 대한 반성
어니 먼 산 뒷옆에 바우 섶에 따로 외로이 서서,　　　┐'갈매나무'의 모습
어두워 오는데 하이야니 눈을 맞을, 그 마른 잎새에는,　│외로움과 추위를
쌀랑쌀랑 소리도 나며 **눈을 맞을,**　　　　　　　│참고 견딤
　　　　　　　　'눈을 맞을'의 변주와 반복　　　│- 화자가 지향하는
　　　　　　　　- 시각 → 청각　　　　　　　│삶의 자세
그 드물다는 굳고 정한 갈매나무라는 나무를 생각하는 것　┘
이었다.
　　객관적 상관물
　　- 시상을 집약하는 소재
　　- 삶에 대한 화자의 의지를 드러내는 소재
　　　　　　　▶ 26~32행(결): 새로운 삶에 대한 의지

- 화자는? 표면에 드러난 '나'
- 시적 상황은? 고향을 떠나 객지를 떠돌고 있음.
- 어조는? 반성적, 체념적
- 정서나 태도는? 성찰적, 반성적, 의지적
- 주제는? 무기력한 삶에 대한 반성과 새로운 삶에 대한 의지(현실 극복 의지)

핵심 정리

| 이 시의 특징 |
- 토속적 소재를 활용하고 (평안도) 방언을 구사함.
- 편지의 형식을 빌려 화자 자신의 근황을 밝힘.
- 산문적으로 서술하고 있으나, 쉼표를 적절히 사용하여 내재율을 획득함.

03
❸번이 답인 이유

이 시에서는 겨울이라는 하나의 계절적 배경만 등장할 뿐 이와 대조적인 다른 계절적 배경이 등장하지 않는다.

오답 피하기

① 이 시는 '어느 사이에', '이리하여 나는', '낮이나 밤이나', '이렇게 하여 여러 날이 지나는 동안에'와 같은 시어로 시간이 지났음을 드러내며, 이에 따라 달라지는 화자의 심리를 함께 제시한다.

② 이 시의 제목은 편지 봉투에 발신 주소를 적는 형식으로, '남신의주 유동'이 주소이며, 그곳에 있는 '박시봉'이라는 사람의 '방(집)'이 발신지라는 의미이다. 따라서 이 시는 그곳에서 화자가 부치는 편지가 된다. 즉 고향을 떠난 화자가 편지로써 자신의 근황을 알리는 형식으로 시상을 전개한다고 볼 수 있다.

③ 이 시의 전반부에서 화자는 '손을 쬐며 재 우에 뜻 없이 글자를 쓰'는 등 시선을 아래로 두며 슬픔과 절망에 빠진 모습을 보인다. 후반부에서는 '고개를 들어', '눈을 떠서 높은 천정을 쳐다보며' 슬픔을 극복하고 있으므로 시선의 이동에 따라 화자의 태도가 전환된다고 볼 수 있다.

⑤ 이 시는 마지막 행에서 객관적 상관물인 갈매나무를 활용해 지난 삶에 대한 슬픔과 반성을 끝내고 다시 삶의 의지를 다지는 화자의 의지를 집약하여 드러내고 있다.

04
❹번이 답인 이유

이 시의 화자는 고향을 떠나 세 들어 사는 작고 누추한 방에서 자신의 과거를 돌아보며 자신의 처지에 절망하고 무기력함을 느낀다. 그러나 지나온 삶을 반성하고 자신을 둘러싼 운명을 인식하면서 내면의 안정을 얻게 되고, 마침내 새로운 삶에 대한 의지와 희망을 품게 된다.

오답 피하기

① 이 시의 화자가 자신의 불행을 운명으로 수용하고 의지를 다지고 있기는 하지만 '감사와 기쁨'과 같은 정서가 드러나지는 않는다.

② 화자는 암울한 현실 속에서 무기력하게 살아가는 자신의 삶을 반성할 뿐이지 현실에 '분노'하지 않으며, 마음이 진정된 후에도 '삶에 대한 경외'를 드러내지는 않았다.

③ 화자는 자신의 삶을 돌아보며 슬픔과 어리석음을 '반성'하지만 주어진 운명에 '체념'하고 마는 것이 아니라 새로운 삶을 살아가려는 의지를 보여 준다.

⑤ 화자는 자신이 처한 상황을 운명적으로 수용하지 '억울'해하는 모습은 보이지 않았으며, '사회적으로 성공을 이루려는 결의'를 드러내지도 않았다.

05
❹번이 답인 이유

"나는 내 슬픔이며 어리석음이며를 소처럼 연하여 쌔김질하는 것이었다."에서 화자는 소에 자신의 슬픔과 어리석음이라는 감정을 이입하는 것이 아니라, 슬픔과 어리석음을 곱씹는 자신의 모습을 '소'에 비유하여 나타낸 것이다.

오답 피하기

① 1~4행에서 아내도 없고 부모, 동생들과도 멀리 떨어져 생활하고 있음이 드러난다.

② 이 시의 제목인 '남신의주 유동 박시봉방'과 7~8행의 "나는 어느 목수네 집 헌 샅을 깐, / 한 방에 들어서 쥔을 붙이었다."라는 시구를 통해 화자가 '박시봉'이라는 목수의 집에서 세를 들어 살고 있음을 알 수 있다.

③ 23행의 '이것들보다 더 크고, 높은 것이 있어서, 나를 마음대로 굴려 가는 것'이라는 시구를 통해 자신의 삶을 초월적인 존재가 이끌어간다고 생각하는 화자의 운명론적 가치관이 드러난다.

⑤ 이 시에서 '갈매나무'는 외로움과 추위를 참고 견디는 존재로 화자가 지향하는 삶의 태도를 드러내는 소재이다.

06~07 개념으로 작품 읽기   절정_이육사

시상 전개 방식을 파악하기 위해 시의 소재나 시구 등이 어떤 기준에 따라 배열되었는지 살펴보자.

탄압, 시련
매운 계절의 채찍에 갈겨
가혹한 현실(일제 강점기)
마침내 **북방**으로 휩쓸려오다
　　수평적 공간의 극한 지점   ○: 극한 상황의 점층적 구조
　　　　　　　　　　　　　　　　　　　→ 점층적 시상 전개
　　　　　　　　　　　▶ 1연(기): 수평적 공간에서의 극한 상황

하늘도 그만 지쳐 끝난 **고원**
　　　　　　　　　　수직적 공간의 극한 지점
서릿발 칼날진 그 위에 서다
　　생존의 극한 상황
　　　　　　　　　　▶ 2연(승): 수직적 공간에서의 극한 상황

어디다 무릎을 꿇어야 하나.
한 발 재겨 디딜 곳조차 없다
　　심리적 극한 상황
　　　　　　　　　　▶ 3연(전): 극한 상황에 대한 화자의 인식

이러매 눈감아 생각해 볼밖에
시상의 전환(외적 현실 → 화자의 태도)
겨울은 강철로 된 무지갠가 보다.
　역설적 인식 → 극한 상황의 초월 의지
　　　　　　　　　　▶ 4연(결): 극한 상황을 초극하려는 의지

선경후정의 구조
- 1~3연 : 선경(극한 상황이라는 외적 현실)
- 4연: 후정(초극 의지를 보이는 화자의 태도)

- 화자는? 표면에 드러나지 않은 화자로, 극한 상황에 처한 이
- 시적 상황은? 극한 상황을 이겨내고자 함.
- 어조는? 의지적, 지사적
- 정서나 태도는? 의지적, 저항적
- 주제는? 극한 상황에서의 초월적 인식

| 이 시의 특징 |
• 한시의 '기-승-전-결'의 4단 구성 방식을 따름.
• 역설적 표현을 통해 주제를 효과적으로 형상화함.
• 상징적 시어와 강인한 어조로 화자의 의지를 드러냄.
• 현재형 시제를 사용하여 긴박감을 더하고 저항 정신을 표출함.

06 ② 2번이 답인 이유

이 시는 '한 발 재겨 디딜 곳조차 없다.'에서 현재형 시제를 사용함으로써 긴박한 분위기를 효과적으로 나타내며 시적 긴장감을 조성하고 있다.

오답 피하기

① '어디다 무릎을 꿇어야 하나'와 같은 의문형으로 극한 상황에서 느끼는 화자의 불안함을 드러낼 뿐 정서를 감탄의 형태로 강하게 드러내는 영탄적 어조는 드러나지 않는다.

③ 이 시의 화자는 자신이 처한 극한 상황에서 '한 발 재겨 디딜 곳조차 없'다고 느끼며 상황에 대한 부정적 인식을 드러내고 있을 뿐, 방관적 태도를 보이고 있지 않다.

④, ⑤ 이 시에 절대적인 존재는 등장하지 않으며, 화자가 부정적인 상황을 극복하기 위해 절대적인 존재에 의존하는 내용 또한 찾아볼 수 없다. 화자는 현실을 극복하려는 자신의 의지를 '겨울은 강철로 된 무지개'라는 역설적 표현을 통해 드러내고 있다.

07 ② 2번이 답인 이유

이 시에는 일제 강점기 말기라는 외적 상황이 극한 공간으로 암시되어 있기는 하지만 인용을 통해 직접적으로 드러난 것은 아니다.

오답 피하기

① 1연에서는 현실의 수평적 한계인 '북방'이, 2연에서는 수직적 한계인 '고원'과 더 나아갈 곳이 없는 '서릿발 칼날 진 그 위'가 제시되면서 생존의 극한 상황이 점층적으로 제시되고 있다.

③ 이 시는 한시의 형식 중 하나인 기승전결의 구성 방식을 1~4연에서 취하고 있다.

④ 4연에서는 비극적 삶에 대한 냉철한 인식을 통해 그러한 극한 상황을 정신적으로 초극하려는 화자의 의지가 드러나고 있다.

⑤ 1~3연에 걸쳐 극한 상황을 점차 고조시키며 외적 현실을 드러낸 다음 4연에서 이에 대한 화자의 태도를 표현하고 있으므로, 선경후정의 구성 방식이 사용되었다고 할 수 있다.

08~09 개념으로 작품 읽기 알 수 없어요_ 한용운

시상 전개 방식을 파악하기 위해 시의 소재나 시구 등이 어떤 기준에 따라 배열되었는지 살펴보자.

바람도 없는 공중에 수직의 파문을 내이며 고요히 떨어지는 오동잎은 누구의 발자취입니까
_{초월적 힘} ○: 절대적 존재
□: 임(절대적 존재)의 다양한 모습

지리한 장마 끝에 서풍에 몰려가는 무서운 검은 구름의 터진 틈으로 언뜻언뜻 보이는 푸른 하늘은 누구의 얼굴입니까

꽃도 없는 깊은 나무에 푸른 이끼를 거쳐서 옛 탑 위의 고

요한 하늘을 스치는 알 수 없는 향기는 누구의 입김입니까

근원은 알지도 못할 곳에서 나서 돌뿌리를 울리고 가늘게 흐르는 작은 시내는 굽이굽이 누구의 노래입니까

연꽃 같은 발꿈치로 가이없는 바다를 밟고 옥 같은 손으로 끝없는 하늘을 만지면서 떨어지는 날을 곱게 단장하는 저녁놀은 누구의 시입니까   ▶ 1~5행: 자연 현상을 통해 드러나는 절대적 존재

타고 남은 재가 다시 기름이 됩니다. 그칠 줄을 모르고 타
_{시상의 전환, 불교적 윤회 사상(역설법)}
는 나의 가슴은 누구의 밤을 지키는 약한 등불입니까
_{암담한 현실}   _{화자의 희생정신}
   ▶ 6행: 절대적 존재를 위한 희생 의지

• **화자는?** 표면에 드러난 '나'
• **시적 상황은?** 절대자의 존재를 믿고 임이 부재하는 암울한 현실을 이겨 내고자 함.
• **어조는?** 명상적, 관념적
• **정서나 태도는?** 희생적, 의지적
• **주제는?** 절대적 존재에 대한 동경과 구도의 정신

| 이 시의 특징 |
• 경어체 및 의문형 어구를 반복함.
• 절대자의 존재에 대한 깨달음을 자연 현상을 통해 형상화함.
• 유사한 통사 구조를 반복하여 형태적 안정성과 리듬감을 부여함.

08 ④ 4번이 답인 이유

이 시는 각 행을 "누구의 ~입니까"라는 의문형 문장으로 종결함으로써 자연 현상에서 깨달을 수 있는 임의 모습을 통일성 있게 제시하고 있다.

오답 피하기

① 이 시는 '낮(푸른 하늘) → 저녁(저녁 놀) → 밤'으로 이어지는 시간의 흐름에 따라 순차적으로 시상이 전개된다.

② 이 시는 전체를 네 부분으로 나누기 어렵고, 시상의 전환 역시 6행의 '타고 남은 재가 다시 기름이 됩니다'에서 일어난다.

③ 이 시의 처음과 끝에서 같거나 유사한 시구가 반복되지 않으므로 수미상관이 사용되지 않았다.

⑤ '발자취', '얼굴', '입김', '노래'는 원관념인 '절대적 존재'의 일부를 각각의 보조 관념(자연 현상)으로 표현한 것으로 화자의 시선이 실제로 따라가는 시적 대상이라고 보기 어렵다.

09 ⑤ 5번이 답인 이유

이 시에서 '밤을 지키는 약한 등불'은 절대자가 아니라 화자 자신과 관련된다. '밤'은 임이 부재하는 암울한 상황을 의미하며, '약한 등불'은 암담한 현실을 밝히려는 화자의 희생정신을 의미한다.

오답 피하기

①~④ 이 시는 '누구'의 모습을 형상화하기 위해 각 행마다 자연물 또는 자연 현상을 의인화하여 표현하였다. 1행에서는 '누구의 발자취'를 '오동잎'에 빗대었고, 2행에서는 '누구의 얼굴'을 '푸른 하늘'에, 3행에서는 '누구의 입김'을 '향기'에 빗대어 형상화하였다. 4행에서는 '누구의 노래'를 '작은 시내'에, 마지막으로 5행에서는 '누구의 시'를 '저녁놀'에 빗대어 표현하였다.

꿈엔들 잊힐리야 수능 다가가기
p.80~83

01 ① **02** ④ **03** ⑤ **04** ③ **05** ② **06** ②

작품 분석하기

[80쪽 가]

구분	내용	알 수 있는 시어/시구
화자	• 1연: 표면에 드러난 화자인 '나'(=만술 아비) • 2연: 제삼자	• '아베요 아베요 / 내 눈이' • '여보게 만술 아비 / 니 정성이 엄첩다'
대상	만술 아비의 축문	'축문이 당한기요'
처지·상황	글씨를 모르고 가난한 만술 아비가 돌아가신 아버지를 위해 제사를 지냄.	• '내 눈이 티눈' • '등잔불도 없는 제사상' • '윤사월 보릿고개'
정서·태도	• 만술 아비는 아버지에 대한 애틋한 정성을 보임. • 만술 아비의 아버지는 만술 아비의 정성에 감동함.	• '소금에 밥이나마 많이 묵고 가이소.' • '니 정성이 엄첩다' • '니 정성 느껴느껴 세상에는 굵은 밤이슬이 온다.'
주제	돌아가신 아버지에 대한 만술 아비의 정성과 그리움

[80쪽 나]

구분	내용	알 수 있는 시어/시구
화자	표면에 드러난 화자 '나' (=큰애)	'그래도 큰애 네가 / 아버지한테는…'
대상	어머니의 소식	'어머니께서 / 한 소식 던지신다'
처지·상황	허리가 아파 병원에 가려는 어머니가 '나'에게 말을 건넴.	'병원 갈 채비를 하며 / 어머니께서 / 한 소식 던지신다 / 허리가 아프니까'
정서·태도	• 세상이 다 '의자'로 보임 • 아버지 산소에 다녀올 것을 권유함 • 세상 모든 존재는 의지하며 살아가니 가족과도 싸우지 말고 배려하고 의지하고 살라며 권유함	• '세상이 다 의자로 보여야' • '주말엔 / 아버지 산소 좀 다녀와라' • '싸우지들 말고 살아라 … 그늘 좋고 풍경 좋은 데다가 / 의자 몇 개 내 놓는 거여'
주제	서로 의지하며 살아가는 삶에 대한 깨우침

[82쪽 가]

구분	내용	알 수 있는 시어/시구
화자	표면에 드러난 화자 '나'	'내 호올로' / '내 어디서' / '내 어디로'
대상	와사등(가스등), 도시의 야경	'차단—한 등불' / '찬란한 야경'
처지·상황	도시의 여름밤 찬란한 야경 속	'긴—여름해 황망히 나래를 접고' '늘어선 고층 … 황혼에 젖어' '찬란한 야경 무성한 잡초인 양…'
정서·태도	외로움, 슬픔, 공허함	'호올로 어딜 가는 슬픈 신호냐' '낯설은 거리의 아우성 소리' '까닭도 없이 눈물겹고나' '공허한 군중' / '무거운 비애'
주제	여름밤 도시의 야경을 보며 느끼는 외로움과 비애

[82쪽 나]

구분	내용	알 수 있는 시어/시구
화자	표면에 드러나지 않음.	
대상	과거 고향의 모습	'사랑스러운 들길이 있다' / '마을이 있다'
처지·상황	울타리 밖에도 화초를 심고, 별이 많이 뜨는 마을을 떠올림.	'울타리 밖에도 화초를 심는 마을' '오래오래 잔광(殘光)이 부신 마을' '밤이면 더 많이 별이 뜨는 마을'
정서·태도	자연과 인간이 꾸밈없이 조화를 이루는 평화롭고 아름다운 고향 마을을 동경함.	'낯이 설어도 사랑스러운 들길' '천연(天然)히'
주제	인간과 자연이 조화된 꾸밈없는 공간에 대한 소망

01~03
2016학년도 6월 고2 학력평가

가 박목월, '만술 아비의 축문'

주제 돌아가신 아버지에 대한 만술 아비의 정성과 그리움

해제 이 시는 글을 모르고 가난하지만 정성을 다해 제를 올리는 '만술 아비'와, 그 모습을 지켜보던 이가 위로의 말을 건네는 대화체로 표현하고 있다. 사투리의 사용을 통해 토속적 정감을 불러일으키고, 일상적 시어를 통해 만술 아비의 처지와 서로 간의 애틋한 정을 그려 냈다.

아베요 아베요
시적 화자(만술 아비)가 시적 청자인 '아베'에게 말을 건넴.
내 눈이 티눈인 걸
표면에 드러난 시적 화자
아베도 알지러요.

등잔불도 없는 제사상에
축문이 당한기요.

눌러 눌러
소금에 밥이나마 많이 묵고 가이소.

윤사월 보릿고개
아베도 알지러요.

간고등어 한 손이믄
아버지가 좋아하던 것
아베 소원 풀어드리련만
저승길 배고플라요
소금에 밥이나마 많이 묵고 묵고 가이소.

▶ 1연: 돌아가신 아버지께 정성을 다하는 만술 아비

여보게 만술(萬述) 아비
화자 – 만술 아비를 지켜보던 제삼자, 청자 – 만술 아비
니 정성이 엄첩다.
이승 저승 다 다녀도
인정보다 귀한 것 있을락꼬,
망령(亡靈)도 응감(應感)하여, 되돌아가는 저승길에
죽은 아버지의 혼
니 정성 느껴느껴 세상에는 굵은 밤이슬이 온다.
시어 반복으로 의미 강조   아버지의 눈물
▶ 2연: 만술 아비의 정성에 감동한 죽은 아버지

_____: 화자의 가난한 형편
------: 시어의 반복
→ 화자의 정성 강조

짜임

1연	아버지의 제사상에 바치는 아들의 축문
2연	아들의 정성에 대한 망자의 감동

특징
• 시어의 반복을 통해 아버지에 대한 아들의 애틋한 정을 부각함.
• 경상도 사투리를 사용하여 향토적인 정서를 드러냄.
• 두 명의 화자를 내세워 말을 건네는 형식으로 시상을 전개함.

나 이정록, '의자'

주제 서로 의지하며 살아가는 삶에 대한 깨우침
해제 어머니가 아들에게 삶의 이치를 전하는 방식으로 이루어진 작품이다. 허리가 아픈 경험으로 의지할 수 있는 의자의 소중함을 깨닫고 자연물, 망자, 세상의 모든 것은 의지할 의자가 있어야 한다는 것을, 일상적이고 평범한 소재에 상징적 의미를 부여하여 큰애에게 타이르듯 전하고 있다.

병원에 갈 채비를 하며

어머니께서
시적 대상인 어머니가 화자에게 말을 건넴.
한 소식 던지신다
  ▶1연: 병원에 가려는 어머니가 '나'에게 말을 건넴.

허리가 아프니까

세상이 다 | 의자 |로 보여야

꽃도 열매도, 그게 다
어머니에게 위안을 주는 존재
| 의자 |에 앉아 있는 것이여

> **의자**
> – 어머니의 삶의 태도를 나타내는 사물
> – 매 연마다 반복되어 의미를 강조함.
> – 삶의 위안과 위로라는 상징적 의미를 지님.

  ▶2연: 허리가 아픈 경험을 계기로 세상이 '의자'로 보인다는 어머니

주말엔

아버지 산소 좀 다녀와라

그래도 큰애 네가
어머니가 자식(큰애)에게 말을 건네고 있음.
아버지한테는 좋은 | 의자 |아녔냐
'큰애'가 아버지에게 위로와 위안을 주는 존재였음이 드러남.
  ▶3연: 돌아가신 아버지를 배려하는 어머니

이따가 침 맞고 와서는

참외밭에 지푸라기도 깔고
     └*의자와 같은 역할*
호박에 똬리도 받쳐야겠다

그것들도 식군데 | 의자 |를 내줘야지
참외, 호박
  ▶4연: 자연물을 배려하는 어머니

싸우지 말고 살아라
        청유형, 명령형 어미로 어머니의 뜻 강조
결혼하고 애 낳고 사는 게 별거냐

그늘 좋고 풍경 좋은 데다가

| 의자 | 몇 개 내놓는 거여
서로가 서로에게 '의자'와 같은 위안이 되길 바람.
  ▶5연: 어머니의 가치관과 당부

짜임

1연	병원 갈 채비를 하시는 어머니
2연	병(허리가 아픔)을 계기로 어머니가 깨달은 삶의 이치
3연	돌아가신 아버지에게 의지가 되는 존재였던 큰애
4연	의지할 대상이 필요한 존재들
5연	서로에게 의지가 되어 살아가는 삶

특징
• 말을 건네는 방식으로 시상을 전개함.
• 소재에 상징적인 의미를 부여하여 주제 의식을 드러냄.
• 방언을 사용한 구어체로 시적 상황을 생동감 있게 전달함.

---

01 종합적인 감상   정답 ① 정답률 71%

❶번이 답인 이유
① 말을 건네는 방식을 활용하여 주제 의식을 심화하고 있다.
➡ (가)는 '만술 아비'가 '아베'에게 친근히 말을 건네는 모습과 그러한 '만술 아비'의 모습을 지켜보던 '제삼자'가 "망령도 응감하"겠다고 말을 건네는 모습을 통해 '만술 아비의 정성'이라는 주제를 드러내고 있다. (나)는 '어머니'가 '큰애'에게 하는 말을 통해 서로 의지하며 살아가는 삶의 중요성에 대한 깨우침이라는 주제 의식을 심화하고 있다. 즉 (가), (나) 모두 말을 건네는 방식을 활용하여 주제를 심화하고 있다.

오답 풀이
② 원경에서 근경으로 시선을 이동하여 시상을 전환하고 있다.
➡ (가)에서는 시선의 이동이 아닌 화자의 교체를 통해 시상을 전환하고 있다. (나)는 시선의 이동도 나타나지 않고, 시상의 전환 역시 나타나 있지 않다.
③ 대립적인 의미의 시어로 비판적 현실 인식을 보여 주고 있다.
➡ (가) '소금에 밥'과 '간고등어'라는 대립적인 의미의 시어가 나오기는 하지만 비판적 현실 인식을 보여 주는 것이 아니라 가난한 화자의 처지를 강조하는 역할을 한다. (나)에서는 대립적인 의미의 시어도, 비판적 현실 인식도 나타나지 않는다.
④ 과거와 현재를 대비하여 화자의 심경 변화를 드러내고 있다.
➡ (가), (나) 모두 과거와 현재의 대비, 화자의 심경 변화가 드러나지 않는다.
⑤ 시어의 반복으로 화자 자신의 부정적 처지를 강조하고 있다.
➡ (가)는 '아베', '눌러', '느껴' 등의 시어를 반복하고 있으며 (나)는 '의자'라는 시어를 반복하고 있지만, (가)와 (나) 모두 시어의 반복을 통해 화자 자신의 부정적인 처지를 강조하고 있지 않다.

개념의 좌표 찾기

• 말을 건네는 방식(→19쪽)   • 시선의 이동(원경/근경)(→60쪽)
• 시상의 전환(→67쪽)   • 비판적(→22쪽)
• 과거와 현재의 대비(→66쪽)   • 시어의 반복(→46쪽)
• 부정적(→18쪽)

---

02 시어(시구)의 의미와 기능   정답 ④ 정답률 45%

❹번이 답인 이유
④ [B]에서 '밤이슬'이 오는 것은 [A]의 '소금에 밥'을 바치는 마음 때문이다.
➡ [B]에서 '밤이슬'이 오는 이유를 '니 정성 느껴느껴'라고 하였다. 여기서 '니'는 만술 아비를 말한다. 만술 아비는 가난한 형편이라 아버지에게 '소금에 밥'밖에 차려드리지 못했지만 '망령도 응감하여'라는 표현으로 볼 때, 만술 아비의 아베가 감동을 하였고 그 감동으로 '밤이슬'이 오는 것임을 짐작할 수 있다. 즉, '밤이슬'은 망령이 만술 아비의 마음에 감동한 것을 드러낸 표현이다.

오답 풀이

① [A]와 [B]에서 '저승길'을 가는 주체는 '만술 아비'이다.

➡ '저승길'을 가는 주체는 망령 즉, '만술 아비'의 죽은 아버지이다.

② [A]의 '아베 소원'에 [B]의 '망령'도 응하여 감동하고 있다.

➡ '망령'이 응하여 감동하는 이유는 '만술 아비'의 정성 때문이다.

③ [A]의 '보릿고개'는 [B]의 '이승 저승'을 다 다니며 겪는 것이다.

➡ '보릿고개'는 '만술 아비'의 가난한 처지를 드러내기 위한 것으로, '이승 저승'에서 보릿고개를 겪는다고 볼 수 없다.

⑤ [B]에서 '엄첩다'고 한 것은 [A]에서 '간고등어 한 손'을 준비했기 때문이다.

➡ '엄첩다'고 한 것은 '소금에 밥'을 준비한 '만술 아비'의 정성 때문이다. '간고등어 한 손'은 풀어 드릴 수 없는 아버지의 소원을 뜻한다.

---

03 외적 준거 활용   정답 ⑤   정답률 60%

⊣ 보기 ├

이 작품은 '의자'라는 상징적 소재로 어머니의 경험에 따른
_{삶의 위로, 위안} _{허리가 아픈 경험}
인식과 삶에 대한 통찰을 드러내고 있다. 이러한 인식과 통찰을 바탕으로, 어머니는 죽은 남편과 자연물에까지 포용력과 배려심을 보이게 된다. 이를 통해 자식에게 전해 줄 세상살이의
_{서로 의지하며 사는 삶}
이치를 표현하고 있다.

⑤번이 답인 이유

⑤ 어머니는 '의자'가 '그늘 좋고 풍경 좋은' 곳에 놓여야 가족끼리 서로 의지하고 살아갈 수 있다는 이치를 드러내고 있어.

➡ 〈보기〉에서 어머니가 '의자'를 통해 전하는 세상살이의 이치는 '포용력'과 '배려심'이라고 했다. 그것은 ⑤의 진술과 같이 실제로 의자를 '그늘 좋고 풍경 좋은 데다가' 의자를 놓으라는 의미가 아니라, 가족들이 서로 포용해 주고 배려하면서 살아가라는 의미이다.

오답 풀이

① 어머니는 허리가 아픈 경험을 계기로 '꽃도 열매도, 그게 다 의자에 앉아 있는 것'이라고 인식하게 돼.

➡ 2연에서 어머니는 '허리가 아프니까 세상이 다 의자로 보'인다고 말하면서 꽃도 열매도 다 의자에 앉아 있는 것이라고 인식하고 있다.

② 어머니가 '아버지 산소 좀 다녀'오라고 한 것은 죽은 남편을 배려하는 마음을 담은 말이야.

➡ 〈보기〉에서 어머니는 죽은 남편과 자연물에까지 포용력과 배려심을 보인다고 했다. 이는 아버지에게 위로와 위안을 주는 '의자'와 같은 역할을 했던 '큰애'에게 '주말엔 / 아버지 산소 좀 다녀와라'라고 말하는 부분에서 드러난다.

③ 의자의 상징성을 고려하면, '아버지한테는 좋은 의자'였다는 것은 '아버지'가 '큰애'에게 위로받고 의지했다는 뜻이야.

➡ '의자'는 삶에 대한 위로와 위안이 되는 존재이다. 이때 '큰애'가 아버지에게 '좋은 의자'였다는 것은, '큰애'가 아버지에게 위로와 위안이 되는 존재였다는 것을 의미한다.

④ '참외밭에 지푸라기'를 깔겠다는 어머니의 말에서 자연물도 '식구'로 느끼며 포용하는 태도를 확인할 수 있어.

➡ 〈보기〉에서 어머니는 죽은 남편과 자연물에까지 '포용력'과 '배려심'을 보인다고 했다. 참외밭에 지푸라기를 깔고, 호박에 따리도 받쳐야겠다고 말하며 '그것들'도 '식구'라고 하는 어머니의 말에서 '자연물'을 포용하는 태도를 확인할 수 있다.

⚲ 개념의 좌표 찾기

· 상징(→43쪽)

04~06   2015학년도 6월 평가원 **B**

가 김광균, '와사등'

주제 여름밤 도시의 야경을 보며 느끼는 외로움과 비애

해제 1930년대 모더니즘 계열의 회화적 이미지를 중심으로, 도시적 삶의 고독과 비애감을 주관적인 감각 체험으로 묘사한 시이다. 현대 문명 속에서 살아가며 군중 속에서 느끼는 고독과 비애를 노래했다.

|차단─한 등불|이 하나 비인 하늘에 걸려 있다.
내 호올로 어딜 가라는 슬픈 신호냐.
▶1연: 차가운 등불 아래서 느끼는 방향 상실감

□:와사등(가스의 일본식 음차)
→ 도시적·이국적 이미지, 일제 강점기의 상황 반영
▨: 시적 허용

긴─여름해 황망히 나래를 접고
_{활유법: 해가 지는 모습을 새가 날개를 접는 듯이 표현함.}
늘어선 고층 창백한 묘석같이 황혼에 젖어
찬란한 야경 무성한 잡초인 양 헝클어진 채
_{직유법}
사념 벙어리 되어 입을 다물다.
_{수미상관 구조} _{대조(명암)}
▶2연: 여름해가 진 도시의 야경

피부의 바깥에 스미는 어둠
_{공감각적 표현: 시각의 촉각화}
낯설은 거리의 아우성 소리
까닭도 없이 눈물겹고나
_{영탄법: 화자의 슬픔을 직접 표출함.}
▶3연: 어둠 속에서 느끼는 비애

공허한 군중의 행렬에 섞이어
내 어디서 그리 무거운 비애를 지니고 왔기에
길─게 늘인 그림자 이다지 어두워
▶4연: 군중 속의 고독과 슬픔

내 어디로 어떻게 가라는 슬픈 신호기
|차단─한 등불|이 하나 비인 하늘에 걸리어 있다.
▶5연: 차가운 등불 아래서 느끼는 방향 상실감

짜임

1연	현대인의 방향 감각 상실
2연	황폐한 도시 문명 속 현대인의 자아 상실
3연	도시 문명에서 느끼는 삶의 비애
4연	도시 문명 속에서 느끼는 고독과 절망감
5연	현대인의 방향 감각 상실

특징

· 참신한 비유와 독창적 이미지를 자주 활용함.
· 시각적 이미지를 주로 사용하여 현대인의 내면을 드러냄.
· 수미상관식 구성을 취해 현대인의 방황과 고독을 심화함.

나 박용래, '울타리 밖'

주제 인간과 자연이 조화된 꾸밈없는 공간에 대한 소망
해제 이 작품은 시각적 심상의 시어를 통해 사랑스러운 들길과 평화로운 마을의 풍경 등 고향의 모습을 회화적 이미지로 형상화한 작품이다. 특히 직유적 표현과 향토적 정감이 느껴지는 시어를 사용하여 자연과 조화를 이루며 살았던 고향의 정경을 그렸다. 인간과 자연이 공존하는 고향의 모습을 통해 이상적 공간에 대한 지향을 드러내고 있다.

> 직유법
머리가 마늘쪽같이 생긴 고향의 소녀와
> 향토적 이미지
한여름을 알몸으로 사는 고향의 소년과

같이 낮이 설어도 사랑스러운 들길이 있다
　　　　　　　　　　　▶ 1연: 사랑스러운 들길이 있는 고향

> 직유법
그 길에 아지랑이가 피듯 태양이 타듯

제비가 날듯 길을 따라 물이 흐르듯 그렇게

그렇게

천연(天然)히
꾸밈없는 고향의 모습
　　　　　　　　　　▶ 2~3연: 자연 그대로의 모습을 간직한 고향

울타리 밖에도 화초를 심는 [마을이 있다]　□: 시구의 반복 →
오래오래 잔광(殘光)이 부신 [마을이 있다]　운율 형성. 마을
　　　　　　　　　　　　　　　　의 모습 강조
밤이면 더 많이 별이 뜨는 [마을이 있다].
　　　○: 밝음의 이미지　▶ 4연: 자연과 더불어 존재하는 고향의 모습

짜임

1연	고향 마을의 들길과 아이들에 대한 느낌
2연	시골 고향 마을의 속성
3연	시골 고향 마을의 이미지
4연	인간과 자연이 조화된 마을의 정경

특징

· 동일한 종결 어미를 사용하여 동질적 속성을 부각함.
· 하나의 시어로 독립된 연을 구성하여 의미를 강조함.
· 회화적 이미지를 통해 고향 마을의 정경을 선명하게 드러냄.

---

04 종합적인 감상　　정답 ③　정답률 **93%**

📝 **③**번이 답인 이유

③ 비유적 표현을 활용하여 / 공간에 대한 인식을 드러내고 있다.

➡ (가)에서는 '창백한 묘석같이'와 '무성한 잡초인 양' 등 직유법을 활용하여 현대 문명과 도시 야경에 대한 부정적인 인식을 드러냈고, (나)에서는 '아지랑이가~물이 흐르듯'의 직유법을 활용하여 고향 마을에 대한 인식을 드러내고 있다.

오답 풀이

① 수미상관의 방법을 통해 / 정서의 변화를 강조하고 있다.
　　　　　　(가)○ (나)×
➡ 수미상관은 (가)에만 나타나 있고, (나)에는 나타나지 않는다. 또한 정서의 변화는 (가), (나) 모두에 나타나지 않는다.

② 영탄적 표현을 통해 / 대상에 대한 경외감을 표출하고 있다.
　　　　　　(가)○ (나)×
➡ (가)에는 '슬픈 신호냐.'와 '눈물겹고나'에 영탄적 표현이 드러나 있으나 (나)는 영탄적 표현 없이 전체적으로 담담한 어조를 통해 전개하고 있다. 대상에 대한 경외감은 (가), (나) 모두에 나타나지 않는다.

④ 어둠과 밝음의 대조를 통해 / 긍정적 미래의 도래를 암시하고 있다.
　　　　　　(가)○ (나)×
➡ (가)에는 '등불'의 밝음과 '야경', '어둠'의 명암 대조가 나타나 있다. (나)는 밝음과 어둠의 대조가 나타나지 않는다. 또한 (가), (나) 모두 긍정적 미래의 도래에 대한 인식은 없다.

⑤ 화자를 작품의 표면에 나타내어 / 주제에 대한 공감을 이끌어 내고 있다.
　　　　　　(가)○ (나)×
➡ (가)에는 '내 호올로', '내 어디서' 등의 시어에서 알 수 있듯이 화자를 표면에 드러내어 주제에 대한 공감을 이끌어 낸다. (나)는 표면에 드러나지 않은 화자가 고향 마을에 대한 풍경을 그려 냄으로써 공감을 이끌어 내고 있다.

📍 **개념의 좌표 찾기**

· 수미상관(→31쪽, 64쪽)　　　· 어둠과 밝음의 대조(명암 대비)
· 영탄적 표현(→48쪽)　　　　　 (→35쪽)
· 경외감: 공경하면서 두려워하는 감정.　· 표면에 드러난 화자(→12쪽)
· 비유적 표현(→41쪽)

---

05 시어(시구)의 의미와 기능　　정답 ②　정답률 **92%**

📝 **②**번이 답인 이유

② ⓛ : 공감각적 표현을 활용하여 / 현실과 이상의 거리감을 좁히고 있다.

➡ '피부 바깥에 스미는 어둠'은 어둠이라는 시각적 심상을 '스미다'라는 촉각적 심상으로 전이시킨 공감각적 표현이다. 하지만 어둠을 통해 화자의 비애감을 나타낸 것이지 현실과 이상의 거리감을 좁히고 있는 것은 아니다. '현실과 이상의 거리감이 좁다'는 것은 현실의 모습이 이상 세계의 모습과 유사하다는 말이다. 이 작품은 현실의 모습에서 슬픔과 비애를 느끼는 것으로 보아 이상과 현실의 거리감이 넓다고 볼 수 있다.

① ㉠: 적막한 배경에 놓인 하나의 사물에 주목하여 / 화자의 쓸쓸한 처
'비인 하늘'   '등불이 하나'   '어딜 가라는 슬픈 신호'
지를 환기하고 있다.

➡ 비인 하늘에 걸려 있는 차단한 등불 하나를 통해 갈 길을 잃어
버린 화자의 쓸쓸한 모습을 표현했다.

③ ㉢: 특정 시어를 장음으로 읽도록 유도하여 / 시어의 의미와 낭송의
길-게
호흡을 조화시키고 있다.

➡ '길-게'를 통해 낭송의 호흡을 길어지게 하여 화자가 지니고 있
는 비애감을 강조하고 있다.

④ ㉣: 동일한 연결 어미를 반복하여 / 다양한 소재의 동질적 속성을 부
'-듯'   '아지랑이, 태양, 제비'   '천연히'
각하고 있다.

➡ 연결 어미 '-듯'을 반복하여 '아지랑이', '태양', '제비'의 동질적
속성(꾸밈없이 자연스러움)을 부각하고 있다.

⑤ ㉤: 하나의 시어로 독립된 연을 구성하여 / 대상의 상태를 강조하고
'천연히'
있다.

➡ '천연히'라는 하나의 시어로 독립된 연을 구성하여 꾸밈없이 자
연스러운 고향의 속성을 강조하고 있다.

⭘ 개념의 좌표 찾기

· 환기(→37쪽)   · 거리감(→55쪽)
· 공감각적 표현(→36쪽)

---

06 외적 준거 활용   정답 ② | 정답률 77%

보기

　1930년대 모더니즘을 주도했던 김광균은 감성보다 지성을
　　　　　　　　　　　　　　　　(가)
중시하는 이미지즘을 자신만의 방식으로 소화했다. 그는 상실
감과 소외감 등의 정서에 회화적 이미지를 결합하여 현대 문명
　　　　　　　　　　　　　　　　　(가)의 특징①
에 대한 태도를 보여 주었다. 1950년대 후반의 시적 경향을 보
　　　　　　　(가)의 특징②
여 주는 박용래는 모더니즘의 기법에 전통과 자연에 대한 관심
　　　(나)　　　　　　　　　　　　(나)의 특징①
을 결합했다. 그는 사라져 가는 재래의 것들을 회화적 이미지
로 복원하여 토속적 정취를 환기하고, 소박한 자연의 이미지를
　　　(나)의 특징②
병치하여 자연의 지속성과 인간과 자연의 조화에 대한 바람을
　　　　　　　(나)의 특징③
드러냈다.

📋 ❷번이 답인 이유

② (가)는 시간의 순환적 흐름을 통해 도시의 황폐함을, (나)는 시간의 순
차적 흐름을 통해 자연의 지속성을 강조하고 있군.

➡ (가)에서 '창백한 묘석같이', '잡초인 양 헝클어진'을 통해 도시
의 황폐함을 강조하고 있는 것은 맞지만, 시간의 순환적 흐름은

나타나지 않는다. (나)도 '천연히'를 통해 자연의 지속성이 강조
되지만, 시간의 순차적 흐름은 제시되지 않았다.

① (가), (나) 모두 주로 시각적 이미지를 활용하여 풍경을 묘사함으로써
회화성을 잘 살리고 있군.

➡ 〈보기〉에서 김광균과 박용래 두 시인 모두 회화적 이미지를 사
용한다고 언급했는데, (가)에서는 '긴―여름해', '늘어선 고층',
'찬란한 야경', (나)에서는 '아지랑이가 피듯', '제비가 날듯', '잔
광이 부신' 등의 시어를 통해 풍경을 묘사하여 회화성을 잘 살
렸다.

③ (가)의 '무성한 잡초'는 인간과 문명의 불화에 따른 상심을, (나)의 '화
초'는 인간과 자연의 조화에 대한 바람을 함축하고 있군.

➡ 〈보기〉에서 김광균은 현대 문명에 대한 태도를 드러낸다고 했
는데 (가)에서는 찬란한 야경을 '무성한 잡초'처럼 헝클어졌다
고 표현함으로써 현대 문명과 조화를 이루지 못하는 현대인의
상실감을 표현했다. 또 〈보기〉에서 박용래는 인간과 자연의 조
화에 대한 바람을 드러냈다고 했다. (나)에서 '화초'를 울타리
밖에 심음으로써 '울타리 안'이라는 인간의 공간과 '울타리 밖'
이라는 자연의 공간이 조화되는 모습을 표현하여 조화에 대한
바람을 드러냈다.

④ (가)는 (나)와 달리 감정을 노출하는 시어를 빈번하게 사용하여 현대
문명으로 인한 소외감을 제시하고 있군.

➡ (가)에서는 '슬픈', '낯설은', '비애' 등의 감정을 노출하는 시어를
빈번하게 사용하여 〈보기〉에서 작가가 드러내고자 한 물질문
명으로부터 소외된 현대인의 내면을 제시하고 있다. (나)에서는
'사랑스러운'이라는 시어를 제외하면 감정을 노출하는 시어가
없다. 또한 현대 문명으로 인한 소외감도 드러나지 않는다.

⑤ (나)는 (가)와 달리 토속적 정취를 자아내는 시어를 활용하여 전통적
세계에 대한 지향을 드러내고 있군.

➡ (나)에서 '마늘쪽', '울타리' 등의 시어를 통해 〈보기〉에서 작가
가 의도한 토속적 정취를 환기하고, 사라져 가는 재래의 것들에
대한 지향을 드러내고 있다.

⭘ 개념의 좌표 찾기

· 시각적 이미지/회화성(→35쪽)   · 감정을 노출하는 시어(→18쪽)
· 순차적 흐름(→59쪽)

Ⅱ. 고전 시가

01 고전 시가의 갈래 ①_고대 가요, 향가, 고려 가요, 한시

사뿐히 즈려밟는 확인 문제   p.90~91

☑ **바로바로 간단 체크**   1 (1) 고대 가요 (2) 향찰 (3) 고려 가요
2 (1) X (2) ○ (3) X   3 (1) ㄹ (2) ㄱ (3) ㄴ (4) ㄷ

01 ② 02 ④ 03 ⑤ 04 ㄱ, ㄷ 05 ② 06 〈정월령〉

01~02 개념으로 작품 읽기   정읍사_작자 미상(어느 행상인의 아내)

고대 가요 중 유일하게 한글로 전해지는 작품이야. 남편의 안전을 비는 아내의 마음을 어떻게 형상화하였는지에 주목하여 읽어 보자.

돌하 노피곰 도두샤
달 - 소망, 기원의 대상(--즌 딘)
어긔야 머리곰 비취오시라.
멀리멀리
어긔야 어강됴리
아으 다롱디리   음악에 맞추기 위한 뜻 없는
시장에   가 계신가요?   후렴구(=여음구, 조흥구)
져재 녀러신고요
남편의 신분이 시장에서 물건을 파는 행상인임을 알 수 있음.   ▶ 기: 달에게 남편의 무사함을 기원함.
어긔야 즌 딕롤 드딕욜셰라
위험한 곳, 진 곳
어긔야 어강됴리   ▶ 서: 남편에게 나쁜 일이 생길까 염려함.
어느 곳에나, 어느 것이나.
어느이다 노코시라
놓으십시오
어긔야 내 가논 딕 졈그롤셰라
저물까 두렵습니다.
어긔야 어강됴리
아으 다롱디리   ▶ 결: 남편의 무사한 귀가를 바람.

- **화자는?** 작자 미상(어느 행상인의 아내)
- **시적 상황은?** 남편이 행상을 나가 돌아오지 않고 있음.
- **어조는?** 공손함('돌하'의 '하'는 높임 표현, '도두샤'의 '샤'도 높임 표현), 간절함, 서정적, 기원적
- **정서나 태도는?** 남편의 안전을 염려하며 달에게 남편의 안전을 기원함.
- **주제는?** 남편의 안전을 바라는 여인의 간절한 마음

핵심 정리
- **갈래:** 고대 가요, 서정시   • **연대:** 백제 시대로 추정
- **형식상 특징:** 후렴구를 사용함.
- **의의:** ① 현전하는 유일한 백제 노래임. ② 한글로 기록되어 전하는 고대 가요 중 가장 오래된 작품임. ③ 시조 형식의 기원이 되는 작품임.

| 이 시의 짜임 |

기(1구~4구)	'달'에게 남편의 무사함을 기원함.
서(5구~7구)	남편에게 나쁜 일이 생길까 염려함.
결(8구~11구)	남편이 무사히 귀가하기를 바람.

| 배경 설화 |
정읍은 당시 전주에 속해 있던 마을이다. 이 고을 사람이 행상을 떠나 오래도록 돌아오지 않으므로, 그 아내가 산 위의 바위에 올라 남편이 간 곳을 바라보며, 남편이 밤길을 오다가 해를 입지나 않을까 염려하여 달에게 기원하는 마음으로 이 노래를 불렀다고 한다. 이후 세상에 전하기를, 아내는 남편을 기다리다 돌이 되었다고 한다.

---

01   ❷번이 답인 이유

이 작품은 3·4행, 7행, 10·11행의 후렴구를 기준으로 기(1~4구: 남편의 무사를 기원함), 서(5~7: 남편을 염려함), 결(8~11: 남편의 무사 귀가를 바람)의 세 부분으로 내용이 나뉜다. 이러한 형식은 시조의 형식(3장 6구)과 유사한 면이 있어 〈정읍사〉를 시조 형식의 기원이 되는 작품으로 보는 견해도 있다.

오답 피하기
① 이 작품에서 공간의 이동은 나타나지 않는다.
③ 향가에 대한 설명으로 〈정읍사〉는 고대 가요에 속한다.
④, ⑤ 이 작품은 행상을 나간 남편을 걱정하며 무사 귀가를 기원하는 아내의 마음이 중심 내용을 이룬다. 이 작품은 개인의 서정을 노래하고 있으며 노동요적 성격을 지닌 노래로 보기 어렵다.

02   ❹번이 답인 이유

'아으'는 후렴구의 일부로 음악에 맞추기 위해 들어간 의미 없는 구절이기 때문에, 화자의 불안함을 강조한다는 설명은 적절하지 않다.

오답 피하기
① 화자는 밤에도 밝은 빛을 내는 달에게 존칭('돌하')을 쓰며, '비취오시라'는 소망을 빈다. 달빛이 환히 비추면 임이 밤에도 위험한 곳을 디디지 않고 무사히 집에 돌아올 수 있을 것이기 때문이다.
② '달'과 '즌 딘'라는 밝음과 어두움의 대비로 시상이 전개되므로 시각적 이미지가 대립된다고 볼 수 있다.
③ '져재'는 '시장에'로 해석되므로 화자의 남편이 시장에 다니는 행상인임을 나타내 준다.
⑤ '드딕욜셰라'와 '졈그롤셰라'에서 '-ㄹ셰라'가 반복되며 운율을 형성하고 있다. '-ㄹ셰라'는 '-할까 두렵다'란 의미로 남편을 걱정하는 화자의 간절한 마음도 함께 강조된다.

03~04 개념으로 작품 읽기   청산별곡_작자 미상

유랑민의 삶의 고뇌가 비유와 상징, 정제된 형태미로 드러난 고려 가요야. 글의 구조와 화자의 심정을 고려하며 읽어 보자.

살어리 살어리랏다 청산(靑山)애 살어리랏다
3   3   2   3   3   2
멀위랑 드래랑 먹고 청산(靑山)애 살어리랏다
평민들의 소박한 음식
얄리얄리 얄랑셩 얄라리 얄라

고려 가요의 특징①
3음보, 3·3·2조의 음수율

고려 가요의 특징② - 후렴구를 사용한 분연체(연을 구분함)   ▶ 1연: 청산에 대한 동경

우러라 우러라 새여 자고 니러 우러라 새여
널라와 시름 한 나도 자고 니러 우니로라

얄리얄리 얄라셩 얄라리 얄라

> 고려 가요의 특징③
> 음악에 맞추기 위한 뜻 없는
> 후렴구(=여음구, 조흥구)
> – 특징: 'ㅇ, ㄹ'을 반복함.

▶2연: 삶의 고독과 비애

가던 새 가던 새 본다 믈 아래 가던 새 본다
잉 무든 장글란 가지고 믈 아래 가던 새 본다

얄리얄리 얄라셩 얄라리 얄라

▶3연: 속세에 대한 미련과 번민

이링공 뎌링공 ᄒᆞ야 나즈란 디내와 숀뎌
오리도 가리도 업슨 바므란 또 엇디 호리라

얄리얄리 얄라셩 얄라리 얄라 (후략)

▶4연: 절망적인 고독과 비탄

- **화자는?** 표면에 드러난 '나'로 속세를 떠나고 싶어 함.
- **시적 상황은?** 괴로운 현실 때문에 이상향과 도피처를 찾고 있음.
- **어조는?** 애상적(우러라), 절망적, 체념적('바므란 또 엇디 호리라')
- **정서나 태도는?** 절망적 현실에 비애감을 느끼며 현실에서 도피하려는 체념적 태도
- **주제는?** 삶에 고뇌를 느끼는 유랑민의 슬픔, 속세에 염증을 느끼는 사람의 슬픔

핵심 정리

- **갈래:** 고려 가요 • **연대:** 고려 후기
- **형식상 특징:** ① 후렴구를 사용해 연을 나눔. ② 3음보, 3·3·2조의 음수율이 나타남.
- **의의:** 적절한 비유, 고도의 상징성, 빼어난 운율과 정제된 형태로 문학성을 인정받음.

| 이 시의 짜임 |
후략된 부분의 5연과 6연을 서로 바꾸면 전체 구조가 대칭적인 형식미를 지닌다.

청산 ←(대칭 구조)→ 바다

1연	청산–자연에 대한 동경	6연	바다–새로운 세계에 대한 동경
2연	새–삶의 비애와 고독	5연	돌–운명적 고독과 번뇌
3연	새–현실에 대한 미련	7연	사슴–생의 절박함과 고독
4연	밤–고독과 괴로움	8연	술–고뇌의 해소

〈수록 부분〉

03

⑤번이 답인 이유

이 작품은 평민들의 삶의 고뇌와 비애를 노래할 뿐이며 현실을 이겨 내려는 의지는 나타나 있지 않다.

오답 피하기

① 1연에서는 'A(살어리)–A(살어리랏다)–B(청산애)–A(살어리랏다)'로 3연에서는 'A(가던 새)–A(가던 새 본다)–B(믈 아래)–A(가던 새 본다)'의 구조로 운율을 형성한다.
② 이 시의 화자는 '새'에게 자신의 시름 많은 감정을 이입하여 '운다'고 표현하였다.
③ 이상향을 상징하는 공간인 '청산'과 속세를 상징하는 공간인 '믈'이 대조되고, 이럭저럭 지낼 만한 '낮'이라는 시간과 올 이도 갈 이도 없는 '밤'이란 시간이 대조되고 있다.

④ 이 시는 고려 가요로 '살어리/살어리/랏다'처럼 3·3·2조의 음수율과 3음보의 음보율이 드러난다.

04

ㄱ, ㄷ이 답인 이유

이 글의 후렴구는 각 연의 마지막 행에서 반복되어 연을 구분하며, 울림소리인 'ㅇ, ㄹ'을 반복하여 운율을 형성하고 있다.

오답 피하기

이 글의 후렴구는 음악에 맞추기 위한 구절일 뿐 의미가 없는 말이기 때문에 내용상의 통일성을 부여하기 어렵고 화자의 흥겨움을 강조한다고도 보기도 어렵다.

05~06 개념으로 작품 읽기 동동_ 작자 미상

각 달의 세시 풍속과 임을 향한 마음을 연결하여 노래한 월령체 고려 가요임에 주의하여 읽어 보자.

덕(德)으란 곰비예 받줍고 복(福)으란 림비예 받줍고
> 뒷 잔에, 신령님께   앞 잔에, 임에게
덕(德)이여 복(福)이라 호ᄂᆞᆯ 나ᅀᆞ라 오소이다
아으 동동(動動)다리

▶서사: 덕과 복을 빎.

> **고려 가요의 특징①–후렴구**
> – 음악에 맞추고, 흥을 돋우는 부분
> – 내용상 뜻이 없음.
> – 연을 구분하는 역할을 함.
> – '아으'는 감탄사, '동동'은 북소리, '다리'는 악기 소리를 본뜬 의성어로 보는 것이 일반적임.

> **고려 가요의 특징②–〈서사〉의 특성**
> – 고려 가요는 평민들 사이에 불리었다 후에 각색되어 궁중에서 불림.
> – '서사'는 궁중의 축제를 위해 각색된 부분임.
> – 이때의 '임'은 '임금'의 비유로, 화자는 임금의 덕과 복을 빌고 있다.

정월(正月)ㅅ 나릿므른 아으 어져 녹져 ᄒᆞ논뒤
누릿 가온뒤 나곤 몸하 ᄒᆞ올로 녈셔
> 세상의   시적 화자   살아가는구나, 지나는구나
아으 동동(動動)다리

▶정월령: 홀로 살아가야 하는 외로움

이월(二月)ㅅ 보로매 아으 노피 현 등(燈)ㅅ블 다호라
> 임의 인품을 빗댄 소재
만인(萬人) 비취실 즈싀샷다
> 모습이시도다, 같구나.
아으 동동(動動)다리

▶이월령: 임의 인품을 찬양함.

삼월(三月) 나며 개(開)혼 아으 만춘(滿春) 둘욋고지여
> 임의 아름다운 모습을 빗댄 소재
> (진달래꽃 또는 오얏꽃)
ᄂᆞ믹 브롤 즈슬 디녀 나샷다
> 부러워할 모습을
아으 동동(動動)다리

▶삼월령: 임의 아름다움을 찬양함.

☐ : **고려 가요의 특징③ – 분연체**
– 달을 기준으로 연을 나누어 시상 전개(월령체)

- **화자는?** 표면에 드러난 화자('몸하')로 임과 이별한 사람임.
- **시적 상황은?** 임에게 버림받고 홀로 살아가는 처지임.
- **어조는?** 서정적(이별의 상황), 영탄적, 예찬적('등(燈)ㅅ블 다호라', '둘욋고지여')
- **정서나 태도는?** 임의 덕과 복을 빌며, 혼자 살아가야 하는 외로움을 표현하고, 임의 모습을 예찬함.
- **주제는?** 임에 대한 찬송, 축복, 그리움과 사랑의 감정

핵심 정리

- **갈래:** 고려 가요 • **연대:** 고려 시대(12~14세기 경)
- **형식상 특징:** ① 후렴구를 사용함.
  ② 각 달의 세시 풍속에 따라 사랑의 감정을 읊음.
- **의의:** 우리 문학 최초의 월령체(달거리) 노래

| 이 시의 짜임 |

월	중심 제재	내용과 표현
서사	덕(德), 복(福)	대구 형식으로 임을 송축함. 〈수록 부분〉
정월	나릿믈	정월의 냇물과 외로운 자신의 처지를 대조함. 〈수록 부분〉
이월	등(燈)ㅅ블	임의 인품을 등불에 빗대어 송축함. 〈수록 부분〉
삼월	돌욋곳	임의 아름다운 모습을 진달래꽃에 빗대어 송축함. 〈수록 부분〉
사월	곳고리	잊지 않고 찾아온 꾀꼬리와 오지 않는 임을 대조함.
오월	아춤 약(藥)	단옷날 아침 약을 바치며 임의 장수를 기원함.
유월	빗	임에게 버림받은 자신의 처지를 빗에 비유함.
칠월	백종(百種)	제사상을 차려 놓고 임과 함께 살고 싶은 소망을 기원함.
팔월	가배(嘉俳)	임이 없는 한가위의 쓸쓸함.
구월	황화(黃花)	고요한 초가 속에서 쓸쓸하게 지내는 심정을 토로함.
시월	브릇	임에게 버림받은 슬픔을 잘게 썬 보리수나무에 비유함.
십일월	한삼(汗衫)	한삼을 덮고 누워 홀로 살아가는 자신의 신세를 한탄함.
십이월	져(箸)	임을 위해 차려 놓은 잔칫상의 젓가락을 다른 손님이 가져가는 것에 비유하여 자신의 외로운 처지를 슬퍼함.

05

💬 **❷번이 답인 이유**

〈서사〉 이후 정월(1월), 이월(2월), 삼월(3월) 순으로 시상을 전개하였다.

오답 피하기

① '아으 동동다리'는 내용상 의미가 없는 후렴구이므로 화자의 정서가 집약된다고 보기 어렵다.
③ 향가계 여요에 대한 설명으로, 대표작에는 정서의 〈정석가〉가 있다.
④ 고대 가요에 대한 설명이다. 〈동동〉은 고려 가요에 해당한다.
⑤ 고려 가요는 평민들 사이에서 구전되다가 한글 창제 이후 기록되었다.

06

〈정월령〉은 다른 연들과 달리 시적 대상을 축하하는 내용이 아닌 홀로 있는 외로움이 두드러지게 나타난다.

---

02 고전 시가의 갈래 ②_시조, 가사, 민요

사뿐히 즈려밟는 확인 문제 | p.96~98

☑ **바로바로 간단 체크** **1** (1) 시조 (2) 가사 (3) 민요
2 ㉠ 연시조 ㉡ 평민 **3** (1) ○ (2) ○ (3) X

01 ③ **02** ④ **03** ③ **04** ㉠ 무릉 ㉡ 단표누항
05 동일 시어의 반복, 4음보, 4·4조의 음수율, A−A−B−A의 구조 사용
06 ② **07** ④ **08** ④ **09** ④

01~02 개념으로 작품 읽기 **(가) 오백 년 도읍지를_** 길재
(나) 창 내고쟈 창을 내고쟈_ 작자 미상

(가)는 평시조, (나)는 사설시조야. 두 갈래의 공통점과 차이점을 기억하며 시를 읽어 보자.

(가)

_{1구}
오백 년(五百年) 도읍지(都邑地)를 / 필마(匹馬)로 도라드니
3 4 3 4

_{3구} _{4구}
산천(山川)은 의구(依舊)ᄒ되 / 인걸(人傑)은 간 듸 업다.
3 4 3 4

_{5구} _{6구}
어즈버 태평연월(太平烟月)이 쑴이런가 ᄒ노라.
3 5 4 3

> **시조의 특징**
> − 3장 6구 − 3·4조의 음수율 − 4음보의 음보율
> − 종장 첫 음보는 3음절로 고정('어즈버')

(나)

_{1구} _{2구}
창(窓) 내고쟈 창(窓)을 내고쟈 이내 가슴에 창(窓)을 내고쟈
4(허용) 5(허용) 5(허용) 5(허용)

고모장지 셰살장지 들장지 열장지 암돌져귀 수돌져귀 비목걸새 크나큰 쟝도리로 둑닥 바가 이 내 가슴에 창(窓) 내고쟈

잇다감 하 답답홀 제면 여다져 볼가 ᄒ노라
사설시조의 특징② − 종장 첫 음보는 3음절로 고정('잇다감')

> **사설시조의 특징①**
> 초장이나 종장이 두 구 이상 길어짐. 평민에게 친숙한 소재가 등장함.

(가)

• **화자는?** 고려의 도읍지에서 한탄하는 인물
• **시적 상황은?** 고려의 도읍지에서 자연과 인간사를 대조하며 고려의 몰락을 한탄함.
• **어조는?** 회고적('인걸은 간 듸 업다'), 영탄적('어즈버', 'ᄒ노라')
• **정서나 태도는?** 고려가 망한 사실을 안타까워하며, 고려의 전성기에 대하여 무상감을 표현함.
• **주제는?** 망국의 한과 인생무상

핵심 정리

• **갈래:** 평시조 • **연대:** 조선 초기
• **형식상 특징:** ① 3장 6구 45자 내외의 구성 ② '3·4조'의 음수율, 4음보의 음보율 ③ 종장의 첫 음보는 3음절로 고정되어 나타남.
• **의의:** 대조법·영탄법을 사용하여 고려 왕조를 돌이켜보고 인생무상을 노래해 당대 사대부의 유교적 윤리 의식을 드러냄.

| 이 시의 짜임 |
자연과 인간사를 대조하는 시상 전개 방식으로 구성된다.

자연	의구한 산천	←	인간사	사라진 인걸

(나)
- 화자는? 마음이 답답한 인물
- 시적 상황은? 마음이 답답해 마음에 창을 내고 싶어 함.
- 어조는? 해학적, 의지적
- 정서나 태도는? 삶의 고뇌를 어둡게 그리지 않고 기발한 발상을 통해 극복하려 함.
- 주제는? 삶의 답답함에서 벗어나고 싶은 마음

핵심 정리
- 갈래: 사설시조　　• 연대: 조선 후기
- 형식상 특징: ① 중장이 2구 이상 늘어나고, 시가 전체적으로 길어짐. ② 평민들에게 친숙한 소재들이 나열됨. ③ 종장의 첫 음보는 3음절로 고정되어 나타남.
- 의의: 삶의 고뇌를 웃음으로 극복하려는 해학성을 보임.

| 이 시의 짜임 |

초장	'창'을 내고 싶은 소망 (답답한 마음을 방에 비유함, 시구의 반복으로 운율을 형성함)
중장	답답함을 해소하기 위한 구체적 방법과 도구를 나열함. (장지문의 종류와 부속품 같은 친근한 일상적 사물을 나열함)
종장	창을 여닫아 답답함을 해소함.

01　　🗨 ❸번이 답인 이유

(가)의 '어즈버', (나)의 '잇다감'에서 알 수 있듯 (가)와 (나)의 시조 모두 종장의 첫 음보를 3음절로 고정하였다.

오답 피하기
① (가)는 평시조로 고려 중기에 발생하여 고려 말에 형식이 완성되었으며, (나)는 사설시조로 조선 후기에 향유되었다.
② (가)는 3장 6구의 형식을 지키고 있으며, (나)는 중장에서 유사한 소재를 나열하여 2구 이상이 되었으므로 6개의 구로 이루어졌다고 볼 수 없다.
④ (가), (나) 모두 종장에서 주제를 드러냈다. (가)의 종장에서는 망국의 한과 무상감이, (나)의 종장에서는 삶의 답답함에서 벗어나고 싶은 마음이 드러나 있다.
⑤ (가)는 평시조로 신흥 사대부와 기녀들이 주로 창작하였고, (나)는 사설시조로 주로 평민들이 창작하였다.

02　　🗨 ❹번이 답인 이유

(나)는 창과 관련된 소재를 나열함으로써 중장이 늘어나고 있지만, 이들은 모두 창문의 종류와 부품이므로 서로 대조되는 시어라고 볼 수는 없다.

오답 피하기
① (가)는 종장에서 '어즈버'라는 감탄사를 사용해 화자의 무상감을 강조한다.
② (가)는 중장에서 '의구'한 '산천'과 '간 듸 업'는 '인걸'을 나란히 두어 영원한 자연과 유한한 인간사를 대조한다.
③ (가)는 종장에서 고려가 왕성했던 '태평연월'이 '꿈(꿈)'처럼 느껴진다고 비유하여 고려가 망한 슬픔을 드러내고 있다.
⑤ (나)는 답답한 시적 상황을 마음에 '창을 내어' 해결하겠다는 기

발한 발상을, 창과 관련된 일상적인 소재를 나열해 강조하고 있다. 이러한 표현은 해학적인 웃음을 유발한다.

봄의 경치를 묘사하면서 그 속에서 느끼는 즐거움을 노래한 가사 작품이야. 조선 전기 가사의 특징을 생각하며 읽어 보자.

청류(淸流)를 굽어보니 쩌오ᄂᆞ니 도화(桃花) ㅣ로다　☐ 계절감을 드러내는 소재
　　　　　　　　　　　　　　　　　　영탄법
무릉(武陵)이 갓갑도다 져 미이권 거인고
도연명이 말한 이상향인 무릉을 인용해 봄날 화자의 흥취를 강조함.
송간 세로(松間細路)에 두견화(杜鵑花)를 부치 들고
봉두(峰頭)에 급피 올나 구름 소긔 안자 보니
　3글자　　4글자　　4글자　　4글자
천촌 만락(千村萬樂)이 곳곳이 버려 잇니
연하 일휘(煙霞日輝)는 금수(錦繡)를 재펏는 듯
　'연하일휘(자연)'를 '금수(비단)'에 비유함 → 아름다움 강조
엇그제 검은 들이 봄빗도 유여(有餘)ᄒᆞ샤
　　　　　　　　　　　　　▶본사: 산봉우리에서 바라본 봄의 경치
　　　　　　　　　　　　　　　　　　특징①
　　　　　　　　　　　　　　　　　– 4음보 연속체
　　　　　　　　　　　　　　　　　– 3·4조, 4·4조의 음수율

공명(功名)도 날 끠우고 부귀(富貴)도 날 끠우니
주객전도의 표현으로 세속적인 공명과 부귀에 욕망을 품지 않는 화자의 태도 강조
청풍 명월(淸風明月) 외(外)예 엇던 벗이 잇ᄉᆞ올고
　　　　　자연을 지향하는 마음을 설의법으로 강조함.
단표 누항(簞瓢陋巷)에 훗튼 혜음 아니 ᄒᆞ니
　　　　　　　　　　　　　　　　　　　　설의법
아모타 백년행락(百年行樂)이 이만호 둘 엇지ᄒᆞ리
　3　　백년행락　　5　　　　　4　　4(허용)
　　　　　　　　　　　　　　　▶결사: 안빈낙도에 대한 만족

특징②	특징③
결사는 주제가 나타남. (주객전도, 설의법으로 자연 친화적 태도 강조)	낙구가 시조의 종장과 음수율(3·5·4·3)이 일치하는 정격 가사

- 화자는? 아름다운 봄의 경치를 즐기는 인물
- 시적 상황은? 시냇가에서 복숭아꽃을 바라보다 산 위에 올라가 아름다운 봄의 풍경을 감상하고 있음.
- 어조는? 예찬적('도화 ㅣ로다'), 묘사적('연하 일휘는 금수를 재펏는 듯')
- 정서나 태도는? 자신의 삶에 만족감을 느끼며 자연 친화적 태도를 보임.('청풍 명월 외예 엇던 벗이 잇ᄉᆞ올고', '아모타 백년행락이 이만흔둘 엇지ᄒᆞ리')
- 주제는? 아름다운 봄의 자연 속에 묻혀 사는 삶의 즐거움

핵심 정리
- 갈래: 전기 가사, 양반 가사, 은일 가사, 정격 가사
- 연대: 조선 전기(성종, 15세기)
- 형식상 특징: ① 4음보 연속체　② '3·4조, 4·4조'의 음수율　③ 낙구가 시조의 종장과 일치하는 정격 가사
- 의의: 조선 최초의 양반 가사, 강호가도를 노래한 첫 가사 작품

| 이 시의 전체 짜임 |

서사	자연 속에서 묻혀 사는 즐거움	초가집(좁은 공간)
본사	봄 풍경을 구경하며 산책함.	들판
	술을 마시며 풍류를 즐김. 〈수록 부분〉	시냇가
	산에 올라 봄 경치를 내려다봄. 〈수록 부분〉	
결사	자연 친화적인 삶에 대한 만족 〈수록 부분〉	봉우리(넓은 공간)

03　　🗨 ❸번이 답인 이유

화자는 산봉우리에 올라 봄의 경치를 바라볼 뿐 바른 정치를 다짐하는 내용은 찾을 수 없다.

오답 피하기

① 이 시는 가사로 각 행을 4음보로 끊어 읽는다.

② 이 시의 마지막 구(행)는 시조의 종장과 마찬가지로 3음절로 시작하고, '세 글자-다섯 글자-네 글자-네 글자' 순으로 배열되어 있으므로 정격 가사이다.

④ '공명'과 '부귀'를 꺼리는 화자의 가치관을, '공명'과 '부귀'가 '날 씌우고'로 주체와 객체를 바꾸어 표현하였다.

⑤ '-리'는 반문의 뜻을 담은 종결 어미로 '엇지ᄒ리'라는 의문형의 표현을 통해 자신의 삶에 대한 화자의 만족감을 드러내고 있다.

04

화자는 '겨 미'를 도연명이 표현한 이상향인 '무릉'에 빗대고 있으며, 검소하게 살겠다는 자신의 다짐을 '단표누항'이라는 시어로 표현하고 있다. '단표누항'은 '도시락과 표주박과 누추한 거리'를 뜻하는데 선비의 청빈한 생활을 이르는 말이다.

05~06 개념으로 작품 읽기   **시집살이 노래_ 작자 미상**

평민들이 느끼는 삶의 애환을 노래한 민요야. 민요의 특징을 생각하며 읽어 보자.

<u>형님 온다</u> <u>형님 온다</u> <u>분고개로</u> <u>형님 온다</u>.
　　4　　　4　　　4　　　4
형님 마중 누가 갈까 형님 동생 내가 가지.
　　4　　　4　　　4　　　4
형님 형님 사촌 형님 <u>시집살이</u> 어떱뎁까.
　　4　　　4　　　4　　　4

> 특징 ① - 4음보 연속체 / - 4·4조의 음수율

운율 형성 요소: 'A-A-B-A'의 구조

> 특징 ② - 일상적인 소재 [　]를 다룸.

▶ 기: 친정을 오는 형님 마중과 시집살이에 대한 호기심

이애 이애 그 말 마라 시집살이 개집살이.

> 특징 ③ - 언어유희(발음의 유사성 이용) → 해학적

앞밭에는 <u>당추</u> 심고 뒷밭에는 <u>고추</u> 심어,
고추 당추 맵다 해도 시집살이 더 맵더라.
둥글둥글 <u>수박 식기(食器)</u> 밥 담기도 어렵더라.
도리도리 <u>도리소반(小盤)</u> 수저 놓기 더 어렵더라.
오 리(五里) 물을 길어다가 십 리(十里) 방아 찧어다가,
아홉 솥에 불을 때고 열두 방에 자리 걷고,

> 특징 ④ 숫자를 활용한 구체적·과장적 표현

외나무다리 어렵대야 시아버니같이 어려우랴.
나뭇잎이 푸르대야 시어머니보다 더 푸르랴.

> 대구법, 설의법

시아버니 <u>호랑새요</u> 시어머니 <u>꾸중새요</u>
동세 하나 <u>할림새요</u> 시누 하나 <u>뾰족새요</u>
시아지비 <u>뾰중새요</u> 남편 하나 <u>미련새요</u>
자식 하난 우는 새요 나 하나만 썩는 샐세.

> 시집 식구와 자신을 새에 비유하여 시집살이의 괴로움을 해학적으로 표현함.

귀먹어서 삼 년이요 눈 어두워 삼 년이요
말 못해서 삼 년이요 석 삼 년을 살고 나니,

> 특징 ⑤ 삶의 어려움이 드러남.

배꽃 같던 <u>요내 얼굴</u> <u>호박꽃</u>이 다 되었네.
삼단 같던 <u>요내 머리</u> <u>비사리춤</u>이 다 되었네. (후략)

> 비유법 / 대구법

과거의 모습 ◀──대조법──▶ 현재의 모습

▶ 서: 고된 시집살이의 괴로움

· **화자는?** 사촌 형님을 마중 간 여성, 시집살이 하는 사촌 형님

· **시적 상황은?** 마중 간 사촌 동생이 시집살이에 대해 묻고, 사촌 형님은 고된 시집살이의 괴로움을 토로함.

· **어조는?** 해학적, 풍자적, 여성적, 서민적

· **정서나 태도는?** 시집살이의 괴로움을 익살스럽게 표현하며 체념적 태도를 보임.

· **주제는?** 시집살이의 한과 체념

핵심 정리

· **갈래:** 민요, 부요(결혼한 여성이 부르는 노래)

· **형식상 특징:** ① 4음보 연속체 ② '4·4조'의 음수율 ③ 언어유희와 구체적인 표현(구체적인 사물에 비유하기, 반복법 및 대구와 대조)으로 해학성과 생동감을 조성

· **의의:** 서민들의 시집살이의 애환이 구체적으로 드러나는 민중 문학

| 이 시의 짜임 |

기	형님에 대한 반가움, 시집살이에 대한 호기심(화자: 사촌 동생) 〈수록 부분〉
서	고된 시집살이의 괴로움 (화자: 형님) 〈수록 부분〉
결	시집살이에 대한 해학적 체념 (화자: 형님)

05

[A]는 '형님 온다/형님 온다/분고개로/형님 온다.'처럼 4음보로 끊어 읽고, 4글자씩 규칙적으로 배열해 운율을 형성한다. 또한 'A(형님 온다)-A(형님 온다)-B(분고개로)-A(형님 온다)'의 구조로 '형님 온다'라는 시어를 반복하여 운율을 형성한다.

06　　　　　　　　　　　　　　❷번이 답인 이유

'오 리', '십 리' 등 구체적인 숫자를 활용하여 시집살이의 힘듦을 과장함으로써 강조하여 드러내었다.

오답 피하기

① ㉠에서는 '사촌 형님 시집살이 어떱뎁까'라는 동생의 물음에 대한 '시집살이 개집살이'라는 형님의 답변이 드러난다.

③ ㉢에서 '시아버니(시아버지)'를 비유한 '호랑새'는 '호랑이처럼 무서운 새', '시어머니'를 비유한 '꾸중새'는 '꾸중을 많이 하는 새', '동세(동서)'를 비유한 '할림새'는 '고자질을 잘 하는 새', '시누'를 비유한 '뾰족새'는 '성격이 모나고 까다로운 새', '시아지비(시아주버니)'를 비유한 '뾰중새'는 '무뚝뚝하고 퉁명스럽게 꾸중하여 상대하기 어려운 새', '남편'을 비유한 '미련새'는 '미련한 새'를 의미한다. 따라서 ㉢은 시댁 식구들을 새에 비유해 시댁에 대한 화자의 거부감을 드러낸 구절이다.

④ ㉣은 시댁 식구들의 잘못을 못 듣고 못 본 것처럼 행동해야 하는 당시 며느리의 제약을 표현한 부분이다.

⑤ ㉤에서 화자는 괴로운 시집살이 이후 자신의 용모가 배꽃에서 호박꽃이 되었다며 현재 자신의 신세를 한탄한다.

07~09 개념으로 작품 읽기　　　　누항사_ 박인로

임진왜란 이후 형편이 어려워진 사대부의 현실을 담고 있는 가사야.
조선 후기 가사의 특징을 생각하며 읽어 보자.

어리석고 어수룩하기로 나보다 더한 이 없다
　설의적 표현: 내가 가장 어리숙하다.
길흉화복(吉凶禍福)을 하늘에 맡겨 두고
　2글자　　　3글자
누항(陋巷) 깊은 곳에 초막(草幕)을 지어 두고
　　　　　　　　　　　4글자
풍조 우석(風朝雨夕)에 썩은 짚을 섶으로 삼아
서 홉 밥 닷 홉 죽(粥)에 연기(煙氣)도 자욱하다
　3글자　　　4글자
설 데운 숭늉으로 빈 배 속일 뿐이로다
　　　　　　　4글자　　　4글자
내 삶이 이러한들 장부(丈夫) 뜻을 바꿀런가
　설의적 표현: 내 삶이 이러해도 장부가 품은 뜻을 바꿀 수 없다.
안빈(安貧) 일념(一念)을 적을망정 품고 있어
뜻한 바대로 살려 하니 갈수록 어긋난다
▶ 서사: 길흉화복을 하늘에 맡기고 안빈낙도하며 살고 싶음.

가을이 부족(不足)한데 봄이라 넉넉하며
주머니가 비었는데 병(瓶)이라고 담겼으랴
빈곤(貧困)한 인생(人生)이 천지 간(天地間)에 나뿐이라
배고픔과 추위로 괴로워도 일단심(一丹心)을 잊을런가
　설의적 표현: 배고픔과 추위로 괴로워도 일단심을 잊지 않는다.
의(義)를 위해 목숨 걸고 죽기를 각오하고
자루와 주머니에 줌줌이 모아 넣고
전쟁 오 년에 감사심(敢死心)을 가져 있어
　임진왜란
주검 밟고 피를 건너 몇 백 전(戰)을 지냈던고
　　　　　　　　　　　　임진왜란
▶ 본사①: 전쟁에 임하여 죽을 고비를 넘겼던 일을 떠올림.

내 몸이 여유 있어 일가(一家)를 돌아보랴
　설의적 표현: 내 몸이 여유가 있어 집안을 돌아보는 것이 아니다.
수염이 긴 노비는 노주분(奴主分)을 잊었거든
봄이 왔다 알리는 걸 어느 사이 생각하리
경당 문노(耕當問奴)인들 누구에게 물을런가
손수 농사짓기가 내 분(分)인 줄 알리로다 (중략)
구디 다든 문 밧긔 어득히 혼자 서서
큰 기츰 아함이를 양구(良久)토록 ᄒᆞ온 후에
어화 긔 뉘신고 염치업산 니옵노라
▶ 본사③: 가뭄에 언뜻 내리는 비를 보고 밭을 갈려 소를 빌리러 감.

초경도 거읜듸 긔 엇지 와 겨신고
연년에 이러ᄒᆞ기 구차ᄒᆞᆫ 줄 알건마ᄂᆞᆫ
소 업슨 궁가(窮家)애 혜염 만하 왓삽노라
공ᄒᆞ니나 갑시나 주엄 즉도 ᄒᆞ다마ᄂᆞᆫ
다만 어제밤의 거넨 집 져 사ᄅᆞᆷ이
목 불근 수기치(雉)을 옥지읍(玉脂泣)게 ᄭᅮ어 ᄂᆡ고
　　　　수꿩
간 이근 삼해주(三亥酒)을 취(醉)토록 권(勸)ᄒᆞ거든
　　　　　　　술
이러한 은혜(恩惠)을 어이 아니 갑흘넌고
내일(來日)로 주마 ᄒᆞ고 큰 언약(言約) ᄒᆞ야거든
실약(失約)이 미편(未便)ᄒᆞ니 사설이 어려왜라
　　소를 빌려주기로 한 약속
실위(實爲) 그러ᄒᆞ면 혈마 어이ᄒᆞᆯ고
헌 먼덕 수기 스고 측 업슨 집신에 설피설피 물너 오니
　　　　　　　　　　의태어
풍채(風彩) 저근 형용(形容)애 기 즈칠 뿐이로다. (후략)
　영탄적 표현: 개에게도 무시당하는 자신의 초라한 처지를 한탄함.

가사의 특징
- 4음보 연속체
- 3·4조, 4·4조의 음수율

후기 가사의 특징 ①
- 2·3조, 2·4조 등 자유로운 형식
- 현실적인 내용을 다루고 있음.(가난한 현실의 어려움, 농사)

▨: 화자의 궁핍한 처지를 보여 주는 소재
◯: 화자가 사대부로서 추구하는 가치

후기 가사의 특징 ②
- 4음보로 보기 어려운 자유로운 형식

▨: 소 주인과 화자의 대화

| 현대어 해석 |

어리석고 세상 물정에 어두운 것은 나보다 더한 사람 없다. / 길흉화복을 하늘에 맡겨 두고 / 누추한 깊은 곳에 초가집을 지어 두고 / 아침 저녁 비바람에 썩은 짚이 섶이 되어, / 세 홉 밥, 닷 홉 죽에 연기도 많기도 많구나. / 덜 데운 숭늉에 빈 배를 속일 뿐이로다. / 생활이 이러하다고 장부가 품은 뜻을 바꿀 것인가. / 가난하지만 편안하여, 근심하지 않는 마음을 적을망정 품고 있어 / 옳은 일을 좇아 살려 하니 날이 갈수록 뜻대로 되지 않는다. / 가을이 부족한데 봄이라고 넉넉하며 / 주머니가 비었는데 술병이라고 술이 담겨 있겠느냐. / 가난한 인생이 이 세상에 나뿐이라. / 굶주리고 헐벗음이 절실하다고 굳은 마음을 잊을 것인가. / 의에 분발하여 제 몸을 잊고 죽어야 그만두리라 마음을 먹어 / 전대와 망태에 한 줌 한 줌 모아 넣고 / 임진왜란 5년 동안에 죽음을 각오한 마음을 가지고 있어 / 주검을 밟고 피를 건너는 혈전을 몇 백 전을 지내었는가. / 내 몸이 여유가 있어 집안을 돌보겠는가? / 긴 수염이 난 종은 종과 주인 간의 분수를 잊었는데 / 하물며 나에게 봄이 왔다고 일러 주기를 어떻게 기대하겠는가? / 밭 갈기를 종에게 묻고자 한들 누구에게 물을 것인가? / 몸소 농사를 짓는 것이 나의 분수인 줄을 알겠다. / (중략) / 굳게 닫은 문밖에 우두커니 혼자 서서 / 큰 기침으로 "에헴"을 오래도록 한 후에 / "어, 거기 누구신가?" 묻기에 "염치없는 저옵니다." / "초경도 거의 지났는데 그 어찌 와 계십니까?" / "해마다 이렇게 하기 구차한 줄 알지마는 / 소 없는 가난한 집에서 걱정이 많이 왔습니다." / "공짜로나 값을 받거나 빌려 줌직도 하지마는, / 다만 어젯밤에 건넛집 사람이 / 목이 붉은 수꿩을 구슬 같은 기름이 끓어오르게 구워 내고 / 갓 익은 삼해주를 취하도록 권하였는데 / 이러한 은혜를 어찌 아니 갚을 것인가. / 내일 소를 빌려 주마 하고 굳게 약속하였기에 / 약속을 어기기가 편하지 못하니 말씀하기 어렵구려." / 진실로 그렇다면 설마 어찌하겠는가. / 헌 모자를 숙여 쓰고 축 없는 짚신을 신고 맥없이 어슬렁어슬렁 물러나오니 / 풍채 적은 내 모습에 개만 짖을 뿐이로다.

- **화자는?** 임진왜란 이후, 형편이 어려워진 사대부인 '나'
- **시적 상황은?** 자연에서 안빈낙도하며 살고자 함. 소를 빌려 농사를 지으려 했다가 거절당함.
- **어조는?** 설의적('내 삶이 이러한들 장부(丈夫) 뜻을 바꿀런가'), 영탄적('풍채(風彩) 저근 형용(形容)애 기 즈칠 뿐이로다')
- **정서나 태도는?** 유교적 가치('안빈 일념'를 지향하는 태도를 보임. 가난한 자신의 처지를 한탄함.
- **주제는?** 자연을 벗 삼아 안빈낙도하고자 하는 사대부의 궁핍한 생활상, 빈이무원(貧而無怨)하며 충효, 우애, 신의를 나누는 삶의 추구

핵심 정리
- **갈래:** 후기 가사, 양반 가사, 은일 가사, 정격 가사
- **연대:** 조선 광해군 3년(1611년)
- **형식상 특징:** ① 4음보 연속체 ② 2·3조, 2·4조, 5음보 등 자유로운 형식 ③ 낙구가 시조의 종장의 형식과 일치하는 정격 가사
- **의의:** 강호가도를 노래한 전기 가사와 다른 방향을 제시한 작품임.

| 이 시의 전체 짜임 |

서사	길흉화복을 하늘에 맡기고 안빈낙도하며 살고 싶음. 〈수록 부분〉
본사	전쟁(임진왜란)에 임하여 죽을 고비를 넘겼던 일을 떠올림. 〈수록 부분〉
	전쟁 후 몸소 농사를 짓고자 하나 소가 없어 고심함.
	가뭄에 언뜻 내리는 비를 보고 밭을 갈러 소를 빌리러 감. 〈수록 부분〉
	소를 빌리러 갔다가 수모를 당하고 돌아옴. 〈수록 부분〉
	집에 돌아와 처지를 한탄하다 농사를 포기함.
	자연에 묻혀 늙어 가기를 소망함.
결사	가난한 삶을 운명으로 받아들이고, 자연에 묻혀 살며 유교적 가치를 지향하고자 함.

07

❹번이 답인 이유

〈누항사〉는 가사로 조선 후기에 박인로가 창작한 작품이다. 백성들 사이에 자연스럽게 형성되어 구전된 갈래는 민요이다.

오답 피하기
① 이 작품은 대부분 4음보로 읽힌다. 시조와 유사한 음보율을 가지며, 음보율이 느껴지기 때문에 운문의 성격을 지닌다.
② 이 작품이 속하는 갈래는 가사로, 가사는 '서사-본사-결사'의 짜임을 갖추고 있다.
③ 이 작품과 같은 '가사'는 길이의 제약 없이 행이 늘어날 수 있다.
⑤ 이 작품은 후기 가사로, 후기 가사는 전기 가사보다 현실적인 내용을 많이 다룬다. 〈누항사〉는 궁핍한 삶의 어려움을 현실적으로 다룬 작품이다.

08

❹번이 답인 이유

㉣은 사대부임에도 직접 농사를 지어야 할 만큼 어려운 화자의 경제적 처지를 드러내지만, 화자의 신분은 사대부에 해당한다.

오답 피하기
① '서 홉 밥 닷 홉 죽'은 '적은 양의 밥과 죽'을 의미한다. 삶의 어려움을 구체적으로 드러내는 소재이다.
② '안빈 일념'은 '가난해도 편안히 여기고 근심하지 않는 마음'으로, 삶의 어려움 속에서도 화자가 지키고자 하는 사대부로서의 뜻이다.
③ '몇 백 전'은 '임진왜란'을 가리키는 표현으로, 화자는 임진왜란을 거치고 나서 삶의 어려움을 겪고 있다.
⑤ '염치업산 니웁노라'는 화자가 소 주인에게 하는 말로, 농민인 소 주인에게 공손하게 말을 하고 있다. 사대부로서의 권위가 붕괴된 당대의 상황을 보여 준다.

09

❹번이 답인 이유

"풍채(風彩) 저근 형용(形容)애 기 즈칠 뿐이로다."에서 영탄적 어조를 사용하여, 개에게도 무시당하는 자신의 처지를 한탄하고 있다.

오답 피하기
① [A]에서 감정 이입은 나타나지 않았다.
② 화자와 소 주인의 대화를 인용한 대화체가 나타날 뿐 독자에게 말을 건네고 있는 것은 아니다.
③ '설피설피'라는 의태어가 사용되었지만, 이로써 자신의 처지에 대한 원망을 드러내고 있지 않다.
⑤ '개 짖는 소리'라는 청각적 소재가 드러나기는 하지만, 이로써 화자와 다른 사람의 정서를 대조하지는 않았다.

03 고전 시가의 주제

사뿐히 즈려밟는 확인 문제 p.104~105

✓ **바로바로 간단 체크** 1 (1) 충의, 효도 (2) 강호가도 (3) 탐관오리
2 (1) ○ (2) X (3) X   3 이별

01 ② 02 ㉠ 만고 ㉡ 유수 ㉢ 만고상청 03 ④ 04 ⑤
05 ㉠ 구체화(구체적 형상화) ㉡ 밤 06 ⑤ 07 초여름이라 농민들이 남녀노소 가리지 않고 농사에 몰두하고 있기 때문이다.

01~02 개념으로 작품 읽기 도산십이곡_이황

사대부가 쓴 연시조야. 학문 수양 의지와 자연 친화적인 태도가 드러난 부분을 찾으며 읽어 보자.

이런돌 엇더ᄒ며 뎌런돌 엇더ᄒ료
초야우생(草野愚生)이 이러타 엇더ᄒ료
ᄒ믈며 천석고황(泉石膏肓)을 고텨 므슴ᄒ료
`□: 자연 친화적인 사대부의 의식이 드러남.`
설의법으로 화자의 가치관을 강조함.
▶제1곡: 아름다운 자연에 순응하며 순리대로 살아가려는 마음

유란(幽蘭)이 재곡(在谷)ᄒ니 `자연이 듯기 죠해`
백운(白雲)이 재산(在山)ᄒ니 `자연이 보디 죠해`
이 중에 `피미일인(彼美一人)`을 더욱 닛디 몯ᄒ얘.
임금을 향한 유교적 가치인 '충'이 드러남.
`대구법을 사용해 자연 지향적 태도를 드러냄.`
▶제4곡: 순수하고 아름다운 자연에서 임금을 그리워함.

청산(靑山)은 엇졔ᄒ여 `만고(萬古)에 프르르며,`
유수(流水)는 엇졔ᄒ여 `주야(晝夜)애 긋디 아니눈고`
└ 대상의 영원함, 불변성
우리도 긋치디 마라 만고상청(萬古常靑) ᄒ리라
자연을 본받아 자기수양 하겠다는 의지가 나타남. → 강호한정, 강호가도
설의법으로 화자의 예찬적 태도 강조
`대구법을 사용해 자연의 불변성을 예찬함.`
▶제11곡: 부단한 학문 수양의 의지

• **화자는?** 표면에 '우리'로 드러남, 자연 속에서 사는 인물임.
• **시적 상황은?** 자연 속에서 과거의 삶을 성찰하며, 학문에 정진하려 함.
• **어조는?** 회고적('더욱 닛디 몯ᄒ얘'), 예찬적('긋디 아니눈고'), 의지적('만고상청 ᄒ리라')
• **정서나 태도는?** 달관적('이런돌 엇더ᄒ며 뎌런돌 엇더ᄒ료'), 자연 친화적 태도, 의지적 태도
• **주제는?** 자연 친화적인 삶의 추구와 학문 수양에 대한 변함없는 의지

핵심 정리
• **갈래**: 연시조, 평시조   • **연대**: 조선 명종 20년(1565년)
• **형식상 특징**: 《도산십이곡》이라는 제목 아래에 6곡(수)의 〈언지(言志)〉와 6곡(수)의 〈언학(言學)〉으로 구성된 연시조
• **의의**: 시조의 성장과 발전에 유학자들이 기여했음을 알 수 있음, 성리학적 이념을 문학적으로 형상화함.

| 이 시의 짜임 |

언지 (1~6곡) 〈1곡, 4곡 수록〉	자연에 대한 지극한 사랑('천석고황') 유교적 관념('피미일인'에 대한 그리움)	→	사대부들의 성리학적 이상
언학 (7~12곡) 〈11곡 수록〉	학문 수양을 향한 다짐		

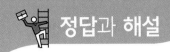

01

❷번이 답인 이유

〈제1곡〉의 '천석고황'은 자연을 사랑하는 마음을 의미하며, 화자는 '고텨 므슴ᄒ료'라는 설의적 표현으로 이 병을 고칠 필요가 없다는 생각을 드러낸다.

오답 피하기

① 화자는 자기 자신을 '시골에 묻혀 사는 어리석은 사람'이라는 '초야우생'으로 칭하며 겸손하게 표현한다.

③ 화자는 '유란'과 '백운'을 '듯기 죠'으며 '보디 죠'은 대상으로 여기므로 자연 속에서 한가로운 정, 즉 '강호한정'을 느끼고 있다.

④ 화자는 '피미일인을 더욱 닛지 못'하고 있으므로 임금에게 '연군지정'의 태도를 보이고 있다.

⑤ 화자는 〈제11곡〉에서 자연을 영원불변의 본받아야 할 대상으로 인식하고 있다. 이는 자연을 자기 수양의 본보기로 여겼던 사대부의 관념을 따른 것이다.

02

〈제11곡〉에서 화자는 '청산'을 '만고에 프르르'다고 표현하고, '유수'는 '주야애 긋지 아니'한 대상으로 본다. 화자는 '청산'과 '유수'의 영원함을 예찬하고, 이들을 본받아 학문 수양을 변함없이 추구하고자 하는 의지를 '만고상청'이라는 시어로 집약해 드러낸다.

03

❹번이 답인 이유

이 시의 화자는 임과 함께 있는 시간이 길었으면 좋겠다고 생각하는 것이지 늙어감을 한탄하며 시간이 느리게 흐르기를 바라는 것이 아니다.

오답 피하기

① 화자의 곁에 임이 없는 부정적 시간인 '동지(冬至)ㅅ둘 기나긴 밤'과 화자와 임이 함께 있는 '어론 님 오신 날 밤'을 대조적으로 제시하여 시상을 전개한다.

② '니불(이불)'을 '춘풍(봄바람)'에 비유함으로써 이불의 따스함을 부각한다.

③ '서리서리', '구뷔구뷔'와 같은 음성 상징어를 사용해 우리말의 묘미를 살린다.

⑤ '효', '충', '지조' 등 당시 중시되었던 유교적 가치에 얽매이지 않고 인간의 보편적 정서인 '사랑'을 시의 주제로 삼고 있다.

04

❺번이 답인 이유

'님'에 대한 사랑을 표현한 이 시와 주제가 유사한 것은 ⑤로 '님'에 대한 애정을 표현한 홍랑의 시이다.

오답 피하기

①, ③ 자연 속에서 만족하면서 사는 삶을 노래하고 있다.
②, ④ 유교적 가치인 '충의'를 노래하고 있다.

05

'밤'은 '시간'이므로 눈에 보이지 않고 만질 수 없는 추상적 관념이지만, 이를 마치 허리가 있는 것처럼 시각적으로 표현해 '한 허리를 버혀 내어'라고 표현했으므로 추상적 관념의 구체적 형상화에 해당한다.

- 화자는? 농사일을 권유하는 사람
- 시적 상황은? 사월 초여름 입하, 소만 절기를 맞아 백성들에게 농사일을 권유하고 있음.
- 어조는? 청유적('하소'의 반복)
- 정서나 태도는? 농민들을 가르치려고 함.
- 주제는? 각 달과 절기에 따른 농사일과 세시 풍속의 소개

핵심 정리

- **갈래**: 후기 가사, 월령체 가사   • **연대**: 조선 후기
- **형식상 특징**: ① 4음보 연속체, 3·4조 혹은 4·4조의 음수율
  ② 매 달에 따른 시상 전개
- **의의**: ① 우리말로 농업 기술 보급을 시도한 월령체 노래 중 가장 규모가 큼.
  ② 조선 시대의 생활사와 풍속사를 알 수 있는 자료로서의 가치가 있음.

이 시의 짜임

서사	당시 쓰이던 절기 구분 방법과 천체의 운행에 대한 설명
정월령	절기와 1년 농사 준비하는 방법, 설과 보름의 풍속에 대한 설명
2월령	절기와 논밭 갈기, 가축 기르기, 약초 캐기에 대한 설명
3월령	씨 뿌리기, 과일나무 접붙이기, 장 담그기에 대한 설명
4월령	다른 농작물 심기〈수록 부분〉, 벌통 나누기, 고기 잡기에 대한 설명
5월령	낟알 거두기, 고치 치기의 권유, 그네뛰기 풍속 설명
6월령	밭 고랑에 흙 올려 주기, 간장과 된장 관리, 길쌈하기를 권유, 유두 풍속
7월령	견우 직녀의 이별 이야기를 다룸, 김 매기, 벌초하기를 권유
8월령	곡식의 수확과 한가위 풍속에 대한 소개
9월령	추수의 이모저모와 이웃 간의 온정 소개
10월령	집안과 동네 화목을 유지하는 것의 중요성에 대한 설명
11월령	메주 쑤기, 거름 준비하기의 권유, 동지의 풍속 설명
12월령	새해 준비와 묵은 세배하기
결사	농업에 힘쓰기를 권함.

06

💬 ❺번이 답인 이유

화자는 좋은 날씨에 농사일을 열심히 하기를 권유하고 있다. 이 시에서 농민의 괴로움은 드러나지 않는다.

오답 피하기

① '수수 동부 녹두 참깨'와 같은 먹는 것을 위해 '농사'짓는 일과, 입는 것을 위해 '누에치기'를 하고 '목화'를 가꾸며 '길쌈'하는 일이 드러난다.
② 농사일을 권유하는 말투로 보아 농촌의 노동을 긍정적으로 생각하고 있음을 알 수 있다.
③ 음력 4월 초여름에는 '수수, 동부, 녹두, 참깨'를 심어야 한다고 제시한다.
④ 작품의 배경은 농부가 노동하는 삶의 공간인 농촌이다.

07

제시된 부분은 음력 사월 초여름이 되는 시기로 농사와 누에치기가 한창인 농번기이다. 초여름이라 농민들이 남녀노소 가리지 않고 농사에 몰두하고 있기 때문에 사립문이 적막한 것이다.

꿈엔들 잊힐리야 **수능 다가가기**   p.108~111

01 ⑤ **02** ③ **03** ① **04** ④ **05** ⑤ **06** ③

작품 분석하기

[108쪽 가]

구분	내용	알 수 있는 시어/시구
갈래	평시조, 연시조	
화자	표면에 드러난 화자 '나'	'내 몸을 내 마저', '이 몸이'
대상	자연	'강산과 바꿀쏘냐'
처지·상황	정계를 은퇴하고 자연에 귀의함.	'조각배에 달을 싣고 낚싯대를 흩던질 제' '헛글고 싯근 문서 다 주어 내던지고 / 필마 추풍에 채찍을 쳐 돌아오니'
정서·태도	• 부귀와 공명에 뜻을 두지 않음. • 세상의 괴로움과 근심을 잊음. • 자연에서의 삶에 대한 만족감(=강호 한정)	'공명도 잊었노라 부귀도 잊었노라' / '세상 번우한 일 다 주어 잊었노라' / '삼공이 귀하다 한들 강산과 바꿀쏘냐' / '이 몸이 이 청흥 가지고 만호후인들 부러우랴.' / '아무리 매인 새 놓인다 한들 이토록 시원하랴'.
주제	[자][연] 속에서 즐기는 여유와 풍류	

[108쪽 나]

구분	내용	알 수 있는 시어/시구
갈래	한시	
화자	보리타작 풍경을 관찰하는 이	'보이느니 지붕 위에 보리 티끌뿐'
대상	보리타작 풍경	시의 제목인 '보리타작'
처지·상황	식후에 장단에 맞추어 보리타작하는 풍경을 바라봄.	'밥 먹자 도리깨 잡고 마당에 나서니 검게 탄 두 어깨 햇볕 받아 번쩍이네. … 주고받는 노랫가락 점점 높아지는데 / 보이느니 지붕 위에 보리 티끌뿐이로다.'
정서·태도	• 풍경에서 즐거움을 느낌. • 몸과 마음이 조화됨을 느낌. • 이곳이 낙원이라고 생각함. • 지난날 벼슬살이를 후회함.	'그 기색 살펴보니 즐겁기 짝이 없어' '마음이 몸의 노예 되지 않았네.' '낙원이 먼 곳에 있는 게 아닌데' '무엇하러 벼슬길에 헤매고 있겠는가.'
주제	노동에서 얻는 삶의 즐거움과 자신의 삶에 대한 [성][찰]	

[110쪽]

구분	내용	알 수 있는 시어/시구
갈래	전기 가사, 양반 가사, 정격 가사	
화자	표면에 드러나 있는 여성 화자 '나'	'나 하나 젊어 있고 임 하나 날 사랑하시니' / '올 적에 빗은 머리 흐트러진 지 삼 년(三年)일세 / 연지분(臙脂粉) 있다마는 누굴 위해 곱게 할까'
대상	화자가 사랑하는 임	'임 하나 날 사랑하시니' / '느끼는 듯 반기는 듯 임이신가 아니신가' / '임 계신데 보내고저 임이 너를 보고 어떻게 여기실까'
처지·상황	임을 모시다가 물러나서 임과 이별한 상황	'엊그제 임을 모셔 광한전(廣寒殿)에 올랐는데 그 사이 어찌하여 하계(下界)에 내려오니 올 적에 빗은 머리 흐트러진 지 삼 년(三年)일세'
정서·태도	• 임을 그리워함. • 임과의 이별을 괴로워하고 슬퍼함. • 임에게 자신의 마음을 전하고 싶어함.	'늙어서야 무슨 일로 외로이 그리는가' '마음에 맺힌 시름 첩첩이 쌓여 있어 짓는 것이 한숨이오 지는 것이 눈물이라' '저 매화(梅花) 꺾어 내어 임 계신 데 보내고저 임이 너를 보고 어떻게 여기실까'
주제	[임][금]을 향한 일편단심, 연군지정	

01~03

2016학년도 3월 고1 학력평가

가 김광욱, 〈율리유곡〉

주제 세속적 욕망에 얽매이지 않고 자연 속에서 지내는 여유와 풍류

해제 작가가 만년에 도연명의 '귀거래'를 본받아 '율리'라는 곳에 은거하면서 지은 17수의 연시조로, 벼슬을 떠나 자연 속에서 살아가는 자신의 자유로운 삶을 노래한 작품이다. 작가는 당대의 정치 현실에도 관심을 보이며 나라를 위해 정치에 참여하는 사람들을 칭송하고 있지만, 자신은 강산풍월을 두고 갈 수 없다고 하면서 자연 속에서 살아가는 삶에 높은 비중을 두고 있다.

공명(功名)도 잊었노라 부귀(富貴)도 잊었노라

세상 번우(煩憂)한 일 다 주어 잊었노라

내 몸을 내마저 잊으니 남이 아니 잊으랴.
시적 화자

> ─: '잊었노라'를 반복해 세속적 가치에서 멀어지고픈 심리를 표현함.

▶제2수: 세속적 가치를 잊고 세상과 단절하고픈 마음

삼공(三公)이 귀하다 한들 강산과 바꿀쏘냐

조각배에 달을 싣고 낚싯대를 흩던질 제
자연 속에서 강호한정을 즐기고 청빈하게 살아감.

이 몸이 이 청흥(淸興) 가지고 만호후(萬戶侯)인들 부러우랴.

> ~: 설의적 표현으로 자연을 지향하는 마음을 강조함.

▶제8수: 자연 속에서 유유자적하는 삶에 대한 만족감

헛글고 싯근 문서 다 주어 내던지고
관직과 벼슬 생활을 빗댄 표현

필마(匹馬) 추풍에 채찍을 쳐 돌아오니
계절적 배경: 가을

아무리 매인 새 놓인다 한들 이토록 시원하랴.
설의적 표현 – 매우 시원함을 강조

▶제10수: 관직에서 벗어난 해방감

짜임

2수	세속적 가치를 잊고 세상과 단절하고픈 마음
8수	자연 속에서 유유자적하는 삶에 대한 만족감
10수	관직에서 벗어난 해방감

특징

- 일상의 어휘를 사용하여 사실성을 높임.
- 공간을 대비하여 현재 삶의 만족감을 표현함.
- 설의적 표현으로 자연에서의 만족감을 드러냄.

나 정약용, 〈보리타작〉

주제 노동에서 얻는 삶의 즐거움과 자신의 삶에 대한 반성

해제 보리타작이라는 공동 작업에 몰두하는 농촌 현장을 바라보며, 노동 속에서 삶의 보람과 즐거움을 찾는 농민들의 모습을 사실적으로 그려 내고 있다. 그리고 육체와 정신이 합일된 노동이야말로 건강한 삶의 표상임을 제시하면서 벼슬길에서 헤매던 자신의 모습을 성찰한다. 평민의 삶과 관련 있는 시어들을 사용하여 친밀감을 드러내고 있다.

새로 거른 막걸리 젖빛처럼 뿌옇고

큰 사발에 보리밥, 높기가 한 자로세.

> □: 농민, 농사와 관련된 소재를 사실적으로 나열함.

밥 먹자 도리깨 잡고 마당에 나서니

검게 탄 두 어깨 햇볕 받아 번쩍이네.
농민의 건강한 모습을 묘사한 대목

▶1~4구: 노동하는 농민의 건강한 삶의 모습

옹헤야 소리 내며 발맞추어 두드리니

삽시간에 보리 낟알 온 마당에 가득하네.

> ─: 노동의 즐거움을 청각적으로 표현함.

주고받는 노랫가락 점점 높아지는데

보이느니 지붕 위에 보리 티끌뿐이로다.

▶5~8구: 보리타작하는 마당의 모습

그 기색 살펴보니 즐겁기 짝이 없어
시적 상황이 드러남(보리타작을 지켜보는 시적 화자).

마음이 몸의 노예 되지 않았네.
보리타작(노동)에 대한 긍정적 평가

▶9~10구: 정신과 육체의 조화로 인한 노동의 즐거움

낙원이 먼 곳에 있는 게 아닌데
=농촌 *설의적 표현 → 반성적 태도*

무엇하러 벼슬길에 헤매고 있겠는가.

▶11~12구: 지난날 관직 생활에 대한 반성

짜임

기(1~4구)	노동하는 농민들의 활기차고 건강한 삶의 모습	선경
승(5~8구)	보리타작하는 마당의 역동적인 정경	
전(9~10구)	정신과 육체의 조화 속에 이루어지는 노동의 즐거움	후정
결(11~12구)	지난 날 관직 생활에 대한 반성	

특징

- 선경후정의 시상 전개가 나타남.
- 농민의 모습을 사실적으로 묘사함.
- 중농주의 실학사상과 사실주의 시 정신이 잘 드러남.
- 농촌의 노동을 생생하게 그려 냄.

01 작품의 공통점 파악

정답 ⑤ | **정답률 53%**

⑤번이 답인 이유

⑤ 물음의 형식을 활용하여 화자의 심리를 표출하고 있다.

➡ (가)에서는 '남이 아니 잊으랴.', '강산과 바꿀쏘냐', '만호후인들 부러우랴.', '이토록 시원하랴.' 등 물음의 형식(설의법)을 사용하여 자연에서 만족하고 있는 화자의 심리를 표출하고, (나)에서는 '무엇하러 벼슬길에 헤매고 있겠는가.'라는 물음의 형식(설의법)을 활용하여 지난날의 벼슬살이를 반성하는 화자의 심리를 표출하고 있다.

오답 풀이

① 대화의 형식을 통해/대상을 예찬하고 있다.
(가) X (나) X

➡ 청자와 말을 주고받는 대화의 형식은 (가), (나) 모두에 나타나지 않는다.

② 연쇄법을 활용하여/화자의 심정을 드러내고 있다.
(가) X (나) X

➡ 연쇄법은 앞 구절의 끝부분을 뒤 구절 앞부분에서 반복하는 것인데, (가), (나) 모두 사용되지 않았다.

③ 직유법을 사용하여/대상의 속성을 표현하고 있다.
(가) X (나) ○

➡ (나)의 '젖빛처럼 뿌옇고'에서 직유법을 사용하여 막걸리의 빛깔을 표현하였지만, (가)에서는 직유법을 사용하지 않았다.

④ 의인화를 통해/대상에 대한 친밀감을 나타내고 있다.
(가) X (나) X

➡ 사람이 아닌 대상을 사람처럼 표현한 의인화는 (가), (나) 모두에 드러나 있지 않다.

개념의 좌표 찾기

- 대화의 형식(→19쪽)
- 연쇄법(→47쪽)
- 의인화(→41쪽)
- 설의법(→48쪽)
- 예찬(→23쪽)
- 직유법(→41쪽)
- 대상에 대한 친밀감(→55쪽)

02 시어(시구)의 의미와 기능   정답 ③ 정답률 43%

③번이 답인 이유

③ ㉢: 고된 삶을 살아왔던 화자의 모습을 묘사하고 있다.

➡ '검게 탄 두 어깨'는 화자가 바라보고 있는 '보리타작하는 농민의 어깨'로 농민의 건강한 삶을 드러내기 때문에, 이로써 고된 삶을 살아왔던 화자의 모습을 묘사하고 있다는 설명은 적절하지 않다.

오답 풀이

① ㉠: 세속적 가치에 대한 욕심을 버린 화자의 태도가 드러나 있다.

➡ '공명도 잊었노라 부귀도 잊었노라'에서 '공명'과 '부귀'는 세속적 가치에 해당한다. 그러한 세속적 가치를 잊었다고 하는 것은 욕심을 버린 태도에 해당한다.

② ㉡: 관직 생활에서 벗어난 화자의 해방감이 표출되어 있다.

➡ '헛글고 싯근 문서'는 관직 생활을 뜻한다. 화자는 그런 관직 생활에서 벗어난 심리를 매인 새가 풀려난 것에 빗대어 표출하고 있다.

④ ㉣: 보리타작하는 농민들의 모습에 대한 화자의 평가가 담겨 있다.

➡ 화자는 노랫가락에 맞춰 보리타작하는 농민의 즐거운 모습을 보고 몸과 마음이 조화되었음을 느끼고, '마음이 몸의 노예 되지 않았네.'라고 평가하고 있다.

⑤ ㉤: 화자가 자신의 삶에 대해 성찰하는 모습이 나타나 있다.

➡ 농민들이 노동하는 모습을 보고 이곳이 낙원이라고 생각하면서, 벼슬살이를 하던 지난날을 반성하고 있다.

개념의 좌표 찾기
· 달관·초월(→22쪽)   · 성찰(→24쪽)

03 외적 준거 활용   정답 ① 정답률 70%

보기
작품에서 공간은 화자가 위치한 구체적인 장소의 의미를 넘어서 화자가 바람직하게 생각하는 삶의 모습이 담겨 있기도 하다. (가)와 (나)에 설정된 시적 공간에는 화자가 지향하는 삶의 가치가 내재되어 있다.

①번이 답인 이유

① ⓐ는 자연과 벗하며 살아가는 공간이고, ⓑ는 건강한 노동의 즐거움을 깨닫는 공간이다.

➡ (가)의 '강산'은 화자가 자연과 벗하는 유유자적한 삶을 지향하고 있음을 보여 주는 공간이다. (나)의 '마당'은 농민들이 보리타작하는 공간으로 화자는 이곳에서 농민들의 모습을 보면서 건강한 노동의 즐거움을 깨닫고 자신의 삶을 성찰하게 된다.

오답 풀이

② ⓐ는 소박한 삶에 대한 지향이 담긴 공간이고, ⓑ는 빈곤한 삶을 극복하려는 의지가 담긴 공간이다.

➡ (가)의 화자는 강산에서 '삼공', '만호후'로 대변되는 부귀공명이 부럽지 않다면서 조각배에서 낚시를 하는 소박한 삶을 지향하고 있다. 하지만 (나)의 마당에 빈곤한 삶을 극복하려는 의지는 담겨 있지 않다.

③ ⓐ는 궁핍한 처지로 인한 좌절감이 나타난 공간이고, ⓑ는 삶의 애환을 다른 사람과 공유하는 공간이다.

➡ (가)에서 화자의 궁핍한 처지가 드러나지 않으며, (나)에서 화자가 삶의 애환을 다른 사람과 공유하고 있지도 않다.

④ ⓐ는 힘겨운 상황에 대한 저항 의지가 담긴 공간이고, ⓑ는 현실과의 타협을 통해 내적 갈등에서 벗어나려는 공간이다.

➡ (가)의 화자는 자신의 삶에 만족하고 있고 (나)의 '마당'에도 내적 갈등을 벗어나기 위해 현실과 타협하려는 모습은 제시되지 않았다.

⑤ ⓐ는 내적 욕구에 대한 자기 절제가 반영된 공간이고, ⓑ는 과거와 달라진 현재의 상황에 대한 안타까움이 표출된 공간이다.

➡ (가)의 '강산'에는 자연과 함께하려는 내적 욕구가 절제되지 않고 표출되어 있으며, (나)의 '마당'에서는 화자가 농민의 모습을 보며 과거의 모습을 반성할 뿐 현재의 상황에 대한 안타까움을 표출하지는 않는다.

04~06

정철, 〈사미인곡〉

주제 임금을 향한 일편단심, 연군지정

해제 당파 싸움으로 관직에서 물러난 작가가 전남 창평에 머무르면서 쓴 가사이다. 임금을 그리는 초조하고 안타까운 심정을 이별한 임을 그리는 여인의 심정에 의탁하여 읊은 것이 특징이다. 왕과 신하의 관계를 직접적으로 표출하지 않고, 작가 자신을 임의 사랑을 받지 못하는 여인으로, 임금(선조)을 임으로 설정하여 외로운 신하의 처지와 변함없는 충정을 애절하게 노래하였다.

이 몸 생겨날 때 임을 따라 생겼으니
└ 임금(선조)
한평생 연분(緣分)이며 하늘 모를 일이던가
　　임과의 인연
나 하나 젊어 있고 임 하나 날 사랑하시니
화자　　　과거의 상황: 화자가 임과 사랑함(함께 있음)
이 마음 이 사랑 견줄 데 전혀 없다

> 과거와 현재를 대조적으로 제시

평생(平生)에 원하기를 함께 살자 하였더니
늙어서야 무슨 일로 외로이 그리는가
　　현재의 상황: 화자가 임과 떨어져 지냄.
엊그제 임을 모셔 광한전(廣寒殿)에 올랐는데
　　천상의 공간(임금이 계신 한양의 궁궐)
그 사이 어찌하여 하계(下界)에 내려오니
　　인간 세상(전남 창평, 작가의 고향)
올 적에 빗은 머리 흐트러진 지 삼 년(三年)일세
연지분(臙脂粉) 있다마는 누굴 위해 곱게 할까

> 화자가 여성임이 드러남.

　　설의적 어조로 화자의 슬픔을 표현함.
마음에 맺힌 시름 첩첩이 쌓여 있어
짓는 것이 한숨이오 지는 것이 눈물이라
　　대구법으로 화자의 슬픔 표현
인생은 유한(有限)한데 시름도 끝이 없네
무심(無心)한 세월(歲月)은 물 흐르듯 하는구나
　무정한
계절이 때를 알아 가는 듯 다시 오니
　　　　　　　　　직유법

> 영탄적 어조로 흐르는 세월을 한탄하고 매화가 핀 것을 감탄함.

듣거니 보거니 느낄 일도 많고 많다

▶ 서사: 임과의 인연과 이별 후의 그리움

동풍(東風)이 살짝 불어 쌓인 눈을 헤쳐 내니
　계절적 배경 - 봄
창 밖에 심은 매화(梅花) 두세 가지 피었구나
① 계절적 배경을 드러내는 자연물 ② 임에 대한 화자의 충정을 보여 주는 객관적 상관물
가뜩이나 냉담한데 암향(暗香)은 무슨 일인가
　　　　　　　매화의 변함없는 향기 - 화자의 충성심을 빗댐.
황혼(黃昏)녘에 달이 돋아 베갯맡에 비치니
　　　　　　　　임금을 상징함.
느끼는 듯 반기는 듯 임이신가 아니신가
저 매화(梅花) 꺾어 내어 임 계신 데 보내고져
　　임을 향한 정성과 사랑 - 변함없는 충성심
임이 너를 보고 어떻게 여기실까

▶ 본사1: 봄을 맞아 임에게 변함없는 충정을 알리고 싶음.

짜임

구성		전개 내용
서사		임과의 인연과 이별 후의 그리움 〈수록 부분〉
본사	봄	임에게 변함없는 충정을 알리고 싶음. 〈수록 부분〉
	여름	자신의 외로운 심사와 임에 대한 정성을 알리고 싶음.
	가을	임이 선정(善政)을 하기를 기원함.
	겨울	외로움과 임에 대한 걱정
결사		죽어서라도 임을 따르고 싶은 충정

특징

· 남성 작가가 여성의 목소리로 자신의 처지와 정서를 전달함. (군신 관계보다 남녀 관계가 더 보편적이므로 독자들이 공감하기 쉽기 때문에)
· 계절의 흐름에 따른 시상 전개(계절감이 드러나는 자연물을 소재로 사용)
· 계절별로 임금에 대한 그리움과 충정을 형상화한 소재를 사용하여 정서를 드러냄.

계절별 주요 소재에 담긴 상징적 의미

계절	소재	상징적 의미
봄	매화	임에 대한 화자의 충정
여름	옷	임에 대한 화자의 정성
가을	청광(달빛)	임의 선정(善政)을 소망(화자의 충정)
겨울	양춘(봄볕)	임에 대한 화자의 염려

'매화, 옷, 청광, 양춘'은 임에 대한 그리움과 충정을 형상화한 객관적 상관물

---

04 표현상 특징과 효과

정답 ④　　정답률 83%

④번이 답인 이유

④ 설의적 표현을 사용하여 / 정서를 효과적으로 드러내고 있다.

➡ "연지분(臙脂粉) 있다마는 누굴 위해 곱게 할까."에서 의문형 종결 어미를 사용한 설의적 표현으로 화자의 정서를 강조하고 있다.

오답 풀이

① 고사를 활용하여 / 풍자의 효과를 높이고 있다.

➡ 고사를 사용한 부분이 없고, 풍자를 사용한 부분도 없다. 이 작품의 주된 정서는 대상(임)에 대한 그리움이다.

② 색채의 대비를 활용하여 / 시적 긴장감을 고조시키고 있다.

➡ 색채 대비는 활용되지 않았다. 그러므로 색채의 대비를 활용하여 시적 긴장감을 고조시키고 있다는 진술은 적절하지 않다.

③ 사물을 다양한 관점에서 묘사하여 / 생동감을 자아내고 있다.

➡ 사물을 다양한 관점에서 바라보는 부분은 없다. 또한 '동풍'이나 '달'에 움직임이 있다고 볼 수는 있으나 생동감과는 거리가 멀다.

⑤ 상승과 하강의 심상을 반복하여 / 대상을 구체적으로 표현하고 있다.

➡ 광한전에 올랐다가 하계에 내려오기는 하였으나 이를 반복하여 표현하지 않았으며, 대상을 구체적으로 표현하지 않고 상황만 간략하게 제시하였다.

개념의 좌표 찾기

· 고사의 활용(→217쪽)　　　　· 풍자(→133쪽)
· 색채 대비(→35쪽)　　　　　· 시적 긴장감(→55쪽)
· 묘사(→131쪽)　　　　　　· 생동감(→55쪽)
· 설의적 표현(→48쪽)　　　· 상승과 하강의 심상(→36쪽)

05 외적 준거 활용   정답 ⑤ | 정답률 89%

▏보기▕

　이 작품은 '적강 모티프'를 취하고 있다. '적강'이란 천상적 존재가 천상에서 지은 죄과로 말미암아 지상으로 유배 오는 것을 말하는데, 이 작품에서 시적 화자는 천상계에서 임의 사랑을 받다가 _{임이 계신 광한전} 지상계로 쫓겨 와 임을 그리워하는 존재로 설정되어 _{화자가 있는 하계} 있다. 천상계는 화자가 과거에 존재했던 공간이자 충족의 공간 으로, 지상계는 화자가 현재 존재하고 있는 공간이자 결핍의 _{'이 마음 이 사랑 견졸 데 전혀 없다'} 공간으로 나타난다. _{'늙어서야 무슨 일로 외로이 그리는가'}

📝 **❺번이 답인 이유**

⑤ ⑰은 지상계로 화자를 쫓아낸 대상에 대한 원망을 드러낸 것이겠군.

➡ 〈보기〉에서 화자는 '임을 그리워하는 존재'라고 하였다. '한숨'과 '눈물'은 지상 세계에서 임을 그리워하며 지내는 화자의 슬픔을 나타낸다. 따라서 '대상'인 임에 대한 '원망'을 표현하였다고 볼 수 없다.

오답 풀이

① ㉠은 화자가 천상계에서 임의 사랑을 받으며 지내던 모습을 표현한 것이겠군.

➡ 〈보기〉에서 시적 화자는 천상계에서 임의 사랑을 받았다고 하였고, ㉠은 그 모습을 표현한 것이다.

② ㉡은 화자가 적강하여 임을 그리워하며 살아가는 모습을 표현한 것이겠군.

➡ 화자가 적강하여 지상계인 '하계'에서 임을 그리워하고 있는 심정이 ㉡으로 표현되었다.

③ ㉢은 화자가 과거에는 천상계에 존재하다가 현재는 지상계로 쫓겨 왔음을 드러낸 것이겠군.

➡ 〈보기〉의 천상계와 지상계는 ㉢에서 각각 '광한전', '하계'와 연결된다. 화자는 '광한전'에 있다가 '하계'로 내려왔다고 했으므로 적절하다.

④ ㉣은 임이 없는 결핍의 공간에서 화자가 느끼는 상실감을 표현한 것이겠군.

➡ 〈보기〉에 따르면 화자는 현재 '결핍의 공간'(하계)에 있으며, 임이 곁에 없기 때문에 화장할 필요가 없다는 상실감을 ㉣로 나타내었다.

📍 **개념의 좌표 찾기**

· 적강(→199쪽)

06 시어의 의미와 기능   정답 ③ | 정답률 90%

📝 **❸번이 답인 이유**

③ ⓐ는 화자에게 부재하는 대상을 떠오르게 하는 자연물, ⓑ는 대상에 대한 화자의 마음을 전달하는 자연물이다.

➡ '임이신가 아니신가'를 통해 '달'이 임을 떠오르게 하는 자연물임을 알 수 있고, '임 계신 데 보내고저'를 통해 '매화'가 화자의 임에 대한 그리움과 정성을 의미하는 자연물임을 알 수 있다.

오답 풀이

① ⓐ는 대상과의 단절에 대한 두려움을, ⓑ는 대상과의 관계 형성에 대한 화자의 소망을 반영한다. ✗

➡ 화자는 ⓐ를 보고 임을 떠올리고 있으나 이로써 대상과의 단절에 대한 두려움을 느끼고 있지는 않다. ⓑ는 화자가 임에게 보내고 싶어 하는 정성이므로, 대상과의 관계 형성에 대한 화자의 소망이 반영되어 있다.

② ⓐ는 화자가 도달하고자 하는 목표를 상징하는 소재, ⓑ는 화자의 심리적 방황을 유발하는 소재이다. ✗

➡ ⓑ는 화자의 심리적 방황을 유발하지 않는다.

④ ⓐ와 ⓑ는 모두 현실에서 겪어야 할 외부적 시련을 상징한다. ✗

➡ ⓐ와 ⓑ는 현실에서 겪어야 할 외부적 시련과 관련이 없다.

⑤ ⓐ와 ⓑ는 모두 부정적 상황에 대해 체념하는 화자의 현재 모습을 나타낸다. ✗

➡ ⓐ와 ⓑ는 부정적 상황에 대해 체념하는 화자의 현재 모습을 나타내고 있지 않다. 화자는 임에게 ⓑ를 보내어 자신의 마음을 전하려 하고 있다.

📍 **개념의 좌표 찾기**

· 상징(→43쪽)   · 정서 자극물(→54쪽)
· 화자의 대리물(→53쪽)   · 체념(→21쪽)

위기	황수건은 보조 배달부 자리마저 빼앗기고 급사로 다시 들어가려 하지만 실패한다. '나'는 그에게 삼 원을 주며 참외 장사를 시작할 수 있게 도와준다. 〈수록 부분〉
절정	황수건은 참외 장사마저 실패하고 설상가상으로 아내마저 가출을 한다. 〈수록 부분〉
결말	'나'는 달밤에 담배를 피우며 서툴게 노래를 부르는 황수건을 목격하고 연민을 느낀다.

III. 현대 소설

01 서술자와 시점

☑ **바로바로 간단 체크**　**1** (1) 서술자 (2) 시점 (3) 초점 화자
2 (㉠: 1인칭 주인공)-ⓐ, (㉡: 1인칭 관찰자)-ⓓ,
(㉢: 전지적 작가)-ⓑ, (㉣: 3인칭 관찰자)-ⓒ

01 1인칭 관찰자 시점　**02** ③　**03** ⑤　**04** ②　**05** ②　**06** ④　**07** ⑤　**08** ⑤
09 ③

01~03 개념으로 작품 읽기　　　　　　달밤_ 이태준

1인칭 관찰자 서술자인 '나'가 황수건을 어떤 시선으로 바라보고 있는지에 집중하여 작품을 읽어 보자.

해제 서술자이자 관찰자인 '나'가, 모자라고 우둔하지만 천진한 '황수건'이라는 인물이 각박한 세상에 부딪히면서 실패를 거듭하며 아픔을 겪는 모습을 전달해 주는 작품이다. '나'는 황수건이 학교 급사, 신문 보조 배달원, 참외 장사 등의 일을 하지만 계속 좌절하고 상처를 입는 일화를 나열하여, 순박한 인물인 황수건이 사회와 일상에서 소외되는 상황을 그리고 있다.

　하지만 이 작품은 비극적인 분위기로 흐르지는 않는데, 이는 어수룩한 황수건의 우스꽝스러운 행동들을 통해 웃음을 자아내는 한편, 서술자인 '나'가 황수건에 대해 애정 어린 시선을 보냄으로써 황수건의 천진하고 순박한 성격을 두드러지게 하고 있기 때문이다.

- **서술자는?** '나'　　　　　　**시점은?** 1인칭 관찰자 시점
- **인물은?** 서술자인 '나', 모자라지만 천진한 성품을 지닌 '황수건'
- **상황은?** '나'는 '황수건'이 곤란하다는 소식을 듣고 돈을 줌. 황수건은 고맙다며 참외를 주고 그 후 나타나지 않음. '나'는 황수건의 아내가 도망갔다는 소식을 들음. 다시 나타난 황수건은 '나'에게 포도를 줌. 나는 그의 고마워하는 마음을 받아들임.
- **상황에 대한 서술자(인물)의 태도는?** 모자라지만 천진한 성품을 지닌 '황수건'이 세상에 적응하지 못하는 데에 대하여 연민을 느낌.
- **주제는?** 세상에 적응하지 못하는 못난이 황수건에 대한 연민

핵심 정리

| **배경** | **시간:** 일제 강점기(1930년대)　**공간:** 서울 성북동

특징
- 작가의 서정성과 인정이 잘 드러남.
- 섬세하고 감각적인 묘사를 통해 인물과 사건을 형상화함.

전체 줄거리

발단	문안에서 성북동으로 이사온 '나'는 황수건이라는 인물을 만나 이곳이 시골임을 실감하게 된다.
전개	정식 배달부가 소원인 신문 보조 배달부 황수건이 급사에서 쫓겨나 형님 집에 얹혀살게 되는 행적을 듣게 된다.

01

이 소설은 작품 안에 등장하는 서술자 '나'가 주인공 황수건의 이야기를 하고 있으므로 1인칭 관찰자 시점에 해당한다.

02　　　　　　　　　　📋 ❸번이 답인 이유

'나'는 보통 사람보다 좀 모자라지만 순박한 황수건을 따뜻한 연민과 동정의 시선으로 바라보고 있다. 따라서 황수건은 '나'가 비판적으로 바라보는 대상이 아니다.

오답 피하기
① 황수건은 서술자이자 관찰자인 '나'가 관찰하고 있는 대상이다.
② 삼 원을 준 '나'에게 참외와 포도를 갖다 주는 모습에서 황수건이 '나'에게 고마움을 느끼고 있음이 드러난다.
④ "남편만 남 같으면 ~ 평생 동서 밑에 살아야 할 신세"라는 부분에서 황수건이 보통 사람보다 좀 모자란 사람임을 짐작할 수 있다. 또한 삼 원 돈에 춤을 추다시피 뛰어나가는 모습, '나'에게 참외와 포도로 애정을 표현하는 모습에서도 순박한 면이 있음을 알 수 있다.
⑤ "들으니 참외 장사를 해 보긴 했는데 ~ 달아난 것이라 한다." 부분에서 황수건이 장사에 실패하고 아내가 도망가는 아픔을 겪었다는 사연을 '나'가 전해 들었음이 나타난다.

03　　　　　　　　　　📋 ❺번이 답인 이유

이 소설은 작품 속의 부수적 인물인 '나'가 주인공 '황수건'에 대해 중점적으로 이야기하는 1인칭 관찰자 시점으로, 서술자가 듣거나 관찰한 내용만을 전달하기 때문에 주인공의 처지와 심리가 정확하게 드러나지 않는다. 따라서 독자는 황수건의 처지와 심리를 추측해야 하며 이는 독자에게 긴장감, 신비감을 줄 수 있다.

오답 피하기
①, ② 전지적 작가 시점에 대한 설명이다.
③ 3인칭 관찰자 시점에 대한 설명이다.
④ 1인칭 주인공 시점에 대한 설명이다.

04~06 개념으로 작품 읽기　　　　　　치숙_ 채만식

못 미더운 서술자인 '나'가 지식인 아저씨를 비판하는 구조로 작가가 어떤 효과를 거두려 했는지 생각하며 읽어 보자.

해제 이 작품은 사회주의 운동을 하다가 옥살이를 하고 나온 아저씨의 좌절을 못 미더운 서술자인 조카 '나'의 눈으로 포착

하여 서술하고 있다. 이 작품은 정교한 묘사나 구성 대신 함축적인 대화를 통해 서술되고 있으며, 풍자적이고 반어적인 어조를 구사하고 있다.

　작가는 '나'의 시선을 통해 아저씨의 비현실적 사고방식을 비난하고 있는데, 이는 '나'의 가치관을 은근히 비판하면서 오히려 아저씨에 대해서는 동정심을 갖게 하는 효과를 낸다. 이렇게 칭찬과 비난을 서로 역전시키는 방법을 통해 식민 통치에 협력하는 현실 순응형 인물을 비판하고 있는 것이다. 그러나 사회주의자인 아저씨를 적극적으로 긍정하지는 않음으로써 아저씨의 한계도 지적하고 있다.

- **서술자는?** '나'　　　　　**시점은?** 1인칭 관찰자 시점
- **인물은?** 서술자인 '나', 사회주의 운동을 하다가 폐인이 된 지식인 아저씨
- **상황은?** '나'는 일제 강점기에 사회주의 운동 때문에 감옥살이를 하고 나와 좌절 끝에 폐인이 되다시피 한 아저씨를 독백적으로 소개함.
- **상황에 대한 서술자(인물)의 태도는?** 서술자인 '나'는 일제 강점기의 시대적 현실을 이해하지 못한 채 개인의 안위와 영달만을 추구하며, 사회주의 운동을 하는 아저씨를 반어적이고 냉소적인 어조로 비판하고 있음.
- **주제는?** 일제 식민 통치에 순응하려는 '나'와 사회주의 사상을 가진 아저씨의 갈등

핵심 정리

| 배경 | **시간:** 일제 강점기　　　　**공간:** 서울
| 특징 |
- 못 미더운 서술자를 통해 현실을 이중적으로 풍자함.
- 대화적 문체를 통해 '나'와 '아저씨'의 가치관을 비교함.

| 전체 줄거리 |

발단	화자인 '나'는 사회주의 운동을 하다가 징역살이를 하고 나와서 지금은 폐병으로 앓아누워 있는 아저씨를 소개한다. 〈수록 부분〉
전개	'나'는 대학교까지 나와서 전과자가 된 아저씨와, 폐인이 된 남편을 수발하는 어질고 부지런한 아주머니 모두 답답하기 이를 데 없다고 생각한다. 〈수록 부분〉
위기	'나'는 일본인이 운영하는 상점의 종업원으로, 곧 자립하여 일본에 가서 살고자 한다. 그러나 이런 '나'의 계획은 아저씨 때문에 방해를 받는다.
절정	'나'는 아저씨의 한심한 행태를 정면에서 비판한다. 그러나 아저씨는 오히려 '나'가 세상 물정, 즉 세상을 움직이는 힘을 모른다고 힐난한다.
결말	'나'는 아저씨 같은 사람은 빨리 없어져야 한다고 생각하지만 자꾸 살아나 걱정이다.

04

🔖 **❷번이 답인 이유**

이 소설은 1인칭 관찰자 시점으로, 작품 안의 서술자 '나'가 아저씨, 즉 오촌 고모부가 살아온 삶과 근황에 대해 요약적으로 전달하고 있다.

오답 피하기

① 서술자 '나'가 자신의 과거 삶을 회상하는 내용이 아니라, '아저씨'의 과거 삶을 요약적으로 제시하는 것이 이 글의 주된 내용이다.
③ 전지적 작가 시점에 대한 설명이다.
④ 이 소설에서는 서술자의 교체가 나타나지 않는다.
⑤ 3인칭 관찰자 시점에 대한 설명이다.

05

🔖 **❷번이 답인 이유**

아저씨가 막벌이 노동을 하고 있는 것은 맞지만 "어쨌다고 그걸 끝끝내 하지 못해서 그 발광인고?"라는 '나'의 서술을 볼 때, 아저씨는 사회주의에 대한 미련을 버리지 못하였다고 볼 수 있으므로 생계를 책임지려 한다는 것은 적절하지 않다.

오답 피하기

① "사회주의라더냐 막걸리라더냐, ~ 우리 오촌 고모부 그 양반……."이라는 부분에서 확인할 수 있다.
③ "나도 전문학교나 대학교를 졸업을 했으면, ~ 이 길로 들어선 게 다행이다 …… 이런 생각이 들어요."라는 부분에서 확인할 수 있다.
④ "조금 바시시 살아날 만하니까 ~ 그걸 끝끝내 하지 못해서 그 발광인고?"라는 부분에서 확인할 수 있다.
⑤ "나라라는 게 무언데? ~ 제 분수대로 편안히 살두룩 애써 주는 게 나라 아니오?"라는 부분에서 확인할 수 있다.

06

🔖 **❹번이 답인 이유**

서술자 '나'는 일제의 식민 지배에 만족하는 현실 순응적 인물로, 올바른 사회의식이나 현실 인식을 갖추지 못하고 있다. 독자는 그런 '나'가 사회주의 운동가인 아저씨를 비판하는 것을 보면서 오히려 '나'를 부정적으로 평가하게 되고, 아저씨를 긍정적인 인물로 바라보게 된다.

오답 피하기

① '나'가 어린아이가 맞긴 하지만, 현실 순응적이고 이해타산적인 모습을 보이기 때문에 순수함을 느끼게 해 주지 않는다.
② '나'가 정확하게 전달하지 못하는 사건의 암시적 의미라고 하더라도 독자는 역사적, 사회적 배경이나 '나'가 관찰, 평가하는 대상과의 관계를 통해 이를 알 수 있다.
③ '나'가 올바르지 못한 현실 인식을 가진 인물로 등장하기 때문에 독자는 '나'의 시선을 따라가기보다는 오히려 '나'를 비판적으로 평가하게 된다.
⑤ '나'는 무지하고 어리숙한 탓에 시대 상황을 왜곡해 인식하고 있다. 이 때문에 독자에게 현실에 대한 객관적 평가를 전달하고 있지 못하다.

07~09 개념으로 작품 읽기　　　　도요새에 관한 명상_ 김원일

각 장마다 서술자가 변화함에 따라 소설의 내용 전개가 어떻게 달라지는지에 집중하여 작품을 읽어 보자.

해제 이 작품은 '도요새'를 매개로 동진강 하구를 배경으로 삼아 다양한 방식으로 살아가는 한 가족의 이야기를 형상화하였다. 이 작품에서 도요새는 당대의 환경 오염의 실태와 민족 분단의 현실을 보여 주면서, 인물들 사이의 갈등을 조장하는 소재가 된다. 인간 중심적이고 성장 우선주의적인 1970년대 사회의 모습을 조명하며 산업화의 폐해를 보여 주고, 한편으로는 북에 가족과 사랑하는 사람을 두고 온 실향민들의 안타까운 심정을 나타내는 이 작품은, 서술자의 변화와 함께 과

거 회상과 현재가 교차되는 역순행적 구성을 취한다. 특히 서술자의 변화는 동일한 사건을 바라보는 서로 다른 관점을 보여주어 다양한 인간 군상의 모습을 제시할 뿐 아니라 각각의 서술자로 하여금 자신의 내면을 이야기하게 함으로써 독자들이 각 인물의 내면을 좀 더 관심 있게 지켜볼 수 있도록 한다.

- **서술자는?** '나'　　**시점은?** 1인칭 주인공 시점 (병국 → 아버지)
- **인물은?** 병국(장남), 아버지
- **상황은?** 병국은 학생 운동을 하다가 대학에서 제적된 뒤 고향에 내려와 동진강 인근의 환경 문제에 관심을 갖게 됨. 월남한 아버지는 실직한 이후 동진강 하구에서 철새(도요새)를 보는 것을 낙으로 삼으며 고향에 대한 그리움과 상실감을 달램.
- **상황에 대한 서술자(인물)의 태도는?** 병국은 1970년대 맹목적인 산업화 때문에 자연이 훼손되는 것에 대해 비판적임. 또한 아버지는 분단으로 인한 실향민으로, 남북을 자유롭게 오가는 도요새를 보며 고향을 떠올리고 그리워함.
- **주제는?** 비극적 역사 현실과 산업화의 폐해로 주어진 '인간성의 회복'이라는 과제

핵심 정리

| 배경 | • 시간: 1970년대 후반(아버지의 회상 부분은 6·25 전쟁 직후)
　　　• 공간: 동진강 유역(도요새의 도래지)

| 특징 |
• 전체 4장으로 이루어져 있으며, 각 장마다 서술자를 달리함.
  (1장: 병식의 시점, 2장: 병국의 시점, 3장: 아버지의 시점, 4장: 전지적 작가 시점)
• 당대 한국 사회의 문제점과 그에 따른 과제를 다양한 측면에서 제시함.

| 전체 줄거리 |

1장	재수생인 '나'(병식)는 강가에서 새를 밀렵하여 번 돈을 유흥비로 쓰면서 생활한다. '나'는 촉망받는 수재였으나 학생 운동을 하다가 퇴학을 당한 형(병국)에게 실망한다.
2장	대학에서 퇴학을 당한 '나'(병국)는 낙향하여 자책감을 느끼며 생활한다. 그러던 중 자연 문제와 동진강의 새 떼에 관심을 갖고 동진강 주변의 생태계 파괴 원인을 밝히려고 노력한다. 〈수록 부분〉
3장	북에 가족을 두고 온 '나'(아버지)는 적극적이고 억척스러운 아내와 대조적인 성격으로 갈등한다. 병국이 낸 진정서 때문에 비료 회사 사람들과 군인들이 찾아오고, 병국에게 환경 오염의 심각성과 병식의 새 밀렵에 대한 이야기를 듣게 된다. 〈수록 부분〉
4장	병국은 새 밀렵 행위 문제로 병식과 격렬하게 다투게 된다. 이후 병국은 술집 안에서 들려오는 통일에 대한 아버지의 희망을 듣고, 도요새의 비상을 바라고 따라가지만 놓치고 만다.

07　　　⑤번이 답인 이유

(나)는 아버지가 주인공인 1인칭 주인공 시점으로 서술되었다. 아버지는 동진강의 도요새를 보면서 북에 두고 온 가족과 연인에 대한 그리움을 달래고 있는데, 이 서술 내용에서 부도덕한 면모는 찾을 수 없다.

오답 피하기

① (가)와 (나)의 서술자는 부자지간으로 동진강 하구를 배경으로 살면서 그곳에서 만난 도요새에 대해 이야기하고 있다.
② (가)는 병국의 시점에서 동진강의 환경 오염 문제에 대해 이야기하고, (나)는 아버지의 시점에서 분단으로 헤어지게 된 이북의 가족에 대한 그리움을 이야기하고 있다.

③ (가)에서 "전혀 자유스럽지 못한 내 사고의 굳게 닫힌 문을 도요새가 그 날카로운 부리로 쪼며" 자유와 고통에 대해 이야기했다는 부분에서 서술자 '나'가 도요새에게 감정을 이입하고 있음을 확인할 수 있다.
④ (가)는 '병국'이 시위 때문에 퇴학을 당하여 고향으로 돌아온 체험을 바탕으로 "오히려 인간은 거기에 적응하기 위해 사악하고 간사하고 탐욕하고 음란하고 권력욕에 차 있어"라며 현실 인식을 드러냈다. (나)는 '아버지'가 한국 전쟁에 참전했다가 전향하여 월남하게 된 체험을 바탕으로 "철새나 나그네새는 휴전선을 넘어 자유로이 왕래하건만 나는 그곳으로 갈 수 없다는 안타까움만 해가 갈수록 내 이마에 깊은 주름을 새겼다."라고 현실 인식을 드러냈다.

08　　　⑤번이 답인 이유

병식, 병국, 아버지가 1인칭 시점에서 서술한 내용은 모두 서술자 '나'의 주관적 입장에서 쓰인 것이므로 병식의 서술보다 병국이나 아버지의 서술이 더 객관적이라고 보기는 어렵다.

오답 피하기

①, ② 상황과 생각이 서로 다른 여러 등장인물의 시각에서 하나의 사건을 바라봄으로써 그 사건을 입체적으로 파악할 수 있고, 사건의 경과나 의미에 대해서도 다양하게 해석할 수 있게 된다.
③ 하나의 사건에 대해 여러 인물의 관점에서 서술되는 다양한 정보와 해석을 접함으로써 독자는 사건을 객관적으로 바라볼 수 있게 된다.
④ 하나의 현상을 다각도에서 살펴봄으로써 다양한 관점과 생각을 이해할 수 있게 되고, 이를 통해 참다운 삶의 가치나 옳고 그름의 기준이 무엇인지에 대하여 생각하게 한다.

09　　　③번이 답인 이유

ⓒ에서 '나'의 사고는 '전혀 자유스럽지 못한', '굳게 닫힌 문'의 상태이다. 이러한 '나'의 사고를 '도요새가 그 날카로운 부리로 쪼'았다고 했으므로 '나'의 의식이 도요새에 의해 각성되었다고 볼 수 있다.

오답 피하기

① ⊙은 병국의 머릿속이 도요새에 대한 생각으로 가득 차 있다는 의미이다. 따라서 ⊙에서 병국과 도요새의 정서적 거리가 멀다고 보기 어렵다.
② ⓛ은 병국이 도요새 무리와의 만남을 간절하게 기다린다는 의미이므로, 대상과의 재회를 두려워한다는 것은 적절하지 않다.
④ ⓔ의 '새'는 실향민인 아버지에게 정신적 위안을 주고 있다. 따라서 '인물이 대상에게'가 아니라, '대상이 인물에게' 정신적 위안을 주고 있다.
⑤ ⓜ은 자유로이 휴전선을 넘나다니는 '철새나 나그네새'와 고향에 가지 못하는 아버지('나')의 처지가 대조되며 인물(아버지)의 안타까움과 비애의 정서가 부각되고 있다.

02 거리, 인물, 서술자의 태도

사뿐히 즈려밟는 **확인 문제**　　　　　　p.125~129

☑ **바로바로 간단 체크** 1 (1) 심리적 (2) 주제, 우호적, 적대적, 객관적
2 (1) ◯ (2) X (3) ◯ (4) X
3 ㉠ 가깝다. ㉡ 멀다. ㉢ 가깝다. ㉣ 멀다. ㉤ 멀다.

01 ① 02 ③ 03 ③ 04 ④ 05 ⑤ 06 ① 07 입체적 인물 08 ① 09 ⑤
10 ⑤

01~04 개념으로 작품 읽기　　　　　　꺼삐딴 리_ 전광용

인물의 유형과 인물에 대한 서술자의 태도를 파악하며 작품을 읽어
보자.

해제 이 작품은 시대와 상황에 따라 재빠르게 변신하는 이인
국 박사의 모습을 통해 일제 강점기에서 6·25 전쟁에 이르는
격동기의 한국 현대사를 조망하고, 사회 지도층의 위선을 통
해 왜곡과 굴절의 역사를 걸어온 근대사의 비극을 폭로한 풍
자 소설이다.

'꺼삐딴'은 영어의 '캡틴(captain)'에 해당하는 러시아어로,
소련군이 북한에 주둔하면서 '까삐딴'이 '우두머리' 또는 '최
고'라는 뜻으로 사용되었는데, 그 발음이 와전되어 '꺼삐딴'으
로 통용된 것이다. 작가는 '꺼삐딴 리'라는 제목을 통해 주인
공이 출세와 영달에 눈먼, 전형적인 기회주의자임과 동시에
한국 사회의 지도층 인사임을 암시하고 있다.

· **서술자는?** 작품 밖의 서술자　· **시점은?** 전지적 작가 시점
· **인물은?** 이인국 박사, 브라운(미국인)
· **상황은?** 이인국 박사는 브라운 씨의 집에 방문하여 고려청자를 선물로 주
고, 미국에 가기 위한 협조를 얻어 내게 되자 자신의 처세술에 만족스러워
하고, 이후의 밝은 미래를 확신하며 기뻐함.
· **상황에 대한 서술자(인물)의 태도는?** 서술자는 이인국 박사가 사회 지도층
임에도 불구하고, 역사적 격변기마다 대의를 저버리고 오직 자신의 이익만
을 추구하는 기회주의적 태도를 보이는 것을 엄중하게 비판하고 풍자함.
· **주제는?** ① 시류에 따라 변절하면서 순응해 가는 기회주의자의 삶에 대한
　　　　　　비판
　　　　　　② 출세 지향적 삶과 왜곡된 현대사에 대한 비판

핵심 정리
| 배경 | · **시간**: 1940년대 일제 강점기 말~1950년대
　　　　· **공간**: 남한과 북한
| 특징 |
· '현재-과거-현재'의 입체적 구성 방식으로 전개됨.
· 역사적 전환기마다 변신하는 주인공의 행동을 '회중시계'라는 상징적 소재
와 연관 지어 나타냄.
| 전체 줄거리 |

발단	처세술이 뛰어난 이인국 박사는 환자의 치료보다 환자의 경제 능력을 더 중요하게 여긴다. 미국인 브라운을 만나러 가는 과정에서 시간을 맞추려고 회중시계를 꺼냈다가 이인국 박사는 과거의 일들에 대한 회상에 잠긴다.
전개	이인국 박사는 일제 말기에 친일파로서 득세를 한다.
위기	광복이 된 이후에는 소련군에게 빌붙어서 위기를 모면한다.

| 절정 | 1·4 후퇴 때 월남한 이후에는 특유의 생명력으로 고난을 딛고 미국인의 도움으로 새로운 사회 지도층이 된다. |
| 결말 | 이인국 박사는 브라운 씨 집에 도착하여 고려청자를 선물로 주고, 미국에 가기 위해 협조를 얻는다. 곧이어 비자가 나오고 미국에 갈 준비를 마친다. 〈수록 부분〉 |

01　　　　　　　💬 ❶번이 답인 이유

이 소설은 작품 안에 서술자 '나'가 등장하지 않으므로 1인칭 시점
으로 볼 수 없으며, 서술자가 인물의 심리나 성격까지 훤히 파악하
여 진술하고 있으므로 전지적 작가 시점이다. "이인국 박사는 뛸
듯이 기뻤으나 솟구치는 흥분을 억제하면서"라거나 "그의 마음속
에는 새로운 포부와 희망이 부풀어 올랐다." 등의 구절에서 이를
확인할 수 있다.

02　　　　　　　💬 ❸번이 답인 이유

"국외로 내어 보낸다는 자책감 같은 것은 아예 생각해 본 일이 없
는 그였다.", "이인국 박사는 지성이면 감천이라구, 나의 처세법은
유에스 에이에도 통하는구나 하는 기고만장한 기분이었다." 등에
서 '이인국'을 비판적으로 바라보는 서술자의 태도가 드러난다.

오답 피하기
①, ② 이 글에서 '이인국'에 대한 서술자의 우호적 태도는 나타나
지 않는다.
⑤ '브라운 씨'는 '이인국'이 주는 뇌물을 받고 '이인국'에게 소개장
을 써 주기로 한다. 서술자와 달리 이인국을 긍정적으로 바라보
고 있다.

03　　　　　　　💬 ❸번이 답인 이유

이인국은 일제 강점기부터 광복 후에 이르기까지 시종일관 시류에
영합해 이익을 추구하는 인물이며, 성격이 사건 전개에 따라 변화
하지 않는다는 점에서 입체적 인물이 아니라 평면적 인물 유형에
속한다.

오답 피하기
①, ② 이인국은 국가나 민족의 안위를 고려하기보다는, 매번 당시
의 주류 세력에 빌붙어 개인의 영달만을 추구하는 기회주의적
이고 이기적인 인물이다. 이인국이 상감진사 고려청자 화병을
브라운 씨에게 전달하면서도 "국외로 내어 보낸다는 자책감 같
은 것은 아예 생각해 본 일이 없는 그였다."라는 부분이나, "흥,
그 사마귀 같은 일본놈들 틈에서도 살았고 ~ 나쯤이야……."라
고 생각하는 부분에서 이를 확인할 수 있다.
④ 이인국은 이 작품의 주인공으로, 사건을 이끌어 가는 역할을 한다.
⑤ 이인국은 일반 사람들이 상식적으로 떠올릴 수 있는, 환자의 건
강을 살피는 의사의 전형을 벗어나 환자보다 돈을 우선시하는
모습을 보이고 있다. 이는 이인국의 개성적인 면모라 볼 수 있다.

04　　　　　　　💬 ❹번이 답인 이유

㉣에는 이인국 박사가 아들과 딸에 대한 걱정보다 자신의 출세에
더욱 집착하는 모습이 드러나 있으므로 '혈육에 대한 걱정에만 몰

두'한다고 보기는 어려우며, 서술자가 이러한 이인국의 태도에 연민을 보이지도 않는다.

오답 피하기

① 미국으로 떠나기 위해 우리나라의 귀한 유물을 브라운 씨에게 선물로 주면서도 죄책감을 느끼지 않는 모습에서 이인국이 자신의 이익만을 챙기는 인물임을 드러내고 있으며, 여기에는 이인국을 비판적으로 보는 서술자의 태도가 반영되어 있다.

② 이인국이 자신의 처세술을 자랑스럽게 생각하는 듯한 모습을 통해 상황이 변할 때마다 줏대 없이 시대 흐름에 맞추어 태세를 전환하는 그의 기회주의적 태도를 냉소적으로 비꼬고 있다.

③ 의사로서 자기 환자의 건강은 신경 쓰지 않고 출세에만 몰두하는 이인국의 태도를 비판하고 있다.

⑤ 이인국이 "나쯤이야……."라고 생각하는 모습을 통해 기회주의적이고 이기적인 사회 지도층 대부분이 당대의 민족적 수난에도 불구하고 이인국과 같은 태도로 각자 자신의 이익만을 추구하였음을 풍자하고 있다.

05~07 개념으로 작품 읽기　　　　감자_ 김동인

서술자, 인물, 독자 사이의 거리는 시점에 따라 달라지므로 서술 시점과 거리를 종합적으로 이해하며 작품을 읽어 보자.

해제 이 작품은 환경 결정론에 바탕을 두고 극빈(極貧)한 삶 속에서 파멸해 가는 인간의 추악한 모습을 통하여 인간의 존엄성이 상실되는 현실을 묘사하고 있는 자연주의 소설이다.

　이 작품은 가난하지만 정직하게 자란 '복녀'라는 여인이 환경의 영향을 받아 타락해 가는 과정을 냉정하고 객관적인 3인칭 관찰자의 시점에서 조명하고 있다. 이는 복녀의 도덕적 타락과 비극적 죽음은 일제 강점기의 가난하고 불우한 시대적 현실 때문임을 잘 드러내는 효과를 준다.

　이 글은 '복녀'로 대표되는 1920년대 하층민 여성들의 삶과 현실을 객관적인 시선으로 그려 내고 있지만 식민지 시대를 살아가는 민족의 빈곤과 그 원인에 대한 구체적인 모색은 미흡하다는 지적을 받기도 한다.

・ **서술자는?** 작품 밖 서술자　　・ **시점은?** 전지적 작가 시점
・ **인물은?** 원래는 도덕적이고 정숙한 여인이었으나 주위 환경에 의해 타락하게 되는 복녀, 게으르고 무능한 남편, 복녀를 정부(情婦)로 삼았다가 버리고 다른 여자와 결혼하는 중국인 왕 서방
・ **상황은?** 가난한 가정 형편 탓에 송충이 잡이에 나섰던 복녀가 매춘을 시작하게 되면서 타락하게 됨.
・ **상황에 대한 서술자(인물)의 태도는?** 서술자는 '복녀'의 도덕적 타락과 비극적 삶의 원인을 환경적 요인에서 찾음.
・ **주제는?** 불우한 환경이 빚어 낸 한 여인의 비극적 운명

핵심 정리

| 배경 | ・ 시간: 일제 강점기(1920년대)　　・ 공간: 평양 칠성문 밖 빈민굴

| 특징 |
・ 인간의 삶과 가치관은 환경의 영향을 받는다는 환경 결정론적 관점을 바탕으로 함.
・ 행위와 장면을 중심으로 사건을 전개하고 간결한 문체를 사용하여 속도감과 긴장감을 조성함.
・ 사투리와 비속어 등 하층민의 언어를 적절하게 구사하여 사실성을 높임.

| 전체 줄거리 |

발단	칠성문 밖 빈민굴에 사는 복녀의 과거사 소개
전개	송충이 잡이에 나선 복녀가 우연히 매춘을 하게 된 다음부터 차츰 타락해 감. 〈수록 부분〉
위기	감자를 훔치던 일을 계기로 중국인 왕 서방의 정부(情婦)가 됨.
절정	왕 서방의 결혼식 날 밤, 배신감과 질투를 느낀 복녀가 왕 서방의 집에 찾아가 난리를 부리다가 결국 왕 서방 손에 죽게 됨.
결말	왕 서방과 복녀의 남편이 복녀의 시체를 둘러싸고 뒷거래를 함.

05　　　　**⑤번이 답인 이유**

ⓜ에서 복녀가 얼굴에 분을 바르게 되었다는 것은 복녀가 돈을 벌기 위해서 매춘에 더욱 적극적인 의지를 보이게 되었음을 의미한다.

오답 피하기

① 복녀는 선비의 딸로서 도덕과 윤리 의식을 가지고 있었으며, 특히 정조 관념을 가지고 있었기 때문에 돈을 많이 벌더라도 매춘은 할 수 없다고 생각했다.

② 복녀가 매춘을 하는 이유가 굶는 일이 다반사일 정도로 가난한 가정 형편에 당장 먹고 살기 위해서임을 암시한다.

③ 복녀가 '일 안 하고 품삯을 많이 받는 인부'가 되었다는 것은 감독에게 매춘을 하며 쉽게 돈을 벌게 되었음을 의미한다.

④ 도덕관이나 인생관은 개인의 내적 생각이라는 점에서 서술자가 복녀의 생각이나 심리를 직접 제시하였다고 볼 수 있다.

06　　　　**①번이 답인 이유**

이 작품은 부분에 따라 3인칭 관찰자 시점과 전지적 작가 시점이 번갈아 나타난다. 이때 [A]는 3인칭 관찰자 시점, [B]는 전지적 작가 시점이다. 3인칭 관찰자 시점은 전지적 작가 시점보다 서술자와 독자의 거리가 더 멀다.

오답 피하기

② [B]는 [A]보다 서술자와 인물의 거리가 더 가깝다.

③ [A]는 서술자가 인물의 속마음을 알지 못하고, [B]는 서술자가 인물의 속마음을 알고 있다.

④ [A]와 [B]의 서술자는 작품 밖에서 서술한다.

⑤ [A]와 [B]의 서술자는 자신의 이야기가 아니라 인물의 이야기를 전달한다.

07

사건이 전개됨에 따라 복녀의 성격과 행동이 변화하고 있다는 점에서 복녀는 입체적 인물이다.

08~10 개념으로 작품 읽기　　　　한계령_ 양귀자

시점을 파악하고, '은자'에 대한 서술자의 태도를 파악하며 읽어 보자.

해제 이 작품은 연작 소설집 《원미동 사람들》에 실린 단편 소설로, 서술자 '나'가 옛 친구 은자의 전화를 받고 지난 시절을 회상하는 형식을 취한다.

작품 속에서 '나'는 과거와 현재를 오가며 어릴 적 단짝 동무였던 은자, 그리고 가족을 위해 헌신해 온 큰오빠의 삶의 의미를 되새기면서, 정신적 여유를 잃어 가는 현대인의 삶에 대해 성찰하고 있다.

아울러 '나'는 어린 시절의 친구를 만나고 싶은 욕구와 그 만남으로 인해 소중한 추억이 깨어지지 않을까 하는 두려움을 동시에 느끼는데, 작가는 뛰어난 관찰력과 묘사로 교차되는 인물의 심리를 섬세하게 포착하고 있다.

큰오빠와 은자를 통해서 동시대를 살아가는 이웃들의 힘들고 고단한 삶을 바라보는 작가의 따뜻한 시선이 대중가요 '한계령'과 절묘하게 어울려 감동을 더하고 있다.

- 서술자는? '나'
- 시점은? 1인칭 주인공 시점
- 인물은? 전라도에서 어린 시절을 보내고 작가가 된 서술자 '나', '나'의 고향 친구이자 밤무대 가수가 된 은자
- 상황은? 오랫동안 소식을 몰랐던 고향 친구 은자가 자신이 노래하는 클럽으로 '나'를 초대하지만 '나'는 은자를 만나러 가기를 주저하며 망설이기만 함.
- 상황에 대한 서술자(인물)의 태도는? 서술자 '나'는 과거 추억을 지키고 싶어하면서도 은자를 만나지 않은 채 은자의 전화를 기다림.
- 주제는? 현대 사회에서 소외된 소시민의 삶과 소박한 꿈

핵심 정리

| 배경 | • 시간: 1980년대   • 공간: 서울, 부천

| 특징 |
- 노래 '한계령'의 가사를 삽입하여 주제 의식을 부각함.
- '좋은 나라'와 같은 상징적인 표현을 사용함.

| 전체 줄거리 |

발단	'나'가 오랫동안 소식이 끊겼던 고향 친구 은자의 전화를 받음.
전개	밤무대 가수로 노래하는 은자에게 초대를 받지만 은자가 일하는 클럽에 찾아가는 것을 망설임. 〈수록 부분〉
위기	은자의 독촉 전화를 받으면서도 은자를 만나러 갈 결심을 하지 못하고 계속 주저함. 〈수록 부분〉
절정	은자가 일한다는 나이트클럽에 가서 어느 여가수의 노래를 듣게 되지만 은자를 만나지는 않고 돌아옴.
결말	은자에게서 자신이 새로 개업하는 카페인 '좋은 나라'로 찾아오라는 전화를 다시 받음.

08
❶번이 답인 이유

이 글은 1인칭 주인공 시점으로, 독백적 진술을 중심으로 '나'가 과거와 현재를 오가며 '은자'로 대변되는 소시민들의 삶과 꿈에 대해서 성찰하고 이에 대한 자신의 생각과 정서를 드러내고 있다.

오답 피하기
② 이 글에서는 서술자의 변화가 나타나지 않는다.
③ 이 글은 1인칭 주인공 시점으로, 서술자가 작품 안에 위치한다.
④ 의문과 추측의 진술은 드러나지 않으며, 서술자가 은자나 큰오빠와 같은 등장인물에게 적대적 태도를 보이지도 않는다.
⑤ "은자의 지금 모습이 어떤지 나는 전혀 떠올릴 수 없다."는 내용을 통해 1인칭 서술자가 모든 인물의 현재와 과거를 알지 못한다는 사실을 확인할 수 있다. 따라서 독자는 서술자 외의 인물에게 다가서서 상상력을 발휘해야 한다.

09
❺번이 답인 이유

원미동 사람들은 은자처럼, 그다지 여유 있는 삶을 살지는 못하는 이들이다. 그래서 '나'는, 실패를 거듭한 끝에 밤무대 가수가 된 은자를 보고 원미동 사람들을 떠올리면서 "그들에게 있어 인생이란 탐구하고 사색하는 그 무엇이 아니라 몸으로 밀어 가며 안간힘으로 두들겨야 하는 굳건한 쇠문이었다."라고 표현하고 있다.

오답 피하기
① "은자를 만나 버리고 나면 그때부터는 어떤 표지판에 기대어 고향을 찾아갈 수 있을지 정말 알 수 없었다."를 통해 '나'가 과거의 은자를 표지판 삼아 옛 기억을 돌아보고 있음을 알 수 있다.
② "일 년에 한 번씩 타인의 낯선 얼굴을 확인하러 고향 동네에 가는 일은……."을 통해 '나'가 매년 고향에 가기는 하지만 '고향은 지나간 시간 속에 있을 뿐'이라고 진술하는 부분에서 고향의 모습이 과거와는 다르게 변해버렸음을 알 수 있다.
③ "은자만 떠올리면 옛 기억들이,~허물어지지 않은 큰오빠의 모습도 그 속에 온전히 남아 있었다."라는 부분을 통해 확인할 수 있다.
④ '나'는 원미동 사람들에 대해 "넘어졌다가 다시 일어나고, 또 넘어지는 실패의 되풀이 속에서도 그들은 정상을 향해 열심히 고개를 넘고 있었다."고 진술하고 있다.

10
❺번이 답인 이유

'나'는 '은자'를 진정한 마음의 고향으로 가는 '마지막 표지판'으로 여기고 있기 때문에 현실로 나타난 은자와 만나기를 두려워하면서도 은자의 전화를 기다리는 이중적인 태도를 보인다.

오답 피하기
① 서운한 정서를 느끼는 것은 '나'가 아니라 은자이다. '나'가 자신을 찾아오라는 전화에도 오지 않았기 때문이다.
② 은자와의 통화 내용을 통해 은자가 '나'가 작가임을 알고 있다는 것은 드러나지만, '나'가 이를 자랑하고 싶어한다는 내용은 찾을 수 없다.
③ 은자를 통해 옛 추억을 떠올리고 있기 때문에 은자로부터 심리적 위안을 받고 있다고 해석할 수도 있겠지만, 내적 갈등을 해소하고 있다고 보기는 어렵다. 오히려 은자를 만날 것인지 말지를 고민하며, 은자 때문에 내적 갈등을 하고 있다.
④ '나'가 밤무대 가수인 은자를 부끄러워하는 것이 아닌가 하는 생각은 은자의 생각이다. '나'가 그런 생각을 한다는 내용은 찾을 수 없다.

03 서술상의 특징 ①_서술 방식, 서술자의 개입, 인물 제시 방법, 풍자와 해학

사뿐히 즈려밟는 확인 문제   p.134~137

☑ **바로바로 간단 체크**   **1** (1) 묘사 (2) 요약적 제시 (3) 의식의 흐름
2 (1) X (2) ◯ (3) ◯   **3** (1) ㉠, ㉢, ㉣ (2) ㉢, ㉣

01 ⑤   **02** ④   **03** '그'와 함께 술을 나누어 마시는 것   **04** ④   **05** ⑤
06 ②   **07** ③   **08** ④

01~03 개념으로 작품 읽기   고향_현진건

글에서 사용된 여러 가지 서술 방식을 확인하며 작품을 읽어 보자.

해제 이 작품은 일제 강점기인 1920년대 중반, 일제의 수탈로 황폐해진 농촌을 배경으로 하고 있다. '나'가 기차 안에서 우연히 알게 된 '그'의 인생을 통해 당대 조선의 농촌 공동체가 파괴된 과정과 식민지 현실이 개개인의 삶을 짓밟는 모습을 사실적으로 그리고 있다. 특히 액자식 구성의 이야기 전개를 통해 강렬한 현실 고발정신을 드러내는, 사실주의 문학의 전형을 보여 준다.

기차 안에서 '그'와 대화를 나누게 된 '나'는 첫인상만으로는 '그'를 탐탁지 않게 여기지만 '그'의 이야기를 들으면서 짙은 동정과 연민의 정을 느끼게 된다. 두 인물이 서로에게 정서적으로 다가가는 과정을 통해 민족 동질성을 확인할 수 있다.

- **서술자는?** '나'   • **시점은?** 1인칭 관찰자 시점
- **인물은?** 서술자 '나', 기차에서 우연히 만난 '그'
- **상황은?** '나'가 기차에서 우연히 만난 '그'의 살아온 이야기를 듣게 됨.
- **상황에 대한 서술자(인물)의 태도는?** '나'는 처음 '그'를 보고는 마땅찮게 여기지만 '그'의 이야기를 들으면서 당시 조선의 현실과 조선인들의 비참한 삶을 재인식하고 마침내 '그'와 공감대를 형성하게 됨.
- **주제는?** 일제 강점기 우리 농민(민중)의 참혹한 생활상의 폭로

핵심 정리

| 배경 | • **시간:** 일제 강점기   • **공간:** 대구발 서울행 열차 안

| 특징 |
- 1920년대 일제 강점기의 시대상을 조명함.
- 농토를 빼앗긴 농민의 비참한 생활상을 사실적으로 그림.

| 전체 줄거리 |

발단	'나'는 서울행 기차에서 동양 삼국의 복장을 입고 천박한 행동을 하는 '그'를 만난다. 〈수록 부분〉
전개	'그'와 대화를 나누다가 '그'가 고향을 떠난 사정을 듣게 된다. 〈수록 부분〉
위기	'나'는 과거에 대구 근교의 평범한 농민이었던 '그'가 농토를 잃고 파란만장한 유랑 생활을 했음을 알게 된다.
절정	'그'가 오랜만에 돌아간 고향은 폐허가 되었고, 자신과 혼담이 있었던 여인을 우연히 만난 기구한 인생사를 듣게 된다.
결말	'나'는 '그'의 이야기에 공감하며 함께 술을 마시고, '그'는 어릴 때 부르던 노래를 부른다. 〈수록 부분〉

01   🔲 ❺번이 답인 이유

작품 끝의 신민요는 당시 사회상을 집약적으로 제시하여 주제를 압축적으로 드러내며, 일제가 가혹한 식민 통치를 하여 당대 조선의 민중들이 비극적인 삶의 나락으로 떨어지게 되었음을 풍자하고 있다.

오답 피하기

① '그'의 차림새를 묘사한 부분이다. '그'는 조선, 일본, 중국 등 동아시아 삼국의 복색이 고루 섞여 있는 남루한 차림새를 하고 있다. 이를 통해 '그'가 고달픈 유랑 생활을 했음을 짐작할 수 있다.

② '나'는 '그'의 얼굴 모습을 구체적으로 묘사하고 있다. 이는 독자가 '그'의 얼굴을 상상하게끔 한다.

③ '그'의 신세타령을 들은 서술자가, '그'의 지나온 삶의 내력을 요약적으로 제시하고 있다.

④ '나'와 '그'의 대화를 통해 '그녀'가 비참한 삶을 살았음이 드러난다. 또한 대화 속 '그'의 말투를 통해 그가 경상도 출신임을 짐작할 수 있다.

02   🔲 ❹번이 답인 이유

㉠은 '-더라'의 서술형에서 알 수 있듯이 서술자인 '나'가 그의 행동을 보고 판단한 내용을 직접 드러낸 부분이다. '그'에 대해 '나'가 지니는 동정적인 태도가 영탄적 방식으로 드러난다.

03

'나'는 기차에서 만난 '그'를 못마땅하게 생각했지만 '그'가 살아온 과거를 듣는 동안 차차 '그'와 가까워지며 민족적 동질감을 느낀다. 이런 두 사람의 관계는 '그'의 이야기를 들은 '나'가 '그'를 이해하고 연민하게 되어 '그'와 함께 술을 나누어 마시는 행동으로 형상화되었다.

04~05 개념으로 작품 읽기   날개_이상

인물의 유형과 인물에 대한 서술자의 태도를 파악하며 작품을 읽어 보자.

해제 이 작품은 현대인의 무의미한 삶과 자아 분열을 그려 낸 최초의 심리 소설로 일컬어지는 이상의 대표작이다. 서술자 '나'는 일제 강점기의 무기력한 지식인을 상징한다. 이는 보통의 남녀 관계가 역전된, 아내에게 기생하는 남편의 모습으로 형상화되었다. 또한 이러한 '나'의 유폐된 삶은 아내의 방과 '나'의 방이라는 분할된 공간을 통해서도 드러난다. 지식인으로서 근대적 흐름에 저항할 수도, 완벽히 적응할 수도 없는 '나'의 혼란스러운 내면세계는 의식의 흐름 기법을 통해 효과적으로 형상화되고 있다.

한편 '나'가 '아내'가 준 돈을 버리고 탈출의 의미를 지닌 외출을 감행하고, 자아의 정체성을 의미하는 '날개'가 돋기를 염원하는 것에서 '나'가 무의미한 삶에서 삶의 의미를 찾고 사회로 복귀하고자 하는 희망을 포기하지 않았음을 읽어낼 수 있다.

- **서술자는?** '나'   • **시점은?** 1인칭 주인공 시점
- **인물은?** 서술자 '나'
- **상황은?** '나'는 하루 종일 어두침침한 방안에서 빈둥거리며 권태로운 삶을 살아감.
- **상황에 대한 서술자(인물)의 태도는?** '나'는 현실로부터 격리되어, 주체적인 의지가 없이 무기력하게 살아감.
- **주제는?** 무력한 삶과 자아 분열 속에서 벗어나 본래의 자아를 찾고자 하는 의지

핵심 정리

| 배경 | • **시간:** 1930년대 어느 날   • **공간:** 경성(서울)

| 특징 |
• 내적 독백을 중심으로 주인공의 의식의 흐름에 따라 서술됨.
• 상징적 장치를 통해 식민지 지식인의 어두운 내면을 드러냄.

| 전체 줄거리 |

발단	'나'는 삶의 의욕을 상실한 채 방 안에서 뒹굴며 지낸다. 아내가 외출할 때면 '나'는 아내의 방에서 놀곤 한다. 〈수록 부분〉
전개	아내에게 손님이 찾아올 때면 아내는 '나'에게 은화를 준다. '나'는 은화를 저금통에 모아 두다가 변소에 빠뜨린다. 어느 날 외출에서 돌아와 보니 아내는 손님과 함께 있었다.
위기	'나'는 이후에도 가끔씩 외출을 하다가 비를 맞고 감기에 걸린다. 아내는 '나'에게 아스피린을 주고 '나'는 그것을 먹고 잠만 자게 된다.
절정	'나'는 아내가 준 약이 수면제라는 사실을 알게 되자 충격을 받고 외출하여 거리를 쏘다니다가 미쓰꼬시 옥상에 올라가서 자신의 삶을 되돌아본다.
결말	정오의 싸이렌이 울리자 '나'의 의식이 깨어나는 듯하다. '나'는 날개가 돋기를 간절히 염원한다.

04
④번이 답인 이유

이 소설은 1인칭 주인공 시점으로 서술자 '나'가 자신의 무기력함과 고독함, 분열된 자의식과 같은 내면 심리를 의식의 흐름 기법을 통해 그려 내고 있다.

오답 피하기

① 인과성을 띤 진술이란 사건의 원인과 결과를 밝혀 서술한 것을 말한다. 이 글은 원인과 결과를 고려하지 않고 서술자의 내면 심리를 의식의 흐름대로 서술하고 있다.

② 시간의 흐름을 고려하지 않고 의식의 흐름대로 서술되었기 때문에 과거와 현재를 대비한 부분은 찾을 수 없다.

③ 서술자 '나'가 1인칭 주인공 시점에서 독자를 상대로 자신의 내면세계와 의식을 아무런 제한 없이 표현할 뿐, 아내와 말을 주고받고 있지 않다.

⑤ 인물의 분열된 자의식이나 내면 심리를 담고 있어 몽환적인 분위기를 보여 주기는 하지만 시·공간적 배경 자체가 비현실적인 것은 아니다.

05
⑤번이 답인 이유

돈이 중시된 사회 속에서 방황하는 주인공의 내면세계를 드러내기에는 의미와 맥락이 잘 통하거나 문법을 잘 갖춘 표현보다 오히려 비문법적이고 뜻을 파악하기 힘든 표현들이 더 적절할 것이다. 작가는 의식의 흐름 기법을 사용하여 이러한 인물의 내면을 탁월하게 표현하고 있다.

오답 피하기

① 〈보기〉에서 '나'가 '몸을 팔아서 생계를 유지하는 아내에게 빌붙어 사는 지식인'으로 소개된 것으로 보아 근대화된 식민지 사회에 적응하지 못하는 존재임을 짐작할 수 있다.

② '나'의 아내가 몸을 팔아서 생계를 유지하는 것은 물질 중심의 사회에서 무능력한 '나'와 함께 살아남기 위한 생존의 한 방편으로 이해할 수 있다.

③ 저금통은 돈(동전)을 모으는 도구이며, 돈은 근대화된 물질 문명에서 살아남기 위해 꼭 필요한 수단이다. 그런 점에서 변소에 저금통을 빠뜨리는 행위는 '나'가 물질 문명에 적응하고 있지 못함을 상징한다.

④ '박제'는 죽은 동물을 살아 있을 때와 같은 모양으로 만든 물건이다. 이 글에서는 식민지 사회에 적응하지 못하는 자기자신을 '박제'에 비유하며 물음을 던지고 있다.

06~08 개념으로 작품 읽기
나상_이호철

서술자가 인물의 성격을 제시하는 방법과 그 효과에 대해 생각하며 작품을 읽어 보자.

해제 이 작품은 6·25 전쟁 때 북한국의 포로로 잡힌 두 형제가 북으로 이송되는 과정을 그려 내었다. 작가는 본연의 순수성을 그대로 드러내는 벌거숭이 인간인 '형'이 외부의 폭력에 희생되는 모습을 통해 근원적인 인간성의 소중함을 보여 주면서, 전쟁에서 살아남은 자들의 영리함과 거만함이 과연 올바른 것이었는지에 대한 질문을 던지고 있다. 나아가 포로 호송이라는 상황을 통해 구성원을 획일화하는 사회를 우회적으로 비판하고 있다.

• 서술자는? '나'
• 시점은? 바깥 이야기– 1인칭 관찰자 시점
       안 이야기– 전지적 작가 시점
• 인물은? '나'와, 6·25 전쟁 당시 포로가 된 형제의 사연을 들려주는 '철', 사연 속에 등장하는 형과 동생 칠성
• 상황은? 6·25 전쟁 때 형과 동생 칠성은 포로로 잡혀 북으로 이송되는데, 그 과정에서 어수룩하지만 동생을 애틋하게 생각하는 형이 다리를 절다가 쓰러지게 되고 경비병의 총에 맞아 죽음을 맞음.
• 상황에 대한 서술자(인물)의 태도는? 형제의 사연을 이야기해 주는 '철'은 자신이 그 사연 속의 동생이었음을 고백하며 순응적인 삶을 살아온 것에 대해 회의함.
• 주제는? 극한 상황 속에서 모색하는 올바른 삶의 방향

핵심 정리

| 배경 | • 시간: 6·25 전쟁 당시   • 공간: 북으로 이송되어 가는 길

| 특징 |
• 형의 죽음과 대비되는 '눈'을 통해 비극적인 분위기를 강조함.
• 전쟁의 고통과 비극성을 통찰력 있게 그려 냄.

| 전체 줄거리 |

발단	어느 여름 저녁에 '나'는 철에게서 전쟁 때 북한군 포로로 잡혀 이송되었던 형제의 이야기를 듣게 된다.
전개	상황을 고려하지 않고 어수룩한 행동을 하는 형을 동생 칠성은 처음에 탐탁지 않게 여기지만 자신을 위하는 형의 인간적인 모습에 점점 마음을 열고 그의 삶의 방식을 존중하게 된다.
위기	담증에 걸린 다리가 곪아 잘 걸을 수 없게 되자 형은 자신에게 일이 생기면 모른 척하라고 동생에게 당부를 한다. 〈수록 부분〉
절정	형은 결국 행군 중에 쓰러지게 되고 경비병의 총에 맞아 죽음을 맞는다. 〈수록 부분〉
결말	이야기를 마친 철은 이야기 속의 동생이 바로 자신이라고 고백하면서, 현실에 순응하는 삶을 살았던 자신의 삶이 옳은 것이었는지에 대해 회의한다.

06

❷번이 답인 이유

'형'이 우는 동생을 나무라면서 본인이 운다든가, 동생 귀에 속삭이는 행위, 동생의 허리나 허벅지를 쿡쿡 찌르는 행위 등을 반복적으로 서술함으로써 동생을 사랑하고, 순수함을 지닌 형의 성격을 구체적으로 드러낸다.

오답 피하기

① 인물의 외모나 성격을 우스꽝스럽게 묘사하여 희화화하는 부분은 나타나지 않는다.

③ 6·25 전쟁 당시 포로가 된 어느 형제가 북으로 이송되어 가는 과정을 시간에 흐름에 따라 서술하고 있다. 현재와 과거가 번갈아 서술되는 부분은 찾을 수 없다.

④ 독백적 어조는 찾을 수 없다.

⑤ 형제의 대화를 직접 인용함으로써 사건을 전개하고 인물의 성격과 인물 간의 관계를 드러내고 있다.

07

❸번이 답인 이유

걸음걸이가 불편해짐에 따라 자신이 집에 가지 못할 것이라 예상하고 동생에게 당부의 말을 남기려 했던 형의 심리를 엿볼 수 있다.

오답 피하기

① 포로로 붙잡혀 가는 상황에서 어머니를 부르며 울다가도 눈 내리는 것을 보고 감격하는 모습에서 형의 순수하고 천진난만한 성격이 드러난다.

② 언제든지 죽임을 당할 수 있는 포로 신분으로 이송되어 가는 과정에서 형의 다리 상태가 나빠져 점점 더 걷기 힘들어지고 있다. 이는 형의 생존 자체가 위태로워짐을 의미하며 비극적 결말을 암시한다.

④ 자신의 다리 상태가 좋지 않음을 경비병에게 들켜 목숨을 잃게 될까 봐 걱정하고 불안해하는 형의 심리가 드러난다.

⑤ 필요에 따라 언제든 사람을 죽일 만큼 인간의 생명을 가볍게 여기는 태도가 드러나며, 이는 전쟁이 야기한 인간성의 상실을 의미한다.

08

❹번이 답인 이유

'형'과 '동생'의 대화, 반복된 행위의 묘사 등을 통해 '형'이 어떤 인물인지 간접적으로 그려 내고 있다. 간접 제시 방법은 상황을 극적으로 제시해 독자에게 생생한 느낌을 전달하며 독자가 상상을 통해 인물에 대해 추측해야 하므로 독자의 참여를 유도한다.

오답 피하기

①, ②, ③, ⑤ 서술자가 인물의 성격이나 심리를 직접 설명하는 직접 제시 방법에 대한 진술이다.

04 서술상의 특징 ②_문체

사뿐히 즈려밟는 확인 문제　　　p.142~144

☑ **바로바로 간단 체크**　1 (1) 문체 (2) 문어체 (3) 간결체
2 (1) X (2) ◯ (3) ◯　　　　**3** (1) ㉠ (2) ㉢ (3) ㉡

01 ③　**02** ③　**03** 상황을 정확하게 인식하지 못하는 어리숙한 '나'의 시선으로 독자에게 사건을 전달함으로써 독자의 웃음을 유발한다.　**04** ④　**05** ①　**06** ③

01

❸번이 답인 이유

(가)는 만연체, (나)는 간결체로 쓰였다. 사건 진행이 느려져서 지루한 느낌을 줄 수 있는 것은 호흡이 긴 만연체의 특징이다.

02~04 개념으로 작품 읽기　　　봄·봄_ 김유정

이 글의 해학성을 높이는 표현상 특징이 무엇인지 생각해 보며 작품을 읽어 보자.

해제 〈봄·봄〉은 김유정의 작품 중에서 가장 해학성이 넘치는 작품이다. 우직하고 순진한 '나'와 장인의 행동은 독자들로 하여금 웃음을 짓게 하지만 이 웃음 속에는 날카로운 현실 비판이 숨어 있다.

1930년대는 '지주-마름-소작인'의 지배 구조가 형성되었던 시기로, 극심한 빈곤과 일제의 수탈에 시달렸던 농민들 대부분은 소작인이 되었다(농촌 인구의 약 80% 정도). 이를 통제하는 친일 지주들은 자신의 대리인으로 마름을 두었는데, 이 작품에서는 마름인 장인이 강자로 등장하여 '나'와 점순의 결혼을 빌미로 '나'에게 임금도 주지 않고 고된 일을 시킨다. '나'는 동네의 우두머리인 구장에게 중재를 요청하지만 다른 이들처럼 소작인인 구장은 마름인 장인에게 대항할 수 없다. 즉 이 작품은 농촌에서 마름이라는 강자가 머슴이라는 약자를 착취하고 있는 심각한 수탈의 상황을 '데릴사위'라는 소재를 통해 매우 해학적으로 그려 내고 있다.

- **서술자는?** '나'　　　　　· **시점은?** 1인칭 주인공 시점
- **인물은?** 어리숙하고 순진한 '나'와, 혼인을 약속한 '점순이', 그리고 혼인을 미끼로 '나'를 머슴처럼 부려 먹는 교활한 '장인'
- **상황은?** 점순이의 키가 아직 크지 않았다는 이유로 장인이 혼례를 자꾸 미루며 '나'를 머슴처럼 부려 먹는 상황에서 점순이마저 '나'에게 성례할 것을 부추기자 '나'는 장인과 싸우게 되는데, 막상 싸움이 벌어지자 점순이가 아버지 편을 듦. 그리고 장인이 다시 '나'를 다독이자 '나'는 오히려 고마워하며 당장 일을 하러 감.
- **상황에 대한 서술자(인물)의 태도는?** '나'는 무지하고 어수룩하여 현실을 올바르게 인식하지 못하고 번번이 이용당하면서도 이를 깨닫지 못함.
- **주제는?** 우직하고 순박한 데릴사위와 그를 이용하는 교활한 장인 간의 갈등

핵심 정리

| 배경 | · 시간: 1930년대 봄　　　· 공간: 강원도 산골의 농촌 마을

| 특징 |
- 역순행적 구성임.
- 토속어, 방언, 비속어 등을 사용하여 향토성과 현장감을 느낄 수 있음.

전체 줄거리		
발단	'나'는 점순이와 혼례를 올리기로 하고 3년 7개월이나 변변한 대가 없이 점순이네 집의 머슴 일을 해 주고 있다.
전개	음흉하고 교활한 장인은 점순이가 덜 컸다는 이유로 혼례를 미루고 '나'는 구장에게 억울함을 호소하여 중재를 요청하지만 구장은 결국 장인의 편을 든다. 〈수록 부분〉
위기·절정	뭉태가 충동질하고 점순이 성례를 부추겨 더 이상 참을 수 없는 '나'는 결국 장인과 대판 몸싸움을 벌이고, '나'와 장인의 싸움에서 내 편을 들 줄 알았던 점순이는 아버지의 편을 든다. 〈수록 부분〉
결말	장인은 가을에 혼례를 올려주겠다며 '나'를 다독이고 신이 난 '나'는 다시 일하러 나간다. 〈수록 부분〉

02　🗨 ❸번이 답인 이유

이 글은 인물 간의 대화에서 "사경 내슈……", "어떻게 앨 낳지유?"와 같은 방언을 사용하여 향토적인 느낌을 주고 작품에 현장감과 생동감을 불어넣고 있다.

오답 피하기

① '이 망할 게', '얼빠진 등신' 등 비속어가 사용되기는 하였으나, 이것이 시대 상황을 드러내지는 않는다.
② 이 글은 1930년대에 쓰인 현대 소설로, 방언과 비속어 등 구어적 표현이 두드러진다.
④ 농촌의 풍경이 감각적으로 묘사된 부분은 찾을 수 없다.
⑤ '빙모'(본래 다른 사람의 장모를 높여 이르는 말)라는 표현을 통해 장모를 높이는 동시에 '참새만한 것'이라고 하여 장모를 낮추어 표현함으로써 해학적인 웃음을 유발한다. 그러나 인물에 대한 비판적 태도는 드러나지 않는다.

03

독자는 정황으로 미루어 '나'와 점순이의 혼인이 쉽게 이루어지지 않으리란 것을 알고 있는데, 어리숙한 '나'는 장인이 머지않아 점순이와 자신을 혼인시켜 줄 것이라 믿고 있다. 이는 독자에게 흥미와 웃음을 유발한다.

04　🗨 ❹번이 답인 이유

제목 〈봄·봄〉은 계절적 배경이기도 하지만 이 작품의 전체 내용과 연결 지을 때 더 큰 상징성을 갖는다. 매년 봄이 되면 '나'는 장인에게 성례를 요구하지만 매번 장인의 회유책에 넘어간다. 제시된 부분에서는 '부랴사랴 지게를 지고 일터로 가'는 '나'의 행동에서 또다시 어리숙한 '나'가 장인의 계략에 넘어갔음을 알 수 있다. 즉, 제목 〈봄·봄〉은 다음 해 봄에 또다시 동일한 갈등이 일어날 것임을 암시한다고 할 수 있다.

05~06 개념으로 작품 읽기　　　천변 풍경 _ 박태원

1930년대 청계천 변의 모습을 세밀하게 그려 내기 위해 작가가 어떤 기법을 활용하여 서술했는지에 주목하며 작품을 읽어 보자.

해제 이 작품은 청계천 변에 사는 사람들의 여러 가지 에피소드를 총 50개 절로 나누어 제시하고 있는 세태 소설(어떤 특

정한 시기의 풍속이나 세태의 한 단면을 묘사하는 것을 목적으로 하는 소설)이다. 소설의 일반적인 구성법을 따르지 않고, 다양한 등장인물을 주인공으로 하여 이들과 관련한 각각의 일화를 특별한 줄거리나 순서 없이 나열하는 삽화식 구성 방식을 취하고 있다. 이 작품은 대도시인 서울을 배경으로 하여 1930년대 당시 서민층의 일상적인 생활 양상을 사실적이고 세밀하게 재현한 작품으로 평가받고 있다. 또한 이 작품은 영화적 기법을 도입하고 있는데, 특정한 대상을 확대해 보는 '클로즈업 기법'과 카메라가 이동하며 촬영하는 듯한 '카메라 아이(camera-eye) 기법'이 사용되고 있다.

· **서술자는?** 작품 밖 서술자
· **시점은?** 전지적 작가 시점과 3인칭 관찰자 시점의 혼용
· **인물은?** 시골에서 올라온 순박한 소년인 '창수'와 천변 근처의 여러 사람
· **상황은?** 창수는 가평 시골에서 아버지의 손에 이끌려 서울로 올라와 천변의 풍경을 관찰하며 감격함.
· **상황에 대한 서술자(인물)의 태도는?** 서술자는 어수룩하고 순박한 시골 소년인 창수가 서울 생활에 적응하면서 점차 세속적인 인물로 변해 가는 모습을 그리면서 이러한 변모를 경계함.
· **주제는?** 1930년대 청계천 주변에서 살아가는 서민층의 삶의 애환

핵심 정리

| 배경 | · 시간: 1930년대　　　　· 공간: 서울 청계천 주변
| 특징 |
· 여러 인물의 일상생활을 삽화식 구성으로 보여 줌.
· 카메라아이(camera-eye) 기법을 활용하여 장면을 사실적으로 그려 냄.
| 전체 줄거리 |

삽화식 구성	청계천 빨래터에서 아낙네들이 잡담을 나누고 이발소 소년 재봉은 천변 풍경을 관찰한다. 시골에서 올라온 창수는 한약국에서 일을 시작한다. 〈수록 부분〉
	창수는 세속적인 인물로 변해 가고, 금순은 취직을 시켜 준다는 금광 브로커에게 속아서 하숙옥에 방치된다. 브로커의 행방불명으로 속을 태우던 금순에게 기미코가 찾아오고 금순은 새로운 삶을 살고자 한다.
	천변 사람들의 축복 속에 결혼한 이쁜이는 고단한 시집살이 때문에 어머니에게 자신의 신세타령을 한다. 장마가 시작되어 창수가 한약국을 나가고, 브로커가 돌아와 금순이를 데려가려 하지만 실패한다.
	하나코는 양반댁으로 시집을 가지만 시집살이와 남편의 외도로 힘들어 하고, 서울을 떠났던 창수는 다시 돌아와 구락부에 취직한다.
	하나코는 전실 자식 때문에 결혼한 것을 후회하고, 기미코는 금순을 손주사의 후처로 보내려 한다. 이쁜이는 남편에게 쫓겨나 어머니에게 돌아오고, 포목점 주인의 모자가 바람에 날려 개천에 떨어진다.

05　🗨 ❶번이 답인 이유

이 글에서 쉼표는 한 문장 안에서 여러 대상(창수의 눈에 비친 서울의 거리나 사람들)과 장면(서울 아이들이 창수를 시골 아이라고 놀리는 장면 등)을 연속적으로 서술하기 위한 장치로 쓰이고 있다.

오답 피하기

② 이 글은 특별한 줄거리나 순서 없이 여러 인물의 일상생활을 삽

화식 구성으로 보여 주고 있다는 점에서 현재와 과거가 교차 서술된다고 보기 어렵다.

③ 이 글에는 비속어가 사용되지 않았으며, 문명화에 대한 저항 의식도 찾을 수 없다.

④ 이 글은 빈번한 장면 전환이 이루어지지 않으며, 오히려 특정 대상을 확대해 보는 '클로즈업 기법'과 카메라가 이동하며 촬영하는 듯한 '카메라아이 기법'이 주로 사용되고 있다.

⑤ 소년이 청계천 변의 사람들을 관찰한 내용이 주로 서술되어 있으며, 여러 인물의 내면 심리나 의식이 서술된 부분은 나타나지 않는다.

06　👉 ❸번이 답인 이유

창수는 ⓒ에서 도시의 풍경도 밤낮으로 보면 물리고 만다고 했지만, 이어지는 부분에서 화신상에 가고, 전차와 승강기를 탈 것을 한껏 기대하고 있다. 따라서 창수가 도시를 비판적으로 보기 시작한다고 볼 수 없다.

05 서술상의 특징 ③_표현 기법

사뿐히 즈려밟는 확인 문제　　　p.148~151

☑ 바로바로 간단 체크　1 (1) 반어, 아이러니 (2) 관용적 (3) 현학적
2 (1) X (2) ○ (3) ○　　　3 (1) ⓔ (2) ㉠ (3) ⓛ (4) ⓒ

01 ④ 02 ④ 03 ⑤ 04 '진시황'은 윤 직원 영감이고, '호해'는 종학이다. 이처럼 '망진자는 호야니라'라는 관용적 표현을 제목으로 지은 것은 윤 직원 영감의 집을 망하게 하는 것은 윤 직원이 믿었던 가족 중 하나임을 나타내기 위해서이다. 05 ① 06 ⑤ 07 ② 08 ③

01~04 개념으로 작품 읽기　　태평천하_채만식

경어체 문장, 서술자의 개입, 풍자와 반어와 같은 표현상 특징과 그 효과에 주목하며 작품을 읽어 보자.

해제 이 작품은 구한말에서 개화기, 일제 강점기로 이어지는 우리 민족의 수난 시대를 배경으로 하여 일제 강점기의 대지주이자 고리대금업자인 윤 직원을 중심으로 그의 가족의 부정적인 면모를 그려 냄으로써 당대 사회의 모순을 풍자적으로 드러내고 있다.

　이 작품에서는 인물의 부정적 성격이 강할수록 희화적 풍자가 심해지는데, 윤 직원은 인색하고 탐욕스러운 인물일 뿐만 아니라 일제 강점기 현실을 '태평천하'라고 여기는 등 역사의식을 지니지 못했다는 점에서 매우 부정적인 인물로 그려진다. 작가는 이렇게 주인공 윤 직원을 반어적이고 풍자적인 수법으로 묘사함으로써 식민 치하의 바람직한 가치관과 현실 대응 방식이 무엇인가를 암시하고 있다.

- 서술자는? 작품 밖 서술자　　• 시점은? 전지적 작가 시점
- 인물은? 윤 직원과 그의 아들 윤창식, 손자 윤종학

- 상황은? 일제 강점기 사회를 '태평천하'로 생각하는 윤 직원 영감이 아들 창식과 갈등하던 중에 가장 믿는 손자인 종학이 사상 문제로 체포되었다는 소식을 듣고 분노함.
- 상황에 대한 서술자(인물)의 태도는? 서술자는 식민 체제에 순응하고 협조하여 안정된 생활을 할 수 있었던 윤 직원과 같은 친일 지주 계층의 위선적인 삶의 모습을 비판적으로 그려 내고 있음.
- 주제는? 일제 강점기 한 지주 집안의 세대 간 갈등과 가족의 붕괴

핵심 정리

| 배경 | • 시간: 1930년대 후반　　• 공간: 서울의 어느 대지주 집안

| 특징 |
- 비유, 과장, 반어, 희화화 등을 통해 대상을 깎아내리고 독자의 웃음을 유발함.
- 일제 강점기를 태평천하라고 믿는 윤 직원을 통해 당대의 현실을 풍자함.
- 경어체를 사용하여 마치 판소리 창자(唱者)와 같이 독자와 가까운 거리에서 작품 속 인물을 조롱함.

| 전체 줄거리 |

발단	윤 직원 영감은 인력거를 타고 와서는 그 삯을 깎으려 하고 나이 어린 기생을 데리고 다니면서도 인색하게만 군다.
전개	윤 직원 영감은 자신의 아버지가 구한 말 화적들의 습격을 받아 죽었던 집안의 내력을 가슴에 안고 일제의 권력과 결탁해 돈을 모으려고 한다.
위기	아들 창식은 노름으로 밤을 새며 가산을 탕진하고, 군수를 시키려던 손자 종수는 방탕한 생활에 빠져 많은 돈을 날린다.
절정·결말	마지막으로 기대를 걸고 있던 손자 종학이 사상 관계로 경시청에 잡혀갔다는 전보를 받은 윤 직원은 이런 태평천하에 왜 종학이가 사회주의 운동을 하는지 이해할 수 없다며 분노한다. 〈수록 부분〉

01　👉 ❹번이 답인 이유

윤 직원은 아버지 윤용규의 죽음 이후 일제의 권력과 결탁해 부를 모으는 '승리'를 거두었다. 그리하여 윤 직원은 당대의 현실을 '오죽이나 좋은 세상'이라고 평가하는데, 이는 일제 식민 체제에 대한 역사의식 없이 개인적인 안위만 보장되면 태평천하라고 생각하는 것이다. 이러한 내용을 〈보기〉에 비추어 볼 때, 윤 직원은 일제 식민 정책 덕분에 성장한 계층을 대표한다고 볼 수 있다.

오답 피하기
① 윤 직원의 부친은 화적 떼가 그의 집을 약탈하려 하는 것을 막다가 죽었다.
③ 윤 직원은 일제 강점인 상황을 태평천하라고 표현하면서, 손자 종학이 잡혀갔다는 소식을 듣고 "이런 태평천하에 태어난 부잣집 놈의 자식이 더군다나 왜지가 땅땅거리구 편안허게 살 것이지"라고 하였다. 이로 볼 때, 일제에 저항하고자 손자들을 공부시키는 것이 아님을 짐작할 수 있다.
④ 할아버지의 뜻에 반하여 자신의 신념을 지키려는 인물은 종학이다.

02　👉 ❹번이 답인 이유

서술자는 부친 윤용규의 죽음 이후로 친일을 하여 재산을 모은 윤 직원의 결심과 행적을 '웅장한 투쟁의 선언', '승리'로 표현하였다. 이러한 반어적 표현은 윤 직원의 추악한 면을 더 두드러지게 하는 효과를 낸다.

오답 피하기

① 윤 직원에게 일관되게 비판적인 태도를 보이고 있다.

② "~하고 부르짖은 적이 있겠지요.", "~겸하야 웅장한 투쟁의 선언이었습니다." 등 구어체를 사용하고 있으나, 인물인 윤 직원을 비판적으로 바라보고 있다.

③ 서술자가 독자에게 경어체를 사용하여 독자와의 거리를 좁히고 있는데, 이는 독자가 마치 서술자와 한편인 것처럼 느끼게 한다. 이를 통해 서술자는 윤 직원을 더 효과적으로 조롱할 수 있다.

⑤ 일제 강점기를 '좋은 세상', '고마운 세상', '태평천하' 등으로 생각하는 윤 직원 영감은 반민족적인 인물로 그려져 있다. 그러나 이러한 인물의 묘사를 통해 윤 직원의 기회주의적 태도를 옹호하는 것은 아니다.

03 ⑤번이 답인 이유

ⓐ(윤 두꺼비)는 윤 직원의 젊은 시절 별명이고, ⓑ(말대가리)는 얼굴 생김이 말과 닮은 윤용규의 별명이다. 서술자는 자신이 부정적으로 평가하는 두 인물의 천박한 별명을 그대로 불러 윤 직원과 윤용규를 의도적으로 우스꽝스럽게, 즉 희화화하여 표현하고 있다.

04

"망진자는 호야니라"는 중국 진나라를 망하게 한 사람이 진시황의 아들인 호야라는 뜻이다. 이러한 관용적 표현을 소제목으로 정한 것은 윤 직원 영감의 집도 믿었던 가족 중 누군가 때문에 망하게 될 것임을 나타내기 위해서이다.

05~08 개념으로 작품 읽기   외딴 방_ 신경숙

이 글의 주제를 형상화하는 데에 어떤 표현 기법들이 사용되었는지 생각하며 읽어 보자.

해제 이 작품은 서술자인 '나'가 현재에서 과거를 회상하는 형식으로 쓰인 자전적 소설이다. 1970년대 말, 농촌 출신 소녀의 눈에 비친 산업화 시대와 노동자의 현실을 서정적인 문체로 표현하고 있다.

이 소설에서 과거를 회상하는 형식은 성숙한 자아인 '나'가 과거의 '나'를 떠올리며 '나'의 이야기를 하는 것으로, 이는 자아의 성장이 전제되어야 가능한 행위이다. 따라서 이 작품은 노동자의 삶을 소재로 삼고 있지만 어린 소녀 개인의 내면세계와 성인이 되어 가는 과정을 그리고 있어 성장 소설로 볼 수 있다. 특히 일반적인 성장 소설은 주인공의 삶을 하나의 흐름으로 그리는 반면, 〈외딴 방〉은 중심 사건이 벌어지는 과거와 소설가가 된 현재의 시점을 주기적으로 교차하는 서술 방식을 취하고 있는 것이 특징이다. 이러한 교차 서술에 현재형 어미와 문단에 여백 두기 방법이 효과적으로 사용되었다.

- **서술자는?** '나'   • **시점은?** 1인칭 주인공 시점
- **인물은?** 암울한 환경에서 꿈을 갖고 싶어 하다가 소설을 만나게 된 '나', '나'에게 소설 써 볼 것을 권유하는 '선생님', '나'와 같은 학교와 공장에 다니는 '희재 언니'

- **상황은?** 서른 살이 된 '나'가, 암울한 환경에서 방황하다가 선생님의 도움으로 소설을 만나게 되었던 열일곱 살 때의 '나'를 회상하는 상황임.
- **상황에 대한 서술자(인물)의 태도는?** 암울하게 생활하다가 소설가를 꿈꾼 이후로 삶의 희망을 찾음. 서른 살이 된 '나'는 열일곱 살의 '나'에 관해 글을 쓰기로 결심함.
- **주제는?** 성장 과정의 자기 고백을 통한 내면의 성숙(유년 시절 겪었던 삶의 아픔과 소설가의 자의식)

핵심 정리

| 배경 | • 시간: 1970년대 말, 1990년대 초
       • 공간: 농촌, 서울의 구로 공단 지역, 제주도

| 특징 |
- 과거의 '나'의 성장 과정과 현재의 '나'의 글쓰기 상황이 교차하면서 이야기가 전개됨.
- 과거는 현재형 어미, 현재는 과거형 어미로 서술함.
- 쉼표와 말줄임표를 사용하여 인물의 내면 심리를 효과적으로 표현함.

| 전체 줄거리 |

발단	'나'는 제주도에 와서 열일곱 살의 '나'를 회상하며 그때의 기억을 글로 표현하려 한다. 그리고 과거의 '나'를 되돌아보며 글을 쓰는 행위의 의미는 무엇인가를 생각해 본다. 〈수록 부분〉
전개	농촌에서 살던 '나'는 서울로 올라와 큰오빠와 함께 가리봉동의 외딴 방에 살면서 구로 공단에 자리 잡은 공장에 다닌다.
위기	1979년부터 '나'는 낮에 일하고 밤에는 산업체 특별 학교인 영등포 여고에 다닌다. 그러던 중에 희재 언니를 알게 된다.
절정	희재 언니는 임신한 아이를 지우라는 애인의 말에 충격을 받아 자살하고, '나'에게 방 열쇠를 걸어 줄 것을 부탁함으로써 '나'가 그녀의 자살을 돕게 되었다는 상처를 남긴다.
결말	소설가가 된 '나'는 공장에 다니던 옛 시절의 친구로부터 '왜 우리들 이야기는 소설로 쓰지 않느냐'며 질책하는 전화를 받고 이 소설을 쓰게 된다.

05 ❶번이 답인 이유

과거 회상 부분에서 현재형 어미를 사용한 것은 맞으나, 이를 통해 이야기의 속도를 높였다고 보기는 어렵다. 이 소설은 열일곱 살의 '나'의 이야기는 현재형 어미, 삼십 대의 '나'의 생각은 과거형 어미를 사용하여 서술되었다. 이는 삼십 대의 '나'가 과거를 생생하게 떠올리고 있으며, 과거의 경험이 현재의 '나'에게 큰 영향을 끼쳤음을 드러내는 효과를 낸다.

오답 피하기

④ 과거 회상 부분에서 서술자는 자신을 '열일곱의 나'라고 부르고 있다.

06 ❺번이 답인 이유

'나'는 "이제는 그때의 일들이 나에게는 객관화가 되어 있으려니 했다.", "글을 쓰기로 마음을 먹었을 땐 나는 그 시절을 다 극복한 것도 같았다."라고 하였다. 즉, '나'는 이제 삼십 대가 되었기 때문에 열일곱 살 때의 일을 제삼자의 입장에서 보듯 담담하게 서술할 수 있다고 생각하는 것이다.

07 ❷번이 답인 이유

ⓛ(반성문)은 '나'가 마음속의 이야기들을 쓸 수 있다는 점에서 나

머지 넷과 심리적 태도가 다르다.

오답 피하기

①, ⑤ "학교에 가기 위해서, ~ 공장 굴뚝의 연기를 참아낼 수 있기 위해서"라는 데에서 '나'가 공장을 떠나 학교를 가고 싶어함을 알 수 있으므로, 'ㄱ(컨베이어)', 'ㅁ(공장 굴뚝의 연기)'에 대해서 심리적 거리를 두고 있음을 알 수 있다.

③, ④ "주산 놓기도 싫고 부기책도 싫으며"를 통해 '나'가 'ㄷ(주산)'과 'ㄹ(대차대조표)'에 심리적 거리를 두고 있음을 알 수 있다.

08 ③번이 답인 이유

[A]를, '나'가 창작의 어려움을 깨달아 가는 모습을 보여 주는 것으로 판단할 근거를 찾을 수 없다.

오답 피하기

① "우리의 생활은 전쟁과도 같았다"에서 '나'와 가족이 고단한 생활을 했음이 간접적으로 드러난다.

② 소설을 옮겨 적는 행위는 '나'가 소설 쓰기를 배워 가는 과정에 있음을 암시한다.

④ [A] 다음 부분에서 "나는 시인을 꿈꾸었을 것이다.", "나는 꿈이 필요했었다."를 통해 '나'가 소설을 옮겨 적는 것이 스스로를 위안하는 의미임을 알 수 있다.

⑤ [A]의 앞부분은 '나'가 옮겨 적은 〈난쟁이가 쏘아 올린 작은 공〉의 일부분이고, 뒷부분은 소설을 옮겨 적으며 '나'가 떠올린 상념이다. '나'의 상념에서 "……이제 열일곱의 나는 컨베이어 위에서도 난쟁이가 쏘아 올린 작은 공을 옮기고 있다."는 부분을 통해 '나'가 이 소설에 애착을 갖고 있음이 구체적으로 드러난다.

06 갈등

사뿐히 즈려밟는 **확인 문제**   p.157~160

☑ 바로바로 간단 체크 1 (1) 갈등 (2) 인과적 (3) 가치관, 성격

2 (1) ○ (2) ○ (3) X   3 ㄱ 내적, ㄴ 외적, ㄷ 인물, ㄹ 사회, ㅁ 자연

01 ⑤ 02 ⑤ 03 성기가 자신에게 주어진 운명에 순응하여 방랑하는 삶을 살기로 결심하였다. 04 ③ 05 ⑤ 06 ④ 07 ⑤

01~04 개념으로 작품 읽기   역마_ 김동리

갈등의 유형과 갈등 해소 방식에 주목하며 작품을 읽어 보자.

해제 이 작품은 '역마살'을 소재로 하여 운명에 의해 상처받고 좌절하면서도 순응해 나가는 주인공의 모습을 통해 인간과 운명의 갈등을 다룬 소설이다. 화개 장터에서 주막을 운영하는 옥화는 아들 성기의 역마살을 고치기 위해 노력하는 인

물이다. 체 장수 영감이 맡기고 간 계연과 성기를 맺어 주어 정착하길 바라지만, 체 장수 영감이 옥화의 아버지임이 드러나면서 이 계획은 물거품이 된다. 이와 같이 이 소설의 주된 갈등은 운명과 그에 맞서는 인간의 노력이다.

옥화가 아들의 정착을 포기하고, 성기가 엿장수가 되어 길을 떠나는 모습에서 운명에 순응하고 패배하는 것처럼 보이기도 하지만, 운명을 달관하고 살아내려는 주인공의 모습에서 인간의 의지를 살펴볼 수 있다. 이처럼 〈역마〉는 자연 법칙과 인간이 조화되는 모습을 그려 낸 작가 김동리의 작품 세계를 엿볼 수 있다.

- 서술자는? 작품 밖 서술자   • 시점은? 전지적 작가 시점
- 인물은? 역마살을 타고난 성기와, 아들의 역마살을 없애려고 하는 옥화, 그리고 성기와 이루어질 수 없는 사랑에 빠지는 계연
- 상황은? 계연이 떠난 뒤 병이 나 버린 성기에게 옥화는 모든 사정을 밝히게 되고, 이를 들은 성기는 자신의 현실을 운명으로 받아들이기로 결심하고 엿장수가 되어 화개 장터를 떠나게 됨.
- 상황에 대한 서술자(인물)의 태도는? 서술자는 역마살이라는 운명을 받아들이는 성기의 모습을 순응과 조화라는 측면에서 이해함.
- 주제는? 한국적 운명관에 순응하며 사는 삶과 인간 구원의 문제

핵심 정리

| 배경 | • 시간: 구체적으로 제시되지 않음.
• 공간: 전라도와 경상도의 경계인 화개 장터

| 특징 |
• 공간적 배경에 상징적 의미를 부여함.
• 전통적 운명론을 바탕으로 하여 개인과 운명의 갈등을 형상화함.

| 전체 줄거리 |

발단	화개 장터에서 주막을 운영하며 살고 있는 옥화는 아들 성기의 타고난 역마살을 없애기 위해 노력한다. 어느 날, 체 장수 영감이 딸 계연을 데리고 와 옥화네 주막에 맡긴다.
전개	옥화는 계연을 성기와 맺어 주어 성기가 역마살을 극복하고 정착하기를 바란다.
위기	어느 날, 옥화는 계연의 왼쪽 귓바퀴에 난 사마귀를 발견하고 자신의 동생이 아닐까 의심한다.
절정	체 장수 영감이 돌아와 들려준 이야기에 따라 계연이 옥화의 이복동생임이 밝혀지고, 계연과 성기는 이별하게 된다.
결말	계연은 아버지를 따라 고향으로 떠나고 성기는 병을 앓는다. 이후 성기는 엿판을 걸고 화개 장터를 떠난다. 〈수록 부분〉

01 ⑤번이 답인 이유

"옥화는 전과 같이 이제 고지식한 미련을 두는 것도 아니었다."라는 서술과 "너 좋을 대로(좋은 대로) 해라."라는 옥화의 말로 미루어 볼 때, 옥화도 성기의 운명을 받아들였음을 알 수 있다.

오답 피하기

① 성기는 옥화의 반대로 계연과 이별하게 되자 실연의 아픔을 이기지 못하고 병에 걸리게 된 것이다.

② 성기가 병에 걸려 살아날 가망이 없게 되자 결국 옥화는 자신이 계연과의 혼인을 반대한 까닭을 성기에게 말해 주기에 이르고, 그 사연을 들은 성기는 내적 갈등을 해소하게 된다.

③ 옥화는 성기와 계연이 결혼하여 정착해 살기를 바랐지만 계연

이 자신의 이복동생임을 알게 된 이후 성기와 계연의 관계를 반대한다. 그리고 체 장수가 이를 시인하여 계연을 데리고 떠남으로써 성기와 계연은 헤어지게 된다.

④ 성기의 갈등 해소는 자신에게 주어진 운명을 받아들이는 방식으로 나타나며, 이를 통해 '운명에 순응하는 삶과 인간 구원'이라고 하는 주제 의식이 드러나고 있다.

02
🔊 ❺번이 답인 이유

옥화는 성기가 결혼하여 정착해 사는 삶을 살기를 원하고 성기 역시 계연과 결혼하여 정착하기로 결심하지만, 이는 옥화와 계연이 자매임이 밝혀짐에 따라 좌절된다. 결국 성기는 타고난 운명, 즉 역마살 때문에 여기저기 떠돌아다녀야 하는 삶에 순응하게 된다.

03

㉠의 '엿판'은 떠돌이의 삶을 상징한다. 이를 통해 성기는 자신의 운명에 순응하고 유랑의 삶을 선택했음을 알 수 있다. 또한 ㉡에서 계연이 떠난 곳과 같은 방향의 구례 쪽 길을 등지고 하동 쪽을 향해 발걸음을 옮겼다는 사실 역시 그가 운명을 거역하지 못하고 역마살을 받아들였음을 나타낸다.

04
🔊 ❸번이 답인 이유

성기가 엿장수가 되어 집을 떠나기로 한 것은 자신에게 주어진 역마살을 인정하고 그 운명을 받아들이려는 행동이며, 이로써 세상과 조화되는 것이라고 말할 수 있다.

오답 피하기

① 성기와 계연의 이별 장면은 성기가 자신의 운명을 수용하게 되는 과정이라는 점에서 세계와 조화를 이루는 장면으로 볼 수 있다.

② 옥화는 계연이 자신의 이복동생을 알고 성기와 계연이 인연을 맺을 수 없는 운명임을 받아들이는 인물로, 우리 민족의 전통적 삶의 방식을 따른다.

④ 성기가 계연과의 관계에 대한 이야기를 듣고 자신에게 주어진 역마살을 그대로 받아들이는 것으로 볼 때 성기는 자신의 삶에 주체적이지 못하고 소극적인 인물이라고 평가할 수 있다.

⑤ 옥화가 계연의 귓바퀴에 자신과 똑같은 사마귀가 있으며 점쟁이가 그렇게 말했다는 까닭으로 계연이 자신의 이복동생이라고 생각하게 되는데, 이는 과학적 근거로 보기 어렵다. 따라서 현대적 관점에서 볼 때 이를 그대로 받아들이는 옥화는 비합리적인 인물이라고 할 수 있다.

05~07 개념으로 작품 읽기
삼대_염상섭

세대 간의 갈등 양상을 통해 드러난 각 인물의 성격과 가치관을 파악하며 작품을 읽어 보자.

해제 이 작품은 1920년대 각기 다른 가치관을 지닌 조 의관, 조상훈, 조덕기의 삶과 갈등을 통해 당대의 현실을 사실적으로 그려 낸 장편 소설이다. 조 의관은 봉건적 가치를 고수하며 돈을 중시하는 인물로, 조상훈은 외국 유학을 통해 개화 의식을 지녔지만 주체성을 잃고 타락한 인물로, 조덕기는 할아버지나 아버지와는 다른 신세대이지만 어떤 확고한 의식 없이 그저 자신의 삶에 대한 걱정만 하는 인물로 그려진다.

이 작품에서 주목할 것은 무엇보다 세 인물의 가치관의 대립과 그에 따른 갈등이다. 세 인물이 어떤 가치관을 지니고 있는지, 어떤 이유로 대립하고 갈등하는지를 파악하면 당대의 현실을 이해할 수 있다. 작가는 조 의관 주변의 타락한 인물들을 통해 시대착오적이고 위선적인 삶에 날카로운 비판을 던지면서, 덕기와 병화로 대표되는 새로운 세대에 대한 희망을 드러내고 있다.

- **서술자는?** 작품 밖 서술자 ・ **시점은?** 전지적 작가 시점
- **인물은?** 구한말 봉건적 가치관을 가진 조 의관과, 그의 아들로서 개화기 세대를 대표하는 조상훈, 식민지 세대로 태어나 부르주아 지식인으로 살아 가는 조덕기, 덕기의 친구이자 계층적 갈등 관계를 맺는 김병화
- **상황은?** (가) 가짜 족보를 만드는 일에 대해 조 의관과 상훈이 갈등을 빚음. (나) 조 의관이 죽은 후 재산 문제를 둘러싸 상훈과 덕기의 갈등이 심화됨.
- **상황에 대한 서술자(인물)의 태도는?** 세대 간 갈등 전개 과정에서 재산 또는 상속 문제를 중심적으로 다루면서 작가는 새로운 시대의 핵심이 '돈(자본)'이라는 인식을 드러냄. 또한 병화, 홍경애와 같은 진보적 신세대 인물들에게서 암울한 시대적 현실을 극복할 희망을 찾음.
- **주제는?** 일제 강점기 중산층 가문을 둘러싼 재산 상속 문제와 세대 갈등을 통해 본 식민지 조선의 사회상

핵심 정리

| 배경 |
- **시간:** 일제 강점기 (1920~1930년대) ・ **공간:** 서울 중산층의 집안

| 특징 |
- 당시의 풍속과 세대 간 갈등을 사실적으로 세밀하게 묘사함.
- 사건의 전개보다 인물들 간의 관계나 사고방식, 행동 양식을 보여 주는 데 초점을 맞춤.

| 전체 줄거리 |

발단	유학생 덕기가 방학을 맞아 귀향했다가 친구 병화 등과 만난다.
전개	덕기는 조부(조 의관)와 그의 후처인 수원집을 비롯한 집안의 뒤엉킨 인간관계와 갈등을 목격한다. 〈수록 부분〉
위기	수원댁과 그녀를 조 의관에게 소개해 준 최 참봉 등은 재산을 빼돌릴 생각으로 유서를 변조하고 모략을 꾸민다.
절정	조 의관이 독살되자 재산 문제 등을 둘러싸고 집안의 갈등이 심화되지만 덕기가 집안의 재산을 관리하면서 수원집 일행의 계획은 물거품이 된다. 여기에 사회주의 사건과 관련하여 덕기와 주변 사람들이 체포된다. 〈수록 부분〉
결말	덕기는 무혐의로 풀려나지만, 향후 어떻게 살아야 할 것인가를 놓고 망연해한다.

05
⑤번이 답인 이유

덕기는 안방 하나를 치장하기 위해 천여 원을 쓰는 것은 지나치다고 생각하고 있고, 부친 상훈의 씀씀이가 너무 크기 때문에 정미소 장부를 내주기를 주저하고 있다.

오답 피하기

① 상훈의 부친인 조 의관은 족보를 만드는 데 삼사천 원을 쓰고도 아들에게 '한 천 원' 썼을 뿐이라고 둘러대고 있다.

② 조 의관은 상훈이 '오륙천 원씩' 학교에 돈을 쓰는 것을 못마땅하게 생각하고 있다.

③ 상훈은 조 의관이 (가짜) 족보를 만드는 데 돈을 쓰는 것, 특히 '삼사천 원이 가외로 들'어가는 것은 바람직하지 않다고 여기고 있다.

④ 덕기는 기존에 집에서 쓰던 세간을 가져다가 써도 충분하므로 '세간 값'은 '생돈 잡아먹는 것 같'다고 생각하고 있다.

06
④번이 답인 이유

(가)에서 조 의관은 아들 상훈이 집안의 제사도 돌보지 않으면서 교회를 통한 사회 운동이나 교육 사업에 투자하느라 집안의 돈을 빼돌리는 것이나, 자신이 돌보던 운동가의 딸인 홍경애와 은밀한 관계를 맺고 아이까지 낳고도 무책임하게 내버려두는 것을 비난하고 있다.

오답 피하기

① (가)와 달리 (나)에서만 아들이 아버지를 동정한다.

② (가)와 (나) 모두에서 아버지는 자신의 씀씀이에 대해 아들이 왈가왈부하는 것을 못마땅하게 생각한다.

③ (가)와 (나) 모두 아버지가 자신의 잘못을 아들의 탓으로 돌리고 있지 않다.

⑤ (가)와 (나) 모두에서 아들은 아버지의 씀씀이가 지나치고 올바르지 않다고 생각하며, 그러한 행위를 문제 삼는다.

07
⑤번이 답인 이유

(나)에서 덕기는 "속에 있는 말이나 시원스럽게 하고 싶으나 부친 앞에서, 더구나 조인광좌 중에 그럴 수 없다."라는 서술과 "안 치러 드린다는 것은 아닙니다마는……"과 "모두 내놓으라셔도 못 드릴 것은 아닙니다마는"처럼 방어적으로 말을 꺼내는 덕기의 모습을 볼 때 덕기가 자신의 의견을 당당하게 말한다고 보기 어렵다.

오답 피하기

① '족보'는 한 가문의 계통과 혈통 관계를 적어 기록한 책으로, 족보를 꾸미는 데 돈을 들이는 행동은 가문과 신분을 중시하는 봉건적 가치관을 드러낸다고 할 수 있다.

② 상훈은 조 의관이 족보를 만드는 일에 그다지 가치를 두지 않으며, 조 의관의 봉건적 사고방식에 문제를 제기한다. 반면 자신이 하는 교육 사업과 같은 일이야말로 '돈을 유리하게 쓰'는 것이라고 여기고 있다.

③ 상훈은 교육 사업에 투자하는 등 지식인으로서의 모습도 보이지만 홍경애와 부적절한 관계를 맺어 아이까지 낳고도 무책임

한 태도로 일관한다는 점에서 위선적인 인물이다.

④ 조 의관과 상훈은 각기 봉건적 가치관과 개화기의 근대적 가치관을 가진 인물로 등장하는데, 이들의 가치관 차이는 돈의 쓰임새를 두고 표면화되고 있다. 조 의관이 재산을 아들이 아닌 손자인 덕기에게 상속하는 행동은 세대 간 갈등이 흔히 나타났던 당대 사회상을 반영한 것으로 볼 수 있다.

07 구성

사뿐히 즈려밟는 확인 문제 p.166~169

☑ 바로바로 간단 체크 **1** (1) 구성 (2) 복합 (3) 평면 **2** (1) X
(2) ○ (3) X **3** ㉠ 병렬 ㉡ 액자 ㉢ 피카레스크 ㉣ 옴니버스

01 ① **02** ④ **03** ③ **04** ① **05** ㅁ - ㄹ - ㄱ - ㄷ - ㄴ **06** ④

01~03 개념으로 작품 읽기 종탑 아래에서_윤흥길

> 액자식 구성의 특징을 이해하고, 소설의 구성 단계를 파악하며 작품을 읽어 보자.

해제 이 작품은 순박한 소년인 '나'와 끔찍한 전쟁의 상처를 안고 있는 소녀 '명은'의 만남을 통해 6·25 전쟁이라는 시대의 아픔을 그리고 있다. '나'는 앞을 볼 수 없는 명은이에게 호기심과 연민을 느끼는데, 그 감정은 종탑 아래에서 울리는 종소리로 극대화된다. 이 종소리는 고통스러운 상처를 치유하고 구원을 바라는 명은이의 소망을 담고 있어 독자들에게 강한 울림을 준다. 소년의 도움으로 소녀가 종을 울리는 결말은, 전쟁의 상처와 절망이 공감과 사랑으로 치유될 수 있음을 보여 주고 있다.

작가는 내화에서 천진난만한 어린아이의 시각을 활용해 전쟁에 접근함으로써 6·25 전쟁이 사람들에게 준 고통과 슬픔을 더욱 효과적으로 드러내고, 방언과 일상어를 자유롭게 구사하여 당시의 상황을 실감 나게 재현하고 있다.

- 서술자는? '나'
- 시점은? 전지적 작가 시점(외화), 1인칭 주인공 시점(내화)
- 인물은? 명은의 유일한 친구인 '나'(건호), 6·25 전쟁으로 부모를 여읜 충격으로 앞을 못 보게 된 명은, 종을 관리하는 직책을 맡은 딸고만이 아버지
- 상황은? '나'는 초등학교 동기들이 모인 자리에서 어린 시절 명은과의 추억을 이야기를 하게 됨. '나'는 우연한 기회에 명은이가 앞을 못 본다는 사실을 알게 되고, 이후 명은이의 유일한 친구가 되는데, 명은이의 부탁 때문에 함께 교회의 종을 침.
- 상황에 대한 서술자(인물)의 태도는? '나'는 명은이를 보호하며 명은이가 소원을 실현할 수 있도록 도와주고자 함.
- 주제는? 사랑과 연민으로 극복하는 전쟁의 상처

핵심 정리

| 배경 | 시간: 6·25 전쟁 이후 · 공간: 전라도 익산

| 특징 |
- 전쟁으로 비롯된 문제 상황과 그에 대한 해결 방안을 제시함.
- 우화를 삽입하여 작중 인물의 상황과 주제를 부각함.
- 구체적인 지명과 사투리를 사용하여 사실감을 높임.

| 전체 줄거리 |

외화(도입)		환갑이 다 된 초등학교 동기들이 모여 돌아가며 자신의 옛 이야기를 한다. 마지막에는 말수가 없는 건호가 나서서 어린 시절의 첫사랑 이야기를 하겠다고 한다. 〈수록 부분〉
내화	발단	'나(건호)'는 어느 날 군청 관사 정원을 지나다가 명은이를 보게 되고, 명은이가 눈이 멀었다는 것을 알고 놀라 달아난다. 〈수록 부분〉
	전개	다음 날부터 '나'는 명은이와 친해지기 시작한다. 어느 날 '나'는 명은이에게 전쟁 이야기를 전하다가 갈등을 겪게 되고 '나'와 명은이는 종소리를 계기로 화해한다. 〈수록 부분〉
	위기	'나'는 명은이에게 종을 울린 백마 이야기를 들려주고 종탑 아래에서 함께 종소리를 듣는다. 그 후 명은이는 직접 종을 치고 싶어 하지만 '나'는 종을 관리하는 딸고만이 아버지가 무서워 선뜻 명은이의 부탁을 들어줄 수 없다.
	절정·결말	'나'는 결국 명은이와 함께 종탑에 가서 종을 치고, 명은이의 울음소리와 종소리가 함께 울려 퍼진다. 〈수록 부분〉
외화(종결)		건호의 이야기를 들은 초등학교 동기들은 이런저런 말을 주고받다가 새벽이 되어서야 자리에서 일어난다.

01 💬 ❶번이 답인 이유

이 소설은 액자식 구성과 역순행적 구성을 취하였다. ①은 옴니버스 구성에 대한 설명이다.

오답 피하기

② 외화에서 '최건호'는 초등학교 동기들이 모인 자리에서 어린 시절 명은이와의 추억을 회상하며 이야기하고, 그 사연은 이 소설의 내화 내용이 된다.
③ '최건호'가 자신의 어릴 적 이야기를 직접 전달하는 구성이기 때문에 독자에게 신뢰성을 준다.
④ 이 소설은 '현재 최건호의 이야기-과거 최건호의 이야기-현재 최건호의 이야기'로 구성되어 있다. 즉 현재와 과거가 교차하고 있으며, 현재의 최건호가 명은이를 "반세기가 지나가드락 영 잊혀지지 않는 소녀"라고 말하고 있다는 점에서 '나'의 첫사랑이 강조된다고 볼 수 있다.
⑤ 외화는 전지적 작가 시점으로, 내화는 1인칭 주인공 시점으로 전개되고 있다.

02 💬 ❹번이 답인 이유

(마)에서 딸고만이 아버지는 '나'와 명은이가 자신의 허락 없이 종을 치는 것을 보고 고함을 지르며 내 손을 밧줄에서 잡아떼려 했다.

오답 피하기

① (나)에서 '나'는 명은이를 보고 명은이가 눈이 멀었다는 사실을 처음 알고 놀라 달아났으며 이후 명은이의 외할머니에게 명은이가 눈이 먼 까닭을 듣게 된다.
② (다)에서 '나'는 전쟁에 대한 새로운 이야기를 전하면 명은이에게 의미 있는 선물이 될 거라고 기대했고 또한 자신이 만만치 않은 상대임을 일깨워 주는 증거가 될 것이라고 생각했음이 드러난다. 그러나 이것이 명은이를 골탕 먹이기 위해서는 아니었다.
③ 중간 줄거리를 통해 (다)에서 명은이가 전쟁 이야기 자체를 들

기 싫었기 때문에 화를 낸 것이 드러나므로 '나'가 모르는 이야기를 해서 서운함을 느꼈다고 보기는 어렵다.
⑤ (마)에서 명은이의 울음은 참혹한 전쟁에서 비롯된 슬픔과 상처 때문이라 볼 수 있다.

03 💬 ❸번이 답인 이유

(다)는 소설의 두 번째 단계인 '전개' 부분으로 이야기가 복잡하게 얽히고 갈등이 겉으로 드러나는 단계이다.

오답 피하기

① (가)는 외화이자 소설의 도입 부분으로 내화에서 전개될 사건의 실마리가 나타난다.
② (나)는 내화의 발단 부분으로 시·공간적 배경과 등장인물 등이 소개된다.
④ (라)는 내화의 위기 부분으로 절정 단계에 앞서 새로운 사건을 전개하여 위기감을 높인다.
⑤ (마)는 내화의 결말 부분으로 모든 사건과 갈등이 해결되고 마무리되면서 작품의 주제가 드러난다.

04~06 개념으로 작품 읽기   아버지의 땅_임철우

과거와 현재가 교차하는 입체적 구성의 특징을 알고, 사건 전개의 흐름을 사건의 발생 순서에 따라 정리하며 작품을 읽어 보자.

해제 이 작품은 서술자 '나'가 군사 훈련을 받던 중 우연히 유골을 발견한 사건을 통해 전쟁이 남긴 상처와 그 극복 의지를 형상화하고 있다.

'나'는 유골을 발견한 순간 좌익 인사로 행방불명된 아버지의 모습을 떠올리고, 그 아버지를 기다리는 어머니를 회상한다. 작가는 이렇듯 현재의 유골 수습과 '나'의 기억 회상이 중첩되는 이중 구조를 통해 한 세대에서 다음 세대로까지 이어지는 이념 대립의 비극성을 더욱 효과적으로 보여 주고 있다.

또한 '나'가 아버지를 연민하고 이해하고 보듬게 되는 결말을 통해 화해와 통합의 전망을 제시하고 있다.

- 서술자는? '나'   • 시점은? 1인칭 주인공 시점
- 인물은? 군인인 '나', 월북한 아버지를 한 평생 기다리는 홀어머니
- 상황은? '나'가 야전 진지를 구축하는 도중에 우연히 신원을 알 수 없는 유골을 발견함. '나'는 유골을 수습하며 공산주의자가 되어 사라진 아버지와 아버지를 기다리는 어머니를 떠올림.
- 상황에 대한 서술자(인물)의 태도는? '나'는 유골에 아버지의 모습을 중첩시키며 연민을 느끼게 되고, 그간 원망했던 아버지와 어머니가 6·25 전쟁의 피해자임을 깨닫고, 두 사람을 이해하게 됨.
- 주제는? 이념 대립과 분단 현실이 가져온 아픔과 그 극복

핵심 정리

| 배경 | • 시간: 1980년대   • 공간: 전방의 어느 야영지

| 특징 |
- '나'가 유골을 발견하는 현재 이야기와, 아버지와 관련된 과거 이야기가 중첩되는 이중 구조가 나타남.
- 내적 고백의 형식을 통해 사건 전개에 따른 주인공의 의식 변화가 드러남.

| 전체 줄거리 |

발단	'나'는 군 복무 중 야전 진지를 구축하다가 유골 한 구를 발견하는데, 이를 보고는 어머니의 얼굴을 떠올린다.
전개	'나'는 아버지가 없이 자랐고, 중학생이 되어서야 아버지가 6·25 전쟁 때 좌익 활동을 하다가 행방불명되었다는 이야기를 전해 듣는다. 이후 '나'에게는 아버지의 이미지가 죄책감처럼 따라붙게 되었다.
위기	유골의 묘를 새로 만들어 주기 위해 '나'는 동네 노인을 모셔 오고, 그 노인은 정성을 다해 유골을 수습한다. 〈수록 부분〉
절정	'나'는 노인을 배웅하며 오랫동안 자신이 미워했던 아버지와, 사라진 아버지를 기다리던 어머니의 모습을 떠올린다. 〈수록 부분〉
결말	돌아오는 길에 눈이 내리고, '나'는 눈이 주변의 모든 경계를 덮는 모습을 본다.

04   ❶번이 답인 이유

이 소설은 군인인 서술자가 야전 진지를 구축하는 과정에서 유골을 발견한 후 자신의 어머니와 아버지를 떠올리는 작품으로, 작품 속 서술자 '나'의 내적 독백을 중심으로 내용이 전개되고 있다.

오답 피하기

② '나'와 오 일병은 땅을 파다가 우연히 유골을 발견한 후 그 유해를 다시 땅속에 잘 묻어 주게 되는데, 노인은 이 일을 도와주는 인물로 '나'와는 갈등 관계에 놓여 있지 않다.

③ 이 소설 속 문장에는 대부분 과거형 어미('-었/았-')가 사용되었다.

④ 서술자 '나'의 내적 독백이 중심이 되고 있으며, 현재와 과거 회상이 교차되고 있어 사건이 속도감 있게 전개된다고 보기 어렵다.

⑤ '나'의 회상을 통해서는 어머니가 아직도 아버지의 생일상을 차리며 그를 기다려 왔다는 사실과, 어머니가 울고 있는 이유가 드러나 있다.

05

이 글에서 어머니와의 장면은 과거 회상이고 노인과 유해를 수습하는 장면은 현재이다. 따라서 사건이 발생한 시간의 순서에 따라 장면을 재배열하면 'ㅁ - ㄹ - ㄱ - ㄷ - ㄴ'이 된다.

06   ❹번이 답인 이유

〈보기〉의 진석은 자신의 이름이 새겨진 만년필을 통해 유해가 형의 것임을 확인하지만 이 글의 '나'는 발굴된 유해의 신원을 확인할 수 없다. '나'는 '노인'이 유골을 수습하는 과정에서 자신의 부모님 모두가 전쟁의 희생자였음을 깨닫고 아버지와 어머니에 대한 연민의 감정을 드러내고 있을 뿐이다. 따라서 '나'가 유해의 신원을 확인하는 장면을 추가하는 것은 적절하지 않다.

오답 피하기

① 〈보기〉에서 유해 발견이 현재와 과거 사건을 이어 주는 역할을 하는 것처럼, 이 글에서도 '나'가 학살당한 누군가의 유골을 발견한 후 어머니와 아버지에 대해 떠올리고 있으므로 사건 전개의 실마리로 삼을 만하다.

② 〈보기〉의 진태는 동생을 살리겠다는 일념으로 싸워 전쟁 영웅이 되지만 결국 유해로 발견된다는 점에서 비극적인 인물이다. 이와 마찬가지로 '나'의 아버지도 우리나라의 이념 갈등과 분단 체제 속에서 희생되었다는 점에서 비극적인 인물로 설정할 수 있다.

③ 〈보기〉에서 형제의 비극적인 운명이 살아남은 진석을 통해 드러나게 되는 것처럼 이 글에서는 '나'가 가족의 과거사를 밝혀내는 것이 적절하다.

⑤ 〈보기〉의 진석은 오랫동안 기다리던 형이 끝내 유골로 돌아왔기 때문에 절규하며 슬픔을 토로하는 것이 자연스럽다. 하지만 이 글의 '나'는 누구의 것인지 모를 유해를 수습하고 있을 뿐이며, 다만 이 과정에서 어머니와 아버지가 전쟁의 희생자였음을 깨닫고 있으므로 착잡한 표정을 짓는 것이 자연스럽다.

08 소재의 기능

사뿐히 즈려밟는 확인 문제   p.172~175

☑ **바로바로 간단 체크** 1 (1) 소재 (2) 주제   2 (1) ◯ (2) X (3) ◯
3 ㉠ 갈등 ㉡ 성격 ㉢ 태도 ㉣ 장면 ㉤ 회상 ㉥ 주제

01 ④ **02** ⑤ **03** ④ **04** ⑤ **05** ② **06** ② **07** ④ **08** ⑤ **09** ③

01~03 개념으로 작품 읽기   나목_박완서

소재의 상징적 의미를 이해하며 작품을 읽어 보자.

해제 이 작품은 6·25 전쟁 중 서울이 수복된 직후를 배경으로, 미군 부대 안의 초상화 가게에서 '나'와 옥희도가 만나고 헤어지는 사연을 그려 내고 있다. 불우한 화가 옥희도가 예술 세계를 추구하는 모습을 통해 황폐한 삶 속에서도 진정한 예술을 추구하는 예술가의 내면세계를 형상화하였다.

이 작품은 자기 때문에 오빠가 죽었다는 죄책감에 시달리는 '나'의 의식 성장을 다룬 성장 소설의 성격도 지니고 있다. 특히 마지막 전시회 장면에서 옥희도의 그림 속 나무가 고목(枯木)이 아니라 나목(裸木)임을 깨닫는 부분은 작품의 주제 의식을 가장 잘 드러내고 있다. 주인공 '나'는 그림을 통해 옥희도 씨가 1950년대의 황량하고 메마른 현실을 나목처럼 견디면서 내면의 희망을 키웠으며, 자신은 그에게 기대어 삶의 좌절을 견디었음을 깨닫게 된다.

- **서술자는?** '나'   • **시점은?** 1인칭 주인공 시점
- **인물은?** 젊은 시절 옥희도의 예술혼에 끌려 그를 사랑했으나 현재는 평범하게 살고 있는 '나'(이경)와 진정한 예술 정신을 지닌 화가 '옥희', 그리고 일상적인 삶을 살아가는 '나'의 남편
- **상황은?** '나'가 남편과 함께 옥희도의 유작전에 갔다가 그의 그림 속 그림에 대해 새로운 인식을 갖게 됨.
- **상황에 대한 서술자(인물)의 태도는?** '나'는 젊은 시절 보았던 그림에 담긴 진정한 의미를 깨닫고 정신적으로 성숙하게 됨.
- **주제는?** 진정한 예술가의 초상과 고독한 청춘기의 성숙 과정

핵심 정리

| 배경 | • 시간: 6·25 전쟁 중, 10년 후　　• 공간: 서울

| 특징 |
• 인물의 내면세계가 섬세하고 치밀하게 서술됨.
• 실존 화가 박수근을 모델로 '옥희도'라는 가상 인물을 설정하여 이야기를 전개함.

| 전체 줄거리 |

발단	'나'는 6·25 전쟁 중 두 오빠를 잃고 홀어머니와 단둘이 살고 있다. 어머니는 삶에 대한 의지를 잃고 무기력하게 살아가고, '나'는 이런 암울한 집안 분위기에서 벗어나고 싶어 한다. 그러던 중 '나'는 생계를 위해 서울 명동의 미군 부대 안에 있는 초상화 가게에서 일하게 된다.
전개	'나'는 미군 부대에 새로 온 화가 옥희도를 만나고 '황량한 풍경'이 담긴 눈을 가진 옥희도에게 끌린다.
위기	두 사람은 명동 성당과 완구점 앞에서 계속 만나지만 유부남과 처녀인 그들의 사랑은 오래 지속되지 못하고 '나'는 방황한다.
절정	며칠 동안 옥희도가 가게에 나오지 않자 '나'는 그의 집에 찾아갔다가 캔버스에 고목이 그려져 있는 것을 본다. 옥희도와 이별한 '나'는 어머니가 돌아가시고 난 뒤 황태수와 결혼한다.
결말	세월이 흐른 뒤 '나'는 옥희도의 유작전에 가서 지난날 옥희도의 집에서 보았던 그림이 고목이 아니라 봄을 기다리며 나뭇잎을 떨어뜨리는 나목이었음을 깨닫는다. 〈수록 부분〉

01　　🔊 **④**번이 답인 이유

이 소설에서는 장면을 병렬적으로 나열한 부분을 찾을 수 없다. 이 소설은 기본적으로 순행적 구성을 취하며 그림을 본 뒤 과거와 현재의 자신을 비교하는 '나'의 내면 서술이 나올 뿐이다.

오답 피하기

① 마지막 문단의 "이미 그의 눈엔 ~ 주름이 자리 잡기 시작한 중년의 그"라는 부분에 '남편'에 대한 '나'의 평가가 직접적으로 드러나 있다.
② 이 글은 1인칭 주인공 시점으로, 작품 안 서술자 '나'의 내면 심리를 중심으로 내용이 전개되고 있다.
③ 서술자 '나'가 '옥희도'의 유작전에 전시된 '나무와 여인'이라는 그림을 보고, 그림 속 나무가 고목(枯木)이 아니라 나목(裸木)임을 깨닫는 과정에서 주제가 압축적으로 드러나고 있다.
⑤ 그림에 대한 감상이 달라지는 것과 같은 인식의 변화는 '나'가 무기력하고 불안한 젊은 시절을 지나 정신적 성숙과 의식의 성장을 이루었음을 보여 준다.

02　　🔊 **⑤**번이 답인 이유

ⓑ는 잎이 지고 가지만 앙상히 남아 있지만 봄을 기다리고 있다는 점에서 생명력과 희망이 있는 나무이다. 따라서 '나목'은 전쟁의 상처를 딛고 새로운 희망을 갖고자 하는 '나'의 의지를 보여 주며, 동시에 '옥희도'의 예술가로서의 삶을 투영하고 있는 소재이다.

오답 피하기

① ⓐ는 6·25 전쟁으로 앞날의 희망을 이야기하기 힘들었던 당시, 젊은 시절의 '나'가 '옥희도'의 집을 찾아갔다가 본 그림이다.
② ⓐ는 메말라 생명력이 고갈된 나무로, 과거의 '나'는 색채를 잃

은 채 말라죽은 나무의 모습이 '옥희도'의 황량한 내면세계를 반영한 것이라고 생각한다.
③ ⓑ는 '옥희도'의 삶의 방식을 이해하지 못했던 '나'의 의식을 각성시키는 계기가 된다.
④ ⓑ는 어느덧 중년이 된 '나'가 '옥희도'의 유작 전시회에서 다시 보게 된 그림이다.

03　　🔊 **④**번이 답인 이유

ⓓ에서 '나'는 풍선을 잃어버린 어린아이에 대한 연민과 안타까움 때문이 아니라, 감상의 여운 때문에 "눈물이 솟도록 하늘의 푸르름이 눈부시다."라는 느낌을 받는다고 보는 것이 적절하다.

오답 피하기

① '나'는 지난날 보았던 그림 속 '고목'을 '나목'으로 새롭게 인식하고 있다.
② '나'는 그림을 감상하고 나서 옥희도가 나목이었음을 깨닫는다.
③ '나'는 옥희도의 치열했던 예술 정신을 뒤늦게 깨닫게 된다. 그 깨달음은 '나'를 망연함에 빠져들게 하는데, 한때 사랑했던 옥희도에게 자신의 존재가 한낱 철없는 여인이었을 뿐이었다는 자괴감과 의연했고 고귀한 옥희도의 예술혼에 대한 경외감, 그리고 옥희도의 삶을 생각하며 느끼게 되는 안타까움 같은 것들이 복잡하게 얽혀 아득한 감정에 사로잡힌 것으로 이해할 수 있다.
⑤ 나는 야망이나 고뇌, 앳된 갈망 없이 세속적인 일상의 욕망만 가지고 있는 남편에게 실망하며 남편을 낯설게 여기고 있다.

04~06 개념으로 작품 읽기　　**돌다리**_이태준

중심 소재를 통해 작가가 이야기하고자 하는 바를 생각하며 작품을 읽어 보자.

해제 이 작품은 일제 강점기 말기인 1943년에 발표되었으며, 물질을 중시하는 근대 사회에 대한 작가의 비판적 시각이 잘 드러나 있다.

아들은 병원을 확장하기 위해 아버지에게 땅을 팔자고 제안하지만 아버지는 땅이 천지만물의 근거라는 논리를 내세워 반대한다. 작가는 아버지의 말을 통해 토지의 본래적 가치보다 금전적인 가치만을 중시하는 근대 사회의 가치관을 비판한다. 이러한 작가의 생각은 '돌다리'라는 소재를 통해 상징적으로 표현되고 있다. 아버지는 '돌다리'를 가족과 선조들이 인연이 닿아 있는 사물로 인식해, 이를 꾸준히 보수한다. 아버지의 이런 행동은 일제 강점기라는 암울한 현실에서 꿈을 잃지 않고 민족성을 지키려는 의지의 표현으로도 볼 수 있다.

- **서술자는?** 작품 밖 서술자　　• **시점은?** 전지적 작가 시점
- **인물은?** 전형적인 시골 농부인 아버지, 근대적 가치관을 지닌 의사인 아들(창섭)
- **상황은?** 돌다리 보수와 시골 땅을 파는 문제를 둘러싸고 아버지와 창섭이

갈등을 빚다가, 창섭은 아버지와의 심리적 결별을 느끼며 떠나감.
· **상황에 대한 서술자(인물)의 태도는?** 서술자는 '돌다리'와 '땅'에 관한 아버지의 말을 통해 전통적이며 자연 중심적인 가치관을 드러내며 창섭이 보여주는 근대적, 물질주의적 가치관을 비판함.
· **주제는?** 땅의 가치에 대한 인식과 물질 만능 주의 사회에 대한 비판

핵심 정리
| 배경 | · **시간**: 일제 강점기 말기 초겨울　　· **공간**: 어느 농촌 마을

| 특징 |
· 인물 간의 대화와 서술자의 요약적 제시로 주제를 형상화함.
· 작가가 보존하고자 하는 긍정적인 가치를 '돌다리'라는 소재를 통해 상징적으로 드러냄.

| 전체 줄거리 |

발단	서울의 권위 있는 내과 의사인 창섭은 병원을 크게 늘리기 위해 부모님이 계신 시골의 농토를 팔려는 생각으로 고향에 내려온다.
전개	창섭은 땅을 정성스럽게 가꾸는 아버지의 모습을 떠올리며 마을로 향하다가 마을 입구에서 돌다리를 고치는 아버지를 만난다.
위기	창섭은 아버지에게 병원 확장에 필요한 돈을 마련하기 위해 땅을 팔자고 설득한다.
절정	아버지는 창섭의 제안을 거절하면서 죽기 전에 땅을 농민에게 넘기겠다는 말을 하고, 창섭은 자기 세계와 아버지 세계의 결별을 느끼며 서울로 돌아간다. 〈수록 부분〉
결말	아버지는 다음날 고쳐 놓은 돌다리에 나가 세수를 하면서 땅을 지키는 삶이 천지자연의 이치임을 되새긴다.

04　🔊 ❺번이 답인 이유

인물의 과거 행적을 비판하는 내용은 나오지 않는다. 이 소설은 '돌다리'라는 소재를 활용하여 물질적인 가치만 중시하는 근대적 가치관을 비판하고 있다.

오답 피하기
① 이 소설의 '아버지'는 시골 농부로서 전통적 가치관과 사고방식을 가진 전형적인 인물로, '아들'은 도시 의사로 살아가며 근대적 가치관과 사고방식을 가진 전형적인 인물로 등장한다. 또한 두 인물 모두 내용 전개에 따른 성격의 변화가 나타나지 않는 평면적 인물이다.
② 이 소설은 아버지가 아들의 제안을 거절하고, 아들은 자기와 아버지가 속한 세계의 괴리를 깨달으며 귀경하면서 끝나고 있으며, 두 사람 사이의 갈등 해소는 나타나지 않는다.
③ 이 소설은 돌다리와 땅에 대한 부자 간의 대화와 서술을 통해 각 인물이 지향하는 가치를 드러내고 있다.
④ 이 소설은 전지적 작가 시점으로, 작품 밖의 서술자가 등장인물의 언행은 물론 내면 심리와 의식 세계까지 서술하고 있다.

05　🔊 ❷번이 답인 이유

②는 ㉤에 대한 설명이다. 돌다리는 창섭의 아버지로 대표되는 전통적 세대의 가치관을 드러내는 것으로, 단순한 돌다리가 아니라 가족과 선조들의 역사와 추억이 담겨 있는 것이다.

오답 피하기
① ㉠은 튼튼하지는 않지만 쉽게 만들 수 있다는 점에서 실리와 편의를 중시하는 창섭의 물질주의적 가치관을 대변한다.

③ ㉤은 전통적 세대의 자연 중심적 가치관을 상징하는 소재로, 모든 것을 금전적 가치로만 평가하는 근대적 세태를 비판하기 위한 상징적 도구이다.
④ ㉤은 과거와 현재, 미래를 연결해 주는 매개체이며, 아버지가 돌다리를 보수하는 행위는 과거로부터 전해지는 정신적 문화가 앞으로도 이어지기를 염원하는 것으로 볼 수 있다.
⑤ ㉠과 ㉤은 아들과 아버지가 각각 지닌 근대적 사고방식과 전통적 사고방식을 상징한다는 점에서 대립적인 소재이다.

06　🔊 ❷번이 답인 이유

작가는 아버지의 말을 통해서 땅의 본래적 가치보다는 금전적 가치를 중시하는 근대 자본주의 사회의 사고방식을 비판하고 있다. 아버지는 땅에 대한 애착과 신념을 지닌 사람으로, 땅이 천지만물의 근본이라는 생각을 가지고 있다.

오답 피하기
① 땅의 본래적 가치에 대한 인식을 강조하고 있으나, 땅에서 인간의 지혜가 나온다고 이야기하는 것은 아니다.
③ 땅의 가치를 효율성으로 평가하는 태도는 땅을 교환 가치 또는 재산으로만 평가하는 근대 자본주의 사회의 가치관과 맞닿아 있는 것이다. 이는 글쓴이가 비판하고자 하는 대상이다.
④ 땅을 이익 획득의 수단으로 여기지 않기 때문에 농민이라고 해서 땅을 많이 가질수록 좋은 것으로 보지는 않는다.
⑤ 소설에서 이야기되는 '땅'은 마음의 땅이 아니라 실제 사람들이 살아가는 터전이자 만물의 근원으로서의 땅이다.

07~09 개념으로 작품 읽기　　옛우물_오정희

소재의 서사적 기능을 파악하며 작품을 읽어 보자.

해제 이 작품은 작가의 단편 소설집 《옛우물》에 수록되어 있는 단편 소설로, 마흔다섯 번째 생일을 맞은 주인공 '나'가 유년 시절부터 현재에 이르기까지 자신의 삶을 돌아보는 내용을 담고 있다. 주인공 '나'는 평범한 일상을 열거하는 동시에 자기 고백적 서술을 통해 인간의 삶에서 느끼는 성찰을 풀어내고 있다.

　이 작품은 '나'가 생일날 아침, 막냇동생이 태어나던 날을 회상하는 장면으로 시작한다. '나'는 아버지의 죽음이나 연당집 등을 통해 생성과 소멸, 그리움과 사랑 등에 대해 생각하고, 이를 계기로 어린 시절 자신이 보았던 '옛우물'을 떠올리며 '옛우물'로 상징되는 여성의 자궁을 통해 영원히 순환되는 생명력과 여성성을 깨닫게 된다.

　이 작품에서 '옛우물'은 막냇동생의 탄생과, 할머니의 이야기 속에 등장하는 금빛 잉어를 통해 생명력이라는 상징적 의미를 획득한다. 또한 '우물'은 우물에 빠져 죽은 정옥을 통해 죽음의 의미를 갖기도 한다. 결국 삶과 죽음, 생성과 소멸이 모두 우물 안으로 귀결됨으로써 탄생은 죽음으로, 죽음은 다시 탄생으로 이어지게 되는 것이다.

- 서술자는? '나'
- 시점은? 1인칭 주인공 시점
- 인물은? 중년 여성인 서술자 '나', 남편, 열일곱 살의 아들, 치매 상태의 노모
- 상황은? '나'의 생일날에 '나'는 막냇동생이 태어나던 날을 회상하고, 갈라파고스와 '도도'라는 멸종된 새를 떠올리며 중년의 주부로 살아가는 자신의 삶을 성찰함.
- 상황에 대한 서술자(인물)의 태도는? '도도'처럼 자신도 스스로 가능성이 도태된 존재라고 생각함.
- 주제는? ① 삶(생명)과 죽음에 대한 성찰
  ② 여성의 자궁(모성)을 통해 영원히 순환하는 생명력

핵심 정리

| 배경 |
- 시간: 2000년대 이후 현재
- 공간: 지방의 한 도시에 위치한 '나'의 집, 도로, 찻집, 사우나 등

| 특징 |
- 서술자의 자기 고백적 진술을 통해 주제 의식을 드러냄.
- '옛우물, 연당집, 예성아파트' 등 여러 공간에 상징적 의미를 부여함.

| 전체 줄거리 |

발단	주인공 '나'는 어느 지방 도시에 사는 마흔다섯 살의 중년 주부이다. '나'는 자신의 생일날 막냇동생이 태어나는 순간을 회상한다. 또한 갈라파고스와, 멸종된 새인 '도도'에 대한 이야기를 떠올린다. 〈수록 부분〉
전개	'나'는 집안일을 마치고 집을 나서 시장을 들렀다가 찻집에서 커피를 마시면서 여러 사람들을 관찰한다. '나'는 어릴 적 아버지의 죽음을 떠올리기도 하고, 간질 발작을 일으킨 남자를 보며 삶과 죽음에 대해 생각한다.
위기	'나'와 남편은 같은 해에 태어나 유년기를 공유하고 있지만 이들의 관계는 위선적인 무엇인가 있다. '나'는 남편이 사후 장기 기증을 약속했다는 사실을 알고는, 서로 죽음을 바라보는 태도가 완전히 다르다는 것을 깨닫는다.
절정	'나'는 설핏 잠들었다가 옛우물과 금빛 잉어에 관한 꿈을 꾸고, 잠에서 깨어 할머니가 해주신 이야기와 옛우물에 얽힌 어린 시절에 대해 떠올린다. 정옥이 우물에 빠져 죽은 뒤에 우물은 메워졌다.
결말	'나'는 자주 예성아파트에 와서 연당집이 허물어지는 모습과 그 주변을 돌아다니는 바보를 바라보며, 젊은 시절 '그'에 대해 떠올린다. 나는 삶과 죽음, 사랑과 그리움에 대해 생각하며 조금 울고 집으로 돌아온다.

07
④번이 답인 이유

이 소설의 '나'는 "남편과 함께 성장을 하고 밤 외출을 하기도 한다."라고 서술하였으므로 가족에게서 벗어나 성장하는 시간을 갖는다고 볼 수 없다.

오답 피하기
① '나'는 자신의 생일에, 그해 봄날에 대한 기억은 없다면서 오히려 막냇동생이 태어나던 날의 모습을 회상하고 있다.
② '나'는 한 사람의 생애에 있어서 사십오 년은 "부자도 가난뱅이도 될 수 있고 ~ 충분한 시간"이라고 생각하고 있다.
③ '나'는 한 달에 한 번씩 아들의 학교 자모회에 참석하고 있으며, 매주 목요일 재활 센터에서 자원봉사 일을 하는 등 규칙적으로 모임에 참석한다. 그러나 글의 마지막에서 "종종 무질서 속으로 피신하는 것도 한 방법"이라고 진술하고 있다.
⑤ '나'는 "내 손으로 질서 지워지는 일들에 자부심을 갖고" 있다.

그리고 그 일은 "마늘과 생강이 어우러져 내는 맛을 알고 행주와 걸레의 질서를 사랑하"는 것과 관련이 되어 있으므로 집안일임을 알 수 있다.

08
⑤번이 답인 이유

이 소설은 1인칭 주인공 시점으로, 주인공이자 서술자인 '나'가 독백적 진술을 통해 내면의 심리를 드러내고 있다.

오답 피하기
① 막냇동생이 태어나던 날을 묘사하는 부분에서 감각적인 문장이 일부 나타나지만 혼란스러운 시대상과는 무관하다.
② 막냇동생이 태어나던 날을 떠올리고는 있지만 인물의 행적이나 갈등의 해결과는 아무런 관련이 없다.
③ 이 소설은 사람의 삶과 죽음에 대한 '나'의 자기고백적 성찰이 중심을 이루고 있으며, 사건의 전모를 입체적으로 드러내는 내용은 나타나지 않는다.
④ '사십오 년이란 무엇일까', '~ 여기지 않겠는가', '~ 나타내지 않겠는가'와 같은 의문과 추측의 종결 어미가 몇 차례 나타나기는 하지만 다른 인물에 대한 반감을 드러내는 내용은 아니다.

09
③번이 답인 이유

주인공은 아들에게서 '도도'가 이미 4백 년 전에 멸종된 새라는 이야기를 듣고는 "누구나 젊은 한 시절 자신을 전설 속의, 멸종된 종으로 여기지 않겠는가."라고 이야기한다. 이로 미루어 볼 때, 주인공은 '도도'를 통해 젊은 시절의 모든 가능성과 꿈을 잃은 채 중년의 주부로 살아가는 자신의 모습을 돌아보고 있다.

오답 피하기
① '나'가 갈라파고스 섬의 희귀종을 떠올린 것은 그곳에서 일주일 이상 화재가 계속되고 있다는 뉴스의 잔상 때문이며 현대 과학 문명과는 아무런 관계가 없다.
② '나'의 아들이 '도도'라는 이름을 자기 물건에 붙여 놓았다는 사실과 아들의 불행한 미래를 연관시키는 것은 지나친 확대 해석이라고 할 수 있다. 또한 이 글의 전체 맥락에도 맞지 않는다.
④ 이 글에서 '나'와 아들 간의 갈등을 찾아볼 수 없으며, 따라서 '도도'가 이들 간의 갈등 해소를 돕는 소재라고 보기 어렵다.
⑤ '나'는 "누구나 젊은 한 시절 자신을 전설 속의, 멸종된 종"으로 여기는 것은 "관습과 제도 속으로 들어가야 하는 두려움과 항거"를 나타내는 방식이라고 이해하고 있다. 그렇지만 '도도'라는 소재가 '두렵지만 항거하고자 하는 현실 사회의 관습과 제도'를 상징한다고 보기는 어렵다.

09 배경의 종류와 기능

| 사뿐히 즈려밟는 **확인 문제** | p.179~182 |

☑ **바로바로 간단 체크** 1 (1) 배경 (2) 시간적 (3) 도시적　　2 (1) ○
(2) X (3) ○　　3 ① 분위기 ② 심리, 전개 방향 ③ 개연성 ④ 주제

01 ④　02 ④　03 ④　04 ③　05 ④　06 ⑤　07 ④

01~03 개념으로 작품 읽기   서울, 1964년 겨울_ 김승옥

공간적 배경인 '여관'과 시간적 배경인 '겨울'이 이 글에서 어떤 기능을 하는지 생각하며 읽어 보자.

해제 이 작품은 서로 알지 못하는 세 남자가 하룻밤을 함께 보내면서 발생한 일을 그리고 있다.

그들은 선술집에서 우연히 만나 대화를 나누는데, '나'와 '안'은 자신들의 진심에 대해 말하지 않는다. 심각하고 진지한 것에 대해 말하고자 하나 가치 지향적인 것은 아무것도 없다. 그런데 삼십 대의 외판원 사내는 자신의 모든 것을 얘기하면서 자신의 고뇌와 비애를 공유할 것을 간청한다. 그러나 자신만의 세계에 틀어박힌 '나'와 '안'에게 그 사내는 부담스러운 존재일 뿐이다. 사내가 화재가 난 곳을 찾아가 아내의 시체를 판 돈을 버리는 행위는 허위적이고 비인간적인 삶에 대한 분노와 절망의 표현이다. 또 세 사람이 여관으로 와서도 각각 다른 방을 쓰게 되고, '안'의 경우 외판원 사내가 자살할 것이라는 것을 짐작하면서도 이를 말리지 않는다는 사실에서 인간적 유대가 없는 현대 사회의 소외는 극대화되고 결국에는 인간관계의 단절로 이어진다.

- 서술자는? 작품 속 서술자   • 시점은? 1인칭 주인공 시점
- 인물은? 아내의 시체를 병원에 판 것을 괴로워하는 '사내'와, '사내'의 괴로운 모습에도 개인적인 모습을 보이는 '안', 어느 정도 인간다운 모습은 있으나 결국 개인주의에 동조하는 '나'
- 상황은? 우연히 만난 '사내', '안', '나'가 여관에 들어가 각자 다른 방을 잡았고, 다음날 사내의 자살을 알게 된 '나'와 '안'이 급히 여관에서 나옴.
- 상황에 대한 서술자(인물)의 태도는? 서술자는 '사내'를 '안'보다는 인간적으로 대하고 있으면서도 결국 '안'의 개인주의에 동조하거나 사내의 죽음에 연관되고 싶어하지 않는 모습을 보이고 있음.
- 주제는? 뚜렷한 가치관을 갖지 못한 도시인들의 방황과 연대감을 상실한 도시인들의 절망

핵심 정리

| 배경 | • 시간: 1964년 어느 겨울밤   • 공간: 서울 거리

| 특징 |
- 등장인물을 익명화하여 제시함.
- 여관을 '벽으로 나누어진 방'이라고 표현함으로써 의사소통이 단절되고 소외된 현대인의 모습을 상징적으로 전달함.

| 전체 줄거리 |

발단	'나'는 '안'이라는 냉소적인 성격의 대학원생을 우연히 만나 포장마차에서 술을 마시며 무의미한 대화를 나눈다.
전개	낯선 사내가 불쑥 다가와 오늘 아내가 죽었다고 하면서 함께 있기를 부탁하고, '나'와 '안'은 그 사내와 함께 서울 밤거리를 돌아다닌다.
위기	마땅히 갈 곳이 없던 세 사람은 소방차를 따라가서 불구경을 하게 된다. 화재가 난 곳에서 사내는 아내의 시체를 판 돈을 불 속에 던지고는, 돌아가려는 '나'와 '안'에게 혼자 있기가 무섭다며 같이 있어 달라고 한다.
절정	세 사람은 여관에 들어가게 되고, '나'는 사내를 생각해서 같은 방에 들어가기를 제안한다. 그러나 '안'은 각기 다른 방을 쓸 것을 주장하고, 결국 세 사람은 각기 다른 방에 묵게 된다. 〈수록 부분〉
결말	다음날 아침, 사내가 자살한 것을 알게 된 '안'은 그 사내를 살리는 길이 그를 혼자 두는 것이라고 생각했다는 말을 한다. '나'와 '안'은 무덤덤한 표정으로 여관에서 나와 헤어진다. 〈수록 부분〉

01   **④번이 답인 이유**

"그 양반, 역시 죽어 버렸습니다."라는 '안'의 말과 "역시……"라는 '나'의 말을 고려할 때 사내의 죽음을 반전이라고 볼 수 없으며, '안'과 '나'의 성격 역시 작품 내내 변하지 않고 있다.

오답 피하기

① 인물의 성격은 '나', '안', '사내' 사이의 대화와 이들의 행동에서 짐작할 수 있다.

② 이 글은 1인칭 주인공 시점으로, 서술자 '나'가 '안'과 '사내'를 우연히 만남으로써 겪은 사건을 직접 서술하고 있다.

③ 비교적 짧은 길이의 간결한 문장으로 서술되었다. 또한 "모든 프로가 끝나 버린 극장에서 나오는 때처럼", "여관에 비한다면 거리가 우리에게는 더 좁았던 셈이다.", "벽으로 나누어진 방들" 등에서 비유와 상징을 사용함으로써 함축적인 의미를 전달하고 있다.

⑤ '1964년 겨울'이라는 시간적 배경을 제목에서 구체적으로 제시함으로써 사건에 사실성을 부여하고 있다.

02   **④번이 답인 이유**

'나'는 모두 한 방에 들자고 하고 화투를 사서 함께 놀자고 제안하였으나, 이에 대한 '안'의 거절에 곧바로 동조하고 더 이상 노력하지 않는 모습을 보였다. 이는 '사내'에 대한 '나'의 배려가 일시적인 연민에 불과했음을 나타낸다. 따라서 '나'의 행동이 공동체 의식의 회복을 암시한다고 보는 것은 적절하지 않으며, 이를 이 글의 주제라고 보기도 어렵다.

오답 피하기

① '벽으로 나누어진 방'이라는 표현을 통해 여관이 개인을 소외시키고 서로를 단절시키는 공간임이 드러난다.

② "여관에 비한다면 거리가 우리에게는 더 좁았다."라는 서술은 물리적으로 넓은 공간인 거리에서는 '사내', '안', '나'가 함께할 수 있었으나, 거리보다 훨씬 좁은 공간인 여관에서는 오히려 세 사람이 각기 떨어져 있게 됨을 의미한다.

03   **④번이 답인 이유**

이 소설의 사회적 배경은 1960년 4월 19일에 일어난 반독재 민주주의 운동인 4·19 혁명이 일어난 이후이다. 혁명 이후 민주주의에 대한 시민들의 기대에도 불구하고 군사 정권이 들어서면서, 당시 사람들은 자유를 박탈당한 채 우울하고 단절된 인간관계 속에서 허무와 권태를 느꼈다. 이러한 사회적 분위기는 이 소설의 시간적 배경인 '겨울'의 춥고 차디찬 이미지를 통해 형상화되었다.

04~07 개념으로 작품 읽기   메밀꽃 필 무렵_ 이효석

시간·공간적 배경이 인물들의 심리와 작품의 분위기에 어떤 영향을 미치는지 살피며 읽어 보자.

해제 이 작품은 일생을 길 위에서 살아가는 장돌뱅이의 삶과 애환을 통해 인간의 근원적인 애정을 다루고 있다. 특히 이 소

설은 토속적인 어휘와 서정적이고도 낭만적인 묘사로 한국 근대 단편 소설의 백미로 평가되고 있다. 메밀꽃이 흐드러지게 핀 달밤의 산길을 배경으로 설정하여, 부자(父子) 상봉의 모티프를 한 폭의 수채화 속에 구현해 내고 있기 때문이다. 달밤은 단순한 배경이 아니라 작품의 서사 구조를 이끄는 기능을 한다. 허 생원이 옛 추억을 떠올리며 서사가 진행되는 것도 달밤이며, 허 생원과 성 서방네 처녀가 만나게 된 것도 달밤이었기 때문이다. 배경이 작품의 서사 진행과 긴밀한 연관을 맺고 있는 것이다.

이 작품의 중심 구조는 허 생원과 동이 사이의 갈등과 해소에 있다. 작가는 치밀하게 계산된 과거와 현재의 사건을 구조적으로 배치하고 적절한 공간적 배경과 향토적 어휘를 구사하면서 갈등을 해소하고 있는 것이다.

- 서술자는? 작품 밖 서술자 · 시점은? 전지적 작가 시점
- 인물은? 평생을 장돌뱅이 생활을 하면서 단 한 번의 낭만적인 추억을 소중하게 간직하고 살아가는 '나'와, 허 생원의 친자식으로 암시되는 '동이', 그리고 허 생원의 친구인 '조 선달'
- 상황은? 다음 장으로 이동하는 달밤에 허 생원이 지난 날 성 처녀와의 인연을 회상한 후, 이어지는 동이의 이야기를 통해 동이가 허 생원의 아들일지 모른다는 암시가 드러남.
- 상황에 대한 서술자(인물)의 태도는? 서술자는 인물의 내면을 직접적으로 서술하거나 사건의 전모를 밝히지 않고 관찰자로서 서술함. 이로써 독자에게 여운을 남김.
- 주제는? 떠돌이 삶의 애환과 혈연의 정

핵심 정리

| 배경 | · 시간: 1920년대 어느 여름날의 낮부터 밤까지
· 공간: 강원도 봉평에서 대화 장터로 가는 길

| 특징 |
- 전지적 서술자가 등장인물의 행동과 심리를 서술함.
- 서정적이며 시적인 문체를 구사하여 배경을 낭만적으로 묘사함.
- 암시와 여운을 남기는 결말 구성을 취함.

| 전체 줄거리 |

발단	장돌뱅이인 허 생원은 봉평 장에서 동이라는 장돌뱅이가 충줏집과 수작을 하는 것을 보고 화를 내며 쫓아 버린 뒤 바로 화해한다.
전개	다음 장터로 가는 길에 허 생원, 조 선달, 동이는 동행하게 되고, 허 생원은 오래 전 추억을 이야기한다. 〈수록 부분〉
절정	동이가 자신의 어머니 이야기를 하고, 동이 어머니의 친정이 봉평이라는 이야기를 들은 허 생원은 개울을 건너다가 물에 빠진다. 〈수록 부분〉
결말	허 생원은 동이의 등에 업혀 개울을 건넌 후, 동이가 자신과 같은 왼손잡이라는 점을 발견한다.

04
❸번이 답인 이유

이 소설은 '메밀꽃이 흐드러지게 핀 달밤의 산길'이라는 배경을 묘사하는 데에 중점을 두고 있다. ㉠이 묘사하는 배경은 사건이 일어난 시간과 공간에 대한 정보를 제공하는 배경의 기본적인 기능뿐만 아니라, 작품의 분위기 형성, 사건의 진행, 주제의 형성에 적극적으로 기여하고 있다. 하지만 이러한 배경 묘사가 허 생원이 추구하는 이상적인 삶을 형상화한 것은 아니다. 또한 이 글에서 허 생원

이 성 서방네 처녀와의 과거에 미련을 보이는 것은 추억을 간직하려 하는 소박한 행위로, 이를 이상적 추구하는 것이라 보는 것은 적절하지 않다.

오답 피하기

① 달밤은 허 생원이 과거의 어느 달밤에 겪었던 성 처녀와의 추억을 떠올리는 계기로 작용한다.
② 메밀꽃이 핀 달밤은 서정적이고 낭만적인 분위기를 형성하여 허 생원이 사랑이라는 인간 본연의 감정을 떠올리게 하는 데 영향을 미친다.
④ 메밀꽃이 핀 달밤이라는 낭만적인 배경은 독자가 허 생원의 추억을 더 아름답게 느낄 수 있게 한다.
⑤ 달빛이 비치는 메밀밭과 산길이 향토적 서정을 자아내고 있으며, 그러한 분위기 속에서 허 생원은 조 선달과 자신의 추억에 관해 대화를 나누고 또 동이와도 자연스럽게 대화를 나누게 된다.

05
❹번이 답인 이유

'이곳'은 고개이다. 고개를 지나려면 올라가고 내려가는 행위를 해야 하므로 고개를 지나가는 것은 '수직적' 이동이라고 표현할 수 있다. 허 생원은 고개를 넘으면서 미끄러지는 나귀와 차오르는 숨 때문에 '거듭 시련을 겪'는다. 고개를 넘은 후 허 생원이 이동한 '다음 공간'은 개울로, 여기서 허 생원은 동이와 대화를 나누면서 동이의 어머니가 성 서방네 처녀일지도 모른다는 생각을 하게 된다. 개울에서 허 생원은 자신이 정착할 유일한 이유("옛 처녀나 만나면 같이 살까……")인 성 서방네 처녀의 소식을 발견하므로, 개울은 '정착의 이유를 발견하게 되는' 공간이다.

06
❺번이 답인 이유

이 작품에서 길이라는 배경은 그 너비의 변화에 따라 허 생원과 동이의 거리를 조절하는 기능을 한다. ⓐ에서는 길이 좁아짐으로써, 허 생원이 조 선달에게 말한 성 서방네 처녀와의 추억을 동이가 듣지 못하게 된다. 이 때문에 동이는 허 생원과 자신의 관계를 짐작하지 못하고, 이는 독자에게 서사적 긴장감을 준다. 한편 허 생원과 조 선달의 대화가 끝날 무렵에는 길이 넓어져 동이와 허 생원이 나란히 걸으면서 두 사람이 대화를 나누게 된다.

07
❹번이 답인 이유

허 생원은 동이 어머니가 성 서방네 처녀일지 모른다는 기대로 동이 어머니의 고향과 동이 아버지의 성에 대해 꼬치꼬치 캐묻는 것이다. 따라서 허 생원이 '제천', '봉평'이라는 지명을 낯설어하여 탐정식 질문을 한다고 볼 수 없다.

꿈엔들 잊힐리야 수능 다가가기 p.190~195

01 ① 02 ⑤ 03 ④ 04 ⑤ 05 ② 06 ⑤

줄거리 요약 [191쪽] ❶ 물 ❷ 배신감 ❸ 출근 ❹ 수위 ❺ 배신감
❻ 양심
[194쪽] ❶ 고무신짝 ❷ 미심 ❸ 액땜 ❹ 큰 산 ❺ 공포감

작품 분석하기

[191쪽]

시점	서술자가 작품 안에 등장하여 아버지의 행동과 그에 대한 자신의 내면을 솔직하게 서술하는 1인칭 주인공 시점		
주요 상황	물을 무서워하는 '나'를 아버지가 물에 빠뜨림.	아버지가 쪼오다와 생쥐 같은 사내들에게 '경례'을 함.	고등학생이 되어 아버지가 많이 늙으심.
태도와 반응 / 나	• 지독한 배신감을 느낌. • 충격과 분노로 수영을 배움.	고독감을 느끼고 지독한 앙심을 품음.	앙심은 사라지고, 연민만 남음.
태도와 반응 / 아버지	허리를 비틀고 낄낄대고 웃음.	별안간 낄낄대며 지독한 웃음을 웃음.	

[194쪽]

시점	서술자가 작품 안에 등장하여 고무신짝과 관련한 사건과 자신의 내면을 솔직하게 서술하는 1인칭 주인공 시점		
상황	아내가 고무신짝을 이웃집 담장으로 버림.	눈이 내림.	고무신짝이 다시 돌아옴.
태도와 반응 / 나	아내가 고무신짝을 아무 집 담장으로 버렸으리라 추측함.	고향의 큰 산이 떠오른 것을 애써 지워 버리려 함.	공포를 느낌.
태도와 반응 / 아내	'나'에게 아무 내색을 하지 않음.	즐거워함.	공포를 느낌.

01~03

2015학년도 6월 고2 학력평가

박완서, 〈배반의 여름〉

주제 우상의 배반을 통한 성장기 소년의 자아 성장

해제 이 작품은 주인공 '나'가 더운 여름날 겪었던 배반의 에피소드 세 가지를 회상의 형식으로 그리고 있다. 제시문은 아버지에게 가졌던 '나'의 기대와 믿음이 무너지는 두 번의 사건을 보여 주고 있는데, 어린 '나'는 이러한 배반을 경험한 순간 큰 충격을 받지만 아버지에 대한 오해와 앙심이 풀리면서 내적 성장을 이루어 나간다. 이 작품은 만물이 성장하는 시기인 여름과 소년의 성장이 대응되어 작품의 구조적 완결성을 높이고 있다.

전체 줄거리

발단	누이의 죽음 이후 물을 무서워하는 '나'를 아버지가 풀장에 빠뜨린다. 이를 계기로 수영을 배우고, 아버지를 이해하게 된다. 〈수록 부분〉
전개	우상이었던 아버지의 직업이 수위라는 것을 알게 된다. 〈수록 부분〉
위기	아버지의 직업에 충격을 받지만, 아버지를 이해하고 사랑하게 된다.
절정	고등학생이 되어 새로운 우상으로 전구라를 섬기는 나에게 아버지는 그의 일화를 들려준다.
결말	전구라의 실상을 알게 된 '나'는 '나'의 남자다움을 키우겠다고 다짐한다.

특징

• 회상 형식을 통해 우상의 배반으로 내적 성장을 이루는 과정을 보여 줌.
• 다 알게 된 사실을 모르는 척하여 독자의 상상력을 이끌어 냄.
• 기대하는 바와 어긋나는 결과가 반복하여 나타나면서 극적 반전을 유도함.

---

01 서술상 특징 | 정답 ① | 정답률 76%

❶번이 답인 이유

① 서술자가 등장인물과 상황에 대한 반응을 직접 드러내고 있다.

➡ 이 소설은 '나'가 자신의 이야기를 서술하는 1인칭 주인공 시점이다. 등장인물이면서 서술자인 '나'는 "순간 아버지가 나를 물에 빠뜨려 죽이려 했구나 하고 생각했다.", "넥타이 맨 생쥐 같은 사내들은 ~ 아버지의 존재를 강렬하게 의식하고 있다는 걸 나는 알 수가 있었다." 등의 부분에서 등장인물과 상황에 대한 반응을 직접 드러내고 있다.

오답 풀이

② 시대적 상황 묘사를 통하여 / 현실을 비판적으로 드러내고 있다.

➡ 이 글에서 시대적 상황을 묘사한 부분은 찾을 수가 없고, 또한 현실을 비판적으로 드러내고 있지 않다.

③ 동일한 사건을 여러 인물의 관점에서 / 다양하게 해석하고 있다.
(두 인물 이상의 시각에서)

➡ 이 작품은 1인칭 주인공 시점으로 서술자인 '나'의 일관된 관점으로 서술된다.

④ 과거와 현재를 교차시켜 / 사건에 입체감을 부여하고 있다.

➡ 이 작품은 과거를 회상하는 형식으로 되어 있지만, 현재의 장면은 제시되지 않기 때문에 과거와 현재를 교차시켰다는 진술은 적절하지 않다.

⑤ 사건을 객관적으로 서술함으로써 / 사실성을 높이고 있다.

➡ 비속어나 구어체를 사용하여 사실성을 높이고 있지만, 이 글은 1인칭 주인공 시점으로 '나'의 입장에서 개인적이고 주관적으로 서술하고 있다.

개념의 좌표 찾기

• 과거와 현재의 교차(→163쪽)　　　• 입체감(→163쪽)
• 사건의 객관적 서술(→116쪽)
• 사실성

소설은 허구의 이야기이지만 그 이야기의 전개 과정이 현실에서도 충분히 일어날 법한 것이어야 독자를 이야기 속으로 끌어들일 수 있다. 이에 작가는 여러 가지 방법으로 이야기의 사실성을 높이려 한다. 대상에 거리를 두고 사건을 객관적으로 서술하는 것은 사실성을 높이는 한 방법이다.

---

02 외적 준거 활용 | 정답 ⑤ | 정답률 73%

보기

이 작품은 '기대–배반–성장'의 이야기 구조가 반복되고 있다. 주인공은 세계에 대한 인식이 성숙하지 못한 소년으로, 아버지에 대해 기대와 믿음을 지니고 있다. 그러나 그것이 무너져 내리는 배반을 경험한다. 하지만 차츰 아버지에 대한 오해와 앙심이 풀리면서 내적 성장을 이루게 된다.

❺번이 답인 이유

⑤ ⓔ은 '아버지'의 웃음소리의 의미를 알게 됨으로써 '나'의 내적 성장이 이루어짐을 보여 주는군.

➡ 〈보기〉에서 내적 성장은 아버지에 대한 오해와 앙심이 풀리면서

이루어진다고 설명하고 있다. ⓐ은 아버지에 대한 기대가 무너
지는 배반의 경험이므로 내적 성장이 이루어진다고 볼 수 없다.

오답 풀이

① ㉠에서 물을 무서워하는 '나'는 '아버지'가 자신을 지켜줄 것이라 기
대하고 있군.

➡ 〈보기〉에서 주인공은 성숙하지 못한 소년으로 아버지에 대해
기대와 믿음을 지니고 있다고 한다. ㉠에서 "아버지와 같이라
면 풀도 조금쯤은 덜 무서웠다."라고 생각하는 장면에서 아버지
에 대한 기대와 믿음을 확인할 수 있다.

② ㉡은 '나'가 '아버지'의 행동으로 기대와 믿음이 깨어지자 보인 반응
이군.

➡ 〈보기〉에서 아버지에 대한 기대와 믿음이 무너져 내리는 배반
을 경험한다고 한다. ㉡에서 믿었던 아버지가 '나'를 죽이려고
한다고 생각하는 데서 아버지로부터 배반을 경험한 나의 반응
을 확인할 수 있다.

③ ㉢에서 '아버지'에게 느낀 배반감이 '나'를 성장하게 만드는 계기로
작용하는군.

➡ 〈보기〉에서 배반을 경험하고, 오해와 앙심이 풀리면서 내적 성
장을 이룬다고 진술한다. ㉢에서는 배반감에서 비롯된 분노로
수영을 배우고, 물에 대한 공포감에서 벗어나게 된다. 그러면서
아버지에 대한 오해와 앙심이 풀리고 내적 성장을 이루게 된다.

④ ㉣은 '아버지'의 사회적 지위를 확인해 줄 실체를 찾으려는 기대에서
나온 행동이군.

➡ 〈보기〉에서 주인공은 아버지에 대해 기대와 믿음을 지니고 있
다고 진술한다. ㉣에서 아버지의 사회적 지위에 대한 기대로 아
버지의 시중꾼을 찾는 '나'의 모습에서 확인할 수 있다.

---

03 표현상 특징과 효과 정답 ④ 정답률 **82%**

💬 **④**번이 답인 이유

④ [A]는 새로운 공간이, [B]는 새로운 인물의 등장이 인물의 심리 변화
를 유발한다.

➡ [A]에서 '나'는 무지무지하게 높은 집만 있는 동네에서 사람이
너무 많아 여기서 아버지를 잃으면 생전 못 찾을 것 같다는 생
각에 아버지를 따라 나온 것을 후회한다. 또, [B]에서 '나'는 쪼
오다의 등장으로 아버지의 처지를 확인하고 충격을 받는다. 결
국 [A]는 '동네'라는 공간이, [B]는 '쪼오다'라는 인물이 '나'의
심리를 변화시킨다.

오답 풀이

① [A], [B] 모두 현재형 진술을 통해 긴박감을 조성한다.
　　　　　현재 시제 선어말 어미를 사용

➡ [A], [B] 모두 과거 시제 선어말 어미 '−었/았−'을 사용하여 과
거형으로 진술하고 있다.

② [A], [B] 모두 배경 묘사를 통해 앞으로 일어날 사건을 암시한다.

➡ [A], [B] 모두 배경 묘사가 나타나지 않고, 미래 사건에 대한 암
시 역시 나타나지 않고 있다.

---

③ [A]에는 인물의 내적 갈등이, [B]에는 인물 간의 갈등이 드러난다.

➡ [A]에서는 '나'의 불안이라는 내적 갈등이 드러나지만, [B]에서
는 아버지의 행위를 제시할 뿐 인물 간의 갈등은 드러나지 않고
있다.

⑤ [A]에서는 직접적 제시를 통해, [B]에서는 간접적 제시를 통해 인물
　　　　　　서술자의 서술　　　　　　　　　인물의 대화와 행동
의 성격을 드러낸다.

➡ [B]는 아버지의 행동을 통해 아버지의 성격이 간접적으로 제시
되고 있으나, [A]는 서술자가 인물의 성격을 직접적으로 제시하
지 않고 있다.

📍 개념의 좌표 찾기

• 현재형 진술(→147쪽)
• 긴박감: '매우 다급하고 절박한 느낌'을 뜻한다.
• 직접적 제시(→133쪽)　　　• 간접적 제시(→133쪽)

04~06　　　　　　　　　　　　　2018학년도 6월 평가원

이호철, 〈큰 산〉

주제 현대인의 이기적인 태도 비판
해제 액운을 환기하는 고무신짝을 남의 집 담장 너머로 던져 버리는 마
을 사람들의 행위를 통해 현대인들의 소시민적이고 이기적인 태도를 비판하고 있
는 작품이다. '나'는 이러한 태도의 원인을 그들이 공동체의 질서와 균형을 잡
아 주는 근원적인 힘, 즉 '큰 산'을 잃어버렸기 때문이라고 생각하고 '큰 산'의
부재에 대한 상실감을 드러내고 있다. 이는 조화의 질서와 윤리성의 회복을
위해서는 마음의 근원이 되는 '큰 산'이 필요하다는 작가의 의식이 반영된 것
이다.

전체 줄거리

발단	첫눈이 내린 날 아침에 대문 옆 담에 '고무신짝'이 있는 것을 발견하고 께름칙함을 느낀다.
전개	어릴 적 '큰 산'을 회상하고, '큰 산'이 없음을 안타까워한다.
위기·절정	아내가 다른 집 담장으로 던진 '고무신짝'이 마당에 있는 것을 보고 공포감을 느낀다.
결말	아내가 신문지에 싼 신발을 갖다 버리고 다소 홀가분해진 마음으로 돌아오고, 이에 대해 언급하지 않는다.

특징

• 상징적 소재로 주제 의식을 드러냄.
• 회상 구조를 통해 현재와 과거가 긴밀하게 연결됨.
• 대상에서 느낀 서술자의 개인적 체험과 인식이 사회적 의미로 확장됨.

04 서술상 특징 　정답 ⑤ | 정답률 72%

⑤번이 답인 이유

⑤ 추측을 포함한 요약적 진술로 사건의 경과를 드러내어 / 현재 상황에 대한 이해를 돕고 있다.

➡ "그리하여 어두울 무렵에 혼자 나갔을 것이다. ~ 그렇게 그쯤으로 액땜을 했다고 자처해 버렸을 것이다."와 같은 추측을 포함한 요약적 진술을 통해 지난 사건의 경과를 드러내어 현재 아내와 '나'의 상황에 대한 이해를 돕고 있다.

오답 풀이

① 다른 장소에서 동시에 벌어진 사건을 병치하여 / 서사의 진행을 지
　　　　　　　　　　나란히 배치　　　　　　　더디게 하고
연시키고 있다.

➡ 이 작품은 열흘 전과 열흘 후의 사건을 시간 순서에 따라 서술한 것이지 동시에 벌어진 사건을 나란히 배치한 것이 아니다. 또한 '나'의 상념으로 인한 서사의 지연이 일어나지만, 사건을 병치하여 서사가 지연되는 것은 아니다.

② 작중 인물이 아닌 서술자가 등장하여 / 인물 간의 갈등을 새 국면으
　　　　　　　3인칭 서술자
로 이끌고 있다.

➡ 이 소설은 1인칭 주인공 시점으로, 작중 인물이 아닌 서술자가 등장하지 않는다. 또한 인물 간의 갈등도 드러나지 않았다.

③ 연상을 통해 새로운 공간을 제시하여 / 시대 상황의 이념적 성격을
대상에서 다른 사건이나 사물을 떠올리는 것
구체화하고 있다.

➡ '나'는 고향의 큰 산을 떠올리지만 이내 지워 버린다. 그러므로 연상을 통해 새로운 공간을 제시하고 있다고 할 수 없으며, 시대 상황의 이념적 성격과도 거리가 멀다.

④ 사건에 개입되지 않은 이의 객관적 관점을 통해 / 인물의 위선적 면모를 표면화하고 있다.

➡ 이 소설은 1인칭 주인공 시점으로, '나'는 고무신짝과 관련된 사건에 개입되어 있으며 개인적이고 주관적인 관점을 드러낸다. 따라서 사건에 개입되지 않은 이의 객관적 관점이라는 진술은 적절하지 않다.

개념의 좌표 찾기

· 사건의 병치(→164쪽)　　　· 서사 진행 지연(→130, 131쪽)
· 작중 인물이 아닌 서술자(→114~116쪽)
· 연상: 어떤 대상에서 다른 사건이나 사물을 떠올리는 것.
· 객관적 관점
　자기와의 관계에서 벗어나 제삼자의 입장에서 사건이나 대상을 바라보는 관점을 말한다. 서술자가 서술하고자 하는 사건에 개입되지 않거나, 서술하고자 하는 대상과 거리를 멀리할수록 객관적인 관점에서 서술할 수 있다.
· 요약적 진술(→130쪽)

05 소재·배경의 의미와 기능 　정답 ② | 정답률 71%

②번이 답인 이유

② 눈 내린 겨울 아침의 밝은 분위기가 '나'와 '아내'의 불안감으로 인해 음산한 분위기로 바뀐다.

➡ 아내는 전날 고무신을 아무 집 담장 너머로 휙 던져 버렸다. 이로써 느끼는 개운하고 즐거운 기분이 '눈 내린 겨울' 아침의 맑고 밝은 분위기로 이어지고 있다. 그러나 담 밑 고무신짝을 발견한 이후부터 '아내'와 '나'는 공포감을 느끼고 있다.

오답 풀이

① 눈 내린 겨울 아침의 활짝 갠 하늘을 보고 '나'는 '아내'의 자존심을 세워 주겠다고 다짐한다.

➡ '나'는 눈 내린 풍경을 보고 기뻐하는 아내에게 무뚝뚝하게 대답하고 있다. 또한 '아내'의 자존심을 세워 주겠다고 다짐하는 내용은 나오지 않는다.

③ 눈 내린 겨울 아침에 '나'와 '아내'는 '열흘쯤 전의' 일에 대한 대화를 나누며 상실감에 젖는다.

➡ '나'와 '아내'는 '열흘쯤 전' 고무신짝이 담 안으로 날아든 일을 '없었던 셈'으로 치고 서로 언급하지 않고 있다. 따라서 '열흘쯤 전'의 일에 대해 대화를 나누고 상실감에 젖는다는 진술은 적절하지 않다.

④ 눈 내린 겨울 아침에 '아내'는 감정에 들떠 한때 '나'에 대해 가졌던 '미심한 느낌'을 떨쳐 버린다.

➡ '아내'는 '열흘쯤 전'에 고무신짝이 담 안으로 날아든 일에 대해 미심함을 느꼈을 뿐, '나'에게 미심한 느낌을 가지지는 않았다.

⑤ 눈 내린 겨울 아침에 '나'는 '고향의 그 큰 산'에서 겪은 일에 대한 기억을 낱낱이 되살리려 애쓴다.

➡ "나는 문득 고향의 그 큰 산이 떠오르려고 하는 것을 머리를 설레설레 흔들어 지워 버렸다."라고 서술했으므로 큰 산에 대한 기억을 낱낱이 되살리려 애쓴다는 진술은 적절하지 않다.

데, 이는 '나'가 "나는 합리적인 사람이니까 이치에 닿지 않는 소린 싫거든."이라고 말하는 부분과 마당에 있는 고무신짝을 보고 공포를 느끼는 모습에서 확인할 수 있다.

06 외적 준거 활용 | 정답 ⑤ | 정답률 79%

┤ 보기 ├

〈큰 산〉에는 도시화로 인한 가치관의 변화와 과도기적 상황
_{도시에 살면서도 아직은 합리적 사고방식에 익숙하지 않아 미신을 믿는 아내}
이 드러난다. 도시화 과정에서 도시인들은 공동체의 이익보다
개인의 이익을 중시하고, 남을 배려하기보다 자신의 안위를 보
_{고무신짝을 이웃집에 던져 버림.}
장받는 데 더 관심을 둔다. 또한 미신과 같은 주술적인 사고방
_{고무신짝에 의미를 부여하고, 되돌아온 고무신짝을 보고 공포를 느낌.}
식이 남아 있는가 하면 합리적인 사고방식으로 사태에 대처하
_{'나'는 합리적인 성격의 인물임.}
려는 태도를 보이기도 한다. 이렇듯 상이한 가치관 사이에서
_{'나'는 자신이 합리적 사고방식을 지녔다고 생각하지만}
사람들은 혼란을 겪는다.
_{고무신짝이 되돌아온 것에 두려움을 느낌.}

❺번이 답인 이유

⑤ 스스로 '합리적인 사람'이라고 강조하는 '나'에게 '아내'가 '장난스러운 표정'으로 응대하는 대화 내용에서, 합리적 자세로 남을 배려하는 새로운 가치관의 면모를 확인할 수 있겠군.

➡ 스스로 '합리적인 사람'이라고 강조하는 '나'에게 '아내'가 '장난스러운 표정'으로 응대하는 대화 내용에 합리적인 자세로 남을 배려하는 모습은 나와 있지 않다. 다만 아침의 밝고 경쾌한 분위기를 나타낼 뿐이다. 또 〈보기〉는 가치관이 변화하는 과도기적 상황을 설명한 것이지 새로운 가치관에 대해 설명한 것이 아니다.

오답 풀이

① '고무신짝의 논리'가 '액땜'과 연관되어 있다는 점에서 주술적인 방식으로 문제를 인식하는 태도를 엿볼 수 있겠군.

➡ 〈보기〉에서 도시화 과정에서 도시인에게 미신과 같은 주술적인 사고방식이 남아 있다고 했다. 이는 '액운'으로 여겨지는 고무신짝을 불길하게 여기고 '고무신짝의 논리 속에 흠뻑' 빠져 '아무 집이건 담장 너머'로 던지면서 '액땜'을 했다고 여기는 '아내'의 행동에서 확인할 수 있다.

② '아내'가 '아무 집이건 담장 너머로' '고무신짝'을 던져 버렸다는 점에서 자신의 안위를 앞세우는 태도를 엿볼 수 있겠군.

➡ 〈보기〉에서 도시인들은 배려하기보다 자신의 안위를 보장받는 데 더 관심을 둔다고 한다. 이는 액운을 상징하는 고무신짝을 남의 집 담장 너머로 던져 버리는 이기적인 행동을 통해 확인할 수 있다.

③ '아내'가 '완연히 떨고 있'는 목소리로 무엇인가를 염려하는 듯한 모습에서, 사태를 합리적 방식으로 파악하는 데 익숙하지 않은 과도기적 상황을 엿볼 수 있겠군.

➡ 〈보기〉에서는 합리적인 사고방식과 주술적인 사고방식 사이에서 혼란을 겪는 과도기적 상황을 언급한다. 이는 버린 고무신짝을 다시 발견했을 때, 합리적인 사고방식이 아닌 주술적인 사고방식으로 받아들이고 공포감을 느끼는 '나'와 '아내'의 모습에서 확인할 수 있다.

④ '나'가 '이치에 닿지 않는 소린 싫'다고 하면서도 '남자 고무신짝'에 대해서는 '공포'를 느끼며 합리적으로 사고하지 못한다는 설정에서, 가치관이 혼재된 상황을 짐작할 수 있겠군.

➡ 〈보기〉에서 상이한 가치관 즉, 합리적인 사고방식과 주술적인 사고방식 사이에서 사람들이 혼란을 겪는다고 언급하고 있는

Ⅳ. 고전 소설

01 고전 소설의 개념과 특징

사뿐히 즈려밟는 확인 문제　　　　**p.202~205**

☑ **바로바로 간단 체크** **1** (1) 전형적 (2) 이원적 (3) 우연성
2 (1) ○ (2) ✕　　　　**3** ㉠ 고귀한 ㉡ 능력 ㉢ 조력자

01 ② **02** ③ **03** 팔선녀 **04** ⑤ **05** ② **06** ②

01~02 개념으로 작품 읽기　　　　**이생규장전_ 김시습**

'우연성'과 '전기성'이 드러나는 작품을 읽으며 고전 소설의 특징을 파악해 보자.

해제 이 작품은 죽음을 초월한 남녀 간의 지극한 사랑을 다루고 있다. 작품의 전반부에서는 당시 유교 사회에서는 인정받기 어려운 이생과 최랑의 자유연애가 등장한다. 두 사람은 관습을 과감하게 깨뜨리는 사랑을 하지만 홍건적의 난으로 최랑이 죽고 만다. 두 사람의 사랑은 최랑의 환생이라는 비현실적 사건을 통해 다시 이루어지는데, 이는 비극적 현실을 환상으로 극복하고자 하는 작가의 현실 극복 의지가 드러난 것이다.

- **서술자는?** 작품 밖의 서술자　**시점은?** 전지적 작가 시점
- **인물은?** 시문에 능하고 수려한 외모를 지닌 선비 '이생', 홍건적의 위협에도 절개를 지킨 '최랑'
- **상황은?** 이생과 결혼한 최 씨(최랑)는 홍건적의 난을 당해 정조를 지키려다 죽게 됨. 죽은 아내(최 씨)의 환신이 돌아오고, 이생은 그녀가 환신임을 알면서도 함께 살기로 함.
- **주제는?** 죽음을 초월한 남녀 간의 애절한 사랑

핵심 정리

- **갈래:** 한문 소설, 애정 소설, 전기(傳奇) 소설
- **형식상 특징:** 현실 속 인물이 환생한 존재와 사랑을 나누는 이야기를 다룸.
- **의의:** 최초의 한문 소설, 조선 시대 소설 발달에 큰 영향을 줌.
- | **배경** | • **시간:** 고려 말(공민왕) 홍건적의 난 때
　　　　　 • **공간:** 조선 황해도 송도(개성) 선죽리
- | **특징** |
- 인물과 현실 세계가 팽팽하게 긴장 관계를 유지하며 갈등을 드러냄.
- 인간 욕망의 성취라는 인간적이고 현실적인 소망을 잘 반영함.
- 작가의 진보적 애정관이 드러남.
- 우리나라를 배경으로 우리나라 사람을 등장시킨 점에서 자주 의식이 드러남.
- 시를 삽입하여 등장인물의 심리를 효과적으로 전달함.

| 전체 줄거리 |

발단	이생은 어느 봄날 서당에 다녀오다가 우연히 담 너머로 최 씨 집 안의 아름다운 처녀 최랑을 보게 된다.
전개	사랑에 빠진 두 사람은 시를 주고받는데, 이생의 부모가 이를 눈치채고 둘을 헤어지게 한다. 최랑이 상사병에 걸리자 최랑의 부모는 이생의 부모를 설득하여 두 사람을 혼인시킨다.
위기	홍건적의 난이 일어나고, 이생은 간신히 목숨을 보전했으나 최랑은 정조를 지키다가 홍건적의 손에 죽게 된다.

절정	이생이 가족의 생사를 알 수 없어 슬퍼하던 중, 최랑이 환생하여 돌아오고 이생은 그녀가 이미 죽은 줄 알면서도 삼 년 동안 행복하게 산다. 〈수록 부분〉
결말	최랑은 자신의 유골을 거두어 장사 지내 줄 것을 부탁하며 이생에게 영원한 이별을 고한다. 이생은 아내의 유언에 따라 장사를 지내 주고, 아내를 그리워하다 병들어 죽는다.

01　　　　📋 ❷번이 답인 이유

아내가 환생하는 것에서 고전 소설의 전기성(傳奇性)이 드러나지만 아내를 천상의 인물이라고 볼 수 없으며, 아내가 적강을 했다고도 할 수 없다.

오답 피하기

① 이미 죽은 아내가 환생하여 이생과 만나는 것은 비현실적인 일이므로, 전기성(傳奇性)이 드러나는 장면이다.

③ 이생은 아내가 이승에 없는 사람임을 알고도 너무나 사랑하는 마음에 함께 살기로 한다. 이러한 이생의 태도에서 '남녀 간의 애절한 사랑'이라는 주제 의식이 드러난다.

④ 평면적 인물은 이야기가 진행되는 과정에서 성격이 변하지 않는 인물을 말한다. 이생은 아내가 이승에 없는 사람임을 알고도 변함없이 아내를 사랑하므로 '평면적 인물'로 볼 수 있다.

⑤ 이생은 죽은 아내와 빈집에서 우연히 만나고 있다.

02　　　　📋 ❸번이 답인 이유

이생의 아내인 최랑이 도적을 만나 남편과 헤어지고, 사망하여 해골이 흩어진 상황을 가장 적절하게 표현한 시는 ③이다.

오답 피하기

① 윤선도의 연시조 〈만흥(漫興)〉의 제3수로, '뫼(산)'가 그리워하던 임보다 더 반갑다고 하는 자연 친화적 태도가 두드러지는 작품이다.

② 황진이의 시조로, 자신과 떨어져 있는 임을 기다리는 마음을 표현한 작품이다.

④ 월산 대군의 시조로, 가을 강에 낚시를 하러 가서 빈 배에 달빛을 싣고 돌아온다는 점에서 욕심 없는 삶의 태도를 엿볼 수 있는 작품이다.

⑤ 사랑이 이루어짐에 대한 기쁨이 드러나는 작품이다. ③과 함께 〈이생규장전〉에 삽입된 시이다.

03~04 개념으로 작품 읽기　　　　**구운몽_ 김만중**

이원적 구성과 환몽 구조로 이루어진 작품을 읽으며 고전 소설의 특징을 파악해 보자.

해제 이 작품은 '현실 → 꿈 → 현실'의 환몽 구조로 세속적 욕망이 꿈속의 일처럼 허망한 것임을 말하는 소설이다. 또한 환몽의 전환 과정이나 남녀의 만남 과정을 실감 나게 서술하여 독자를 사로잡고 있으며, 등장인물이 각각의 개성을 갖추도록 설정하고, 우아하고 품위 있는 문체로 배경과 인물의 심리를 세밀하게 묘사하였다.

- **서술자는?** 작품 밖의 서술자　　・**시점은?** 전지적 작가 시점
- **인물은?** 세속의 부귀영화를 탐내다가 인간 세계로 추방되는 '성진', 가르침을 주기 위해 성진을 인간 세계로 내쫓아 부귀영화의 덧없음을 알려 주는 '육관 대사'
- **상황은?** 성진이 불교의 가르침을 잊은 채 술을 마시고 팔선녀와 놀았던 일 때문에 인간 세계로 쫓겨나게 됨.
- **주제는?** 인생무상의 깨달음을 통한 허무의 극복

[핵심 정리]
- **갈래:** 국문 소설, 애정 소설, 영웅 소설, 환몽 소설, 액자 소설
- **형식상 특징:** 환몽 구조를 액자식으로 구성함.
- **의의:** '현실-꿈-현실'의 구조를 완벽하게 장편 소설로 그려 내 후대의 소설에 영향을 미침.
- **연대:** 조선 숙종 15년(1689) 남해 유배 시절(작가 53세)
- | 배경 | ・**시간:** 중국 당나라 때
　　　　・**공간:** 남악 형산의 연화봉(현실:천상계), 당나라 서울과 중국 일대의 변방(꿈:지상계)
- | 사상적 배경 |
- **유교적 사상:** 입신양명, 부귀공명(당시 양반 사회의 이상적 인생관)
- **도교적 사상:** 작품의 비현실적 내용을 이루는 신선 사상(선녀와 용왕 등)
- **불교적 사상:** 핵심적 주제를 이루는 사상 → 공(空) 사상
- | 특징 |
- '현실 → 꿈 → 현실'의 이원적 환몽 구조를 지닌 일대기 형식임.
- 유교, 불교, 도교 사상이 나타나며 불교의 공(空) 사상이 중심임.
- 설화 '조신의 꿈'의 영향을 받음.
- | 전체 줄거리 |

발단	성진이 세속의 부귀영화를 탐내다가 육관 대사에 의해 인간 세계로 추방된다. 〈수록 부분〉
전개	성진은 인간 세계에서 양소유로 환생하고, 성진과 마찬가지로 인간 세상에 환생한 팔선녀와 차례로 인연을 맺는다.
위기	두 부인과 여섯 첩을 거느린 양소유는 입신양명하여 벼슬이 승상에 이르는 등 부귀영화를 누린다.
절정	양소유는 두 부인과 여섯 첩을 거느리고 뒷동산에 올랐다가 문득 인생의 허무함을 느낀다. 이때 한 도승이 그를 꿈에서 깨운다.
결말	깨달음을 얻은 성진은 잘못을 뉘우치고 불교에 다시 귀의하고, 팔선녀도 불교에 귀의하기를 청한다. 이후 아홉 사람은 불도를 열심히 닦아 모두 극락세계로 들어간다.

03

성진은 팔선녀를 만나고 온 후 그들을 그리워하여 사사로운 마음이 일어나고 있다.

04　　　　　　　　　　🗐 ❺번이 답인 이유

성진이 풍도로 쫓겨나는 것은 불교의 가르침을 어기고 인간의 욕망에 관심을 두었기 때문이다. 따라서 해당 부분에는 인물의 영웅적 모습이 드러나지 않으므로 인물이 영웅의 일대기를 따른다고 볼 수 없다. 영웅의 일대기가 드러나는 부분은 성진이 인간 세계에서 출세하여 부귀영화를 누리는 꿈속에서의 이야기이다.

[오답 피하기]
① 대사가 황건 역사를 부르자 공중에서 신장이 내려오는 장면에서 대사가 초월적 인물임을 알 수 있다.
② "성진이 머리를 조아리고 울며 가로되" 등의 서술에서 일상 대

화에서 쓰이지 않는 말투인 문어체가 쓰였음을 알 수 있다.
③ 작품의 배경인 연화도량은 천상계로서 현실을 초월한 공간이다.
④ '뒷부분 줄거리'에서 알 수 있는 내용이다.

[05~06 개념으로 작품 읽기]　　　　　　　　　홍길동전_허균

영웅의 일대기를 다룬 영웅 소설을 읽으며 고전 소설의 특징을 파악해 보자.

[해제] 이 작품은 영웅의 일대기적 구성으로, 적서 차별의 한을 지닌 길동이 자신의 앞에 놓인 문제들을 해결하고 과업을 성취하는 내용을 그리고 있다. 호부호형을 하지 못한 길동은 집을 떠나게 되고 이후 도적들의 수령이 되어 탐관오리들의 재물을 빼앗아 백성을 돕는다. 이는 이 작품이 양반 가정의 모순, 적서 차별의 불합리, 탐관오리의 백성 수탈 등을 폭로하는 소설임을 보여 주는 것이다. 이 과정에서 홍길동은 다양한 초월적 능력을 보여 주면서 영웅적 자질을 드러내게 된다. 또한 율도국 경영을 통해 작가가 추구하는 이상적인 세계, 정치 체제를 엿볼 수 있기도 하다.

- **서술자는?** 작품 밖의 서술자　　・**시점은?** 전지적 작가 시점
- **인물은?** 조선의 '임금', 서자로 태어나 활빈당 활동을 벌이다가 병조 판서가 된 '홍길동', 길동의 이복 형 '홍인형', 길동의 모친 '춘섬', 길동에게 항복하는 '율도국의 왕'
- **상황은?** 병조 판서로 임명된 길동이 조선을 떠나기 전 왕에게 자신의 사연을 말하고 인사를 올림, 길동의 아버지 홍 판서가 죽자 길동은 아버지의 장례를 치른 후 율도국을 공격해 율도국의 왕이 됨.
- **상황에 대한 서술자(인물)의 태도는?** 길동이 율도국의 왕이 되어 삼 년만에 태평세계를 만들었다고 서술함, 길동에 대한 긍정적 태도가 보임.
- **주제는?** ① 적서 차별 제도에 대한 길동의 저항
　　　　　② 불합리한 사회 제도의 개혁과 이상국의 건설

[핵심 정리]
- **갈래:** 한글 소설, 영웅 소설
- **형식상 특징:** 영웅의 일대기적 구성으로 시간의 흐름에 따라 사건이 전개됨.
- **의의:** 최초의 한글 소설, 조선 시대 적서 차별 제도에 대한 비판 의식이 두드러짐.
- **연대:** 조선 광해군(1618년)
- | 배경 | ・**시간:** 조선 시대　　　　　・**공간:** 한양, 율도국
- | 특징 |
- 사회 제도의 불합리성을 비판함.
- 영웅의 일대기적 구성이 드러나며 전기적 요소가 강함.
- | 전체 줄거리 |

발단	길동은 서자라는 이유로 차별을 받는 것을 서러워하던 중, 홍 판서의 첩 초란이 자신을 해치려 하자 집을 떠난다.
전개	길동은 도적의 무리를 만나 그들의 우두머리가 되고, 무리의 이름을 '활빈당'이라고 짓는다.
위기	길동이 전국을 돌아다니며 탐관오리를 벌하고 가난한 백성을 구제하자, 임금은 길동을 잡아들일 것을 명령한다.
절정	길동을 잡는 데 실패한 임금은 길동을 병조 판서로 임명하고, 길동은 활빈당 무리를 이끌고 조선을 떠난다. 〈수록 부분〉
결말	율도국의 왕이 된 길동은 태평성대를 누린다. 〈수록 부분〉

05

❷번이 답인 이유

길동이 보낸 격서에 항복하는 사람은 율도국 태수가 아니라 율도왕이다. 율도국 태수 김현충은 길동에게 대항하여 싸우다가 죽는다.

오답 피하기

① 서자라는 이유로 벼슬이 막혔던 길동은 율도국을 차지하고 왕이 되는 것으로 자신의 욕망을 성취하였다.
③ 길동이 하늘에서 내려오자 임금이 그를 선동으로 오해하는 장면은 비현실적이므로 전기성이 드러난 부분이다.
④ 길동은 스스로 선봉장이 되어 율도국을 공격했으며 율도국 태수 김현충을 한칼에 죽이고 율도국을 차지하였다. 이 부분에서 길동의 영웅성이 부각된다.
⑤ 홍 판서가 죽은 이후 상주를 맡은 인형은 길동에게 '아우'라는 호칭을 쓰고 있다. 길동은 춘섬과의 대화에서 홍 판서를 '부친'이라 칭하고 있다.

06

❷번이 답인 이유

'임금'은 길동의 재주가 비범하여 칭찬하는 것이지, 당대 사회 제도가 부당하다는 것에 공감하기 때문에 길동을 칭찬하는 것이 아니다.

오답 피하기

① 길동이 벼슬하지 못하는 것은 '시비' 신분인 어머니 '춘섬'에게서 서자로 태어났기 때문이다.
③ 길동은 병조 판서 벼슬을 받자 서자라는 신분의 한계를 극복하려고 했던 자신의 행적을 '죄'라고 칭하며, '소원'을 풀었다고 말한다. 〈보기〉를 참고할 때 이는 길동이 병조 판서라는 개인적 욕망을 성취한 뒤 사회 부조리와 타협하는 모습으로 볼 수 있다.
④ 길동은 '매양 생각해 오던 바'를 시행하기 위해 율도국을 쳐 태평세계의 왕이 된다. 그러나 율도국은 이미 '살기 좋은 나라'였기 때문에 길동은 자신을 '의병장'이라고 부르며 "하늘의 명을 받아 병사를 일으키매"라고 말한다. 〈보기〉를 참고할 때 이는 길동이 명분과 괴리되는 행위를 하여 스스로 모순에 빠지는 행위로 볼 수 있다.
⑤ 길동은 서자라는 이유로 벼슬길이 막히자 자신의 처지에 불만을 가졌다. 그러나 임금은 불만의 근본 원인인 적서 차별의 신분 제도를 없애려 하지 않고, 길동에게만 병조 판서의 벼슬을 내려 문제를 해결하려 하고 있다.

02 고전 소설의 유형

사뿐히 즈려밟는 확인 문제   p.210~213

☑ 바로바로 간단 체크 **1** (1) 애정 (2) 군담 (3) 환몽
2 (1) ○ (2) ×   **3** ㉠ 꿈 ㉡ 각몽

01 ③   **02** 북곽 선생은 세상의 평판과 달리 부도덕한 행위를 하는 위선적인 인물이므로 범은 그를 더럽다고 평가한 것이다.   **03** ⑤   **04** ③
05 어찌, 무심하리오 **06** ③ **07** ①

01~02 개념으로 작품 읽기   호질_ 박지원

부정적 인물을 풍자하는 표현 기법에 주목하며 풍자 소설의 특징을 파악해 보자.

해제 '북곽 선생'과 '동리자'라는 부정적인 인물을 우화적 수법을 활용하여 비판한 작품이다. 의인화된 동물인 '범'이 직접 '북곽 선생'을 꾸짖는 방식으로, 짐승만도 못한 인간의 부도덕성을 풍자하고, 당시 양반 계층의 부패한 도덕관념과 허위의식을 지적하고 있다. 여기서 '범'은 성리학적 이념만을 중시하는 사대부와 그들의 부도덕성을 비판해 온 작가의 의식을 대변한다고 볼 수 있다. 또한 범 앞에서 보이는 '북곽 선생'의 비굴한 행동과, 범이 사라지고 난 뒤 '북곽 선생'이 농부 앞에서 보이는 위선적인 모습을 통해 끝까지 위선과 허세를 버리지 못하는 이중성도 풍자하고 있다.

- **서술자는?** 작품 밖의 서술자   **시점은?** 전지적 작가 시점
- **인물은?** 위선자인 '북곽 선생', 과부이면서 성이 다른 다섯 아들을 낳은 '동리자', 북곽 선생을 여우라고 생각하는 어리석은 '동리자의 다섯 아들', 북곽 선생을 꾸짖는 '범'
- **상황은?** '북곽 선생'은 과부인 '동리자'와 밤을 보내다 '북곽 선생'을 여우로 착각한 '다섯 아들'에게 쫓겨 귀신인 척하며 도망치다 똥으로 가득 찬 구덩이에 빠짐. 그 꼴을 본 '범'이 '북곽 선생'에게 '더럽다'고 말함.
- **상황에 대한 서술자(인물)의 태도는?** 의인화된 동물인 '범'을 내세워 평판과 다르게 행동하는 '북곽 선생'과 '동리자'에게 비판적인 태도를 보임.
- **주제는?** 양반의 위선적인 삶과 인간 사회의 부도덕성 비판

핵심 정리
- **갈래:** 한문 소설, 풍자 소설, 우화 소설
- **형식상 특징:** 부정적인 인물을 주인공으로 내세움.
- **의의:** 작가가 지닌 실학 정신이 반영됨. 한문 소설의 성과를 집대성했다고 평가받음.
- **연대:** 조선 영·정조 때(18세기 후반)

| 배경 | **시간:** 정(鄭)나라   **공간:** 어느 고을

| 특징 |
- 호랑이를 의인화한 우의적 수법을 사용함.
- 인물의 행위를 희화화하여 제시함.
- 실학사상을 바탕으로 인간의 부정적인 삶을 비판함.

| 전체 줄거리 |

발단	어느 고을에 학자로 존경받는 북곽 선생이라는 선비와 수절을 잘하는 부인이라 하나 성이 다른 다섯 아들을 둔 과부 동리자가 있었다. 〈수록 부분〉
전개	북곽 선생이 동리자의 방에 들어가 밀회를 즐기고 있는데, 과부의 아들들이 북곽 선생을 천 년 여우로 의심하여 방으로 쳐들어온다. 〈수록 부분〉
위기	북곽 선생은 도망치다가 똥구덩이에 빠진다. 〈수록 부분〉
절정	때마침 먹잇감을 찾아 마을에 내려온 범은 북곽 선생의 위선적인 모습과 인간들의 파렴치한 행동 등을 날카롭게 꾸짖고 사라진다.
결말	북곽 선생은 머리를 조아리며 비굴한 모습으로 목숨을 구걸하다가 새벽에 일하러 나온 농부와 마주친다. 범이 사라진 것을 알게 된 북곽 선생은 또다시 위선적인 모습으로 돌아와 자기변명을 한다.

01

❸번이 답인 이유

동리자는 열녀로 알려져 있으나 이는 사실이 아니며, 이미 부도덕한 행동을 통해 성이 다른 다섯 아들을 둔 겉과 속이 다른 위선적인 인물이다. 따라서 동리자가 자신을 열녀로 받드는 세태를 비판하기 위해 성이 다른 다섯 아들을 낳았다는 설명은 적절하지 않다.

오답 피하기

① 천자는 북곽 선생의 행동을 가상히 여겼고 제후는 그의 명망을 존경했다. 그러나 북곽 선생은 늦은 밤 과부의 방에 들어가는 등, 당시에는 금기시되던 행동을 하는 인물이므로 북곽 선생에 대한 천자와 제후의 평가는 잘못되었다고 할 수 있다.

② 동리자의 아들들은 어머니의 방에 들어간 북곽 선생을 여우가 사람으로 둔갑한 것으로 착각했으므로 사건의 본질을 파악하지 못하고 있으며, 여우를 잡는다고 방에 쳐들어가는 엉뚱한 행동을 하고 있다.

④ 북곽 선생은 밤 늦게 과부의 방에 든 자신의 행동이 떳떳하지 못한 것임을 알고 있다. 그래서 자신의 정체를 숨기려 귀신 흉내를 내며 도망치는 것이다.

⑤ 북곽 선생은 겉과 속이 다른 인물형으로, 당시 지배층의 위선적 면모를 보여 주며 비판의 대상이 되고 있다.

02

이 작품은 위선적이며 부패한 사대부(선비) 계층을 비판하기 위해 쓴 것이다.

03~05 개념으로 작품 읽기   유충렬전_작자 미상

영웅의 일대기적 구성에 주목하며 군담 소설의 특징을 파악해 보자.

해제 조선 후기 군담 소설을 대표하는 작품이다. 영웅의 일대기적 구성이 충실히 구현되었으며, 천상계의 신선이었던 주인공이 죄를 짓고 지상으로 내려왔다는 이원적 구성과 적강 구성도 나타난다. 주인공이자 충신인 '유충렬'은 자신과 마찬가지로 천상계에서 죄를 짓고 내려온 간신 '정한담'의 모함과 반역으로 위기에 처하지만 신이한 능력을 발휘하여 위기에 처한 가문과 국가를 구출하게 된다.

또 유충렬이 호국을 정벌하고 통쾌한 설욕을 하는 장면은 병자호란 이후 생긴 민중들의 청나라에 대한 강한 적개심을 반영한 것으로 볼 수 있다.

· **서술자는?** 작품 밖의 서술자   · **시점은?** 전지적 작가 시점
· **인물은?** 뛰어난 능력을 지닌 장수인 '유충렬', 스스로 천자가 될 능력을 지녔다고 천자를 협박하는 '정한담', 유충렬을 믿고 있다가 정한담의 습격을 받고 비굴한 모습을 보이는 '천자'
· **상황은?** 유충렬이 정한담의 계략에 속아 금산성으로 간 사이 정한담은 천자가 있는 도성을 습격해 항서를 쓸 것을 요구함.
· **상황에 대한 서술자(인물)의 태도는?** 천자에 대한 안타까움의 심정을 직접 드러내고 있음.
· **주제는?** 유충렬의 고난과 영웅적 행적

핵심 정리

· **갈래:** 국문 소설, 영웅 소설, 군담 소설, 적강 소설
· **형식상 특징:** 유충렬의 행적이 영웅의 일대기적 구성을 따름.
· **의의:** 영웅 소설의 전형적 요소를 갖춘 대표적인 작품, 청나라에 대한 당대 민중들의 강한 반감이 드러남.
· **연대:** 미상(조선 후기-18세기 후반으로 추정)

| 배경 | · **시간:** 중국 명나라 시대   · **공간:** 명나라 조정과 중국 대륙

| 특징 |
· 천상계와 지상계로 이원적 공간이 설정됨.
· 전형적인 영웅 소설, 군담 소설임.

| 전체 줄거리 |

발단	명나라 고관인 유심은 늦도록 자식이 없자 산천에 기도하여 신이한 태몽을 꾸고 충렬을 낳는다.
전개	유심의 정치적인 적인 간신 정한담은 누명을 씌워 유심을 귀양 보내고 충렬 모자마저 죽이려 하나, 충렬은 간신히 위기를 넘기고 강희주의 사위가 된다.
위기	강희주마저 정한담에 의해 귀양을 가게 되고 충렬은 아내와 헤어져 광덕산의 도승을 만나 도술을 배우게 된다.
절정	정한담이 남적, 북적과 함께 반란을 일으켜 나라가 위기에 처하자 충렬이 등장해 천자를 구해 낸다. 〈수록 부분〉
결말	충렬은 반란군을 진압하고 황후·태후·태자를 구출하며 유배지에서 고생하던 아버지와 장인을 구한 뒤 아내와 함께 부귀영화를 누린다.

03

❺번이 답인 이유

정한담은 충렬이 천자가 있는 도성이 아닌 금산성으로 가도록 계략을 꾸몄다. 이후 충렬이 없는 틈을 타 천자를 공격하고 있으므로, 이 글의 내용과 일치한다.

오답 피하기

① '천자'는 옥새를 품고 도망치다가 '정한담'에게 붙잡혔으므로 옥새를 잃어버리지는 않았다.

② '정한담'은 '유충렬'을 금산성으로 유인한 후 자신은 정예병만을 거느리고 '천자'를 잡기 위해 도성으로 갔다.

③ '정한담'은 자기 자신을 하늘이 낸 영웅이며 천자가 될 운명이라고 말했다.

④ '천자'는 '원수(유충렬)'만을 믿고 안심하여 깊이 잠들어 있었으며, 성 안을 지키는 군사는 거의 없었다.

04

❸번이 답인 이유

ⓒ에서는 과장법이 쓰였다. 주인공의 비범한 능력을 더욱 극적으로 보여 주기 위해 인물의 행위를 과장하여 서술하고 있다.

오답 피하기

① 충렬의 부모는 자식을 얻기 위해 형산에서 기도한 후 신기하고 이상한 꿈을 꾸고 충렬을 낳았다. 이는 영웅의 일대기에서 '기이한 출생'에 해당하는 부분이다.

② 부모와 떨어진 충렬은 강희주의 도움을 받아 목숨을 건진다. 따라서 강희주는 충렬에게 '조력자'의 역할을 한다고 볼 수 있다.

④ 호국의 군사들을 낮잡아 '되놈'이라고 칭하는 것은 당시 오랑캐에 대한 민중들의 적개심을 반영한 서술이다.

⑤ 정한담 또한 천상계에서 죄를 짓고 내려온 인물로, 비범한 능력을 보이며 유충렬과 대립하고 있다. 정한담이 고함을 지르자 "궁궐이 무너지고 혼백이 상천"한다는 내용은 정한담의 비범함을 보여 주는 부분이다.

05

서술자는 명나라의 황제(천자)가 위기에 처한 상황에서 황천(하늘)이 돕지 않을 리 없다는 자신의 의견을 드러내고 있다.

06~07 개념으로 작품 읽기 사씨남정기_ 김만중

처첩 간의 갈등에 주목하며 가정 소설의 특징을 파악해 보자.

해제 이 작품은 축첩 제도의 불합리함과 권선징악을 주제로 삼고 있으며, 처첩 간의 갈등을 다루어 당대 축첩제라는 사회·문화적 현실을 반영하고 있다. 또한 이전의 소설이 영웅의 일대기나 남녀의 애정을 주로 다룬 것에 비해, 가정과 가문의 문제를 사실적으로 그려 내어 가정 소설의 영역을 개척했다는 의의도 지니고 있다. 이 소설은 중국 명나라를 배경으로 하고 있으나, 창작 당시 숙종이 인현 왕후를 폐위하고 희빈 장씨를 중전에 책봉한 사건을 풍자하여 숙종의 마음을 되돌리기 위해 지었다고 전해지기도 한다.

- **서술자는?** 작품 밖의 서술자 **시점은?** 전지적 작가 시점
- **인물은?** 훌륭한 인품을 지니고 있으나 모함을 받아 떠돌고 있는 '사 씨', 유배지에서 조강지처를 내친 과거의 행동을 후회하고 있는 '유연수(유 한림)'
- **상황은?** 사 씨가 천성이 간악한 교 씨의 모함으로 집에서 쫓겨나 남쪽에서 떠돌고 있음, 유 한림 역시 교 씨의 모함으로 유배지에서 어려움을 겪고 있음.
- **주제는?** 처첩 간의 갈등과 사 씨의 고난, 권선징악

핵심 정리
- **갈래:** 국문 소설, 가정 소설
- **형식상 특징:** 각 인물이 당시의 특정 인물을 암시함(숙종-유연수, 인현 왕후-사 씨, 희빈 장씨-교 씨), 인현 왕후를 폐위시키고 희빈 장씨를 중전으로 책봉한 숙종의 잘못을 깨우치기 위한 일종의 목적을 지님.
- **의의:** 일부다처제에서 비롯된 처첩 간의 갈등을 소설화한 최초의 작품, 가정 소설의 전형을 보여 주며 후대 소설에 영향을 미침.
- **연대:** 조선 숙종(15~18년)
- **배경** • **시간:** 중국 명나라 초기 • **공간:** 중국 북경, 장사
- **특징**
- 가정 소설의 전형임.
- 축첩 제도의 문제점을 지적하고 비판함.
- **전체 줄거리**

발단	중국 명나라 세종 때 금릉 순천부에 사는 유현은 늦게야 아들 연수를 얻는다. 연수는 열다섯 살에 과거에 장원급제하여 한림학사를 제수받는다.
전개	유 한림(유연수)은 사 씨와 결혼하지만, 늦도록 아이가 없어 교 씨를 첩으로 들인다. 교 씨는 천성이 간악한 인물로 아들을 낳자 정실이 되기 위해 사 씨를 모함한다. 결국 유 한림은 사 씨를 내보내고 교 씨를 정실부인으로 삼는다. 〈수록 부분〉
위기	교 씨는 문객인 동청과 간통하면서 유 한림을 모함하여 유배시킨다. 〈수록 부분〉

절정	조정은 유 한림에 대한 혐의를 풀어 다시 불러들이고, 충신을 모함한 동청을 처형한다.
결말	유 한림은 사방으로 사 씨의 행방을 찾다가 소식을 듣고 온 사 씨와 만난다. 유 한림은 자신의 잘못을 뉘우치고 고향으로 돌아와 교 씨를 처형하고, 사 씨를 다시 정실로 맞아들인다.

06 ❸번이 답인 이유

사 씨가 꿈에서 본 두 왕비의 모습과 현실의 사당에서 본 초상화의 얼굴이 일치하며, 사 씨는 초상화에 절을 하며 예를 표한다. 따라서 '초상화'는 꿈속 초월적 존재에 대해 사 씨가 믿음을 갖게 되는 소재로 볼 수 있다.

오답 피하기
① 사 씨는 ㉠을 듣고 꿈에서 현실 세계로 돌아온 것이다.
② ㉡은 사 씨가 꿈에서 본 곳으로, 현실에도 존재하는 공간이기에 비현실적 상황과 현실적 상황의 경계를 더 모호하게 만들고 있다.
④ ㉢은 동정 군산에 사는 사람들이 관음보살의 지시를 받고 사 씨를 구하기 위해 타고 온 것이지, 사 씨가 미리 준비한 수단은 아니다. 두 왕비와 사 씨가 재회할 수 있도록 돕는 매개체라고 볼 근거도 없다.
⑤ 유 한림이 꿈속에서 노파를 만나 "그대는 누구인데~구하시오?"라고 묻는 것으로 보아, 노파는 유 한림과 인연이 있는 현실의 사람이라고 볼 수 없다. 또한 노파가 꿈속에서 ㉣(병)을 놓았던 자리의 물을 유한림이 마시고 병이 나은 것은 비현실적인 방법에 해당하므로 고전 소설의 전기성이 드러나는 부분이다.

07 ❶번이 답인 이유

사 씨는 꿈에서 왕비를 만나 "조만간 길을 인도하는 자가 있을 것"이라는 말을 듣고, 유 한림은 꿈에서 노파를 만나 "이 물을 먹으면 좋아지리라."라는 말을 듣는다. 왕비와 노파의 말이 현실에서도 이루어지는 것을 볼 때 '꿈'은 꿈을 꾼 등장인물들이 고난을 극복하게 될 것임을 암시하는 역할을 한다고 볼 수 있다.

오답 피하기
② 꿈을 꾼 등장인물들이 새로운 삶을 체험하는 내용은 나오지 않는다.
③ 꿈에서 역사적 인물을 만난 것은 사 씨에만 해당하는 설명이다. '장강'과 '반첩여'는 역사적으로 실존했던 인물이다.
④ 천상계의 존재가 꿈에 등장한다고 하여, 꿈을 꾼 등장인물의 신분이 고귀함을 나타낸다고는 볼 수 없다.
⑤ 사 씨가 잘못을 뉘우치는 장면은 없고, 유 한림은 잘못을 뉘우치기는 하나 꿈을 꾸기 전 현실에서 뉘우친 것이다.

03 판소리, 판소리계 소설

☑ **바로바로 간단 체크** **1** (1) 아니리 (2) 발림
2 (1) × (2) × (3) ○ (4) ○ 　　**3** ㉠ 웃음 ㉡ 조롱

01 ② **02** ③ **03** ⑤ **04** ③ **05** ② **06** ① **07** ④
08 무능한 지배층을 비판하고 풍자하기 위해서이다.

절정	과거에서 장원 급제한 이몽룡이 암행어사로 남원에 내려와 옥 중의 춘향과 재회하고, 암행어사로 출두하여 탐관오리를 벌한 다. 〈수록 부분〉
결말	춘향과 이몽룡은 함께 한양으로 올라가 행복하게 산다.

01　　　　　　　　　🗨 **❷**번이 답인 이유

춘향이 자신의 억울함을 말하는 부분은 있으나, 고사가 활용된 부분은 찾을 수 없다.

오답 피하기

① 창자가 부르는 노래(창)인 '진양조', '중모리'와 창자의 말(사설)인 '아니리'가 번갈아 나오고 있다.
③ 춘향 모친, 향단이, 이몽룡이 춘향을 찾아가 부르는 앞부분은 느린 장단인 '진양조'로, 춘향 모친, 이몽룡이 춘향과 대화하는 뒷부분은 그보다 빠른 '중모리'로 장단의 빠르기를 변화시키고 있다.
④ 사랑하는 이몽룡이 있기 때문에 수청을 들지 않으려는 춘향의 모습을 통해 표면적 주제인 '여인의 절개'를 드러내고 있다.
⑤ 죄 없는 춘향을 괴롭히는 변 사또는 탐관오리의 전형적 인물로서 평민들이 비판하는 부정적인 지배층을 대변한다.

02　　　　　　　　　🗨 **❸**번이 답인 이유

ⓐ에서는 '방'이라는 말소리를 반복하여 언어유희를 하고 있다.

03　　　　　　　　　🗨 **❺**번이 답인 이유

이 대목은 춘향이 옥에 갇혀 고초를 겪는 슬픈 장면이다. 그러나 춘향의 모친은 이몽룡을 '헐게 생긴 것'으로, 이몽룡을 반기는 춘향의 모습을 "단박에 그냥 환장하네그려."라고 표현하여 해학적 분위기를 형성하고 있다.

오답 피하기

① 사또에게 들킬까봐 조심스러워 하는 모습이다.
② 춘향을 불렀으나 대답이 없자 기절했는지 걱정하는 모습이다.
③ 악몽을 꾼 춘향이 모친의 소리를 귀신 소리로 착각하고, 자신의 억울함을 말하는 장면이다.
④ 춘향이 형장을 맞고 다리를 다쳐 제대로 걷지 못하는 모습이다.

01~03 개념으로 작품 읽기　　　　　춘향가_ 작자 미상

언어의 이중성, 해학, 언어유희 등이 잘 드러난 작품을 읽으며 판소리 사설의 특징을 파악해 보자.

해제 이 작품은 판소리 사설로, 근원 설화를 바탕으로 발전되어 후에 판소리계 소설로 개작되었다. 전승 과정에서 이본이 발견되었고, 오랜 세월에 걸쳐 여러 사람이 창작에 참여한 적층 문학(입에서 입으로 전해지는 구비 문학을 일컬음. 여러 세대를 거치면서 내용이 계속 조금씩 추가되고 수정되는 특성을 띰)이다. 운문과 산문이 조화를 이루는가 하면(운문 형태의 가락에서는 3·4조 및 4·4조의 운문체가 돋보인다), 중국의 유명한 고사나 한자를 사용하여 양반 투의 표현을 보여 주기도 하고, 해학성이 돋보이는 비속어나 언어유희도 쓰였다.

- **서술자는?** 판소리를 진행하는 연행자(창자)
- **시점은?** 전지적 작가 시점
- **인물은?** 기생의 딸로 태어난 '춘향', 전라도 남원 부사의 아들 '이몽룡'
- **상황은?** 몽룡과 이별한 춘향은 변 사또의 수청을 거부하여 옥에 갇히게 되고, 몽룡은 암행어사가 되어 남원으로 내려옴.
- **주제는?** 신분을 초월한 남녀의 사랑과 절개(표면적 주제), 지배층에 대한 평민의 비판과 신분 상승의 의지(이면적 주제)

핵심 정리
- **갈래:** 판소리 사설
- **형식상 특징:** 창(노래), 아니리(사설)로 구성됨.
- **의의:** 신분을 초월한 남녀의 사랑을 보여 줌으로써 신분적 제약을 벗어난 모습을 제시함.
- **연대:** 미상(조선 후기)

| 배경 | · 시간: 조선 후기　　　　· 공간: 전라도 남원

| 특징 |
- 한 사람의 창자가 다양한 인물의 목소리와 몸짓을 연기함.
- 사설의 내용과 장단이 어울리게 구성되어 있음.
- 노래(창)와 사설(아니리)이 반복됨.
- 고수와 청중이 공연 도중에 추임새를 넣음.

| 전체 줄거리 |

발단	남원 부사의 아들 이몽룡이 광한루에 나왔다가 그네를 타는 성 춘향을 만나고, 두 사람은 사랑에 빠져 백년가약을 맺는다.
전개	이몽룡의 부친이 승진하여 한양으로 가게 되면서 두 사람은 이 별하게 된다.
위기	변 사또가 춘향을 불러 수청을 강요하고, 춘향은 정절을 지키고 자 수청을 거부하다가 매를 맞고 옥살이를 하게 된다.

04~05 개념으로 작품 읽기　　　　　흥부전_ 작자 미상

근원 설화가 바탕이 된, 해학이 잘 드러난 작품을 읽으며 판소리계 소설의 특징을 파악해 보자.

해제 이 작품은 〈춘향전〉, 〈심청전〉과 더불어 3대 판소리계 소설로 꼽히며, 놀부와 흥부의 삶을 해학으로 승화한 평민 문학의 대표작이다. '방이 설화, 박타는 처녀 설화' 등을 근원 설화로 하여 〈흥부가〉 → 〈흥부전〉 → 〈연의 각〉 등으로 끊임없

이 재생산되는 적층 문학이기도 하다. 형제 간의 우애를 주제로 강조하면서도 조선 후기에 몰락하기 시작한 양반의 모습과 비참한 서민의 모습을 동시에 보여 주고 있다. 특히 해학적인 문체를 사용하여 비참하게 살아가는 서민의 절박함이나 비극적 상황을 특유의 웃음으로써 극복하려는 의식을 보여 준다.

- **서술자는?** 작품 밖의 서술자　　• **시점은?** 전지적 작가 시점
- **인물은?** 토지가 없고 가난한 몰락 양반이지만 선량하고 정직하며 우애와 신의가 있는 흥부, 부를 축적하고 탐욕과 심술로 가득 찬 놀부
- **상황은?** 형 놀부는 가난한 동생 흥부를 외면하며 살다가, 흥부가 다리가 부러진 제비를 구해 주고 부자가 되자 억지로 제비 다리를 부러뜨린 후 치료해 줌.
- **상황에 대한 서술자(인물)의 태도는?** 흥부의 어짊과 욕심 없음을 칭찬하며, 놀부는 부정적으로 서술함.
- **주제는?** 형제 간의 우애, 권선징악(표면적 주제), 빈부 간의 갈등(이면적 주제)

핵심 정리
- **갈래:** 국문 소설, 판소리계 소설
- **형식상 특징:** 판소리의 운문적 특성이 부분적으로 남아 있음.
- **의의:** 조선 후기 사회 현실과 서민 의식이 잘 반영되어 있음.
- **연대:** 미상(조선 후기)

| 배경 | • **시간:** 조선 후기　　• **공간:** 경상도·전라도 경계 지역

| 특징 |
- 풍자와 과장된 표현, 익살, 해학 등 웃음의 미학이 잘 나타남.
- 서술자의 개입이 나타남.

| 전체 줄거리 |

발단	경상도·전라도 경계 지역에 살던 연 생원은 놀부와 흥부 형제를 두고 죽었는데, 형인 놀부는 부모의 유산을 독차지하고 동생인 흥부를 내쫓는다.
전개	흥부는 놀부의 집에 쌀을 구하러 갔으나 매만 맞고 돌아오고, 가족의 생계를 위해 품팔이와 매품팔이를 한다.
위기	흥부는 다리가 부러진 제비를 치료해 주고, 제비가 박씨를 물어 온다.
절정	박 속에서 금은보화가 나와 흥부는 부자가 되고, 이를 따라한 놀부는 패가망신한다. 〈수록 부분〉
결말	흥부가 놀부에게 재물을 나누어 주고, 형제는 화목하게 산다.

04　　🗨 ❸번이 답인 이유

㉠은 장면의 극대화가 이루어진 부분으로 가난한 흥부가 남루하고 어설픈 옷차림을 하고 놀부의 집을 찾아가는 모습을 희화화하고 있을 뿐, 중국에서 유행하던 옷차림을 나열한 내용은 나타나 있지 않다.

오답 피하기
① '~에 ~고'의 문장 구조와 4·4조, 3·4조의 음수율을 반복적으로 사용하여 리듬감이 느껴진다.
②, ⑤ 흥부의 초라한 옷차림을 열거와 비유를 활용하여 구체적이고 해학적으로 묘사함으로써 독자의 웃음과 흥미를 유발하고 있다.
④ 흥부의 옷차림은 작품의 전체 줄거리에서 중요한 요소가 아니지만 장면의 극대화로 자세하게 묘사되었다. 이렇게 사건 전개에 중요하지 않은 장면의 극대화는 작품의 유기성을 떨어뜨린다.

05　　🗨 ❷번이 답인 이유

놀부는 흥부처럼 큰 부자가 되고 싶어 제비의 다리를 일부러 부러뜨렸다. 즉, 그는 부자가 되기 위해 제비를 거짓으로 불쌍해하는 위선적 인물이다.

오답 피하기
① 제비에게 가련하다고 위로하는 말은 진심이 아니므로 근본 심성이 착하다고 할 수 없다.
③ 자신이 부자가 되고 싶어서 제비 다리를 일부러 부러뜨렸으므로 선한 인물형으로 볼 수 없다.
④ 놀부가 풍자의 대상인 것은 조심성이 없어서가 아니라 고의로 제비 다리를 부러뜨렸기 때문이다.
⑤ 놀부가 악행을 저지르는 장면이므로, 놀부라는 인물이 친근하게 느껴지지 않는다.

06~08 개념으로 작품 읽기　　　　　　적벽가_ 작자 미상

인물을 희화화하여 해학적으로 표현한 작품을 읽으며 판소리 사설의 특징을 파악해 보자.

해제 이 작품은 중국의 〈삼국지연의〉를 바탕으로 하되, 내용을 크게 변화시킨 판소리 사설이다. 원작 중 적벽 대전의 이야기를 따왔으나, 원작에 없는 내용을 덧붙이거나 인물의 성격을 변화시키는 등 우리 민족의 주체성을 잘 살렸다. 〈삼국지연의〉는 영웅 중심의 이야기였지만 〈적벽가〉는 원작에 없는 '군사 설움'과 '군사 점고'(점고란 명부에 일일이 점을 찍어 가며 사람의 수를 조사하는 일을 말한다) 대목을 첨가하여 전쟁에 강제 동원된 이름 없는 군사들의 설움과 고통을 표현하였다. 〈적벽가〉에서 인물의 성격이 변화된 대표적인 인물은 '조조'인데, 원작과는 달리 영웅성이 없는 우스꽝스러운 인물로 희화화하여 무능한 지배층을 비판, 풍자하고 있다.

- **서술자는?** 작품 밖의 연행자(창자)
- **시점은?** 전지적 작가 시점
- **인물은?** 겁이 많고 비굴한 조조, 인품이 후덕한 관공
- **상황은?** 무능한 장수 조조 때문에 조조의 군사들은 관공에게 쫓기게 됨. 관공(관우)은 이전에 조조의 은혜를 입은 적이 있어 조조를 살려 주려 함.
- **상황에 대한 서술자(인물)의 태도는?** 조조는 비굴한 장수로, 관공은 무예가 뛰어나고 어진 인품의 소유자로 서술함.
- **주제는?** 적벽 대전 영웅들의 무용담과 하층 군사들의 비애, 조조의 패전과 관공의 어진 인품(표면적 주제), 민중을 전쟁으로 내몬 지배층에 대한 비판 의식(이면적 주제)

핵심 정리
- **갈래:** 판소리 사설
- **형식상 특징:** 창(노래), 아니리(사설)로 구성됨.
- **의의:** 〈삼국지연의〉의 '적벽 대전'을 바탕으로 하여 외래 문화를 창조적으로 수용하고 있음. 영웅보다는 군사들을 내세워 전쟁을 부정적으로 보는 평민적 시각을 반영하였음.
- **연대:** 미상(조선 후기)

| 배경 | • **시간:** 중국 후한(後漢) 말　　• **공간:** 양자강 적벽 일대

| 특징 |
• 〈삼국지연의〉의 '적벽 대전' 대목을 바탕으로 함.
• 당대 양반층에 대한 민중의 저항 정신을 표출함.
• 군사들을 통해 전쟁의 참혹함과 서민의 고통을 드러냄.

| 전체 줄거리 |

발단	유비가 관우, 장비와 더불어 삼고초려 끝에 제갈공명을 데려온다.
전개	조조는 백만 대군을 이끌고 남벌 길에 오르게 되고, 군사들은 제각각 자신의 설움을 늘어놓는다.
위기	조조는 제갈공명에게 패하고, 이어서 장판교에서도 장비에게 패한다.
절정	제갈공명은 손권과 주유의 마음을 움직인 다음 조조와 적벽 대전을 벌여 크게 승리한다.
결말	조조는 화용도에서 관우에게 다시 패한 후, 목숨을 구걸하여 겨우 돌아간다. 〈수록 부분〉

06　　　　　💬 ❶번이 답인 이유

판소리에서 청중의 공감을 위해 보편적이고 관습적인 표현을 쓰는 경우가 종종 있으나, 이 부분에서 관습적 표현을 사용하여 배경 묘사를 한 부분은 나타나지 않는다.

오답 피하기

② "비나이다 비나이다", "살려 주오 살려 주오" 등 어구를 반복하여 율격을 형성하고 있다.
③ 관공 앞에서 "야들아 청룡도가 잘 든다더니~내 목 있나 좀 봐라.", "혼은 벌써 피난 간 지 오래소이다." 등과 같은 말을 내뱉으며 비굴하게 목숨을 구걸하는 조조의 모습은 판소리 청중들에게 웃음을 유발한다.
④ '중모리'에서 조조의 장졸들이 조조를 살려 달라 비는 장면을 "사람의 인륜에 못 볼래라"라고 진술한 부분은 서술자의 주관적인 평가이다.
⑤ "강동의~없었고", "계명산~자문사라."의 중국 고사는 당시 평민들이 이해하기는 어려운 내용이다.

07　　　　　💬 ❹번이 답인 이유

장졸들은 '관공' 앞에서 "우리 승상(조조)을 살려 주오"라고 빌고 있으므로, 자신의 장군을 잡아다 적장에게 바친다는 설명은 적절하지 않다.

오답 피하기

①, ③, ⑤ '관공'은 과거 자신의 목숨을 살려 준 '조조'의 은혜를 잊지 않고 자신에게 목숨을 구걸하는 '조조'를 놓아주었다. '공명'은 이러한 '관공'의 행동을 예상하고 있었으므로 지혜로운 인물로 볼 수 있다.
② '주창'은 조조에게 "내 손에 달린 목숨 네 어디로 피할소냐."라고 하는 등 조조를 제거하려는 모습을 보인다.

08

원작과는 달리 '조조'가 영웅성이 없는 우스꽝스러운 인물로 희화화된 것은 무능한 지배층을 비판하고 풍자하기 위해서이다.

꿈엔들 잊힐리야 **수능 다가가기**　　p.222~227

01 ⑤　02 ③　03 ②　04 ④　05 ②　06 ③　07 ①

줄거리 요약

[223쪽]
❶ 사공　❷ 서울　❸ 한림학사　❹ 불의무도　❺ 밀록
❻ 마패
[226쪽]
❶ 송사　❷ 뇌물　❸ 무안　❹ 청탁　❺ 물욕

작품 분석하기

[223쪽]
㉠ 살려 줌. ㉡ 친구 ㉢ 이한림 ㉣ 김 감사 ㉤ 김진희 ㉥ 암행어사
[226쪽]
㉠ 부자 ㉡ 이야기 ㉢ 뇌물 ㉣ 뻐꾸새 ㉤ 따오기 ㉥ 황새

01~03　　　　　2016학년도 9월 평가원

작자 미상, 〈옥단춘전〉

주제 신분을 초월한 사랑과 신의를 저버린 자에 대한 응징
해제 양반 이혈룡과 기생 옥단춘의 사랑을 다루고 있는 애정 소설이다. 어릴 적 죽마고우였던 친구의 배신과 그에 대한 이혈룡의 복수와 더불어 지조와 절개를 지닌 옥단춘과의 사랑이 함께 전개되며, 유교적 덕목인 신의가 강조된다. 조선 숙종 때를 배경으로 하고, 〈춘향전〉과 그 내용이 유사한 점으로 보아 조선 후기에 창작된 것으로 추측된다. 이 소설에서 이혈룡과 김진희의 갈등은 서사의 기본 축을 형성하는데, 이때 이혈룡과 김진희가 갈등하는 원인이 뚜렷하지 않다는 한계를 보인다. 한편 〈춘향전〉과 비교하여 옥단춘의 역할이 적극적이고, 김진희와 이혈룡의 성격이 뚜렷하다는 것이 특징이다.

전체 줄거리

발단	김진희와 이혈룡은 함께 공부하면서 출세하면 서로 돕기로 굳게 맹세한다. 이후 이혈룡의 집안은 몰락하고 김진희는 과거에 급제하여 평양 감사가 된다.
전개	이혈룡은 김진희에게 도움을 청하려 하지만 관리들의 저지로 김진희를 만나지 못한다.
위기	이혈룡은 김진희를 직접 찾아가 도움을 청하지만 김진희는 이혈룡을 죽이려 한다. 이때 기생 옥단춘이 이혈룡을 구출하여 인연을 맺는다. 〈수록 부분〉
절정	과거에 급제하여 암행어사가 된 이혈룡은 걸인의 모습으로 연광정에서 잔치를 벌이던 김진희를 찾아가고, 김진희는 옥단춘과 이혈룡을 죽이려고 한다.
결말	이혈룡은 암행어사 출도를 외치고, 김진희를 귀양 보내려고 하는데 하늘에서 벼락이 떨어져 김진희가 죽는다. 이혈룡은 옥단춘을 부인으로 맞아 부귀영화를 누린다.

특징
• 다른 고전 소설에 비해 초월적 존재의 개입이 비교적 적음.
• 판소리 사설과 유사한 문체를 사용함.
• 몰락한 양반의 입신출세, 기생과 양반의 사랑 등 당대의 시대상을 반영함.
• 옥단춘을 통해 진취적인 여성상을 보여 줌.

01 구절의 의미 파악 　　정답 ⑤ 　정답률 72%

⑤번이 답인 이유

⑤ ⑩: 이혈룡은 겸양의 어조를 통해 / 상대방이 내린 지위에 대해 수용할 수 없다는 뜻을 드러내고 있다.

➡ '소신과 같이 무재무능한 자'라고 말하는 부분에서 겸손한 태도로 자신을 낮추는 겸양의 어조가 쓰인 것은 맞다. 다만, 이 글에서는 "한림을 제수하시니 더욱 황공하옵니다."라고 하며 벼슬을 내려 주신 임금의 은혜에 감사하고 있다. 따라서 상대방이 내린 지위에 대해 수용할 수 없다는 뜻을 드러낸다고 하는 진술은 적절하지 않다.

오답 풀이

① ㉠: 반복을 통해 / 상대방에 대한 배신감을 드러내고, 역지사지를 가정하여 / 상대방을 질책하고 있다.

➡ "오랜 친구도 쓸데없고 결의형제도 쓸데없구나."에서 '쓸데없다'를 반복하여 김진희에 대한 배신감을 드러내고, '내가 네 처지라면'을 통해 역지사지를 가정하여 상대방을 질책하고 있다.

② ㉡: 옥단춘의 회유로 '사또 영'을 따르지 않기로 한 사공들의 생각이 / 설의적 표현으로 나타나고 있다.

➡ 옥단춘이 몸값을 후하게 준다며 이혈룡을 죽이지 말라고 사공들에게 부탁하자, 사공들은 "어찌 우리 손으로 죄 없는 사람을 죽이겠는가."라는 설의적 표현으로 자신들의 생각을 드러내고 있다.

③ ㉢: 이혈룡과 재회한 기쁨을 / 모친과 부인 각자의 입장에 어울리는 비유를 통해 표현하고 있다.

➡ 모친의 입장에서는 '죽었던 자식 다시 본 듯', 부인의 입장에서는 '잃었던 낭군 다시 본 듯'처럼 입장에 어울리는 직유법을 통해 재회의 기쁨을 표현하고 있다.

④ ㉣: 이혈룡의 글 짓는 과정을 / 행동의 순차적 나열로 보여 주고, 타인의 평가를 통해 / 이혈룡의 재능이 확인되고 있다.

➡ "글을 지을 생각을~단숨에 일필휘지하여 바쳤는데"까지가 글 짓는 과정을 행동의 순차적 나열로 보여 준 것이고, 글자마다 비점을 찍고 글귀마다 관주를 치는 행위는 임금이 이혈룡의 글을 읽고 그의 재능을 높이 평가한 것이다.

개념의 좌표 찾기

· 반복(→46쪽)　　　　· 역지사지: 처지를 바꾸어서 생각해 봄.
· 설의적 표현(→147쪽)　　· 비유(→145쪽)
· 겸양의 어조: 겸손한 태도로 남에게 양보하거나 사양하는 말투(어조)

02 소재·배경의 의미와 기능 　　정답 ③ 　정답률 90%

③번이 답인 이유

③ ⓒ는 이혈룡이 평양에서 겪었던 일을 반어적으로 표현하며 ⓐ가 구현되는 것을 방해한다.

➡ '학정'은 가혹한 정치를 뜻하는 말이다. 혈룡이 평양에서 겪은 일을 있는 그대로 표현한 것이지, 반어적으로 표현한 것은 아니다. 학정을 다스리고자 혈룡은 밀록을 작성하게 되고, 이후 암행어사에 임명된다.

오답 풀이

① 이혈룡은 ⓐ라는 과제에 탁월한 답안을 제출하여 임금으로부터 ⓑ에 합당한 인재로 인정받았다.

➡ 이혈룡은 과거의 글제인 '천하태평춘'에 대한 탁월한 답안을 제출해 장원 급제를 한 것이다.

② ⓑ는 이혈룡이 공적 임무를 수행할 수 있는 자격이 주어졌음을 뜻하고, 임금에게 ⓓ를 올릴 수 있는 계기로 작용한다.

➡ 이혈룡이 장원 급제를 하여 한림학사 지위를 제수받게 되었으므로, '장원 급제'는 이혈룡이 공적 임무를 수행할 수 있는 자격을 얻고, '밀록'을 임금에게 올릴 수 있는 계기가 된다고 볼 수 있다.

④ ⓓ는 ⓒ를 계기로 작성되었으며 현재 ⓐ가 완전하게 실현되지 않았음을 보여 준다.

➡ '밀록'은 김진희의 학정 때문에 작성된 것이고, 김진희가 학정을 한다는 것은 천하(나라)가 아직 태평하지 못하다는 것을 보여 준다.

⑤ ⓔ는 임금이 이혈룡에게 ⓒ를 바로잡는 공적인 임무를 수행하도록 하는 내용을 담고 있다.

➡ 첫째 봉서 안에 이혈룡을 평안도 암행어사로 봉하는 사령장과 마패가 들어 있었기 때문에 '봉서'는 임금이 이혈룡에게 김진희의 '학정'을 바로잡도록 하는 임무를 수행하도록 하는 내용을 담고 있다고 볼 수 있다.

개념의 좌표 찾기

· 반어(→146쪽)

03 외적 준거 활용　　　정답 ②　정답률 **82%**

┤ 보기 ├

〈옥단춘전〉에서 옥단춘은 인물의 비범함을 알아보는 지인지감(知人之鑑)의 소유자이자 기지를 발휘하여 위기에 빠진 인물을 구해 내는 적극적인 조력자로 그려진다. 그녀는 자신의 조력을 통해 대상 인물의 사회적 지위를 상승시키고, 애정의 대상을 주체적으로 선택하는 인물이다.

사람을 잘 알아보는 능력

❷번이 답인 이유

② 옥단춘이 이혈룡을 구해 줄 수 있는 인물로 김 감사를 선택한 것에서 여성으로서의 주체적 판단이 작용했음을 알 수 있군.

➡ 〈보기〉는 옥단춘이 대상 인물의 사회적 지위를 상승시키고, 애정의 대상을 주체적으로 선택하는 인물이라고 진술한다. 이는 옥단춘이 혈룡의 인물됨을 알아보고 선택하여, 과거 시험에 응시하도록 하는 데서 확인할 수 있다. 그러나 옥단춘은 김 감사의 손에서 혈룡을 구하는 것이지, 혈룡을 구원해 줄 인물로 김 감사를 선택한 것은 아니다.

오답 풀이

① 옥단춘이 오한을 핑계로 김 감사의 허락을 받은 후 연회장을 빠져나온 것에서 그녀의 기지를 엿볼 수 있군.

➡ 〈보기〉는 옥단춘이 기지를 발휘해 위기에 빠진 인물을 구해 낸다고 했다. 이는 옥단춘이 이혈룡의 목숨을 구하기 위해 오한을 핑계로 연회장을 빠져나오는 부분에서 확인할 수 있다.

③ 옥단춘이 김 감사에게 괄시받던 남루한 행색의 이혈룡이 비범한 인물임을 발견한 데서 그녀의 지인지감을 엿볼 수 있군.

➡ 〈보기〉는 옥단춘을 "인물의 비범함을 알아보는 지인지감(知人之鑑)의 소유자"라고 하는데, 이는 옥단춘이 이혈룡의 의복은 남루하나 얼굴이 비범한 것을 알아보는 부분에서 확인할 수 있다.

④ 가족들이 어려움에 처했던 이혈룡을 구해 준 옥단춘의 은혜에 감사한 것에서 조력자인 옥단춘의 역할을 인정한 것임을 알 수 있군.

➡ "동시에 옥단춘이 이혈룡을 구제한 전후 사실을 듣고, 그 은혜를 서로 치사하여 마지않았다."를 통해 이혈룡의 가족들이 조력자로서 옥단춘의 역할을 인정했음을 알 수 있다.

⑤ 옥단춘이 사공들에게 이혈룡의 몸값을 후하게 제시하고 구체적 방안을 알려 준 것에서 그녀의 적극적인 조력 의지를 엿볼 수 있군.

➡ 〈보기〉는 옥단춘이 적극적인 조력자로 그려진다고 하는데, 이는 사공들에게 후한 몸값을 주면서 이혈룡을 모래에 숨기라는 구체적인 방안까지 알려 준 옥단춘의 태도에서 확인할 수 있다.

❓ 개념의 좌표 찾기

• 애정 소설(→206쪽)
• **괄시받다**: 업신여겨지고 하찮게 대해지다.
• **남루하다**: 옷 따위가 낡아 해지고 차림새가 너저분하다.

04~07

2016학년도 9월 고2 학력평가

작자 미상, 〈황새결송〉

주제 뇌물로 좌우되는 송사의 불공정성과 부패한 지배층 풍자

해제 이 작품은 뇌물에 의해 좌우되는 송사의 처리 과정을 사실적으로 그려 냄으로써 지배층의 부패상을 여지없이 풍자, 비판하는 효과를 거두고 있다. 뇌물에 의해 잘못된 판결이 내려지는 동물들의 송사 이야기를 통해 지배층의 타락을 우화적으로 풍자하고 있으며, 친척을 상대로 소송을 거는 상황 등을 통해 조선 후기의 물질 만능 주의 세태를 비판하고 있다. 이는 상업이 발달하고 자본주의가 움트기 시작하면서, 명예를 지키는 가난한 사대부보다 자본을 가진 상인 등이 실질적으로 더 많은 권력을 가졌던 조선 후기의 사회상이 반영된 것이다.

전체 줄거리

발단	친척이 재산의 반을 나눠 주지 않으면 살려 주지 않겠다고 위협하자, 부자는 송사를 낸다.
전개	친척이 관리들에게 뇌물을 주고, 부자는 재산을 나누어 주라는 판결을 받는다.
위기	부자는 들음직한 이야기를 시작한다. 〈수록 부분〉
절정	[부자의 이야기] 꾀꼬리, 뻐꾸기와 노래 솜씨를 다투는 따오기가 황새에게 뇌물을 주고, 황새는 뇌물 때문에 잘못된 판결을 내린다. 〈수록 부분〉
결말	짐승 세계의 추잡함에 비교하여 관리들의 행태를 비판하는 말을 들은 관리들은 부끄러워한다. 〈수록 부분〉

특징

• 날짐승들을 의인화하여 인간 사회를 풍자함.
• 액자식 구성을 통해 관원들의 부정부패를 우회적으로 비판·고발함.
• 조선 후기의 부패한 사회를 사실적으로 그려 냄.

이 작품의 갈래는? – 송사 소설

억울한 일을 관청에 호소하여 해결하는 것을 주요 내용으로 하는 고전 소설을 일컫는 말이다. 사건의 발생과 해결이 '과제 부여'와 '과제 해결'의 구조를 지닌다는 특징과 함께, 송사의 결말이 작품의 주제 의식으로 뚜렷하게 부각된다.

---

04 인물의 정서와 태도　　　정답 ④　정답률 **80%**

❹번이 답인 이유

④ '따오기'는 자기 소리를 자랑하기보다는 '황새'의 처분만 기다리는 것으로 보아 겸손한 자세를 지니고 있군.

➡ 따오기는 황새에게 뇌물을 주고 청탁을 했기 때문에 자기 소리를 자랑하지 않고 처분을 기다리고 있는 것이다. '겸손한 자세'를 지니고 있기 때문이라고 볼 수 없다.

오답 풀이

① '부자'는 송사 결과에 대한 자신의 생각을 제대로 말하지 못해 분해하였군.

➡ 부자는 관전에서 크게 소리를 하여 전후사를 아뢰려 하면 '관전발악'이라 해서 처벌 받을까 두려워 송사 결과에 대한 자신의 생각을 제대로 말하지 못해 분해하고 있다.

② '관원'은 '부자'의 이야기를 듣고 싶어 하나, 남들의 시선을 의식하고 있군.

➡ "평소에 이야기 듣기를 좋아하는 고로 시골 이야기는 재미있는

가 하여 듣고자 하나"처럼 관원은 부자의 이야기를 듣고 싶지만, "저놈의 말을 들으면 남들이 보는 눈이 걱정"되어 거짓으로 꾸짖고 있다.

③ '황새'는 '따오기'에게 받은 뇌물 때문에 송사에서 공정한 판결을 내리지 못하는군.
➡ 황새가 따오기의 소리가 '상성'이라고 판결하는 것은 그에게 받은 뇌물 때문이다.

⑤ '꾀꼬리'는 자신의 소리를 누구든 아름답게 여긴다고 말하는 것으로 보아 자신의 소리에 자부심을 가지고 있군.
➡ 꾀꼬리는 자신의 청아하고 맑은 목소리를 "뉘 아니 아름답게 여기리이까."라고 말하며, 자신의 소리에 대한 자부심을 드러낸다.

05 작품의 구조 이해　　정답 ②　정답률 79%

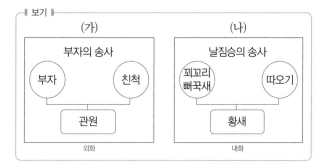

```
┌─ 보기 ────────────────────────────────┐
│        (가)              (나)          │
│   ┌──────────┐      ┌──────────┐       │
│   부자의 송사        날짐승의 송사       │
│  ○부자  ○친척     ○꾀꼬리  ○따오기    │
│        │              뻐꾹새   │        │
│   ┌────────┐       ┌────────┐          │
│   │  관원  │       │  황새  │          │
│   └────────┘       └────────┘          │
│      외화               내화            │
└───────────────────────────────────────┘
```

②번이 답인 이유
② (가)를 통해 (나)의 판결 이유가 밝혀지게 된다.
➡ (나)의 이야기는 (가)의 송사에서 진 부자가 (가)의 판결이 잘못되었음을 비판하고, 관원들에게 무안을 주려고 한 이야기이다. (나)의 판결 이유는 뇌물 때문인데, 이는 (가)를 통해 밝혀지는 것이 아니다.

오답 풀이
① (가)는 친척의 부당한 요구에서 비롯된다.
➡ (가)는 재산의 절반을 내놓으라는 친척의 부당한 요구에서 비롯된다.
③ (가)의 결과는 부자가 (나)의 이야기를 시작하는 계기가 된다.
➡ (가)의 송사 결과에 억울함을 느낀 부자가 관원에게 무안이나 보이려고 (나)의 이야기를 시작한다.
④ (가)에서 송사의 원인은 '재산'이고 (나)에서는 '최고의 소리'이다.
➡ (가)에서 송사의 원인은 부자의 재산이지만, (나)에서는 날짐승 중 '최고의 소리'이다.
⑤ (가)와 (나) 모두 청탁이 판결에 중요한 영향을 미친다.
➡ (가)에서는 친척이 관원에게 준 뇌물이, (나)에서는 따오기가 황새에게 준 뇌물이 송사의 판결에 중요한 영향을 미친다.

🔎 개념의 좌표 찾기
• 액자식 구성(→164쪽)

06 소재의 의미와 기능　　정답 ③　정답률 85%

③번이 답인 이유
③ 비리와 관련된 관원들을 우회적으로 비판하기 위해서
➡ 본문의 "내 송사는 지고 가거니와 이야기 한 마디를 꾸며 내어 조용히 할 것이니, 만일 저놈들이 듣기만 하면 무안이나 뵈리라."라는 부분을 통해 이야기의 의도가 드러난다. 부자는 이야기를 통해 자신이 재판에서 진 것이 청탁 때문임을 우회적으로 비판하고, 그러한 판결을 한 관원들에게 무안을 주려고 한다.

오답 풀이
① 관원들에게 다른 송사를 청탁하기 위해서
➡ 집으로 돌아가기 전에 무안을 보이려고 할 뿐 다른 송사를 청탁하기 위해서는 아니다.
② 무식한 관원에게 자신의 지혜를 뽐내기 위해서
➡ 억울함에 무안을 보이려고 할 뿐 지혜를 뽐내기 위해서는 아니다.
④ 예상과 다른 판결에 대해 관원들과 논쟁을 벌이기 위해서
➡ 부자는 "전후사를 아뢰려 하면 반드시 관전발악이라" 할 것을 알기에 관원들과 논쟁을 벌이려 하지 않는다.
⑤ 자신의 패배로 끝난 송사로 인해 잃게 된 재산을 되찾기 위해서
➡ "내 송사는 지고 가거니와"라는 말에서 부자가 자신이 재산을 되찾을 수 없으리라고 생각한다는 것을 알 수 있다.

🔎 개념의 좌표 찾기
• 우회적 비판: 직접적으로 비판하지 않고 간접적으로 돌려서 하는 비판

07 상황에 맞는 관용적 표현　　정답 ①　정답률 49%

①번이 답인 이유
① 견강부회(牽強附會)
➡ [A]에서 황새는 꾀꼬리의 소리가 아름답다고 생각하나 따오기에게 받은 뇌물 때문에 억지 논리로 판결을 내리고 있다. 이런 황새의 태도에는 '이치에 맞지 않는 말을 억지로 끌어 붙여 자기에게 유리하게 함.'을 뜻하는 '견강부회'가 적절하다.

오답 풀이
② 경거망동(輕擧妄動)
➡ '경솔하여 생각 없이 망령되게 행동함. 또는 그런 행동'을 뜻한다.
③ 각주구검(刻舟求劍)
➡ '융통성 없이 현실에 맞지 않는 낡은 생각을 고집하는 어리석음.'을 뜻한다.
④ 배은망덕(背恩忘德)
➡ '남에게 입은 은덕을 저버리고 배신하는 태도가 있음.'을 뜻한다.
⑤ 타산지석(他山之石)
➡ '본이 되지 않은 남의 말이나 행동도 자신의 지식과 인격을 수양하는 데에 도움이 될 수 있음.'을 뜻한다.

V. 극·수필

01 희곡

사뿐히 즈려밟는 **확인 문제**　　　　　p.235~237

☑ **바로바로 간단 체크** 1 (1) 장 (2) 갈등 (3) 서사극　　2 (1) X (2) ○ (3) X
3 ㉠ 지시문 ㉡ 독백 ㉢ 해설

01 ③ 02 ① 03 ④ 04 ④ 05 ⓐ 잣 ⓑ 눈 06 ② 07 ㉠

01~05 개념으로 작품 읽기　　　　　동승_ 함세덕

'희곡'의 특징과 등장인물의 심리에 주목하여 읽어 보자.

해제 이 작품은 인간의 여러 세속 욕망을 짜임새 있는 극적
장치를 통해 감동적으로 형상화하였다. 어릴 적 생모에게 버
림받은 '도념'은 얼굴도 모르는 어머니를 그리워하다가 절을
찾아온 미망인에게 혈연의 정을 느끼게 된다. 미망인은 남편
과 어린 아들을 잃고 도념을 양자로 삼고 싶어 하지만 중생의
세속적 욕망이 부질없음을 깨달은 '주지 스님'은 도념이 미망
인과 인연을 맺는 것을 반대한다. 이 과정에서 세 인물의 갈등
을 주축으로 이야기가 전개된다.
　　작품에 등장하는 소재 중 토끼 목도리, 산목련, 아이들의
노랫소리 등은 어머니를 그리워하는 도념의 심리를 잘 드러
낸다. 또, 도념을 걱정하는 '초부'의 모습을 통해 따뜻한 인간
미와 사랑을 느낄 수 있다.

핵심 정리
• **갈래**: 단막극, 비극
• **성격**: 낭만적, 비극적
• **제재**: 어머니에 대한 그리움
• **주제**: 인간적 사랑과 불교의 가르침 사이의 갈등

| 배경 | • **시간**: 겨울　　• **공간**: 깊은 산속의 어느 절

| 특징 |
• 등장인물의 심리가 섬세하게 묘사되어 있으며, 등장인물과 작품의 배경이
주제와 긴밀히 연관됨.
• 등장인물과 운명 사이의 갈등 양상이 잘 표현되어 있고, 비극적인 상황 속
에서 연민을 느낄 수 있음.

| 전체 줄거리 |

발단	깊은 산속에 있는 절의 동승인 도념은 어머니가 자신을 데리러 오리라는 확신을 갖고 늘 어머니를 기다린다.
전개	죽은 자식을 위해 불공드리러 오는 미망인이 도념에게 연민과 애정을 느껴 양자로 삼으려고 한다.
절정	도념이 절에서 죄를 씻으며 지내는 것이 바람직하다고 생각한 주지는 도념이 양자로 가는 것을 반대하고, 미망인과 주지의 갈등이 일어난다.
하강	도념이 어머니의 목도리를 만들려고 숨겨 둔 토끼 가죽이 발견되면서 미망인의 양아들로 가려던 일이 좌절된다.
대단원	도념은 초부의 우려를 뒤로 하고, 어머니를 찾기 위해 주지 몰래 절을 떠난다. 〈수록 부분〉

01　🗨 ❸번이 답인 이유

'초부'는 '도념'에게 어머니를 찾지 못하면 "거지밖에 될 게 없을 텐
데 잘 생각해서 해라."라고 충고하고 있다.

오답 피하기
① '도념'은 어머니를 만나기 위해 산을 내려간다.
② '스님'은 '도념'이 절을 떠난다는 것을 알지 못하고, '도념'이 떠
나는 순간에도 염불을 왼다.
④ '도념'은 '초부'에게 마을로 내려가면 어머니를 "꼭 찾을 거예
요."라고 말한다.
⑤ '도념'은 '스님'을 위해 어머니를 드리려고 모아 둔 잣을 두고 떠
난다. 따라서 '스님'에 대한 원망을 풀지 못하고 절을 떠난다고
보기는 어렵다.

02　🗨 ❶번이 답인 이유

희곡은 무대에서의 상연을 전제로 하기 때문에 공간의 제약이 있
어 '독경 소리', '염불 소리'와 같은 효과음을 사용하여 공간적 배경
인 '절'을 강조한다.

오답 피하기
② 희곡은 서술자가 없으며, 배우가 대사와 연기로 맡은 배역의 감
정을 전달한다.
③ 이 글에서 과거 회상의 방식은 드러나지 않으며, '도념'의 꿈을
통해 어머니에 대한 '도념'의 그리움이 부각된다.
④ 이 글에서는 절 근처의 비탈길이라는 공간적 배경이 제시되었
으나 공간의 잦은 이동은 드러나지 않는다. 또한 '초부'의 성격
이 변하는 부분도 찾을 수 없다.
⑤ '도념'이 비탈길을 내려가는 장면은 쓸쓸한 분위기를 형성하지
만, 관객들이 극을 객관적으로 바라보게 만들지는 않는다. 이는
서사극의 특징이다.

03　🗨 ❹번이 답인 이유

이 글은 초부와 도념의 '대화', 도념의 '독백'만이 나타나 있고 '방
백'이 나타나지는 않는다.

오답 피하기
① 도념은 떠나기 전, 어머니를 드리려고 모아 둔 잣을 스님을 위
해 남겨 두며 '독백'을 한다. 이 '독백'은 '도념'의 따뜻한 마음씨
를 드러내어, 작품의 분위기를 서정적으로 만드는 데 기여한다.
② 도념은 초부와 '대화'하면서, 오늘 절을 떠날 것이라고 말하고
있다. 따라서 '대화'를 통해 절을 떠나는 사건이 전개되고 있다.

③ "동지섣달 긴긴 밤 잠이 안 오시어 심심하실 때 깨무십시오."라는 도념의 '독백'을 통해 도념이 절에 남겨진 스님을 배려해 잣을 남기고 갔음이 드러난다. 이 독백에서 관객은 스님을 생각하는 도념의 속마음을 알 수 있다.

⑤ 초부는 도념이 치는 종소리를 밤낮 들었지만 오늘은 유난히 슬프게 들린다고 하며 도념과 친근하게 '대화'를 나누고 있다. 따라서 '대화'를 통해 두 사람이 알고 있던 사이임이 드러난다.

04
④번이 답인 이유

㉣에서 '도념'이 한숨을 쉬는 것은 자신이 살던 절을 떠나 새로운 세계인 '동리'로 내려가야 하는 것이 걱정스럽기 때문이다. 따라서 희망에 찬 표정으로 속마음이 후련해짐을 표현해 달라는 조언은 적절하지 않다.

오답 피하기
① ㉠에서 '초부'는 평소에 듣던 종소리와 달리 종소리가 슬프게 들려서 의아해하고 있다.
② ㉡에서 '초부'는 '도념'이 절을 나간다고 하자, '도념'이 갈 곳도 없는데 눈까지 오는 상황을 걱정하고 있다.
③ '도념'은 '주지'의 독경 소리가 들리자 ㉢에서 걸음을 멈추고 무엇인가를 생각한 후 잣을 두고 가는 것이다.
⑤ '도념'은 갈 곳이 정해지지 않은 상황에서 어머니를 찾아 절을 떠나는 것이기에 ㉤에서 힘을 빼고 연기하는 것이 적절하다.

05

도념은 어머니를 드리기 위해 모아 둔 잣을 스님께 드리며 절을 올리고 있다. 이 장면에서 '잣'은 스님에 대한 도념의 존경심을 드러내는 소재이다.
도념이 절을 떠나 어머니를 찾으러 가는 날 '눈'은 점점 많이 내리기 시작한다. 이는 '겨울'이라는 계절적 배경을 알려 주며, 도념의 앞길이 순탄치 않을 것임을 상징한다.

06~07 개념으로 작품 읽기 원고지_이근삼

서사극의 특징인, 극적으로 과장된 인물의 행동이나 대사에 집중하며 읽어 보자.

해제 이 작품은 특별한 사건의 전개나 갈등 없이 부조리한 삶의 모습을 반영한 극중 상황을 과장되게 전개한 극으로, 외형적으로는 가족 공동체를 이루고 있으나 이미 가족적 유대감이 해체된 등장인물들의 모습을 통해 가족으로서의 관계뿐만 아니라 각 개인의 삶에서도 진정한 의미와 가치를 상실한 현대인의 비극적 상황을 풍자적으로 비판하였다. 무대 장치와 분장·소도구는 물론이고 인물의 대사와 동작에도 반어와 풍자 등 극적 과장법을 사용한 실험적인 작품으로 평가된다.

핵심 정리
- **갈래**: 단막극, 서사극, 풍자극
- **성격**: 반사실적, 서사적, 풍자적, 실험적
- **제재**: 어느 중년 교수의 일상
- **주제**: 현대인의 기계적인 삶에 대한 풍자

| 배경 | · **시간**: 현대   · **공간**: 어느 중년 교수의 집

| 특징 |
- 특별한 사건 전개 및 뚜렷한 갈등 양상이 드러나지 않음.
- 인물의 전형적인 성격보다는 주제 의식의 표현에 중점을 둠.
- 무대 장치, 소도구, 인물의 대사와 행동 등이 극적으로 과장되어, 풍자와 반어적 의미를 드러냄.

| 전체 줄거리 |

발단	등장 인물인 장녀, 장남, 교수, 교수의 처가 차례로 등장한다. 〈수록 부분〉
전개	사회와 가정 모두에서 구속을 받는 교수는 피곤에 지쳐 있으며, 처의 추궁에 혼란스러운 모습을 보인다.
절정	장녀와 장남은 용돈을 요구하고, 감독관이 나타나 교수에게 번역을 독촉한다.
하강	교수는 잃어버린 자신의 꿈을 천사에게서 다시 찾으려 하나 실패하고, 감독관이 다시 번역을 독촉한다.
대단원	교수는 기계적으로 번역을 하려 하고, 감독관은 또 다시 번역을 독촉한다.

06
②번이 답인 이유

교수가 입은 '원고지 칸투성이'인 '양복'은 교수를 피곤하게 하는 노동이 원고지와 관련 있는 일임을 보여 준다.

오답 피하기
① '지루한 음악'은 지겹고 따분한 분위기를 형성하며, 장녀의 등장을 예고하는 것과는 관련이 없다.
③ 장녀는 교수의 피곤한 일상과 '아아'하고 토하는 비명 같은 하품에 관심이 없다. 그래서 아버지의 상태를 제대로 판단하지 못하는 것이다. 따라서 교수의 하품을 '달콤한 하품'이라고 말하는 장녀의 대사는 오히려 따뜻하지 못한 가족의 모습을 보여 주고 있다.
④ '플랫폼 방 불'이 꺼지고 나서도 처와 교수의 대사는 이어지며, 휘장이 내려가지도 않았다. 따라서 막이 끝났다고 보는 것은 적절하지 않다.
⑤ 처는 교수의 '철쇄'를 풀어 헤치고 '또 하나의 굵은 줄'을 교수의 허리에 감아 주고 있다. 이는 교수가 집 안에서도 억압당하는 것을 상징적으로 보여 주는 소품으로, 교수가 자율성을 회복했다는 설명은 적절하지 않다.

07

장녀는 등장인물과 해설자의 역할을 겸해, 관객들에게 등장인물인 아버지와 처에 관한 정보를 제공한다. 하지만 이 정보는 극중 상황과 맞지 않아 객관적이라 보기 어렵다. 따라서 관객들은 이러한 정보를 비판적으로 받아들여 극중 상황에 몰입하지 못하게 된다.

02 시나리오

사뿐히 즈려밟는 확인 문제 `p.240~242`

✔ **바로바로 간단 체크**　1 (1) 시나리오 (2) 지시문 (3) 장면
2 (1) ✕ (2) ◯ (3) ✕　　　**3** ㉠ NAR ㉡ 전체 ㉢ E

01 ⑤　**02** ③　**03** ④　**04** ②　**05** 잘못 발사된 총알처럼 어디로 가야 할지 삶의 방향을 잃어버린 주인공 '철호'의 비극적인 처지를 상징한다. **06** ①
07 ㉡ / S# 67은 차 안에서의 대화를 통해 인희와 정수의 감정을 전달하는 것이 중요한 장면이므로, 화면의 바깥에서 해설하는 ㉠보다는 인물들의 표정을 자세히 보여 줄 수 있는 ㉡이 더 적합하다.

01~05 개념으로 작품 읽기　**오발탄**_ 이범선 원작, 나소운·이종기 각색
'시나리오'의 특징과 등장인물의 심리에 주목하여 읽어 보자.

해제 이 작품은 이범선의 소설 〈오발탄〉을 각색한 시나리오로 6·25 전쟁 직후 월남한 가족의 불행한 삶을 통해 전후 사회의 궁핍함과 구조적 모순을 형상화한 작품이다. 작품의 제목은 삶의 방향을 상실한 주인공 철호의 처지를 상징적으로 드러낸다.

철호의 가족들은 현실에 부딪혀 온전한 삶을 살지 못한다. 특히 성실하게 살아가려는 주인공 철호와 물질적 가치관에 물든 동생 영호의 논쟁 장면은 전후 사회를 살아가는 두 인간형의 갈등과 가치관 대립을 명료하게 드러내고 있다. 은행 강도를 하다 붙잡히는 영호나, 동생의 검거와 아내의 죽음으로 충격을 받는 철호의 이야기는 매우 비극적이다.

이 작품의 비극성은 등장인물들이 부정적 현실을 극복할 수 있는 가능성이나 전망이 제시되지 않기 때문에 더욱 두드러진다. 부조리한 현실 속에서도 양심을 지키며 살아가는 철호와, 철호가 행복해지도록 내버려두지 않는 거대한 사회 사이의 갈등이 잘 드러나는 작품이다.

핵심 정리
· **갈래**: 영화 시나리오
· **성격**: 비판적, 고발적
· **제재**: 철호 일가의 비참한 삶
· **주제**: 전후 사회의 비참한 현실 속에서 방향을 잃어버린 인간의 비극

| 배경 |　· **시간**: 6·25 전쟁 직후　　· **공간**: 서울 해방촌 일대
| 특징 |
· 전후 사회의 빈곤과 부조리를 고발함.
· 몰락해 가는 인물들의 모습과 심리 묘사에 중점을 둠.
| 전체 줄거리 |

발단	계리사 사무실 서기인 철호는 월남 가족의 가장으로 어머니, 만삭의 아내, 남동생 영호, 여동생 명숙과 해방촌의 판잣집에서 살아간다.
전개	어머니는 전쟁의 충격으로 "가자"라는 말만 되풀이하고, 명숙은 양공주가 되며, 영호는 제대 후 2년이 넘도록 방황하면서 속물적인 삶을 추구한다. 그러나 철호는 묵묵히 현실에 순응하며, 양심을 지키면서 성실하게 살아가고자 한다.
절정	영호가 권총 강도 짓을 벌이다 경찰서에 갇히게 되고, 만삭인 철호의 아내는 출산 중에 목숨을 잃게 된다.
하강	거듭된 충격으로 철호는 거리를 배회하다 치과에 들러 충치를 모두 빼 버리고는 과도한 출혈로 의식을 잃어 간다.
대단원	병원을 나와 택시를 탄 철호는 목적지를 정하지 못하고 몽롱한 의식 상태에서 "가자!"만을 외친다. 〈수록 부분〉

01　🔊 **❺**번이 답인 이유

제시된 글에서는 극중 상황에 대한 정보를 제공하고 인물에게 행동을 지시하기도 하는 해설자는 나오지 않는다.

오답 피하기
① 'S# 117'에서 '철호'는 택시에서 행선지를 정하지 못하는 행동을 보인다. 이를 통해 철호의 혼란스러운 내면을 추측할 수 있다.
② 그 집 앞, 자동차 안, 동대문 부인과 산실 등 주로 장소를 중심으로 이야기를 구분하고 있다.
③ 'S# 116'과 'S# 117'의 장면은 하나의 이야기로 이어지고 있다.
④ 'S# 120'에서 '와이프아웃(wipe-out. 장면을 바꿀 때에 한 장면이 화면에서 지워지듯이 사라지는 일. 여기에서는 조금 전까지의 소리들이 사라지고 '철호'의 소리만 들린다는 의미임.)'이라는 특수한 시나리오 용어가 사용되고 있다.

02　🔊 **❸**번이 답인 이유

'앞부분 줄거리'에서 영호가 수감된 곳은 '종로서'임을 알 수 있고, '철호'가 종로서로 가려고 하는 행동은 동생인 '영호'를 걱정하기 때문임을 추측할 수 있다.

오답 피하기
① '해방촌'은 철호의 집이 있는 공간이나, 택시를 탄 철호가 행선지를 정하지 못하는 것으로 보아 최종 목적지라고 볼 수 없다.
② '동대문 부인 병원'은 철호의 동생 명숙이 있는 공간이지만, 명숙에 대한 철호의 애정이 드러나는 부분은 찾아볼 수 없다.
④ 철호는 현재 이를 뽑고 피가 멈추지 않는 상태에다 가족들에 대한 걱정 때문에 갈 곳을 정하지 못하는 상태이다. 정신이 없기 때문에 "가!"라는 말을 반복하는 것이지 염치없는 성격 때문에 조수에게 명령한다고 볼 수는 없다.
⑤ 철호는 피를 많이 흘려 의식이 몽롱해진 상태임에도 가족들에 대한 걱정을 놓지 못하여 "가자−."라고 말한 것이다. 이는 처절한 현실을 벗어나고자 하는 의지가 아니라 어떻게 상황을 극복해야 할지 모르는 인물의 모습을 보여 주고 있다.

03　🔊 **❹**번이 답인 이유

S# 120에서 '운전수'는 갈 곳을 정하지 못하는 '철호'를 술에 취한 손님이라 생각하며 골칫거리로 여기므로 운전수가 철호에게 따뜻한 시선을 보내는 연기는 적절하지 않다.

오답 피하기
① S# 116에서 철호는 피를 많이 흘리고 택시에 쓰러진 상태이다. 따라서 철호의 의식이 흐려짐을 표현하는 연출은 적절하다.

② S# 117에서 철호는 갈 곳을 정하지 못하고 방황하고 있다. 따라서 자동차가 방향을 자주 바꾸는 연출은 적절하다.

③ S# 118에서 명숙은 철호가 돌아오기를 바라고 있다. 따라서 간절한 마음이 드러나도록 연기하는 것은 적절하다.

⑤ S# 121에서 철호는 홀로 쓸쓸히 의식을 잃어 가고 있다. 따라서 유성이 떨어지는 장면을 쓸쓸한 분위기로 촬영하는 것은 적절하다.

04 　　　　　　　　💬 **❷**번이 답인 이유

ⓐ에서는 철호의 목소리가 효과음으로 드러나야 한다. 따라서 효과음을 뜻하는 'E.'가 적절한 시나리오 용어이다.

[오답 피하기]

① M.은 '효과 음악'으로, ⓐ에는 음악이 아니라 철호의 소리가 들어가야 하기 때문에 적절하지 않다.

③ F.I.는 '페이드인'으로 화면이 처음에 어둡다가 점차 밝아짐을 의미한다.

④ O.L.은 '오버랩'으로 화면을 자연스럽게 겹치게 하면서 장면을 전환할 때 사용한다.

⑤ PAN.은 카메라를 좌우로 이동하는 것이다. 시각적 장면을 표현할 때 사용한다.

05

제목인 〈오발탄〉은 잘못 발사된 총알처럼 어디로 가야 할지 삶의 방향을 잃어버린 주인공 '철호'의 비극적인 처지를 상징한다.

06~07 개념으로 작품 읽기　　세상에서 가장 아름다운 이별_노희경

'드라마 시나리오'의 특징을 확인하면서 읽어 보자.

[해제] 4부작 드라마의 극본이다. 작품에서는 죽음을 앞둔 50대 엄마 '인희', 그녀에게 평생 모진 시집살이를 시키면서도 한편으로는 모녀 같은 친밀한 관계를 가져 온 시어머니 '상주댁', 아내이자 엄마인 '인희'를 무관심하게 대하다 불치병으로 떠나보내며 후회하게 되는 가족들이 서로의 관계를 살펴보는 과정을 보여 준다.

[핵심 정리]

• **갈래**: 드라마 시나리오
• **성격**: 애상적
• **제재**: 죽음을 앞둔 인희의 삶
• **주제**: 엄마의 불치병을 계기로 생각하게 된 가족의 의미

| 배경 | ・**시간**: 1990년대　　　・**공간**: 인희의 집과 병원

| 특징 |
• 엄마의 죽음을 대하는 등장인물의 심리가 잘 드러남.
• 어머니에 대한 작가의 그리움이 묻어나 있는 자전적 작품임.

| 전체 줄거리 |

발단	엄마는 오줌소태가 영 낫지 않아 약이라도 타 먹기 위해 병원에 가는데, 자궁암 말기라는 검사 결과를 받는다.
전개	엄마가 검사한 병원에서 근무하는 의사인 아버지(정철)만이 엄마가 자궁암 말기라는 검사 결과를 알고 괴로워한다. 아버지는 아프다는 아내의 말을 흘려들은 자신을 자책하며 수술을 고집하지만 온몸에 퍼진 암세포를 확인하고 울면서 수술실을 나온다.
절정	가족들이 엄마의 병을 알게 되고, 집은 예전의 온기를 잃는다.
하강	각자 상처가 있는 가족들은 엄마의 죽음을 앞두고 서로의 관계를 되돌아보며 엄마의 사랑을 깨닫고 가족의 의미를 되찾는다. 〈수록 부분〉
대단원	엄마는 가족의 사랑을 확인하고 행복한 죽음을 맞는다.

06 　　　　　　　　💬 **❶**번이 답인 이유

'S# 51'에서는 '인희'와 '할머니'의 고부 관계를, 'S# 67'에서는 '인희'와 '정수'의 모자 관계를, 'S# 73'에서는 '인희'와 '정철'의 부부 관계를 중심으로 장면을 구성하고 있다.

[오답 피하기]

② 암 말기 판정을 받은 엄마와 이별을 준비하는 가족의 모습이 드러날 뿐 극적 반전은 드러나 있지 않으며 인물 간의 갈등 또한 드러나 있지 않다.

③ 'S# 51'에서 딸 연수가 엄마 인희를 부르는 효과음이 삽입되어 있으나, 앞으로 일어날 일을 예고하고 있지는 않다.

④ 'S# 67'에서 인희가 끼고 있던 반지를 아들 정수에게 줌으로써 아들 정수에 대한 인희의 사랑을 보여 주고 있다.

⑤ 'S# 73'에서 조금은 어둡고 따뜻해 보이는 조명으로 인물 간의 애틋한 관계를 표현하고 있다. '정철'과 '인희'의 성격 변화는 드러나지 않는다.

07

S# 67은 차 안에서의 대화를 통해 인희와 정수의 감정을 전달하는 것이 중요한 장면이므로, 화면의 바깥에서 해설하는 ㉠(NAR.)보다는 인물들의 표정을 자세히 보여 줄 수 있는 ㉡(C.U.)이 더 적합하다.

03 민속극

☑ **바로바로 간단 체크**   1 (1) 민속극 (2) 평민 (3) 풍자   2 (1) ○ (2) X
3 ㉠ 가면극(탈춤) ㉡ 무대 ㉢ 인형

01 ④ **02** ① **03** ④ **04** ① **05** ⑤ **06** ③

01~04 개념으로 작품 읽기   **꼭두각시놀음_** 작자 미상

풍자하는 대상을 파악하고 '민속극(인형극)'의 특징을 확인하면서 읽어 보자.

해제 우리나라 민속극 중 유일한 인형극이다. 서구의 연극과 달리, 막과 막 사이에 줄거리상 연관 없이 독자적인 내용을 가지는 것이 특색이다. 또한, 무대 밖의 악사나 관중이 무대 안의 인물들과 수시로 대화하는 방식을 취하여 거리를 없애고 있다.

서민들 사이에서 연희되어 왔던 관계로 비속한 표현이 많이 사용되어 있으며, 적나라한 대사로 등장인물을 희화화하는 해학적인 표현이 많다. 주제 면에서도 축첩제(일처다부제)라는 사회적 모순을 신랄하게 풍자하고 있다.

핵심 정리
- **갈래**: 민속극(인형극)
- **성격**: 풍자적, 해학적, 희극적
- **제재**: 처첩 간의 갈등, 지배층의 횡포
- **주제**: 가부장적 가족 제도의 모순에 대한 신랄한 풍자, 평민을 괴롭히는 지배층에 대한 비판과 풍자
- **의의**: 현전하는 유일한 민속 인형극임.
- **연대**: 조선 후기

| 특징 |
- 2마당 8막으로, 막과 막 사이에 줄거리상 연관성이 없음.
- 무대 밖의 악사나 관중이 등장인물과 수시로 대화할 수 있음.
- 사투리, 비속어, 언어유희 등 해학적인 표현을 사용함.

| 전체 줄거리 |

박첨지 마당	제1막	곡예장 거리	박첨지가 유랑 이야기와 자기소개를 한다.
	제2막	뒷 절 거리	박첨지의 두 조카딸이 뒷 절 상좌(중)와 놀아나다 쫓겨난다.
	제3막	최영로의 집 거리	홍동지가 이무기를 잡아 박첨지를 구해 준다.
	제4막	동방 노인 거리	눈을 감고 등장한 동방 노인이 세상을 풍자한다.
	제5막	표 생원 거리	표 생원의 처(꼭두각시)와 첩(돌모리집)이 다툰다. 〈수록 부분〉
평안 감사 마당	제6막	매사냥 거리	새로 부임한 평안 감사가 매사냥을 한다. 〈수록 부분〉
	제7막	평안 감사 상여 거리	평안 감사가 사고로 죽고, 박첨지가 평안 감사의 상여를 멘다.
	제8막	건사(建寺) 거리	박첨지가 좋은 터에 절을 지으려 하는데, 상좌 둘이 절을 짓고 바로 허물어 버린다.

01   📝 ❹번이 답인 이유

'홍동지'는 지배층이 아닌 평민들의 비판 의식을 대신 드러내는 인물이다.

오답 피하기

① 〈꼭두각시놀음〉은 인형극으로, '표 생원' 역의 배우는 무대 뒤에서 대사를 해야 한다.

② 민속극은 구비 전승된 갈래로 정해진 대본이 없기 때문에 배우나 상황에 따라 대사가 다르게 공연될 수 있다.

③ (나)에서 산받이는 박첨지와 대화하며 '홍동지가 평안 감사에게 불려 가는 사건'을 전개한다.

⑤ (나)에서 홍동지는 방에서 뒤통수부터 나오거나, 평안 감사 앞에서 방귀를 뀌는 행동을 한다. 이러한 우스꽝스러운 행동들을 통해 민속극의 특징인 해학성이 드러난다.

02   📝 ❶번이 답인 이유

꼭두각시는 "인사도 싫으니 세간을 나눠 주오."라고 말하는 인물이다. 이로써 꼭두각시가 표 생원에게 순응하려 하지 않는 인물임을 알 수 있다.

오답 피하기

② '생원'이라는 호칭에서 표 생원이 양반임을 알 수 있다. 또한 "작은집을 하나 얻었소.", "소실을 얻었단 말이여."와 같은 말을 통해, '처'인 꼭두각시와 '첩'인 돌모리집을 둘 다 아내로 삼으려고 함을 알 수 있다.

③ 돌모리집은 표 생원이 큰부인에게 인사를 하라고 하자, 큰부인의 머리를 들이받는다. 이는 남편의 말을 순종적으로 따라야 하는 가부장적 질서와 축첩제에 대한 불만을 드러내는 것으로 볼 수 있다.

④ 홍동지는 평안 감사에게 잘못했다고 빌며 하라는 대로 하겠다고 하였으나, 퇴장하면서 방귀를 뀐다. 말과 행동이 맞지 않는 홍동지의 행동은 지배층인 평안 감사에 대한 불만을 표출하는 것으로 볼 수 있다.

⑤ 평안 감사는 길 치도를 잘못해 말 다리가 부러졌다는 이유로 홍동지의 볼기를 때리라고 명령하였다. 따라서 평민을 괴롭히는 부정적인 지배층의 모습을 대표한다고 볼 수 있다.

03   📝 ❹번이 답인 이유

(가)에서는 '처'인 꼭두각시의 의견 없이 '첩'인 돌모리집을 들이고 둘의 갈등을 모른 척 하는 가부장제 남성인 표 생원의 횡포가 드러나 있으며, (나)에서는 홍동지를 괴롭히는 탐관오리인 평안 감사의 횡포가 드러나 있다.

오답 피하기

①, ②, ⑤ (가)에서 꼭두각시가 표 생원에게 세간을 나눠 달라고 하고 있으나 이는 첩을 들인 남편에 대한 원망스러운 마음 때문이다. 꼭두각시의 행동을 물질 만능 주의라고는 보기 어렵다. 또 (나)에 성적으로 문란한 분위기는 드러나지 않는다.

③ '허영심'은 실속이 없이 겉치레를 중시하는 마음을 말한다. (나)

의 평안 감사는 평민에게 횡포를 부리는 인물이지만, 허영심을 부리고 있지는 않다.

04   ❶번이 답인 이유

㉠은 동음이의어를 활용한 언어유희이고, ㉡은 '간'이라는 말소리를 반복한 언어유희이다.

오답 피하기

② ㉠과 ㉡은 등장인물끼리 하는 대화이다. 관객에게 말을 거는 대사로 볼 수 없다.

③ ㉠과 ㉡에 자신의 처지를 반어적으로 표현한 부분은 드러나지 않는다.

④ ㉠과 ㉡은 문장의 순서를 뒤바꾸지 않았다.

⑤ ㉠과 ㉡에 양반의 언어를 모방한 표현은 드러나지 않는다. 양반의 언어는 한자어를 많이 사용하거나, 중국 고사를 사용하는 표현을 말한다.

05~06 개념으로 작품 읽기   봉산 탈춤_작자 미상

'민속극(가면극·탈춤)'의 특징을 확인하면서 대표작인 〈봉산 탈춤〉을 읽어 보자.

해제 여기에 실린 부분은 〈봉산 탈춤〉의 제6과장 양반춤 마당이다. 양반을 모시고 다니는 말뚝이는 관객, 악공과 한 패가 되어 양반의 권위를 실추시키거나 무시함으로써 그들을 희롱한다. 때로는 양반들이 수준이 낮은 글을 지어 스스로 품위를 떨어뜨리는 행동을 함으로써 말뚝이나 관객으로부터 조롱을 당하기도 한다. 한편 양반은 취발이를 잡아들이라 명령하고, 말뚝이는 이에 부패한 양반상이 드러나게끔 유도하여 지배층을 풍자한다.

핵심 정리

- **갈래:** 민속극(가면극)
- **성격:** 해학적, 풍자적, 평민적, 비판적
- **제재:** 말뚝이의 양반 희롱
- **주제:** 양반에 대한 풍자와 조롱
- **의의:** 민속극의 대표작으로 오락성, 예술성, 풍자성이 뛰어남. 조선 후기 평민 의식이 잘 표현된 작품임.
- **연대:** 조선 후기(18세기 경)

| 배경 | • 시간: 조선 후기   • 공간: 황해도 봉산

| 특징 |

- 각 과장은 다른 과장과 독립적인 내용과 구조를 갖고 있음.
- 극을 진행하는 데 대사와 춤, 노래가 함께 사용됨.
- 무대와 객석의 구분이 없고, 특별한 무대 장치가 없으며, 관객이 극에 참여할 수 있음.
- 평민의 언어인 비속어와 양반의 언어인 한자어가 동시에 사용됨.
- 반어, 익살, 해학, 풍자가 두드러짐.

| 전체 줄거리 |

1과장, 사상좌춤	상좌 넷이 사방신에게 절하며 예를 표하는 의식무를 춘다.
2과장, 팔목중춤	팔목중이 파계하고 법고놀이를 한다.
3과장, 사당춤	사당과 거사들이 흥겹게 논다.
4과장, 노장춤	노장이 유혹에 넘어가 파계했다가 취발이에게 욕을 본다.
5과장, 사자춤	사자가 파계승을 혼내고 화해의 춤을 춘다.
6과장, 양반춤	양반의 하인 말뚝이가 양반을 희롱한다. 〈수록 부분〉
7과장, 미얄춤	영감과 미얄, 첩의 삼각관계가 펼쳐지고 미얄이 죽는다.

05   ❺번이 답인 이유

탈춤은 민속극으로 특별한 무대 장치가 없다. 따라서 '양반의 집'처럼 꾸며진 무대 장치는 나오지 않는다.

오답 피하기

① 말뚝이의 대사 "그놈이 힘이 무량대각이요, 날램이 비호 같은데"에서 과장된 표현을 통해 취발이를 설명하고 있음을 알 수 있다.

② 말뚝이가 생원을 조롱하거나, 생원이 취발이를 잡아들이는 과정에서 인물 간의 갈등이 드러나 있으며, 글의 마지막에서 등장인물들이 일제히 어울려 춤을 추는 장면에서 갈등이 해소된다.

③ '생원'은 "이놈, 너도 양반을 ~ 다니느냐?"와 "나랏돈 ~ 잡아들여라." 등에서 양반의 위엄을 내세우며 '말뚝이'에게 명령과 지시를 한다. 이때 '상놈', '모가지'와 같은 비속어를 섞어 쓰기도 한다.

④ 말뚝이는 양반의 '전령' 덕분에 취발이를 양반 앞에 잡아 데려올 수 있었다.

06   ❸번이 답인 이유

취발이의 힘이 헤아릴 수 없을 정도로 세고, 날아다니는 호랑이처럼 빠르다고 하는 것은 취발이에 대한 긍정적 평가이며, 이러한 평가가 서민들 간의 갈등을 유발하지도 않는다.

오답 피하기

① ㉠의 '노새 원님'의 발음은 등장인물인 '노 생원님'과 유사하다. 언어유희를 통해 양반인 생원을 노새처럼 표현하여 희화화하고 있다.

② ㉡에서 생원에게 "샌님 비뚝한(비슷한) 놈도 없습니다."라고 말하며 생원을 샌님으로 비하하는 표현을 쓴다.

④ ㉢에서 취발이는 양반의 코 앞에 자신의 엉덩이를 내미는 연기를 하며 양반을 조롱한다. 이는 웃음을 유발하는 해학적 장면이다.

⑤ 생원은 취발이가 나랏돈을 잘라먹었다며 잡아 오라고 하였으나, 말뚝이는 취발이를 처벌하는 대신 취발이에게 돈을 받아 나누자고 제안한다. 이는 취발이가 부정적인 방법으로 돈을 모았음을 알면서도 묵인하는 행위이므로 부정부패를 묵인하던 당대의 사회상을 비판한다고 볼 수 있다.

04 수필

사뿐히 즈려밟는 확인 문제   p.251~253

☑ **바로바로 간단 체크** 1 (1) 형식 (2) 개성 (3) 소재   2 (1) X (2) ○ (3) ○
3 ㉠ 구성 ㉡ 개성

01 과실 02 ④ 03 ① 04 ⑤ 05 ⑤ 06 ④

01~03 개념으로 작품 읽기   특급품_김소운

유추의 방법으로 주제를 전달하는 글을 읽으며 '수필'의 특징을 확인해 보자.

> **해제** 이 글은 우리 주변에서 흔히 볼 수 있는 바둑판을 소재로 해서 쓴 수필이다. '흠이 있으면 가치가 떨어진다.'라는 일반적인 통념과 달리 흉터가 있는 비자반이 특급품으로 인정받는 이유는, 이 흉터가 바로 비자반 특유의 유연성을 증명해 주는 것이기 때문이다. 이러한 사실은 우리 인생에서도 과실이나 시련이 있을 수 있지만, 이것을 잘 이겨 낼 때 더욱 성숙한 삶을 살 수 있다는 교훈을 주고 있다.
>
> **핵심 정리**
> • **갈래**: 현대 수필
> • **성격**: 교훈적
> • **제재**: 비자반
> • **주제**: 삶의 과실과 상처를 극복하는 유연한 태도의 필요성
> | 특징 |
> • 사실과 의견을 적절히 섞어서 서술함.
> • 사물의 성질에서 인생의 교훈을 이끌어 내는 유추를 통해 주제를 전달함.

01

글쓴이는 비자반에 난 균열이 시간이 흐르며 제힘으로 도로 유착하는 것에서 유추하여 인생의 속성을 이끌어 내고 있다. 즉 누구나 겪을 수 있는 과실을 잘 극복한다면 우리의 인생도 특급품이 될 수 있다는 것이 이 글의 주제이다.

02   📋 ❹번이 답인 이유

갈등 위주의 서사 전개가 나타나는 갈래는 극이나 소설이다.

오답 피하기

① 수필은 작가 대신 이야기를 전달하는 서술자가 필요하지 않다. 작가가 자신의 이야기를 서술하는 갈래이기 때문이다.
② 수필은 체험을 바탕으로 한 작가의 개성적인 시각이 중요한 글이다.
③ 이 글은 정해진 형식 없이 자유롭고 진솔하게 적어 내린 수필이며, '과실'과 관련한 교훈을 주고 있다.
⑤ 이 글은 균열을 제힘으로 극복하는 비자반 특급품의 속성에서 인생을 바라보는 태도와 가치를 이끌어 낸 '유추'가 두드러지는 수필이다.

03   📋 ❶번이 답인 이유

작가는 통념에서 벗어나는 사례를 보여 줌으로써 독자의 호기심을 불러일으키고 있으며, 독자가 글을 이해하기 어렵게 만든다고는 볼 수 없다.

오답 피하기

② 바둑판의 상처가 아물 때까지 1년에서 3년간 내버려 두는 것은 상처가 원래대로 유착될 때까지 시간이 필요하기 때문이다.
③ 과실을 아예 범하지 않고 사는 사람은 없을 것이라는 작가의 생각이 드러나 있다.
④ 과실은 칭찬의 대상은 아니나, 과실이 있다고 하여 인생을 망쳤다고 생각할 이유는 없다는 작가의 생각이 드러난다. 비자반의 균열처럼 인생의 과실이나 상처 덕분에 오히려 더 성숙해지는 경우가 있기 때문이다.
⑤ 의문형으로 종결하여 전달 내용을 더 강조하는 설의적 표현이 쓰였다. 바둑판도 스스로 그 상처를 다스리므로, 사람의 인생이 바둑판보다 못하여서는 안 된다는 작가의 생각이 드러난다.

04~06 개념으로 작품 읽기   차마설_이곡

'고전 수필(설)'의 특징을 확인하면서 읽어 보자.

> **해제** 말을 빌려 탄 개인적인 경험을 통해 소유에 대한 보편적인 깨달음을 제시하고 올바른 삶의 태도를 촉구하는 교훈적 수필이다. 글쓴이는 세상의 부귀와 권세도 본래부터 소유한 것이 아니라 누군가에게 빌린 것임을 예를 들어 제시하면서, 세상 사람들이 이 사실을 모르고 마치 자기 소유인 것처럼 생각하고 있음을 맹자의 말을 들어 지적하고 있다. 즉, 글쓴이는 본래 자기 소유의 것은 존재하지 않고, 이는 모두 빌려 온 것이므로 소유에 집착하는 일은 경계해야 한다는 교훈을 주고 있다.
>
> **핵심 정리**
> • **갈래**: 고전 수필(설)   • **성격**: 경험적, 교훈적
> • **제재**: 말을 빌려 탄 일, 소유 의식
> • **주제**: 소유에 대한 성찰과 깨달음
> • **의의**: 경험을 통해 얻은 깨달음을 전달하는 설(說)의 특징이 잘 나타남.
> | 특징 |
> • '경험→깨달음'의 구성 방식을 취함.
> • 권위 있는 사람(맹자)의 말을 근거로 설득력을 높임.
> • 집필 동기를 분명하게 밝히고 있음.

04   📋 ❺번이 답인 이유

"아, 사람의 감정이라는 것이 ~ 더 말해 무엇 하겠는가." 등의 구절에서 설의적 표현을 쓰고 있지만 반어적 표현을 쓰지는 않았다.

오답 피하기

① 사람들의 '소유 의식'을 소재로 삼은 글이다.
② 인간이 소유한 모든 것은 빌린 것이기 때문에, '소유에 집착하는 삶'을 경계해야 한다는 교훈을 준다.
③ '말을 빌려 탄 경험'에서 '소유 의식'에 대한 깨달음의 순서로 글

을 전개한다.

④ '말을 빌려 탄 개인적 경험'에서 얻은 '소유 의식에 대한 깨달음'을 '세상 사람들의 소유 의식'으로 일반화한다.

05 〔⑤번이 답인 이유〕

맹자의 말은 사람들이 '빌린 것'을 '소유'한 것이라고 여기고 있다는 문제점을 지적하는 것이다. '나'는 맹자의 말을 통해 '빌린 것을 소유했다고 여기는 사람들'에 대한 문제의식을 떠올리고 있다.

오답 피하기
① ㉠에서 '나'는 준마를 빌려 탈 때 의기양양한 감정이 든다고 하였지만, 이 감정이 준마를 갖게 되었을 때 생기지 않을 것이라고 예상하지는 않았다.
② ㉡에서 '나'는 설의적 표현으로 물건을 진짜로 소유하게 된다면 마음의 변화가 더 심할 것이라고 말하고 있다.
③ ㉢에서 '나'는 빌렸던 것을 돌려준 이후의 임금을 '독부'로 표현하고 있으나, '소유하고 있던 권력이 사실은 빌린 것임을 돌아보는' 임금의 모습은 나오지 않는다.
④ ㉣에서 '나'는 미천한 자의 경우 빌린 것을 돌려준 다음 허망함이 더할 것이라고 말하고 있으나 가지고 있는 것이 없는 천한 사람들이 특히 미혹되기 쉽다고 생각하고 있지는 않다.

06 〔④번이 답인 이유〕

이 글과 〈보기〉의 글쓴이는 사람이 진정으로 소유할 수 있는 것은 없으며, 그렇기 때문에 소유에 집착하는 일을 경계해야 한다고 생각하고 있다.

오답 피하기
① 이 글의 글쓴이는 "내가 이 말을 접하고서 느껴지는 바가 있기에, 〈차마설〉을 지어서 그 뜻을 부연해 보노라." 부분으로 글을 쓴 동기를 밝히고 있으나, 〈보기〉의 글쓴이는 그렇지 않다.
② 〈보기〉에서 '빌린 것을 제때 돌려주지 않는 사람들'에 대한 내용은 찾아볼 수 없다.
③ 이 글에서 빌린 것을 다른 사람들과 똑같이 나누어 써야 한다고 생각하는 내용은 찾아볼 수 없다.
⑤ 이 글의 글쓴이는 마지막 문단에서 '맹자'의 말을 인용하여 주장의 설득력을 높이고 있으나, 〈보기〉의 글쓴이는 '범죄를 저지른 사례'가 아닌 간디의 말을 인용해 주장의 설득력을 높였다.

05 소설 VS 수필 VS 극 문학

사뿐히 즈려밟는 확인 문제 p.256~259

☑ 바로바로 간단 체크 1 (1) 서술자, 작가 자신 (2) 무대 (3) 허구적
2 (1) X (2) X 3 ㉠ 제약 ㉡ 서술 ㉢ 대사

01 ④ 02 ② 03 아름은 방송에 출연하기로 했던 결정을 후회할 것이다.
04 ㉠에서는 주인공 '아름'이 자신의 심리를 직접 서술하고 있으며, ㉡에서는 대사를 통해 '대수'의 심리를 짐작할 수 있다. 05 ③ 06 ⑤ 07 ③

01~04 개념으로 작품 읽기 두근두근 내 인생_ 김애란 원작/최민석 외 각색

'소설'과 '시나리오'의 특징을 비교하면서 읽어 보자.

해제 김애란의 첫 장편 소설과, 이를 시나리오로 각색한 작품이다. 가장 어린 부모와 가장 늙은 자식의 청춘과 사랑에 대한 눈부신 이야기를 다룬다.

청춘과 노년의 삶을 동시적으로 보여 주는 아이러니한 구조로 삶의 의미를 새롭게 생각해 보도록 하고 있으며, 젊음의 감각과 죽음에 도달하는 생명의 변화에 대해 깊이 고민하게 한다. 열일곱 나이에 '조로증'을 감내하는 아픈 청춘을 서사의 전면에 내세우고 있지만, 이 주인공은 자신의 고통을 내면화한 채 오히려 세상을 조롱하기도 하고 위로하기도 한다. 이 특이한 아이러니가 이 이야기의 새로운 매력이 된다.

핵심 정리
• 갈래: (가) 소설, (나) 영화 시나리오
• 성격: 사실적, 사색적, 감성적, 비극적
• 제재: 조로증에 걸린 소년의 삶
• 주제: 조로증에 걸린 소년의 온전한 삶에 대한 소망과 부모에 대한 애정

| 배경 | • 시간: 현대   • 공간: 아름의 집, 병원, 한강 둔치 등

| 특징 |
• 무거운 소재를 작가 특유의 생기발랄한 문장과 예리한 통찰로 그려 냄.
• 흡입력 강한 문장과 경쾌하면서도 가슴 뭉클한 내용이 조화를 이룸.
• 생명의 문제를 소년과 노년, 활력과 병, 믿음과 배신이 겹쳐지는 서사로 그려 냄.
• 부모보다 늙어 버린 주인공이 바라보는 세상과 그가 들려주는 이야기가 독자에게 깊은 감동을 전해 줌.

| 전체 줄거리 |

발단	엄마와 아빠가 열일곱에 낳은 아들인 아름은 열일곱 살이지만 조로증에 걸려 주름이 생기고 시력이 점점 떨어지며 간과 위에도 이상이 생기는 등 여든 살의 노인의 몸이 되어 간다.
전개	부모님이 하던 일이 점점 기울게 되어 아름의 치료비를 감당할 수 없게 되자, 아름은 '이웃에게 희망을'이라는 방송에 출연하여 시청자들의 성금을 받고자 한다. 〈수록 부분〉
위기	방송이 나간 후 서하라는 소녀가 메일을 보내오고, 아름은 서하와 메일을 주고받으며 사랑의 감정을 키워 간다.
절정	아름은 서하가 시나리오 작가 지망생이 취재를 위해 만들어 낸 허구의 인물이었음을 알게 되고, 아름의 건강은 점점 나빠진다.
결말	아름은 부모님의 이야기를 소설로 써서 남기고 죽음을 맞이한다.

01 〔④번이 답인 이유〕

(가) 글의 갈래는 소설이며 소설에는 '해설'이 없다. '해설'이 나오는 갈래는 희곡이다.

오답 피하기
① 이 글은 1인칭 주인공 시점이며, 소설의 작가와 서술자인 '나'는 서로 다른 인물이다.
② "설렘과 어색함, 신기함과 민망함이 섞여 복잡한 마음이 들었지만, 사실 동영상을 보고 제일 먼저 든 생각은 이거였다." 등에서 '나'가 자신의 심정을 서술해 준다.
③ '나'의 서술과, '나'와 '엄마'의 대화가 교차되어 나타난다.

⑤ '나'는 과거에 방송 출연을 결정했으며, "괜히 하자고 한 걸까?" 등에서 알 수 있듯 방송을 앞두고 걱정하고 있다.

02

🗨 **②번이 답인 이유**

(나) 글의 갈래는 시나리오이며 시나리오에는 '서술'이 없다.

오답 피하기

① 시나리오는 소설에 비해 이야기의 길이에 제약을 받는다.
③ '아름이 놀림을 받는 사건'이 불량한 남학생과 여학생들의 대사와 행동으로 전개된다.
④ '불량한 남학생 1'은 아름의 듬성듬성한 머리를 보고 놀라 뒷걸음질 쳤다.
⑤ 시나리오는 각 장면에 쓰이는 촬영 기법을 정해진 시나리오 용어로 나타낸다. 따라서 촬영 기법에 대한 지식이 있는 경우 장면을 효과적으로 이해할 수 있다.

03

(가)에서 아름의 사연을 담은 프로그램이 방송되고 있으며, (나)에서는 불량 학생들이 아름이 출연한 방송을 보았기 때문에 아름을 알아보고 괴롭히고 있다. 따라서 아름은 방송에 출연하기로 했던 결정을 후회할 것이다.

04

(가)는 1인칭 주인공 시점의 소설로, ㉠에서는 주인공 '아름'이 자신의 심리를 직접 서술하고 있으며, (나)는 영화 시나리오로, ㉡에서는 대사로 '대수'의 심리를 짐작할 수 있다.

05~07 개념으로 작품 읽기　　　무진기행, 안개_ 김승옥

'소설'과 '시나리오' 갈래의 차이를 확인하면서 읽어 보자.

해제 김승옥의 단편 소설과 이를 시나리오로 각색한 작품으로, 주인공 윤기준이 '무진'에서 하는 체험을 중심으로 한다. 이 작품에서 '안개'는 허무를 상징하는데, 작가는 '서울-무진-서울'이라는 주인공의 여정 속에서 1960년대의 허무와 회의 의식을 드러내고 있다. 또한, 윤기준이 무진에서 만나는 이들을 통해 산업화의 흐름 속에서 나타난 물질 만능 주의, 출세 지향, 도시 지향 등을 보여 주기도 한다.
　　이 작품은 4·19 혁명 이후 우리 문학이 1950년대 전후 문학에서 벗어나 새로운 단계로 접어들었음을 보여 주며, 개성 있고 새로운 현대적 감수성을 엿볼 수 있다.

핵심 정리
• **갈래**: (가) 소설, (나) 영화 시나리오
• **성격**: 고백적, 독백적
• **제재**: 인간의 속물성, 무진에서의 시간
• **주제**: 속물성에 대한 부끄러움과 현실에 대한 갈등

| **배경** | • **시간**: 현대　　　• **공간**: 주인공의 집, 무진 |

특징
• 등장인물의 내적 갈등, 심리 묘사가 두드러짐.
• 서정적이고 몽환적인 분위기가 강함.

전체 줄거리

발단	제약 회사의 전무가 될 윤기준은 아내의 권유로 젊은 날의 추억이 있는 고향 무진으로 떠난다. 〈수록 부분〉
전개	무진에 온 윤기준은 후배 박과 동창 조, 그리고 박과 같은 학교에 근무하는 하인숙이라는 음악 교사를 만난다.
위기	무진을 떠나고 싶어 하는 하인숙은 윤기준에게 서울로 데려다 달라고 청한다. 윤기준은 하인숙에게서 젊은 날 자신의 모습을 발견하고, 그녀를 다시 만날 약속을 한다.
절정	윤기준은 하인숙에게 사랑을 느끼지만 그 사실을 끝내 말하지 않는다.
결말	아내로부터 빨리 돌아오라는 전보를 받은 윤기준은 서울로 돌아가기로 하고, 무진을 떠나며 부끄러움을 느낀다.

05

🗨 **③번이 답인 이유**

(가)는 소설로 "아이들이 불평을 하듯이 내가 몇 마디 입안엣소리로 투덜댄 것"이라는 서술로 주인공의 반응을 제시하였고, (나)는 시나리오로 "하필 무진에서 쉬어야 하나? 원……."이라는 윤기준의 대사로 주인공의 반응을 제시하였다.

오답 피하기

① (가)에서는 주인공의 생각을 서술하는 방식으로 인물의 심리가 제시되었다. (나)에서는 인물의 대사와 행동으로 심리를 파악할 수 있다.
② (가)에서 주인공은 버스를 타고 무진에 가는 중이나, 구체적인 공간의 변화는 서술되지 않는다. (나)는 시나리오이기 때문에 무대 소품을 바꿔가며 공간의 변화를 제시한다는 설명은 적절하지 않다. 무대 상연을 전제로 하는 갈래는 희곡이다.
④ (가)에서는 서술자가 버스 안에서 하는 공상이 서술되었지만 아내의 심리를 상상하여 서술하는 부분은 나타나지 않는다. (나)에서 아내의 말은 효과음(㉤)으로 처리하여 보여 주고 있다.
⑤ (가)에서는 버스의 덜컹거림이 주는 느낌을 1인칭 주인공 서술자가 직접 서술하고 있다. (나)에서는 버스가 자갈길을 달리는 장면을 S# 11에서 보여 주고 있다.

06

🗨 **⑤번이 답인 이유**

"가기 싫은 심부름을 억지로 갈 때 아이들이 불평을 하듯이 내가 몇 마디 입안엣소리로 투덜댄 것"이라는 구절을 보면 나는 아내의 말을 수동적이고 소극적으로 수용하고 있음을 알 수 있다.

오답 피하기

① ㉠에서 '나'는 유월의 '바람' 때문에 긴장이 풀려 반수면 상태가 되었다.
② 수면제를 만들어 낸다는 공상을 한 자신에 대해 주인공은 ㉡에서 '쓴웃음'을 지으며 자조적인 태도를 드러내고 있다.
③ '나'는 아내의 권유로 무진에 가고 있다. 아내가 아버지와 함께 주주 총회의 일을 다 꾸며 놓는 동안 무진에 가 있기로 한 것이다.

④ 주인공이 무진에 가 있는 사이에 주인공을 제약 회사의 전무로 만들려는 아내의 욕망이 드러난다.

07
③번이 답인 이유

'S# 4'에서는 여유로운 집안 모습을 보여 주고, 'S# 5'는 집 밖의 아름다운 풍경을 보여 주므로 'S# 5'는 'S# 4'의 분위기를 강화하는 역할을 한다고 볼 수 있다.

오답 피하기

① 의젓하고 여유 있어 보이는 아내와 윤기준의 결혼 사진을 통해 두 인물이 부부 관계이며 사회·경제적으로 여유 있는 수준임을 짐작할 수 있다.

② 윤기준의 화사한 남성용 의류와 로우브(목욕 가운)는 당시로는 값이 나가는 물건이었을 것이므로, 윤기준이 경제적으로 여유 있는 계층임을 알 수 있게 해 준다.

④ 'S# 11'에서는 시골 자갈길을 달리는 버스의 모습을 보여 주어야 한다. 따라서 카메라가 버스의 바깥에 위치하여, 달리는 버스의 모습을 촬영해야 한다.

⑤ 'S# 12'에서는 버스 차창에서 내다보이는 풍경을 보여 주어야 한다. 따라서 카메라는 버스 안에 위치하여야 하며 카메라의 시선은 버스 안에서 밖으로 향해야 한다.

꿈엔들 잊힐리야 **수능 다가가기**
p.260~263

01 ⑤ **02** ② **03** ④ **04** ①

줄거리 요약 [261쪽] ❶ 위조지폐 ❷ 유령 회사 ❸ 누명 ❹ 양복
❺ 사복형사 ❻ 손해
[263쪽] ❶ 작년 봄 ❷ 올 봄 ❸ 지금 ❹ 오늘 ❺ 오늘 오후

작품 분석하기

[261쪽]

주요 상황		청년이 월급으로 받은 위조지폐로 양복을 구입하다 사복형사에게 잡혀 사무실로 끌려옴.	청년이 위폐범으로 몰려 사복형사에 의해 끌려 나감.
태도와 반응	사장	청년을 모른 체함.	청년 때문에 손해를 보았다고 청년을 탓함.
	청년	억울해 하면서, 사장을 원망함.	
	사복	청년의 말은 믿지 않고, 사장의 말만 믿음.	
	사원들		위조지폐의 실패를 다른 직원의 탓으로 여김.

[263쪽]
㉠ 나 ㉡ 앞집 사람

2016학년도 9월 고2 학력평가

오영진, 〈정직한 사기한〉

주제 선악이 구분되지 않는 모순된 사회 현실 풍자

해제 가족으로 구성된 위조지폐 사기단이 선량한 청년을 속여 위조지폐 사기 행각에 끌어들이는 내용이다. 정직한 청년이 '사기한(詐欺漢)', 즉 사기꾼으로 몰린다는 것은 그 사회의 부정직성을 보여 주는 것으로, 대한민국 정부 수립 이후의 혼란하고 가난한 서민 생활을 바탕으로 물질 만능 주의, 타락한 양심을 풍자하고 있는 작품이다. 작가는 정직한 인물이 오히려 피해를 입는 모순된 현실 상황을 날카롭게 풍자하고 있다.

전체 줄거리

발단	가난을 면하기 위해 위조지폐를 만들게 된 가족이 유령 회사를 차리고 사원을 모집한다.
전개	누명을 써 전과자가 된 정직하지만 어수룩한 청년이 사원으로 채용된다.
절정	위폐를 받은 청년이 양복을 구입하려다 발각된다.
하강	청년과 함께 사복형사가 찾아오자, 사장은 청년의 채용을 부정한다. 〈수록 부분〉
대단원	청년이 연행되고, 가족은 임대료를 내지 않기 위해 도망간다.

특징

• 역설적 제목을 통해 사회의 부정직성을 보여 줌.
• 광복 직후의 혼란스러운 사회상과 타락한 가치관을 비판함.
• 거짓과 부정이 난무하는 현실을 반영함.

---

01 인물의 정서와 태도
정답 ⑤ | 정답률 **84%**

⑤번이 답인 이유

⑤ '사원 갑'과 '사원 병'은 위조지폐를 사용하다 '사복'에게 붙잡힌 '청년'을 동정한다.

➡ 사원 병의 "참 그 자식 때문이야.", 사원 갑의 "첫눈에도 자식이 좀 모자라는 것 같더니만."의 대사를 보면 사원 갑과 병은 손해를 보게 된 원인을 청년이라고 생각하지, 동정하고 있지는 않다.

오답 풀이

① '사복'은 '청년'보다는 '사장'의 말을 신뢰한다.

➡ '사복'은 양복을 사 입으라고 달러를 주었다는 '청년'의 말을 믿지 않고, 생면부지라는 '사장'의 말을 믿으며 '청년'을 끌고 간다. 이를 통해 '사복'은 '청년'보다 '사장'의 말을 신뢰한다고 할 수 있다.

② '청년'은 자신의 결백함을 '아씨'가 밝혀 줄 수 있다고 믿고 있다.

➡ "아녜요. 나으리는 몰라요. 나으린. 아씨, 아씨! 아씨가 아십니다.", "아씨를 만나게 해 주세요, 아씨를. 아씨는 거짓말을 안 하실 겁니다."를 보면 청년은 끌려가면서도 아씨를 부르며 아씨가 자신의 결백을 밝혀 줄 것이라고 믿고 있다.

③ '사장'은 위기를 모면하기 위해 '사복' 앞에서 '청년'을 모른 체한다.

➡ '사장'은 자신이 위조지폐를 '청년'에게 주었다는 사실이 발각될까봐 청년을 생면부지라고 말한다.

④ '사장'은 잡혀 온 '청년'을 통해 지폐를 위조하는 데 실패했음을 확인한다.

➡ '사장'은 '청년'이 끌려가는 것을 물끄러미 바라보면서 "또 실패지."라고 말하며 지폐를 위조하는 데 실패했음을 확인한다.

02 외적 준거 활용　　정답 ②　정답률 **69%**

▸ 보기 ◂

단막극인 이 작품은 무대 공간이 회사 안으로 제한된다. 무
　　　　　　　　　　　　회사 안에서 일어나는 일만이 무대 안 사건이 된다.
대 공간에서 이루어지는 인물들의 행동과 대화로 이야기가 형
　　　　　　　　　　　　　　　　　사무실 이외의 공간에서 일어난 사건
상화되기도 하지만, 무대 공간의 제약으로 인해 무대 밖에서
일어난 사건이 오직 인물의 언어적 표현으로 전달되기도 한다.
　　　　　인물의 대사

📖 **❷번이 답인 이유**

② [B]: 청년이 백 불짜리 위조지폐로 양복을 구매하려는 일

➡ 이 작품에서 무대 안은 사무실이다. 따라서 무대 밖 사건은 사
무실 이외의 공간에서 벌어진 사건을 의미한다. 이 작품에서 무
대 밖 사건은 청년이 위조지폐를 가지고 양복을 구매하다 사복
형사에게 잡히는 사건이다. 이 사건은 [B]에서 사복의 대사인
"백 불짜리 지폐를 위조해 가지고 백주에 서울 네거리를 횡행합
니다그려."를 통해 드러난다.

오답 풀이

[A], [C], [D], [E]는 모두 무대 공간 즉, 무대 안에서 인물의 말과
행동을 통해 드러난 일이다.

📍 **개념의 좌표 찾기**

• 무대 밖 사건(→233쪽)

03~04

2014학년도 4월 고3 학력평가 Ⓐ

이태준, 〈파초〉

주제 글쓴이의 파초에 대한 애정

해제 이 글은 글쓴이가 파초를 기르면서 겪은 일을 통해 파초에 대한 관심과
애정, 그리고 파초의 운치를 드러내고 있다. 특히 파초에 대한 자신의 관점을
드러내기 위해 파초를 실용적 가치로 대하는 앞집 사람을 등장시켜 그 효과를
극대화한다. 이를 통해 글쓴이가 지향하는 심미적 가치를 드러내고 있다. 또
한 적절한 대화체의 사용을 통해 주제를 효과적으로 드러낸다.

전체 줄거리

작년 봄에 이웃에서 파초 한 그루를 사온 나는 그 파초를 성북동에서 제일 큰
파초로 키워 낸다. 나는 종종 그 밑에 의자를 놓고 명상을 하기도 한다. 그런데
오늘 앞집 사람이 찾아와 파초를 팔라고 권유한다. 내가 거절하자, 오늘 오후
에도 다시 한 번 찾아와 좋은 작자가 있다고 입맛을 다신다. 무심코 바람에 너
울거리는 파초를 보고 다시 그 사람의 눈을 볼 때 나는 내 눈이 뜨거워짐을 느
끼고, 그의 권유를 거절한다.

구성

처음	파초를 사 와서 정성을 들여 가꾸고 멋을 즐김.
중간	파초를 팔라는 제안을 받음.
끝	파초를 팔라는 앞집 사람의 제안을 거절함.

특징

• 두 개의 이야기가 공통된 소재(파초)로 연결됨.
• 파초를 통해 글쓴이의 정서와 가치관을 표현함.
• '나'가 파초를 아끼는 이유와 '앞집 사람'의 말에 대한 '나'의 생각을 고백체
　로 서술함.
• '나'의 삶의 태도를 '앞집 사람'의 현실적 사고와 대조하여 보여 주고 있음.
• 대화체를 통해 일화를 전달하여 주제를 드러내고 있음.

---

03 서술 방식 파악　　정답 ④　정답률 **73%**

📖 **❹번이 답인 이유**

④ 대상을 대하는 인물의 태도를 대비하여/글쓴이의 의도를 효과적으
로 드러내고 있다.

➡ 이 작품은 파초를 감상의 대상으로 아끼는 글쓴이와 내년에 죽
을 파초를 미리 팔라고 하는 '앞집 사람'의 대조적인 관점을 보
여 주고 있다. 이를 통해 파초를 실용적인 가치로 따지는 것이
아니라 심미적인 대상으로 바라보는 '나'의 관점을 부각하여 글
쓴이의 의도를 효과적으로 드러낸다.

오답 풀이

① 과거 회상을 통해/현재 자신의 삶을 성찰하고 있다.

➡ 파초와 관련된 글쓴이의 일화를 제시하여 파초를 심미적인 감상
의 대상으로 바라보는 글쓴이의 가치관을 드러내고 있지만, 자
신의 삶을 성찰하고 있다고 볼 수 없다.

② 대화를 삽입하여/대상이 지닌 역사적 의미를 강조하고 있다.

➡ 삽입된 대화는 일화를 생동감 있게 전달해 주는 효과가 있으나,
소재인 파초가 지닌 역사적 의미를 드러내지는 않는다.

③ 단정적인 표현을 통해/부정적 현실의 극복 의지를 드러내고 있다.

➡ "그 혼자 드러나게 모진 사람은 아니다."라는 부분을 단정적인
표현으로 볼 수 있으나 부정적 현실에 대한 극복 의지가 드러나
있지 않다.

⑤ 대상에 대한 일정한 거리를 유지하여/글쓴이의 객관적인 감상 태도
를 드러내고 있다.

➡ 파초에 대한 구체적 경험과 파초에 대한 애정을 서술하고 있으므
로 일정한 거리를 유지하고 있지 않으며, 대상을 주관적 관점으
로 보고 있으므로 객관적 감상 태도를 드러낸다고 보기 어렵다.

📍 **개념의 좌표 찾기**

• 회상(→24쪽)　　　　　• 단정적(→21쪽)
• 성찰(→24쪽)　　　　　• 극복 의지(→21쪽)
• 대화(→131쪽)

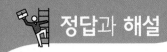

04 외적 준거 활용   정답 ① | 정답률 68%

┃ 보기 ┃

　수필의 소재는 특별한 것이 아니라 우리 주변에서 흔히 볼 수 있는 일상적인 것이다. 그러나 그것을 평범한 눈으로만 바라본다면 그 의미와 가치를 발견할 수 없다. 이 글에서 글쓴이

_{평범한 시각, 개성적이지 않은 시각}

는 일상적인 소재를 자신만의 관점으로 바라봄으로써 새로운

_{개성적인 시각으로 바라봄.}

의미와 가치를 발견하고 이를 통해 자신이 하고 싶은 말을 효과적으로 전달하고 있다.

❶번이 답인 이유

① 파초의 크기에 경탄하며 '지나는 사람'에게서 파초를 평범한 눈으로 바라보지 않으려는 태도를 엿볼 수 있군.

➡ '평범한 눈으로만 바라본다'는 것은 '자신만의 개성적인 관점으로 대상을 바라보지 않는다'는 말이다. '지나는 사람'은 단순하게 파초의 겉모습만 보고 경탄하는 것으로, 평범한 관점으로 대상을 바라본 것이지 자신만의 개성적인 관점으로 대상을 바라본 것이 아니다.

오답 풀이

② 틈틈이 좋은 거름을 주는 등 파초를 기르는 경험이 제시된 것으로 보아, 파초는 '나'의 일상과 관련된 소재임을 알 수 있군.

➡ '소 선지', '생선 씻은 물', '깻묵물' 등 틈틈이 좋은 거름을 주며 파초를 기르는 경험이 제시된 것에서, 파초가 '나'의 일상과 관련된 소재임을 알 수 있다.

③ 파초 잎에 떨어지는 빗방울 소리를 듣고 마음에 비를 뿌린다고 표현한 것은, '나'가 파초를 자신만의 관점으로 보고 있음을 나타낸 것이군.

➡ 파초 잎에 떨어지는 빗방울 소리를 마음에 뿌리는 비와 연결해 개성적으로 표현한 것을 보아, '나'가 파초를 자신만의 관점으로 보고 있음을 알 수 있다.

④ 파초를 팔라는 '앞집 사람'의 제안을 수용하지 않은 것은 '나'가 파초를 의미 있고 가치 있는 것으로 보고 있기 때문이군.

➡ 파초를 팔라는 앞집 사람의 제안을 수용하지 않은 것은, '나'가 파초를 심미적 가치로 바라보며 의미 있고 가치 있는 것이라고 여기기 때문이다.

⑤ 자신의 눈이 뜨거워졌다는 말을 통해 '나'가 하고 싶은 말을 간접적으로 전달하는 것이겠군.

➡ 자신의 눈이 뜨거워졌다는 말은, 파초를 경제적인 가치만으로 판단하는 '그'에 대한 '나'의 안타까움을 드러내는 표현으로, 파초에 대한 '나'의 애정을 부각함으로써 작가가 하고 싶은 말을 간접적으로 전달하고 있다.

◉ 개념의 좌표 찾기

• 수필의 특징(→248쪽)